浙江省民族乡（镇）志

凤阳畲族乡志

《浙江省民族乡（镇）志》编纂委员会 编

西泠印社出版社

图书在版编目（CIP）数据

凤阳畲族乡志 /《浙江省民族乡（镇）志》编纂委员会编 . -- 杭州：西泠印社出版社，2023.12
（浙江省民族乡（镇）志）
ISBN 978-7-5508-4350-9

Ⅰ . ①凤… Ⅱ . ①浙… Ⅲ . ①乡镇 – 地方志 – 苍南县
Ⅳ . ① K295.55

中国版本图书馆 CIP 数据核字 (2023) 第 239305 号

浙江省民族乡（镇）志
凤阳畲族乡志

《浙江省民族乡（镇）志》编纂委员会 编

出版发行 西泠印社出版社
（杭州市西湖文化广场 32 号 5 楼　邮编：310014）
责任编辑 杨　舟　徐挺屹
责任校对 徐　岫
封面设计 陈晓雷
责任出版 冯斌强
激光照排 丽水市文汇印捷数码技术有限公司
印　　刷 浙江海虹彩色印务有限公司
开　　本 787mm×1092mm　1/16
印　　张 37.5
字　　数 653 千字
版　　次 2023 年 12 月第 1 版
印　　次 2023 年 12 月第 1 次印刷
书　　号 ISBN 978-7-5508-4350-9
定　　价 400.00 元

如发现印装质量问题，影响阅读，请与本社市场营销部联系调换。

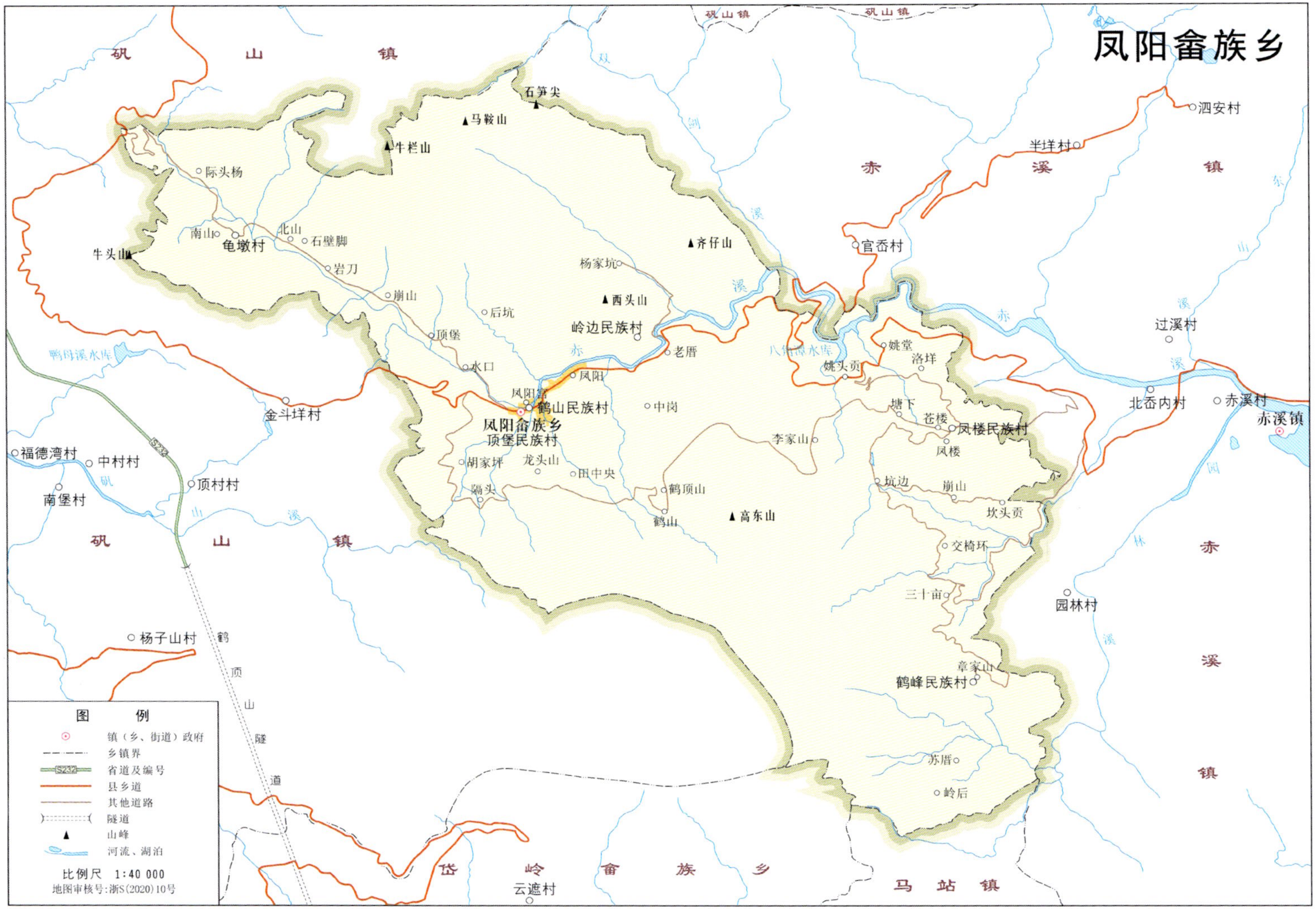

凤阳畲族乡
砚山镇
砚山镇
砚 山 镇
赤 溪 镇
赤 溪 镇
砚 山 镇
岱 岭 畲 族 乡
马 站 镇
石笋尖
马鞍山
牛栏山
齐仔山
西头山
高东山
牛头山
际头杨
南山
龟墩村
北山
石壁脚
岩刀
崩山
后坑
顶堡
水口
杨家坑
岭边民族村
老厝
凤阳
凤阳宫
鹤山民族村
凤阳畲族乡
顶堡民族村
中岗
胡家坪
龙头山
田中央
隔头
鹤顶山
鹤山
李家山
姚头贡
姚堂
洛垟
塘下
苍楼
凤楼民族村
凤楼
坑边
崩山
坎头贡
交椅环
三十亩
章家山
鹤峰民族村
苏厝
岭后
泗安村
半垟村
官岙村
过溪村
北岙内村
赤溪村
赤溪镇
园林村
金斗垟村
福德湾村
中村村
顶村村
南堡村
杨子山村
云遮村
鸭田溪水库
八亩洋水库
鹤 顶 山 隧 道
S232
图 例
镇（乡、街道）政府
乡镇界
省道及编号
县乡道
其他道路
隧道
山峰
河流、湖泊
比例尺 1:40 000
地图审核号：浙S(2020)10号

图版 3-01-1 2015年凤阳畲族乡政区图（《浙江省民族乡镇志》编辑部提供）

图3-02-1 2015年凤阳畲族乡全景图（苍南县民宗局提供）

图 3-03-1　2012 年 9 月，中共浙江省委统战部副部长、浙江省民族宗教事务委员会主任冯志礼（前左一），到凤阳畲族乡凤楼村调研鹤峰油茶基地（苍南县民宗局提供 2012 年）

图 3-03-2　2015 年 7 月，乡贤王良宏（右一）回乡考察花海项目（乡政府提供 钟昌元 2015 年摄）

图 3-03-3　2017 年 11 月，《凤阳畲族乡志》编纂委员会合影（前排左起：雷朝涨、钟显桂、张书友、蓝瑞仙、项秉簪、雷震、钟政明、钟昌元、雷开标、钟飞阳。后排左起：郑宗瑞、雷朝迎、蓝颜月、钟政权、钟昌业、吴积江、雷陈钠、黄庆宣、陈法镇、雷朝密、蓝准秀、雷大银、郑计贵、李爱芬）

图 3-04-1　凤阳畲族乡鹤山村云海杜鹃（乡政府提供　2015 年）

图 3-04-2　凤阳畲族乡鹤山村杜鹃花海石浪（乡政府提供　2012 年）

图 3-05-1　凤楼村李家山自然村 150 年
银杏（蓝淮秀　2015 年摄）

图 3-05-2　鹤山村杜鹃花海景区望海亭
（董希泽　2015 年摄）

图 3-05-3　凤阳畲族乡顶堡村虎山
公园牌坊（雷开标　2015 年摄）

图 3-06-1　凤阳畲族乡龟墩村北山游步道及岩壁深潭（乡政府提供）

图 3-06-2　凤阳畲族乡鹤山村、顶堡村、龟墩村的自然风光（乡政府提供　2015 年）

图 3-06-3　凤阳畲族乡顶堡中心村（乡政府提供　2015 年）

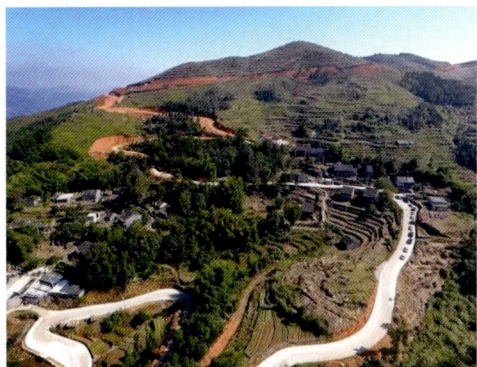

图 3-07-1 凤阳畲族乡鹤山畲村
（董希泽 2015 年摄）

图 3-07-2 凤阳畲族乡鹤山村隔头自然村
（董希泽 2015 年摄）

图 3-07-3 凤阳畲族乡中心村新貌（蓝准秀 2015 年摄）

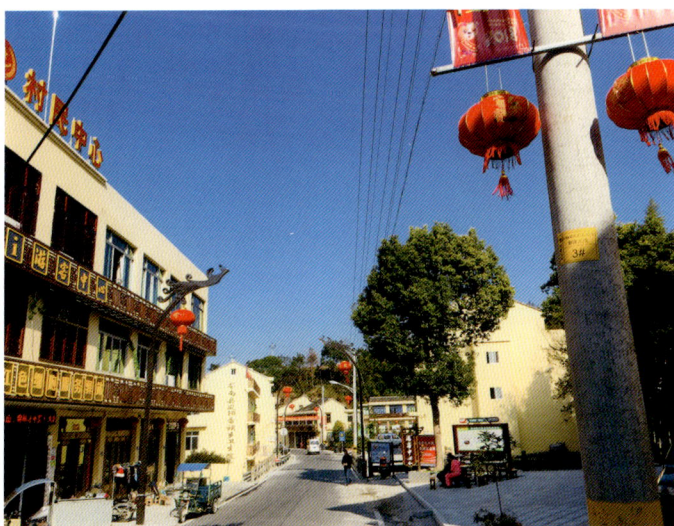

图 3-07-4 凤阳畲族乡鹤山村游客中心（钟祖伟 2015 年摄）

图 3-08-1 凤阳畲族乡顶堡村民居
（钟显桂 2015 年摄）

图 3-08-2 凤阳畲族乡凤楼村仓楼自然村秀才
古居（蓝准秀 2014 年摄）

图 3-08-3 凤阳畲族乡凤楼村仓楼自然村民居（雷朝涨 2014 年摄）

图 3-08-4 凤阳畲族乡鹤峰新村
（蓝准秀 2014 年摄）

图 3-08-5 2015 年 12 月建的凤阳畲族乡顶堡村
入口丹凤朝阳牌坊（乡政府提供）

图 3-09-1 凤阳畲族乡顶堡村凤宫溪滨公园（钟显桂 2015 年摄）

图 3-09-2 途经凤阳畲族乡的矾赤公路
（乡政府提供 2015 年）

图 3-09-3 1968 年建的凤阳畲族乡凤阳宫村凤
宫桥（乡政府提供 2015 年）

图 3-09-4 凤阳畲族乡中心村公交停车场
（乡政府提供 2015 年）

图 3-09-5 凤阳畲族乡凤阳至隔头古
道（王祖苹 2015 年摄）

图 3-10-1 凤阳畲族乡人民政府（蓝准秀 2015 年摄）

图 3-10-2 凤阳畲族乡小学
（蓝准秀 2013 年摄）

图 3-10-3 2012 年建的凤阳畲族乡幼儿园
（蓝准秀 2015 年摄）

图 3-10-4 2015 年建的凤阳畲族乡卫生院（乡政府提供 2015 年）

图 3-11-1 凤阳畲族乡鹤山村桃形李基地（乡政府提供 2015 年）

图 3-11-2 凤阳畲族乡鹤峰村黄栀基地（乡政府提供 2007 年）

图 3-11-3 凤楼村浙八味中草药基地（雷朝迎 2014 年摄）

图 3-11-4 顶堡村农田基地春耕（乡政府提供 2015 年）

图 3-12-1　丰收季节（朱良扬　2015 年摄）

图 3-12-2　丰收季节（朱良扬　2015 年摄）

图 3-12-3　岭边村山羊养殖（蓝准秀　2015 年摄）

图 3-12-4　鹤峰村养猪场（钟显桂　2015 年摄）

图 3-12-5　凤阳畲族乡鹤山村特产李子酒（乡政府提供　2015 年）

图 3-13-1　2010 年建成的凤阳大宫命名社区文化礼堂（蓝准秀　2015 年摄）

图 3-13-2 三月三凤阳畲族乡畲族文化广场大型祭祖活动（金子坤　2015 年摄）

图 3-13-3　2015 年 4 月 24 日，凤阳畲族乡举行三月三民俗文化节暨第三届畲歌会（乡政府提供　2015 年）

图 3-13-4　畲歌传承表演唱（乡政府提供　2013 年）

图 3-13-5　2015 年 9 月 12 日，在鹤山村杜鹃花海畲族文化广场举行中央电视台影像方志苍南篇高皇歌大合唱（蓝准秀　2015 年摄）

图 3-14-1 2015 年 5 月 28 日，凤阳畲族乡举行第二届少数民族运动会（乡政府提供 2015 年）

图 3-14-2 畲族风俗婚嫁打扮
（乡政府提供 2015 年）

图 3-14-3 畲族风俗拜堂成亲
（乡政府提供 2015 年）

图 3-14-4 畲族风俗制作糯米糍
（乡政府提供 2015 年）

图 3-14-5 畲族风俗端午节包粽子
（乡政府提供 2015 年）

图 3-15-1　织彩带（乡政府提供 2015 年）

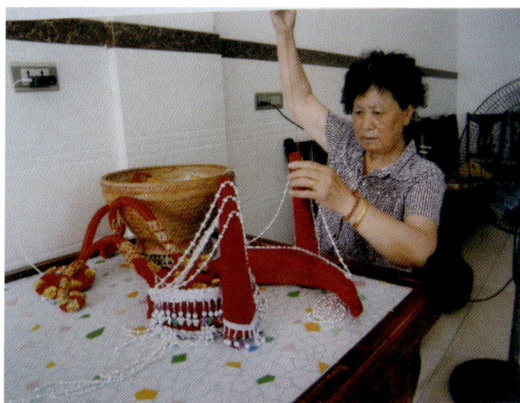

图 3-15-2　制作头饰（乡政府提供 2013 年）

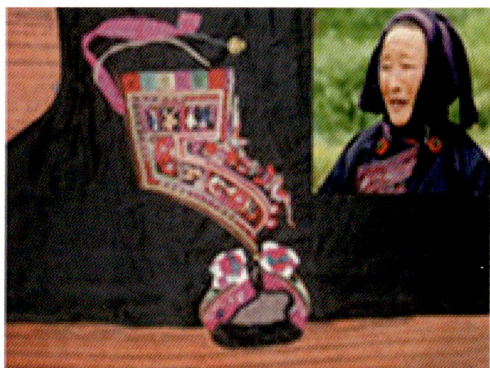

图 3-15-3　畲族老年服饰

（雷必贵　2011 年摄）

图 3-15-4　畲族绣花鞋

（雷必贵　2011 年摄）

图 3-15-5 传统手工艺·编草鞋

（乡政府提供 2015 年）

图 3-15-6 传统手工艺·编蓑衣

（乡政府提供 2015 年）

图 3-16-1 2015 年 3 月 25 日，在凤阳畲族乡鹤山村畲族文化广场举行
畲族祭祖活动（郑晶晶 2015 年摄）

图 3-16-2 2015 年 4 月 24 日，在鹤山村白
鹤仙师宫举行三月三民俗文化坐刀轿环村
巡游（邱新福 2015 年摄）

图 3-16-3 凤阳龟墩村龟墩宫
（蓝准秀 2015 年摄）

图 3-16-4 畲乡姑娘盛装（黄梦晨 2015 年摄）

《浙江省民族乡（镇）志》编纂委员会

主　任： 冯志礼（2015.03—2017.01）

楼炳文（2017.01—）

鲍秀英（2021.04—）

副主任： 莫幸福

李俊杰（2015.09—2020.07）

汪亚明（2020.08—）

委　员： （按姓氏笔画为序）

王传良	方土新	叶梦梅	兰明顺	刘克勤	许积高	李旭琴
杨　杰	吴友波	余厚洪	陈仁伟	邵根松	金　伟	金　茹
金伟庆	金国平	金黎萍	周林茂	周国文	周祖平	郑　浩
郑晓霞	胡建平	钟芳源	钟胜男	徐宇波	施　强	娄　恒
贺再军（2018.05—）			夏朝敏	高成锋	蓝　青	蓝　建
蓝　涛	蓝水林	蓝永慧	蓝伟军	蓝幸杏	蓝建军	蓝晓慧
蓝智伟	蓝瑞仙	蓝德超	楼剑涛	雷文宾	雷伟斌	雷华林
雷菊香	蔡松芝（2015.03—2018.04）		樊国斌	潘胜华		

主　　编： 莫幸福

执行主编： 施　强

副 主 编： 杨　杰

编　　辑： （按姓氏笔画为序）

万中一	王闰吉	包才德	刘凌宇	汤陈生	李祖平	杨道敏
吴伯卿	吴海波	林臣波	林兴亮	胡　健	施　展	钟昌元
钟桂鸿	徐世槐	蓝义荣	蓝双一	雷　霄	雷土根	雷火元
雷柏成	雷朝欣	蔡蓉蓉				

《浙江省民族乡(镇)志第三卷·凤阳畲族乡志》
编纂委员会

主　任：项秉簪　　雷　震

副主任：蓝瑞仙　　钟政明

委　员：张书有　　金旺立　　钟飞阳　　雷陈钠　　钟昌典　　钟昌业
　　　　潘宗瑞　　黄庆宣　　郑计桂　　雷开旺　　钟政权　　蓝颜月
　　　　李爱芬　　陈法镇　　钟昌旭　　雷朝迎　　吴积江　　雷朝密
　　　　雷朝瓜

顾　问：雷顺银

主　编：钟昌元

副主编：钟显桂　　雷朝涨　　雷开标

成　员：郑维国　　蓝准秀　　蓝成取　　雷大银

序 一

中国是一个统一的多民族国家。在中华民族历史演进过程中，造就了各民族在分布上交错杂居、文化上兼收并蓄、经济上相互依存、情感上相互亲近的多元一体格局。生活在浙江大地的56个民族，就是这种多元一体格局的具体体现。

2015年3月，省民宗委决定编纂《浙江省民族乡（镇）志》，目的是通过编纂"一方之史"的18个民族乡（镇）的志书，客观记述一乡一镇区域范围内自然和社会诸方面的历史和现状，达到"资政、存史、育人"之功效，对繁荣乡镇经济、促进社会和谐发展、坚守"四个自信"起到不可或缺的作用。历届民宗委领导高度重视，各民族乡（镇）党委政府尽心尽责。《浙江省民族乡（镇）志》是浙江省少数民族地方经济、政治、社会、文化、生活的全方位、多角度呈现，更是民族团结的重要成果，也是全体编纂人员无私奉献与辛勤耕耘的结晶。

浙江属少数民族散杂居省份。世居少数民族有畲族、回族和满族，其他少数民族大多是中华人民共和国成立后，特别是改革开放以来因工作、经商或婚嫁而落户浙江的。2010年，浙江省56个民族成分齐全，少数民族人口总数1214697人。其中畲族人口为166276人。

1956年12月，经平阳县委、县府批准建立的凤阳畲族乡，是浙江省最早成立的畲族乡。几经撤建，至1992年5月，全省有18个民族乡（镇），其中14个是革命老区。2015年，18个民族乡（镇）行政区划面积为1068.30平方千米，耕地面积9138.67公顷，人口19.61万，其中少数民族人口4.41万人，辖245个行政村，其中80个民族村。18个民族乡（镇）分布在杭州、温州、金华、衢州和丽水的13个县（市、区），已经全部实现通公路、通自来水、通电与通邮。

进入21世纪，省民宗委根据省委、省政府对民族工作的部署，牢牢把握铸牢中华民族共同体意识及各民族"共同团结奋斗，共同繁荣发展"的主题，深入实施"八八战略"。通过目标引领，强化区域特色，推进全省民族地区经济社会的发展；通过深化民族事务的依法治理工作，推进民族地区治理体系现代化；通过强化帮扶机制，提升浙江民族地区小康社会建设的"加速度"。

中国特色社会主义文化，源自中华民族五千多年文明历史所孕育的中华优秀传统文化，熔铸于党领导人民在革命、建设、改革中创造的革命文化和社会主义先进文化，植根于中国特色社会主义伟大实践。《浙江省民族乡（镇）志》的编纂出版，体现了民族文化的传承与创新，是推动浙江畲族文化研究工作向广度拓展、向深度推进的重要实践。通过民族文化的创新性发展，将浙江畲族源远流长的灿烂文化转化为现实经济优势，对提高浙江畲族文化软实力，增强浙江畲族文化的竞争力，扩大浙江畲族文化的影响力，加快地方经济社会发展和促进社会和谐，推动民族地区政治文明、精神文明、物质文明、社会文明和生态文明的协调发展，都具有重大的现实和深远的历史意义。

《浙江省民族乡（镇）志》在篇章布局上既体现乡（镇）志编纂要求，又体现畲族文化特色。这样，有裨于贯彻党和政府的民族政策，进一步推动民族平等、民族团结、各民族共同繁荣；有裨于民族间的学习交流与文化互动；有裨于畲族民众更加了解自己民族的发展历史，提高民族凝聚力；有裨于畲族教育文化工作者更加深入全面了解浙江畲族文化内涵和现代畲族文化现象；有裨于广大民众了解民族地区社会、经济与文化发展情况，具有丰富的资料性与较高的学术价值。

"修史之难，无出于志。"值此本志出版之际，谨对承担项目的丽水学院与参加编写的全体编纂人员，以及对志书编纂工作提供帮助和付出艰辛劳动的社会各界人士、专家学者及相关人员，致以衷心感谢与崇高的敬意！

浙江省民族宗教事务委员会主任　施香菊

2020年11月

序 二

　　时逢盛世，政通人和。编纂地方志，是中华民族的优良传统，是新时期社会经济发展的重要标志。《凤阳畲族乡志》的成书，是全乡畲汉人民政治生活中的大喜事。凤阳位于苍南县南隅，地处鹤顶山麓，是苍南县两个畲族乡之一，又是革命老根据地和贫困山区之一。我们有幸来到凤阳畲族乡和全乡人民一起，参加畲乡经济建设，凤阳畲族乡也是我们的第二故乡。今天看到乡志纂成感到分外高兴。

　　凤阳的先民们早在唐代就择地而居，筚路蓝缕，共启山林，刀耕火种，建窑烧碗，迄今已有1000多年历史。历代先祖以勤劳勇敢和聪明才智谱写了凤阳的文明史和艰苦创业的新篇章。我们在凤阳畲族乡工作数年，对其一山一水，一草一木都有种独特的依恋。或许是敝帚自珍，在我们有限的视野中，总觉得造物主对凤阳畲族乡钟爱有加，慨然将灵山秀水，赋予这片土地，并且源源不断地注入文化内涵。凤阳畲族乡距县城38千米，山环水绕，峰峦叠嶂，区位独特，地灵人杰。清代有贡生、庠生，人才辈出，近代更是有硕博芬芳，人文荟萃。清道光年间雷云应试受阻，诉讼三载，终获胜诉。中华人民共和国成立后，雷天三被浙江省人民政府省长周建人聘请为省文史馆员。所有这些都为凤阳的文化积淀作出了重大贡献。在艰苦卓绝的革命斗争中，更有为数众多革命前辈，献身革命，名垂青史，从而成就了凤阳成为革命老区的光荣称号。

　　凤阳畲族乡由6个行政村组成，行政设置始于清宣统三年（1911年）。中华人民共和国成立后，行政设置虽几度更迭，1984年6月扩镇并乡后，凤阳畲乡直属县政府管辖。凤阳畲汉两族平等团结，情同手足，共享国家民族政策，勤劳致富，共建美好家园，使凤阳山水更加绚丽迷人。古人云："治天下者，以史为鉴；治郡国者，以志为鉴。"全面、客观、系统记载凤阳畲族乡的历史和现状，不仅具有存史的作用，对于继承和弘扬凤阳畲族乡优秀传统文化，推动凤阳畲族乡物质文明、政治文明、精神文明、生态文明建设，服务凤阳畲族乡经济社会发展，具有重要的历史与现实意义。何况对这片热土的挚爱和对凤阳文化的深深迷恋，我们萌生了编纂《凤阳畲族乡志》的愿望。更何况随着岁月的流逝，社会变革步伐加快，许多珍贵的历史信息如不及时予以记载，将很快被湮没。2012年2月13日，中共浙江省委副书记、省长夏宝龙，在全省地方志工作电视电话会议上指出："编史修志是文化强省建设的重要内容，是提升我省软实力不可或缺的重要支撑，也是文化大发展大繁荣的重要体现。"我们深受启发和鼓舞，召开乡党委和政府领导班子会议，讨论乡志编纂工作，《凤阳畲族乡志》的编纂自此正式启动。

为完整搜集和记载凤阳历程史实资料，2016年组建班子，全体采编人员不负乡党委、政府重托，夜以继日、广征博集、辛勤笔耕，历经三载，终于纂成凤阳首部志书——《凤阳畲族乡志》，了却父老乡亲的一桩心愿，使我们倍感欣慰。

感谢历届乡党委政府负责人和在凤阳畲族乡工作过的所有同志，以及全乡广大党员、干部和群众的精诚团结和共同努力，他们使凤阳畲族乡的社会经济得以保持持续发展的势头；感谢全体编志人员的辛勤耕耘和对志书编纂工作提供帮助和辛勤付出的各界人士表示衷心感谢！

谨书片言，是当为序。

中共凤阳畲族乡委员会书记

凤阳畲族乡人民政府乡长

2018年11月

凡 例

第一条 指导思想。以马克思列宁主义、毛泽东思想、邓小平理论、"三个代表"重要思想、科学发展观、习近平新时代中国特色社会主义思想为指导，坚持辩证唯物主义和历史唯物主义的立场、观点和方法，全面、客观、系统地记述浙江省民族乡（镇）自然、政治、经济、文化和社会的历史与现状。服务当代，垂鉴后世。

第二条 起讫时间。上溯事物发端，下限为 2015 年 12 月 31 日，必要时以注释等形式作适当下延。

第三条 地域范围。以下限时浙江省民族地区的行政区域为界，原则上越境不书。

第四条 体裁。采用述、记、志、传、图、表、录等体裁，以志体为主，图照辅之，表随文设置。全志首列序言、凡例、概述、大事记。

第五条 结构。以卷章结构为主。设章、节、目、子目 4 个层次，横排门类，纵述史实，力求充分体现地方特色和时代特点。

第六条 文体。使用规范的现代语体文。直接引用资料使用原文文体。

第七条 文字。以经中华人民共和国国务院批准、1986 年 10 月 10 日国家语言文字工作委员会重新发布的《简化字总表》，1955 年 12 月 22 日中华人民共和国文化部、中国文字改革委员会发布的《第一批异体字整理表》及 2013 年 6 月 5 日中华人民共和国国务院公布的《通用规范汉字表》为准；异形词以 2001 年 12 月 19 日中华人民共和国教育部、国家语言文字工作委员会发布的《第一批异形词整理表》为准。

人名、地名、书名、文章篇名及引录的原著文句，凡可能引起歧义、误解者，仍用原繁体字或异体字。

第八条 标点符号。以 2011 年 12 月 30 日中华人民共和国国家质量监督检验检疫总局、中国国家标准化管理委员会发布的《标点符号用法》为准。

第九条 称谓。中华人民共和国成立前的国家、民族、地名、组织、机构、职官等名称，除明显带有歧视、污蔑含义者加以适当处理外，原则上仍用文献记载的原名称。

志书下限时的地名使用各级政府审定的标准地名，必要时括注俗称地名。地名古今不同者，各章首次出现时在其后括注志书下限时的标准地名；隶属地域变化者，注明志书下限时所属地域。

外国的国名、地名、人名、民族名，以及政府机构、党派团体、报刊等名称，主要依照《辞海》（第六版）译名及新华通讯社译名室常用译名。

生物名称使用学名，记述自然资源涉及有关生物名称的，各章首次出现时采用二名法，必要时加注当地俗名。

第十条　简称。 各种较复杂的名称重复出现时，各章首次出现时使用全称并括注简称，其后出现直接使用简称；简称均以《有关机构、单位全称与规范化简称对照表》为准；有关机构单位 2015 年前的简称及其他简称采用社会上通行、不产生歧义者，且全卷保持一致。

第十一条　纪年。 干支纪年、年号纪年及其他非公历纪年等，以汉字书写，括注公历纪年；非公历纪年后有月日的，同时括注经换算后公历纪年的月日。

民国纪年以阿拉伯数字书写，括注公历纪年。

同一自然段中同一纪年多次出现时，只在首次括注公历纪年，其后不再括注。

括注公历纪年于年份后加"年"字；括注某一时间段，则只在后一个公历纪年后加"年"字。

括注公元前年份，年份前冠"前"字；括注公元元年后年份直接书写年份，不冠"公元"。

自 1949 年 10 月 1 日起，采用公历纪年。

公历纪年及公历的世纪、年代、月、日和时分，均以阿拉伯数字书写。

第十二条　数字。 按 2011 年 7 月 29 日中华人民共和国国家质量监督检验检疫总局、中国国家标准化管理委员会发布的《出版物上数字用法》表述，凡一个数字与"以上""以下""以内"等连用的，均含该数字。

第十三条　数据。 中华人民共和国成立前的数据按文献记载入志。

中华人民共和国成立后的统计数据以统计部门公布数据为准。统计部门缺失者，则采用相关部门经过核实的数据，并以注释形式说明资料来源。同一内容数据有不同者，也以注释形式加以说明。重要地理信息数据采用测绘部门公布的法定数据。

第十四条　计量单位。按 1984 年 2 月 27 日中华人民共和国国务院发布的《中华人民共和国法定计量单位》规定表述。行文中使用单位名称或单位符号视具体情况而定。

中华人民共和国成立前的计量单位根据需要沿用旧制。

第十五条　货币。中华人民共和国成立前的货币币值均按文献记载入志。

中华人民共和国成立后货币币值均指人民币币值。1953 年 3 月 1 日前后人民币各按当时币值记载，不作换算。

外国货币按文献记载入志，币值不作换算。

第十六条　地图。按 2015 年 11 月 26 日中华人民共和国国务院公布的《地图管理条例》和浙江省人民政府 2014 年 11 月 11 日公布、2015 年 12 月 28 日修正的《浙江省地图管理办法》的规定，采用经浙江省测绘行政主管部门审核的地图。

第十七条　注释。直接引用（引文）、地图、图片、表格及有关重要内容，均注明资料来源，其他需要说明者亦酌情加以注释。

引用清代及清代以前编纂的志书，注明朝代、纪年、志书名称及卷次（或卷次与篇名）；引用民国时期编纂的志书，注明"民国"两字和志书名称、卷次（或卷次与篇名）；引用 1949 年 10 月 1 日（含）以后编纂、出版的志书，注明志书名称、出版单位、出版时间及页码。志书名称与篇名均用书名号。引用私修志书除上述各项内容外，于志书名称前注明作者姓名。

第十八条　资料。取之于档案、书籍、报刊、网络及社会调查等，均经考订、核实。凡记载不一者，正文采其中一说，其余说法以注释形式记述。

第十九条　人物。以"生不立传"为原则，专设《人物传略》《人物名录》予以记载；所涉人物按"以事系人""人随事出"加以记述。

目 录

概　述

　　凤阳畲族乡位于苍南县南隅，北纬27°18′32″，东经120°25′02″，地处海拔998.50米的鹤顶山麓，距县城38公里，地势大致自西北向东南倾斜。东端有凤楼、鹤峰两畲族村，地处东南濒临沿海，与赤溪镇毗邻，南靠鹤顶山麓北壤马站镇与岱岭乡接壤，西邻白岩山接连矾山镇，北连高垟山脉以昌禅为界。矾山至赤溪公路横穿乡境中部，陆路交通发达，连通省内外。自然地理形成东有狗头岗、西有凤名山、南有龙头岩、北藏卧虎岗之地形，俗有东犬西凤、南龙北虎之称，乡址地处西南"丹凤朝阳"之地，故名凤阳。地理位置大致自西北龟墩漈头杨向东南鹤峰岭后村延伸、首尾全长15.20公里，纵横2000米。源自高山的7条小溪流汇聚大溪，大溪流自西北向东南贯穿乡境注入东海。

　　全乡有耕地面积249.73公顷（其中水田162.47公顷，旱地87.26公顷），有林地面积1510.47公顷。乡政府驻地鹤山村，辖6个行政村其中5个民族村，1个汉族村。全乡56个村民小组，有51个自然村，2015年户籍人口1474户、5773人，其中畲族772户、2923人，占总人口的51%。人口密度每平方公里271.24人。

　　2015年全乡工农业总产值由1985年的138.60万元增加到3803.24万元，增长26.44倍；农民年人均纯收人由1985年的165元增加到10514元，增长62.72倍。是年，全乡生产总值3803万元，其中第一产业2662万元，第二产业760万元，第三产业381万元，分别占生产总值的70%、20%、10%。财政收入519万元，财政支出519万元。

一

　　凤阳畲族乡的行政设置始于清宣统三年（1911年），其范围属三十一都六村和五十二都十八村。清宣统三年至中华民国成立属蒲门乡。民国17年平阳县制定区街村制，民国18年改为村里，民国19年改为乡镇，民国24年成立凤阳乡，属第六区（后改为昆南区），民国29年属矾山区。1949年10月，平阳县蒲门区人民政府成立，凤阳属蒲门区管辖的一个行政村。

1950年7月，析矾山区建立凤阳乡政府，属矾山区管辖，下辖龟墩、顶堡等9个行政村。1952年4月至8月，建立赤溪区后，凤阳乡划归赤溪区管辖。1956年3月，凤阳乡并入南堡乡管辖。1956年12月平阳县委批准建立凤阳畲族乡，属矾山区管辖，并将原赤溪管辖的凤楼、鹤峰2个村划入凤阳乡管辖，其时凤阳畲族乡的畲族人口比例占49.90%。农业合作化高潮时，全乡组成5个高级农业合作社。1958年11月赤溪公社并入矾山，凤阳管理区改称生产大队，至1961年10月以原地域范围建立凤阳公社。

1981年10月，经国务院批准，苍南从平阳析出建县，凤阳公社属苍南县管辖。1984年6月恢复成立凤阳畲族乡，建立村民委员会。1992年县委决定撤区、扩镇、并乡，但凤阳畲族乡不变，直属县政府管辖。至2010年温州市实行乡镇撤扩并行政区划大调整，凤阳以畲族乡保留其行政区划编制。

境内有畲汉两族28姓氏、各姓氏的祠堂分布在福鼎、平阳、苍南等地，共有37个宗祠，祠堂是各姓氏采用宗族制度的事务管理场所。各支系在清代续修族谱（家谱），现各有珍藏手抄本、印刷本或刻木活字本共计337册。

二

凤阳畲族乡有畲汉两族，共有28个姓氏。畲族蓝、雷、钟、李4姓祖居广东等地，经由闽东进入浙江，主要流向是处州府，其次是由闽东进入温州府所辖的平阳、文成、苍南诸县。迁入凤阳畲族乡的畲民中，蓝姓有5个支系，即福鼎浮柳支系、莒溪垟尾支系、岱岭坑门支系、昌禅岙口支系和福鼎双华支系。最早迁入乡境的蓝姓是福鼎双华支系，其始祖自福建移居蒲门甘溪岗下（今蒲城乡东门外龙山脚），至2015年约400年。次之其他蓝姓支系迁入时间至2015年也有350～380年。蓝姓畲族而今大多集中居住境内鹤山畲族村、顶堡坎下厝、凤楼姚头岗等村。雷姓也有5个支系，即青街章山支系、闹村凤岭脚支系、福鼎双华支系、昌禅岙底支系和福鼎菁寮支系。最早迁入乡境的雷姓是昌禅岙内支系和青街章山支系，至2015年约有350～380年。雷姓畲族大多集中居住在凤楼村的仓楼，鹤峰村的交椅环、三十亩、章家山，顶堡村的崩山、坎下厝、后坑和鹤山村的移民新村等地。钟姓入迁境内有两个支系，即朝阳溪边和昌禅中岙二支支系，入迁凤阳境内时间至2015年约300～330年，较集中居住的有鹤山村隔头、下中岗、墓牌、田垄头等自然村。

　　凤阳畲族乡域内有汉族24个姓氏。居住龟墩的各汉族姓氏宗族支系始祖，大多从福建泉州的南安、安溪、后安、寿宁等地迁入浙南。黄姓支系最早于清顺治年间迁入，至2015年有370余载。其他各姓杨、郑、吴、林、陈、魏、潘、徐等始祖均系清乾隆前后入迁境内，至2015年已有220～280年。这些姓氏的居住分布在漈头、南山、北山和岩刀等自然村。居住顶堡的汉族支系始祖，都从福建的泉州南安、永泰、漳州、龙溪南靖和浦县等地迁入。最早支系自明末清初迁入境内的吴姓至2015年已有300余载，而刘、曾、卢、肖、郑、徐、王等各姓支系也都从清乾隆期间入迁境内，至2015年已有210～280余年，原居住分布在顶堡南头、新厝、崩山、柿脚、大路边、店子、顶后坑、下后坑和凤阳宫各自然村。居住杨家坑和顶堡顶后坑的陈姓支系始祖，原从福建泉州同安迁入。清乾隆年间支祖入迁境内至2015年已有270余载。其董、王姓始祖也由闽南迁入，支祖入迁境内至2015年也有250～280年。原居住顶杨家坑、下杨家坑、大岗，顶后坑及岭边董厝、斗门底等地。居住在凤楼、鹤峰的徐、黄、王、张、吴、郑、杨、李、陈、董、苏诸姓，其始祖大多于明末清初从闽南福建泉州、漳州等县迁入浙南各地。李家山李姓支祖最早于明代万历年间迁入，至2015年有412年。姚堂吴姓和岭后董姓也系明末清初入迁境内，至2015年已有334～360余载。其他各姓支系迁入也有200～279年。分布居住李家山、姚堂、姚头岗、坑边、罗洋、坝头岗、岭后、深坑、苏厝等地。

三

　　凤阳畲族乡的经济以农业为主。自1978年改革开放以来，乡政府紧紧围绕"农业增效、农民增收、农村发展"的三农政策，农村经济稳步发展。通过发展种、养、加和第三产业，结合劳务输出等行业，乡民的人均收入不断提高，从1978年人均收入53元，到1991年人均收入349元，提升5.58倍。2000年人均收入950元，至2015年人均收入达到10514元。

　　农业生产以水稻、番薯为主。中华人民共和国成立后，各级政府重视农业生产，大力进行农田基本建设，推广优良品种和先进栽培技术，合理施肥、用药，提倡科学种田，促进农业生产的发展。1965年粮食播种面积213.60公顷，亩产227.50公斤，总产量728.91吨。到1985年，播种面积204.53公顷，亩产339.50公斤，总产量1041.59吨。1991年播种面积209.46公顷，亩产320公斤，总产量1005.40吨。2010年播种面积173.87公顷，亩产367.50公斤，总产量958.40吨。境内山场广阔，有林地面积1503.80公顷，包括有用材林、薪炭林、经济林和防护林等林业，森林覆盖率86%以上。各农户有生猪、黄牛、水牛、山羊、家兔鸡鸭等畜禽庭院经济。2000年以后，通过调整农业产业结构，形成多种形式适度规模的农业生产基地，全乡有顶堡村28.46公顷和鹤峰村20.66公顷的油茶基地、21.33公顷鹤山金银花基地、14.66公顷鹤山红心李基地、龟墩8公顷沙糖桔和贡柑基地、15.33公顷凤楼高山有机茶基地、23.33公顷凤楼村中药材浙八味基地、14.86公顷东魁杨梅基地、8.66公顷牛蛙养殖等7个百亩生产基地。

凤阳畲族乡工业发展以采矿业和农产品加工业为基础。境内有银珠硐硫磺矿，矿石呈金黄色，1958年大炼钢铁时日采100多吨，销往平阳化工厂提炼。1980年因硫水污染土壤而停开。乡境东北部有腊石矿，北西段探明储量21万吨。凤楼村东南段有陶瓷土矿。1985年经省地质大队初步勘探，矿点储量10万多吨。还有鹤峰村章家山铅锌矿，顶堡村崩山东北向的银矿等矿山资源。1995年据专家考证，位于凤楼村坑边自然村海拔600米的鹤顶山腰，发现唐代窑址，至2015年约1000年，有20余座碗窑群，方圆3公里有碗坯碎片，有10个小山岗是陶碎片堆积而成的，现已被列为"浙江省文物遗迹保护点"。

20世纪80年代后期，从事井巷矿业的乡民形成一支庞大的井矿工程队伍。2005年，全乡外出务工2030人，主要分赴宁夏、甘肃、陕西、山东等地从事采矿、开通隧道和筑路。20世纪70年代，办起茶叶初制厂、粮食加工厂、蘑菇加工厂等。80年代后，原有家庭副业发展成塑料编织加工业。1985年，全乡有社队企业2家，产值6.85万元，净利润0.17万元，上交税金0.12万元，至1987年，企业增至4家，产值上升至30万元，分别比1985年增长1倍和3.56倍。1993年，蓝准民等3人创办凤阳畲族乡木材加工厂，属乡办股份合资企业。利用当地松木资源，制作啤酒箱、床板、桌椅方料等半成品（至2005年停办）。1994年，村民采用股份制形式创办蘑菇加工厂，咸水蘑菇加工后，运往马站等地销售，实行产、供、销一条龙服务。1995年，全乡有村级小型企业3家，工业产值8.70万元。1996年，由于蘑菇市场价格下跌，加工厂停办。2010年先后创办2家紫菜烘干厂、石材加工厂，也因环境污染等问题而停办。

1954年凤阳创办了供销社。1958—1962年供销社逐步扩大到五间店房，职工7人。经营小百货、棉布及农业生产用具、化肥、农药等。各村因地制宜也都办起了下伸店。1993年凤阳供销社只剩一个门店。凤阳信用社创办于1956

年12月。1979年7月，凤阳乡信用社正式挂牌营业，至1992年，金融机构的改革，凤阳信用社并入赤溪信用社，现为赤溪农商银行。

四

清光绪四年（1878年）到民国时期乡境内有10家私塾。民国10年（1921年），郑文成、刘景成、徐惠卿筹措经费，创办乡第一所小学名曰"雄扬小学"，3年后学校时办时停。民国26年，陈焕绰重新兴办，更名"平阳县矾山区民生初级小学"。民国31年，建立凤阳乡第六、七、八保联立国民学校。1951年秋，凤阳附近的3所村小学合并成立"凤阳小学"。1956年凤阳成立民族乡，被列入省定点创办浙江省少数民族完全小学——"凤阳中心小学"，直至1998年凤阳学校创办初中部，新建教学楼1400多平方米，校名更改为凤阳畲族乡中心学校，至2004年先后撤并乡初中部和6所村小，创办了苍南县首批农村寄宿制试点学校。学校占地面积4200平方米，建筑面积2142平方米，教学班6个，在校生263人，教职工17人。2010年，校附属幼儿园转为公办，属省三级幼儿园。是年，完成主教学楼改造，建成1000平方米塑胶操场，拥有多媒体教室6个，设有电脑室、图书室、实验仪器室等。学校先后被评为浙江省三类标准化学校和温州市、苍南县文明、先进和平安校园等荣誉称号。

1978年凤阳畲族乡建立文化站，设有简易影剧场和图书室（藏书1500册）。各村俱乐部6个，宣传窗墙报栏10个，村图书阅览室3个，棋类室5个，电视放映室1个。2009年3月新建一座600多平方米的畲族乡文化中心，设图书室（藏书8000册）、电子阅览室、乒乓球室、台球室、棋牌室和多功能厅。

1970年凤阳畲族乡始建转播室。1984年7月转播室归县广播站管理。1985年8月设立乡广播站。1990年乡广播放大站改称广播电视站。全乡广播网络分布到51个自然村，入户率达到75%以上。1992年鹤顶山卫星转播站建成。1993年建造了地面卫星接收站。至2010年底，凤阳畲族乡有线电视总用户1000户，安装光缆120多公里，可接收35套电视节目。

凤阳的畲族有自己的口传文化畲语和畲歌。凤阳畲民使用"福安畲语"，保留较多古老的语音成分，可与浙江省丽水、金华、衢州、杭州及福建、广东、江西等地的畲民直接交流。凤阳畲民以歌会友，以歌会亲，以歌代言，以歌抒情，以歌记事，把历史和现实生活的感受用歌的形式代代口传。每年"二月二"、"三月三"等节日举办大型歌会，每年的春节或元宵在文化礼堂举行畲歌演唱会。2009年3月，全国第二届畲族文化节在景宁畲族自治县举行，苍南县文化馆选送蓝梅英带队的凤阳畲族乡歌手在女声无伴奏小组演唱《倒茶歌》决赛中荣获金奖。2007年6月，歌手李芬在浙江省"寻找最美浙江的声音"原生态歌唱擂台赛中荣获金奖。同年10月，在"中国电信杯"第二届"长三角"青年歌手电视大赛中荣获浙江赛区选拔赛银奖。苍南县非遗文化传承人蓝梅英培养民族歌手50多人。乡政府挖掘和整理畲汉传统非物质文化遗产，详细调查"非遗"项目71项，整理编纂了《温州市非物质文化项目汇编--苍南县凤阳畲族乡卷》。

畲族世代流传的民间群众性护身和健身体育活动，已有300多年的历史。凤阳畲族体育项目有南拳、盘柴槌、顶肚棍、抄杠、打尺寸、健身体操等，以南拳"刚柔"最为著名。 1986年10月，鹤山村陈家湾畲族青年蓝准辉、蓝升烟、蓝准勇等人代表苍南县少数民族体育运动员参加景宁畲族自治县举办的第一届省少数民族体育运动会，其中畲族拳术（南拳）和柴槌棍术节目，荣获三等奖。1990年10月，苍南县凤阳畲族乡青年蓝准辉、蓝颜斌、蓝准清、蓝准勇等4位出席参加浙江省在丽水地区举办第二届少数民族体育运动会，被评为"浙江省少数民族体育运动先进集体"。全民健身活动在乡内展开，各村都设置了各种健身器材，以供村民早晚锻炼。

在凤阳畲族乡，人称"先生妈"的畲医采用畲药为乡民医治，特别对儿科病患有其独特的医疗方法。民国期间，李新明、王中泽在当地开设一家中药店。1952年凤阳民族乡联合诊所建立，1958年发展为凤阳民族乡保健所，至1970年前后，各大队办起医疗室，由"赤脚医生"诊疗。1984—2015年正式创办"凤阳乡卫生院"，有医务人员7人。在原址上新建了三层混凝结构的卫生用房400多平方米，设有中西医、内外科、儿科妇保预防接种等科室及医疗设备。

1989年，凤阳畲族乡成立老人协会，参会入股人数800多人。1994年8月在乡中心村位置建成二间100平方米的办公会所。1999年理事会卖掉办公用楼2间计3.80万元，解决会费退股资金，凤阳老人协会解体。2004年全乡实行农村低保制度。2006年建立新农村医疗合作保险，到2015年共有5536人参加投保，占总人口95%。2009年开始，社保补助每位60岁以上老人每月60元，到2015年60岁至79岁老人每月提升到120元，80岁以上老人每月提升到160元。

五

新民主主义革命时期凤阳畲族乡是中国共产党开展秘密活动的红色基地。

民国22年秋天，中国共产党地下领导人陈昌会和林辉山（赤溪半垟人）来到凤阳鹤峰村组织贫农团。翌年冬天，中国共产党平阳县委成立。民国23年10名乡民参加福建过来的游击队。民国24年初，中国共产党平阳支部成立，书记陈昌会、组织委员林辉山、肃反委员郑积云先后多次来到凤阳鹤峰村建立党组织，介绍了雷汉答、雷汉坚、雷汉理畲族三兄弟入党，并在凤阳漈头、龟墩、交椅环建立3个支部，发展党员14人。同年5月，在蒲门一带建立一支有40多人的游击队，雷汉理（凤阳人）任平阳县独立团政治指导员，把贫农团改编为农民赤卫队。民国26年7月，林辉山工作调动北上抗日，凤阳乡的三个支部组织与上级失去联系，至民国37年上级又派南鹤区委领导人到凤阳龟墩、鹤顶山、顶堡后坑等一带进行活动，并建立了两个支部，发展党员20多人。全乡已追认为烈士的有23人，其中畲族革命烈士13人。

中华人民共和国成立后，中国共产党在凤阳建立的党支部领导组织农会，发动农民开展土地改革，建立农业生产合作社、高级合作社。1958年11月凤阳乡建立公社管理区，并在生产大队建立党支部。1961年10月建立凤阳公社党委，生产队改称大队。"文化大革命"开始后凤阳农村党组织受到冲击，暂时停止党组织的各项活动，1966年至1970年农村整党整风运动开始，大队党支部重新建立。1976年大队党支部带领乡民开展新时期以农业、工业、科学和技术以及国防的现代化建设。1984年6月实行体制改革，恢复建立凤阳畲族乡，大队恢复行政村。全乡6个行政村建立村民委员会，乡所属机关单位共建立8个党支部，至2015年共有党员247人。

1995年鹤山畲族村80多户400多人下山到乡政府统一规划的凤阳新村居住。1998年8月鹤山村龙头山有20多户村民因地质灾害原因整体搬迁安置凤阳新村，岭边、顶堡两村也有100多户、420人迁居新村。进入21世纪后，各级政府加大对少数民族地区经济社会事业发展的工作力度，大力扶持基础设施建设和发展农业种植、养殖和加工项目，创办专业合作社，并积极引导劳务输出，使产业结构和人均收入发生较大的变化。2002年以来，县政府每年安排一定数量的建房土地指标和相应配套扶持资金，重点扶持老区和民族村的群众下山异地脱贫。省民宗委、县政府每年安排专项补助资金，扶持畲族乡基础设施建设和改善村容村貌。2002年1月—2003年12月，分别有70多户300多人搬迁至赤溪镇北岙内（今鹤峰新村）和望海小区，2008年龟墩村有28户150人搬迁到矾山镇南下小区移民点。

凤阳畲族乡有一定比例的畲族代表参加各级党的代表大会、人民代表大会和政治协商会议。1956年，雷文理参加少数民族"五一"观礼团赴北京观礼。1957年蓝国璋被选为赴北京观礼团代表，出席北京五一节观礼。1981年杨化强被国家体育委员会评为全国优秀体育教师，荣获金质奖章1枚。1984年蓝升广代表苍南县出席全国少数民族代表团赴北京观礼活动。1987年雷子旺被评为浙江省民族团结进步模范称号，1990年出席全国民族团结表彰大会。2004年蓝俊希评为全国质检系统先进个人，出席全国先进表彰大会，在中南海受到国务院副总理吴仪的亲切接待。2005年郑计用被评为全国劳动模范并出席"五一"国家观礼。

六

凤阳境内人杰地灵人才辈出，据各姓氏宗谱记载，刘良骏（1621—1697年），汉族，身任总练，勇略侠义，保境安民，邑武生之称。刘在龙（1643—1696年），汉族，为郡庠生弱冠掇芹。刘如爵（1681—1766年），汉族，才学兼备，夕学超群，翰墨流芳，举止端方，号耻述邑庠生。清道光和光绪年间，秀才雷云，畲族，考取拔贡钦赐"贡元"，儒学六品顶载文林郎，成为平阳江南一带畲族第一位秀才，树匾"文魁"。邑庠生钟小玉（1847—1930年），名秉和，畲族，学识卓越，中医药学精湛。杨伯堂（1854—1923年），又名石堂，汉族，光绪辛丑年（1901年）例授附贡生。光绪戊寅年（1878年）在府、县生员中成绩优异被取升入京师的国子监读书。获授"贡生"。

众多仁人志士在概述中不一叙论，唯畲族返祖考童生雷云，名国友，号鹤峰，畲族，凤阳乡凤楼村人。清道光二十五年（1845年），应试遭阻考。为争取少数民族的平等权利，雷云与父和叔登山涉水历尽艰辛诉讼三载，终于胜诉，清道光二十七年（1847年）九月温州府颁发"谕禁阻考告示"。

凤阳仓楼是著名的秀才村。据《雷氏宗谱》记载，从清乾隆时起有钦赐正八品1人，登仕郎3人，贡生1人，庠生2人，乡饮宾2人，业儒26人，军功受五品衔1人，现代有被聘为省文史馆员1人。村中有远近闻名的27间走马楼大屋、贡生雷云竖立的旗杆石、有十八担书笼出外塾教和养贤田20亩的美谈。

现代有政坛、教育、医学等各界人士，据统计全乡有480名大专院校毕业和在校生。乡境内文风四溢，人文鹊起，他们分布各个领域，为社会各项事业的发展和国家民族的伟大复兴作出不懈努力。

大事记

一、清代及以前各朝

唐

武德五年（622 年）

恢复衡阳县，属越州永嘉州，今苍南地属横阳，凤阳地段属赤垟。

贞观元年（627 年）

横阳又并入永嘉县，属江南道括州，今苍南地属永嘉。凤阳凤楼碗窑，开荒造地，建造窑厂。从碗窑开出一条15华里运碗古道（碗窑至公丽岭至围内岭脚至水尾桥至店仔基至罗垟隔至九里宫至古路尾至五硐桥）。

上元二年（675 年）

安固县属江南道温州，今苍南地属安固。凤阳碗窑开始运销外地。

太和八年（834 年）

9月，洋下水灾，乡民流离失所，大多数向山区搬迁，凤阳碗窑开始聚居人数较多。

会昌年间（841—846 年）

建东林寺（今称东庵）。在今马站蒲城城东（清同治七年重建），故蒲门此之称号。凤阳属蒲门管下故号"蒲门凤阳"。

天祐年间（904—907 年）

蒲门设戍。凤阳属蒲门戍管辖。

五代

后晋高祖天福年间（936—947 年）

闽王王审知少子王曦据闽作乱，长溪（今福建霞浦）一带居民纷纷移居蒲门，凤阳入迁较多。

宋

太平兴国七年（982 年）

12月，朝廷免前欠赋税。是年平阳县设有11个乡，其中蒲门乡，当年凤垟属蒲门乡所辖。

天圣二年（1024 年）

凤阳凤楼碗窑，碗窑规模很大。碗窑已成闹市，有街道、戏台，住居簇簇，来往熙熙。有壶、罐、杯、钵和虎子（溺器）。其中有褐彩青瓷，均为碗窑产品运售海外。

元平元年（1078 年）

5月，蒲门戍设寨。凤阳杨家坑寨仔山设有一寨，现留遗址，寨墙俱在。

建炎年间（1127—1130 年）

平阳县户口统计有主户35760户，人口42190丁，客户15384户，有19100丁。凤阳地段碗窑人数较多。

绍兴十三年（1133 年）

承议郎郑栎年任平阳县令。天旱、地震，凤阳受较大灾害。

绍兴十四年（1144 年）

3月，旱灾，官府历年积欠上供钱米。6月官府又免历年尾欠赋税。

乾道六年（1170 年）

5月 大水，夏旱。

乾道七年（1171 年）

连岁大饥荒，当时米价昂贵，一斗米值五六百钱。

咸淳二年（1266 年）

平阳县属两浙路瑞安府，今苍南地属平阳，凤阳属蒲门所辖。

咸淳三年（1267 年）

重建赤溪"五洞桥"。原筑于溪流入海口附近，桥下可通船，是南北走向重要交通要道，又是对凤阳碗窑运碗交通便利。

元

至元十六年（1279 年）

始改里为图，因每里册籍，首例地图，故有都图之称。凤阳属平阳县招顺乡五十二都，鹤江里。

元贞元年（1295 年）

9月，元政府定浙东两税法，夏税纳棉布绢，秋税纳粮。是年平阳县户逾5万，丁口则达170358丁，升县为州，属浙江省浙东道温州路。今苍南地属平阳州。凤阳属平阳州蒲门管辖。

明

洪武二年（1369 年）

降平阳州为县，属温州府管辖。苍南地属平阳，凤阳属蒲门五十二都，招顺乡，鹤江里。

洪武八年（1337 年）

矾山明矾始于生产，明矾销售，用人力挑运。挑矾古道（从矾山起点经南堡十八坎和牛栏宫到金斗垟至凤阳岭亭再经石龟到大贡亭直至圆潭到赤溪五硐桥过200坎磴埠达至赤溪）共有30华里。

洪武二十四年（1391 年）

平阳任知县戴茂奇（江西饶州人）。平阳全县户口普查，据统计共54809户，170358丁，全县田地山园共8061.1公顷。

洪武年间（1368—1398 年）

平阳县户口统计为54897户，人口170358丁。明政府为传递官府公文所需，每十里设一铺，平阳设十铺，不久废置。隆庆年间（1567—1572年）恢复铺司。

永乐十年（1412 年）

7月，南乡产嘉禾，164本，三穗者数本。是年平阳户口统计共43902户，114689丁。全县田地山园共8097公顷。

永乐十二年（1414 年）

大旱饥荒，农作物无收。

永乐二十年（1422 年）

秋大旱，大饥荒，农作物无收。

永乐二十一年（1423 年）

自秋至大中翌年春不雨，民大饥荒，农作物颗粒无收。

宣德七年（1432 年）

平阳县户口统计共34554户，80185丁。

正统年间（1436—1449 年）

平阳县户口统计共30346户，80085丁。《平阳县志》由慕贤东乡白沙（今属龙港镇白沙）人方遂修纂成书。蒲门，覆顶山内载。

成化二年（1466 年）

5月，飓风暴雨连下三昼夜，山崩屋坏，平地满水农作物颗粒无收，凤阳地段也受灾严重。

成化八年（1472 年）

平阳县户口统计共27279户，85613丁，凤阳居住人口未详。

弘治年间（1488—1507 年）

平阳县设有十乡十五都。凤阳属蒲门招顺乡五十二都，鹤江里。

万历二年（1574 年）

6月，大雨连下七昼夜，洪潮淹没禾田，山崩地裂凤阳受灾严重。

万历二十一年（1593 年）

闽人试种甘薯成功。自闽传入苍南地，沿海居民开始种植。

万历二十三年（1605 年）

凤阳凤楼村李家山始迁祖李仰山，字必英，从平邑北港下吞迁入李家山，繁衍成族。也是凤阳入迁最早一支族系。

万历三十六年（1607 年）

5月，干旱至闰6月26日大雨五昼夜不止，洪水暴涨，凤阳受害严重。

7月，雷宗祧（福鼎双华雷氏始祖）自福安迁入五十二都凤阳章家山土名上坑心（古厝基遗在）。

万历四十二年（1613 年）

李振泰、李振贵（华阳牛角湾李姓支系）迁入凤阳胡家坪。

崇祯四年（1631 年）

雷宗祧后裔第五世雷应俊从章家山移居凤阳龙头山，繁衍成族。

崇祯九年（1638 年）

雷明鸿（青街章山雷氏支系）从福鼎三潮吞迁入蒲门五十三都，后迁凤阳金龟坑三十亩。

清

顺治三年（1646年）

平阳县，属浙江布政使司分巡温处道（温州府），今苍南属平阳，凤阳属蒲门管辖。雷光涵、雷光沈（青街章山支系），从桥墩黄坛口搬至矾山古楼下，转迁詹家坑后搬凤阳五十二都仓头繁衍成族。

顺治五年（1648年）

陈仓兵乱，率部入山，凤阳居民不得安宁，大都数向山中隐蔽。

顺治十二年（1655年）

蓝国照（福鼎双华支系）从蒲门（马站）迁入凤阳顶堡。

康熙二十年（1681年）

6月，连续梅雨，又加飓风暴雨，凤阳受灾严重。

康熙二十三年（1684年）

清廷下令，蒲门展界，外迁居民纷纷回迁蒲门。雷光明（青街章山雷氏支系）从平阳青街迁入凤阳章家山。

康熙二十三年（1684年）

蓝云昌（福鼎浮柳蓝氏支系）迁入凤阳陈家湾。

康熙三十九年（1700年）

雷应龙、雷应籙（闹村凤岭脚支系）迁入凤阳顶堡崩山。

雍正元年（1723年）

大旱，南北潭河两岸干裂，凤阳农作物枯干颗粒无收。

雍正二年（1724年）

钟元盛（昌禅岙内钟氏支系）自昌禅迁入凤阳田垄头。

雍正二年（1724年）

蒲庄（蒲城）徐氏在仓头自然村建造仓厂，积谷屯粮。

雍正十年（1732年）

凤阳黑蝇盛行，水稻没收，此年大饥荒。

雍正十一年（1733年）

7月14日，虫灾大作，蒲门三都俱受虫害，凤阳受灾严重。

乾隆二年（1737年）

7月至8月15日，飓风暴雨多次袭击境内稻田尽淹没，清政府调用预备粮谷作为赈灾农民。

乾隆八年（1743年）

钟文彩（昌禅钟氏支系）从南宋垟头迁入凤阳隔头。

乾隆九年（1744年）

苏州商人至赤垟山（矾山）建立第一座炼矾厂（窑），凤阳少数人当劳工。

乾隆十四年（1749 年）

初夏，虫灾，九月九日大水，凤阳农作物损伤严重。

乾隆十九年（1754 年）

雷世昆（平阳青街章山支系）从赤溪中墩迁入凤阳顶堡。

乾隆十九年（1754 年）

时逢大饥荒，谷价涨高。

乾隆二十二年（1757 年）

钟文曾（朝阳钟氏支系）从福鼎梅溪迁入凤阳中贡自然村。

乾隆二十三年（1758 年）

蓝振忠（福鼎浮柳蓝氏支系）从平阳顺浮朱山迁入凤阳姚头岗。

乾隆三十年（1765 年）

自将军岭脚至石塘、赤溪、蒲门一带五十里内，沿山滨海，田地墟废，居民粮食不足，每过岭买米，常被地棍、营兵沿边界时逐人搜查没收，居民赴县控告，知县何子祥准状，颁布《米准流行示》。

9月，凤阳民众募建蛤蟆宫（现凤阳大宫）。

乾隆四十四年（1779 年）

雷世忠（闹村凤岭脚雷氏支系）从平阳闹村迁入凤阳五十二都金龟坑交椅环。

乾隆年间（1736—1795 年）

周之德，马站下魁人，官四川千总，中军副将。在职期间悉父病重，告假还乡，随带几只柚子供父品尝，父食后，高温减退，咳嗽减轻，家人将柚籽种于庭园，成活一株。因一年四季开花，故名"四季柚"。在清代中叶以"仙家名果"的称誉，作为贡品献给朝廷。凤阳"四季柚"源从此传。

嘉庆二年（1797 年）

凤阳中贡自然村梁姓与李家山李氏，因争议祖坟及余地田亩事，引起纠纷，双方呈文投诉平阳县，知县李合和，亲临现场，判断李氏胜诉，梁姓父子受罚被押。然后梁姓移居蒲门甘溪，据《梁氏宗谱》载，迁入甘溪迁始祖名号"凤阳"。

嘉庆八年（1803 年）

浙江省巡抚阮元和学政文宁曾明文咨推畲民"能通晓文义者，应请准与平民一体报名赴考"。

嘉庆十六年（1811 年）

夏旱至秋，禾苗尽枯，大饥荒，贫民挖苦菜充饥，凤阳同样受旱灾。

道光十年（1830 年）

8月2日，飓风骤雨，田禾淹没无数颗粒无收。

道光十四年（1834 年）

夏雨，蒲门大水，凤阳受灾，农作物仍欠收岁大饥荒。

道光二十四年（1845 年）

5月，仓头童生雷云与同弟雷夏（名雷国灿），参加平阳县试。受官衙许多限制。同父雷文和，其叔雷子清对民族歧视展开诉讼争辩。

6月16日，雷云与堂叔雷子清（雷夏父）呈文温州府要求应试。

6月23日，温州府衙批复"畲民雷云等应试，自宜一律准其与考"。

道光二十五年（1845 年）

雷云、雷夏参加温州府试，学师指派廪生，王庭琛作保。但陈重光、王藻金、李如奎、庄兆辉等鼓动童生三四十人。令其学生李如奎，书写匿名信张贴。

道光二十五年二月二十六日

雷云呈状温州府，请求恩赐论保，以杜觊觎，以免（应试）期误。

2月19日，温州府发出布告，示论童生，务须恪遵定例，任畲族考试。毋得再行抗违，藉端阻止。该廪保亦即行画押送考，不得听各童勒抑。

2月26日，雷云、雷夏临考点名时，陈等竟又诬言雷云身家不清而至使扣考，阻止入场应试。

3月3日，雷云与堂叔雷子清呈状温州府，陈述雷云应试受阻经过。请求"研讯确情，按例究详"。

3月4日，府宪指示，兹据呈称陈等勒索洋银不遂，因此挟嫌带令童生，三四十名浮言怂狂，阻止入场等语，如果属实，候饬平阳县提齐人证确切研讯。并查明该畲民有无身家不清，务得实情，具详究办，并示雷云等赴县候审。

3月17日，雷云和叔子清呈状平阳及县学温州府。

4月13日，雷云和叔子子清再次呈状"温州府"。

4月21日，雷云和叔雷子清呈文府台，诉陈某等勒索不遂，逆旨阻考。

4月23日，雷云和叔雷子清再次呈文县、府台投诉陈重光、李如奎等人（名李芳秋，凤阳凤楼坑边人，邑庠生），逆旨阻考，追赃严办。

5月15日 呈状温州府，直言此案虽府宪指令县衙，彻查严办。原告也已提供产契税证与邻乡证言，并多次传讯被告到案，但都未能胜诉。

8月3日，雷云再禀师台，请求师台从中催促。

9月4日，雷云、雷子清连续四次向温州处道宪呈文，终无批复。

11月13日，雷云虽然考案久缠不下，矢志不移，深知这不是只为自己求学而诉讼，而是为温州畲民权益抗争。相继向县、府呈文请求"限提拘案会讯，照列通详完案"之后，斥责陈重光、李如奎、逆王章，藐府论前抗后逃。贻案无结局，搁县府两考，差延攻书之日，怨深入骨。

道光二十六年（1846年）

2月3日，雷云与堂叔雷子清不远千里赴浙江省投诉，呈文巡抚文宁，奏请定案。抚宪批示："准予畲民一律赴考。"

3月28日，雷云备文并录抚宪批示呈送学宪，请求"立饬确核案卷，按例通详清案息讼"。

4月1日，雷子清（处士）为考试已打3年官司"登山涉水""日夜奔波""备尝艰辛"，赴省、府两次提起诉讼，均身疲力竭。风尘劳瘁，抱病在途，赴浙江省回乡病逝，享龄51岁。临终时，心负怨恨。

闰5月13日，雷云再次呈状，温州府台此状上呈，后得批准收案候讯。

5月19日，雷云邀请同乡、邻人到平阳县城听讯，庭审具供结案。

6月28日，雷云呈文县、府、道、省四级官衙同时投诉，求请准予畲族童生参考，指责陈、李、王、方等逆旨阻考，依法严办。

7月14日，飓风三日，大水坏了乡庐无数，凤阳受灾。

道光二十七年（1847年）

9月14日，温州府知府徐瀛颁布《温州府论禁阻考告示》内称："经浙江省、府详核。"平阳县畲民雷云应准与考，该县各童阻挠，显违定列，自应严行查禁……惟现在县、府两试均已考过，该童雷云请准其分别补考，倘该县廪生及各童等再敢阻扰，即由该县照例究办。此事在《雷氏宗谱》和官修的《学政全书》中均有记载。

咸丰元年（1851年）

雷仲全（福鼎菁寮支系）从福鼎箩唇迁入凤阳陈家湾。

咸丰三年（1852年）

凤阳蓝姓（双华蓝氏支系）与坑边李姓，为了祖墓余地界限双方争议引起宗族械斗。嗣后提呈诉讼，平阳知县伍绍坤亲临此地，按公判定，立墓碑记，现以保存俱在。

咸丰三年（1853 年）

6月18日，连续飓风大雨12天，至29日雨雾，平地水深六七尺，山崩地裂，凤阳崩山，南山龙头滑坡大崩方。凤阳受灾严重。

咸丰八年（1858 年）

金钱会骚乱，民不得安宁，凤阳人民多数向深山密林隐藏。

咸丰十年（1860 年）

凤阳仓头自然村建有27间走马大楼。矾山至赤溪管辖颇有名目的"仓头大厝"。

是年冬，雷云考取贡生（拔贡）。钦受"六品儒林郎"，顶戴花羽。竖旗杆二对，悬匾额"文魁"一方。

咸丰十一年（1861 年）

凤阳仓头自然村雷国灿名雷夏（雷子清之子），蒙福鼎烽火门参戎，授"军功五品衔"。

同治二年（1863 年）

凤阳大宫重建两走廊和戏台。是年秋月，平阳知县余丽元赠给凤阳中贡儒士钟学义耆耆钟延益"五叶承芬"匾额一方。

同治三年（1864 年）

1月16日，大雷雨，又冰雹，至23日始止，平地积雪数尺。

同治八年（1869 年）

仓头自然村五品军功雷国灿3月6日病逝，享龄43岁。

同治十年（1871 年）

仓头自然村雷用霖名宗显，岁试取入21名庠生（俗称秀才），钦赐蓝衣雀顶。

光绪二年（1876 年）

凤阳中贡自然村钟小玉名庆英考取丙子科庠生（秀才）。

6月11日，飓风大雨，平地水深数尺，岁收大歉。

光绪三年（1877 年）

12月4日，仓头自然村贡生雷云别逝，享龄52岁。

是年仓头雷作霖名雷宗功院试取入泮"第一名案首"，庠生，授封"景梧相"。平阳县知县冯德坤赠书香匾额"府案首"。

光绪四年（1878 年）

6月，境内疫气发作，传染严重。

光绪八年（1882 年）

5月9日，大水，7月12日狂风暴雨。

光绪十四年（1888 年）

仓头案首雷作霖创办"仓头私塾"学生60多人。

光绪十八年（1892 年）

6月，大旱，庄稼旱枯，颗粒无收。

光绪二十四年（1898 年）

中贡秀才钟小玉创办"凤阳宫私塾"，学生50多人。

光绪二十五年（1899 年）

8月15日，飓风大水，田禾歉收。

光绪二十八年（1902 年）

夏秋，瘟疫大作，凤阳患疫有亡者。据钟庆英《情旨稿载》"残夏延及新秋，疫氛沸腾。鄰村射影酷拎，瘟痧错赶……"是年水口宫"木偶皇君传戏剧祈安"7天。仓头洞下宫，凤阳大宫都聚众募缘设醮，遣灾保安。

光绪二十八年（1902 年）

冬月平阳开办县学堂，推行新学制。

光绪二十九年（1903 年）

鹤顶山宫"白鹤仙师"童子"坐刀轿"环村出巡，途经马站、矾山、赤溪三日游。

光绪三十年（1904 年）

仓头自然村李姓村民栽植熬烟（鸦片），平阳知县程云骥亲临仓头自然村，铲除一切栽植，焚烧李氏祖宅12间。

光绪三十四年（1908 年）

仓头自然村儒士雷天垂字玉麟创办"深弯蒙馆"，学生20多人。

是年，章家山深垇宫"齐天大圣"童子"坐刀轿"环村出巡，途经马站、矾山、赤溪三日游。

光绪（1875—1908 年）

覆顶山（今鹤顶山）祥云寺重建。

宣统元年（1909 年）

蒲门乡五十二都赤溪成立"复初小学"。

二、中华民国

民国元年（1912 年）

8月27日至9月7日，连续5次大风雨，四乡山水爆发，田庐冲没，平地水淹三四天，岁收大歉。

民国 2 年（1913 年）

大旱荒年，蝗虫大作。据《仓头秀才雷作霖情旨稿记载》，赤溪设醮架造"九重楼"，祈雨内祥："蝗虫间作，剥食地瓜。田豕渐滋，常纺百谷，茂林丰草害物之兽甚多，北陌南阡食苗之虫不一。"

民国 4 年（1915 年）

平阳设修志局。刘绍宽（白沙刘店人）任副纂，着手编《平阳县志》，有记载南港蒲门五十二都等事。

民国 5 年（1916 年）

矾商朱慎思等合办振华公司。是年殷汝骊、林赞卿成立"东欧明矾实业公司"，后改组为"兴记矾厂"。赤溪设有矾馆，人工挑运，凤阳水口至石龟，繁荣热闹，饭店、布店等商店数家。

民国 6 年（1917 年）

蒲门乡设有警察派出所，置警佐1员，凤阳属蒲门乡置警所管辖。

民国 7 年（1918 年）

7月，大旱，禾苗干枯，农作物无收。

民国 8 年（1919 年）

仓头自然村雷必超创办"坑边蒙馆"，学生20多人。

民国 9 年（1920 年）

9月2日至6日，飓风大水，凤阳受灾严重，岁收大歉。

民国 10 年（1921 年）

郑文成、刘景成、徐惠卿积极奔走倡学，在畲、汉杂居的穷山区筹措经费创办第一所小学，名称"雄扬小学"。

民国 11 年（1922 年）

9月28日，飓风大水，凤阳受灾严重，农作物基本无收。

民国 12 年（1923 年）

8月7日、10日，两次飓风暴雨，房屋受损树木刮倒。

民国 13 年（1924 年）

8月，雷志昌与赤溪矾馆管理员发生口角引起殴斗，被打的遍体鳞伤，卧床不起，但赤溪矾馆负责人置之不理，此事引起民族纠纷。

民国 14 年（1925 年）

仓头自然村雷必曹创办"杨家坑蒙馆"，学生20多人。仓头自然村雷必多创办"姚头岗私塾"，学生30多人。

民国 15 年（1927 年）

由福安人杨彩廷创办"龟墩学校"，校址龟墩宫。教师1人，学生数失载。

民国 17 年（1928 年）

仓头自然村雷必挺创办"坝头贡私塾"，地址坝头宫，学生20多人。

9月6日和14日，两次飓风暴雨，凤阳损失严重。

12月10日，台州海盗在中墩登陆，窜至赤溪抢掠烧杀。途经凤阳、石龟、水口、放火焚烧民房7间，无人命损失。

民国 18 年（1929 年）

7月，马站集美京剧团，俗称佳禾班，由戏曲爱好者吴佳禾创办，来凤阳蛤蟆宫演出7天。

8月18日至11月5日，大旱79天，虫灾盛发，农田无收，米价高涨。

是年，平阳县推行改街为里，实行村里制，凤阳属蒲门乡五十二都凤阳村。

民国 19 年（1930 年）

凤阳中贡自然村秀才钟小玉先生辞世，享年83岁。

7月28日，大风，31日大风雨。

民国 20 年（1931 年）

凤阳水口钟大友创办"隔头私塾"，校址钟氏大厅，学生20多人。

民国 21 年（1932 年）

霍乱发作，仓头、坑边、姚头岗自然村连续发生染病死亡事件。其中仓头自然村，在4天内就有7人死亡。

民国 22 年（1933 年）

5月，下旬，大风暴雨，9月18日至是年2月11日，连续干旱148天。

是年，根据《平阳县畲民调查》记载，在今苍南境内共有畲民4700人，其中凤阳约1000人。

是年秋，中共平鼎负责人陈昌会、林辉山到凤阳章家山（今凤阳乡鹤峰村交椅环）自然村，发动地下党组织，开展抗阻、抗捐、抗税、抗粮、抗债的"五抗斗争"。

民国 23 年（1934 年）

春，中国共产党平阳支部成立。书记陈昌会、组织委员林辉山、肃反委员陈积云又到凤阳沟椅环自然村，发展党员，建立党组织。

是年秋，雷汉答等5兄弟和几十名赤卫队员一起配合游击队攻打国民党藻溪自卫队。

2月，"雄扬小学"校长郑文成病辞。后徐惠卿任校长。

民国 24 年（1935 年）

成立凤阳乡，属昆南区（第6区改名），乡址凤阳大宫。乡长郑和据（凤阳顶堡人）。

3月，中共平阳中心区委第一次会议在凤阳姚头贡召开（今属凤阳乡凤楼村）。

6月，肃反队镇压凤阳乡长和劣绅。成立中共平阳中心区委领导下属党组织：交椅环党支部（书记雷汉答）；龟墩北山党支部（书记黄钦灿）；漈头党支部（书记杨地遏）。

是年冬，董光意、钟友辉、蓝准是、钟大兴、郑锡飘、杨伯应壮烈牺牲。中华人民共和国成立后追认为"革命烈士"。

民国 25 年（1936 年）

3月16日，由罗烈生率领鼎平独立团70多人，凤阳赤卫队配合，袭击赤溪敌据点，火烧国民党赤溪公所，毙俘敌各1人。

3月下旬，中共浙南特委书记龙跃带领鼎平县委书记江如枝和平阳县委书记周建生等在凤阳龟墩坚持革命斗争。

4月，凤阳龟墩支部会址"龟墩护台宫"被国民党矾山防务队烧毁。

10月，鼎平县、平阳县革命委员会成立，会议在鹤顶山脚"白鹤仙师宫"召开。因叛徒出卖，国民党防务队队长林友森（林瑞伍）领兵到鹤顶山脚自然村，纵火烧毁雷必宽3间瓦房，雷必宽当场被捕，壮烈牺牲于马站。雷志余、雷必因、雷国沿、蓝朝森壮烈牺牲，解放后均定为"革命烈士"。

是年，中共鼎平县蒲矾区委成立，书记雷汉答，下辖龟墩北山党支部，书记黄赐义，漈头党支部，书记杨地遏等。

是年，国民党联甲反共，在凤阳章家山（鹤峰村）建造"炮台"。

民国26年（1937年）

1月，由刘英率领红军挺进师200多人，抵达凤阳登上鹤顶山，夜宿鹤顶山寺院。

凤阳有赤卫队87人配合袭击赤溪碉堡，缴获步枪10支，俘敌多人。

8月，鹤顶山脚自然村蓝朝权创办"鹤顶山蒙馆"，校址自家大厅，学生20多人。

是年，"雄扬小学"改为"平阳县矾山区民生初级小学"，校址设在凤阳乡第四保半垟宫，陈焕绰任校长，教师3人，学生50人。

是年冬，中共鼎平县平阳中心区委第二次会议在凤阳姚头贡召开，会未开始，被国民党赤溪壮丁队团团包围，钟显千当场中弹身亡，钟友拱被捕，后在赤溪丁埠头被砍杀，壮烈牺牲。中华人民共和国成立后均定为"革命烈士"。

民国27年（1938年）

5月7日，中共浙江省临时省委会第一次会议在平阳凤卧乡玉青岩村周尔信家中召开。凤阳雷汉答、雷汉里参加。

9月28日，飓风大雨，凤阳损失严重。

民国28年（1939年）

抗日战争全面爆发，红军北上抗日，凤阳党组织停止活动。

民国29年（1940年）

11月2日，纸币大贬，百物昂贵。每元只购白米4斤半、购谷6斤半、番薯丝20斤、白豆2斤。

民国30年（1941年）

春，凤阳天花病流行，先后10多个人染病丧生。

8月，平阳县征兵任务为中央军4395名，地方军1950名。实征数中央军4443名，地方军563名。凤阳抓壮丁严重，夜间民不得安宁，多向深山密林隐藏。

民国31年（1942年）

仓头自然村创办"赤溪第五保国民学校"校址塘下宫，校长雷必立。凤阳"民生初级小学"改为"平阳县凤阳乡第六、七、八保联立国民学校"校址凤阳大宫，校长陈崇礼。

是年，由中共浙南特委决定，浙闽边区办事处改为中共浙闽边区区委，调整干部，重新布置工作。

民国32年（1943年）

凤阳属马站区（矾山区改名）。

9月10日至是年1月27日，大旱141天，田亩龟裂，粮食无收，农作物干枯。

9月13日，崙山维持会主席蔡功，秘书长林成（即林友森）率领伪军在赤溪登陆，被平阳县自卫队击退，向凤阳至高垟山逃命。

是年，冬凤阳学校改为"平阳县凤阳乡中心学校"，校址在凤阳大宫，校长陈均勇。

民国 33 年（1944 年）

10月，大刀会会首董仁涨、蔡月祥两股200多名武装，携带长短枪10支，轻机枪2挺在赤溪登陆，途经凤阳往昌禅方向。

民国 34 年（1945 年）

夏末秋始，台风暴雨。

民国 35 年（1946 年）

撤销凤阳乡，属蒲门区（马站区更名），凤阳归属何乡不明。

6月22日至24日，飓风暴雨，毁屋折木。

8月，凤阳学校改名为"平阳县凤阳中心国民学校"校址凤阳大宫，校长陈瑞。

8月27日至30日，连续大雨三日。

民国 36 年（1947 年）

2月，中共鼎平县委恢复老区活动，培养吸收新干部和发展党组织，恢复蒲门区委，林乃芳为书记，陶大恭为组织委员，到凤阳发展党支部。在凤阳章家山（今属鹤峰村）建立农会，民兵组织，经常开会宣传，青壮年全部参加民兵，共50人，民兵队长钟大考。

民国 37 年（1948 年）

8月21日至22日，大水。是年龟墩南山党支部成立，书记郑义乐。

秋月，中共浙南特委发动群众开展秋收斗争。凤阳中共南鹤区委领导下成立顶堡后坑党小组。

12月10日，南鹤区委发动矾山的尖家坑、白坟、蔡家山、昌禅的南山、莲花山、漤头隔和半垟、凤阳、龟墩、仓头、章家山等地民兵400多人，配合鼎平武工队，攻打赤溪顶街碉堡和南行碉堡，震慑敌人。

春，凤阳"中心国民学校"改为"平阳县矾山第十一保国民学校"，校址凤阳大宫，校长雷明（名雷必颢凤阳后坑人后居小心垟）。

三、中华人民共和国成立后

1949 年

2月，中共南鹤区委派林乃芳、陶大恭、李知兴、杨子耕、蓝明辉等同志到龟墩、鹤顶山、顶堡、后坑等地进行活动。书记郑义乐。凤阳南山党支部书记，蓝升株。

4月，国民党的苛捐杂税，租粮都被抗掉，挑夫，壮丁也已免了，凤阳民兵参加拆赤溪炮台。

5月12日，平阳全县解放。是月，蒲门区政府建立，凤阳属蒲门区管辖的一个行政村。

1950 年

5月14日，国民党海匪五六百人从海上登录，进行骚扰。凤阳民兵大力支援解放军与海匪作战。

7月13日，凤阳鹤峰民兵雷子贵及钟娇莲、雷贵英等发现5人化妆成采茶农民的匪特，民兵连马上组织本村60个民兵，兵分两路上山，从半夜一直搜到次日中午，在石洞里终于抓捕到特务5人。

7月，蒲门、矾山分建两个区，同时成立矾山区政府。7月1日凤阳成立乡政府，乡长卢兴茂，副乡长杨崇珍，农会主任陈邦扣。

7月6日，鹤峰小学成立，教师雷必通（岱岭人），校址"深湾宫"，学生人数30人。

1951 年

3月2日，凤阳乡所在附近岭边、北山、南山三个村，由各村群众自筹食谷作为教师工资创办三所村小。

8月20日，三所村小合并为一所名曰"凤阳小学"，校址设凤阳大宫，校长郑宗沛。

1952 年

5月19日至22日，连续4天台风大雨，凤阳受灾严重。

8月，平阳县委决定建立赤溪区，凤阳乡划归赤溪区管辖。

1953 年

3月22日，凤阳乡取缔反动"五龙会"道门行动，惩罚会首2人。

6月14日至8月15日，连续干旱63天，严重旱灾。农作物枯萎，灾情严重。

8月5日，中央民委调查组到凤阳畲区进行民族识别调查40天。

9月20日，凤阳有6名青年响应国家号召报名参军，成为抗美援朝志愿军。

10月5日，鹤顶山蓝国璋被选为浙江省工商联执行委员，出席浙江省工商联代表大会。

1954 年

4月1日，蓝国璋参加平阳县工商联任委员，兼赤溪工商联主席，当年选为平阳县人民代表。

4月5日，凤阳乡人大召开，钟大洪当选为乡长，郑和论为农会主任。

1955 年

8月8日，创办"凤阳供销社"，负责人李招庆。

1956 年

3月，平阳县委决定，撤销赤溪区并入矾山，凤阳并入南堡乡管辖。

12月3日，国务院正式公布，认定畲族为少数民族。温州第一个民族乡凤阳畲族乡成立。

5月，凤阳小学，浙江省定点创办"浙江省少数民族完全小学"，校长雷必语。上级拨款新建2个教室，在老宫修理2个教室，1个办公室和教师宿舍，学生享受学费减免政策。

12月10日，以社员合股成立"农村信用合作社"，地址设在大宫内。

1957 年

3月10日，凤阳小学暑假教师参加肃反，反右学习。

5月1日，鹤顶山蓝国璋代表浙江省少数民族赴京参加"五一"观礼，受到毛泽东等中央党和国家领导人接见，并合影留念。

1958 年

4月，平阳县矿冶公司勘察，并开采鹤山村隔头自然村银珠洞硫铁矿。

9月4日10时，12级以上台风从赤溪中墩登陆，袭击凤阳，山洪暴发，倒塌房屋570间，拔倒百年古树上百株。

10月，凤阳掀起公社化运动，从低级社到高级社，大搞一体化生产，大办公共食堂。

8月15日，凤阳51位民工投入支援桥墩水库建造。

1959 年

3月，平阳县委副书记陈常修带有内务局、农业局和统战部等部门工作组驻凤楼42天。

4月25日，凤阳有12名青壮年响应政府号召，赴宁夏支援边疆建设。

9月，平阳县委、县政府决定撤销赤溪公社，并入矾山公社，管理区改称为生产大队，凤阳归矾山公社管辖。凤阳生产大队书记白希涨，大队长钟大考。

12月28日，仓头自然村雷天三当选为平阳县第二届政协委员。

12月30日，省军区平阳县人武部在矾山公社赤溪召开军民联防现场会，会议研究了联防组织工作，此后凤阳成立人武部联防。

1960 年

4月27日，雷文理代表浙江省少数民族干部赴北京参观"五一"观礼，受到毛泽东等中央党和国家领导人接见，并合影留念。

8月10日，桥墩水库连续遭受3次暴雨袭击，于凌晨4时15分左右，洪水漫过坝顶，冲垮大坝，水库出险。凤阳参加建造人员平安无事。

11月，贯彻《中共中央关于农村人民公社问题的紧急指出》纠正"共产风"，退赔平调物资，解散公共食堂。

11月3日，凤阳学校开展勤工俭学，养殖畜牧业，各村创办"畜牧场"。

1961 年

10月11日，"凤阳大桥由民筹公助"历经一年时间的建造，于是年12月竣工。

1962 年

3月21日，矾山邮电支局建立，凤阳为邮电营业处，邮递员1人。

7月，蝗虫发作，稻禾干枯，灾情严重。凤阳民众集资，在仓头小学设醮祈安佛事3天。

9月11日，仓头自然村雷天三被选为平阳县政协第三届委员。9月13日被聘请为"浙江省文史研究馆馆员"。

1963 年

6月27日，国民党"反共挺进军第三十一支队"，武装特务11人，在赤溪的大渔湾登陆，伪装成人民解放军，分两路向七姐妹山和案棹山方向流窜。凤阳民兵参于组织配合部队进行跟踪围剿。

12月28日，仓头自然村雷天三被选为平阳县第四届政协委员。

1964 年

6月30日，全国第二次人口普查，凤阳总人口4571人。

11月至12月，凤阳成立贫下中农协会，开展"四清"（清政治、清经济、清组织、清思想）运动。

1965 年

3月，曾碧玺、朱善奈任凤阳公社副社长。

5月，凤阳中心校原校址（凤阳宫），迁建到南山塘沽边，建筑一座钢筋水泥结构的5间二层楼学校及其它附房。

10月11日，凤阳开展"农业学大寨"运动，掀起造田、筑渠、平整土地、造人力板车路、掀起大规模的开荒栽茶等农业基本建设高潮。

1966 年

4月18日，仓头自然村雷天三被当选为平阳县政协第五届委员。

8月，"文化大革命"运动开始，"红卫兵"组织成立。进行"破四旧，立四新"等活动。

9月至10月，凤阳有6位学生参加红卫兵组织，学校停课闹革命，外出串连。

10月16日，凤阳"造反派"开展批判所谓"资产阶级反动路线"斗争。党政干部被审查、批斗，社会秩序混乱。

1967 年

1月25日，凤阳"造反派"组织举行大会，热烈欢呼中共中央发布《关于中国人民解放军坚决支持左派群众组织的决定》。凤阳大字报铺天盖地，揭发凤阳党政领导的所谓"罪行"。打倒"当权派"，环村批斗游行，轰动凤阳。

9月至10月，驻鹤顶山解放军部队战士到凤阳乡搞联防文艺宣传工作。

1968 年

6月秋，凤阳中心校清理阶级队伍，教师参加社会宣传活动。

8月3日至11月7日，凤阳遭受107天大旱，田地龟裂，人畜饮水困难。

1969 年

3月，凤阳中心校复课，成立贫下中农管理委员会管理学校。

8月，平阳县革委会批准，建立凤阳公社革委会，恢复党组织活动。第一任副主任许加瑞。

1970 年

3月，贯彻中共中央文件，凤阳开展"一打三反"（打击现行反革命、反对贪污盗窃、反对投机倒把、反对铺张浪费）运动。

5月，凤阳公社革委会筹建明星大队水电站，在平阳县水电和有关部门支持下，群众投工献料。

7月，凤阳建立转播室，转播县、区有关新闻消息，及时发播病虫情报。

1971 年

7月，凤阳公社召开选举大会，选举张世界为党委书记，许加瑞、雷文理为副书记。

9月，凤阳遭受台风暴雨袭击，山体滑坡，损毁民房14间。

1972 年

5月，凤阳明星水电站建成发电，发电量40千瓦，供应所在地附近村民照明。

8月17日，第9号台风在金乡登陆，风力12级以上，连续3天暴雨，冲毁凤阳鹤山溪边塘沽，凤阳受灾严重。平阳县政府拨救济款8000元救济灾民。

10月，推行赤脚医生制度，各村办起合作医疗室配备赤脚医生。

1973 年

春，浙江省委派林辉山、吴植橡、张立修带领省委工作队进驻凤阳，开展面向思想政治路线教育。

5月，凤阳银珠硐硫磺矿正式属凤阳企业管理，成立"凤阳企业管理会"，主要负责人蓝准瓜。

7月，矾山第5矿建公司开山队组织人员赴江西瑞金、九江等地开山建设。凤阳有120人参加，带队萧可表、钟大桃。

1974 年

2月，凤阳成立领导小组，开展"批林批孔"运动。凤阳中心校附设初中班，是年钟大庆被评为"平阳县五讲四美积极分子"。

1975 年

5月27日，凤阳公社召开农业学大寨经验交流会，总结交流经验，推进农业学大寨运动的更加深入。

7月15日，凤阳公社发动全体群众"开荒造地南水湾"。创办"凤阳南水湾林场"，负责人钟希回。

1976 年

1月8日，国务院总理周恩来逝世。凤阳干部、群众自发佩戴黑纱，举行悼念活动。

6月，凤阳农村粮食紧缺，外出谋生，逃荒人数日益增多。苍南县发放蕃薯片赈饥。

7月6日，全国人大常委会委员长朱德逝世，凤阳群众深切悼念。

9月9日，中共中央主席毛泽东逝世，政府、学校等单位下半旗致哀。

10月，凤阳干部及广大群众在凤阳大宫举行粉碎"四人帮"反革命集团庆祝大会。

1977 年

4月，矾山至赤溪公路动工兴建，指挥部设于凤阳学校。

1978 年

2月28日，凤阳境内遭台风袭击，民房、设施损坏严重。

4月，钟大考任凤阳公社党委书记。是年，凤阳公社成立"文化站"。

5月20日，凤阳公社成立工作办公室，进行开展排查右派及四类分子摘帽工作。

6月，建造鹤峰大队"金龟坑"发电站，并带建碾米饲料加工厂。

1979 年

8月，矾山镇群众自筹资金在鹤顶山创办电视转播台，转播福建电视台节目。这是苍南县第一台电视转播台。

12月，凤阳全面进行对"地下党"人员政策落实工作，开始对中华人民共和国成立前参加革命的老党员、老游击队员、老交通员申报批准给予定期定额补助。

夏季，松毛虫大发，凤阳满山松树干枯，路上密铺毛虫，行人无法踏足。

1980 年

1月，郭显滔任凤阳公社党委书记、黄丕日任凤阳公社副书记。

3月，根据中央中央〔1980〕75号文件，农业生产责任制在全国农村以最快的速度开展。此后，凤阳公社掀起包干到劳，包产到户的热潮，简称"大包干"，农村农业体制改革进入新的高潮。

1981 年

6月15日，凤阳发生松毛虫侵害，松林受害面积较大。普遍采用白僵菌进行防治，效果较好。林业部门还推广化学农药防治，灯光诱杀和人工摘茧等综合性防治措施，也取得一定成效。

6月18日，国务院下达《关于浙江省设立苍南县的批复》文件，将原属平阳县灵溪、矾山、宜山、钱库、金乡、桥墩、马站等7个区的72个公社划归苍南县管辖，县址设在灵溪镇。

1982 年

6月13日，全国第三次人口普查。凤阳公社有1163户，总人口5111人。

1983 年

4月，鹤顶山上中贡蓝国璋当选为浙江省第六届人民代表大会代表、苍南县第一届人民代表大会常委。

8月，原公社社址凤阳大宫，搬迁到鹤山村下庙新建三层楼乡址办公，现凤阳畲族乡政府驻地。

9月26日，第10号强台风袭击凤阳，田亩崩溃，损失严重。

9月30日，苍南全县创办民兵青年俱乐部144个，其中凤阳凤楼大队青年民兵俱乐部，被评为"苍南县先进民兵青年俱乐部"。

12月，凤楼大队共青团支部被评为"苍南县先进共青团支部"。

1984 年

4月，苍南县政府办公室通知各区公所、镇、政府、公社管委会对少数民族地区困难户发放赊销纯棉布、絮棉。凤阳共赊销票证4100张，票额21万元。

4月，恢复凤阳畲族乡政府建制，属苍南县直接管辖。

5月10日，召开凤阳畲族乡五届人大一次会议，代表45名，与会代表45人，选举产生李先秦（畲族）为凤阳畲族乡乡长，钟显桂（畲族）、雷顺银（畲族）为凤阳畲族乡副乡长。

9月21日，蓝升广（苍南县统战部副部长）赴北京参加中华人民共和国成立三十五周年少数民族国庆观礼。

10月17日，矾山至赤溪公路建成通车剪彩。横穿乡中部3个行政村，大大改变交通状况。

1985 年

2月，苍南县委决定撤销赤溪镇建立赤溪区，凤阳畲族乡属赤溪区管辖，原6个行政村不变。

3月10日，凤阳畲族乡五届人大二次会议召开，选举谢尚怀为乡政府副乡长。

10月，赤溪八角潭水电站向凤阳乡输电，全乡架设8公里长高压线路，6个行政村全部通电，解决了凤阳全乡照明。

1986 年

7月，浙江建筑总公司物资处副处长谷孝德带队的省委工作组，来凤阳帮助整党指导工作，同时介绍凤阳24名青年人上杭州参加浙江省第四建筑公司工作。

9月，凤阳畲族乡第一学期起少数民族学生享受学费减免。

1987 年

4月上旬，召开畲族乡六届人大一次会议，全乡代表45名，其中畲族代表22名，大会选举钟昌元为乡政府乡长，钟显桂、谢尚怀当选为副乡长。

6月，蓝升广、钟昌元被选为苍南县人大三届代表大会代表。

11月10日，鹤峰村支部书记雷子旺被评为浙江省少数民族团结先进步个人。

1988 年

4月14日，国务院授于苍南县科委"全国民族团结进步先进集体"称号。苍南县科委在凤阳畲族乡进行科技扶贫，引进高山播种"汕优63号"杂交水稻。

5月13日，浙江省政府批准苍南县为革命老根据地。经温州市政府批准，全县计有革命老根据地乡镇47个，凤阳畲族乡列入之一。

5月20日，经苍南县扫盲检查验收，全乡达到基本无盲乡。

1989 年

3月1日，苍南县委、县府作出《关于加强绿化荒山、振兴苍南林业的决定》，制定"六年消灭荒山，十年绿化苍南"规划，要求到2000年全县新增森林面积19万亩，凤阳占有9万亩。

8月，成立凤阳老人协会，发展会员800人（包括半垟片并入），会址设凤阳宫外厝桥头。

1990 年

4月2日，召开凤阳畲族乡七届人大一次会议，全乡代表43人，大会选举郭显解为人大主席，钟昌元（畲族）为乡长，钟显桂（畲族）、周德前为副乡长。

5月18日，李先梅被选为苍南县四届人大常委，钟昌元选为苍南县人大代表。

6月1日，苍南县委副书记、县长黄德余带领县人大常委会、县政协和县人武部、县委统战部、县教委、县妇联等领导班子成员，来凤阳乡小学进行"六一"儿童节慰问，学校组织师生夹道欢迎场面隆重。

7月1日，全国第三次人口普查，凤阳畲族乡总人口5324人。

8月7日，凤阳乡被评为浙江省少数民族体育运动先进集体单位。

9月4日，凤阳乡遭受第17号强热带风暴袭击，降雨量达825毫米，导致山洪暴发，民房倒塌，伤27人，死亡2人，基础设施毁坏，农作物被淹，损失惨重。

10月，鹤峰村党支部书记雷子旺被国家民委评为"全国民族团结先进个人"，出席浙江省民族团结表彰大会。

12月17日，凤楼村共青团员蓝延楼（畲族，赤溪中学学生）为抢救落水姑娘雷娥玉（革命烈士的孙女）献出了生命。经浙江省政府批准为"烈士"，共青团苍南县委授予为"优秀共青团员"的荣誉称号。

1991 年

1月15日，（元宵节）牛栏山发生森林火灾。乡政府、机关部门及群众200多人参与扑灭火灾。

6月下旬，凤阳中心校建造教学楼450平方米。

11月30日，苍南县委党史研究室编写的《苍南英烈》一书印行。该书共收录1925年至1985年牺牲的719名苍南籍革命烈士生平事迹和名录，其中凤阳有23名。

1992 年

5月19日，浙江省民政厅同意苍南县撤区扩镇并乡方案，凤阳畲族乡直属苍南县府管辖。

6月，苍南县委书记薛振安，温州市卫生局局长林文星、副局长毛汉涛来凤阳视察卫生工作，当场拍板由市局拨款7万元，其他单位资助新建一座三间二层卫生院。

8月6日，凤阳畲族乡政府规划新村建设，引导群众下山脱贫。

9月10日，温州市卫生局同凤阳乡扶贫挂钩，扶持资金建造凤阳乡卫生院，并赠送医疗机械设备。

10月14日，苍南县政府将凤阳等20个乡（镇）划作林区乡（镇）

10月18日，苍南县人大常委会组织林业检查组对凤阳等几个乡镇和林场贯彻实施《林业法》及林业法律法规落实情况进行检查。

10月27日，鹤顶山卫星转播台建成，接收温州和苍南两台。乡政府建造地面卫星接收台（建成可以接收中央1台、2台、浙江台、温州台、苍南台等5个台）。

1993 年

4月6日，李先梅（畲族）被选为苍南县五届人大常委，钟昌元（畲族）被选为苍南县人大代表，蓝升广（畲族）、钟昌元（畲族）被选为温州市八届人大代表。

4月8日，在凤阳畲族乡八届人大一次会议召开，全乡代表48人。大会选举李先秦（畲族）为乡人民代表大会主席，钟昌元（畲族）当选为凤阳畲族乡政府乡长，蓝上迪（畲族）为副乡长。

6月10 日，温州市卫生局扶贫挂钩凤阳畲族乡，局长林文星等一行来凤阳调研并扶持发展中药材绞股蓝、太子参等。

1994 年

7月，新农村规划建设初具规模，部分下山脱贫群众已新建楼房，并已陆续搬迁新村住居。

9月，鹤峰村党支部书记雷子旺，被评为"全国民族团结进步模范"，进京国庆观礼并同中共浙江省委副书记省长柴松岳合影留念。

9月，全乡办学最高峰时期，在校生达493人，而教师只有11人，可见当时的教师任务繁重，工作艰辛。

1995 年

2月，金乡镇与凤阳畲族乡扶贫挂钩，引进塑料编织袋加工及技术辅导。金乡高级中学与凤阳中心校结对帮教助学。

1996 年

3月22日，凤阳畲族乡九届人大一次会议召开。人大代表45人，林开宇当选为人大主席，雷顺华当选（畲族）为乡长，钟昌美（畲族）、徐秀光为政府副乡长。

1997 年

7月1日，庆香港回归祖国，乡政府在凤阳中心校，隆重举办丰富多彩"庆回归"文艺演出活动，乡领导班子登台亮相集体大合唱。

1998 年

4月，温州市九三学社组织医学专家、学者到老区少数民族地区，为当地群众义诊，并无偿发放药品。

1999 年

3月15日，凤阳畲族乡十届人大一次会议召开，代表43人，卢立凤当选为人大主席，李志楼（畲族）为政府乡长。

7月，苍南县县长上官女带领苍南县地质专家等有关部门来凤阳畲族乡调研，并亲临鹤山村龙头山自然村龙山岗地质灾害现场视察。

9月，苍南县政府决定同意龙头山自然村整村迁移，并给予划拨土地指标，确定立项顶堡村石龟地段规划建造民房安置灾民。

2000 年

7月1日零时，全国第四次人口普查，凤阳畲乡人口为5172人。

9月20日，凤阳中心校加大校网布局调整工作，优化教育资源配置，先后撤并初中部和岭边、隔头、鹤峰、龟墩、凤楼6所村完小，创办苍南县首批农村寄宿制学校。

2001 年

4月9日，凤阳凤楼村发现唐代大碗窑遗址，今授浙江省级文物保护区。

3月13日，召开凤阳畲族乡十一届人大一次会议，实到代表43人，谢尚怀当选为人大主席，雷顺银（畲族）当选为乡长，钟昌美（畲族）、金启希当选为副乡长。

4月18日，久居鹤峰村深山的交椅环、三十亩自然村40多户村民，喜迁赤溪北峇内"鹤峰新村"。

5月2日，参与中央电视台拍摄大型少儿电视剧《山的那边是大海》，蓝梅英演钟嫂，蓝成美负责畲歌指导。

9月29日，19号台风"利奇马"袭击凤阳，大暴雨。

11月28日始，凤阳乡全面推行殡葬改革，实行遗体火化。

2002 年

2月2日，苍南县政协文史资料委员会编的《苍南文史资料》第十七辑《畲族·回族专辑》出版发行。

9月7日，"森拉克"台风登陆袭击，凤阳树倒房毁，损失严重。

2003 年

6月17日，苍南县赤溪农村信用社扶持农民养殖、种植业，共发放支农信用卡170份，农业贷款84.50万元，支持凤楼村农民种植蘑菇，发展淀粉基地，山鸡、鹅等养殖业。

春夏间，"非典型肺炎"（SARS急性呼吸综合症）流行。全乡干部和医务工作人员全力投入抗"非典"工作，对外地返乡务工人员进行严格监控检查，严防传染病入境。

6月27日至7月25日，干旱、滴雨未下。高温炎热，酷暑难当。

8月20日，第11号热带风暴"环高"于上午10点15分在平阳鳌江沿海登陆，普降暴雨。

2004 年

4月16日，苍南县县长余梅生和汪义生、林秀政及县扶贫办、农办、民宗局部门领导来到凤阳乡进行扶贫调研。先后考察岭边村移民安置点、凤楼蘑菇、水果林基地、岭边村蛋鸭养殖场，并前往凤楼村看望革命烈士雷必宽家属，送去300元慰问金。

8月13日，第14号台风"云娜"在苍南过境，凤阳农作物受灾。

8月26日，第18号台风"艾利"的影响，普降大暴雨，凤阳遭受经济损失。

10月21日，中共杭州市萧山区委副书记王珠率区扶贫工作办公室相关负责人到苍南县开展扶贫挂钩活动，并给凤阳、岱岭、藻溪3个省级欠发达乡镇捐赠扶贫资金。

2005 年

8月，在凤阳畲族乡凤楼村举办畲歌演唱会，并邀浙、闽歌手参加。

10月6日，苍南县政协文史资料第二十一辑《苍南畲族的源流与分布》，由雷必贵编著出版发行。

10月，久居鹤峰村深山老林的章家山40多户村民，走出山门下山脱贫，喜迁赤溪镇环海路居住。

12月27日，凤楼村通过市级生态村验收。

2006 年

8月10日17时25分，百年未遇的超强台风"桑美"在马站登陆，中心附近最大风力17级（68米每秒），正面袭击凤阳。乡境内人员、民房设施等损失惨重。

9月17日，中共苍南县委书记余梅生一行翻山越岭来到凤阳乡鹤山村慰问灾民。

5月30日，浙江省义务教育阶段中小学生全部免除学杂费。

7月14日下午1时，第4号强热带风暴"碧利斯"在福建霞浦登陆，本地受影响。

2007 年

1月23日，召开凤阳畲族乡十二届人大一次会议，代表45人，谢尚怀被选为人大主席团主席，钟爱琴当选为乡长，郑江平、雷震被选为副乡长。

6月13日，召开凤阳畲族乡第十二届人民代表大会第二次会议，大会选举郑祥瑞为乡人大主席。

8月18日，第9号台风"圣帕"引发龙卷风袭击苍南龙港，凤阳外围受影响。

9月15日，第11号台风"森拉克"在本苍南县登陆，灾害严重。

10月，选送畲族歌手李芬参加"利德杯"浙江省原生态歌唱擂台赛中获得金奖。

11月，中共苍南县副书记县长黄寿龙到凤阳中心校慰问全体教师。

2008 年

3月12日，由王良鸿捐资建造的凤宫大桥于12月竣工。

4月，苍南县水利局局长等一行来凤阳乡各村及学校调查了解溪坎损毁情况。

8月，龟墩村民共有28户120多人，移居到矾山镇南下小区，走出山门实现下山异地脱贫。

2009 年

2月12日，凤阳大宫因已成危房开始拆建。由王良鸿等矿山企业家捐资建造的"凤阳大宫"于12月底竣工，后命名为"凤阳社区文化礼堂"。

2月28日，新建凤阳畲族乡文化活动中心，开设"四室""二厅"，是时创建温州市金海岸文化工程，并通过验收。

3月2日，蓝梅英带领歌手赴景宁畲族自治县参加"中国畲乡三月三"活动，并获得一等奖。

6月，苍南县委组织部"玉苍先锋"拍摄组记者来乡中心校访问报道。

7月，苍南县教育慈善总会领导来凤阳乡中心校慰问贫困学生。

2010 年

1月，凤阳60岁以上老人每人开始领养老金60元。

2011 年

3月22日，凤阳畲族乡召开十二届人大七次会议，听取和审议乡政府、财政预算和乡人大工作报告。

6月11日，温州市龙湾区妇联领导、女企业家来凤阳畲族乡开展对口支援结对慰问活动，送来慰问金12万元。

6月24日，召开中共凤阳畲族乡第十一次党员代表大会，选举产生新一届党委会和纪律检查委员会。卢成柱当选为中共凤阳畲族乡委员会书记，雷丽云、陈朴唯当选为中共凤阳畲族乡委员会副书记。

6月28日，投资200多万元开工建设农村饮水工程，解决凤阳畲族乡顶堡、凤楼、岭边、鹤峰等4个村3957人的饮水困难。

7月21日，庆祝建党90周年"红色经典"大型歌曲演唱会巡演到凤阳。

7月29日，凤阳畲族乡召开十二届人大八次会议，选举雷丽云为乡长，曾林霞、缪小飞为副乡长。

7月30日，标准乡级卫生院开工建设，投资121万元，重建面积595平方米。

8月2日，苍南县政协副主席张传君来凤阳畲族乡调研民族教育工作。

8月19日，温州市政协副主席朱贵远带领温州民间企业家来凤阳畲族乡开展贫困生助学活动。

9月2日，凤阳畲族乡凤阳社区挂牌运行，辖6村，总面积21平方公里，人口5633人。

9月27日，凤阳境内鹤峰、鹤山两村多次发生山羊被凶猛动物咬死事件。据市野生动物研究专家确定，凶猛动物为金钱豹，当地政府提醒各村注意安全。

10月8日，中共苍南县委副书记林晓峰带领民政局一行来凤阳畲族乡看望百岁老人张香梅，并且到乡政府了解工作情况。

10月，中共温州市委决定撤、扩，并进行区划调整，苍南原36个乡镇，扩并后为12个乡镇，凤阳畲族乡保持原区划编制不变。

10月11日，浙江省政协来凤阳畲族乡调研民族和宗教工作。

10月16日，浙江工业大学、温州医学院来乡扶贫帮困活动。

11月17日，中共苍南县委副书记麻胜聪等领导一行，来凤阳畲族乡调研工作。

11月29日，苍南县人大常委会主任苏庆明等领导，来凤阳畲族乡指导人大代表选举工作。

12月13日，苍南县委常委、副县长黄锦耀带领县比学帮回头看一行，来凤阳凤楼村察看生态村建设。

12月16日，苍南县比学帮活动到凤阳畲族乡太阳能垃圾处理站察看点评。

12月23日，苍南县首座太阳能垃圾减量处理站落户凤阳畲族乡。

12月25日，凤阳畲族乡凤宫溪堤加固工程动工建设，建成750米十年一遇标准。

12月31日，苍南县县委常委、人武部政委马桂喜带领县审批中心等挂钩单位，来凤阳畲族乡开展年终慰问活动。

2012 年

1月，温州市慈善总会领导等一行莅临凤阳学校慰问特困教师。

2月1日，凤阳畲族乡在凤阳大宫隆重举办第一届畲歌演唱会。

2月3日，召开凤阳畲族乡十三届人大一次会议，代表45人，选举郭燕坑为乡人大主席。雷丽云（畲族）当选为乡长，陈林森、曾林霞、缪小飞当选为副乡长。

2月13日，苍南县副县长雷仁来乡调研信访和农房改造工作，下午苍南县民政局调研座谈民族乡区划工作。

3月2日，苍南县关心下一代工作委员会来凤阳畲族乡调研座谈留守儿童工作。

3月15日，温州市妇联主席鲁爱民一行来凤阳畲族乡开展进村调研活动。

3月24日，参加温州市第三届瓯越三月三畲族风情旅游节暨苍南县第二届少数民族传统体育文化节活动。

3月28日，温州市检察院到凤阳畲族乡开展进村入户活动。

3月31日，中共温州市委组织部副部长李芝娟到凤楼村开展进村入户活动。

4月10日，苍南县人大常委会主任高亚男一行来乡调研民族文化传承工作。

5月8日，温州市妇联主席鲁爱民和体育局一行来凤阳畲族乡开展"解难题"活动。

5月15日，温州市龙湾区妇联来乡开展调研扶贫结对活动。

6月29日，中共凤阳畲族乡委员会召开建党91周年纪念大会。

7月17日，温州市地税局、妇联来龟墩村开展慰问活动。

8月22日，苍南县网络化管理来乡开展互看互学活动。

9月10日，凤阳畲族乡中心幼儿园转为全民公办，定为浙江省三级幼儿园。

10月6日，乡境内小流域治理溪床砌坎建造第一、二期工程开建。

10月22日，凤阳畲族乡通过浙江省气象防灾减灾标准乡镇验收。

10月26日，苍南县工商联与凤阳畲族乡联络处成立。

12月19日，凤阳畲族乡标准卫生院落成，投资121万元，重建面积595平方米。

12月28日，苍南县"比学帮"活动到凤阳畲族乡擦看点开展视察和点评活动。

2013 年

2月，凤阳畲族乡在凤阳大宫隆重举办第二届畲歌演唱会。

7月30日，中共浙江省委统战部副部长、民宗委主任冯志礼一行到凤阳畲族乡进行群众路线教育蹲点，并深入到鹤山畲族村召开村民座谈会开展民族工作调研。

10月6日，第23号台风"菲特"袭击凤阳，损失严重。

2014 年

1月17 日，浙江省实行单独二孩计生政策。温州市慈善总会到凤阳中心校慰问特困教师。

2月24日，凤阳畲族乡举办首届畲族民俗文化节，隆重举行民俗活动暨第三届畲歌演唱会。

2015 年

1月8日，温州市委副书记、市长陈金彪及苍南县政府领导有关部门来凤阳畲族乡，深入到鹤山、顶堡等村开展民族工作调研，并亲切慰问农村老党员和困难户。

5月，规划建造特色村寨，"虎山公园"一期工程并竖立牌坊，建造休闲长廊，民俗壁雕等设施。

6月，浙江省人大常委会副主任毛光烈到凤阳畲族乡视察"浙八味"中药材种植基地。

6月，在浙江省民委和有关部门大力支持下，畲乡特色的新村立面装修工程全面启动。

6月18日，凤阳畲族乡境内实施旅游大开发，在鹤顶山打造"千里花廊"，在"盘山公路"开发望山观海、健身游览，并融入苍南县鹤顶山的旅游综合体建设。

9月28日，反映苍南县首例遗体捐献者蓝升新微型电影《鹤山杜鹃》在鹤山村开拍。

11月7日，温州市政协主席余梅生、市政协副主席原中共苍南县县委书记黄寿龙，同县民宗部门来凤阳畲族乡视察鹤山"杜鹃花海 云上畲村"项目。

第一章　环境与建置沿革

　　凤阳畲族乡位于苍南县灵溪镇东南38千米，东与赤溪镇毗邻，南与马站镇岱岭畲族乡接壤，西靠矾山镇，北连昌禅，总面积21平方千米。鹤顶山（海拔998.50米）北麓，高洋山之南，俗有东犬、西凤、南龙、北虎之称，共有19座山峰环抱。龟墩垟、岭后共有6块平地、4条溪流、2条瀑布（龙头瀑和岭后瀑）。地势自西北向东南倾斜，扇形的溪坑水流向中部赤溪汇集，注入东海。矾山至赤溪公路横穿乡境中部，连接省内外各地，陆路交通便利。

　　凤阳气候属于中亚热带海洋性季风气候，时有台风袭击，造成自然灾害。土壤有红壤土、紫色土等共五类。生物、动物、植物种类繁多。境内有硫磺矿、铅锌矿、腊石矿、陶土等矿藏，有李家山运碗古道、凤楼窑址群、虎山公园、鹤山杜鹃花海、生态畲村和龟墩栈道探险等名胜古迹。

　　清代，凤阳属平阳县招顺乡五十二都。宣统三年（1911年）属蒲门乡，中华民国成立后，仍属蒲门乡。民国17年平阳县制定区街村制，民国18年改为村里，民国19年改为乡镇。民国24年称凤阳乡，属第六区（后改昆南区）。民国29年属矾山区（由昆南区改名）。1956年3月建立凤阳民族乡。1958年改为生产大队、人民公社。1984年恢复凤阳畲族乡。

第一节　自然环境

　　凤阳畲族乡位于苍南县南隅，地处北纬27°18′32″，东经120°25′02″，海拔998.50米的鹤顶山麓。境内平均海拔400米。地势大致自西北向东南倾斜，东端有凤楼鹤峰两村，处东南濒临东海毗连赤溪，南靠鹤顶山麓背壤马站镇与岱岭乡为邻，西壤白岩山邻矾山南堡，北连高垟山脉以昌禅为界。鹤顶山、牛栏山、寨仔山、双剑山、深垵山、麒麟岗诸山群峰崛起，源自各座高山的7条溪流汇聚大溪流注大海。一溪清流自西北向东南横穿乡境中部分南北两岸，如扇形八字展开。全境首尾终端14.50千米，纵横6.50千米，陆地面积21平方千米。

一、地　质

凤阳畲族乡位于中国东南大陆中生代火山岩系构成盖层，是由地质、地体复式嵌合拼接而逐步形成的东南沿海地区的组成部分。该地区历经两次拼合增置和三次裂解，到2亿年前成为欧亚大陆板块的前缘。全境被地层中生界火山岩系所覆盖，在东海"老鹰头"火山岩系上覆有一套"七色宝石岩"至亚黏土的新生界第四系海积沉积物。

表3-1-1-1　　　鹤顶山尖石岩地层分界

界	系	统	地层名称及代号
			山地丘陵区
新生界	第四系	全新统	鄞江桥组Q4Y
		上更新统	山门街组Q3S
中生界	白垩系	下统	朝川组KIC
			馆头组KIg
	侏罗系	上统	磨石山群J3m

资料来源：根据凤阳畲族乡政府提供资料汇编。

白垩系下统为一套溪坑相沉积碎屑岩夹火山杂岩，西段以龟墩盆地为主体。第四系分布于境内，沟、窟、坑。由于成因差异，山地丘陵布岩性上有所不同。以东洋平底溪流为主体。上更新统山门街组分布于李家山、仓头为砂砾及亚砂土组成的洪积物，厚度1.9～5米。上更新统宁坡组主要分布凤阳冲积层，崩山、龟墩、顶堡，厚度为39～60米以上。

（一）奇岩分布

鸡母石　花岗石质，属地积层，鹤顶山岩。位于岔头、看牛坪上，状如金鸡，称"鸡母石"。

龙头石　灰紫色石质，属凝灰岩块状。位于龙头山，形似龙头，故称"龙头石"。

官帽石　花岗石质，属青灰流纹质。位于鹤顶山自然村外岙处，状似官帽形，称"官帽岩"。

猫　石　块状流纹质，晶屑熔结凝灰岩。位于中贡与墓牌交界，状如猫头，称"猫石"。

玲珑石　花岗石质，属青灰流纹岩。位于凤楼李家山半山腰，形如玲珑，凸地独藤，称"玲珑石"。

蜈蚣石　流纹斑质，属出露积层，火山杂岩。位于凤楼土名虎圆，岩上有似蜈蚣行走纹路凹迹，称"蜈蚣石"。

老虎石　酸性火山岩，属块状凝灰质。位于鹤峰村，深坑头，昔时经常有老虎出入栖息，称"老虎石"。

龙船石　青灰质石岩，属出露积层，块状凝灰质。位于凤楼村、仓头、坝头贡交界处，称"龙船出海"。

鹤麓石海　花岗石质，属晶屑熔结凝灰岩，集块岩、流纹岩组成，经沉积碎屑岩夹火山杂岩，方圆4平方千米。满山凹凸沟、窟、峡、坑纵横高低，俯卧伸缩，奇形怪状，称"石珑窟"。

（二）土　壤

1984年，根据国家农业部关于土壤普查和规划工作通知，浙江省开展第二次土壤普查，测定土壤酸碱度、有机质组成和氮磷钾含量，提出土壤改良办法并编入《中国农业土壤志》。凤阳畲族乡的1709.66公顷土壤划分为5个土类：红壤土类、黄红壤土类、紫色土土类、黄壤土类和水稻土类。

红壤土类　分红壤，黄红壤，侵蚀型红壤3个亚类，红泥土、黄泥土、砂粘质红土、灰泥砂土、石砂土、岩秃、岩渣土8个土属11个土种。红壤呈酸性反应，色红或棕黄。面积1170.80公顷，占总面积的60.40%。其成土母质为下白垩统的凝灰，风化体的残积物。主要分布于岭后、章家山、坑边、仓头、罗垟、李家山、姚头贡、岭边等低山丘陵地带。

紫色土壤　其成土母质为内陆溪坑相沉积的紫红色粉砂岩、紫红色砂页岩、紫红色砾岩、夹紫红色凝灰质砂岩等，是岩石风化体的残积坡积物。土呈酸性反应，色紫或紫红。面积10.90公顷，占总面积的0.66%。主要分布胡家坪、斗门底、坑边、坝头岗、顶堡、墓牌等地的中低丘部分。

水稻土类　含山地黄泥田、酸性紫泥田、洪积泥沙田、黄泥砂田、培泥砂田、淡涂黏田、汇涂黏田、汇粉泥田、青紫甲黏田、烂漤田、烂黄泥石砂田、咸黏田等13个土属，是主要农耕基地。面积204.53公顷，占总面积24.50%。其各种母质或土壤类型经长期水耕熟化发育成为具有各种独特土壤剖面的一类土壤。

山地黄泥田土属　其母质为其黄壤原积再积物，经种植水稻后水耕熟化发育形成，面积8.80公顷。分布在海拔700米以上的章家山麒麟岗、鹤顶山大岔、看牛坪、流水坑老虎石等岗背或坡地梯田上。

黄泥田土属　由黄红壤土改种水稻水耕熟化发育而成，面积20.80公顷。零星分布于丘陵地上海拔700米以下，分布于姚头贡、酒瓶丘、龟墩、漯头垟、岭后垟、凤楼李家山等岗背和平缓山坡的梯田冷水浅土上。

洪积泥砂田土属　其母质为近代洪积物溪流冲积物，基本属性与洪积泥砂土属相同，面积38公顷。主要分布于金龟坑、凤阳鹤山、深坑、顶溪心、下溪心等地山谷各溪坑及山谷出口处的洪积扇上。

黄泥砂田土属　其母质为红壤坡积物经改种水稻长期水耕熟化发育而成，面积8.20公顷。分布于龟墩平地，东垟平地及凹窟等处。

培泥砂田土属　其母质为近代溪流冲积物，局部受洪水泛滥影响，不断淤积，土壤发育年轻耕层熟化度不高，色呈母质培泥砂体色，面积7.40公顷。分布于龟墩、顶堡、岭边、胡家坪、凤楼李家山、坑边、溪谷宽阔的坑漫滩地。

烂滃田土属　面积4.90公顷。零星分布于各处丘山垄，土㘵前缘洼地。成土母质为近代壤坡积物。

烂黄泥砂田土属　面积2.50公顷。分布于金龟坑、凤阳㘵内等狭谷山垄低洼处。母质为近代红壤坡积再积物。

表3-1-1-2　　　1984年凤阳畲族乡土壤类型构成一览表

土类	亚类	土属	土种
红壤	红壤	红泥土	红泥土
			红泥砂土
			红砾土
	黄红壤	黄泥土	黄泥土
			黄砾土
		砂黏质红土	砂黏质红土
		黄泥砂土	黄泥砂土
	侵蚀型红壤	石砂土	石砂土
		白岩砂土	白岩砂土
		岩秃	岩秃
		岩渣土	明矾岩渣山
	黄壤	山地黄泥土	山地黄泥土
		山土黄泥砂土	山地黄泥砂土
	侵蚀型黄壤	山地石砂土	山地石砂土
黄壤	酸性紫色土	酸性紫色土	酸性紫泥土
			酸性紫砂土

续表

土类	亚类	土属	土种
紫色土	渗育型水稻土	山地黄泥土	山地黄泥土
		黄泥田	黄泥田
			砂性黄泥田

资料来源：根据《苍南农业志》资料汇编。

　　土壤养分　据第二次土壤普查的农化分析，凤阳土壤有机质和全氮含量状况如下：

　　水田土壤有机质平均含量为3.12%，属中等水平，其中50%水田含量较丰富。旱地土壤有机质平均含量1.80%，属低水平，其中33%旱地含量较丰富。山地土壤有机质平均含量为2.50%，属中等水平，其中67%山地含量较丰富。全氮平均含量水田为0.17%，量地为0.102%，山地为0.115%，均属中等水平。

二、地　貌

　　凤阳畲族乡地处鹤顶山北麓，高垟山之南，系山区地势，自西北向东南倾斜，高山环抱，中流一溪，南有龙头，北有虎岗，东有卧犬，西有凤翯，故有"南龙北虎，东犬西凤"风水宝地之称。

（一）山　峰

　　凤阳畲族乡境内多山，丘陵与山地面积1503.80公顷，占总面积81%。

　　鹤顶山　是苍南县最高峰，海拔998.50米。西南山脉发源泰顺、福鼎交界线。山脉向西北、东南伸展。分布凤阳、岱岭、矾山并扇形环抱凤阳。山势西北高东南渐趋低下。山麓（海拔在250米以下）和缓地坡均已开发，多为旱地，而在丘间低地或丘麓有水源处，则多水田。

　　白沿山　海拔779.30米，是凤阳西向主峰。山脉发源于鹤顶山峰，向北面转移，分布矾山镇赤家山、白沿、昌禅、漈头隔、鸡角岭。山麓岩石奇观，偏东面险岩崖壁，有像一片白色纹迹风行图案，是凤阳四大景观之一。清代光绪年间，凤阳中贡钟小玉（秀才），为此景题诗一首："磊磊岩石落遗容，仙人跨凤留迹踪。有时山顶风声急，错听高啼过远峰。"

　　金斗垟山　海拔665.40米，发源于鹤顶山南面，看牛坪山麓循接龙降隔主脉，起伏银珠硐与矾山镇赤家山连接。山势向西北向渐伸。分布鹤山、顶堡及金斗垟。土质资源丰富，含有硫铁、铅锌等矿藏。

天湖山 海拔789.20米，发源于昌禅萍蓬岭，西北至鸡角岭，后向濴头隔鹿塆延伸，蜿蜒向北。分布于昌禅长尾坑、岭边牛栏、龟墩后山、杨家坑山头。山势绵峰接壤，内侧的塆坳已被开荒造地。

牛栏山 海拔765.10米，循接顶天湖山脉，东北向逶迤高垟山，仰止双剑龙潭峡谷。分布于顶堡、后坑、岭边、杨家坑山界。山势向低下伸延，峰峦连壤，山坳开发造地。

寨仔山头 海拔672.30米，循接牛栏山脉，临下双剑溪龙潭峡谷。分布岭边、大贡与矾山至赤溪古道。传说昔时扎寨故称"寨子山"。

坎山头 海拔842.50米，源发鹤顶山尖，大隔鹤颈蜂腰，峦山独起，层峦叠嶂，坡度陡峭。分布于凤楼、李家山、鹤山、陈家湾、鹤顶山、墓牌、中贡、上塔地点。其形有盖天镇地之雄威，故称"坎山"。

麒麟岗 海拔878.50米，脉来鹤顶，伸展赤溪东海之滨，仰止群山耸立，分支山脉东向，山坳泉水农田，宜于开荒造地。分布鹤峰、三十亩、深塆及章家山地点。

狮头山 海拔245.20米，狮头山循接麒麟岗，鹤颈蜂腰，峦头独起俯瞰赤溪港，临下园林，三步擂形似仰天狮仔。分布于鹤峰、章家山、赤溪园林、大塆地点。在堪舆《乾记》书中注曰："园林界口有金狮，五爪分支紫气开。后山乾马拥云峦，前案木星建楼台。眠弓案前横通窍，九秀高峰左右排。罗星捍门生华表，当出英雄将相才。"

深坑头 海拔878.50米，来脉接壤鹤顶山尖，峦头高仰，蔚为壮观。分布于鹤峰村、深坑、岭后地点。据昔年记载，此山脉蕴藏硫铁、铅锌等矿产。

龙仔头 海拔457.20米，来脉从鹤顶山至坎山头起伏，峦头高起，绵接伸长。分布于凤楼、仓头、坑边、李家山地点。构成巨大的弧形山势，环绕包围。

浮靴岗 海拔519.30米，单岗耸立，峦头倾斜，耸拔雄伟，气势宏大。分布于凤楼坑边地点。形状似浮靴，故称"浮靴岗"。

旗竿岗 海拔514.10米，来脉循接鹤顶山，峦头突起，伸向龙仔头。是鹤麓支脉之际，迢迢直下，属丘陵环绕包围形状。分布于凤楼、坑边、李家山地点。

龙船岗 海拔612.70米，来脉鹤顶山麓，圆润敦厚，四周之山团团辏聚，峰峦有奇石，形状似龙船出海，故曰"龙船岗"。分布于凤楼、仓头、崩山、坝头岗地点。

罗垟山 海拔332.10米，脉接龙船岗，跌循起伏，圆润敦厚，四面群山环抱,属丘陵山岗,半弧走向。分布于凤楼仓头罗垟地点。

酒瓶圻 海拔331.40米,脉来鹤顶起伏跌倾,伸下溪流终止。属丘陵地带,首尾逆势。分布于凤楼与岭边两村交界。有一圻水田,似酒瓶之状,故曰"酒瓶丘"而称地名。

狗头岗 海拔572.80米,脉来鹤顶,蜂腰鹤颈,圆润敦厚,地局端正。分布于凤阳乡政府所在地东向,形象卧犬,故称"狗头山"。属丘陵地带,端正圆丰,秀丽雄壮不阿,是凤阳四大美景之一。

龙头山 海拔714.50米,由鹤顶山来脉逶迤而下,突腾龙头,耸拔雄伟,气势宏大,地局秀丽,故称"龙头山"。分布于鹤山村、龙头山、隔头、坪石、鹤顶山地点。形体端正清秀,龙头奇岩,耸立云霄,是凤阳四大景致之一。

卧虎岗 海拔332.50米,脉源长尾坑山麓,起伏伸势雄伟,圆润敦厚山岗,形状卧虎故称"虎山"。溪流环绕,山丽水秀,民居星罗棋布。更得文化礼堂"凤阳大宫",来往来熙。适逢盛世"五水共治",溪埔治理环建护栏。现在国富"扶民政策"虎山添建公园。

(二)平 地

凤阳境内丘陵山地沟谷贯通,分布着许多小型平地和碟形凹地,主要有龟墩垟、顶堡垟、凤阳东垟、仓头平地、坑边平地、岭后垟等6块平地。

龟墩垟 位于乡政府所在地凤阳宫西部,距凤阳宫5千米,与矾山镇赤家山,昌禅漈头隔毗邻。四面高山,间呈盘形,中有龟状小山岗,终年树木茂盛,鸟语花香,故号"龟墩"。龟墩垟易进难出,为世外桃源之地,南北高山,直指云天,奇岩挂瀑,映有人文景观,代有人文蔚起。

顶堡垟 顶堡垟位于乡政府驻地0.50千米处,头接龟墩村,尾连水口宫,两面高山环抱,为一马平川之地。夏冬长,春秋短,四季分明,无严寒酷暑,温暖湿润。依山临水,土质肥沃,坑源长流,无旱涝之害,四季农作物更得丰收,故凤阳有俗语:"这里好,那里好,不值凤阳顶堡好。"

东 垟 与乡政府毗邻,循接凤阳新村,岙内、石龟两溪汇集。村落星罗棋布其间。昔有矾山至赤溪挑矾古道、43坎矴埠、溪中石龟奇迹。有凤阳下中贡钟小玉(庠生)为石龟吟律一首:"彼石形状最见奇,留龟伏处有谁移。危疑事可从中卜,卦兆照然定不欺。"

仓头平地 地处鹤顶山半山腰,距乡政府所在地5千米,面临东海,中有小平地,山清水秀,古树葱郁,景色宜人。旧时仓头文风鼎盛,清代有多人考取功名,近代有1人被聘为省文史馆馆员。村中有闻名的走马大厝27间,有清朝贡生雷云竖立旗竿石一对。还有养贤田、笔资田20亩。民国5年（1916年），处州培头（今文成富岙）钟国功到达仓头，为"仓头"两字题吟楹联一首："仓下赤水鱼化龙，头上覆顶鹤成仙。"仓头雷天三先生和褒一联："仓地寄生人下稳，头名举首桂可攀。"

坑边平地　坑边离仓头约1.50千米，因村中有一条源于鹤顶山麓的坑沟而得名坑边。坑边为五水归塘之地，四周有"浮靴岗""龙仔山"，称钩穴奇景，面仰鹤顶山主峰耸立。百载古枫树，抱水口。新建五塘桥生态池奇观，池光山色宜人。坑边坐北朝南，一年四季气候宜人，冬暖夏凉，藏风聚气，"汕优6号"稻种，符合土质冷水，农业更得丰收。

岭后坪　位于凤阳畲族乡最尾端，与马站镇风门隔交界，与赤溪镇、三步擂相连，离乡政府所在地10千米，地形倾斜，中凹平地，间呈小山岗。鹤顶山麓的流水坑水源，源流不断。昔住陈、苏、董数姓人家，交通闭塞，现下山脱贫移居赤溪、金乡、龙港各地。

三、气　候

凤阳气候属亚热带南亚区海洋性季风气候，年平均温度在15.6—21.3℃，平均降雨1768.90毫米，无霜期平均280天。按天文四季的标准，凤阳3、4、5三个月划为春季，6、7、8三个月划为夏季，9、10、11三个月划为秋季，12、1、2三个月划为冬季，基本上四季分明。春季初日3月6日，终日5月24日，共80天。夏季初日5月25日，终日10月2日，共131天。秋季初日10月3日，终日12月16日，共75天。冬季初日12月17日，终日3月5日，共79天。夏长冬短，有利于农业生产。山地、丘陵、平原之间小气候区差距较大。沿海地区受海洋性气候的影响，地面丘陵起伏，小气候区差较大，造成地形雨机会较多。夏秋之间台风过境，常有海潮暴雨和寒流等灾害性气候。

春　季　南方海洋暖气流副热带高压开始入境，气温回升雨量增加，俗称"二月天（农历）鬼神天"。细雨连绵，万物复苏，但冬季季风有时会造成"倒春寒"天气，影响农作物的生长。

夏　季　从东南海洋来的暖湿夏季季风势力增加，冬夏季风的交锋面续北移。5—6月份，两股气流势均力敌机，徘徊不前，故致阴雨连绵，时值梅子正黄，故称"黄梅雨"。又由于阴雨闷热天气，空气湿度高，衣物易霉，故又称霉季。7月，处于太平洋副热带高气压控制之中，或台风影响带来大风暴雨，或形成"伏旱"天气。在沿海一带有夏季雷阵雨，可促早稻成熟和晚稻赶插，俗称"酿禾雨"。夏收后,赶插晚稻秧禾时,又有"淘浪雨"。高温干旱期延续至8月,旱热和伏旱常因台风过境而得到缓解和消除。

秋 季 太平洋副热带气压开始向南移动,北方冷空气开始影响,台风活动频繁。9月份降水最多,是热带风暴和台风夹暴雨所致,有时带来风潮和洪涝灾害。7月15日至10月15日3个月,热带风暴和台风对凤阳影响最频繁。

冬 季 基本上无大雪冰冻,因背山面海,山脉自西南向东北走向,阻挡了北来的干冷气流,而南来的海洋暖湿气流又易于接纳,故最冷的一月平均气温低至7.9℃。

凤阳地处鹤顶山(海拔989.50米)北麓地形交差不同,气象不平等。南山、北山两面高山耸起。年平均气温18℃,最低为一月份,平均气温7.9℃,最高为七月份,平均气温28.3℃。绝对最高气温38.1℃,绝对最低气温零下3.20℃。平原地区温度差距不大,西南山区气温稍低,海拔790米山地比平原气温低4℃左右。每高100米约低0.5℃。

表3-1-1-3 凤阳各月平均气温一览表

单位:℃

1月	2月	3月	4月	5月	6月	7月
7.90	8.10	11.20	16.40	20.90	24.60	28.30

8月	9月	10月	11月	12月	全年	
28.20	24.90	19.90	15.20	10.20	18	

资料来源:根据苍南县气象局资料汇编。

表3-1-1-4 凤阳各月绝对气温一览表

单位:℃

月份	最高	最低	月份	最高	最低
1	23.90	-3.24	8	37.70	19.10
2	27.50	-3	9	35.60	12.90
3	30.80	-1.90	10	32.20	4.60
4	33.70	2.50	11	29.60	0.10
5	33.90	10.50	12	26.10	-2
6	35.50	13.40			
7	38.10	18	年	38.10	-3.24

资料来源:根据苍南县气象局资料汇编。

地　温　地温变差较气温大。历年平均地温21℃，高于年平均气温3℃，最高7月份平均地温34.20℃，高于气温5.90℃，最低1月份平均地温8.60℃，与气温接近，仅高0.70℃，绝对最高地温达66.20℃，高于气温38.10℃，绝对最低地温-9℃，比气温低5.80℃。

水　温　随气温和水深而变化，但比气温变化缓慢。多年平均水温19.50℃，最高7月份平均水温27.90℃，最低1月份平均水温11.10℃，绝对最高水温32.60℃，绝对最低水温5.40℃。

湿　度　地处沿海，湿度较大。年平均相对湿度83%，最小相对湿度11%。月平均相对湿度以4月至6月为最大，达86%～88%，最小为79%。

蒸　发　为陆地蒸发和水面蒸发，多年陆地蒸发量平均为550～850毫米。水面蒸发量年际变化不大，最大年蒸发值为1480毫米。

日照时数　总辐射以及有效辐射等均居于低值区。历年平均日照时数1866.80小时，年平均日照百分率42%。其中气温10度以上期间的日照时数1350.70小时，占全年日照百分率30%。极大年日照时数2204.80小时，极小年日照时数1533.30小时。按季排列如下：夏季638小时，秋季506.20小时，冬季368.60小时，春季354小时。七月份平均日照时数最大256.40小时，二月份平均日照时数最小104.20小时。

表3-1-1-5　　各月日照平均值及极值一览表

月份	平均	极大	极小	月份	平均	极大	极小
1	128.60	256.10	43.40	8	245.80	323.30	123.30
2	104.20	157.80	9.40	9	194.60	260.50	132.30
3	116	209.40	40.30	10	170.80	295	83.30
4	121.70	177.20	68.30	11	140.80	225	58.90
5	116.30	196.20	41.90	12	135.80	208.20	48
6	135.80	190.80	57.90				
7	256.40	325.60	151.50	年	1866.80	2204.80	1533.30

资料来源：根据苍南县气象局资料汇编。

霜　期　初霜日12月18日，终霜日是年2月22日，无霜期288天。西南向随着海拔高程渐高，无霜期渐短，鹤顶山海拔高程989.50米，无霜期仍有104天（初霜日11月10日、终霜日是年4月15日）。

　　凤阳属中亚热带海洋性季风气候区　风向和风速的季节变化比较明显。全年东风为主，其频率为21%，多年平均风速2m/s，强热带风暴风速40.40m/s，相应风向南、西南极大风速持续时间最长为8时19分，相应风向为东及风速为36.50m/s。11月风速最大，平均为2.40m/s，强热带风暴风速为36.50m/s，相应风向东。每年夏秋之间，几乎都受台风影响。据1957—1983年记录，对凤阳有影响的台风69次，平均每年2～7次，其中影响严重的台风33次，平均每年1～3次。台风一般在厦门以北至温州以南登陆，对凤阳影响严重。

　　降　水　雨量充沛，是全县降雨量高值地区。降雨量由滨海至山区递增，即从马站平原1303.90毫米（平均降水量）、江南平原1553.30毫米到山区1917.70～2140毫米，形成3个暴雨中心。年均降雨量1768.90毫米，平均降雨天数155.90天。最大年降雨2969.40毫米（1973年），最小年降雨量1251.20毫米（1963年）。

　　降水量时空分布不均，年际变化大，月际差异更大。全年分4个雨期：一是春雨期，3—4月平均降水量289.40毫米，占年降水量16.50%；二是梅雨期，5—6月平均降水量460.60毫米，占年降水量26%；三是台风期，8—9月，受台风影响，雨量较多，平均降水量510.50毫米，占年降水量29%；四是少雨期，7、10、11、12、1、2月共半年，平均降水量507.40毫米，占年水量28.5%。

　　雹　雪　春夏3—8月间偶有冰雹出现。其路线多为南或西南移向北或东北，所降冰雹一般不大。降雹时间通常在30分钟以内，范围在宽2～5千米，长20多里的狭长地带。故有"雹打一条线"之说。据史料记载，冰雹成灾明代出现3次，清代出现2次。

　　降　雪　12月至2月会出现降雪。地处中亚热带海洋性季风气候区，很少下雪，难见地上积雪。但历史上也曾发生异常降雪现象：元至正九年（1349年）农历三月、明崇祯十六年（1643年）农历六月初三、清乾隆二十九年（1764年）农历九月二十四日均有降雪。1972年4月1—2日降雪，并有霜冻。1989年1月13日夜降大雪，平地积雪5寸以上。

灾害性天气

　　台　风　根据气象部门统计，1949—1991年境内共出现有影响的台风111次，平均每年2.64次，其中有严重影响的43次，平均每年1.02次。台风季节主要集中在7—9月，9月量多，占33.3%，8月占32.42%，7月占23.24%。一年中最早出现有影响台风的时间是1961年5月25—29日的4号台风，最晚出现的台风是1967年11月17—19日的21号台风。

　　台风活动途径大致有三路：一是在厦门至温州之间登陆。这路台风数量最多，占有影响台风总数的54.95%，占有严重影响台风数的7.9%，属于正面袭击的台风，风力强大，降雨量多，危害性最大。1990年9月4日17号台风在福建省福鼎市登陆，风力11级，过程雨量245毫米，最严重的马站日降雨量达到836毫米。二是在温州以北或厦门以南登陆，这两路台风数占总台风数的16.3%，系外缘影响，影响较少，雨量一般在100毫米以下，但沿海海面有大风。三是在温州地区（本地）登陆。1949—1990年，境内有影响的台风降雨强度 在50毫米以下的27次，占24.32%，50～200毫米之间的有61次，占54.96%，200毫米以下的有23次，占20.72%，后者是引起洪涝灾害的主要原因。1960年8月凤阳连续受2次台风影响，造成大面积洪涝灾害。

表3-1-1-6　　1981—2005年受台风影响情况一览表

单位：次

月份 年度	7	8	9	其他月份	受灾次数
1981	2		1		1
1982	1				1
1983		2			0
1984	1	1			1
1985		2	1	2	1
1986		1	1	1	0
1987	1		1		0
1988		1			0
1989	2	1	2		1
1990		1	2	2	2
1991					0
1992		1	1		1
1993					0
1994	1	3	1		3
1995		1			0
1996	1	1			1
1997		2		1	1
1998					0
1999	1				1
2000	1	2			0
2001	1		1		1

续表

月 份 年 度	7	8	9	其他月份	受灾次数
2002			1		1
2003		1			1
2004	1	2	1		1
2005	1	1	2	1	5

资料来源：根据苍南县气象局资料汇编。

最严重灾害详略

清咸丰十年（1860年），大水，山坡滑崩，田多被淹。

民国元年（1912年）8月15日，大风雨，溪坑，洪水冲击，受灾严重。

1983年7月19日至8月20日，连续干旱，33天平均降雨量为26.10毫米。10月29日—12月15日，历时48天无降雨，严重干旱。

1987年3月25日，出现罕见的倒春寒，农业生产危害严重。

1990年8月20日，遭受第12号台风袭击，降雨量达到387毫米，出现百年未遇的特大洪灾。

2005年9月1日，遭受台风"泰利"影响，凤阳总计损失253.79万元。

2006年8月11日，遭受"桑美"超强台风影响。

2007年8月17日，遭受第九号超强台风"圣帕"影响，受灾严重。

2009年，遭受"莫拉克"台风袭击，受灾严重。

干 旱 境内发生的干旱有伏旱、秋旱、伏秋连旱、冬旱、秋冬连旱、春旱等。以伏旱和伏秋连旱对生产影响最严重。1949—1990年，境内共发生干旱22次。按干旱季节分：伏旱18次、伏秋旱4次、秋旱2次、秋冬连旱1次、冬旱1次、春旱1次；按干旱程度分：有大旱1次（1967年干旱109天）、中旱14次、小旱7次。从1990年之后，干旱最严重的为2003年，从6月26日出现至8月13日为止，一直持续高温少雨天气，时间长达49天。日最高气温等于或超过35℃的天数达52天，7月13日、14日、15日连续3天最高气温突破40℃，最高气温达41.8℃。高温持续天数和最高气温绝对值均创下历史最高纪录。

四、水 系
（一）溪 流

凤阳畲族乡，群山环抱，嶂叠山连，山脉纵横交插，溪坑逶迤汇集灌注，东流赤溪，聚纳大海。凤阳溪坑总体形貌倾斜，弯曲平跌，西高东低，呈半弧形走势。4条主流，凤阳溪斜流激瀑。坑边坑逆旋弯急，溪心坑泻平激瀑，金龟坑峡窄冲激。4条主流内有16条短坑源、7大漂潭、2处峡谷、2条漈瀑。

凤阳溪　是赤溪河道上游源发处（海拔662米，矾山镇昌禅漈头山）。水流自西北转东南5.60千米，注入凤阳东端凤楼村"八角潭水库"。有龟墩南山坑（坑长0.50千米）汇合龟墩垟凤阳溪源流。有大湖山坑（坑长1.60千米），源发大湖山，归龟墩廉都汇处。北山坑（坑长0.90千米），北山头发源入龟墩垟入处。半山坑（坑长0.75千米）源发崩山头，流于崩山坑归合。新厝坑（坑长0.50千米）源自南头山尾，于顶堡坑汇注。胡家坪坑（坑长2千米）源头隔头鬼硐和龙降隔两处归源，汇注凤阳溪。陈家坞溪（溪长3.50千米）源于鹤顶山叠石下，经坪石、陈家湾汇注凤阳溪。后坑溪（溪长2.15千米），源于后坑山头，归凤阳新村汇注。中贡坑（坑长0.60千米）源于鹤顶山上塔汇凤阳岭边内桥合处。畚内坑（坑长0.30千米）源于畚内深谷和凤阳东垟石龟弯潭。大岗坑（坑长2.70千米）源于杨家坑牛栏山头，汇合酒瓶丘龙潭向东流。李家山坑（坑长1.85千米）发源鹤顶山来水汇入姚头贡八角潭水库。仓头坑（坑长1千米）源于仓头笼底，汇入姚头贡八角潭水库，汇聚赤溪东海。

坑边溪　由赤溪港东南向溪道流去。水从南向东流域2.80千米，源发鹤顶山虎园，属山泉沟窟深坑。流经坑边、崩山、坝头岗、坑底坑。四向山田，主要是灌溉供水抗旱效益的山坑。旁边并无水坑插入，呈直向直流走势。

金龟坑　是凤阳溪坑流域地形最深处的小溪。源发鹤麓碗窑与流水坑，长3千米。途经山峭潭交椅环峡谷，回转赤溪镇坑底，坑底溪注入。有深坞坑（坑长3千米）源发麒麟岗山脉，流至交椅环与坝头岗交界处汇入金龟坑主流，归坑底溪流向东海。

深坑心溪　位于凤阳章家山顶溪心循接流域。坑流回旋弯曲（坑长2.10千米）源于流水坑老虎石，沿着赤溪镇三步擂溪汇注赤溪园林入流。

（二）深潭、峡谷、漈瀑

水口潭　位于凤阳顶堡水口。潭形半月，中间水深3米，头尾8米，靠崖隙，水澄清平流。

东洋弯潭　位于凤阳石龟东垟。潭形绕翘靠南边石隙中间深5米，长度13米，水混激流。

斗门底潭　位于岭边外桥登埠。潭形直流，水深约有6米以上，靠边石崖，水混激流。

酒瓶丘龙潭　位于凤阳岭边酒瓶丘大贡交界处。潭状圆形，中间深度实不可测，四周崖壁流水飞瀑，潭面青绿颜色，故称"龙潭"。

八角潭水库　位于凤阳姚头贡与赤溪交界。蓄水发电，八字形状，大坝溢防道，有200米长度水面，坝顶飞瀑激流。

坑边潭　别号狗潭，位于凤楼坑边。潭状圆形，崖石流漈飞瀑，中间深度无测，蓄水流后，灌溉山田。

呑内潭　别名棺材峡，位于凤阳中贡呑内。整个潭面，石崖遮盖，简称呑内峡谷，别有硐天之所。流水澄清，潭门凉爽。自然避暑之区，天工神斧开钮。长10米，宽6米，石崖高12米，溶水青色来水激流。

山魈潭　是金龟坑峡谷，位于鹤峰村交椅环。金龟坑源头四面高山卓耸，中凹窟沟深沉。崖壁荆藤遮盖，潭面清绿惊险。在民国期间是红军联络点，又是游击队经常开会的地点。

龙头漈　又名鬼硐瀑，位于岔头与龙头山交界处，流源来鹤顶山大坪。崖漈流瀑20米，上有龙头奇石，下有鬼硐别称，清泉流水景色宜人。

岭后双瀑　位于凤阳鹤峰岭后自然村。飞流双瀑，高无实测，四周山坳，中间双剑，花岗石崖，常年流水。叹吟："悬崖峭壁使人惊，百丈长空抛水晶。六月不时结霜雪，三冬更有似雷鸣。"

五、野生生物

（一）野生动物

凤阳畲族乡境内生物种类繁多，据有关部门调查统计，境内野生动物有哺乳类、爬行类、两栖类、鸟类、虾类、蟹类、鱼类、贝类、昆虫类等，计445科1736种。其中，属国家重点保护的动物有小灵猫、穿山甲、水獭、鸳鸯、赤腹鹰、雀鹰、松雀鹰、红角鸮、褐林鸮、草鸮、领角鸮、虎纹蛙等12种；属省级保护的动物有食蟹獴、鼯鼠、鼬獾、豪猪、红胸啄花鸟、蓝翅八色鸫、四声杜鹃、小杜鹃、鹰鹃、棕背杜鹃、栗头蜂虎、星火啄木鸟、黄嘴啄木鸟、眼镜蛇、五步蛇、黑眉锦蛇等16种。20世纪90年代起开始大面积封山育林，贯彻野生动生保护法，野生动物资源呈增长趋势。

脊椎动物中有兽类、鸟类、爬行类、两栖类、鱼类5个主要类群。

兽类有食肉目、食虫目、啮齿目、偶蹄目、翼手目、鳞甲目、兔形目共7目，有刺猬科、鼠精科、蝙蝠科、穿山甲科、兔科、检鼠科、仓鼠科、鼠科、豪猪科、犬科、鼬科、灵猪科、猫科、猪科、鹿科等15科39种。

鸟类有潜鸟科、鹏鹕科、鸬鹚科、鹭科、鸭科、鹰科、隼科、雉科、秧鸡科、彩鹬科、鸻科、鹬科、贼鸥科、鸥科、鸠鸽科、杜鹃科、草鸮科、鸱鸮科、雨燕科、翠鸟科、蜂虎科、啄木鸟科、八色鸫科、燕科、鹡鸰科、山椒鸟科、鹎科、伯劳科、黄鹂科、椋鸟科、鸦科、河乌科、鹪科、山雀科、文鸟科、雀科共36科114种。

爬行类有龟鳖目、蜥蜴目、蛇目3目，有龟科、海龟科、鳖科、壁虎科、石龙子科、蜥蜴科、蛇蜥科、游蛇科、眼镜蛇科、蝰科共10个科40种。

两栖类有有尾目、无尾目2目，有蝾螈科、锄足蟾科、蟾蜍科、雨蛙科、蛙科、姬蛙科等6科15种。

鱼类分为海水鱼类和淡水鱼类，海水鱼类有117科361种，淡水鱼类有14科55种。

除了脊椎动物外，还有许多无脊椎动物类群，其中节肢动物的昆虫类就有16目127科509种。

（二）野生植物

凤阳境内地处亚热带中部南北亚地带分界线上，是南北植物汇流之地，原来植物种类相当丰富，区系较为复杂。由于人类活动增强，原生植物遭到破坏，植物种类大量减少。境内野生植物有种子植物、蕨类植物、苔藓类植物、菌藻类植物计262科1503种。其中，属国家重点保护植物有厚朴、沉水樟、钟萼木、全缘冬青、银钟树、海南石梓、香果树、青钩栲、短穗竹和江南油杉等10种；属省级保护植物有竹柏、百日青、南方红豆杉、青钱柳、少叶黄杞、乳源木莲、深山含笑、野含笑、华南樟、细叶香桂、绒毛山胡椒、浙江润楠、凤凰楠、树头菜、龙须藤、花榈木、亮叶猴耳环、厚叶石斑木、光叶花椒、卷斗青冈、闪光红山茶、红柱紫茎、总状山矾、多枝紫金牛、球兰、蔓九节等26种。此外，属于中国大陆分布新纪录的植物有田野水苏、裂叶假还阳参；属于浙江省分布新纪录的植物有异叶紫弹树、树头菜、毛柱郁李、铺地蝙蝠草、越南葛藤、倒卵叶算盘子、清江藤、变时裸实、车桑子、小叶黄花稔、圆叶黄花稔、心萼薯、假酸浆、帽儿瓜、台湾虎尾草、独穗飘拂草、文殊兰、唐菖蒲、鬵蒴栲、青钩栲、卷叶青冈等21种。另外，珍稀树种有：南方红豆杉、榉树、青钱柳、光皮桦、光叶水青冈、南酸枣、拟赤杨、枫香等8种。

1. 植物种类

植物种类有262科1503种。其中，种子植物有138科1138种，蕨类植物有27科61种，苔藓类植物有28科64种，菌藻类植物有69科240种。按经济用途可分为：

（1）淀粉植物

分为禾本科、百合科、兰科、柿科、蔷薇科、无患子科、天南星科以及蕨类植物的部分品种。

（2）药物植物

原生及引种的药材资源较多，主要有肾茶（又名猫须草）、越南安息草、三七（又名田七）、佛手、使君子、萝芙木、八角、肉桂、黄栀子、厚朴、黄兰（又名缅桂）、鳄梨（油梨）、苹婆（又名风眼果）、番石榴（番桃）等。境内由于地貌类型多样，中草药资源极为丰富。据调查有鹧鸪菜、颠茄、白英、普陀罗、穿心莲、车前、多钩藤、白花蛇舌草、兰边莲、一枝黄花、千里光、蒲公英、淡竹叶、温郁金、蛇藤、苦参、野百合、野山楂、金樱子、地榆、何首乌、金钱草、威灵仙、筋骨草、半枝莲、夏枯草、益母草、金银花、鱼腥草、唐菖蒲等99科650余个品种。

（3）芳香植物

主要有荸荷、紫苏、蜡梅、山苍子、玫瑰等。

（4）纤维植物

主要有竹类、芦苇、芦竹、野苎麻、蔓赤车、雾水葛、木槿、紫藤、龙须草、葡蟠等。

（5）油脂植物

主要有油茶、油桐、乌桕、香樟等。

（6）化工原料植物

主要有马尾松、花香、松香及某些蕨类植物（含有不干性油、明胶等）。

（7）饲料植物

主要有紫云英、"满江红"水生绿肥、田菁、苜蓿、山蚂蝗、草熟禾、狗尾草、野燕麦及其他杂草类等。

（8）果菜植物

主要有蕨菜、马齿苋、鼠翅草、马兰菜、荠菜、蕺菜、小根蒜、野山楂、山莓、猕猴桃、豆梨等。

（9）蜜源植物

主要有豆科、十字花科、蔷薇科、菊科、百合科、忍冬科、樟科、槭树科、毛茛科、山茶科、蓼科、杜鹃花科、兰科、木犀科、冬青科、卫矛科、虎耳草科、芸香科、猕猴桃科、五加科的一些植物种类。

（10）园林观赏植物

主要有唐菖蒲、水仙花、蜡梅、栀子、金钱松、玉兰等。

2. 植被类型

植被类型可分为自然植被与人工植被两类。自然植被可分为常绿针叶林、常绿阔叶林、落叶阔叶林、针阔混交林、亚热带毛竹林、竹阔混交林、灌丛、水生植被等8个植被型。人工植被可分为经济林、特产林、农田作物、沿海防护林、"四旁"绿化林等5个植被型。

（1）自然植被

根据植被现状展布有9个植被类型，39个群体，其中有6个较为典型的天然森林植被群体。

常绿针叶林 以马尾松为主，其次是黑松、杉木、黄杉、柳杉和湿地松、晚松、刚松等，遍布在海拔800米以下的山地、丘陵、海岛及部分平原地区也分布。

常绿阔叶林 分布在海拔400～800米山地、丘陵，系东部中亚热带地区的地带性植被类型，可分为米槠林、罗浮栲林、青冈栎林、青冈栎树林、少叶黄杞林、闽粤蚊母林、黑荆林、大麻黄、桉树林等9个群系。

落叶阔叶林 仅枫香林1个类型。

针阔混交林 主要有马尾松、青冈栎和马尾松、香林等两类。

竹阔混交林 有毛竹与青冈栎、柳杉混交林和水竹桉树等混交林。

水生植被 塘河、溪流一带水中常有水浮莲、凤眼莲、水荷花、浮萍、藻类等。特别是水荷花、凤眼莲、水浮莲等易造成河道堵塞。

（2）人工植被

用材林 有马尾松、樟树、桉树、柏木、杉木等。

经济林 有油茶、油桐、乌桕、竹林等。

特产林 有四季柏、柑桔、杨梅、枇杷、板栗、柿、茶树、桃树、梨树等。

农田植被 分布广面积大的有水稻、麦类、薯类、豆类、瓜类、油菜、蔬菜、绿肥、甘蔗、花卉、药材等。

"四旁"绿化林 在村前、屋后、路边栽种的林木主要有桉树、樟树、柏树、木麻黄、棕榈、苦楝、小叶榕、水杉、水竹、绿竹、黑荆树等。

地被物 主要有酢浆草、车前草、狗牙根、墨旱莲、革命草、鸡眼草等。

（三）昆虫

1. 寄生性昆虫

寄生蜂　二化螟绒茧蜂、螟黄足绒茧蜂、螟蛉绒茧蜂、三化螟绒蔓蜂、稻螟、小腹茧蜂、螟蛉悬茧姬蜂、中华茧蜂、纵卷叶黄螟脸姬蜂、稻螟赤眼蜂、稻虱缨小蜂、松毛虫赤眼蜂、卷叶螟赤眼蜂、蔗螟赤眼蜂、二化螟黑卵蜂、稻苞虫黑卵蜂、粘虫黄茧蜂、纵卷叶螟大腿小蜂、螟卵啮小蜂、稻虱缨小蜂、黑尾叶蝉缨小蜂。

寄生蝇　稻苞虫管狭颊寄蝇、稻苞虫赛寄蝇。

2. 捕食性昆虫

尖钩宽蝽蝽、花蝽、黑肩绿盲蝽、褐姬猎蝽、七星瓢虫、稻小红瓢虫、长颈步行虫、中国虎甲虫、青翅蚁形隐翅虫、螳螂、蜻蜓、草蜻蛉、食蚜蝇、食蚜盲、异色瓢虫。

3. 稻田蜘蛛

狼蛛科　拟水狼蛛、近亲拟水狼蛛、拟环纹狼蛛、沟渠豹蛛、浙江豹蛛、黑腹狼蛛、丁纹豹蛛。

蟹蛛科　三突花蛛、亚洲长瘤蟹蛛。

跳蛛科　雄黑跳蛛、白纹猎蛛、浙江蝇蛛、蚁蛛、黑蚁蛛、条纹蝇蛛。

盗蛛科　黄褐狡蛛。

猫蛛科　斜纹猫蛛。

栅纺蛛科　栅蛛。

管巢蛛科　斑管巢蛛、草栖毛丛蛛。

巨蟹蛛科　疾行巨蟹蛛、狩猎巨蟹蛛。

微蛛科　食虫瘤胸蛛、草间小黑蛛、驼背额角蛛、隆背微蛛。

球腹蛛科　八斑蛛腹蛛。

蟏蛸蛛科　稻田蟏蛸、卵腹蛛、银条蛛、四斑锯螯蛛、鳞纹蛛。

圆蛛科　黄褐新圆蛛、茶色新圆蛛、绿腹新圆蛛、山涧新圆蛛、黄斑圆蛛、大腹园蛛、瘤尾圆蛛、银背蛛、四点亮腹蛛、金黄肥蛛、黄斑圆蛛、黑尾艾蛛、横纹金蛛。

漏斗网蛛科　机敏漏斗蛛、温州隙蛛、家隅蛛等。

皿网蛛科　纹边皿网蛛、白边皿网蛛。

4. 稻田常见蛙类

泽蛙（烂泥蛤蟆）、黑斑蛙（田鸡）、沼蛙（水狗）、金线蛙、润褶蛙、棘胸蛙、虎纹蛙（粗皮田鸡）、小孤斑姬蛙、饰纹姬蛙（三角蛙）、黑眶蟾蜍、中华大蟾蜍（癞哈蟆）。

5. 病原微生物

真菌类　白僵菌、虫生藻菌、轮枝菌。

细菌类　杀螟杆菌、青虫菌。

线虫类　螟虫线虫、稻虱线虫。

第二节　人文环境

凤阳畲族乡的人文遗迹主要有凤楼仓头、鹤山中贡、龟墩漈头，唐宋年间的千年碗窑址、运碗古道、挑矾古道、凉亭和炮台、矼步等。现代新建多处风景名胜，如虎山公园、杜鹃花海、活态畲村、游步登山和栈道探险等旅游景点。

一、文化遗迹

清贡生雷云故居　距乡政府驻地凤阳宫东2.80千米，地处鹤顶半山腰，面对东海，古树木参天，景色宜人，系凤楼村委会驻地。据《仓头地名记》记载，清雍正年间，蒲门人徐氏因畲民"淳朴、可托"建立仓厂（仓库），储藏粮食于此地故名，仓头俗名旗杆内。雷云故居坐东朝西，以清咸丰庚申年（1860）此围合式四合院为基本单元，均设通廊木构建筑。两边护厝2层。建筑手法上保留了清代遗风匠心巧运，梁架为抬梁，穿斗式混合结构，通身木构架，呈现出质朴典雅美观。

故居蕴含着一种积极向上的进取文化，这里有一种文人气质。门台门楣的"府案首"牌匾以及屋内厅堂悬挂的"文魁"文士名流的题匾等，无不显示出一种尚文崇儒的社会风尚，也是故居建造者文化修养的直接反应。门前有清朝贡生雷云竖立的旗杆一对，还有养贤田20亩，以此鼓励后贤勤奋学习，旧时人文蔚起曾出不少人才。据《雷氏宗谱》记载，从清乾隆时起有钦赐正八品1人、登仕郎3人、贡生1名、庠生2人、迪功郎2人、业儒26人、军功授五品衔1人，近代有被聘任为省文史馆馆员1人，十八担书笼美读文风鼎盛。

清庠生钟小玉故居　距凤阳乡政府驻地0.50千米处。地灵人杰人文蔚起的中贡村，住有钟姓畲民29户，属于朝阳溪边支系。从清至民国均有庠生（秀才）儒士，乡现有诸多人才就职于行政、文化、教育等部门。第七世钟文曾

（兄文子天奇生于1927年）注重教育，培养人才。许多后裔勤奋学习，厅堂尚存第十五世钟秉和（1847—1930年）庠生，号少玉之八十寿庆楹联："身列胶庠樊子仍恒披卷，门盈桃李伏生老尚传经。"清同治二年（1863年），平阳知县题"五叶承芬"匾额，其样式文书曰："钦加同知衔署浙江温州府平阳县正堂加六级纪12次余为五叶承芬。"

凤阳岭亭遗址　位于矾山至赤溪挑矾古道的凤阳与金斗垟毗接处（凤阳岭头）。建于清乾隆元年（1736年）。亭共有3间，中为通道，木瓦结构，用不规整石块叠砌，高5.10米，阔4.05米，长14.50米。现仅存凤阳岭亭遗址，尚见遗存的粗石墙址、瓦片及陶瓷碎片。

章家山炮台遗址　位于凤阳鹤峰村章家山和赤溪园林村大垄分水为界的小山岗处。建于民国25年（1936年），系国民党军队围剿镇压红军的遗物。民国31年拆毁，尚有墙址遗存。

千年运碗古道　位于县城东南42千米处。据《李氏宗谱》源流序记载，李氏先祖李仰山约于明万历三十三年（1605），从平邑北港下吞迁入五十二都李家山居住，至2015年已有410年，该村属凤楼村的一个自然村。有一条用天然古老的风化石筑成光滑锃亮的千米古道，斜穿村中。据考证，在唐宋时位于海拔800米的鹤顶山半山腰，建有大规模碗窑。近邻赤溪水路外销靠人力挑运，李家山古道是必经之路。李家山古道有3座单硐石板桥：桥仔内桥（高6米，面宽3.40米，长5米）、鲤鱼桥（高8米，长5米，面宽2米）和水尾桥（高10米，长6米，面宽1米）。两端以人力粗石筑建，桥面以天然石板盖铺，均靠人工用不规则原始块石砌筑而成，保存完好。

石龟矴步　凤阳石龟矴步始建明代。古诗曰："鱼鳞砌就无呼渡，雁齿排来不问津。"全长20米，共有32级踏步，每级由3条方形石柱竖立并成，宽1米多，以方便行人从溪上经过。

凤阳岭至岭边古道大贡亭　凤阳岭至岭边古道，是早年矾山明矾外运中的挑矾古道。始造年代不详，全长3千米，古道1.50米，用不规则块石砌筑而成。凤岭高处678米，低处海拔350米，陡峭的凤阳岭古道向分布起伏不平的岭边古道顺着山形坡势而延伸。古道上岭边村旁建大岗亭。据83岁老人钟希回口述，它是矾赤古道挑矾和行人遮阳避雨乘凉歇脚暂息处，始建年间失载，左右墙用乱石筑砌，前后拱弧形辕门，古道通过凉亭中间，两侧设置坐槛，属木、瓦、石结构。2006年遭桑美台风的袭击，路亭已毁，遗址仍在。

鹤顶山至赤溪运柴古道　仓头岭头古道位于凤楼村仓头自然村。鹤顶山至赤溪昔年运柴古道，从仓头六亩岭头至赤溪半岭直通矸步头，全长5千米，路坎用鹅卵石砌成，宽1.50米，整条古道保存完好。约行1千米至半岭处（赤溪镇管辖），有一棵200多年古榕树，根抛石壁而成长。

金龟坑　位于鹤峰村与凤楼村毗接处，离交椅环自然村100多米，为昔时五十二都和五十三都隔界的坑流。据凤阳神明信仰光绪本《地主簿》注载："金龟坑管界大神洪三相公。"据老人传说，早年金龟坑，山峦环抱，林木参天，人迹罕至。上有山魈潭峡谷，下漈流飞瀑，中间水从石壁逆势回转号"米筛旋"的溪石处，蕴藏着岩面金黄龟形纹迹，此地故号"金龟坑"。金龟坑早年是凤阳至马站必经古道。金龟坑桥，是单硐石建筑两端桥墩，盖有四条石板，刻有"连环桥"三个字。金龟坑潭水清澈可人，"山魈潭""擎天壁"隐约深处。

碗窑窑址　位于凤楼村海拔600米土名碗窑山，西端与土名虎橱交界，东部循接流水坑，相距约2千米，部分窑址堆积层已毁，分布面积约2000平方米。现遗留陶片碗坯堆积层小山岗10座，已发现窑址，用砖块筑建20处。该窑产品有碗、盘、杯、壶、罐、炉等，以碗类居多，白瓷为主。

二、人文景观

虎山公园　位于顶堡村新厝和凤阳宫新村地段，处在北山与大湖山和牛栏山来脉小山岗，形似卧虎故名。据清光绪手抄本《情旨稿》钟义谟咏凤阳蛤蟆宫诗："山川秀气藏虎形，俨然威猛似吼声。地灵应筑蛤蟆庙，保境佑民永康宁。"虎山之胜景，有鹤顶山颠奇石怪状，风力电站叶片鹤翔。龙头山漈瀑，东山狗头岗，西翥凤山。2015年，群众集资和政府拨款150万元，建造石狮牌坊、木制长廊、民俗壁雕与整个公园相映衬。公园内数千米溪床建堤砌坝，梯形拦水坝台阶式向下游延伸，沿岸设青石护栏浮雕花鸟，岸边架伞形观光灯一字排开，堤边樟桂并茂，绿草如茵。日观池塘鲤鱼龙门戏水，夜赏堤岸百盏五彩霓灯，进入顶堡虎山公园徒步崩山入口连接龟墩景点。

杜鹃花海生态畲村　鹤山畲族村坐落在鹤顶山东西间呈点状分布，层叠的梯田环山绕谷、村庄树木苍郁环抱，自然形成一幅美妙的畲乡画卷。山巅有近千年的白鹤仙师庙，还有"黑石阵"从山沟直到山顶，黑石层叠。神话故事的"黑石阵"称为"仙人赶猪"。

2015年已全面完成矾赤线至鹤顶山自然村康庄公路改造提升工程4.20千米，开通从鹤顶山自然村至山顶部队营区通景公路6.60千米，全线路面拓宽

6米，已打造鹤顶山"千里花廊、盘山公路"，成为苍南乃至温州"最美公路"。在山上开发可望山观海的大型观景露营基地，千亩野生红杜鹃每年四月中下旬盛开，漫山遍野的杜鹃伴着和煦的阳光绽放，一片姹紫嫣红，自然形成"云海·石海·花海"的独特景观。1万多平方米的大隔草坪如扇形展开，露天大舞台可容纳万人观看表演。山顶有文化广场，上天梯游步道四通八达。从凤楼村出发经过鹤峰村、鹤山村，可直通至鹤顶山。沿途风光旖旎，有蓝天、白云、奇林、怪石、芦苇、杜鹃，可望山观海。登高处建造瞭望亭、休息亭多处，可远眺沧海，游目骋怀，邻近城乡尽收眼底。山上建有风力发电场，35台风力发电机犹如擎天巨柱，直插云霄。

鹤顶山白鹤仙师庙　鹤顶山山顶石峰建有石厝名"仙师庙"，供奉白鹤仙师石塑像和童子、蓝衣土地各一尊。石厝高3.20米，长4.80米，宽3.10米，青石结构，是苍南最早庙宇之一。

传说白鹤仙师丁令威为辽东人，隐居灵虚山学道，羽化成仙，《封神演义》谓其昆仑玉虚宫元始天尊的门人。据白鹤道院石碑记载："原籍浙江金华府，丁字村庄我住居，转世辽东高丽国，后回东北黑龙江。灵虚修道一百载，羽化白鹤飞上天，原始天尊佛旨覆顶山。"仙师在灵峰石下洞天福地开创道场，庙内一口千年古井，清澈长流。

最早的白鹤仙师庙又称祥云院。据平阳县志记载，祥云院（石庙）建于元代至正年间，清乾隆时重建此祥云寺，又名"紫云普院"。据矾山陈氏宗谱记载，慈云观重建于道光二十九年（1849年），由矾山镇四岱王村村民陈俊秽等人集资建筑。当地有18亩田归属道观，最盛时有8名道士，自食其力。又据紫云观石碑志记载，紫云观原有正殿5间，右厢房各3间，有石门轩，供奉白鹤仙师。有8名道士晨钟暮鼓，早晚两课诵经修行，健身练武。白鹤仙师是道教重要神祇，在苍南福鼎的矾山坑仔内、小天湖、坎门岭、谢家坪、南山坪、王家洞、赤溪园林狮头堂、凤阳鹤山德盛庙、南宋大埔山、赤溪昌基堂、马站积谷岭、车岭、观美、华阳、大渔炮台贡、桥墩、福鼎佳垟、月明山、澜溪、观堂、前岐蔡岙等地都有大小不一的宫庙供奉白鹤仙师点。许多神庙祀神都配有白鹤仙师塑像。

云海挡道鹤顶山胜景　鹤顶山是苍南县最高山峰，海拔998.50米，山势高峻，一年里大部分时间云雾笼罩。昔时有一条逶迤蜿蜒小道直上山巅，境内村民捡柴割草都走此曲折小道上山。但云海天梯盘旋于悬崖峭壁之间，两边怪石林立，时而穴风遮眼，忽而云海挡道，虽山势高峻似胜景云梯，到达尖峰能远眺全景，极目远望马站平原、矾山平地、赤溪关山老君岛沧海碧浪毗邻乡境一览无遗，尽收眼底，令人叹为观止。

始建于1995年2台从丹麦和21台从德国进口的风力发电机（现已增加到35台）一字排形分布在海拔900多米高的几千米山脊上，风车架高50米，风叶直径50米，单机重量30多吨，一扇风片1吨多重，能抗御12级台风。35台一字排形的风车迎风旋动银光闪烁，呼呼作响，与雄伟挺拔绿树丛生山花烂漫的鹤顶山浑然一体，更是一道别开生面之美丽景观。

狮子山环山游步道　狮子山处龟墩北山，山高林茂，奇峰异岩，山巅下悬崖峭壁，大石磊磊，争奇斗艳，岩壁流水飞瀑，涧水潺潺，宛如一轮明月悬挂前川。龟墩北山背壤天湖山，海拔798.50米，山势独长，峰峦叠嶂，蜿蜒向北与牛栏山、长尾坑、寨仔山、山脉绵峰接壤。2015年龟墩村开发旅游景点，建造狮子山环山游步道2000多米，头尾两个牌坊，步道架设了安全护栏，半山腰处建造了观景瞭望台，左右两侧各兴建了典雅精美凉亭，凿栈道，为游人双向登山。

第三节　建置沿革

清代凤阳属平阳县招顺乡五十二都。民国24年（1935年7月）建立凤阳乡。1956年平阳县委批准建立凤阳民族乡，1984年6月恢复成立凤阳畲族乡。现辖6个行政村56个村民小组，有51个自然村，其中5个畲族村、1个汉族村。21世纪后，新农村建设力度加大，许多自然村实施整村搬迁，或陆续搬迁到新的集中点定居，村的格局和村属机构组织发生变化。

一、政区沿革

凤阳畲族乡地域宋至明代，属于平阳县招顺乡五十二都鹤江里管辖，清宣统三年（1911年）招顺乡改称蒲门乡，当年凤阳属蒲门乡管辖。1949年10月，平阳县蒲门区人民政府建立后，凤阳属蒲门区管辖的一个行政村。1950年7月1日，析矾山区建立凤阳乡政府，属矾山区管辖。乡辖龟墩、顶堡、鹤顶山、岭边、官岙、新窑、泗安、隔头、大厝基等9个村。1952年4月，乡辖龟墩、顶堡、鹤顶山、岭边等4个村。官岙、新窑、泗安、隔头、大厝基5个行政村划归新安乡管辖。1952年8月，平阳县委析建赤溪区，凤阳划归赤溪区管辖。1956年3月，平阳县委撤区并乡，赤溪区并入矾山区，凤阳乡并入南堡乡。1956

平阳县委建立凤阳民族乡，属矾山区管辖，将赤溪镇的鹤峰、凤楼2个村划归凤阳畲族乡管辖。其时全乡畲族人口占49.90%。农业合作社高潮时，全乡组成炬光（顶堡村和岭边2个村）、凤新（龟墩村）、明星（鹤山村）、凤楼、鹤峰等5个高级农业生产合作社。1958年11月，建立赤溪公社，凤阳畲族乡政府改称凤阳管理区，下辖炬光、凤新、明星、凤楼、鹤峰等5个生产队。1959年9月，赤溪公社并入矾山公社，凤阳管理区改称生产大队，下辖5个生产队不变。1961年10月，以原来乡的范围建立凤阳公社，下辖6个生产大队（岭边生产大队划入）。1969年8月，"文化大革命"期间成立革委会，公社管理委员会改称凤阳公社革委会，下辖凤新、炬光、明星、岭边、凤楼、鹤峰6个生产大队。

1978年12月平阳县委重新建立凤阳公社管理委员会。1981年10月，经国务院批准，苍南从平阳析出建县，凤阳公社属苍南县管辖。1984年6月撤区建镇，成立赤溪镇，实行体制改革。凤阳公社属赤溪镇管辖，并恢复建立凤阳畲族乡，大队改称行政村，建立龟墩、顶堡、鹤顶山、岭边、凤楼、鹤峰6个村民委员会。1985年2月，苍南县委、县政府决定，原镇管乡体制改为区管乡体制，撤销赤溪镇建立赤溪区，凤阳畲族乡归赤溪区管辖，原来的6个行政村不变。1992年5月，苍南县委、县政府决定，撤区、扩镇、并乡，原赤溪区撤销，凤阳畲族乡不变，直属苍南县政府管辖。2011年，温州市实行乡镇撤扩并行政区划大调整，凤阳畲族乡因民族乡得以保留行政区划编制，直属苍南县政府领导。现凤阳畲族乡政府驻地鹤山村。

凤阳畲族乡政府办公驻址　1956年6月，凤阳乡政府的办公地址设在一座古老的宫庙（凤阳宫）内。因乡机构设置人员增加，将前廊拓宽加高，作为工作人员办公住宿为一体的地址。乡政府在宫庙内办公30多年，直到1982年因宫庙屡遭台风袭击材残腐朽，已构成危房威胁人身安全。上级批准新建政府办公大楼，选址鹤山村，于1983年竣工，1984年10月搬迁新址办公。80年代建造的政府办公楼沿用直至2012年，大楼已成危房。2012年经报请审批同意新建，2013年冬竣工建成新的办公宿舍综合楼。2014年凤阳畲族乡政府搬入新楼。

二、辖区村落

行政村的建置历史变化颇大。自唐初实行乡甲制后，属于今凤阳畲族乡范围的具体里名无考。明清两朝在乡以下沿用都制图，凤阳畲族乡范围属三十一都6村和五十二都18村，相当于行政村的名称先后改称为村甲（农村称村甲、集镇称乡甲）民国23年后推行保甲制，乡以下设保，保以下设甲，当时的保基本上和现在的行政村相对应。

中华人民共和国成立后，废除保甲制，实行行政村建制，人民公社化时期先后成为生产队和生产大队。至目前全乡共设有6个行政村。始起龟墩漈头至鹤峰岭后苏厝，首尾14.50千米。以一溪清流自西北向东南穿乡境中部分南北两岸，属西北向有龟墩村、顶堡和岭边3个村，属东南向系鹤山、凤楼和鹤峰3个村。

（一）龟墩村

龟墩村村委会驻地龟墩南山，距乡驻地4千米。地处丘陵半山区，海拔370~400米，区域面积3.30平方千米，由漈头、南山、北山、岩刀、石壁脚5个自然村组成，2015年计共237户830人，其中畲族8人，外出务工350人。耕地面积22.53公顷，山林面积199.46公顷，人均收入8950元。是一个革命老区村。

1950年7月，凤阳乡政府成立时，龟墩村属于凤阳乡的9个村之一。1952年4月，民主建政时期，龟墩仍属于凤阳乡的4个村之一。1956年12月，龟墩村属凤阳畲族乡划建的5个高级农业合作社之一，并更名凤新。1958年11月，人民公社化时期，凤新属凤阳管理区的一个生产队。1959年9月仍属凤阳生产大队中的一个生产队。1961年11月建立公社管理委员会，凤新属生产大队。1969年8月管理委员会改称为革委会，凤新大队改称大队革命领导小组。1978年12月凤新恢复生产大队建制。1981年10月苍南从平阳析出建县，凤新属于凤阳公社。1984年6月份凤阳恢复畲族乡建制，大队改称为行政村，建立龟墩村民委员会。

21世纪龟墩村开始新农村建设。2002年修建顶堡至矾山赤家山的龟墩水泥路3.40千米。2008年全村有28户迁到矾山镇南下小区脱贫点。2012年完成村路拓宽，加装护栏，建造溪堤，砌坎，治理小流域，村庄改水、改厕，污水治理，净化环境，设置标准化路灯照明等基础设施建设。2012年发展种植砂糖桔、贡柑8公顷。2013年龟墩村民委员会建造了210平方米村民中心党员活动室。2015年建造了狮子山环山游步道，观景台、凉亭和入口处牌坊等旅游观光设施。

龟墩村由5个自然村组成：

漈头杨 村后山有一漈，村位漈头之上，以地理和姓氏故名漈头杨，属龟墩村。位于乡驻地西北3.50千米，村沿山呈点状分布，杨姓祖居，支祖杨以祥于清乾隆庚戌年（1790年）由昌禅后坑迁此。2015年计共55户184人。

北　山　因村处龟墩北麓，以地理位置得名，属龟墩村。位于乡址驻地西北部3.20千米，村沿山呈块状分布，据黄氏百家姓记载，于清康熙十五年（1676年），由福建南安县十五都崩山溪井门入迁藻溪滩下孔庄，后迁南宋古楼下，再迁陈家擂白云堂，最后转迁来此定居。2015年计共89户281人。

南　山　村地处龟墩南麓，以地理位置得名，属龟墩村。位于乡址驻地西南部3.20千米，村沿山呈块状分布，黄姓祖于清顺治年间（1644—1661年）迁此，其他潘、郑、陈、徐等各姓也迁居于此。2015年计共68户262人。

岩　刀　此地山岩陡峭似刀，故以岩石地形得名，属龟墩村。位于乡址驻地西北部2.54千米，村呈点状分布，林姓支祖于清顺治年间（1644—1661年）迁此，其有黄姓亦与同居。2015年计共20户78人。

石壁脚　村后山有一大石壁，村居其下，故以地形得名，属龟墩村。位于乡址驻地西北部2.60千米，据《黄氏宗谱》载汉兴公生清康熙丁亥年（1707年）居石壁脚。2015年计共5户25人。

（二）顶堡村

顶堡村村委会驻地凤阳新村建新路，系乡政府所在地。1950年7月，凤阳乡政府成立时，顶堡村属于凤阳乡。地处丘陵半山区，海拔320～450米，面积4.10平方千米，有9个自然村，9个村民小组，2015年计共323户1305人，其中畲族131户465人。耕地面积33.90公顷，山林面积281.13公顷，油茶基地2846公顷。2015年人均收入15000元。

1952年4月，民主建政时期，顶堡属于凤阳乡的4个村之一。1956年12月，顶堡村属凤阳畲族乡划建得5个高级农业生产合作社之一，岭边并入更名炬光。1958年11月，人民公社化时期，炬光属凤阳管理区的一个生产队。1959年9月仍属凤阳生产大队中的一个生产队。1961年10月建立公社管委会，炬光属生产大队。1969年8月管委会改称为公社革委会，炬光大队改称大队革命领导小组。1978年12月份炬光恢复生产大队建制。1981年10月苍南从平阳析出建县，炬光属于凤阳公社。1984年6月份凤阳恢复畲族乡建制，大队改称为行政村，建立顶堡村民委员会。

进入21世纪后顶堡村开始新农村建设。2001—2015年建造通村机耕路4.68千米，加建石雕护栏453档。2011年建造了4间4层楼580平方米的村民活动中心，全村配上标准路灯（250瓦高压钠灯）22盏，改造冲水式公厕8座。2013年开始改水治污、小流域治理、溪床改造使观光游览为一体的顶堡梯形拦水坝、文化长廊、虎山公园、形象牌坊应运而生。

顶堡村由10个自然村组成：

顶堡崩山　因村位于半山，在村旁有一陡坡，土质松软，每逢大雨会出现崩塌，故名，属顶堡村。位于乡驻地西北1.40千米，村沿山呈点状分布，雷姓闹村凤岭脚支系，第五世祖应龙公四子生（1700年）移居于此，至2015年约300年，卢、吴二姓居住，卢姓于清乾隆年间从赤溪过海迁入，至2015年270余载。2015年计共35户135人，其中畲族25户95人。

牛　栏　因其地早年有个养牛牧场，故名牛栏，位乡政府驻地凤阳乡西北1.90千米，属顶堡村。

柿　脚　早年的屋房旁有棵大柿树，故名，又因村处山坎之下又名坎下厝，属顶堡村。位于乡驻地西北1.30千米，村呈块状分布，刘姓祖居。清乾隆年间，蓝姓福鼎双华支系第七世祖胜茂公从马站蒲门迁此，至2015年290余年。雷姓青街章山支系第八世雷世昆（1723—1782年）自中墩中岗迁入，至2015年250年。2015年计共38户132人。

路　边　房屋依乡间大道而建故名，因村民有开设小卖部的习惯故又名店仔，属顶堡村。位乡驻地1.20千米，村呈块状分布，现有刘、吴、蓝、郑、诸姓杂居于此。2015年计共55户195人。

南　头　其地始为蓝姓居住，后又迁入刘姓，故以姓氏而得名"蓝、刘"因方言音近讹为南头，属顶堡村委会。位于乡驻地0.94千米，村呈块状分布。刘姓于清康熙年间（1662—1722年）从福建沙埕迁入。郑氏祖于清乾隆年间（1736—1795年）由半垟泗安迁此，居郑、刘、徐、曾诸姓村民。2015年计共43户190人。

新　厝　清咸丰三年（1853年）大灾之年建的四合院，壮观漂亮，故称新厝，属顶堡村。位于乡驻地0.74千米，村呈块状分布。郑氏祖于清乾隆年间（1736—1795年）由半垟泗安迁此。2015年计共48户196人。

下后坑　该村与顶堡南头相隔一溪坑，居顶后坑之下，故以地理位置得名下后坑，属顶堡村。位于乡驻地北向0.80千米，村沿山呈点状散布。清乾隆年间，雷氏青街章山支系第十世祖雷文金（1794—1826年）自凤阳仓头迁入，至2015年约180年。2015年计共32户136人。

顶后坑　居下后坑之顶上部，故名，据苍南县《地名志》记载，又名"坑口"属顶堡村。位于乡驻地北向1.24千米。村沿山呈点状散布，主姓肖氏祖居。2015年计共22户96人。

凤阳宫　因在宫庙的右侧有块大石形似蛤蟆，俗称之"蛤蟆宫"，后以乡名相称，故名凤阳宫，系乡所在地，属顶堡村。村呈块状分布。清乾隆三十年间（1765年）就有王、蓝、陈等诸姓居此，至2015年约260年。至1958年农业合作社化本乡时期内又有近20户搬此地居住，属畲、汉及多姓杂居村庄。2015年计共50户225人。

新　村　1994年乡政府规划建设的新农村，故名。房屋依矾赤路两侧而建，由顶堡、鹤山、岭边3个行政村的村民下山新建聚居点，现名为建新路，系乡所在地和顶堡、鹤山两个村委会驻地，村沿公路呈带状分布。2015年计共272户821人。（该自然村人口属各行政村搬迁入住）

（三）鹤山村

鹤山村村委会驻地凤阳新村建新路，位于乡政府所在地。地处丘陵山区，平均海拔350～600米，面积4.10平方千米。由鹤顶山、隔头、坪石、田中央、龙头山、顶中贡、下中贡、陈家垮、胡家坪、下庙10个自然村10个村民小组组成，2015年计共276户1157人，外出务工450人，是一个纯畲族村。耕地面积45.73公顷，山林面积280.73公顷，有21.33公顷金银花基地、14.66公顷红心李基地。2015年人均收入8950元。1950年7月凤阳乡政府建立时鹤顶山属于凤阳乡。1952年4月，民主建政时期，鹤顶山属于凤阳乡的4个村之一。1952年8月，仍属于凤阳乡。1956年12月，属凤阳畲族乡划建的5个高级农业生产合作社之一，鹤顶山更名明星农业生产合作社。1958年11月，人民公社化时期，明星属凤阳管理区的一个生产队。1959年9月仍属凤阳生产大队中的一个生产队。1961年10月建立公社管委会，明星属生产大队。1969年8月管委会改称为公社革委会，明星大队改称大队革命领导小组。1978年12月份明星恢复生产大队建制。1981年10月苍南从平阳析出建县，明星属于凤阳公社。1984年6月凤阳恢复畲族乡，大队改称为行政村，建立鹤山村民委员会。

进入21世纪后鹤山村开始新农村建设。2006—2014年建造矾赤公路隔头候车亭至鹤山村水泥路，4.50千米，宽3.50米。2014年修建陈家湾至龙头山水泥路2.20千米，2015年原隔头候车亭至鹤顶山公路扩宽2.60米，开通建造岭边仓厝至下中贡0.90千米水泥路。同年开发鹤山大隔避暑山庄及观光游览，由鹤顶山自然村公路再延伸至驻鹤部队军用公路连接，拓宽老路和开通路基总计6.60千米，宽6米。

2008年在凤阳新村路口新建村民中心党员活动室四层楼2间，计310平方米，经架设配装村庄路灯、污水治理、改水改厕、修整道路、建设桥梁和水坝，村貌突显新农村的景象。

鹤山村由10个自然村组成：

鹤顶山 亦名覆鼎山，形如覆鼎高出群峰之上，村居位于山之半腰，以地理位置而得名，属鹤山村，位乡驻地2千米，村呈点状分布。蓝姓畲族，清康熙甲子年间（1684年）云昌公长子德华派下长孙国聪公迁居于此，胜奇公也于（1730年）从陈家湾移居鹤顶山山脚，至2015年约300多年，共56户285人。

隔　头 以鹤顶山脉延伸至龙港隔，村居隔头，以地理位置而得名，属鹤山村。位于驻地西南部1.24千米，村沿山呈块状分布。钟姓昌禅中峇支系第六世元亮公派下（1705—1753年）四孙文彩自南宋洋头移居隔头，至2015年约260余年，共58户273人。

顶中贡 居山脉延伸之岗顶中部，以山形得名中贡，属鹤山村。位于乡驻地东南部1.04千米，村沿山呈块状分布。住蓝姓两个支系，福鼎浮柳支系第十世蓝承我（1855—1923年）自鹤顶山迁入，至2015年约130年；福鼎双华支系第十世蓝子星（1732—1797年）自赤溪官峇迁入上塔，至2015年约240年，两个支系共24户85人，1995年搬迁新村。

下中贡 居山脉延伸之岗顶中下部，以山形得名下中贡，属鹤山村。位于驻地东南部0.80千米，村呈块状分布。住钟姓两个支系，朝阳溪边七世祖钟文曾（1727年）自梅溪迁至此。昌禅中峇支系第七世祖钟胜珠（1742—1819年）自隔头迁入。两个支系至2015年约有260年，共26户105人，现已陆续搬迁至新村。

坪　石 以石形象而得名，属鹤山村。位于驻地南部0.64千米，村呈块状分布。蓝姓畲族浮柳支系，第九世胜奇曾孙景厚（1817—1891年）自鹤顶山移居坪石，2015年计共12户37人，现整村搬迁至新村。

田中央 村居于田块之中，以地形而得名田中央，属鹤山村。位于驻地南部0.50千米，村呈块状分布。昌禅中峇钟姓支系，清乾隆年间第九世鸣分（1793—1833年）自昌禅中峇迁入。2015年计共13户52人，现整村搬迁至新村。

龙头山 有块巨石竖起形似龙头，以地形而得名龙头山，属鹤山村。位于乡驻地南部0.50千米，村沿山呈点状分布。清康熙年间（1695年），雷姓畲民福鼎双华支系第五世祖应俊公自章家山迁居于此，至2015年约250年；另有昌禅中峇支系钟姓1户（1787—1828年）自中峇迁入，至2015年约180年，32户103人，1998年整村搬迁至新村。

陈家湾　村民居坑溪防洪堤坝（俗称塘沽）周边，故称塘沽湾。后因方言近音，讹为陈家湾，属鹤山村。位于驻地东南部0.30千米，系乡政府所在地，村沿山呈点状散布。据《蓝氏宗谱》载，必大公次子国进公于清康熙年间（1662—1722年）自瑞安民坑迁居于此。蓝姓为主，加上雷、李姓畲民，2015年计共47户186人。

胡家坪　早时原系胡氏居此山坪中，以姓氏而得名胡家坪。位于乡驻地西南部0.60千米，村沿山呈点状散布。据《李氏宗谱》载，三世振泰公于清康熙年间（1662—1722年）自华阳牛角湾迁此，至2015年约350年。李姓畲民共4户16人。

下　庙　因村下方有座小庙，故名下庙，属鹤山村，毗邻乡政府驻地，村呈块状分布。蓝姓畲族，系陈家湾蓝姓同一支派迁居于此。2015年计共4户22人。

（四）岭边村

岭边村村委会距乡政府驻地1.30千米。地处丘陵半山区，平均海拔350～480米，面积2.90平方千米，由岭边、北山、田垄头、仓厝、杨家坑、大岗、斗门底、后沟李8个自然村8个村民小组，2015年计共178户683人，其中畲族149人。外出务工205人。耕地面积25.80公顷，山林面积218公顷。2015年人均收入8950元。

1950年7月凤阳乡政府建立时岭边属于凤阳乡。1952年4月，民主建政时期，岭边村属于凤阳乡的四个村之一。1952年8月，仍属于凤阳乡。1956年12月，批准建立凤阳少数民族乡，岭边属凤阳畲族乡，同年农村掀起农业生产合作社高潮，岭边并入炬光农业生产合作社。1961年10月建立公社管委会，并扩大一个岭边大队。1969年8月管委会改称为公社革委会，岭边大队改称大队革命领导小组。1978年12月份岭边恢复生产大队建制。1981年10月苍南从平阳析出建县，岭边属于凤阳公社。1984年6月份恢复凤阳畲族乡建制，大队改称为行政村，建立岭边村民委员会。

2009年在岭边新建村民中心党员活动室二层楼3间。2013年岭边村实施康庄工程，建造岭边至顶杨家坑1.70千米水泥路，宽3.50米，建造岭边至下杨家坑1.50千米水泥路。2011—2014年进行污水治理、改厕改水，建造农田堰坝，配置村庄路灯照明等，新建两岸围墙540米，建造2座通往岭边各自然村的大桥。

岭边村由9个自然村组成：

岭　边　因处山岭旁边，以地理位置而得名，属岭边村。位于乡政府驻地东北部1千米，村呈块状分布。据《杨氏宗谱》载，清康熙丙辰年（1676年）杨氏迁此，还有昌禅岙底支系，第九世雷清成（1844—1921年）自昌禅长尾坑迁此；蓝姓莒溪垟尾支系第九世蓝元甫（1672—1725年）自平阳闹村凤岭脚迁入，至2015年300年。现因村民搬迁至此村域，面积扩大，有陈、董、钟、李畲汉多姓居住。2015年计共41户162人。

北　山　以溪为界，因村居溪北山坡，以地形而得名，属岭边村。位于乡政府驻地东北部0.60千米。据《钟氏宗谱》载，昌禅中岙钟姓支系元顺四子文政公派下玄孙鸣瞻公（1819—1855年）移居凤阳北山。2015年计共2户8人。

仓　厝　钟氏于此建仓房储粮，故得名仓厝，属岭边村。位于乡政府驻地东南部0.80千米，村呈块状分布。钟姓昌禅中岙支系祖于清乾隆乙酉年间（1765—? 年)迁于此居。2015年计共4户18人。

杨家坑　村处坑溪之旁，据苍南县《地名志》记载，早时原为杨氏迁此，故名杨家坑，属岭边村。位于乡政府驻地东北向1.25千米。村沿山呈点状分布。据《陈氏宗谱》载，陈氏祖于清咸丰年间（1851—1861年）迁此。下杨家坑口7户钟姓畲民，属昌禅中岙支系，第九世鸣宜、鸣金公（1786—1863年）自昌禅移居杨家坑。2015年计共92户352人，其中畲族7户32人。

大　岗　因村居有一大山岗，故以地形得名大岗，属岭边村。位于乡政府驻地东北部1.70千米。村呈点状分布。主姓陈，支祖于清光绪年间（1875—1908年）迁此。2015年计共7户26人，现整村搬迁至新村。

斗门底　因村居有座小山其形似斗，故称斗门底，属岭边村。位于乡政府驻地东南部1.34千米。村呈点状散布。王姓，2015年计共2户8人。现部分已搬迁至赤溪。

老　厝　董氏新建房屋后，称原老房为老厝而得名，属岭边村。位于乡政府驻地东南部1.20千米。村呈块状分布。董氏支祖于清光绪年间（1875—1908年）从白湾迁居于此。主姓董，2015年计共12户41人。

后沟李　因有李氏居住斗门底后面山坡，故得名后沟李，属岭边村。位于乡政府驻地东南部1.20千米。李氏畲族，华阳牛角湾支系，七世祖子盛（1722—1789年）从华阳迁此，至2015年约250年，共3户13人，现已全部搬迁至新村。

田垄头　因村庄处田垄山边，故名田垄头，属岭边村。位于乡政府驻地东北部0.80千米。村沿山呈点状分布。钟姓昌禅中岙支系，据记载第五世元盛公次子文元（生1724年）自昌禅迁入；第九世祖鸣前公（1780年）也居于此。2015年计共15户55人，现整村已搬迁至新村。

（五）凤楼村

凤楼村村委会驻地仓楼，距乡政府驻地4千米。地处丘陵半山区，海拔320～450米，面积4.10平方千米。由仓楼、坝头贡、崩山、坑边、李家山、洛洋、墓牌、塘下、姚头岗、姚堂10个自然村10个村民小组，2015年计共295户1140人，其中畲族人口776人，占52%。外出务工480人。耕地面积51.46公顷，山林面积249.33公顷，有高山有机茶基地15.33公顷、浙八味中药材基地23.33公顷、东魁杨梅基地14.86公顷。2015年人均收入8950元。

1950年7月，凤楼属赤溪乡。1952年4月，民主建政时期，凤楼村仍属于赤溪乡，1952年8月，属赤溪镇管辖。1954年6月属赤溪镇一个低级合作社。1956年3月，撤区并乡，赤溪并入矾山区，凤阳乡并入南堡乡领导，凤楼仍属于赤溪镇。1956年12月，平阳县批准建立凤阳少数民族乡，凤楼村划入凤阳乡，为高级农业生产合作社。1958年11月，凤阳乡改称管理区，凤楼属凤阳的一个生产队。1959年9月，凤阳管理区改称生产大队，凤楼仍属生产大队不变。1961年10月称公社管委会，凤楼属生产大队。1969年08月管委会改称为公社革委会，凤楼属凤阳称大队革命领导小组。1978年12月份凤楼恢复生产大队建制。1981年10月苍南从平阳析出建县，凤楼属于凤阳公社。1984年6月，恢复建立凤阳畲族乡，大队改称为行政村，建立凤楼村民委员会。

2008年投入资金25万建造3间2层楼村民活动中心党员活动室。

进入21世纪后凤楼村开始新农村建设。2003年建造姚头岗至凤楼村水泥路3.10千米，并于2015年在原基础上清基拓宽1.80米。2013年和2014年建造仓楼至李家山水泥路1千米，仓楼至姚头岗机耕路2.70千米。2013年建造矾赤线至墓牌水泥路。村委会注重生态环境的建设。1990年开始改水治污，改造冲水式公厕5座，修建桥梁。2008年建造生态池，架设村庄路灯。2015年装修村庄民房立面。

凤楼村由9个自然村组成：

仓　头　据传清雍正年间（1723—1735年）有徐姓富户在此建造楼房仓库，逐取名仓头属凤楼村。位于凤阳乡政府驻地东南部3.50千米，村呈块状分布。平阳青街章山雷姓支祖第五世雷光涵光沈公（1647—1699年）自北港回迁蒲门赤垟（今矾山镇）古路下转迁凤阳仓楼。2015年计共97户364人，现已有部分村民迁至赤溪。

坝头岗　因居水坝高山岗上，故名坝头岗。据《钟氏宗谱》载，元辉公派下五孙文珍之曾孙鸣畎（1809—1862年）移居仓头坝头岗，属凤楼村。位乡政府驻地东南部3.80千米，村呈点状分布。2015年计共22户71人，现已搬迁至赤溪。

崩　山　因村旁山石质软，每逢大雨常会崩塌，故名崩山，属凤楼村。位于乡政府驻地东南部3.65千米，村沿山呈点状散布。据《钟氏宗谱》载，昌禅中岙钟氏支祖第十一世钟延梯（1838—1885年）自坝头岗迁入。蓝姓昌禅岙口支系第九世蓝世坐（父蓝应德生于1696年）自平阳青街坭山迁入，至2015年约319年，共8户36人，现已搬迁至赤溪。

坑　边　因村处坑溪之旁，故得名坑边，属凤楼村。位于乡政府驻地东南向3.60千米，村沿山呈点状分布。李氏村民从李家山迁此约200年，钟姓昌禅支系自崩山坝头岗迁此，畲族李姓牛角湾支系（1852—1915年）自福鼎县双华迁入，还有王、洪、徐多姓杂居。2015年计共37户131人，现部分已搬迁至赤溪。

李家山　早年李氏迁居此村庄居住，故以姓氏得名李家山，属凤楼村。位乡政府驻地东南部3.64千米，村呈块状分布。李氏支祖于明万历年间（1573—1620年）由福建下峰迁移至此，至2015年有440多年，共35户135人，现村民已陆续搬迁至赤溪。

洛　洋　古时此村田垟有块大石形似锣状，故称锣垟，后因方言音近，讹为洛洋。属凤楼村。位乡驻地东部3.20千米，村呈块状分布。李姓从李家山迁居于此，2015年计共17户51人，现整村已迁居至赤溪。

墓　牌　因村北立有一块古墓牌，故名，属凤楼村。位乡驻地东部1.90千米，村沿山呈点状分布。钟氏为昌禅中岙支祖朝全公（1813—1892年），自隔头迁居墓牌，至2015年约160年，共27户118人，现已搬迁赤溪移民点或墓牌下矶赤公路边居住。

塘　下　因村处水塘下方，故得名塘下，属凤楼村。位乡驻地3.60千米，村沿山呈点状散布。主姓郑，2015年计共3户14人。现搬迁至赤溪。

姚头岗　因地处山岗，据说古时原为姚氏居住，故名姚头岗，属凤楼村。位乡驻地2.84千米，村呈块状分布。蓝姓福鼎浮柳支系第五世蓝可顺（曾孙振忠生于1728年）自平阳顺溪朱山迁入，至2015年约310年；还居钟姓昌禅中岙支系第九世钟鸣孺（1803—1870年）自昌禅移居姚头岗。2015年计共31户162人，现有部分已搬迁赤溪。

姚　堂　古时村东南有座姚氏祠堂，故名姚堂，属凤楼村。位凤阳乡政府驻地东部3.04千米，主吴姓，支祖于清咸丰年间（1851—1861年）从宜山迁此，村沿山呈块状分布。2015年计共18户58人，现已搬迁至赤溪。

（六）鹤峰村

鹤峰村村委会，驻地赤溪望海小区，距乡驻地9.10千米。地处山区，海拔400～450米，面积2.50平方千米。由三十亩、交椅环、深坑、深垵、章家山、岭后、苏厝7个自然村8个村民小组，2015年计人口165户658人，其中畲族人口532人，占80%。耕地面积34.60公顷，山林面积208.46公顷。2015年人均收入8950元。

1950年7月，鹤峰属赤溪乡。1952年4月，民主建政时期，鹤峰村仍属于赤溪乡，1952年8月，属赤溪镇管辖。1954年6月属赤溪镇所辖的一个低级合作社，1956年3月，撤区并乡，赤溪并入矾山区，凤阳乡并入南堡乡领导，鹤峰仍属于赤溪镇。1956年12月，平阳县批准建立凤阳畲族乡，鹤峰村划入凤阳乡，属高级农业生产合作社。1958年11月，凤阳乡改称管理区，鹤峰属凤阳的一个生产队。1959年9月，凤阳管理区改称生产大队，鹤峰仍属生产大队不变。1961年10月，称公社管委会，鹤峰属生产大队。1969年08月管委会改称为公社革委会，鹤峰属凤阳称大队革命领导小组。1978年12月鹤峰恢复生产大队建制。1981年10月苍南从平阳析出建县，鹤峰属于凤阳公社。1984年6月，恢复建立凤阳畲族乡，大队改称为行政村，建立鹤峰村民委员会。

进入21世纪后，鹤峰村村委会开始新农村建设。2008年开发11.33公顷油茶基地。2006年在赤溪望海小区建1间5层楼房，作为村民活动中心党员活动室。同年，建造坑边至章家山3.50千米康庄水泥路，2015年路面再加宽1.80米。2014年建造三十亩自然村至赤溪坑底长2.90千米，宽3.50米的红军路，为纪念昔年红军驻地路面浇染红色。

鹤峰村由7个自然村组成：

三十亩　据传清康熙丙辰年（1676年），雷姓迁此定居，开荒造地三十亩，故名。属鹤峰村。距乡驻地东南7.60千米，村沿山呈点状分布。又据《雷氏宗谱》载，清乾隆丙午年（1786年）光宪公曾孙世禄派下九世孙文盛迁居三十亩。雷姓畲族2015年计共38户147人，已搬迁至赤溪镇北岙内。

交椅环　因其形似竹椅环，故以地形得名。属鹤峰村。为乡驻地东南部4.20千米，村沿山呈点状散布。雷氏祖于清乾隆年间（1736—1795年）迁此，雷姓畲族2015年计共28户113人。

深　坑　隐村后有一个坑较深，故名。陈氏祖于清顺治年间（1644—1661年）迁此，位于乡政府驻地东南7.30千米，属鹤峰村。现已搬迁它地居住。

深　垵　因村处深山弯坳，故名深垵。属鹤峰村，为乡驻地东南部4.80千米。据《钟氏族谱》载，清乾隆已酉年间（1789—1829年）鸣朗公迁此定居。村沿山呈点状散布。钟姓畲族2015年计共7户24人。现整村已搬迁赤溪镇北岙内。

章家山　据传早年原钟氏居此，后因方言讹为章家山，以姓氏得名。属鹤峰村，位乡驻地东南部8.80千米。村沿山坳呈点状分布，雷姓畲族分属2个支系，青街章山支系和昌禅中岙支系，分别于清康熙年间（1662—1722年）迁入居此。除雷姓外还有少数钟姓也同居此地。2015年计共56户223人。现大部分已搬迁赤溪。

岭　后　因地处山岭背后坡地，故以地形得名岭后，属鹤峰村。位乡驻地东南部10.50千米，村沿山坳呈点状散布。董氏祖于清顺治年间（1644—1661年）迁居于此。姓陈、董等，2015年计共18户76人。

苏　厝　因苏氏祖于清康熙年间迁此，筑厝而居，故名苏厝。属鹤峰村，位乡驻地东南部9.80千米。村沿山坳呈点状分布，姓苏、陈、董等，2015年计共18户75人。现整村已搬迁至赤溪等地。

第二章 人 口

凤阳畲族乡有畲汉两族，据2015年统计共有28个姓氏，户籍人口1474户5773人。畲族有蓝、雷、钟、李4姓，占总人口51%，汉族有陈、郑、黄、杨、吴、董、肖等24姓，分布在6个行政村49个自然村。

第一节 迁 徙

凤阳畲族乡的畲汉两族始祖在明弘治（1487—1505年）至万历（1573—1620年）陆续从闽南迁入浙南处州、文成、平阳等地。入境路线主要由陆路自闽南福建各地入迁西南部，或由水路自福建泉州、漳州的南安、安溪后官、永泰、同安南靖、蒲县等地迁入浙南。畲族李姓最早迁入凤阳李家山，至2015年有412年。繁衍人口最多的是雷姓，人口较少的是洪、丁、章、池等姓氏。

一、入 迁
（一）畲族入迁
1.蓝 氏

迁入凤阳畲族乡的畲民，蓝姓有5个支系，即福鼎双华和浮柳支系、莒溪垟尾支系、岱岭坑门支系、昌禅呑口支系。大多集中居住境内鹤山畲族村、顶堡坎下厝、凤楼姚头岗等村。

福鼎双华蓝氏支系的渊源及入迁 最早迁入乡境的蓝姓是福鼎双华支系，其始祖自福建移居蒲门甘溪岗下（今蒲城乡东门外龙山脚），至2015年约400年。始祖蓝朝聘，原籍罗源，生宗谟、宗诏、宗诰三子，分智、仁、勇三房。至三世时移居平邑蒲门（今苍南县蒲城）甘溪岚下，四世转徙平蒲湖垄（今属马站镇新桥村）。清顺治年间（1644—1661年）因迁界散居四方，后六世国春、国旺等于清乾隆年间（1736—1795年）转徙福鼎华阳（今佳阳乡双华村）繁衍后裔，后建祠于福鼎双华，故称双华支系。

入迁凤阳各地情况：

第六世孙蓝国照（1674—？年）由马站湖垄移居凤阳顶堡坎下厝。至2015年约290年，现有17户。

第九世孙蓝士显、士凤（1704—1792年）自赤溪官岙（晒谷场）移居凤阳鹤山隔头。至2015年约260年，现有4户17人。

第十世孙蓝孔星（1732—1797年）自赤溪官岙（晒谷场）移居凤阳鹤山上塔，后转迁上中贡。至2015年约230年现有7户，目前已迁住顶堡新村。

旧行第　朝宗德建，永国胜文，士孔子明，茂景清春。

新行第　承家宜孝敬，保世贵纯长。

表字行　克守圣贤志，孙枝肇振昌。

福鼎浮柳蓝氏支系的渊源及入迁　福鼎浮柳蓝氏支系始祖蓝意清，字伯玖，原籍福州候官四十都平址坑，于明万历四十二年(1614年)迁徙至鼎邑吴干东坑（今福鼎市佳阳乡双华）住2载，转徙处州青田八都八源石林坑住10载，后再转徙瑞邑五十三都，三甲民坑（今文成县双桂乡）居住。意清生二男，长法祖，次法春。法祖生男五，必先、必大、必坤、必达、必兴，分金、木、水、火、土五房。法春生男一，取名云昌，法祖居三甲民坑。法春移居平邑四十九都北港上塅。清顺治十七年（1660年）转徙凤阳五十二都陈家湾。云昌生男五，得华、得荣、得富、得贵、得全，分恭、宽、信、敏、惠五房。宗祠建于福鼎浮柳，故称福鼎浮柳垟支系。

入迁凤阳各地情况：

第二世法春（子云昌生于1644年）自平邑北港上段移居凤阳五十二都陈家湾。至2015年约350余年。

第四世国进（1662—1722年）同子可全、可信自瑞邑五十三都三甲民坑移居凤阳水口，后转居陈家湾。至2015年约310余年。

第五世国长子可顺（曾孙生于1728年）自平阳县顺溪朱山迁入凤阳凤楼姚头岗。至2015年约300余年。

第四世得华（1667—？年）由凤阳陈家湾转迁凤阳鹤顶山。至2015年约310余年。

第六世胜奇（1730—？年）胜安（1738—？年）也自陈家湾移居鹤顶山，胜哲自宫后移居鹤顶山，胜奇曾孙景厚（1817—1891）自鹤顶山移居坪石。目前鹤顶山自然村已陆续搬迁到凤阳新村及灵溪居住。

行　第

浮柳洋旧行　意法必国可文有振景承元。

鹤顶山旧行　意法云得国胜有振景承元。

新名行　朝升俊彦秀，家挺英才贤，建立长春日，永为庆禄天。

新字行　孙枝孔茂起，祖武宏开延，进步大明月，同登安泰年。

莒溪洋尾蓝氏支系的渊源及入迁　莒溪洋尾蓝氏支系始祖蓝昆冈，祖籍广东潮州。昆冈子宝珊，孙立瑚，曾孙良得、良足、良富。明末，良得长子田圃派下次孙种寿（1591—1651年）同长孙种福长子玉桂（1605—1666年）自罗源大坝头（今起步镇黄家湾村坝头）迁居莒溪垟尾（今属苍南溪东村）。良得次子田畦派下长孙种松负先父骨骸迁居平阳县青街王神洞。三孙种柏带先母骨骸迁平阳县闹村东湾（今属东湾下村），良足长子田略派下种梅移居闹村凤岭脚（今李呑村）。次子田畊派下种柳移居福鼎熊岭（今前岐镇熊岭村方家山），至清道光辛丑年（1841年），构筑词宇于莒溪垟尾，故称莒溪垟尾支系。

入迁凤阳各地情况：

第九世孙蓝元甫（1672—1725年）自平阳县闹村凤岭脚迁居岭边田垄头。至2015年约300年，现有8户30人。

第九世孙蓝元五（子蓝有盛生1707年）自莒溪洋尾迁居凤阳顶堡后山"裙厨石"，至2015年约290年，至清咸丰年间（1851—1861年）转迁顶堡坎下厝。现有2户10人。

行　第　崑宝立良田种玉，士元有永朝同（孔）昌。

新行第　宗茂享德，天锡大盛，义章华国，诗礼传家。

　　　　祖上继承，允炳敦仁，贻翼孙谋，忠孝齐荣。

岱岭坑门蓝氏支系的渊源及入迁　岱岭坑门蓝氏支系始祖蓝意必，于明时（1368—1614年）从广东潮州初移福建罗源县龙头山大坝头（今属霍口乡川边村），夫妻合葬罗源县邱子山。

意必生六子，第四子千四，第六子千六，于明万历年间（1573—1620年）转徙平邑三十三都凤池李家山（今属平阳朝阳乡），后千六移居青田八九都。子孙分衍青田、文成、泰顺、福鼎等地。千四生二子，长子万三移居平邑二十三都石塘狮子山（今属苍南县龙沙乡石塘），后转徙杨家坑（今属括山乡），万三长子华香之孙世贤移居岱岭乡牛皮岭，衍成岱岭坑门支系宗祠建岱岭坑门。千四次子万五仍居凤池（即凤池岭挽，今属苍南县凤池乡大埔村），后于同期迁入平阳闹村马湾、苍南南宋、腾垟王湾、腾垟北山等处的蓝氏联谱。祠建于莒溪乌岩内而成乌岩内支系，可见岱岭坑门支系和乌岩内支系中的凤池岭甡支派始祖同为蓝意必。

入迁凤阳各地情况：

第十二世孙蓝正财次子昌裕之次子蓝盛哲（1901—？年）自岱岭牛皮岭迁入凤阳凤楼仓头。至2015年100余年。现有3户13人。

第十六世孙蓝祥馨（1914—？年）自岱岭牛皮岭迁入凤楼仓头。至2015年100余年。现有3户13人。

旧 行 第　意于万华应世廷子有光呜政昌。

讳名行第　盛朝祥瑞，景星庆云，传家孝友，敦厚维伦。

表字行第　志命圣哲，学守经文，贤声振国，道义忠君。

昌禅岙口蓝氏支系的渊源及入迁　昌禅岙口蓝氏支系始祖蓝朝振，其父蓝玉新，字百万，自广东潮州来闽侯官，从连江马鼻登岸，在罗源安居。生二子，长子朝振生于明嘉靖二十二年（1543年），次子朝聘生于明嘉靖丙午年（1546年）。兄弟两人居其地，购屋创业，因闽省动乱，朝振于明尾自闽省迁居浙江台州黄岩县。生子宗录（1568—1601年）转徙青田创基立业。宗录生文裕（1590—1642年）自青田移居平阳青街仪山（今属九岱村）。文裕生东立、东升二子。

蓝文裕次子东升（1611—1659年）于清顺治六年（1649年）移居观美五加洋（今苍南钟鼓），后转徙昌禅岙口。

蓝玉新子蓝朝振支族宗祠在昌禅乡兴昌村岙口，初建于清乾隆年间。重建于2013年，故称昌禅岙口支系。

入迁凤阳各地情况：

第九世孙蓝世坐（父应然生于清康熙36年，即1697年）自平阳青街坭山迁入凤阳凤楼坑边崩山。至2015年约250年。现有4户。

旧行第　学玉朝宗文东有应世文，士孔子呜茂景清春。

名 行　承家宜孝敬，保世贵纯长。

表 行　克守圣贤志，孙枝肇振昌。

新名行　仁智礼义，尚可传芳，安邦定国，瑞扬正忠。

2. 雷 氏

雷姓有5个支系，即青街章山支系、闹村凤岭脚支系、福鼎双华支系、昌禅岙底支系和福鼎菁寮支系。大多集中居住在凤楼村的仓楼、鹤峰村的交椅环、三十亩、章家山、顶堡村的崩山、坎下厝、后坑和鹤山村的移民新村等地。

青街章山雷氏　青街章山雷姓，始迁祖雷永乔，讳永祥。于明万历八年

（1580年）偕长子仰宇，次子仰善，三子仰甫，由福建罗源县大淎（今属霍口引边村）一带迁入浙江温州府平阳县三十七都桥墩檀口、黄檀柳庄、青山、枫树湾定居。繁衍成族。祠堂设在平阳青街章山，坐庚甲兼酉卯分金。始祖墓葬于苍南桥墩黄檀口（枫树湾）。坐申向寅兼庚甲分金。

青街章山支系入迁凤阳各地情况：

顶堡坎下厝 雷世昆（1723—1782年），第八世，自赤溪中贡（今属赤溪镇）迁入。雷姓畲族现有12户，至2015年约205年。

顶堡下后坑 雷文金（1794—1826年），第十世，自仓头迁入，雷姓畲族现有20户，至2015年约180年。

鹤山隔头山后 雷世肃（兄世零生于1733年），第八世，自福鼎吴家溪移居凤阳鹤顶山大坝头，至2015年约240年。大坝头位于隔头自然村山后上，厝基尚存。雷文英（第九世）自鹤顶山大坝移居章家山，当时此支派后裔去向不明。

凤阳仓头 雷光涵（1647—1699年）第五世，与弟雷光沈自桥墩黄檀口迁矾山古楼下。转矾山占家坑后徙五十二都凤阳仓头。雷姓畲族现有100户，至2015年约320余年。

鹤峰交椅环 雷世钟（1758—？年），第八世，自福鼎前岐岭迁入交椅环，现今有2户，至2015年约210年。

鹤峰三十亩 雷明鸿，弟雷明庠（1608—？年），第三世，自福鼎县三潮呑迁入凤阳金龟坑三十亩，至2015年约360年，现有畲族20多户，是最早迁入凤阳乡的畲族分支。雷文盛（1786—1848年），第八世，自华阳牛角湾蕉坑移居三十亩。雷文窗（1858—1924年），第八世，自交椅环移居三十亩，现今3户，至2015年约150年。（现下山脱贫政策，三十亩移于赤溪镇北呑内，民族新村居住）

鹤峰章家山 雷光明，兄光宪（生于1664年），雷光贤、雷光进自平阳青街迁入凤阳章家山，现有40多户，至2015年约300余年。雷文英，第十世，自鹤顶山大坝头移居章家山下溪。雷孔金（1705年），第七世，自金龟坑三十亩迁入章家山下溪心。雷文副（1806年），第八世，自金龟坑三十亩迁入章家山下溪心。下坑心已无人居住。据传已转迁外地，章家山，现全部移居赤溪海滨路居民点。

行 第 忠孝传家法，诗礼启后昆。永仰明凤光，起孔世可（德）文。
国宗天必顺，朝正日昌新。一淑奶恒进，万盛锡其原。
荣华逢瑞庆，富贵尚阳春。志大学昔孟，克守惟由仁。

闹村田寮雷氏　始祖雷景通原籍罗源，明洪武十二年（1379年）徙处州景宁岭根（今景宁县英川镇岭根村）。传至十二世路贤（墓葬青田九都二言北山水口大田）。路贤生六子，长、次、三子仍居岭根，四子明寿、五子明泰于清顺治间（1644—1661年）迁居平阳青街，六子明冈迁居瑞邑五十一都余山（今属文成县）。雷景通支系宗祠原建在凤池溪边大厝基（今属朝阳乡）于民国38年（1949年）迁至平阳闹村乡新庵田寮。

闹村田寮支系入迁凤阳各地情况：

凤阳后坑大坪　雷世昌、雷世贤（次子元有生于1790年），自平阳县朝阳迁入凤阳后坑大坪，至2015年约210年。后坑大坪位于顶堡坎下厝后山约1.50公里处，在大山的半山腰，离后坑仅约1.50公里路。目前仍有大坪厝基、中厝基等遗址，其后裔转迁到后坑居住，至数年前失传。

行　第　景上大仁，文锦春林，志成白露，明进荣君，世元振起。

　　　　子孔作华，尔维善继，崇德有功，国立汉阳，圣钦衍昌。

闹村凤岭脚雷氏　始迁祖雷明海于明嘉靖年间（1522—1566年），由罗源大坝头移居平邑四十八都二堡西山下水尾（今属平阳县闹村乡龙凤村）即凤岭脚繁衍成族，派支各地。祠堂坐落闹村凤岭脚，坐庚甲兼申寅分金，始祖墓葬于平阳朝阳山垟底，坐庚向甲兼申寅分金。

闹村凤岭脚支系入迁凤阳各地情况：

顶堡崩山　雷应龙（生卒失详），第五世（四子得簶生于1700年），移居崩山，至2015年约300年，现有17户。因联谱，从何处迁入不详。

龟墩石龟　雷元良（1814—1884年），第九世，自南宋石门岭移居凤阳石龟，今已废，无法可查。

鹤峰交椅环　雷得发，第六世（子世忠生于1749年），自平阳闹村迁入凤阳交椅环，至2015年约240余年。现有17户，今全部徙居赤溪镇北岙内民族小区。

行　第　圣元宋汉赵子文开大步瑞必振家声永其昌

福鼎双华雷氏　始迁祖雷宗祧在明末为避乱自福安迁居温平东佳山上溪心（即今属苍南县凤阳鹤峰村）。后移徙各地繁衍成族，宗祠在前岐双华，墓葬失详。

福鼎双华支系入迁凤阳各地情况：

凤阳龙头山　雷应俊（父启华，生于1695年），第五世，自东佳（即章家山），迁入凤阳龙头山，现有畲民20多户，至2015年约250余年，已搬迁至凤阳顶堡村移民点。

凤楼仓楼 雷一讹（应俊玄孙），第七世，自凤阳龙头山移居凤阳仓头，至2015年约250余年，现今1户。

行 第

名 行 宗大振启，应鸣子景，一时德志，利达建功，交行忠信，立见兴隆。

字 行 敦伦修纪，高咏佳篇，瑞祥龙趾，世泽绵延，象贤继起，甲第联翩。

昌禅岙底雷氏 始迁祖，雷念二郎，生卒失考，自罗源徙迁欧昆邑莒溪郑家山（今属苍南）繁衍成族，派分各地。祠堂在矾山昌禅岙底，坐乙向辛兼卯酉分金。墓葬所在地无法可查。

昌禅岙底支系入迁凤阳各地情况：

凤阳岭边 雷清成（1844—1921年），第九世，自昌禅长尾坑移居岭边，至2015年约130年，现有3户。

鹤峰三十亩 雷春冬（1822—1891年），第八世，自括山乡三贡内迁入凤阳三十亩，至2015年约150年。

鹤峰章家山 雷应庆，第三世（兄之子文宗生于1657年），自莒溪郑家山迁入凤阳章家山，至2015年约330余年。第六世启盛自福鼎双华移居章家山，雷姓畲族12户。

行 第 法应文启有，孔春清明日，大开新朝君，仁可宗得志，其中士贤孙。

福鼎青寮雷氏 明末雷世绵与子大进、大法、大造自福安迁居福鼎凤桐青寮（今属前岐镇）。祠堂在青寮，墓葬未详。

福鼎青寮支系入迁凤阳各地情况：

凤阳陈家湾 雷仲铨（1827—1854年），第九世，自福鼎县罗唇迁入凤阳陈家湾，有10户畲民，至2015年约140余年。

旧字行 世大启永元景鸣淑仲增朝。

新名行 能承祖武，宏振家声，诗书继志，道学昌明。

表字行 英贤挺起，恒守乃仁，荣华有庆，宗德茂新。

贻厥子孙，遵此令名，循用其序，传至云祁。

3. 钟 氏

畲族钟姓入迁境内有2个支系，即朝阳溪边和昌禅中岙二支支系，入迁凤阳境内时间至2015年约300～330年，较集中居住的有鹤山村隔头、下中贡、墓牌、田垄头等自然村。

昌禅中岙钟氏支系渊源及入迁　昌禅中岙支系，隶属颍川郡，堂号"四德"。始祖钟天锡祖籍广东，途经福建连江马鼻道，登岸后居罗源大坝头。明嘉靖年间（1522—1566年）迁居浙江平阳山门王庄大岭外，今属（旺庄）村。二世分迁苍南县南宋镇垟头与苍南县矾山镇昌禅，繁衍昌禅中岙钟氏支系，祠堂建在昌禅中岙。

昌禅中岙钟氏支系入迁凤阳各地情况：

从昌禅中岙支系迁移至凤阳畲族乡居住的有陈家湾、岭边田垄头、岭边仓厝、三十亩深湾、岭边杨家坑、仓头八头岗、凤阳隔头、凤阳墓牌、鹤山田中央、凤楼姚头岗、鹤山龙头山、鹤峰章家山、凤阳新村、凤楼坑边崩山、鹤山胡家坪等自然村。定居后繁衍成族。后裔分居县内外各地，现住凤阳的有156户。

行　第　旧定名行　天启应世，元文胜子，鸣朝廷有。

新颁名行　大显昌政，扬光思承。诗书忠孝，传至云祁。

兴复邦家，济美斯年。立步先德，存心后贤。

朝阳溪边钟氏支系的渊源及入迁　朝阳溪边钟氏支系隶属颍川郡，堂号"四德"。始祖钟百户原籍罗源（今西兰乡石壁下村大坪）明季时迁居福鼎管阳后溪，转徙平邑卅三都凤池溪边蕉坑大厝（今属平阳县朝阳乡），宗祠建在平阳县朝阳乡溪边村蕉坑。

钟百户生三子，长子振宗、次子振贤、三子振辉。

凤阳畲族乡下中贡自然村钟姓属朝阳溪边支系，第七世钟文曾（兄之子天奇生于1727年）自福鼎梅溪迁入至2015年约260年，有27户107人。

行　第　百振成圣，君启文天，国子建大，学义秉维。

思希祖德，应运中兴，云祁继世，丕显家声。

4. 李　氏

《李氏族谱》记载：唐李国昌之后裔李克用、孙李存勖于五代时建有后唐王朝，覆灭后，其裔孙李保米生六男，其三子李火德携子于宋开宝三年（公元970年）间逃难入闽，居福建上杭县稔田官田、丰朗两村传至第十一世孙李君达，于宋景定元年（1260年）由稔田徙安溪湖头定居。传至第十五世孙李恒升子李延玉，于元至正十三年癸(公元1353年)因倭寇乱闽之际，由安溪湖头逃难至福州汤岭得遇蓝色艳公，观其品行端方，故招为女婿，其后裔与蓝、雷、钟三姓结为姻亲，始从为畲族李姓，从此开始成为畲族始祖延玉公，生子三，

其长子大一郎徙居霞浦四都雁落洋传至第六世孙万十三郎公，于明正德八年
（1513年）由雁落洋徙鼎邑白琳白严定后，配雷氏生六男分礼、乐、射、御书、
数六房三号。礼房念一郎派衍苍南、伏鹰，徙迁华阳、五亩、横坑大路、罗
唇、熊岭、隔头、浮柳、三步搐、前岐三娘坑、沿州鳌麟岗、李家墓。乐房念
二郎派衍桐城深垄。射房念三郎派衍平邑顺溪庵基、泰顺石街、文成九条洋、
乌沿。御房念四郎派衍顺溪维新大田下、牙城、桥亭、九鲤。书房念五郎派衍
霞邑四都雁落洋，数房念六郎派衍华阳牛角湾、南宋、桥墩、赤溪、福鼎等
地。华阳牛角湾李氏支系始祖李万十三郎，宗祠建于华阳牛角湾。

华阳牛角湾李氏支系入迁凤阳各地情况：

胡家坪　胡家坪畲民均为李氏，有4户，属华阳牛角湾支系，第三世李振
泰（兄振贵生于明万历四十二年（公元1614年）自华阳牛角湾迁入，至2015年
约350年，是最早迁入凤阳的畲族分支之一。

岭边后沟李　后沟李原有6户，属李姓华阳牛角湾支系，第七世李子盛
（1722—1789年）自华阳牛角湾迁入，至2015年约250年，第十一世李有调自
文成县九条洋移居岭边。现已迁至凤阳新村居住。

凤阳陈家湾　陈家湾畲民属华阳牛角湾支系，有3户，第九世李承万
（1789—？年）、承福、承宾等自斗湾白沿头（今属岱岭乡富源村）迁入，至
2015年约180年。

凤楼坑边　坑边李姓（畲族），属华阳牛角湾支系，有5户，第十四世李
大双（1852—1915年）自福鼎县双华迁入，至2015年约120年。

行第：旧定名行：显景振元国士子鸣承大有

新颁名行：学绍先圣，志步青云，桂兰挺秀，奕世昌荣。

新颁行第一百世（自旧行四十六世起以顺序排列）

紫象喜呈祥，绵涵辰派雄，从容舒育华，居聚似晖嵩，介让谦聪备。
声名经纬驰，佩拥连城璧，恩勋关海垂，艺植希生暖，群黎迎旭东。
举望欣胜宝，同贺祝年丰，谋勇均超越，芹芸博雅资，通环多豪杰。
栋佐实吾基，旋集珍瑜众，端恭序行伦，重修彰储赐，高棒旺麒麟。

（二）汉族入迁

1. 龟墩村

龟墩北山黄姓　始祖黄员山原籍福建泉州府南安县十五都崩山溪井门，
生子五，长子安泉（失考），次子卧泉迁居北港凤翔湾（今平阳县），三子
启泉迁居北港垟头南湖（今平阳县），四子能泉迁居卅一都简宅（今苍南县矾

山镇），五子瑞泉迁居桐山甲场内（今福建省福鼎县）。员山公次子卧泉生子五，长子值我（字我登）迁居廿七都滩下孔庄，后转徙三十一都龟墩居住，遂为龟墩黄姓始迁祖。次子次我（字道增）移居平邑四十四都北港水头麻步，三子值峰，字佛寿移居平邑峰山，四子怀我移居蒲门西边，五子道我（失考）。值我生子二，长子德源字敬良（无配），次子德忠字君盛（1663—1719年），德忠生子六，长子汉贵，次子汉璋居龟墩，三子汉久外迁藻溪镇东溪雷打龙，四子汉兴外迁赤溪小岭，五子汉赐出继，六子汉当出继。

龟墩北山黄姓系本地龟墩黄氏宗祠派下，属江夏郡紫云堂，于清顺治年间从廿七都滩下孔庄迁入，至2015年有370余载，居有88户394人，已陆续搬迁至矾山及灵溪等地。

黄姓行第

名　行：山泉我阳，元瑞兆式。焕其钦赐，荣庆益崇。思承万代，家国敷通。

字　行：标志一经，圣友奕永。振廼步云，明方惠展。裕后象贤，匡正若哲。

黄氏颁定行第

新名行：先入贻礼则，奕世种书田，文章昭国瑞，忠孝本家传。

新字行：积玉与锦莲，维道宜宽从。

龟墩濠头杨姓　始祖杨发福（1474—1543年），原籍福建泉州安溪县感化里修仁乡，配陈氏，至三世祖汝华公名聪字朝宗号奇溪（1543—1602年）生子六，长子偕春，次子偕茂，三子偕清，四子偕俊，五子出继安邑朱宅母舅为祠，六子偕法。偕春公兄弟五人皆自泉州安溪来迁平阳四十二都徐家山，遂为平邑徐家山始迁祖，其四子偕俊（1578—1636年）自徐家山分居麻步仙垟，生子三，长子兴述，次子兴作，三子兴振。其三子兴振自麻步仙垟迁徙昌禅陈家雷后坑，遂为后坑杨姓始迁祖。振兴三子奇进，生子四，长子兆盛（生卒失考）失传，次子兆椿，搬迁江南钱库宋家港，三子兆隘失传，四子兆坤（1679—1743年）居后坑。兆坤生子三，长子国柱（1709—1751年）、次子国麟（1714—1774年）、三子国宋（1720—1799年）。国宋生子七，长子以才（1750—1817年）、次子以日（1755—1813年）、三子以前（1758—1790年）、四子以伸（1762—1813年）、五子以成（1766—1812年）、六子以烈（1769—1819年）、七子以祥（1722—1837年）。其7人之中，二以日、六以烈、七以祥，3人转徙龟墩濠头杨，遂为濠头杨姓始迁祖。

漈头杨姓系北港麻步仙垟杨氏宗祠支系属弘农郡四知堂，于清嘉庆年间从陈家撂后坑迁入，至2015年220余载，有55户194人。大部分搬迁至矾山及灵溪等地。

新颁行第

名 行 经书继守在贤良，孝敬纯修祖泽长。

字 行 道化家齐常庆仰，帮安业茂定荣昌。

龟墩南山郑姓 始祖大有（1553—1601年）原籍福建泉州安溪县依仁里古坂，于明万历年间因官事携眷弃家隐居浙温平邑四十五都南湖，遂为南湖郑姓始迁祖；至四世廷求（1669—1751年）移居鼎邑吴家溪居住，遂为吴家溪郑姓始迁祖；廷求三子并岳（1713—1777年）由鼎邑吴家溪转徙平邑卅一都龟墩南山，遂为龟墩南山郑姓始迁祖。

龟墩南山郑姓系北港南湖郑氏宗祠支系，属荥阳郡，于清乾隆年间从鼎邑吴家溪迁入，至2015年250余载，有25户97人，已陆续搬迁至矾山及灵溪等地。

颁定行第

名 行 仁义芳宗庆，道昭美德传。家声长炳耀，历世育英贤。

字 行 为命卿才裕，通经理学纯。进图匡国政，应瑞仰人文。

龟墩南山吴姓 始祖吴森元原籍福建安溪县上下垟铁罗坪乡，森元生子一维贞（1601—1663年），维贞生子一应尾（1636—1707年）。应尾（于康熙甲寅（1674年）由安溪迁徙苍南县矾山镇赤垟（卅一都）。应尾生子三，长子君爵，次子君发（生卒失考），三子君选字朝桐（1678—1753年）；君选生子七，长子廷起字亦商（1711—1772年）迁居北宅；次子廷秀（1712—1797年）迁徙凤阳龟墩南山，遂为南山吴姓始迁祖；三子廷懦字奕雅（1715—1802年）居住赤垟磨石岭；四子廷实早逝；五子廷福字奕清（1717—1805年）迁居蒲门云遮；六子廷瑞（生卒失考）迁居泰顺小梅溪；七子廷昌（生卒失考）迁居马站大牛运。

龟墩南山吴姓 系平阳县鹤溪吴氏宗祠支系，属渤海郡至德堂，第五世吴廷秀于清乾隆年间从矾山赤垟迁入，至2015年270余载，有9户31人。已陆续迁往矾山及县城等地。

鹤溪吴姓行第

正 行 先人乃为前，延陵姬荫长。翔宇存伊范，晋卿勋业彰。天潢欣繁衍，艺苑翰墨香。俊彦群星若，淑行敦伦常。弘毅任道远，奕世慕忠良。

副　行　乔梓竞荣秀，棠棣焕辉煌。祁熙淳佑善，慈惠蔚贞祥。吟怀应弥健，修齐平治昶。博才益黎庶，曼青名显扬。轩元统丕懋，盛赞奎璧亮。

龟墩岩刀林姓　第七世林应长于清乾隆年间自马站下魁迁入凤阳龟墩岩刀居住，遂为龟墩岩刀林姓始迁祖。至2015年250余载，其祖墓在龟墩大路顶梅林内，坐艮坤兼丑未，应长生子二，长子天山字友仁（1751—1830年），次子天贵字友珍（1755—1811年）。

龟墩岩刀林姓系马站下魁林氏宗祠支系，属西河郡，有10户45人，已陆续搬迁至矾山等地。

字　行　元启继伯，文公应天。君子大朝，秀发中魁。

名　行　任肇尚一，生之光友。克廷锡汝，时逢泰宁。

字　行　言念祖宗，德昭千载。世泽孔长，丕绩嘉乃。

名　行　景运昌明，人群进化。翊赞新邦，振兴东亚。

龟墩南山陈姓　始祖陈东林原籍福建泉州后安，于明季期间迁居浙江平阳廿八都港边居住，遂为港边之始迁祖，后传至八世应汉（1724—1798年）、应修（1726—1791年）、应佐（1730—1798年）三兄弟迁徙凤阳龟墩南山，遂为龟墩南山陈姓始迁祖。

龟墩南山陈姓系渡龙港边陈氏宗祠支系，属颍川郡聚星堂，于清乾隆年间从平阳廿八都港边迁入，至2015年260余载，有20户75人，已陆续搬迁至矾山及灵溪等地。

龟墩北山魏姓　始祖魏朋清原籍福建省寿宁县，于明天启年间携父骸迁居平邑北港四十七都闹村柿脚垄为肇基之祖。朋清生子三长子秀宇（孟房），次子玉宇（仲房），三子金宇（季房）。仲房玉宇生子三，长子士行迁徙十八都曹堡路头，次子士山迁徙十八都岛桥头下垟心汇内，三子士台迁徙南港廿六都下应。士台生子五，长子君国（失考），次子君辛居下应，三子君文转徙昌禅大心垟，四子君士转徙鲸头龙船路，五子君华转徙乐清大京葛底岙。君辛生子五，长子圣贵（1706—1779年）由廿六都下应转迁卅一都龟墩垟内，次子圣秀早逝，三子圣录（1713—1794年）同胞兄转迁三十一都龟墩岩刀，四子圣科居下应，五子圣米早逝，圣贵、圣录遂为龟墩北山魏姓始迁祖。

龟墩魏姓系北港闹村柿脚垄魏氏宗祠支系，属钜鹿郡于清乾隆戊午年（1738年）年从廿六都下应迁入，至2015年270余载，有7户27人，已陆续搬迁至矾山镇等地。

旧排行第自一世起至第九世

名　行　巍公一华敬维思志心晚朋宇士君圣思志心。

字　行　日天炳仰，大振朝贤，继承大振。

新颁行第第十世超循序递进

名　行　子开兴起，昌乃忠良。诗书启秀，礼乐增光。

字　行　家声和平，孝友斯成。宗功永绍，祖德显荣。

新颁连环行第十七世起

名　行　庆诗分径世（典），共举允升。积善修信，立章传名。
　　　　融和崧睦，博爱素平。刚毅致志，孝悌忠纯。礼为教本，义依勇行。
　　　　才冠秦斗，道思子孟。叔侄昆仲，智贤毕亲。鸿图勃发，端启　汉民。
　　　　川泽呈秀，辉胄同登。时赐胜景，乐受进咸。

龟墩南山潘姓　始祖国杰（1671—1733年）系乐清虹桥人。相传康熙年间初迁瑞安九里后转徙四十都一甲三株松居住，二世祖茂玉（1699—1790年）携父之神主迁来平邑廿五都宜山李仔山新堂边后转徙将军岭脚大庄居住，遂为大庄潘姓始迁祖。茂玉生子四，分福、禄、寿、喜四房，长子启标（1734—1799年）由大庄移居平邑城坡南官山大魁阁，次子启正（1737—？年）由大庄移居卅一都陈家擂后转徙龟墩南山，遂为龟墩南山潘姓始迁祖，三子启明（1740—1799年）由大庄移居石塘垟头，四子启良（生卒失考）无传。

龟墩南山潘姓无归属祖祠，历代神主安放南山潘氏祖厝，属荣阳郡，于清乾隆年间迁入，至2015年250余载，有15户56人，已陆续搬迁至矾山及灵溪等地。

2. 顶堡村

凤阳顶堡郑姓　始祖振南于明季间由福建泉州南安迁徙浙江苍南五岱，迨辉俊凡四迁至泗周安辟土而居，携带次子士明（1707—1792年）遂为泗周安始迁祖。士明生子五，长子奕清字钟廉（1728—1775年），次子奕杰字钟锡（1731—1817年），三子奕炳字钟蔚（1741—1812年），四子奕忠字钟模（1746—1826年），五子奕韬（1749—1772年），并分为泗周安郑氏五房。二房奕杰生子四，长子华章（1756—1818年），三子华察（1760—1785年），四子华志出继五房奕韬，均居泗周安，次子华丁（1758—1833）转徙凤阳顶堡，遂为凤阳顶堡郑姓始迁祖。

凤阳顶堡郑姓系括山东括内郑氏宗祠支系，属荣阳郡，于清乾隆年间从赤溪泗周安迁入，至2015年230余载，有95户382人，已陆续搬迁至凤阳新村，矾山及县城内外各地。

泗周安老　字行八十五世起至一百世
　　　　　南朝应辉，士亦华正，怀元锡和，宗继允熙。
新名行　八十六世起至一百世
　　　　启君应国维在世亦振时祖德存思孝
新字行　尧舜绵汉帝清良水光惠守正光彬纯
统一新名行　自一百世起
　　　　　敷荣维培桂，斯进步清时，万载锡贵宜，元春克希有，百子
　　　　　衍生基，勤俭传家宝，诗经幼学知，亲朋重厚爱，福寿礼康
　　　　　绥，英俊立雄志，忠贞树玉姿，文章尊武艺，礼义智育垂，
　　　　　养性自安静，修心乐喜慈，和平望统一，圣朝恩显治。

顶堡南头刘姓　始祖光发原籍福建永春九十都章内，至四世治子由永春章内迁徙福鼎沙埕，治子生子六，长子长泰，次子长旺，三子长城，四子长沛，五子长明，六子长愈，作为沙埕刘氏宗祠六大房派。凤阳顶堡南头刘姓系大五房长明派下，至十三世宏叟（1712—1765年）迁入顶堡南头居住，遂为顶堡南头刘姓始迁祖。

顶堡南头刘姓系福鼎沙埕刘氏宗祠支系，属彭城郡，于清乾隆陈年间从福鼎沙埕迁入，至2015年280余载，有17户75人，已陆续搬迁至凤阳新村及县内各地。

新编行第百世歌
　　　　　肇祖尧泽长，毓良继旭光。洪恩启俊秀，汉昆永发扬。师道惠仁远，
　　　　　勤学雄文章。贤明敦孝友，礼智信义昌。华伟忠心保，黎民感祯祥。
　　　　　廉政必强国，功垂宏业成。齐庆升平世，云仍日向荣。先哲焕杰士，
　　　　　后生起群英。延芳名丕显，克绍振家声。志立增瑞福，联宗兴新行。
新旧行第对照表
新行第　肇祖尧泽长毓良继旭光
章内旧行第　翼贻正本端源远孝友宜
水生旧行第　奕上维武鸿源以延允文昭
附（录旧谱行第以作符节）
　　　　　光守弗治，长权祥鸿。仕廷启魁，文行忠信（一至十六世）。
长房仕文派驻常山县玉山县
十三世伊始：时　际　继　世　国　在　上　正
　　　　　　仕文、仕鹏、仕福、仕澄公居永春

十三世伊始：时 元 享 利 贞 诗 书 正

三房十三世伊始：望 嗣 继 首 其 荣 华 正

四房十三世伊始：日 嗣 继 承 曰 瑞 士 正

五房十三世伊始：宏 百 尔 孕 合 太 和 正

六房十三世伊始：时 际 继 世 国 大 上 正

旧颁讳行自二十五世以下合族划一

二十一世伊始：本端源远，孝友宜敦。立勋树绩，贵裕经纶。

顶堡下后坑及大路边吴姓 始祖怀松（十世）原籍平阳四十一都北港鹤溪，于明季清初由北港鹤溪移居矾山中村，遂为矾山中村始迁祖。至十三世秉庭（1607—1676年），生子五，长子文政（生卒失考），次子文笔（生卒失考），三子文升（1659—1706年），四子文举（1662—1694年），五子文榜（1678—1707年）。文政从矾山中村迁徙凤阳顶堡下后坑，遂为下后坑吴姓始迁祖；其文榜从矾山中村迁徙凤阳顶堡大路边，遂为大路边吴姓始迁祖；余三人居矾山中村。

顶堡吴姓系矾山中村吴氏宗祠支系，属渤海郡至德堂，于清康熙年间从矾山中村迁入，至2015年300余载，有17户73人。下后坑整村搬迁至凤阳新村及矾山等地，大路边也陆续搬迁至凤阳新村及矾山、灵溪等地。

鹤溪吴姓行第

正 行 先人乃为前，延陵姬荫长。翔宇存伊范，晋卿勋业彰。天潢欣繁衍，艺苑翰墨香。俊彦君星若，淑行敦伦常。弘毅任道远，奕世慕忠良。

副 行 乔梓竞荣秀，棠棣焕辉煌。祁熙淳佑善，慈惠蔚贞祥。吟怀应弥健，修齐平治昶。博才益黎庶，曼青名显扬。轩元统丕懋，盛赞奎璧亮。

鹤溪行第

名 行 伦元文广玉，天茂钦存宣，怀振秉朝永，有起大正可。成家昌立秀，华美体尚尊。仁孝昭治则，道崇守安敦。

字 行 竹士普兆汝，人纪式蔚松。宏开维（廷）国（耀）伯，志世应方显。子孙荣作淑，义礼业长宗。善庆延步履，隆德知敬以。

顶堡崩山卢姓 始祖附开，原籍福建漳州龙溪县人，于明季清初奉母童氏由闽来温平廿七都卢家屿开基，遂为卢家屿始迁祖；附开生子二，长子心和讳尚乐居卢家屿，次子心悦讳尚喜移居赤溪过海，遂为赤溪过海始迁祖；至四世元麟（1687—1742年）次子其享字子经（1720—1809年）转徙凤阳顶堡崩山，遂为崩山卢姓始迁祖。

顶堡崩山卢姓系苍南卢家屿卢氏宗祠支系，属范阳郡显承堂，于清乾隆年间从赤溪过海迁入，至2015年270余载，有12户57人，已陆续搬迁至矾山及灵溪等地。

卢姓行第

旧名行十四世　附尚顺元其天仲，廷振家声兴立承。

旧字行十四世　思心明君子有九，斯日仁义礼智信。

新增名行一百世

后八十世名行由苍南宜山卢口十二世裔孙子安作

孔贤传先道，诗书启后昆。本宗善继绍，奕叶以光伦。

崇德根枝茂，流芳惠泽长。守真延福寿，纯洁必荣昌。

谦逊定受益，刚强方群钦。朴实招康利，温良悦自身。

勤俭恒丰足，和平喜乐居。宽宏增瑞祉，慈爱庆盈余。

青春应勉强，壮志步凌云。为国争前程，欲期建巨勋。

新增字行二十世　后八十世字行待补

帝恩亲正重，忠孝廉节全。尊训绳祖武，经常灿万年。

顶堡南头曾姓　始祖曾瞻原籍福建泉州府永春县卓埔，于万历丙戌（1586年）年同吴康二迁徙平邑廿八都宕顶后移居市兜，瞻生子四，长子斌豪（天房）（1568—？年）、次子斌江（地房）（1570—1653年）、三子章潭（宜房）（1572—？年），随母居卓埔后于明末徙居永春县岵山乡南溪，四子斌吴（人房）（1575—1643年）至四世文彬（1626—？年）迁徙平邑廿八都后岱居住，至七世世茂（1700—1768年）迁徙卅一都凤阳顶堡南头居住，遂为顶堡南头曾姓始迁祖。

顶堡南头曾姓系灵溪溪心曾氏宗祠支系，属鲁国郡，于清乾隆年间从二十八都后岱迁入，至2015年280余载，有9户40人，已陆续搬迁至凤阳新村，矾山及灵溪等地。

曾姓龙山派行第

　　奎壁呈云瑞，人文焕国华。台衡思继武，鼎甲盛承家。

　　一贯书神永，千秋锡馥遐。贻谋资燕翼，世业仰清嘉。

名　行　祥令德维垂佑钦绍念显扬

字　行　衡思继武，鼎甲励承，家一贯书，绅永千秋。

顶堡新厝徐姓 始祖徐云颜原系福建漳州府南靖县秀水大坪乡人氏，后入永春赤岭，至明万历四十二年（1614年）仝配赵氏迁徙平邑卅一都宋垟里枫树门居住，遂为南宋枫树门始迁祖。至八世徐淑荣（1784—1834年）转徙凤阳顶堡新厝，遂为顶堡新厝徐姓始迁祖。淑荣生子二，长子振树（1813—1842年），次子振枫（1816—1877年）。

顶堡新厝徐姓系南宋枫树门徐氏宗祠支系，属东海郡，于清嘉庆年间从南宋枫树门迁入，至2015年210余载，有6户22人，已陆续搬迁至凤阳新村及邻近乡镇。

讳名行 云泉必文起，天仲淑振家。惟孝信义中。欣逢长治际，式毂允其昌。

表字行 月深珍耀世，永日胜仁德。为至翼宗朝。桂兰齐挺拔，祖泽自光昭。

名行家字并定字同辈排行 思存定象贤，顺时同炳焕，积德萃荣光。

字 行 东海树英杰，神州展雄图。

续增行第 尧舜崇伟业，恩泽必胜芳。
　　　　　　华夏载隆耀，环宇发祯祥。

顶堡凤宫边王姓 始祖任山原籍福建漳州漳浦县衡口，于明季间迁居温平十八都梅溪凤岙雅园清溪，遂为梅溪凤岙始迁祖，次房华元派下至七世元锦移居三十三都江西垟后林河圈底，至十二世应照（1900—？年）转徙矾山凤阳宫边居住，遂为凤阳宫边王姓始迁祖。

凤阳宫边王姓系平阳梅溪凤岙岭脚王氏宗祠支系，属太原郡，于民国期间从江西垟后林河圈底迁入，至2015年90余年，有5户22人，已搬迁至杭城及灵溪等地，在故居建有别墅三间。

王姓行第

名 行 清山士光廷，予继振维守。志应怀良佐，正学斯克传。

字 行 大任荣旨世，元汉承乃朝。瑞景宜有庆，家国毓英贤。

新名行 青缃欣再起，理性有根源。玉树聊生茂，三槐俊秀贤。
　　　　彦才诚宝贵，硕士必优先。民主新时代，和平喜盈添。
　　　　祖泽垂千载，敦伦庆奕年。

新字行 克俭承前绪，存行启后延。子孙传进步，礼义广心田。
　　　　丕达流芳远，显耀福长锦。明开祥兆瑞，星晨曙旭全。
　　　　光辉齐秉现，朗曜照土干。

3.岭边村

岭边杨家坑和顶堡上后坑陈姓　始祖陈兹古，原籍福建泉州同安县民埯里，于明正统十四年（1449年）迁居安溪县西平乡信里笪港遂占，至八世陈以达来迁平邑四十四都大路干塔边居住，遂为塔边陈姓始迁祖。至十一世陈应普由平邑四十四都大路干塔边迁徙南港江西垟余家桥后转徙赤溪下祥垟，遂为下祥垟陈姓始迁祖；应普生子六，长子光上字清如（1716—1765年）转徙顶堡上后坑，遂为上后坑陈姓始迁祖；次子光宗字秀如（1718—1783年）转徙岭边杨家坑，遂为杨家坑陈姓始迁祖；三子光子字云如，四子光华字良如（情况不明），五子光赋字标如，六子光贵字奕如居赤溪下祥垟。

岭边杨家杭和顶堡上后坑陈姓系平阳山门陈氏宗祠支系，属颍川郡聚星堂，于清乾隆年间从赤溪下祥垟迁入，至2015年270余载，有116户419人。两自然村已整村搬迁至凤阳新村，灵溪矾山赤溪等地。

行　　第　　第一世至十五世前定讳行

兹君祖秉廷世思以孟经家光尧钜源

第七世至十五世前定字行

宗阳邦国鼎如仁守步嘉庆戊辰年新定名行

名　　行　　树焕均钦法桂希培锡洪森辉垂铿溶荣耀坦金汤标炳城铨淑东炘极锦湘

字　　行　　仰观唐咨尔振祚允其中星聚贤百里名超信有章义方景元季尚志庆懋崇

岭边董姓　始祖董明泉原籍闽南泉州，明万历年间董明泉之子应壬随叔父董近泉以经商为业，复北徙至浙温平邑腾蛟贡尾田贡安家落户，遂为北港田贡董姓始迁祖。岁月历久，房族昌盛，应壬之四子有乱之长子廷助字秀若（1673—1736年）生子六，长子其然字世彬（1704—1729年），次子其春字世芳（1708—1805年），三子其思字世攸（1710—1759年），四子其韬字世久（1713—1774年），五子其干字世满（1716—1765年），六子其荣字世添（1720—1805年），全部分迁至赤溪白湾和乌岩居住，遂为白湾董姓始迁祖。其春生子五，长子永祥字锡全（1733—1805年），次子永欢字锡濠（1738—1821年），三子永南字锡义（1740—1801年），四子永夺字锡山（1743—1821年），五子永员字锡进（1753—1813年），永南转徙凤阳岭边，遂为岭边董姓始迁祖。其他兄弟分居白湾等地。

岭边董姓系赤溪白湾董氏分祠支系，总祠在北港腾蛟田贡，属陇西郡豢龙堂，于清乾隆年间从赤溪白湾迁入，至2015年有250余载，16户67人，已陆续搬迁至矾山及县城内外。

名　行　元士系常光，希文学乃崇。存高邦允盛，汝际良家方。

字　行　鸿志振聊从，作德思上昌。成仁英奕挺，昆正居维长。

字　行　喜昭穆宏远，万系永昌。瑞（紫）光（气）普照，禧象维祝（贺）。
　　　　恪勤朝夕，怀抱古今。芬芳雅趣，琴瑟聊英。
　　　　江山会合，门第辉明。座扬金凤，堂满玉麟。
　　　　椿树盈碧，松鹤度龄。敦厚廉洁，敬长有恒。
　　　　居安畅值，肃清求真。千祥广集，百福惟增。

岭边斗门底王姓　总谱卅世王福泉原籍福建，于明代自福建横墩来迁平邑北港四十五都横山井头居住，遂为横山井头王姓始迁祖。福泉次子秀昆自北港移居千家置，秀昆生子二，长子文魁（无提），次子文元生子七，长子子应，次子子继（无提），三子子立号思望（1710—1780年），四子子成号思礼（1714—1795年），五子子美号思仁（1716—1788年），六子子亮号思忠（1719—1802年），七子子正（无提），其三、四、五、六四兄弟转徙凤阳岭边斗门底居住，遂为斗门底王姓始迁祖。

岭边斗门底王姓系灵溪沪山畔垟王氏宗祠支系，属太原郡，于清乾隆（1740年）从千家置迁入，至2015年有280余载，2户6人，其余都已搬迁到矾山赤溪中墩等地。

王姓行第　名　行　文章开国运，忠教大家声。
　　　　　字　行　孔孟诗㕔远，须知立志求。

4. 凤楼村

坑边徐姓　始祖徐廷发（1722—1776年），系于灵溪狮山下"东海郡徐氏宗祠"十九世支系第十七世徐荣元长孙。在清乾隆庚午（1750年）年，从灵溪狮山下入迁坑边马笼空，至2015年266多年，共有13户64人。居于赤溪镇、灵溪县城。

坑边王姓　始祖王士贵（1718—1763年），系于钱库垟头"太原郡王氏宗祠"第五世支系，在清乾隆2年（1737年），从钱库垟头入迁五十都赤溪坝头岗，后转居坑边，至2015年有279多年，共3户8人。今居于灵溪县城。

坑边黄姓　始祖黄御机（1746—1793年），属藻溪西程"江夏郡黄氏宗祠"第三十四世支系，在清乾隆四十二年（1777年）年从藻溪西秦入迁凤阳五十二都鹤顶山虎囡，有2户12人。至2015年有249年。

坝头岗张姓 始祖张汉秉（1661—1776年），属于北港苏家岭"清河郡张氏宗祠"第五世支系，在清乾隆6年（1741年），自北港苏家岭入迁坝头岗，至2015年275年，有15户56人，今居于赤溪镇。

姚堂吴姓 始祖吴道昌（1653—1733年），属于瑞安江溪梅林"延陵郡吴氏宗祠"第六世支系，于清康熙22年（1683年），自瑞安江溪梅林入迁赤溪五十二都姚堂。长孙吴锡富（1707—1737年）分居崩坎。至2015年有334年，姚堂有11户43人，崩坎有10户39人，此两地全部移居金乡吴家堡。

瓦窑郑姓 始祖郑正托（生于嘉庆丙辰年卒于道光己丑，1796—1829年），系于钱库镇括山东括内"郑氏宗祠"与顶堡郑氏同宗祠。第九世，在清嘉庆22年（1817年），从东括内入迁赤溪五十二都酒瓶垟旧厝基，至2015年200年，有1户5口。

仓头塘下郑姓 始祖郑口，有291年，属何处宗祠，无史料可查，3户14人。

瓦窑杨姓 始祖杨崇国（1876—？年），系于云岩云头垟"杨氏宗祠"。第七世祖，在清光绪22年（1896年），从云头垟入迁赤溪官呑龙潭岗，后转姚头岗。至2015年121年，有2户11人，迁居于灵溪县城。

李家山李姓 始祖李仰山，字必英（1584—？年），是赤溪中街荣源内"陇西郡李氏宗祠"第一世开基祖，约于明万历33年（1605年）从平邑北港下呑入迁五十二都李家山居住，至2015年有412年，39户135人。居于灵溪县城，赤溪镇街道。

罗洋李姓 始祖李维转，是李仰山第八世孙，赤溪中街荣源内"垄西郡李氏宗祠"支系。在清嘉庆5年（1800年）从李家山移居罗洋，至2015年有217年，17户51人。居于赤溪镇新村。

坑边李姓 始祖李维溍，属赤溪中街荣源内"陇西郡李氏宗祠"，迁始祖李仰山第八世孙。于清嘉庆18年（1813年）从李家山移居坑边，至2015年有204年，42户131人。居于灵溪县城，赤溪街道。

仓头李姓 始祖李维渠，系于赤溪中街荣源内"陇西郡李氏宗祠"，迁始祖李仰山第八世孙。在清嘉庆5年（1800年）从李家山移居仓头居住，至2015年有217年，1户7人。

5. 鹤峰村

岭后深坑陈姓 始祖陈元宽，字文延，生于清康熙56年（1717年），系于蒲门屿头满十世孙，积恩六世孙，约于乾隆五年（1740年），属蒲门屿头"颍川郡陈氏宗祠"支系，入迁于深坑住居，至2015年270年，有12户50多人。居于马站镇、金乡、钱库、赤溪镇鹤峰新村。

岭后董姓 始祖于清顺治年间（1644—1661年）入迁，属望里六板桥董氏宗祠支系，至2015年有360年，32户125人。移迁于马站、赤溪、金乡、宜山。

岭头苏厝苏姓 始祖于清康熙年间（1662—1722年）入迁从何地无史料可查，至2015年有200多年，有5户人口12人。移居马站、赤溪、灵溪、金乡。

表3-2-1-1 2015年凤阳畲族乡各行政村姓氏人口分布一览表

姓氏\村别	龟墩 户数	龟墩 人口	顶堡 户数	顶堡 人口	鹤山 户数	鹤山 人口	岭边 户数	岭边 人口	凤楼 户数	凤楼 人口	鹤峰 户数	鹤峰 人口	合计 户数	合计 人口
黄 姓	88	294							2	12			90	316
杨 姓	55	194							3	12			58	206
郑 姓	25	97	99	386			7	30	6	23			137	536
陈 姓	20	75	13	50			116	419			12	50	167	594
潘 姓	15	56											15	56
林 姓	10	45	2	7					3	12			15	64
吴 姓	9	31	17	73					21	82			47	186
魏 姓	7	27	2	11									9	38
徐 姓	4	16	6	22					13	64			23	102
刘 姓	2	3	17	75									19	78
池 姓	1	8											1	8
肖 姓			35	138									35	138
卢 姓			12	57									12	57
曾 姓			9	40									9	40
王 姓			5	22			2	6	3	8			10	36
董 姓							16	67			29	91	45	158
张 姓					1	3			15	56			16	59
温 姓									2	9			2	9
章 姓									1	5			1	5
丁 姓									1	4			1	4
洪 姓									1	1			1	1
苏 姓											5	12	5	12
雷 姓			57	225	28	117			77	309	114	479	276	1130
蓝 姓			39	156	126	535	6	24	32	121			203	836
钟 姓			11	34	113	469	24	105	36	148	6	26	190	782
李 姓			3	13	5	23	7	34	74	267			89	337
合计	236	856	327	1309	273	1147	178	685	290	1133	166	658	1470	5778

资料来源：根据有关各姓氏宗谱资料汇编。

凤阳畲族迁入有300～400年，陆续搬迁分布在全乡6个行政村49个自然村，畲族人口占全乡总人口的51%。最早迁入的已经有350余年，迁入时间最短的约120年。人口最多的自然村已繁衍至100余户，420多人，最少的只有2户不到10人。纯畲族的有鹤山村，凤楼村仓头，鹤峰村的三十亩、交椅环、深埯、章家山自然村。其他都是于畲汉杂居。

表3-2-1-2　　2015年各自然村畲民分布情况一览表

自然村	入迁支系	户数	人数	入迁时间
顶堡崩山	闹村凤岭脚雷氏支系	28	95	300年
顶堡柿脚	福鼎双华、莒溪垟尾蓝氏支系青街章山雷氏支系	38	132	290年
顶堡后坑	青街章山雷氏支系	32	136	180年
凤阳宫	昌禅中岙钟氏支系	7	42	60年
鹤顶山	福鼎浮柳蓝氏支系	61	305	300年
鹤山隔头	昌禅中岙钟氏支系 福鼎双华蓝氏支系	56	253	260年
鹤山顶中贡	福鼎浮柳蓝氏支系 福鼎双华蓝氏支系	18	73	240年
鹤山下中贡	昌禅中岙钟氏支系 朝阳溪边钟氏支系	31	126	260年
鹤山坪石	福鼎浮柳蓝氏支系	12	37	150年
鹤山田中央	昌禅中岙钟氏支系	13	45	210年
鹤山龙头山	福鼎双华蓝氏支系 昌禅中岙钟氏支系	22	78	250年
鹤山陈家垟	福鼎浮柳蓝氏支系 福鼎菁寮雷氏支系 华阳牛角湾李氏支系	52	237	350年
鹤山胡家坪	华阳牛角湾李氏支系	4	16	350年
鹤山下庙	福鼎浮柳蓝氏支系	4	19	240年
岭边	昌禅中岙钟氏支系 莒溪垟尾蓝氏支系	11	46	280年
岭边北山	昌禅中岙钟氏支系	2	8	180年
岭边仓厝	昌禅中岙钟氏支系	4	18	230年
岭边杨家坑	昌禅中岙钟氏支系	7	27	200年
岭边后沟李	华阳牛角湾李氏支系	6	26	250年
岭边田垄头	昌禅中岙钟氏支系	12	45	230年
凤阳仓头	青街章山雷氏支系	101	364	320年
凤楼八头岗	昌禅中岙钟氏支系	8	31	270年
凤楼蹦垟	昌禅中岙钟氏支系 昌禅岙口蓝氏支系	12	41	250年

续表

自然村	入迁支系	户数	人数	入迁时间
凤楼坑边	华阳牛角湾李氏支系	5	18	120年
凤楼墓牌	昌禅中呑钟氏支系	21	96	160年
凤楼姚头岗	福鼎浮柳蓝氏支系 昌禅呑口蓝氏支系	46	162	310年
鹤峰三十亩	青街章山雷氏支系	35	115	310年
鹤峰交椅环	青街章山雷氏支系 闹村凤岭脚雷氏支系	25	106	240年
鹤峰深垟	昌禅中呑钟氏支系	7	24	200年
鹤峰章家山	青街章山雷氏支系	57	223	240年

资料来源：根据谱牒资料汇编。

二、分 迁

福鼎双华蓝氏支系凤阳祖外迁 福鼎双华蓝氏支系入迁凤阳顶堡坎下厝国照次孙文振（1680—1744年）移居矾山詹家坑。

福鼎浮柳洋蓝氏支系凤阳祖外迁 福鼎浮柳洋蓝氏支系入迁凤阳陈家湾开基祖蓝法春生一子云昌，云昌生男五，长子德华居凤阳鹤顶山，次子德荣（1674—1738年）居陈家湾，三子德富移居福鼎双华小岭，四子德贵（1681—1739年）派下长孙国登三子胜杯移居霞浦六都龙门垠，次孙国良（1782—？年）移居岱岭大岭下庵后（今属富源村），五子德全派下长孙国旺之子胜生移居霞浦七都前垟（今属水门乡承天村），胜扞移居福鼎白琳后门墩长田，胜皙居鹤顶山。

云昌后裔还分衍福鼎焦宕石壁脚（今属佳阳乡）廿都水碓坑，霞浦四都浦后，五六都小桥北山，半岭亭西山（均属水门乡）三沙孝井大湾，牙城四斗垄（今属后垟村），杭州松杨，临安泥山湾等地。

入迁凤阳水口开基祖蓝国进，生四子，长子可全派下长孙文贤（1697—？年）移居岱岭大岭内龙下（今属富源村），五孙文秀（1714—？年）移居赤溪流岐呑南山，次子可信居陈家湾，可信派下十世孙承楼居岱岭牛皮岭（今属云山村），三子可福派下次孙文龙移居岱岭坑门岭，四子可三移居岱岭云遮。

青街章山雷氏支系凤阳祖外迁 青街章山雷氏支系入迁凤阳仓楼，开基祖雷光涵（1647—1699年）弟雷光沈，光沈长子起源移居福鼎十二三都野溪后岗头（今磻溪镇蒋阳村益溪后岗），光沈次子起余移居福鼎秦屿虎头岗（今属竹下村）。起余六子孔现派下五世孙世光住居凤阳仓头九鲤。

闹村凤岭脚雷氏支系凤阳祖外迁 闹村凤岭脚雷氏支系入迁凤阳顶堡崩山

开基祖雷应龙（生卒失考），雷应龙次子得如移居福鼎桐山宝庙。

昌禅中岙钟氏支系凤阳祖外迁　昌禅中岙钟氏支系入迁凤阳北山开基祖钟元福（1643—1725年）天寿派下第九世孙鸣本（1785—？年）移居马站利垟。

凤阳岭边仓厝开基祖钟鸣林派下十世朝鹤（1840—1923年）移居鼎邑才堡城内。

凤阳岭边田垄头开基祖钟元盛派下九世孙鸣连（1815—1898年）移居岱岭乡坑门岭横浚。

凤阳隔头开基祖钟文彩派下七世胜珠（1742—1819年）即文彩第五子移居王桐广家岭，与九世鸣村（1805—1865年）转迁霞浦塔湾。

文彩派下十世孙朝金（1793—1837年）移居凤楼墓牌。

文彩派下十三世大怀（1889—1980年）移居凤阳田中央。

凤阳杨家坑开基祖钟鸣金派下十二世孙有珍（1876—1936年）移居福鼎庐屯大屋。

凤阳龙头山开基祖钟鸣选、鸣连、鸣雄派下十世孙朝康（1830—1908年）移居店下小赞内（即宝溪），第十三孙大老（1928—2005年）移居福鼎罗唇。

凤阳乡八头岗开基祖钟鸣柳派下第十三世孙大庆移居福鼎前岐铁口。

朝阳溪边钟氏支系凤阳祖外迁　朝阳溪边钟氏支系入迁凤阳下中贡开基祖钟文曾派下十八世钟希成移居台州临海市三樟桥。

第二节　繁　衍

凤阳畲族乡境地处边远山区，属丘陵地段，先后迁居境内的畲汉两族村民，择各山坳依崂涧结芦而居。全乡户籍1474户，人口数5773人，分布居住乡境内49个自然村，普遍形成畲汉散杂居。2015年男性人口和女性人口分别占53.75%和46.25%，全乡畲族人口占总人口的51%。

家庭中男性处于支配地位，境内的畲汉家庭大多是核心家庭。由一对夫妻加上子女和前辈老人作为核心成员。

一、人口分布
（一）数　量

2010年第6次人口普查，凤阳畲族乡户籍人口1529户5741人，其中畲族户籍人口772户2923人。畲族人口占全乡总人口的51%。时至2015年，全乡户籍人口1474户，比1984年畲族乡设立时的户籍人口增加395户，总人口数5773人，比1984年增加943人。

表3-2-2-1　1984—2015年凤阳畲族乡人口统计一览表

年　份	总户数	总人口数
1984	1068	4830
1985	1055	4783
1990	1164	4963
1995	1175	5157
2000	1373	5303
2005	1493	5438
2010	1529	5741
2015	1474	5773

资料来源：根据全国历次人口普查资料汇编。

（二）分　布

全乡人口分布在6个行政村的51个自然村。全乡有5个为畲族村，1个汉族村。自然村人口规模最大的是仓楼，有97户364人，最小自然村是北山，只有2户8人。户籍人口50户以上自然村有10个，呈现畲族"大分散小聚居"的分布特征。

表3-2-2-2　2015年凤阳畲族乡自然村人口分布一览表

单位：户、人

行政村	自然村	总户数	总人口数
龟墩	漈头杨	55	184
	北山	89	281
	南山	68	262
	岩刀	20	78
	石壁脚	5	25
	合计	237	830
顶堡	顶堡崩山	35	135
	牛栏	—	—
	柿脚	38	132
	路边	55	195
	南头	43	190
	新厝	48	196

续表

行政村	自然村	总户数	总人口数
	下后坑	32	136
	顶后坑	22	96
	凤阳宫	50	225
	合 计	323	1305
鹤山	鹤顶山	56	285
	隔头	58	273
	顶中贡	24	85
	下中贡	26	105
	坪石	12	37
	田中央	13	45
	龙头山	32	103
	陈家湾	47	186
	胡家坪	4	16
	下庙	4	22
	合 计	276	1157
岭边	岭边	41	162
	北山	2	8
	仓厝	4	18
	杨家坑	92	352
	大岗	7	26
	斗门底	2	8
	老厝	12	41
	后沟李	3	13
	田垄头	15	55
	合 计	178	683
凤楼	仓楼	97	364
	坝头岗	22	71
	坑边崩山	8	36
	坑边	37	131
	李家山	35	135
	洛洋	17	51
	墓牌	27	118

续表

行政村	自然村	总户数	总人口数
凤楼	塘下	3	14
	姚头岗	31	162
	姚堂	18	58
	合　计	295	1140
鹤峰	三十亩	38	147
	交椅环	28	113
	深坑	—	—
	深湾	7	24
	章家山	56	223
	岭后	18	76
	苏厝	18	75
	合　计	165	658

资料来源：根据苍南县公安局人口档案汇编。

二、人口构成
（一）自然构成
1.性别构成

2015年，凤阳畲族乡的男性人口3105人，占总人口数的53.78%；女性人口2668人，占总人口数46.22%,性别比为116.25。超过全省畲族人口性别比的108.08。

表3-2-2-3　2010—2015年凤阳畲族乡人口性别比构成一览表

年份	总人口	性别		性别比（女=100）
		男	女	
2010	5741	3086	2655	116.23
2011	5819	3099	2720	113.93
2012	5778	3105	2673	116.16
2013	5797	3116	2681	116.22
2014	5801	3119	2682	116.29
2015	5773	3105	2668	116.25

资料来源：根据全国历次人口普查资料汇编。

2. 年龄构成

凤阳畲族乡的人口年龄构成属于成年型结构。2010年，0～18岁少年儿童组1206人，占总人口的21%；18～60岁的人口3714人，占总人口64.69%；60岁以上的人口805人，占总人口的14.02%。2015年的人口年龄构成为少年儿童组21.39%，18～60岁的人口63.53%，60岁以上的人口15%。人口老龄化在加剧。

表3-2-2-4　1982年凤阳畲族乡按年龄组别人口构成一览表

年龄组	人口数	男性	女性	占全乡总人口比例（%）
0～4岁	707	358	349	14.75
5～9岁	627	332	295	13.08
10～14岁	591	322	269	12.33
15～19岁	461	264	197	9.62
20～24岁	349	193	156	7.28
25～29岁	375	217	158	7.82
30～34岁	300	178	122	6.26
35～39岁	152	96	56	3.17
40～44岁	171	103	68	3.57
45～49岁	205	122	83	4.28
50～54岁	265	156	109	5.53
55～59岁	169	110	59	3.53
60～64岁	146	84	62	3.05
65～69岁	104	57	47	2.17
70～74岁	91	48	43	1.90
75～79岁	53	31	22	1.11
80～84岁	24	6	18	0.50
85～89岁	5	2	3	0.10
合计	4794	2679	2115	—

说明：据全国第三次人口普查资料汇编。

表3-2-2-5　1990年凤阳畲族乡按年龄组别人口构成一览表

年龄组	人口数	男性	女性	占全乡总人口比例（%）
0～4岁	364	186	178	7.72

年龄组	人口数	男性	女性	占全乡总人口比例（%）
5～9岁	599	312	287	12.71
10～14岁	643	324	319	13.64
15～19岁	489	272	217	10.37
20～24岁	421	228	193	8.93
25～29岁	301	168	139	6.39
30～34岁	348	186	162	7.38
35～39岁	299	174	125	6.34
40～44岁	196	117	79	4.16
45～49岁	130	82	48	2.76
50～54岁	170	98	72	3.61
55～59岁	215	130	85	4.56
60～64岁	194	118	76	4.12
65～69岁	128	79	49	2.71
70～74岁	97	55	42	2.03
75～79岁	63	28	35	1.34
80～84岁	32	16	16	0.68
85～89岁	15	5	10	0.32
90～94岁	3	—	3	0.06
95～99岁	1	—	1	0.02
合计	4714	2578	2136	—

说明：据全国第四次人口普查资料汇编。

表3-2-2-6　2000年凤阳畲族乡年按龄组别人口构成一览表

年龄组	人口数	男性	女性	占全乡总人口比例（%）
0～4岁	214	116	98	5.49
5～9岁	352	185	167	9.04
10～14岁	336	164	172	8.63
15～19岁	396	186	210	10.17
20～24岁	361	205	156	9.27
25～29岁	303	165	138	7.78
30～34岁	304	151	153	7.80

续表

年龄组	人口数	男性	女性	占全乡总人口比例（%）
35～39岁	245	127	118	6.29
40～44岁	255	128	127	6.55
45～49岁	262	150	112	6.73
50～54岁	156	88	68	4.01
55～59岁	116	74	42	2.98
60～64岁	135	73	62	3.47
65～69岁	163	96	67	4.19
70～74岁	152	87	65	3.90
75～79岁	74	42	32	1.90
80～84岁	45	27	18	1.16
85～89岁	21	7	14	0.54
90～94岁	4	1	3	0.10
95～99岁	1	—	1	0.03
合计	3895	2072	1823	—

说明：据全国第五次人口普查资料汇编。

表3-2-2-7　2010—2015年凤阳畲族乡人口性别比和年龄构成一览表

年份	总人口	年龄			
		18岁以下	18～35岁	35～60岁	60岁以上
2010	5741	1206	1741	1973	805
2011	5819	1217	1747	1980	808
2012	5778	1222	1701	2029	826
2013	5797	1227	1648	2077	845
2014	5801	1235	1592	2108	866
2015	5773	1236	1537	2129	871

说明：根据凤阳畲族乡人口统计资料汇编。

（二）社会构成

1.民族构成

据1982年7月1日全国第三次人口普查，乡境内总人口1072户，4794人，男性2679人，女性2115人。有畲汉两个民族，其中畲族2445人，占总人口的5/8。随着改革开放的不断深入，少数民族的女性不断从外地嫁入，乡境内民族数量增多。经1990年全国第四次人口普查，全乡总人口为4717人，男性2579人，女性2138人。共有6个民族组成，其中汉族2315人，畲族2383人，回族14人，彝族、土家族、苗族共计5人，畲族占总人口的49%。经2000年全国第5次人口普查，全乡总人口为3902人，男性2074人，女性1828人，共有8个民族组成，其中畲族2158人，占总人口的55.3%。至2015年，全乡有1474户，总人口为5773人，共有8个民族组成，主要为汉族和畲族。其中汉族为2879人，占46.4%。畲族人口为3084人，占总人口的53.4%，其他有回族6个民族计占0.17%。

表3-2-2-8 1990年凤阳畲族乡常住人口民族构成的构成一览表

民族	人口	男性	女性	占总人口比例 %
畲族	2383	1309	1006	50.51
汉族	2315	1265	1118	49.07
回族	14	4	10	0.29
彝族	1	—	1	0.02
土家族	3	1	2	0.06
苗族	1	—	1	0.02

资料来源：根据全国第四次人口普查资料汇编。

表3-2-2-9 2000年凤阳畲族乡常住人口民族构成的构成一览表

民族	人口	男性	女性	占总人口比例 %
畲族	2158	1134	1029	55.30
汉族	1729	936	793	44.31
回族	8	3	5	0.20
土家族	3	2	2	0.07
壮族	1	—	1	0.02
布依族	1	—	1	0.02
瑶族	1	—	1	0.02
苗族	1	—	1	0.02

资料来源：根据全国第五次人口普查资料汇编。

经实地调查，结合2010年第六次全国人口普查资料。全乡人口由8个民族组成，其中畲族人口最多，汉族次之。其他少数民族6个，均为20世纪90年代从省外嫁入。

表3-2-2-10　2010年凤阳畲族乡人口族人口民族构成

各行政村	总户数	汉族	畲族	苗族	回族	彝族	壮族	布依族	苗族	人口合计
龟墩村	237	821	8	—	—	—	1	—	—	830
顶堡村	323	838	465	1	—	—	—	—	—	1305
鹤山村	276	3	1154	—	—	—	—	1	—	1157
岭也村	178	533	149	—	—	1	—	—	—	683
凤楼村	295	359	776	—	5	—	—	—	—	1140
鹤峰村	165	125	532	—	—	—	—	—	1	658
小计	1474	2679	3084	—	5	1	1	1	1	5773

资料来源：根据全国自全国第六次人口普查资料汇编。

至2015年，凤阳畲族乡人口主要由畲汉两个民族构成，其社会构成比较稳定，各年份的人口数据显示，畲族人口均占总人口的一半以上。

表3-2-2-11　1984—2015年凤阳畲族乡人口民族构成一览表

年份	总人口数（人）	畲族人口	
		人口数（人）	百分比（%）
1984	4830	2463	50.99
1985	4783	2438	50.97
1990	4963	2531	50.99
1995	5157	2632	51.04
2000	5303	2704	50.99
2005	5438	2773	50.99
2010	5741	2927	50.98
2015	5773	2923	50.63

资料来源：根据凤阳畲族乡人口统计资料汇编。

2.教育构成

1979年成人文化普查，青壮年3450人中有文盲半文2572人，脱盲人数1261人，占36.5%。至1982年全乡已扫除文盲2376人，占农民青年总数的59.5%，文盲率进一步下降。

据全国第三次人口普查，1982年境内文化程度小学616人，初中184人，高中44人，大学毕业1人，余为文盲半文盲。1990年全国第四次人口普查，乡境内文化程度小学2213人，初中493人，高中56人，中专40人，大学13人。至2015年，九年制义务教育覆盖率100%。文化程度所占比例进一步提升。

表3-2-2-12　1982年凤阳公社各种文化程度人口数量一览表

大队	合计	大学毕业	高中	初中	小学	附12周岁及以上不识字
龟墩大队	195	1	13	32	149	464
顶堡大队	210	—	8	37	165	639
鹤山大队	141	—	8	29	104	597
岭也大队	118	—	2	22	94	357
凤楼大队	104	—	13	43	48	676
鹤峰大队	77	—	—	21	56	369
合计	845	1	44	184	616	3102

资料来源：据全国第三次人口普查资料汇编。

表3-2-2-13　1990年凤阳畲族乡分性别受教育程度人口一览表

文化程度	人口数	男性	女性	占6岁以上人口比例（%）
初识或不识	1458	573	885	36.70
小学	2228	1541	687	56.16
初中	225	188	37	5.67
高中	38	34	4	0.95
中专	15	8	7	0.37
大专本科	3	2	1	0.075
大学本科	—	—	—	—
合计	3967	2346	1621	—

资料来源：据全国第四次人口普查资料汇编。

表3-2-2-14 2000年凤阳畲族乡分性别受教育程度人口一览表

文化程度	常住人口	男性	女性	占6岁以上
未上过学	625	272	353	17.18
扫盲班	196	68	128	5.39
小学	2213	1162	1051	60.86
初中	493	338	155	13.53
高中	56	49	7	1.54
中专	40	32	8	1.10
大学专科	13	8	5	0.35
大学本科	—	—	—	—
合计	3636	1929	1707	—

资料来源：根据凤阳畲族乡政府提供资料汇编。

2005年，凤阳畲族乡各行政村6～60周岁中，小学文化程度21872人，占比54.47%，初中文化程度1005人，占比25.03%，大学及以上为30人，占比0.75%。

表3-2-2-15 2005年凤阳畲族乡各行政村6岁—60周岁
文化程度一览表

村别	人口数合计	丧失学习能力	文半盲数	夜校脱盲	小学	初中	高中	大学	研究生
龟敦村	607	2	6	72	3 64	131	26	5	1
顶堡村	861	4	5	88	485	1 91	80	7	1
鹤山村	770	8	7	90	414	212	34	4	1
岭边村	519	1	5	73	251	166	17	5	1
凤楼村	836	1	10	130	479	1 95	18	3	—
鹤峰村	422	1	7	99	194	110	9	2	—
合计	4015	17	40	552	2187	1005	184	26	4

资料来源：根据凤阳畲族乡政府提供资料汇编。

3.职业构成

凤阳畲族乡属于农业区，农业人口占绝大多数。凤阳畲族乡农村长期以来产业结构单一，农村劳动力除少数手工业者外，均从事农业生产。至2015年，非农业人口占比为2.39%。

表3-2-2-16 1984—2015年各年份凤阳畲族乡非农业人口比例一览表

年份	户籍人口总数	非农业人口数	非农业人口占比（%）
1984	4830	142	2.94
1990	4963	36	0.72
1995	5157	26	0.50
2000	5303	27	0.50
2005	5438	62	1.14
2010	5741	125	2.17
2015	5773	138	2.39

资料来源：根据凤阳畲族乡政府提供资料汇编。

1978年改革开放以前，乡境内劳动力除百分之一二从事木工、泥水、裁缝、首饰等行业外，大多数从事农业生产，职业单一。20世纪80年代，一批农村劳动者从山区走向四面八方，有从事交通运输，有经商办厂，有外出从事矿山井巷建设等，职业逐步呈多元化趋势。

1985年全乡有劳动力2621人，占农业人口的54.8%。90年代，随着农村经济体制改革和产业结构调整，逐步走农、林、牧、副全面发展，农、工、商、建、运综合经营的道路。农村生产力结构发生了重大变化。

1992年，全乡农村劳动力2026人，从事第一产业（包括农、林、牧、副）的有1207人，占农村总劳动力数的59.58%；从事第二产业（包括工业、建筑、交通运输业）的有98人，占农村总劳动力数的0.48%；从事第三产业（包括商业、饮食业、服务业、科学研究和综合技术服务、文艺教育和广播事业、卫生体育和社会福利事业、乡经济组织社务管理及其他）等的有721人，占农村劳动力总数35.59%。

2000年，全乡农村劳动力2697人（包括外出劳动力725人、出省劳动力513人），其中从事第一产业（农、林、牧、副）的1770人，占全乡劳的65.63%；从事第二产业（乡村工业、建筑业、交通运输仓储及邮电通讯）的78人，占全乡劳动力的2.90%；从事第三产业（商业、服务业、批发零售贸易业、餐饮业）的849人，占全乡劳动力的31.48%。

2005年，全乡农村劳动力2658人（包括外出合同工、临时工120人）。其中从事第一产业（农、林、牧）的2380人，占全乡劳动力的89.54%；从事第二产业（建筑业、交通运输、仓储及邮电通讯业、其他非农行业）的230人，占全乡劳动力的8.65%；从事第三产业（批发零售贸易业、餐饮业）的48人占全乡劳动力的1.81%。

2010年，全乡农村劳动力2659人。其中从事第一产业（农、林、牧）的2252人，占全乡劳动力的84.69%；从事第二产业（建筑业、交通运输、仓储及邮电通讯业）的98人，占全乡劳动力的3.69%；从事第三产业（批发零售贸易业、餐饮业、其他非农业）的309人，占全乡劳动力的11.62%。

2015年，全乡农村劳动力2560人。其中从事第一产业（农、林、牧）的2295人，占全乡劳动力的89.65%；从事第二产业（建筑业、交通运输、仓储及邮电通讯业、其他非农行业）的175人，占全乡劳动力的6.84%；从事第三产业（批发零售贸易业、餐饮业）的90人，占全乡劳动力的3.52%。

三、家 庭

（一）家庭形式

宗族由家庭组成。家庭主要是一个生育单位和经济单位，通常作为宗族的一分子而存在。畲族的家庭作为生产生活和社会组织结构的基层单位，其家庭大多属于一夫一妻制的关系小家庭。家庭多由双亲及子女组成，但也有部分与已婚的子女同住，畲族家庭数代同居的较少，三代同居的多为独子户，女子婚后从夫居，所生的孩子从父姓，兄弟娶妻生儿育女后，家庭人口发展较多时就分家，其中也有因妯娌不和、婆媳不睦而分家的。若家庭人口不多兄弟和睦，原则上不分家。父母在世时分家，一般父母不留财产，有的将父母分开，各跟一个儿子，有的父母住在一起，年迈无生活来源或无法自理的，有各个儿子共同赡养。

家庭形式，家庭中男性是家长。家长的主要职责是管理家庭经济收支，筹划生活需要，安排生产分工。家长的意见家庭成员都得尊重和服从。妇女在家庭中的地位一般比汉族妇女高，因为妇女与男人同工同酬，是家庭主要经济来源之一。凡家庭的重大事宜，妇女有权直接参与决断。丈夫虐待妻子之事较少发生，当家的妇女，特别是大家庭中的老年妇女，对家庭中巨细之事，均有举足轻重的发言权和决定权，这也意味着对前一辈的尊重。

家庭中家长居支配地位，对内主持、统管家庭事务，掌握全家人的命运，对外全权代表家庭参与宗族、村落的社会活动。其提出的意见和建议家庭成员都得尊重和服从。家长通常是男子，父亲去世，儿子继承，丈夫去世，儿子尚幼的妻子暂代，待儿子成年再继其位。家长年迈，儿子已长成可以暂时接替。

　　家庭中男尊女卑的现象相当普遍，宗祀由男子继承，男子有财产的继承权，而女子没有。女儿出嫁后从夫居，所生孩子从父姓，若有女无男的，留女招赘。宗谱记载"无子而产育有女者"即将其女留家招赘，入赘为嗣。此乃祖宗血缘必须有遗留。赘婿通常要照例改从妻家姓氏，特别是汉族入赘者，更要将所生孩子改姓，亦随母姓，以保证这一招赘家庭有父系继承人，无子无女多以侄为嗣，或抱养子女，传宗接代，继承宗祀产业。抱养女儿而后招赘相对更多，嗣子、养子及寡再嫁带来前夫所生的儿子在家庭中地位与亲生儿女等同，招赘的女婿不予歧视，可以继承财产。

　　一个家庭最重要是生孩。封建思想浓厚的家庭生男孩普遍高兴，贵重，连其父母也颇为风光，受公婆宠，生再多孩子也要生一个男孩，族内宗祠认为男的是正丁，以前造谱都不把女孩编写入谱，重男轻女的封建思想非常严重，男女在家庭中不平等，长男有支配财产和继承宗祀的优先权。而女子不论出嫁与否均无继承权。男性是家庭经济的唯一掌握者，因此重男轻女的思想在一部分人的心目中根深蒂固。

　　在浙南有的地方存在着坐"娘家头"的习俗。即女儿出嫁后受夫家人虐待，可回娘家报告，娘家便组织亲房、伯叔、母舅等数十人到女婿家理论直至女婿承认错误并保证今后不再重犯为止，包括汉族以前也有这种现象。外家、亲房去做"娘家头"。

　　中华人民共和国成立后，随着封建制度的解体，社会主义制度的建立，畲族家庭也相应起了根本的变化，家长制度逐渐削弱，民主协商，男女平等，尊老爱幼，团结互助的新家庭关系逐渐形成，以血缘关系为重心的家族，旧观念也逐渐向姻缘关系为重心的夫妻、子女感情融合的新观念转移。旧道德、旧礼仪的规范也逐渐被社会主义新道德、新风尚取代。家庭财产支配与继承，男女双方的地位与身份，生男育女等，随着社会的变革都有了不同的改变。

（二）家庭结构

　　一般把家庭结构分为联合家庭、主干家庭、核心家庭和其他家庭四类。本乡境内畲汉家庭大多是核心家庭，由一对夫妻加上未成年子女作为核心成员组成（见表2-2-4），家庭规模保持在3.50～4.20人之间。核心家庭加上前辈老人（夫方和妻方的父母、祖父母）而形成的主干家庭也普遍存在。联合家庭和单身家庭较少。

表3-2-2-17　凤阳畲族乡家庭结构平均规模一览表

行政村	总户数	总人口数	平均家庭人数
龟墩	237	830	3.5
顶堡	323	1305	4.0
鹤山	276	1157	4.2
岭边	178	683	3.8
凤楼	295	1140	3.9
鹤峰	165	658	4.0

资料来源：根据凤阳畲族乡畲族乡政府提供资料汇编。

人们定居初期，几乎全是小家庭，定居发族之后，体现封建宗法权威大家庭逐渐增多。人们把数代同堂、人口众多看成是家庭兴旺的标志。一个家庭往往有两对或两对以上没有分家的同一代夫妻，加上各自未成年的子女和前辈老人组成联合家庭，这种大家庭，在一些受封建文化影响较深的大宗族，大村落尤为多见。

家庭组成有父系、母系、双系三类，父系妻从夫居，子女从父姓，母系夫从妻居，子女从妻姓，双系大多为女方是独生子，子女长大从母姓，次从父姓。畲族家庭家长都是男人，但妇女享有与男子同样的继承权，家庭地位是平等的。解放后，以父系为核心的家庭占多数，畲族子女嫁到汉族家庭，子女随母姓者日渐增多。旧时祖孙数代同堂的大家庭较为普遍。

畲族家庭，大多是一对夫妻加上未成年的子女作为核心成员组成的小家庭，这就是所谓的"核心家庭"，或者再加上前辈老人（父方或妻方的父母，祖父母）而形成稍为扩大的核心家庭。畲族入迁初期，几乎全是一对夫妻加上未成年子女的小家庭，定居发族之后，体现封建宗法权威的大家庭逐渐增多，人们把数代同堂、人口众多看成是家庭发达兴旺的标志。一个家庭里往往有两对或两对以上没有分家同一代夫妻，加上各自未成年的子女和前辈老人，组成核心的大家庭。这种核心的大家庭，现已罕见。时至当代，一家十口人以上没有分家的，更属罕见。

20世纪90年代后，畲汉家庭中以夫妻和未婚子女为主的核心家庭占绝大多数。而无子女的单亲家庭也存在不少，到时他们抱养子女抚养成人。赖以养老送终，延续宗祀。其关系与一般血缘亲属相似，其称谓亦与一般血缘亲属类同。

无子的家庭，除以婿为子外，还可抱养继嗣或以伯叔的侄子过继，但以婿为子的现象较多，这种现象在现实社会也普遍存在。

畲族家庭称谓部分与当地汉族相似，但也有自己的特点。长辈、平辈称谓多冠有"阿"字词头，如父为"阿爹"，母为"阿娘""阿奶"，祖父为"阿翁"，祖母为"阿加"，曾祖父为"公帕"，曾祖母为"阿帕"，兄为"阿哥"，嫂为"阿嫂"，丈夫称妻子为"布娘"，妻子称丈夫为"夫郎人"。夫妻在日常生活中习惯的称呼，如畲谚："有仔随仔叫，没仔那叫姖（他、她）。"即没有孩子，就称"姖哟"。

家庭教育，畲族家庭发扬着文化传递的主要功能，长辈通过言传身教，使小辈学习，接受和适应畲族固有的文化传统。教唱山歌是重要的言传方式，儿童学语后，父母就教他们唱儿歌，随着年龄的增长，畲家孩子跟其父母参与定时定点的节日和时令歌会，经历本村内亲来亲往迎客盘歌，聆听红白大事的喜歌、山歌，他们从中熟悉民族的历史、祖辈的迁徙，从昼夜盘对的"小说歌"中了解社会，从日常生活的"习俗歌"中领会人情世故，从"杂歌"中掌握各种知识，通过传统山歌文化，增长知识把自己锻炼成长为与父辈一样的歌手。长幼一起参加劳动是畲族主要的身教方式，下地耙田耘草，学习耕耘技术，女跟母在家刮草织布，到户外砍柴采集猪草，从小就跟长辈承担生活的重担，练就吃苦耐劳的意志品质。

家庭教育的效果，需要良好的社会氛围，而良好的社会氛围又促进了家庭教育，无论是单姓村，还是多姓村，畲族村内部和谐互动，"家人喃喃，妇子嘻嘻"，各食其力，这就是畲民村落社会关系的真实写照。

第三章　政治与民族事务

凤阳畲族乡是一个地处偏僻的革命老区。民国22年（1933年）秋，中共浙闽边区负责人林辉山等就来章家山（鹤峰村）宣传革命道理，发动群众参加红军，组织贫农团开展"五抗"斗争。民国24年（1935年）中共平阳支部书记陈昌会等人多次深入凤阳的濑头、龟墩、交椅环等地宣传发动，先后建立了3个党支部，发展党员14人，并建立起一支40多人的游击队，打造土枪土炮准备武装暴动。民国37—38年（1948—1949年），中共南鹤区委领导人又多次来凤阳的龟墩、鹤山南山、顶堡后坑建立起3个支部，发展党员20多人。全乡为革命事业而英勇牺牲被追任为烈士的有23人，其中畲族13人。

中华人民共和国成立之后，建立了平等互助、团结合作、共同繁荣的社会主义新型民族关系。党的各级代表大会、人民代表大会和政治协商会议均有一定比例的少数民族代表参加。凤阳畲族乡先后有6位畲汉代表在不同的行业中获全国民族团结先进个人、全国劳动模范荣誉称号，并赴京参加观礼活动。

第一节　政治生活

凤阳人民有着光荣的革命传统，为鼎平革命根据地的创建做出很大贡献。民国24年（1935年）3月，平阳中心区委在凤阳的姚头岗召开第一次会议，中国共产党地下组织负责人林辉山、陈昌会、郑积云等在民族地区开展革命宣传和各种形式的地下党组织活动，积极发展党组织，建立工农武装，领导凤阳人民坚持艰苦卓绝的革命斗争。积极发动群众，组织农民赤卫队，准备秋收暴动，并开展"五抗"（抗租、抗税、抗捐、抗债、抗丁）斗争，建立各村党支部组织，宣传党的主张，团结群众，打击敌人。革命斗争坚持到1936年10月，从民国24年至民国27年（1935—1938年）的人民革命斗争中，为解放事业而英勇献身被追任为烈士的有23人，其中畲族有13人，还有参加老红军和抗美援朝的志愿军战士。中华人民共和国成立后，乡境内杰出人物不断涌现，先后有6位全国民族团结、劳动模范先进个人，赴北京参加观礼活动，被党和国家领导人接见。还有省、市级先进劳模、全国优秀体育教师、医学界教授、教育世家等。创业有成的优秀知名企业家被评为省级先进个人。

在政治生活事务中，有畲族当选浙江省、温州市、苍南县党代表和人大代表、政协委员，为民族地区的经济和社会发展参政议政。

一、民国时期中国共产党领导下的革命斗争
（一）争取民族平等

清代，畲民社会地位低下，应有的平等权利受到挤压。畲民被诬视为"贱民"，不准参加科举考试。凤阳畲民曾通过争科考权、诉讼抗争的途径，奋力争取平等权利。

清道光二十四年（1844年），凤阳仓头童生雷云与同族弟雷夏（名雷国灿），参加平阳县试，但受到民族歧视，不予参考。雷云与堂叔雷子清（雷夏父）呈文温州府诉讼：畲民雷云等"于清乾隆三十年（1765年）立户，交粮纳税，与平民无异，既非冒籍匿丧，又非娼优隶卒，家世清白，当无与考试之理"。温州府批复"畲民雷云等应试，自宜一律准其与考"。

是年，雷云、雷夏参加温州府试，学师指派廪生王庭琛作保。但是当时陈重光鼓动童生王藻金、李如奎、庄兆辉带童生42人阻扰并令其学生李如奎，书写匿名信张贴。于是雷云呈状温州府，请求恩赐论保，以杜藐阻，以免（应试）期误。温州府发出布告，示论童生，务须恪遵定例，任畲族考试。毋得再行抗违，藉端阻止。该廪保亦即行画押送考，不得听各童勒抑。

然而，临考点名时，陈重光等竟又诬言雷云身家不清而致使扣考，阻止雷云、雷夏入场应试。府宪查明指示：兹据呈称陈重光勒索洋银不遂，因此挟嫌带令童生，42名浮言怂狂，阻止入场等语，如果属实，可恶可报，候饬平阳县提齐人证确切研讯，并查明该畲民有无身家不清，务得实情，具详究办。然而，温州府不敌陈重光恃势狡赖。雷云、雷子清连四次向温州处道宪呈文，终无批复。

雷云虽然考案久缠不下，矢志不移，深知这不是只为自己求学而诉讼，而是为温州畲民权益抗争。相继向县、府呈文请求"限提拘案会讯，照列通详完案"之后，斥责陈重光、李如奎，藐府论前抗后逃。贻案无结局，搁县府两考，差延攻书之日，怨深入骨。

清道光二十六年（1846年）雷云与堂叔雷子清不远千里赴省投诉，呈文巡

抚文宁，奏请定案。抚宪批示："准予畲民一律赴考，所控陈重光索诈一节并饬查究，均毋迟延。"是年4月雷子清（处士）为考试"登山涉水""日夜奔波""备尝艰辛"，赴省、府两处提起诉讼，均身疲力竭。风尘劳瘁，抱病在途，赴省回乡病逝，享龄51岁。6月28日雷云呈文县、府、道、省四级官衙同时投诉，求请准予畲族童生参考，指责陈重光、李如奎、陈兆凤、王日新、方亚木逆旨阻考，依法严办。

清道光二十七年（1847年），温州府《禁阻考告示》称，经省衙"详核，平阳县畲民雷云应准予考，该县各童阻挠显违定例，自应严行查禁……惟现在县府两试均已考过，该童雷云并请准其分别补考。倘该县廪生及各童等再敢阻挠，即由该县照例究办"。雷云考试受阻诉讼三载，才予补考，因案奔波，惋惜落第，后于清咸丰十年（1860年）爱尊例授"贡元"。

雷云奋力为畲民争取民族平等的事迹已载入《雷氏宗谱》和官修的《学政全书》。

（二）参加民主革命

民国时期，凤阳畲汉人民受封建剥削阶级的压榨，生活上苦不堪言，没有政治地位，更无权利可言。

地主以地租和高利贷形式剥削人民，乡长保长横行乡内，国民政府乱派捐收税。以章家山为例，全村有田地共4.76公顷，其中仅1.33公顷和一片山林是属于畲民的，大部分田地、山林以及畲民的房屋地基都是属于蒲门城内朱姓大地主的。每年全村要交租70多担，还有高利贷以卖青苗的方式进行，即每年4—5月份农民缺粮时向地主借钱，将田里的青苗卖给地主，田里的稻谷收成后全部归地主，等于借100斤稻谷还200斤。每年全村要卖青苗60多担。国民党政府的苛捐杂税名目繁多，仅凤阳人民知道的就有10多种，如铁路捐、公路捐（虽凤阳无铁路，也无公路）、学校捐、乡丁捐、壮丁捐、乡保长津贴费、保队副训练费、猪税、酒税、房屋捐、压岁捐（每到农历年终要给保长、乡长送礼），还有月税，有时一个月之中派款即达稻谷100多公斤。一年最少的人家也要几担，有的高达10多担。每年稻谷都被地主、国民党收夺，村民仅剩下一些番薯丝艰难度日。繁重的苛捐杂税逼得民不聊生，激发农民参加民主革命。

1. 章家山革命

民国19年（1930年），有畲民从福建亲友那里听到，福建有一支红军打土豪分田地，没收地主的粮食财钱，分给贫苦的农民。章家山的畲民盼望着红军的到来。民国21年（1932年）冬季，从福建来的林辉山来到凤阳乡的章家山，认识了雷汉答、雷汉里、雷汉坚兄弟3个和他们"拉家常"讲大事："帝国主义侵略中国，国民党卖国，不管人民死活，捐税太多，农民生活太苦，收成连交租税都不够。"给他们讲革命道理："农民受地主、国民党压迫，过着牛马一般的生活，应该团结起来，打倒地主与国民党反动派。"告诉他们红军就是为人民谋利益的。民国22年（1933年）雷汉里到福鼎参加了红军游击队，而雷汉答、钟友行开始串联畲民参与革命，帮助共产党在南港、灵溪、桥墩、马站、矾山、鼎平等地开展宣传。1月，他们召集了坑边、垟头贡、苍楼、坝头贡、三十亩等地的畲民10余人开座谈会，宣传抗日救国与农民应该组织起来的道理。会后，开始了大规模的群众宣传发动工作，参加会议的人回去后不但向本村而且向别村宣传。民国22年（1933年）冬，章家山组织了农会、贫农团，然后各村相继组织抗租团，开始抗租抗税的斗争。民国23年（1934年）春，闽浙交界地区20多个农会组织的60多个干部在章家山开会，讨论如何进一步地发动群众与组织人民红军的问题。会后，在许多地方公开地进行宣传活动，各地建立了妇女会、青年团、儿童团，还组织了肃反队。游击队从福建过来后，开始"除奸抗租"，畲民积极参加了游击队。当年，村里有10余人参加，民国24—25年（1935—1936年）也陆续有人参加。

民国24年（1935年）4月，刘英的红军队伍由雷汉答带路到了浙南。5月，吸收雷汉答等4人入党，然后由雷汉答负责浦门区党的活动，建立北港、南港、江南、浦门等4个区的区委。7月，蒲门党支部成立，有党员3人，是雷汉答、雷子魁、范均庭，雷汉答任书记。平阳县南部地区的革命运动蓬勃开展，许多畲汉地方建立起群众的革命组织，如抗租团、分青苗委员会、民兵队、肃反队、贫农会、青年团、妇女会、儿童团等。民国25年（1936年）5月，一支由畲汉两族人民组成的游击队正式成立，有40多人，其中畲族有19人，队长陈计株，指导员是本村畲民雷汉里。游击队配合刘英的队伍作战4次，独立作战13次。

2. 三次攻打赤溪炮台

《平阳县志》内载：民国时期赤溪有两座炮楼，位于赤溪矴埠头、蜈蚣埔。敌守兵力1个排。在民国21年（1932年）2月，福鼎中心县委决定把独立团集中起来，准备攻打赤溪炮楼，由林辉山任三支队的指导员。

自从闽浙边临时省委成立后，鼎、平两县很受鼓舞，已着手恢复党的组织，群众也重新发动起来，形势有了好转。但是敌人的骚扰破坏也在加紧。赤溪驻军常以连、排为单位分散活动，到处欺压屠杀群众，抢粮逼款无所不为。

特别是驻赤溪的敌人排长刘程杰更是作恶多端，他在赤溪烧毁大量的民房，杀害干部群众很多人。因此，决定首先攻打赤溪据点，除掉刘程杰。司令部召开由3个支队和独立团各营负责人参加的作战会议，讨论打赤溪的具体步骤。红军游击第一队的指导员陈阿真，第二支队指导员陈阿涛和第三支队雷汉里参加会议。在团部讨论作战方案时，陈阿真、陈阿涛、雷汉里认为对赤溪之敌只有一个排，建议应从各个支队抽调具有战斗经验的同志，组织一支突击队，把驳壳枪火力组织好，采取"短兵直入"的方法包围敌人驻地李氏祠堂，干掉敌人哨兵，直冲内院，就可以消灭敌人，活捉罪恶累累的排长刘程杰，而大部队行动反而容易打草惊蛇。总指挥周连卿，否定了他们的意见。

300多人的红军游击队浩浩荡荡从福鼎县青山内出发，向平阳蒲门福掌前进，直奔赤溪。但考虑到"赤溪敌人数量没有变化，还是一个排"，雷汉里、雷汉答十分着急，他们也认为大部队包围下去，敌人可能跑掉。

确如所料，待红军大部队接近赤溪时，敌人想闻风转移。他们看见红军排开阵势，尚有一个缺口，就从缺口悄悄地突围出去。敌人到了新的阵地，当红军发现新情况，三支队追过去。敌人虽是一个排，但火力很强。接连几个拦阻射击，就把三支队击退下来，一排排长林颜焦当场壮烈牺牲，战士们一个个义愤填膺地集中火力向敌人进攻。当日下大雨，战士们全身湿透了，但他们还是英勇地向敌人发起进攻。正在第三支队进退两难的关键时刻，二支队陈阿涛带着部队冲过来为三支队打掩护。三支队在二支队的帮助下撤了下来，撤到凤阳乡鹤峰村三十亩。这次攻打赤溪碉堡由于军事指挥失利，未获胜利。

民国25年（1936年）3月16日由雷汉里率领畲、汉两族70多人游击队，配合由罗烈生率领鼎平独立团部队300余人，袭击敌据点赤溪公所，击毙俘敌各一人。国民党政府发出通缉令，"逮住罗烈生，赏银一千元"。5月鼎平独立团攻打敌据点矾山失利，支队长王丹成牺牲。

民国25—26年（1936—1937年）的斗争环境非常残酷，国民党反动派集中了几个团上万的兵力，并组织了大批地主反革命武装，如"编联甲""自卫队"等，对红军与边区进行围剿，一方面对革命地区实行军事围剿"，另一方面采取反动的政治措施，在农村实行联保、联坐法。但就是这样，畲、汉两族群众仍然不屈不挠地展开武装斗争，歼灭大量敌人。

民国26年（1937年）红军北上抗日后，国民党顽固派更加疯狂地镇压革命，但革命活动一直未间断过，而且更加广泛与深入。畲族人民组织起来，与汉族群众携手并肩，对国民党反动派与封建地主阶级进行了英勇的斗争。许多畲族群众参加红军、游击队，广大的畲族群众支持红军、游击队作战，为红军送粮送饭、掩护红军与党的工作人员，探听敌人消息，为红军、游击队送信带路。在残酷的斗争中，不少优秀的畲族干部与革命群众英勇地牺牲了。民国30年（1941年），鼎平县委被敌人摧毁，这些地区革命运动受到很大的挫折，许多地区的畲、汉两族群众与党失去了联系。至民国33年（1944年）鼎平县委恢复，党的活动更活跃了。

民国35—36年（1946—1947年），地下党广泛地发动与组织群众、扩大革命根据地，普遍建立了党的组织，在畲族地区也建立党的组织，发展吸收了大量的畲族党员，游击战争更加激烈，沉重地打击了敌人，有力地配合了全国大反攻的形势。民国38年（1949年）春，浙南地委根据主席毛泽东发出的"将革命进行到底"的伟大号召，领导根据地军民向国民党浙南地区反动势力发起进攻，游击战争不断取得胜利。同年4月，第三县队编入中国人民解放军浙南游击纵队第一支队。刘正发任支队长兼政委，王烈评任参谋长，并从第三县队抽调一部分人员，与鼎平县委武二组合并，组建鼎平县委警卫队，队长洪永江。警卫队下设三个班，计有123人，后增设2个新兵班。队伍进一步扩大，配合浙南游击纵队和县委警卫队，展开了攻击反动据点，消灭敌人的武装斗争。

民国38年（1949年）1月8日，边区县委中心书记兼政委陈辉同组织部长任曼君、王烈评3人，开会研究分析边区形势。会上提出，赤溪是浙闽交通要道，赤溪两座碉堡，都建在平原上，四周是水田，门是木材做的，可以用火攻的办法将其攻下，遂决定首先攻打赤溪据点。

民国38年（1949年）2月14日，平阳区委书记杨子耕带领300余人游击队与当地民兵战士，进驻高垟山。南鹤区由蓝明辉带领昌禅漈头、龟墩、凤阳北山、南山畲汉两族游击队员和群众150人，驻凤阳大宫。蒲门区由林乃芳、陶大恭带领畲汉200余名民兵参战，进驻凤阳章家山。晨时3点发起总攻。三路大军，挺进赤溪据点。正当部队靠近赤溪据点时，不巧与两个从街上返回碉堡的敌兵遭遇，敌兵大声惊叫，碉堡内的敌人闻声迅速将大门关上，战斗随即打响。攻击分队抢占了有利地形，机枪从东面向地碉堡扫射，将碉堡二楼的墙（空心墙）打了一个大洞，火攻组在火力的掩护下从南面接近碉堡并引火焚烧。这时四面八方人山人海，喊声连天。碉堡大门边的厨房首先着火，碉堡内的敌人顿时混乱不堪，惊叫声响成一片。游击队员开始喊话"缴枪不杀，优待俘虏"，顽固的敌班长不听劝降，反辱骂着："前方的仗都打不过了，后方的几个土匪仔怕什么。"企图以此壮胆，鼓舞士气，稳定军心。这时突然刮起一阵北风，火势向南，离开了碉堡大门。大家心里很着急，不知道怎么办，蒲门区区委林乃芳决定还是继续实施火攻。派两名民兵战士跑到街上叫开一家什货店买了几斤煤油，又拿了两床棉被。回来后，战斗行动进行了重新部署，把机枪调到碉堡大门正面压制敌火力，火攻组将煤油倒在棉被上点火后，再用竹竿挑到碉堡大门，大门终于烧起来了，面对熊熊大火，碉堡内的敌人大喊大叫一片混乱。战士抓住战机再次喊话"我军优待俘虏，把枪丢下来"。敌人见大火已烧到屁股上了，只好丢出枪支，纷纷抱头跳出碉堡，向游击队投降。这时赤溪另一座"蜈蚣埔碉堡"的敌人，闻讯早就向官山岛方向逃命。赤溪敌据点，最终被游击队和当地民兵攻下，赤溪全境解放。敌排长刘程杰逃亡官山岛"马祖埕"，被大刀会逮住，后砍杀海中。清扫战场时，战士们到碉堡取枪，共击毙敌1名，俘敌23名，缴获11支步枪和一些弹药。三次攻打赤溪碉堡终获胜利，载入了史册。

3. 参加抗日和解放战争

民国26年（1937年）7月抗日战争全面爆发，全国开始了国共合作的新时期。中国共产党提出"枪口对外，共同抗日"的口号，开始与国民党合作抗日。国民党也贴出停止"围剿"。粟裕与红军开始北上抗日。但是，浙南地区的国共合作仅维持了8个月，就被国民党顽固派破坏了。林辉山来章家山与雷汉答等接上关系，并交代说："以后此地可能会有很多国民党乌军、土匪、大刀会、五龙会等出没。你们千万要提高警惕，不可轻信来人。我们的同志有介绍信的方可相信。"民国27年（1938年）7月，钟光城（畲族）与刘洪玉也来章家山指导工作。从此，章家山与地下党组织接上关系，并与国民党保长取得联系，继续展开国共合作，共同抗日。在这一时期，我党成立了鼎平县委，开展以政治为主的工作：恢复与巩固老区；在学校中串联和组织学校师生；在发展条件较好的新地区建立组织。在章家山老区，恢复党组织后，开始进行巩固工作，派干部去组织群众，建立许多群众小组，每组选出一个较可靠的当组长，由组员经常向组长汇报乌军、大刀会、五龙会等反动组织及土匪情况。小组长再向上级汇报，以严防敌人冒充共产党混入革命组织。由于采取了这些措施，反革命分子进不来，因而革命组织没有受到破坏。民国29年（1940年）春，因原鼎平县中心县委书记周义群叛变，刘英被捕牺牲。以后由陈必恭接任鼎平中心县委书记。陈必恭继续建立学校组织，恢复与巩固老区工作。他曾到达章家山，宣传反抗帝国主义侵略等道理，揭露国民党政府的腐败统治，强调继续革命的必要性。当时雷汉答配合陈必恭开展工作。

民国30年（1941年）1月"皖南事变"爆发，国民党破坏了国共合作，掀起全面的反共浪潮。叛徒陈新希把320名革命同志的名单泄露给国民党。福建福鼎的防务队也开进矾山镇压浙南革命。国民党限定这320名革命同志必须在3月18日以前"投诚"。陈必恭立即召集全部县委机关及各个农会的干部积极分子开会，让这些同志隐蔽起来，并准备组织武装突袭。3月14日，章家山的雷汉坚带10多个乡民，伪装成国民党警备班，混入霞关海关所口队驻处，镇长张传道、南坪校长张传富及霞关事务员给予内应，捣毁海关所哨队，缴获支枪24支。袭击霞关后，陈必恭把队伍带至鹤顶山，准备撤至北港。中途在观美、挺南两乡交界的毛徐坑与敌人交火。5月，陈必恭等被捕牺牲。7～8月，又有不少老同志和县委干部遭到逮捕。章家山再度失去组织联系。国民党认为章家山是红区，矾山霞关、赤溪等地的防务队前后4次"围剿"章家山，对章家山实行残酷的统治。保长每天来村里派款，拿走老百姓的鸡，大肆捕人抓壮丁，本村被抓去13人，死在外地5人，逃回8人。

民国30年（1941年）冬，由张世芳、陶大恭、林乃芳等组成的工作队来到章家山、霞关、南坪一带，恢复党组织的活动，并根据各区国民党保长及赤溪国民党军队的情况，在章家山整理了"浙南周报"。 民国36年（1947年）冬，县里得知解放军快要横渡长江。配合大军南下，陶大躬等首先在章家山建立农会和民兵组织，开会动员大家参加农会。章家山全村18～40岁的青壮年全部参加民兵，共45人，民兵队长是钟大可。村中展开防特工作，对生人实行检查，过路要通行证。民兵白天参加生产，由妇女放哨，晚上民兵站岗放哨。农会和民兵组织建立后，章家山开始进行"二一减租"活动，收100斤交65斤租。民国37年（1948年）春，农会又发动贫苦农民向地主借余粮的运动，把各村贫苦农民聚集到赤溪。章家山就去了100多人。这次共借到2500公斤余粮。农会开始公开活动，白天也会鸣锣召集开会。民国37年（1948年）3月，章家山与凤阳其他村及南宋乡、昌禅乡的民兵配合游击队，攻打赤溪国民党联防队。民国38年（1949年）4月，民兵开始拆赤溪炮台，接管与没收木板、材料等，并把粮食分给老百姓。同时实行封船控制海船运输，以支援解放舟山，民兵配合解放军放哨。章家山50多个民兵集中在中墩，水手们驾驶海船运输物资，畲民生杀猪杀鸡，用年糕及草鞋、布鞋等慰劳解放军。

民国38年（1949年）8月，章家山开始反霸斗争，把保长许明芽抓起来，在全村游行批斗，后送至蒲门区。章家山人民也大力开展反特防奸工作。1950年5月14日，章家山挑柴的农民在赤溪发现5个化装成采茶农民的人，当即怀疑是匪特，派民兵雷子贵及钟娇莲、雷贵英等两个妇女监视其行动，跟随至山上寺院，发现该匪记号是几把布的雨伞及一担有漏洞的篓筐，遂立即回村报告。村里开干部会研究，组织本村60多个民兵，分两路上山，在石洞里从半夜一直搜到次日中午，终于抓到特务4人，逃走1人。章家山民兵曾配合解放军抓海匪两次。国民党海匪五六百人从海上登陆，进行骚扰。本村即大力支援解放军部队与海匪作战，1950年7月13日，全村男女老幼齐出动，妇女帮解放军烧饭煮菜，男人则挑水供部队饮用，民兵分成两班，一班为解放军带路与放哨，另一班至赤溪搬运弹药。这样终于打退了敌人的骚扰。

4. 主要革命历史场所

姚头岗（平阳中心区委会址）　曾是中国共产党地下联络点，也是鼎平县平阳中心区委会址和蒲区第五次会议会址。姚头岗，又名杨头岗，位于矾山至赤溪公路10公里处，有畲民27户人家，今属凤阳乡凤楼村。

民国时期，离姚头岗相隔一条"双剑溪"1.50公里毗邻相望叫"圆潭"。此地出一名人：林辉山（1906—1980年），汉族，原名林上厅，化名辉山、苏岳。民国19年（1930年）他告别父母，历时4年找到红军，从此他走上革命道路，奋斗终身。

民国22年（1933年），林辉山返回老家圆潭后，与陈昌会、李有辉、郑积云、李世伍、董上举、陈世才等革命人士在蒲门陈昌会家聚合，决定一起在平阳县开展革命斗争。此后，陈世才赴马站大姑、小姑、南坪等地发动群众，李有辉到畲族村落发动群众，郑积云到大岭内组织群众，陈昌会返回福鼎，并派李世伍、董上举和林辉山三人去闽东参加红军，等待时机一到，准备回来发动群众，反抗以伪县长张玉霖为首的反动政府。是年春，平阳县党支部改为中心区委，归福鼎中心县委（鼎平县委）直接领导，陈昌会任区委书记，林辉山任区委组织委员兼中心区委游击队指导员，郑积云任区委宣传委员兼肃反队长，李世苏是区委委员兼交通站长。民国23年（1934年）4月8日林辉山、陈昌会、郑积云先后两次来到凤阳、鹤峰村交椅环，向畲民宣传革命道理，发动群众去闽东参加红军。同时，在该村组织贫困团，开展抗租、抗捐、抗税、抗粮、抗债的"五抗斗争"。是年冬，中共鼎平县委成立之后，又派陈昌会、罗烈生（县肃反队队长）到鹤峰村，发展共产党员，建立党组织，介绍雷汉答、雷汉坚、雷汉里畲族三兄弟入党，把贫困团改编为农民赤卫队，并制造大刀、长矛和土枪土炮，准备武装暴动。据《浙闽边区革命斗争史话》记载，民国24年（1935年）3月，福鼎县委鉴于平阳支部活动地域广，仍由陈昌会任书记。

平阳中心区委成立后，在凤阳姚头岗（今属凤阳乡凤楼村）丸山墩溪心钟大昆家召开"平阳中心区委全委会议"。《魂归瓯江》林辉山革命回忆录记载，参加会议的有陈昌会、郑积云、董上举、黄钦灿、钟友辉、雷汉答、雷汉里、雷志行、黄茂、陈世才、董光义、李有辉、杨地暹、杨赐义等42位同志。会议决定平阳中心县委下辖建立以下支部：凤阳鹤峰村交椅环支部，书记雷汉答，民国24—25年（1935年3月—1936年6月）；龟墩村北山支部，书记黄钦灿，民国24—25年（1935年3月—1936年6月）；潦头支部，书记杨地暹，民国24—25年（1935年3月—1936年6月）。会议提出5项主要工作任务：千方百计搞到枪支，建立革命武装；积极发动群众，组织土枪土炮的农民赤卫队，准备秋收暴动；做好各种准备攻打蒲门、盐关；有条件的情况下积极发展党员，建立党的支部组织；大家分头到乡村去发动群众到闽东参加红军。

图 3-3-1-1 鼎平县平阳中心区委会址和蒲区第五次会议会址（雷朝涨 摄 2015 年）

在这次会议结束后，他们深入浙、闽边区畲族村落，在福鼎前岐双华（小华阳）枇杷坑成立支部，马站福掌村成立交通站、赤卫队，用标语、传单在白区开展革命宣传活动，团结群众打击敌人。4月，平阳中心区委积极收集并缴获地主的武器，组建了平阳中心区肃反队，郑积云兼任队长。5月间，肃反队先后两次袭击作恶多端的沿浦盐务所，缴获一部分浮财。9月，肃反队扩大到40多人，有长枪20余支。平阳中心区肃反队的游击活动，打击了敌人气焰，鼓舞了队员士气，促进了鼎平边区革命活动的发展。平阳中心区委的活动范围不断的扩大，党组织日益发展，先后在岱岭、魁里、沿浦、昌禅、龙沙、埔坪、凤阳等地，建立了10个党支部。平阳中心游击区域进一步得到扩展，东区委下东区委活动区域连成了一片，为建立鼎平县委奠定了基础。

凤阳姚头岗第二次会议在民国25年（1936年）11月举行。据《林辉山回忆录》记载，正当鼎平地区革命形势蓬勃发展的时候，国民党反动派出动了重兵"围剿"。自民国25年（1936年）冬开始鼎平县委在临时省委和红军挺进师的领导与支持下，领导根据地军民进行了艰苦卓绝的反"围剿"斗争，经受了严峻的考验。鼎平县委决定，在姚头岗召开扩大会议。因叛徒出卖，参会成员被赤溪壮干队包围。钟显千（凤阳墓牌人）当场中弹牺牲，钟友拱（凤阳三十亩人）、雷天阳（福掌人）、雷必岩（福掌人）、雷文涨（福掌人）、雷国寿（福掌人）六位同志被捕，关在赤溪公所，遭受各种惨无人道的毒刑，坐老虎凳、香火烫脸、灌辣椒水、拔指夹棍等酷刑。他们没有一人透露出半句革命秘密。最后，被砍杀于赤溪去矾山大路边。钟友拱头颅被敌人砍下挂在赤溪矾埠头示众。六位烈士用鲜血谱写自己民族光辉的篇章，为中华民族的解放事业做出贡献。

鹤顶山"白鹤仙师宫"（鼎平县委第三次会议地址）　位于鹤顶山北麓半山腰。鹤顶山村是蓝姓畲民居住地。这个村庄曾是地下革命活动根据地。

民国25年（1936年）10月18日，鼎平县委第三次会议是在鹤顶山"白鹤仙师宫"召开的。据《魂归瓯江》中林辉山回忆录记载，这次会议有24位革命同志参加，大多数是鼎平县委辖属领导干部。会议从晚上9点开到第二天凌晨3点结束。会议部署以下战略：敌人重兵压境、敌强我弱的情况下，决定开展游击战争，地方干部分散活动，采取"隐蔽精干"和"白皮红心"的策略。委派一些党员和

图 3-3-1-2　鹤顶山"白鹤仙师宫"：地下党联络点（蓝准秀　摄　2015 年）

积极分子担当保长和村丁，以掩护我党干部，保存革命力量。会议刚结束，群众汇报有情况变化。参会人员马上转移到离鹤顶山有1公里路的"碗窑"雷必宽家中隐蔽。雷必宽，仓头人，出身书香门第，写的一手好字。家共有8人，

一座前瓦后草的三间半房屋，有6个孩子，最大16岁，最小3岁。他早就参加革命，为红军写标语。"碗窑"处深山密林，易守难攻。

当时的紧急情况是由于叛徒林存斌、林存俞、林存福（城门凤门隔人）三兄弟出卖了鼎平县委会议在鹤顶山脚开会的情报。马站"剿共保安团团长"林瑞伍（字林森，绰号马站"小皇帝"），带兵包围鹤顶山，企图围剿参会领导干部，但扑了个空，逮捕了3位老实群众蓝元思、蓝升乔、蓝朝森。

撤退同志返经碗窑雷必宽家后山时，因站哨同志被敌人发现，敌兵再次包围上来。24位同志冲出敌围。大儿子雷顺举被4个敌兵追赶，跑进坑边冲进李计燃谷仓内隐蔽起来，二儿子雷顺景跟着红军冲出敌围，到赤溪镇三步播。雷必宽当场被捕。"剿共保安团"敌兵焚烧了雷必宽的房屋并乱枪扫射。二儿子雷顺景在三步播的小山岗遥望家中起火，放声大哭。直到太阳下山后才回家探望家中母亲，三间房屋被烧成灰烬。邻居群众纷纷前来相帮，把一家大小搬返仓头安住。然后，族亲共同决议，大儿子顺举自立成家，二儿子顺景给堂叔必昆为子，三儿子顺演给堂叔必超为子，最小的三岁女儿，送给赤溪流岐呑为抱童媳。

但是，这次围剿"剿共保安团"抓捕了4位革命同志。他们被关押在马站区公所，遭受严刑拷打，但无一人透露半点秘密。蓝升乔、蓝元思二位同志后被蒲城一位知名人士保释放回。雷必宽、蓝朝森于10月21日被一群荷枪实弹的国民党兵从蒲城押至马站桥头处死。雷必宽被敌兵用一根麻绳捆着上身，拉往马站大桥头被砍杀，砍断头颅，用小木笼挂在蒲城东门"远威门上"，写着"共党下场"的贴条。后有地方好心人做德出钱，雇人将雷必宽尸体埋于积谷岭。是年冬至时，其妻和妹取骸骨重新安葬时发现两条手骨被麻绳紧紧捆住。雷必宽、蓝朝森二位烈士对党对人民忠心耿耿，为革命献出了年轻的生命。

5. 老红军和抗美援朝志愿军

凤阳是革命老根据地，在长期的革命斗争中，乡境内人民在中国共产党的领导下，坚持了地下艰苦卓绝的英勇斗争，涌现出许多不怕牺牲、无私奉献的优秀儿女，经历了艰难困苦的战斗历程。他们跨长江、渡黄河，参加过淮海、平津战役，奔赴朝鲜抗美援朝，为解放事业做出了卓绝贡献。他们有老红军战士：雷汉理、钟思荣等；参加过抗美援朝志愿军战士：钟铭、李计主、蓝升蔗、黄朝宝、林秀鹏等。

雷汉答（1892—1970年） 凤阳鹤峰村交椅环人，中共党员，鼎平县蒲区区委书记。雷汉答出生在峰峦环抱林木参天、人迹罕至的交椅环村，该村是地下革命战争年代的基点村。全村聚居着十几户畲民，主要靠种租田、做长工、卖柴草过日子，生活十分艰苦，一家十几口有兄弟五人参加地下革命。

民国25年（1936年）秋天，在闽东革命风暴和江南一带农民运动的影响下，由革命同志陈昌会、林辉山介绍参加红军，开展抗租、抗捐、抗粮、抗税、抗债的“五抗”斗争。制造大刀长矛和土枪土炮，准备武装暴动。民国23年（1934年）春天，经陈昌会、林辉山介绍加入中国共产党组织，决心为党的共产主义事业奋斗终生。翌年秋季，配合游击队攻打国民党藻溪自卫队、火烧了敌营房。冬天带领赤卫队夜袭龙沙石塘、火烧国民党渔业办事处。

民国24年（1935年）上半年中共平阳中心区委成立之后，建立革命武装，发展基层党组织，担任中共蒲门区委书记。民国25年（1936年）6月中共平阳县委成立，担任蒲矾区委书记。民国26年（1937年）1月，带领赤卫队87人配合红军挺进师200多人，到了凤阳鹤顶山夜宿鹤顶山寺院。

民国26年（1937年）3月，根据地遭受摧残日益严重，带领干部隐蔽在赤溪流岐岙山硐，弹尽粮绝，最后被敌发现，于是被捕关押衢州监狱，直到浙江国共合作抗日的谈判成功后，经浙南特委书记龙跃设法保释出狱回家。出狱后，继续坚持地下党的工作，民国27年（1938年）5月7日，参加中共浙江省临时省委第一次会议，此次会议在平阳凤卧乡玉青岩村周尔信家召开。他的一生轰轰烈烈，为革命事业奋斗终身，享龄78岁。

雷汉里（1909—？年）　凤阳乡交椅环人。老红军战士。民国23年（1934年）春，南下福鼎参加革命活动，曾参加店下、后山、赵坑、白琳等战斗，同年4月回矾山与林辉山等进行地下革命活动。民国24年（1935年）冬建立蒲门区肃反队，任队长。民国25年（1936年）加入红军平阳独立团，任连指导员。民国26年（1937年）1月在刘英、粟裕指挥下，独立团配合红军挺进师攻打南宋碉堡、火烧神山碉堡。民国26年（1937年）3月，任独立团军事负责人、教导员、连长。他率部于昌禅、高垟山、牛栏头一带活动，遭国民党19师1个连重兵围剿，队伍被打垮，只剩汉里等7人隐蔽在赤溪流岐红军洞，后弹绝粮尽。民国26年（1937年）4月在牛运内遭敌被捕入狱。至浙江国共和平谈判达成协议后，才获释回家。在革命战争年代里，他为中国共产党领导的新民主主义革命和解放事业，克服重重难关，渡过了8个月“围剿”和3年游击战争，为地下革命和对敌斗争做出了贡献。1985年县民政局按“失散老红军”给予享受定补。他晚年积极无私地参与编写苍南党史资料，赢得老区人民的拥戴。其名录入编《征集记》。

钟铭（1916年5月12日—1992年6月24日） 原名钟思泽，畲族，中国共产党党员，苍南县凤阳畲族乡鹤山村人。幼年读过六年私塾，他22～27岁被国民党伪政府捉了11次壮丁。"一甲一兵制"第12次被捉壮丁，在东北三省当伪军。民国36年（1947年）1月参加中国人民解放军。民国37年（1948年）冬大军入关参加"平津战役"，民国38年（1949年）春参加"徐州战役"。继战上海，决战珠江，解放常德市，血战宜昌市。推进大西南，参加湖南剿匪，屡立战功。

1950年8月参加中国人民志愿军，出国抗美援朝，参战大破连川，占领仁川港，击败美、英帮凶侵略集团。固守"三八线"，朝鲜战争中2次荣立三等功。1952年中国人民志愿军凯旋。1954年特准退伍复员。

回籍后参加互助组、低级社、高级社、农业合作社、人民公社阶段、社会主义革命和社会主义建设。他历任凤阳畲族乡南山村（今鹤山村）社长，村党支部书记，带领全村广大人民群众奋斗在农业第一线，工作雷厉风行，实干了33载。

郑宗平 男，汉族，出生于民国8年（1919年），凤阳畲族乡顶堡村人。现居矾山镇。民国37年（1948年）8月入伍，1949年8月任中国人民解放军八一五师船营连战士。1954年2月获得"全国人民慰问人民解放军代表团纪念章"一枚。1955年2月复员。

6.革命烈士

郑锡飘（1898—1935） 男，汉族，凤阳乡顶堡村人。1935年参加革命，任中共鼎平县平阳县委交通员，1935年在家被国民党赤溪壮干队逮捕，翌日被杀害于赤溪矴埠头。

杨伯应（1876—1935） 男，汉族，凤阳乡龟墩村人。1935年参加鼎平县平阳中心区委游击队交通员，1935年10月28日带领部队去泰顺泗溪接收武器，夜经金斗垟地方，失足坠入深坑身亡。

蓝准是（1911—1935年） 男，畲族，苍南县凤阳乡凤楼村人。民国24年（1935年）参加鼎平县独立团战士。在小心垟牛栏被敌人包围，战斗中不幸中弹牺牲。1967年12月经平阳县政府批准为"革命烈士"，其名入编《苍南英烈》。

钟友辉（1884—1935年） 男，畲族，苍南县凤阳乡凤楼崩山村人，民国24年（1935年）3月入伍，为中共鼎平县平阳中心区委干部，同年加入中国共产党，11月赴藻溪出席会议，途径险口，因叛徒出卖而被捕，被杀害于昌禅大心洋。1967年12月经平阳县政府批准为"革命烈士"，其名入编《苍南英烈》。

钟大兴（1915—1935年）　男，畲族，苍南县凤阳乡岭边村人。民国24年（1935年）参加鼎平县平阳中心区游击队，任战士。民国24年（1935年）冬随部队去福鼎店下执行任务，在南罔与敌战斗中阵亡。1967年12月经平阳县政府批准为"革命烈士"，其名入编《苍南英烈》。

董光意（1904—1935年）　男，汉族，凤阳乡岭边村酒瓶垟人。1934年参加闽东红四团当战士，同年冬加入中国共产党员。1935年间在攻打福鼎店下镇的战斗中阵亡。

黄锡发（1889—1936年）　男，汉族，凤阳乡龟墩村人。1935年冬入伍，任中共藻溪区委交通员。1936年2月9日因叛徒出卖在家被捕，押送矾山国民党区暑关禁20多天，后被杀于矾山尖家坑地方。

郑和儒（1913—1936年）　男，汉族，凤阳乡顶堡村人。1935年参加中共鼎平县委工作。1936年春去瑞安执行任务，在飞云渡船上看到本地保长儿子也在船上，为不使其发觉跳过另一艘船，不慎掉落江中牺牲。

陈焕炳（1901—1936年）　男，汉族，凤阳乡岭边村人。1936年夏入伍，任中共鼎平县平阳中心区委交通员。1936年春送信去庵基返回途中被国民党赤溪壮干队逮捕，在桥墩英勇就义。

雷天明（1903—1936年）　男，畲族，苍南县凤阳乡鹤峰人。民国24年（1935年）参加凤阳抗租团。民国25年（1936年）4月，因执行任务经过家中，被赤溪壮干队逮捕，次日押至赤溪登埠头杀害。1967年12月经平阳县政府批准为"革命烈士"，其名入编《苍南英烈》。

蓝朝磊（1901—1936年）　男，畲族，苍南县凤阳乡顶堡村人。民国24年（1935年）入伍，任鼎平县平阳中心游击队交通员。民国25年（1936年）夏，接受送信任务后途经凤阳陈家湾时被叛徒发现，带兵逮捕，后被枪杀于桥墩。1967年12月经平阳县政府批准为"革命烈士"，其名入编《苍南英烈》。

肖可坤（1912—1936年）　男，汉族，凤阳乡顶堡村人。1936年6月加入鼎平县游击队为战士，9月去藻溪小心垟执行任务时在牛栏头遭遇敌人，在战斗中不幸中弹牺牲。

蓝升游（1901—1936年）　男，畲族，苍南凤阳乡鹤山村人。民国24年（1935年）入伍任鼎平县中心区肃反队炊事员。民国25年（193 6年）10月到凤阳金暖商店买菜和日用品时，被赤溪壮干队带路的叛徒发现并逮捕，当天下午被枪杀于凤阳石龟路下。1967年12月经平阳县政府批准为"革命烈士"，其名入编《苍南英烈》。

雷必因（1913—1936年） 男，畲族，苍南县凤阳乡鹤峰村人。民国24年（1935年）入伍，任中共鼎平县平阳中心区委工作人员，民国25年（1936年）春调任中共平阳县南港区委勤务员，10月武装队伍一起行军，至昌禅在陈家撂与敌军遭遇，在战斗中失踪。1967年12月经平阳县政府批准为"革命烈士"，其名入编《苍南英烈》。

黄钦灿（1886—1936年） 男，汉族，凤阳乡龟墩村人。1935年加入中国共产党，任中共龟墩支部书记。1936年11月6日，为执行任务经过矾山赤家山时，被国民党矾山区署自卫队逮捕，先后关押在矾山区署平阳监狱，后转押到温州杀害。

蓝朝森（1912—1936年） 男，畲族，苍南县凤阳乡鹤山村人。民国24年（1935年）夏参加革命，任中共平阳中心区委肃反队联络员。民国25年（1936年）11月因叛徒出卖而被捕，次日被枪杀于蒲城西门。1967年12月经平阳县政府批准为"革命烈士"，其名入编《苍南英烈》。

钟显千（1907—1936年） 男，畲族，苍南县凤阳乡凤楼村人。民国24年（1935年）参加鼎平县平阳中心区游击队，民国25年（1936年）11月与战友一起护送同志到平阳南港区，途中被赤溪防务队围捕，被杀害于凤阳姚头贡。1967年12月经平阳县政府批准为"革命烈士"，其名入编《苍南英烈》。

雷志余（1908—1936年） 男，畲族，苍南县凤阳乡鹤山村人。民国24年（1935年）加入平阳中心区肃反队，后转入平阳独立团，任交通员。民国25年（1936年）冬，领导派他去鼎平游击队驻地牛头岗送信，途经家中，被叛徒发觉，带兵被捕，当夜被枪杀于龙头山。1967年12月经平阳县政府批准为"革命烈士"，其名入编《苍南英烈》。

雷必宽（1894—1936年） 男，畲族，苍南凤阳乡凤楼村仓头人。民国24年（1935年）参加革命活动，民国25年（1936年），为部队购买物资返回途中，发现国民党军队欲来包围驻地，立即赶去报告，使部队安全转移，但自己却被敌人逮捕，后被押至马站砍杀。1967年12月经平阳县政府批准为"革命烈士"，其名入编《苍南英烈》。

杨弟琴（1904—1936年） 男，汉族，凤阳乡龟墩村人。1935年4月参加抗祖团，1936年国民党藻溪壮干队向我革命老区进行清剿，清剿时在昌禅后坑被捕，后被枪杀于藻溪。

雷子永（1912—1936年）　男，畲族，苍南县凤阳乡顶堡村人。民国24年（1935年）7月加入鼎平县平阳中心区肃反队，9月扩编成为游击队员。民国25年（1936年）编入鼎平县独立团第三支队，任班长。同年随部队在福鼎店下南岗与敌相遇，战斗中英勇牺牲。1967年12月经平阳县政府批准为"革命烈士"，其名入编《苍南英烈》。

雷国沿（1906—1937年）　男，畲族，苍南县凤阳乡鹤峰村章家山人。民国24年（1935年）入伍，为中共鼎平县平阳中心区委工作人员。民国25年（1936年）秋，随闽浙边临时省委机关和游击队转移到泰顺彭溪一带工作。民国26年（1937年）春，省委机关和游击队被敌军包围，在突围中失踪。1967年12月经平阳县政府批准为"革命烈士"，其名入编《苍南英烈》。

钟友拱（1895—1937年）　男，畲族，苍南县凤阳乡鹤峰村人。民国24年（1935年）4月入伍，任中共鼎平县平阳中心区委交通员，同年6月参加中国共产党。民国26年（1937年）春，由于叛徒出卖，在章家山被国民党军队抓捕，押至赤溪用刀砍杀，壮烈牺牲。1967年12月经平阳县政府批准为"革命烈士"，其名入编《苍南英烈》。

温怀荣（1962—1985年）　男，汉族，凤阳乡岭边村人。1981年1月应征入伍，编入中国人民解放军陆军41师（甲）1团9连任副班长，9月加入共产主义青年团。1985年4月在中越边境执行任务中牺牲，后被追认为中国共产党党员。

蓝延楼（1977—1992年）　男，畲族，苍南县凤阳畲族乡凤楼村仓头人。赤溪中学学生，1992年9月，为救落水的学生而英勇牺牲。1992年12月经苍南县政府批准为"革命烈士"，其名入编《苍南英烈》。

表3-3-1-1　1935—1990年苍南县凤阳畲族乡革命烈士名录一览表

姓名	民族	村名	出生时间	参加革命时间	牺牲时所在单位及职务	牺牲时间	牺牲地点
郑锡飘	汉族	顶堡	1898	民国24年（1935年）	鼎平县平阳中心区委交通员	1935.07	赤溪
杨伯应	汉族	龟墩	1876	民国24年（1935年）	鼎平县平阳中心区委游击队交通员	1935.10	南堡金斗垟
蓝准是	畲族	凤楼	1911	民国24年（1935年）	鼎平独立团战士	1935.11	藻溪小心垟
钟友辉	畲族	凤楼	1884	民国24年（1935年3月）	鼎平平阳中心区委	1935.11	昌禅大心垟

续表

姓名	民族	村名	出生时间	参加革命时间	牺牲时所在单位及职务	牺牲时间	牺牲地点
钟大兴	畲族	岭边	1915	民国24年（1935年）	鼎平县平阳中心区委游击队战士	1935.冬	南冈
董光意	畲族	鹤峰	1904	民国23年（1934年）	闽东红四团战士	1935	福鼎店下
黄赐发	畲族	龟墩	1889	民国24年（1935年）	藻溪区委交通员	1936.02	矾山
郑和儒	畲族	顶堡	1913	民国24年（1935年）	鼎平县委工作人员	1936.春	瑞安飞云江
陈焕炳	畲族	岭边	1901	民国24年（1935年）	鼎平县平阳中心区委交通员	1936.春	桥墩
雷天明	畲族	鹤峰	1903	民国24年（1935年）	凤阳抗租团	1936.04	赤溪
雷朝磊	畲族	顶堡	1901	民国24年（1935年）	红军地下交通员	1936.夏	桥墩
肖可坤	汉族	顶堡	1912	民国25年（1936年6月）	鼎平县游击队战士	1936.09	藻溪小心垟
蓝升游	畲族	鹤山	1901	民国24年（1935年）	红军地下交通员	1936.10	凤阳石龟
雷必因	畲族	鹤峰	1917	民国24年（1935年）	平阳县南港区委勤务员	1936.10	凤阳石龟
黄钦灿	汉族	龟墩	1886	民国24年（1935年）	鼎平县南鹤区区委副书记	1936.11	温州
蓝朝森	畲族	鹤山	1912	民国24年（1935年）	平阳中心区肃反队联络员	1936.11	蒲城
钟显千	畲族	凤楼	1907	民国24年（1935年）	平阳中心游击队队员	1936.11	凤阳
雷志余	畲族	鹤山	1908	民国24年（1935年）	平阳县独立团交通员	1936.冬	凤阳龙头山
雷必宽	畲族	凤楼	1894	民国24年（1935年）	地下交通员	1936	马站
杨弟琴	汉族	龟墩	1904	民国24年（1935年4月）	矾山抗租团	1936	藻溪
雷子永	畲族	顶堡	1912	民国24年（1935年7月）	鼎平独立团班长	1936	福鼎店下
雷国沿	畲族	鹤峰	1906	民国24年（1935年）	鼎平县前矾区委工作人员	1337.春	—
钟友拱	畲族	鹤峰	1895	民国24年（1935年4月）	鼎平县平阳中心区委交通员	1937.春	赤溪

续表

姓名	民族	村名	出生时间	参加革命时间	牺牲时所在单位及职务	牺牲时间	牺牲地点
温怀荣	汉族	坑边	1962	（1981年1月）	解放军四十一师（甲）一团九连班长	1985.04	中越边境
蓝延楼	畲族	凤楼	1975		赤溪中学学生	1990.09	赤溪
张运添	汉族				参加国民党出征抗日		阵亡
陈连珠	汉族				参加国民党出征抗日		阵亡

资料来源：根据苍南县民政局提供资料汇编。

二、中华人民共和国成立后的政治生活

（一）政治荣誉

中华人民共和国成立后，畲族地位明显提高。一批先进模范人物受到上级表彰，蓝国璋、雷文理、蓝升广、雷子旺、郑计用、蓝国希等人士被评为国家级民族团结先进个人；雷文理、蓝国璋、郑计用与蓝升广、雷子旺、蓝国希分别进京参加"五一"参观和国庆观礼，受党和国家领导人接见，并合影留念。

凤阳畲族乡龟墩村漈头杨华强，现任教于瑞安中学，1982年5月被评为全国优秀体育教师，荣获国家金质奖章。凤阳畲族乡顶堡村王良宏在外创业，由于工作业绩显著，曾任宁夏中华爱国工程联合会副会长，宁夏回族自治区中外经济发展合作协会主席（厅级），苍南县矿山协会副会长。2008年被评为宁夏公益之星、第二届十大慈善人物，2011年被评为苍南县慈善明星，2014年被评为宁夏回族自治区学雷锋先进个人。蓝升红，温州医学院附属第一医院普外科主任兼党支部书记，多年来在国家级、省级学术刊物上发表论文20篇，课题获浙江省2004年度医药卫生科技创新三等奖。温州医学院教授、硕士生导师周丽萍，1998年荣获温州市优秀教师荣誉称号，先后在国家一、二级学术刊物上发表论文50篇，分别在2001年和2007年获浙江省科技进步二等奖。鹤山村民委员会主任蓝颜月，2014年被苍南县委、县政府授予社会主义新农村带头致富人，2015年授予苍南县十大优秀村干部，同年被评为温州市劳动模范称号，在"五一"国际劳动节前夕出席温州市劳动模范表彰大会。

（二）赴北京参加"五一"观礼

蓝国璋　男，畲族，字朝卿（1920—1998年），凤阳畲族乡鹤山村人。民国25年（1936年）在平阳蓝朝阳药店学艺。中华人民共和国成立后，参加供销社工作。1956年调至赤溪供销合作社，1957年被选为县赴京代表，参加"五一"观礼，1981年苍南建县后，1984年被选为苍南县第二、三届政协委员、政协常委。据《浙江省民族志》记载，1977年当选省第五届人大代表，省、县工商联执委，1983年被选为省第六届人大代表。

雷文理　男，畲族，中共党员（1932—2004年），凤阳畲族乡顶堡村人。1950年10月参加土地改革等工作，从1956年开始历任凤阳乡长、社长、主任等职。对党的事业做出应有的贡献。1956年被选为苍南县赴京观礼团代表，出席"五一"观礼。

蓝升广　男，畲族，中共党员，出生于（1945年）2月，凤阳畲族乡顶堡村人。1964年毕业于浙江省冶金经济专科学校。毕业后留校任教至1979年调回平阳县政府办公室工作。1981年苍南析县后，任苍南县政府办公室秘书组副组长。1984至1996年先后任苍南县委统战部副部长、部长，县政协副主席，温州市人大代表，市人大常委会委员，市人大常委会民侨工委副主任；1996年至2005年12月任温州市政府民宗局党组书记、局长，调研员。2005年退休。1987年6月至1998年被选为苍南县第三、四、五届政协委员。1993年至2003年被选为温州市第八、九届人大代表。1984年代表苍南县出席全国少数民族赴京观礼活动。

雷子旺　男，畲族，中共党员，出生于1951年12月，苍南县凤阳畲族乡鹤峰村人。原中共凤阳畲族乡鹤峰村党支部书记。自1984年任鹤峰村党支部书记以来，雷子旺处处以共产党员的标准要求自己，恪守职责，以身作则，工作勤奋踏实，任劳任怨。率领广大村民为改变鹤峰村的落后面貌和建设文明富裕的社会主义新农村做出贡献。先后当选为苍南县第一、二、三届党代表，浙江第九届党代表。1987年被评为浙江省民族团结先进个人；1990年被国家民委评为全国民族团结先进个人；1994年荣获全国民族团结进步模范称号。

郑计用　男，汉族，生于1946年6月4日，苍南县凤阳畲族乡顶堡村人。1999年返回老家后，2000年投资45万元修建了凤阳畲族乡顶堡村水口段康庄公路。2001年投资2万元用于凤阳中心小学危房改造。2002年以来每年捐几万元用于扶贫助学，解决了30名贫困学生就学困难，为苍南县"春蕾"计划助一臂之力。他响应政府提出全民"五水共治"的号召，捐资200万元协助当地政府治理凤阳溪顶堡村水口段，两岸溪道砌堤坝，建4座拦水坝，立253档青石杆，在溪堤两岸种上花草树木，架起景观灯。现在是凤阳畲族乡首期虎山公园溪边游览区之一。

把20多年来在外省承包矿山工程所赚1100万元投入到欠发达苍南县赤溪镇泗安村贫困山区，连片承包开发133公顷荒坡地，建成"马蹄笋种植基地"。在赤溪镇创办温州安盛食品有限公司，大量收购紫菜和农副产品并进行加工，解决了农民工就业困难。该公司2002—2014年被苍南县政府评为农业先进龙头企业。连续3年被评为县级文明单位。2002年被温州市政府评为省级特色林业基地及3个"10"环保示范基地。郑计用于2005年被评为全国劳动模范并出席"五一节"北京观礼，受到党和国家领导人的亲切接见。

蓝国希　又名蓝准希，男，畲族，中共党员，1970年2月生，苍南县凤阳畲族乡顶堡村人。1993年毕业于中南民族学院。先后在苍南县财税局、温州市财税局、温州市检验检疫局工作。多次得到上级嘉奖，被评为温州市劳模、浙江省质检先进工作者，2004年被评为全国质检系统先进个人，并出席全国质检系统先进表彰大会，受到中共中央检疫局国务院副总理吴仪的亲切接见。

表3-3-1-2　1956—2005年凤阳畲族乡畲族"五一"国庆进京观礼团成员名录

进北京名称	进北京时间	姓名	性别	民族	工作单位及职务
"五一"参观	1956.05	雷文理	男	畲族	凤阳公社主任
"五一"参观	1957.05	蓝国璋	男	畲族	赤溪供销社职工
国庆观礼	1984.10	蓝升广	男	畲族	苍南县统战部部长
国庆观礼	1994.09	雷子旺	男	畲族	凤阳乡鹤峰村党支部书记
国庆观礼	2004.10	蓝准希	男	畲族	现任温州市检验检疫局处长
"五一"参观	2005.05	郑计用	男	汉族	矿山企业代表

资料来源：根据调查资料汇编。

表3-3-1-3　1982—2015年凤阳畲族乡获省、市级表彰者名录

姓名	性别	民族	获奖时间	奖项	工作单位及职务
王良宏	男	汉族	2008.10	宁夏回族自治区公益之星	现任宁夏回族自治区中外经济发展合作协会主席理
王良宏	男	汉族	2014.09	宁夏回族自治区十大慈善人物学雷锋先进个人	现任宁夏回族自治区中宇实业有限公司总经理

续表

姓名	性别	民族	获奖时间	奖项	工作单位及职务
雷子旺	男	畲族	1990.10	全国民族团结先进个人（国家民委表彰）	鹤峰村党支部书记
杨化强	男	汉族	1982.05	全国优秀体育教师	瑞安中学
蓝升红	男	畲族	2004.07	医院卫生科技创新奖	温州第一医院普外科主任兼党支部书记（教授）
周丽萍	女	汉族	2007.07	浙江省科技进步二、三等奖	温州市第一医院教授．硕士生导师
雷子旺	男	畲族	1987.10	浙江省民族团结先进个人	凤阳畲族乡鹤峰村党支部书记
蓝颜月	男	畲族	2015.10	温州市劳动模范	凤阳畲族乡鹤山村委主任

资料来源：根据个人提供获奖荣誉证书汇编。

（三）参政议政

中华人民共和国成立后，各级党和政府十分关心畲族的政治生活，大力培养少数民族干部，特别是凤阳畲族乡成立以来，畲族人民开始参政议政。历任乡（管理区、公社、革命委员会、大队）的党委副书记必须有畲族人员担任，而乡长（大队长、管理区主任、公社革委会主任）均由畲族人士担任，其他乡村干部中，畲族也占一定的比例。1981年苍南建县后对畲族干部的培养十分重视，1991年和1993年招聘乡镇干部时对畲族予以适当照顾。1997—1998年两次从大中专毕业生中招收乡镇干部，同时从教育系统中选调少数畲族教师充实乡党政机关工作。2001年机构改革提拔一批畲族干部进乡镇领导班子，至2015年底凤阳畲族乡已有畲族8人担任乡长，5人担任副科以上干部。1981年苍南建县后，历次党代会和历届县人大代表，均有1～2名畲族人士。还有部分畲族先进人物被选为省、市人大代表，县政协委员，为国家民族事务出谋献策，为民族地区的经济和社会发展参政议政。

表3-3-1-4　1988—1993年凤阳畲族乡当选为中国共产党浙江省历次代表大会代表名录

届别	时间	姓名	性别	民族	工作单位及职务
第八次	1988.11	李先梅	女	畲族	苍南县纪委工作
第九次	1993.10	雷子旺	男	畲族	凤阳畲族乡鹤峰村党支部书记

表3-3-1-5　　1984—1989年凤阳畲族乡当选为中国共产党温州市
历次代表大会代表名录

届别	时间	姓名	性别	民族	工作单位及职务
第五次	1984.07	李先梅	女	畲族	苍南县纪委工作
第六次	1989.07	蓝升广	男	畲族	苍南县统战部部长

资料来源：根据《苍南县组织史》资料汇编。

表3-3-1-6　　1984—2015年凤阳畲族乡当选为中国共产党苍南县
历次代表大会代表名录

届别	时间	姓名	性别	民族	工作单位及职务
第一次	1984.06	林周本	男	汉族	凤阳畲族乡党委书记
第一次	1984.06	雷子旺	男	畲族	凤阳畲族乡鹤峰村党支部书记
第二次	1987.04	蓝升广	男	畲族	苍南县统战部部长
第二次	1987.04	郑世程	男	汉族	凤阳畲族乡党委书记
第二次	1987.04	雷朝爱	男	畲族	凤阳乡顶堡村党支部书记
第三次	1990.04	郭显解	男	汉族	凤阳畲族乡党委书记
第三次	1990.04	雷朝爱	男	畲族	凤阳乡顶堡村党支部书记
第三次	1990.04	雷子旺	男	畲族	凤阳畲族乡鹤峰村党支部书记
第四次	1993.05	蓝升广	男	畲族	苍南县统战部部长
第四次	1993.05	金瑞西	男	汉族	凤阳畲族乡党委书记
第四次	1993.05	雷子旺	男	畲族	凤阳畲族乡鹤峰村党支部书记
第四次	1993.05	雷必希	男	畲族	赤溪中学校长
第五次	1998.06	林开宇	男	汉族	凤阳畲族乡党委书记
第五次	1998.06	雷必希	男	畲族	赤溪中学校长
第五次	1998.06	蓝准秀	男	畲族	凤阳畲族乡中心小学教务主任
第六次	2001.07	卢立凤	男	汉族	凤阳畲族乡党委书记
第六次	2001.07	雷朝迎	男	畲族	凤阳畲族乡凤楼村党支部书记
第七次	2006.07	谢尚怀	男	汉族	凤阳畲族乡党委书记
第七次	2006.07	雷朝迎	男	畲族	凤阳畲族乡凤楼村党支部书记
第七次	2006.07	郑祥瑞	男	汉族	凤阳畲族乡党委书记

续表

届别	时间	姓名	性别	民族	工作单位及职务
第八次	2011.07	卢成柱	男	汉族	凤阳畲族乡党委书记
第八次	2011.07	雷朝迎	男	畲族	凤阳畲族乡凤楼村党支部书记
第九次	2015.07	项秉簪	男	汉族	凤阳畲族乡党委书记
第九次	2015.07	雷朝迎	男	畲族	凤阳畲族乡凤楼村党支部书记

资料来源：根据《苍南县组织史》1-6卷资料汇编。

表3-3-1-7　1983—2003年凤阳畲族乡当选为浙江省历届人民代表大会代表名录

届别	时间	姓名	性别	民族	工作单位及职务
第六届	1983.04—1986.01	蓝国璋	男	畲族	赤溪供销合作社职工
第九届	1998.06—2003.04	雷顺华	男	畲族	赤溪赤溪镇党委书记

资料来源：根据《苍南县人大志》资料汇编。

表3-3-1-8　1993—2008年凤阳畲族乡当选为温州市历届人民代表大会代表名录

届别	时间	姓名	性别	民族	工作单位及职务
第八届	1993.05—1998.04	蓝升广	男	畲族	温州市民族宗教局局长
第八届	1993.05—1998.04	钟昌元	男	畲族	凤阳畲族乡乡长
第十届	2003.05—2008.04	雷顺华	男	畲族	赤溪镇党委书记

资料来源：根据《苍南县人大志》资料汇编。

表3-3-1-9　1983—2015年凤阳畲族乡当选为苍南县历届人民代表大会代表名录

届别	时间	姓名	性别	民族	工作单位及职务
第一届	1983.04—1984.08	雷文理	男	畲族	凤阳公社主任、副书记
第一届	1983.04—1984.08	简春梅	女	汉族	龟墩村妇联干部
第二届	1984.04—1987.06	李先秦	男	畲族	凤阳畲族乡乡长
第二届	1984.04—1987.06	李绍宏	男	汉族	凤阳畲族乡凤楼村团支部
第三届	1987.05—1990.05	钟昌元	男	畲族	凤阳畲族乡乡长

续表

届别	时间	姓名	性别	民族	工作单位及职务
第三届	1987.05—1990.05	蓝升广	男	畲族	苍南县统战部部长
第四届	1990.05—1993.03	钟昌元	男	畲族	凤阳畲族乡乡长
第四届	1990.05—1993.03	李先梅	女	畲族	苍南县纪委常委
第四届	1990.05—1993.03	刘正飘	男	汉族	凤阳畲族乡顶堡村委员
第五届	1993.04—1998.03	钟昌元	男	畲族	凤阳畲族乡乡长
第五届	1993.04—1998.03	李先梅	女	畲族	苍南县人大民侨工委主任
第五届	1993.04—1998.03	陈友良	男	汉族	龟墩村村长
第六届	1998.06—2003.03	林开宇	男	汉族	凤阳畲族乡人大主席
第六届	1998.06—2003.03	蓝成陈	男	畲族	凤阳畲族乡鹤山村
第六届	1998.03—2002.03	李志楼	男	畲族	凤阳畲族乡乡长
第七届	2003.04—2007.02	雷顺银	男	畲族	凤阳畲族乡乡长
第七届	2003.04—2007.02	刘端松	男	汉族	宁夏实业有限公司副经理
第八届	2007.06—2012.01	钟爱琴	女	畲族	凤阳畲族乡乡长
第八届	2007.06—2012.01	刘正晏	男	汉族	浙江温州井巷有限公司副经理
第九届	2012.06—2015.12	雷丽云	女	畲族	凤阳畲族乡乡长
第九届	2012.06—2015.12	雷顺平	男	畲族	温州通业建设工程有限公司驻湖南项目部

资料来源：根据《苍南县人大志》资料汇编。

表3-3-1-10　1990—2015年凤阳畲族乡当选为温州市历届政协委员会委员名录

届别	时间	姓名	性别	民族	工作单位及职务
第四届	1990.05—1993.05	蓝升广	男	畲族	苍南县统战部部长
第四届	1990.05—1993.05	蓝升红	男	畲族	温州第一医院普外科主任兼党支部书记
第五届	1993.05—1998.03	蓝升广	男	畲族	苍南县统战部部长
第五届	1993.05—1998.03	蓝升红	男	畲族	温州第一医院普外科主任兼党支部书记
第六届	1998.03—2003.03	蓝升红	男	畲族	温州第一医院普外科主任兼党支部书记
第七届	2003.03—2007.02	蓝升红	男	畲族	温州第一医院普外科主任兼党支部书记

续表

届别	时间	姓名	性别	民族	工作单位及职务
第七届	2003.03—2007.02	钟昌录	男	畲族	凤阳畲族乡中心小学教师
第八届	2007.02—2012.01	蓝升红	男	畲族	温州第一医院普外科主任兼党支部书记
第八届	2007.03—2012.01	钟昌录	男	畲族	凤阳畲族乡中心小学教务主任

资料来源：根据《苍南县政协志》资料汇编。

表3-3-1-11 1962—1974年凤阳畲族乡任平阳县历届政协委员名录

届别	时间	姓名	性别	民族	工作单位及职务
第二、三、四、五届	1962.05 起	雷天三	男	畲族	凤楼村仓头 浙江省文史馆馆员

资料来源：根据《苍南县政协志》资料汇编。

表3-3-1-12 1984—2015年凤阳畲族乡任苍南县历届政协委员会委员名单

届别	时间	姓名	性别	民族	工作单位及职务
第二届	1984.08—1987.06	蓝国璋	男	畲族	原赤溪供销社职工
第二届	1984.08—1987.06	蓝升广	男	畲族	苍南县统战部部长政协副主席
第三届	1987.06—1990.05	蓝国璋	男	畲族	原赤溪供销社职工
第三届	1987.06—1990.05	蓝升广	男	畲族	苍南县统战部部长政协副主席
第四届	1990.05—1993.04	钟希回	男	畲族	鹤山村副村长
第四届	1990.05—1993.04	蓝升广	男	畲族	苍南县统战部部长政协副主席
第五届	1993.04—1998.03	李先秦	男	畲族	凤阳畲族乡人大主席
第五届	1993.04—1998.03	蓝升广	男	畲族	苍南县统战部部长政协副主席
第六届	1998.03—2003.03	钟政树	男	畲族	凤楼村村委
第七届	2003.03—2007.02	钟昌录	男	畲族	凤阳畲族乡中心小学教师
第八届	2007.02—2012.01	蓝准标	男	畲族	凤阳畲族乡鹤山村委会主任
第八届	2007.02—2012.01	李爱芬	女	畲族	凤阳畲族乡中心幼儿园教师
第九届	2012.02—2015.12	雷朝瓜	男	畲族	凤阳畲族乡鹤峰村委主任

资料来源：根据《苍南县政协志》资料汇编。

第二节　组　织

凤阳是早期中共党组织开展革命活动的区域，早在民国24年（1935年）3月乡境内的漈头、龟墩、交椅环就先后建立了3个党支部，发展党员20多人，1956年建立凤阳民族乡党支部，至1961年建立凤阳公社党委会，2015年建立中共十一届凤阳畲族乡委员会，其参照原乡组织史资料的届别延续至今。1950年成立凤阳乡政府，1984年恢复凤阳畲族乡建制，是年起乡政府机构人员均参加人大代表选举，延续至2015年已为第13届。1984年恢复畲族乡时为第五届人民代表大会，每届选举根据《代表法》《选举法》有关规定履行职责与义务。

凤阳畲族乡共有6个行政村，其中5个村少数民族人口占30%以上，根据有关条例的规定，鹤山村属纯畲族村，其顶堡、岭边、凤楼、鹤峰为畲族村，畲族乡建立以来，村支部历届选举均按《村委会组织法》程序执行，发挥核心作用，执行村务各项制度，履行村委的各项职责。

一、中国共产党

（一）党组织机构

民国24年（1935年）3月建立了中共平阳中心区委。在凤阳的漈头、龟墩、交椅环等地开展地下革命活动。先后建立了漈头、龟墩、交椅环3个党支部，发展雷汉答、杨地暹、黄赐义、黄赐总、陈爱珠等党员14人，属中共平阳县蒲矾区领导。民国26年（1937年）7月，由于漈头、龟墩、交椅环3个党支部与上级失去了联系，直到民国37年（1948年）冬至民国38年（1949年）2月，中共南鹤区委派林乃芳、陶大恭、李知兴、杨子耕等到龟墩、鹤顶山、顶堡、后坑等地开展革命活动，发展了一批党员，建立了龟墩南山和凤阳南山（鹤顶山脚）2个支部、顶堡后坑1个支部，共发展党员20余人。

中华人民共和国成立后，中国共产党始终是领导地方政治、经济、文化和社会发展的核心力量，领导各族人民群众进行社会主义现代化建设，奔向小康社会。

（二）历届中共党组织

1.民国时期中共党组织名录

民国24年（1935年），中共平阳中心区委领导下属党组织

交椅环党支部（今凤阳畲族乡鹤峰村）

　　书　记：雷汉答（畲族，1935.03—1936.06）

龟墩北山党支部（今凤阳畲族乡龟墩村）

　　书　记：黄钦灿（汉族，1935.03—1936.06）

漈头党组织（今凤阳畲族乡龟墩村）

　　书　记：杨地暹（汉族，1935.03—1936.06）

民国25年（1936年）6月，中共平阳县蒲矸区委及下辖党支部

交椅环党支部

　　书　记：雷汉答（兼）（畲族，1936.06—1937.07）

龟墩北山党支部

　　书　记：黄赐义（汉族，1936.06—1937.07）

漈头党支部

　　书　记：杨地暹（汉族，1936.06—1937.07）

民国37年（1948年）11月，中共南鹤区委领导下属党组织

顶堡后坑党小组

　　组　长：陈均纺（汉族，1948.11—1949.01）

民国38年（1949年）1月，中共南鹤区委领导下属党组织

龟墩南山党支部

　　书　记：郑义乐（汉族，1949.01—1949.10）

鹤顶山脚党支部

　　书　记：蓝升株（畲族，1949.02—1949.10）

2. 中华人民共和国成立后中共党组织名录

　　1956年12月，建立凤阳畲族乡党支部，下辖炬光、凤新、明星、凤楼、鹤峰5个高级农业生产合作社党支部。1958年11月，凤阳畲族乡党支部改称凤阳管理区党支部，下辖5个生产队党支部。1959年9月，凤阳管理区党总支部，改称凤阳生产大队党总支部，下辖5个党支部。1961年10月，建立中共凤阳公社委员会，下辖6个大队（炬光分出岭边一个大队）党支部。1966年11月起，因受文化大革命"冲击"，党组织停止活动，直到1969年9月，建立党的核心组，恢复党组织活动。1970年8月，召开党代会，选举产生中共凤阳公社委员会，下辖6个村党支部。1984年6月，苍南县委决定，撤区建镇，实行体制改革，建立赤溪镇，原凤阳公社党委，恢复凤阳畲族乡后改称凤阳畲族乡党委，下辖6个行政村支部不变。1985年2月，苍南县委决定，撤销赤溪镇，建立赤溪区兼制镇，凤阳畲族乡属赤溪区管辖，全乡下辖6个党支部。

凤阳乡党支部 1955年5月，在赤溪区委领导下，建立凤阳乡党支部。

书 记：郑和论（1955.05—1956.03）

凤阳畲族乡党支部 1956年12月，平阳县委决定，撤销赤溪区并入矾山区，中共矾山区委，建立凤阳畲族乡党支部。

副书记：雷文理 （畲族，1956.12—1957.03）

书 记：白希涨 （汉族，1957.03—1958.11）

副书记：陈体文（汉族，1957.03—1958.11）

雷文理 （畲族，1957.03—1958.11）

1958年11月，建立赤溪公社，凤阳管理区党支部。

书 记：白希涨（汉族，1958.11—1959.09）

副书记：陈体文（汉族，1958.11—1959.09）

雷文理 （畲族，1958.11—1959.09）

凤阳管理区党支部，改称凤阳大队党支部 1959年9月，平阳县委决定撤销赤溪公社，并入矾山公社，凤阳管理区党支部改称凤阳大队党支部。

书 记：白希涨（汉族，1959.09—1961.10）

副书记：陈体文（汉族，1959.09—1961.10）

雷文理 （畲族，1959.09—1961.10）

中共凤阳公社委员会 1961年11月15日，平阳县委决定，按区建立区公所体制，以乡建立人民公社体制，建立了凤阳公社党委会，归矾山区委管辖。

书 记：白希涨（汉族，1961.10—1962.04）

黄朝生（汉族，1962.04—1966.11）

副书记：陈体文（汉族，1961.10—1962.04）

李新怀（汉族，1962.04—1966.11）

雷文理 （畲族，1961.10—1966.11）

宣传委员：郑和论（汉族，1961.10—1966.11）

党委委员：黄赐益（汉族，1961.10—1966.11）

凤阳公社党委 1966年11月起，公社党委因受"文革"冲击党组织停止活动。

原书记：黄朝生（汉族，1966.11—1970.07）

原副书：李新怀（汉族，1966.11—1970.07）

雷文理 （畲族，1966.11—1970.07）

原党委委员：黄赐益（汉族，1966.11—1970.07）

中共凤阳公社委员会　1970年8月起，凤阳公社召开党代会，选举产生书记、副书记和党委委员，恢复党委的正常工作。

副书记：许加瑞（汉族，1970.07—1971.07）主持工作

书　记：张世介（汉族，1971.07—1973.10）

副书记：许加瑞（汉族，1971.07—1973.10）

书　记：许加瑞（汉族，1973.10—1976.10）

副书记：雷文理（畲族，1971.07—1976.10）

党委委员：黄赐益（汉族，1970.07—1976.10）

书　记：许加瑞（汉族，1976.10—1977.11）

　　　　钟大考（畲族，1978.04—1979.06）

　　　　郭显滔（汉族，1980.01—1983.05）

　　　　黄赐益（汉族，1983.05—1984.02）

　　　　林周本（汉族，1984.02—1985.03）

副书记：雷文理（畲族，1976.10—1981.10）

　　　　黄赐益（汉族，1976.10—198305）

　　　　李先秦（畲族，1984.02—1984.06）

党委委员：郑和权（汉族，1977.06—1979.10）

　　　　李孝钰（汉族，1981.04—1984.06）

历届党组织负责人　1981年10月，经国务院批准，苍南县从平阳县析出建县，凤阳公社属苍南县管辖。1984年6月苍南县县政府决定，撤区建镇，并恢复凤阳畲族乡，生产大队改称行政村，建立村民委员会。

中共凤阳畲族乡第三届委员会

书　记：林周本（汉族，1984.06—1985.04）

　　　　郑世程（汉族，1985.02—1987.02）

副书记：李先秦（畲族，1984.06—1987.02）

　　　　苏向青（汉族，1986.08—1987.02）

　　　　苏尚安（汉族，1986.08—1987.02）

党委委员：李孝钰（汉族，1984.06月—1987.02）

中共凤阳畲族乡第四届委员会

书　记：郑世程（汉族，1987.02—1989.11）

书　记：郭显解（汉族，1989.11—1990.03）

副书记：苏向青（汉族，1987.02—1988.08）

苏尚安（汉族，1987.02—1988.10）

钟昌元（畲族，1987.03—1990.03）

党委委员：李孝钰（汉族，1987.02—1990.03）

郑中孝（汉族，1990.01—1990.03）

中共凤阳畲族乡第五届委员会和乡纪委

党委书记：郭显解（汉族，1990.03—1993.03）

副书记：钟昌元（畲族，1990.03—1993.03）

李先秦（畲族，1992.05—1993.03）

纪委书记：黄兴渺（兼）（汉族，1992.05—1993.02）

李先秦（畲族，1993.02—1993.03）

党委委员：钟显桂（畲族，1990.03—1993.03）

刘宝军（汉族，1992.05—1993.03）

郑中孝（汉族，1990.01—1990.03）

中共凤阳畲族乡第六届委员会、乡纪律检查委员会 中共凤阳畲族乡第六次代表大会于1993年3月召开，选举产生中共凤阳乡第六届委员会、乡纪律检查委员会。

党委书记：郭显解（汉族，1993.03—1994.02）

金瑞西（汉族，1994.02—1995.12）

副书记：钟昌元（畲族，1993.03—1995.12）

李先秦（畲族，1993.03—1995.12）

纪委书记：李先秦（兼）（畲族，1994.01—1995.12）

委员先后有：周德前、钟显桂、黄朝好、郭仲水。

中共凤阳畲族乡第七届委员会、乡纪律检查委员会 中共凤阳畲族乡第七次代表大会于1996年3月17日召开，大会代表51人（实到人数47人），选举产生中共凤阳乡第七届委员会委员5人，七届一次委员会选出书记1人、副书记2人，大会同时选举产生乡纪律检查委员会委员3人，其中纪委书记1人。

党委书记：林开宇（汉族，1995.12—1998.12）

副书记：雷顺华（畲族，1995.12—1998.12）

陈先地（汉族，1995.12—1998.12）

纪委书记：郭仲水（汉族，1995.12—1998.12）

委员先后有：卢成柱、郑中设、龚子筑。

中共凤阳畲族乡第八届委员会

党委书记：卢立凤（汉族，1998.12—2001.12）

副书记：李志楼（畲族，1998.12—2001.12）

郑中设（汉族，1998.12—2001.12）

钟显桂（畲族，1998.12—2001.12）

郑江平（汉族，1998.12—2001.12）

中共凤阳畲族乡第九届委员会和乡纪委 （2001.12—2006.10）

党委书记：谢尚怀（汉族，2001.12—2006.10）

副书记：雷顺银（畲族，2001.12—2006.10）

卢成柱（汉族，2001.12—2006.10）

纪委书记：郑江平（汉族，2001.12—2006.10）

王加艺（汉族，2001.12—2006.10）

中共凤阳畲族乡第十届委员会和乡纪委

党委书记：谢尚怀（汉族，2006.10—2007.06）

郑祥瑞（汉族，2007.06—2009.06）

卢成柱（汉族，2009.06—2011.06）

副书记：钟爱琴（畲族，2006.10—2011.06）

苏中钏（汉族，2006.10—2009.06）

王顺宝（汉族，2009.10—2011.06）

纪委书记：王顺宝（汉族，2006.10—2009.06）

苏秀镇（汉族，2009.06—2011.06）

中共凤阳畲族乡第十一届委员会和乡纪委

党委书记：卢成柱（汉族，2011.06—2013.06）

项秉簪（汉族，2013.06—2015.12）

副书记：雷丽云（畲族，2011.06—2015.12）

陈朴唯（汉族，2011.06—2015.12）

纪委书记：丁永雄（汉族，2011.06—2015.12）

委　员：陈林森（汉族，2011.06—2015.12）

表3-3-2-1　　1949—1974年中共凤阳畲族乡党员统计一览表

年度	党员总数	其中畲族党员	其中女党员	年度	党员总数	其中畲族党员	其中女党员
1949	14	6	—	1963	48	22	4
1950	14	6	—	1964	49	22	4
1951	14	6	—	1965	48	22	4
1952	11	6		1966	—	—	—
1954	10	5	—	1967	—	—	—
1955	10	5	—	1968	—	—	—
1956	20	5	—	1969	—	—	—
1957	28	7	—	1970	—	—	—
1958	30	7	—	1971	—	—	—
1959	37	10	—	1972	—	—	—
1960	43	10	—	1973	—	—	—
1961	50	10	—	1974	—	—	—
1962	49	10	—				

说明：1966—1974年文化大革命期间资料缺失。

表3-3-2-2　　1975—2015年中共凤阳畲族乡党员人数统计一览表

年度	党员总数	其中畲族党员	其中女党员	年度	党员总数	其中畲族党员	其中女党员
1975	60	29	7	1984	73	28	7
1976	61	29	6	1985	76	29	8
1977	64	31	7	1986	109	59	13
1978	66	31	7	2010	227	118	37
1979	71	31	7	2011	226	120	39
1980	71	32	8	2012	231	124	42
1981	76	36	7	2013	227	123	42
1982	72	35	8	2014	228	122	41
1983	73	37	7	2015	238	124	48

资料来源：根据凤阳畲族乡政府提供资料汇编。

二、人民代表大会

凤阳畲族乡前四届人民代表大会无依据无法查证。从1984年恢复凤阳畲族乡时为第五届人民代表大会，根据《代表法》《选举法》等有关规定，乡人民代表大会逐步走向正常化、规范化。

凤阳畲族乡第五届人民代表大会（1984.06—1987.03）

凤阳畲族乡第五届人民代表大会于1984年6月召开。全乡代表45人，其中畲族代表23人，占51%，大会通过了乡政府工作报告，并选举李先秦（畲族）为乡长，钟显桂（畲族）为副乡长。第二次会议于1985年2月召开，大会选举谢尚怀为副乡长。

凤阳畲族乡第六届人民代表大会（1987.04—1990.03）

凤阳畲族乡第六届人民代表大会于1987年4月召开。全乡代表45人，其中畲族代表22人，占48.8%。大会听取和审议了乡政府工作报告、财政预决算报告，选举郑世程为人大主席团主席，钟昌元（畲族）为乡长，钟显桂（畲族）、谢尚怀为副乡长，选举蓝成取（畲族）为六届人民陪审员。

凤阳畲族乡第七届人民代表大会（1990.04—1993.03）

凤阳畲族乡第七届人民代表大会第一次会议于1990年4月2日在凤阳畲族乡召开。大会代表43人，其中畲族代表22人，大会听取和审议了乡政府工作报告、财政预决算报告，选举产生郭显解为主席团常务主席，选举钟昌元（畲族）为乡长，钟显桂（畲族）、周德前为副乡长，肖怀云人民陪审员。1991年3月召开凤阳畲族乡人民代表大会第二次会议。1992年5月召开的三次会议，分别听取和审议《政府工作报告》《人大主席团工作报告》，大会审议通过财政预决算报告。因1名副乡长工作调动，大会补选副乡长1名，其余续任原职。

凤阳畲族乡第八届人民代表大会（1993.04—1996.02）

凤阳畲族乡第八届人民代表大会第一次会议于1993年4月8日在凤阳畲族乡召开，代表48人，大会听取审议和通过乡政府工作报告和财政预决算报告，并作出相应决议。选举李先秦（畲族）为乡人大主席团主席，选举钟昌元（畲族）为乡长，补选蓝上迪（畲族）为副乡长。

凤阳畲族乡第九届人民代表大会（1996.03—1999.02）

凤阳畲族乡第九届人民代表大会第一次会议于1996年3月22日在凤阳畲族乡召开。大会应到代表45人，大会主席团由9人组成，大会听取和审议了政府工作报告和财政预决算报告，并作出相应决议。选举林开宇为乡人大主席团主席，雷顺华（畲族）为乡长，钟昌美（畲族）、徐守光为副乡长。

凤阳畲族乡第十届人民代表大会（1999.03—2002.02）

凤阳畲族乡第十届人民代表大会第一次会议于1999年3月15日在凤阳畲族乡召开。大会应到代表43人，实到43人。大会听取和审议了政府工作报告、人代工作和财政预决算情况报告，通过各项决定和选举办法，选举卢立凤为乡人大主席团主席、钟昌元（畲族）为人大主席团副主席（正科级），选举李志楼（畲族）为乡长，钟昌美（畲族）、卢成柱为副乡长。

凤阳畲族乡第十一届人民代表大会（2002.03—2006.12）

凤阳畲族乡第十一届人民代表大会第一次会议于2002年3月13日在凤阳畲族乡召开，大会应到代表45人，实到43人。大会听取和审议了政府工作报告、人大主席团工作和财政预决算情况工作报告，通过各项决定和选举办法，选举谢尚怀为乡人大主席团主席、钟显桂（畲族）人大主席团副主席，选举雷顺银（畲族）为乡长，钟昌美（畲族）、金启希为副乡长，选举钟昌业（畲族）、郭亦钿为人民陪审员。第二次和第三次会议分别于2003年3月和2004年3月召开。第四次代表大会于2005年2月27日召开，会议同意钟昌美（畲族）、金启希因工作调动辞去副乡长职务的报告。会议同意通过各报告的决议和选举办法，以无记名投票方式，选举雷震（畲族）、陈庆松为副乡长。第五次会议于2005年8月18日召开。听取和审议乡政府工作报告，人大工作报告和财政预决算情况工作报告，通过罢免陈庆松凤阳畲族乡副乡长职务。通过各报告的决议和选举办法，以无记名投票方式，选举金理贺为人民政府副乡长，本次会议还通过了生态乡建设的决议。

凤阳畲族乡第十二届人民代表大会（2007.01—2012.01）

凤阳畲族乡第十二届人民代表大会第一次会议于2007年1月23日在凤阳畲族乡召开，大会应到代表45人，实到45人。大会听取和审议了政府工作报告、人民代表大会和财政预决算情况报告，选举谢尚怀为凤阳乡人大主席团主席、钟显桂（畲族）为人大主席团副主席，选举钟爱琴（女、畲族）为凤阳乡长，郑江平、雷震（畲族）为副乡长。第二次会议于2007年6月13日召开，由于人员调动，会前通过凤阳畲族乡第十八选区人大代表选举，郑祥瑞当选凤阳乡人大代表。会上，同意谢尚怀因工作调动辞去凤阳乡人大主席团主席职务。大会通过选举办法，以无记名投票方式，选举决定郑祥瑞为凤阳乡人大主席团主席。第三次会议于2008年4月3日召开。第四次会议于2009年6月10日召开，由于人员调动，会前通过凤阳畲族乡第十八选区和第八选区人大代表选举，卢成柱、郭燕坑当选凤阳乡人大代表，会议听取和审查乡人民政府工作报告和财政预决算情况工作报告。会上同意郑祥瑞、雷震因工作调动辞去人大主席团主席和副乡长职务，钟显桂辞去人大主席团副主席职务。大会通过各报告决议和选举办法，选举郭燕坑为乡人大主席团主席、陈林森为副乡长。第五次会议于2009年10月15日召开。听取和审查乡政府工作报告、乡人民代表大会报告和财政预决算情况工作报告，通过各报告的决议和选举办法，同意郑江平辞去副乡长职务，以无记名投票方式，选举方飞璋为副乡长。第六次会议于2010年4月8日召开。2011年3月22日召开凤阳畲族乡第十二届人大第七次会议，会上听取和审查乡人大代表变动情况报告、政府工作和人大财政预决算报告，通过各报告的决议。

凤阳畲族乡第十三届人民代表大会（2012.02—2015.12）

凤阳畲族乡第十三届人民代表大会第一次会议，于2012年2月3日在凤阳畲族乡召开，代表45人。大会听取和审查通过政府工作报告、人大主席团工作报告和财政2011年预决算执行和2012年财政预决算草案报告。以无记名投票方式，选举郭燕坑为乡人大主席团主席，雷丽云（女、畲族）为乡长，陈林森、曾林霞、缪小飞为副乡长。

表3-3-2-3　1987—2015年凤阳畲族乡人民代表大会主席团主席名录

届别	职务	姓名	性别	民族	任职时间
第六届	代理主席团主席	郑世程	男	汉族	1987.04—1990.04
第七届	主席团主席	郭显解	男	汉族	1990.04—1993.04
第八届	主席团主席	李先秦	男	畲族	1993.04—1996.02
第九届	主席团主席	林开宇	男	汉族	1996.03—1999.03
第十届	主席团主席	卢立凤	男	汉族	1999.03—2002.03
第十一届	主席团主席	谢尚怀	男	汉族	2002.03—2007.01
第十二届	主席团主席	谢尚怀	男	汉族	2007.01—2007.06
第十二届	主席团主席	郑祥瑞	男	汉族	2007.06—2009.06
第十二届	主席团主席	郭燕坑	男	汉族	2009.06—2012.02
第十三届	主席团主席	郭燕坑	男	汉族	2012.02—2015.12

资料来源：根据《苍南县组织史》1-6卷资料汇编。

三、政 府

1950年7月建立凤阳乡，地址设凤阳宫属矾山区管辖。1952年8月划归赤溪区，1956年3月划归矾山区管辖。

凤阳乡政府

乡　长：卢兴茂（汉族，1950.07—1952.04）

副乡长：杨崇珍（汉族，1950.07—1952.04）

农会主任：陈邦扣（汉族，1950.07—1952.04）

1952年4月民主建政时期属矾山区管辖。

凤阳乡政府

乡　　长：钟大洪（畲族，1952.04—1952.08）

农会主任：雷必吞（畲族，1952.04—1952.08）

1952年8月矾山、赤溪分建两个区，凤阳属赤溪区管辖。

凤阳乡政府

乡　　长：钟大洪（畲族，1952.08—1956.02）

农会主任：雷必吞（畲族，1952.08—1954.04）

　　　　　郑和论（汉族，1954.04—1955.12）

凤阳乡政府

1956年3月，平阳县委决定，撤销赤溪区并入矾山区，凤阳乡并入南堡乡领导。1956年12月平阳县委重新决定建立凤阳少数民族乡。

乡　长：雷文理（畲族，1956.12—1958.06）

　　　　钟大考（畲族，1958.06—1958.09）

凤阳管理区

1958年11月，农村出现合作社高潮，最后形成的区建立公社。平阳县府决定，建立赤溪公社，乡管理区，凤阳管理区归赤溪公社管理。

主　任：钟大考（畲族，1958.11—1959.09）

副主任：雷文理（畲族，1958.06—1959.09）

凤阳生产大队

1959年9月，平阳县委、县府决定，撤销赤溪公社并入矾山公社，管理区改为生产大队，凤阳归矾山公社管辖。

大队长：钟大考（畲族，1959.09—1960.04）

凤阳公社管委会

1961年10月平阳县委、县府决定，乡为公社体制，区改为区公所，乡改称为公社管委会，凤阳属矾山区公所管辖。

    主　任：雷文理（畲族，1961.10—1962.06）

    副主任：郑和论（汉族，1961.10—1962.06）

凤阳公社

1962年6月，公社领导人职称改为社长、副社长。

    社　长：雷文理（畲族，1962.06—1966.11）

    副社长：郑和论（汉族，1962.04—1965.03）

           曾碧玺（汉族，1965.03—1966.11）

           朱善奈（汉族，1965.03—1966.11）

凤阳公社

1966年11月份起到1969年8月，因受"文化大革命"冲击，公社政权停止活动。

    原主任：雷文理（畲族，1966.11—1969.09）

    原副主任：曾碧玺（汉族，1966.11—1969.09）

             朱善奈（汉族，1966.11—1969.09）

凤阳公社革委会

1969年8月，批准建立凤阳公社革委会。

    第一副主任：许加瑞（汉族，1969.09—1976.10）

    主　任：张世界（汉族，1971.06—1973.10）

    副主任：曾碧玺（汉族，1969.09—1973.06）

           雷文理（畲族，1969.09—1976.10）

凤阳公社革委会

1976年10月，粉碎了江青反革命集团，结束了"文化大革命"这场灾难，平阳县委调整，充实公社政府机构。

    主　任：许加瑞（汉族，1976.10—1977.11）

           钟大考（畲族，1978.04—1979.09）

    副主任：雷文理（畲族，1977.06—1979.09）

           郑和权（汉族，1977.06—1979.09）

凤阳公社管委会

1979年9月，重新恢复公社管理会。

    代主任：雷文理（畲族，1979.09—1984. 02）

    副主任：谢作霖（汉族，1979.09—1981.12）

　　黄丕日（汉族，1980.06—1981.12）

　　赖丁敬（汉族，1981.12—1982.12）

凤阳畲族乡政府

1984年6月，苍南县委、县府决定，撤区建镇，建立乡、镇政府，恢复凤阳畲族乡，属赤溪区管辖。（第五届）

乡　长：李先秦（畲族，1984.06—1985.02）

副乡长：钟显桂（畲族，1984.06—1985.02）

1985年凤阳畲族乡政府

1985年3月，苍南县委、县府决定，原镇管乡体制，改为建立赤溪区管辖。

乡　长：李先秦（畲族，1985.02—1987.02）

副乡长：钟显桂（畲族，1985.02—1987.02）

　　　　谢尚怀（汉族，1985.02—1987.02）

1987年4月凤阳畲族乡政府（第六届）

乡　长：钟昌元（畲族，1987.04—1990.04）

副乡长：钟显桂（畲族，1987.04—1990.04）

　　　　谢尚怀（汉族，1987.04—1990.04）

1990年4月凤阳畲族乡政府（第七届）

人大主席团主席：郭显解（汉族，1990.04—1993.04）

乡　长：钟昌元（畲族，1990.04—1993.04）

副乡长：钟显桂（畲族，1990.04—1993.04）

　　　　周德前（汉族，1990.04—1993.04）

1993年4月凤阳畲族乡政府（第八届）

人大主席团主席：李先秦（畲族，1993.04—1996.02）

乡　长：钟昌元（畲族，1993.04—1996.02）

副乡长：蓝上迪（畲族，1994.03—1996.02）

1996年3月凤阳畲族乡政府（第九届）

人大主席团主席：林开宇（汉族，1996.03—1999.03）

乡　长：雷顺华（畲族，1996.03—1999.03）

副乡长：钟昌美（畲族，1996.03—1999.03）

　　　　徐守光（汉族，1996.03—1999.03）

1999年3月凤阳畲族乡政府（第十届）

人大主席团主席：卢立凤（汉族，1999.03—2001.12）

副主席：钟昌元（畲族，1999.03—2001.12）

乡　　长：李志楼（畲族，1999.03—2001.12）

副乡长：钟昌美（畲族，1999.03—2001.12）

　　　　卢成柱（汉族，1999.03—2001.12）

2002年3月凤阳畲族乡政府（第十一届）

人大主席团主席：谢尚怀（汉族，2002.03—2007.01）

副主席：钟显桂（畲族，2002.03—2007.01）

乡　　长：雷顺银（畲族，2002.03—2007.01）

副乡长：钟昌美（畲族，2002.03—2005.01）

　　　　金启希（汉族，2002.03—2005.02）

　　　　雷震（畲族，2005.02—2007.02）

　　　　陈庆松（汉族，2005.02—2005.08）

　　　　金理贺（汉族，2005.02—2007.01）

2007年6月凤阳畲族乡政府（第十二届）

人大主席团主席：谢尚怀（汉族，2007.01—2007.06）

　　　　　　　　郑祥瑞（汉族，2007.06—2009.06）

　　　　　　　　郭燕坑（汉族，2009.06—2012.02）

人大主席团副主席：钟显桂（畲族，2007.01—2009.06）

乡　　长：钟爱琴（畲族，2007.01—2011.07）

副乡长：郑江平（汉族，2007.01—2009.10）

　　　　方飞璋（汉族，2009.10—2011.07）

　　　　曾林霞（汉族，2011.07—2012.02）

　　　　雷　震（畲族，2007.01—2009.06）

　　　　缪小飞（汉族，2011.05—2012.05）

　　　　陈林森（汉族，2009.06—2012.02）

2012年2月凤阳畲族乡政府（第十三届）

人大主席团主席：郭燕坑（汉族，2012.02—2015.12）

乡　　长：雷丽云（畲族，2012.02—2015.12）

副乡长：陈林森（汉族，2012.02—2015.12）

　　　　曾林霞（汉族，2012.02—2013.07）

　　　　黄福领（汉族，2015.04—2015.12）

表3-3-2-4 1950—2015年凤阳畲族乡行政正职名录

机构名称	职务	姓名	性别	民族	任职时间
凤阳乡	乡长	卢兴茂	男	汉族	1950.07—1952.04
凤阳乡	乡长	钟大洪	男	畲族	1952.04—1956.02
凤阳民族乡	乡长	雷文理	男	畲族	1956.12—1958.06
凤阳公社管委会	主任	钟大考	男	畲族	1958.11—1959.09
凤阳生产大队	大队长	钟大考	男	畲族	1959.09—1961.04
凤阳公社管委会	主任	雷文理	男	畲族	1961.04—1962.06
凤阳公社管委会	社长	雷文理	男	畲族	1962.06—1966.11
凤阳公社革委会	原主任	雷文理	男	畲族	1966.11—1969.08
凤阳公社革委会	主任	张世界	男	汉族	1971.06—1973.10
凤阳公社革委会	主任	许加瑞	男	汉族	1976.10—1977.11
凤阳公社革委会	主任	钟大考	男	畲族	1978.04—1979.09
凤阳公社革委会	主任	雷文理	男	畲族	1979.09—1984.02
凤阳畲族乡	乡长	李先秦	男	畲族	1985.02—1987.04
凤阳畲族乡	乡长	钟昌元	男	畲族	1987.04—1996.02
凤阳畲族乡	乡长	雷顺华	男	畲族	1996.03—1999.03
凤阳畲族乡	乡长	李志楼	男	畲族	1999.03—2002.03
凤阳畲族乡	乡长	雷顺银	男	畲族	2002.03—2007.01
凤阳畲族乡	乡长	钟爱琴	女	畲族	2007.01—2011.07
凤阳畲族乡	乡长	雷丽云	女	畲族	2011.07—2015.04

资料来源：根据《中国共产党浙江省苍南县组织史》《凤阳畲族乡组织史》资料汇编。

四、人民武装部

凤阳畲族乡建乡前后，没有配备专职武装干部，民兵工作由乡干部兼管。直到1962年11月，由县人武部批准建立凤阳公社人武部，属矾山人武部领导，下设6个民兵连。

凤阳公社人武部

部长：黄赐益（汉族，1962.11—1981.04）

凤阳畲族乡人武部

人武部长：李孝钰（汉族，1981.04—1990.06）

陈相潘（汉族，1990.11—1993.04）

黄朝好（汉族，1993.04—1995.08）

陈齐田（汉族，1995.08—1997.01）

龚书筑（汉族，1997.01—1997.08）

王加艺（汉族，1997.08—2006.07）

陈道建（汉族，2006.07—2009.06）

章万泽（汉族，2009.06—2011.06）

丁永雄（回族，2011.06—2015.12）

表3-3-2-5　1962—2015年凤阳畲族乡人民武装部部长名录

姓名	性别	民族	职务	任职时间
黄赐益	男	汉族	部长	1962.11—1981.04
李孝钰	男	汉族	部长	1981.04—1990.06
陈相潘	男	汉族	部长	1990.11—1993.04
黄朝好	男	汉族	部长	1993.04—1995.08
陈齐田	男	汉族	部长	1995.08—1997.01
龚书筑	男	汉族	部长	1997.01—1997.08
王加艺	男	汉族	部长	1997.08—2006.07
陈道建	男	汉族	部长	2006.07—2009.06
章万泽	男	汉族	部长	2009.06—2011.06
丁永雄	男	回族	部长	2011.06—2015.12

资料来源：根据《中共浙江省苍南县组织史》资料汇编。

五、群团组织

（一）共青团凤阳乡委员会

1960年2月，平阳县委批准建立凤阳乡团总支部。

书　记：黄赐益（汉族，1960.02—1962.02）

　　　　雷立功（畲族，1962.06—1965.03）

　　　　郑计松（汉族，1965.03—1966.10）

从1966年11月起，凤阳公社因受"文化大革命"冲击，共青团组织停止活动。

原团委书记：郑计松（汉族，1966.10—1970.03）

1970年3月，县团委没配备凤阳公社共青团领导。直至1979年4月，平阳县委批准凤阳共青团领导。

共青团凤阳公社委员会

书记：刘日暖（汉族，1979.04—1984.05）

1984年6月，苍南县委决定，撤区建镇，恢复乡建制，建立赤溪区委员会。

凤阳畲族乡共青团委员会

书　记：雷顺华（畲族，1984.10—1985.10）

　　　　雷顺银（畲族，1985.11—1988.04）

　　　　曾光俊（汉族，1989.01—1992.05）

副书记：郭仲水（回族，1994.11—1998.03）

　　　　蔡勤武（汉族，1998.03—1999.03）

　　　　林　铂（汉族，1999.03—2003.10）

　　　　钟政明（畲族，2003.11—2015.12）

表3-3-2-6　1960—2015年凤阳畲族乡共青团委员会书记名录

姓名	性别	民族	职务	任职时间
黄赐益	男	汉族	书记	1960.02—1962.02
雷立功	男	畲族	书记	1962.06—1965.03
郑计松	男	汉族	书记	1965.03—1966.10
郑计松	男	汉族	书记	1966.10—1970.03
刘日暖	男	汉族	书记	1979.04—1984.05
雷顺华	男	畲族	书记	1984.10—1985.10
雷顺银	男	畲族	书记	1985.11—1988.04
曾光俊	男	汉族	书记	1989.01—1992.02
郭仲水	男	回族	副书记	1994.11—1998.03
蔡勤武	男	汉族	副书记	1998.03—1999.03
林　铂	男	汉族	副书记	1999.03—2003.10
钟政明	男	畲族	副书记	2003.11—2015.12

资料来源：根据《中共浙江省苍南县组织史》资料汇编。

（二）凤阳畲族乡妇联

1952年4月，凤阳建乡后，村级有妇女干部，乡级没有配备专职妇联领导干部。1965年3月配备乡妇联。

凤阳公社妇联

主　任：叶凤花（汉族，1965.03—1979.02）

副主任：周雪萍（汉族，1979.06—1984.06）

凤阳畲族乡妇联

主　任：周雪萍（汉族，1984.06—1987.06）

　　　　陈丽清（汉族，1988.01—1993.08）

副主任：蓝素珍（畲族，1994.01—1999.07）

　　　　陈丽清（汉族，1992.05—1993.08）

　　　　钟飞阳（畲族，2003.12—2011.12）

　　　　雷芳芳（畲族，2012.01—2015.12）

表3-3-2-7　1965—2015年凤阳畲族乡妇联主任名录

姓名	性别	民族	职务	任职时间
叶凤花	男	汉族	主任	1965.03—1979.02
周雪萍	女	汉族	主任	1979.06—1984.06
周雪萍	女	汉族	主任	1984.06—1987.06
陈丽清	女	汉族	主任	1988.01—1993.08
蓝素珍	女	畲族	副主任	1994.01—1999.07
钟飞阳	女	畲族	副主任	2003.12—2011.12
雷芳芳	女	畲族	副主任	2012.01—2015.12

资料来源：根据《中共浙江省苍南县组织史》《凤阳畲族乡组织史》资料汇编。

（三）凤阳老人协会

老人协会是根据县民政部门的有关精神，结合凤阳乡的实际，于1989年成立的。当时参会入股人数800多人，除本乡的6个行政村老人外，还包括半垟片的庵基、官岙、大坝埕、半垟村等地的群众200多人。会员入股每人收10元股金，每月只收2元的会费，合计全年收会费1600元左右。租用凤阳宫桥头一民房办公，协会选举的理事会由钟希回、郑宗宜、钟显金等5人组成，负责处理日常事务。如每年召开一次老人代表大会，对病灾户组织进行家庭慰问，处理病逝老人的会费补助等。老人协会经多年经费的积累和政府补助，于1994年8月在乡中心村位置建成2间办公场所，100平方米，并开展了多种形式的老有所乐的文化活动。因建房后经费的短缺，加上病逝的老人每例补助500元，年复一年，经费亏空严重，会员退股后逐渐减至500人。理事会研究决定卖掉办公用地2间（3.80万元），用来解决会费退股资金缺口，每股80元，此举缓解了协会的经济负担，凤阳老人协会自此解散。

第三节　事务管理

　　凤阳畲族乡政府在辖区内行使授权行政许可事项，依法进行经济发展管理和社会管理。中华人民共和国成立后，为加快民族地区社会经济各项事业的发展，明确出台了扶持民族乡的优惠政策，促进民族乡的各项事业快速发展。

　　在凤阳畲族乡党委、政府领导下，加强了行政村管理，保障农村村民实行自治。1988年11月28日，浙江省第七届人民代表大会常务委员会第六次会议通过《浙江省村民委员会组织实施办法》。凤阳畲族乡实施《浙江省村民委员会组织实施办法》，各村按照《浙江省村民委员会组织实施办法》进行民主选举，产生各村村民委员会。村级组织有中国共产党支部委员会、村民委员会，以及群团组织，引领凤阳乡社会经济快速发展。

一、乡事务管理
（一）党政综合办公室

　　凤阳畲族乡党政综合办公室负责上级各项方针政策、法律法规的传达和落实工作。负责党政信息的下情上报和上情下达，以及党政机关和群团组织等部门间的综合协调。认真做好本辖区内的工作调研，及时分析经济社会发展状况，为领导决策当好参谋。承担日常事务性工作，抓好依法行政、督促、检查有关工作的落实情况。负责编制执行乡财政预算计划，统管乡财务，指导、监督集体经济的财务管理。负责协调与市委办、市府办、人大机关、政协机关、纪委机关、组织部、统战部、宣传部、老干部局、财政地税局、审计局、统计局、国税局、团市委、妇联等市直机关的业务联系。

（二）经济发展与协调

　　凤阳畲族乡政府负责承担本辖区内工业经济和第三产业发展的综合协调指

导工作，制定经济发展规划，积极招商引资，开展科技创新，主动为企业提供各项政策服务，同时，做好安全生产、食品安全监督、劳动保障、交通运输等方面的管理与执法检查，发展来料加工，并协调好与工商经济发展相关的其他各项工作。负责协商与市发改局、经贸局、科技局、人劳社保局、环保局、外经贸局、工商局、供电局、药检局、安监局、质量技术监督局、总工会、工商联等市直机关的业务联系。

（三）社会事务管理

凤阳畲族乡政府的社会事务管理办公室负责做好上级各项方针政策、法律法规的贯彻落实，承担本辖区内的计划生育、文化教育、广播电视、民族宗教、社会救助、公共卫生防疫监督以及民政事务等方面的工作，同时，负责协调与社会事务相关的其他各项工作。负责协调与市教体局、民政局、文化局、卫生局、计划生育局、广播电视台、文联、残联等市直机关的业务联系。在社会事务管理办公室增挂人口和计划生育办公室、文化站牌子，并保留印章。

（四）农业和农村工作

凤阳畲族乡政府负责编制本辖区内的农业发展规划，协调农业发展中的相关问题，制定有利于农业发展的政策措施，并积极组织引导、协调农民进行农业产业结构的调整，并负责农、林、水、电以及动物防疫检疫等方面的日常管理和技术推广工作。同时，积极引导农村劳动力转移，负责宣传贯彻土地法的法律法规，负责村镇以及乡村规划建设、土地管理使用、道路交通、环境与自然资源保护等项工作。负责协调与市农办、农业局、林业局、水务局、国土局、建设局、交通局、旅游局、人防办、粮食局、科协等市直机关的业务联系。

（五）社会治安综合治理

凤阳畲族乡政府负责社会治安综合治理、民事纠纷调解仲裁、来信来访以及社会稳定等方面的工作。负责协调与市人武部、政法委、公安局、司法局等市直机关的业务指导。在社会治安综合治理办公室增挂信访办公室、司法所牌子，并保留印章。

二、村事务管理
（一）各村党组织

1948年冬到1949年2月初，在鼎平县委领导下，南鹤区委派出负责人林乃芳、杨子耕等，到达凤阳一带山区，重新开展革命活动，并在凤阳龟墩、鹤顶山脚（现鹤山村）、顶堡后坑建立2个党支部、1个党小组，共发展新党员17人。

党在农村的主要任务是组织农会，发动农民起来退债、减租、反霸和进行镇反、土地改革的伟大斗争。党员在农村带头发动群众，进行土地改革运动，镇压一批破坏农村建设的恶霸、地主分子，达到土地改革的胜利。

土地改革后，1954年，贯彻"慎重"的建党方针，积极吸收符合入党条件的贫农、下中农的积极分子对象入党，并严肃整顿混入党内的不纯分子。鹤山村南山党支部1名党员参加了封建迷信组织（五龙会），被开除出党。通过整党，增强了党内纯洁性。1955年春开始，党员队伍不断壮大。1956年3月在农村大搞农业生产合作化，农业生产高级合作社建立党支部（有个别行政村合并）。1958年11月，公社化时，乡建立公社管理区和生产大队，党支部建在生产队。1961年10月，公社规模缩小到原来范围，建立凤阳公社党委，生产队改称大队，党支部建立在生产大队。

1966年11月起，"文化大革命"开始，农村党组织也受到冲击，停止党组织的各项活动。1969年建立大队革命领导小组，实行党的一元化领导，1970年农村整党整风运动开始，党组织恢复活动，此后又重新建立大队党支部。

1976年10月，粉碎"江青"反革命集团，1978年认真贯彻党的十一届三中全会精神，大队党支部根据党委的要求，开展新时期"四化"建设，农村党组织开始新的发展。1984年6月，实行体制改革，公社改称乡，大队恢复行政村。现在全乡6个行政村和乡所属机关单位，共建立8个党支部，共发展党员109人。

1.民国时期的党组织

民国37年（1948年），在中共南鹤区委领导下，建立顶堡后坑党小组与龟墩村南山党支部。

小组长：陈均纺（汉族，1948.11—1949.06）

龟墩南山村党支部

书　记：郑义乐（汉族，1949.01—1949.10）

鹤顶山脚党支部

书　记：蓝升株（畲族，1949.02—1949.10）

2.中华人民共和国成立后党组织

1950年7月，蒲门、矾山分区，建立矾山区，在矾山区领导下，建立凤阳乡，下辖龟墩村党支部和鹤山村南山2个党支部。

龟墩村党支部

书　记：郑义乐（汉族，1950.07—1952.08）

鹤山村南山党支部

书　记：蓝升株（畲族，1950.07—1952.08）

1952年8月，矾山、赤溪分区，建立赤溪区，在赤溪区领导下，建立凤阳乡。

龟墩村南山党支部

书　记：黄荣归（汉族，1952.08—1956.03）

鹤山村南山党支部

书　记：蓝升株（畲族，1952.08—1956.03）

1956年12月，撤销赤溪区并入矾山区，凤阳乡建立5个高级农业合作社党支部。

炬光社党支部

书　记：董希西（汉族，1956.12—1958.11）

明星社党支部

书　记：蓝升株（畲族，1956.12—1957.12）

　　　　钟　铭（畲族，1957.12—1958.11）

凤新社党支部

书　记：陈孝宜（汉族，1956.12—1958.11）

凤楼社党支部

书　记：李计宝（汉族，1956.12—1958.11）

副书记：李计英（汉族，1956.12—1958.11）

鹤峰社党支部

书　记：雷子休（畲族，1956.12—1958.11）

副书记：雷必恭（畲族，1956.12—1958.11）

1959年9月，撤销赤溪公社，并入矾山公社，凤阳大队党支部下辖5个生产队支部。

炬光生产队党支部

书　记：董希西（汉族，1958.11—1961.10）

明星生产队党支部

书　记：钟　铭（畲族，1958.11—1961.10）

凤新生产队党支部

书　记：陈孝宜（汉族，1958.11—1961.10）

凤楼生产队党支部

书　记：李计宝（汉族，1958年11—1961.10）

鹤峰生产队党支部

书　记：雷子休（畲族，1958.11—1961.10）

1961年10月，凤阳公社党委，下辖6个生产大队党支部。

炬光生产大队党支部

书　记：肖可生（汉族，1961.10—1966.10）

岭边生产大队党支部

书　记：董希西（汉族，1961.10—1966.10）

明星生产大队党支部

书　记：钟　铭（畲族，1961.10—1966.10）

凤新生产大队党支部

书　记：陈孝宜（汉族，1961.10—1966.10）

凤楼生产大队党支部

书　记：李计宝（汉族，1961.10—1966.10）

鹤峰生产大队党支部

书　记：雷子休（畲族，1961.10—1966.10）

1966年11月，农村"文化大革命"开始，基层党组织受到影响，停止活动。直到1970年12月，凤阳公社党代会选举重建公社党委，同时重建大队党支部，恢复基层党组织活动。1971年7月，重新建立凤阳公社党支部。

炬光生产大队党支部

书　记：肖可生（汉族，1970.12—1971.07）

　　　　刘维完（汉族，1971.07—1984.06）

岭边生产大队党支部

书　记：董希西（汉族，1970.12—1984.06）

明星生产大队党支部

书　记：钟　铭（畲族，1970.12—1979.10）

　　　　蓝朝生（畲族，1979.10—1984.06）

凤楼生产大队党支部

书　记：李计宝（汉族，1970.12—1984.06）

鹤峰生产大队党支部

　书　记：雷子休（畲族，1970.12—1984.06）

凤新生产大队党支部

　书　记：陈孝宜（汉族，1970.12—1984.06）

　副书记：简春梅（汉族，1972.04—1984.06）

1984年6月，撤区建镇。恢复凤阳畲族乡，大队党支部改称行政村党支部，全乡6个行政村和乡机关共7个党支部。

顶堡村党支部

　书　记：刘维完（汉族，1984.06—1985.02）

龟墩村党支部

　书　记：陈孝宜（汉族，1984.06—1985.02）

岭边村党支部

　书　记：陈钦吕（汉族，1984.06—1985.02）

鹤山村党支部

　书　记：蓝元长（畲族，1984.06—1985.02）

凤楼村党支部

　书　记：蓝颜助（畲族，1984.06—1985.02）

鹤峰村党支部

　书　记：雷子旺（畲族，1984.06—1985.02）

1985年2月，县委决定，撤镇建区，建立赤溪区，凤阳畲族乡属赤溪区管辖，全乡下辖6个行政村和乡机关共8个党支部。

顶堡村党支部

　书　记：雷朝爱（畲族，1985.02—2010.10）

　　　　　郑计桂（汉族，2010.10—2015.12）

龟墩村党支部

　书　记：陈孝宜（汉族，1985.02—1986.06）

　　　　　吴贤吞（汉族，1986.06—1992.07）

　　　　　黄荣阳（汉族，1992.07—1995.07）

　　　　　魏起彪（汉族，1995.07—2008.07）

　　　　　柯红梅（汉族，2008.07—2011.06）

　　　　　潘宗瑞（汉族，2011.06—2015.12）

岭边村党支部

　书　记：陈钦吕（汉族，1985.02—1999.06）

钟昌元（畲族，1999.06—2002.05）

钟显艺（畲族，2002.05—2005.03）

钟昌夫（畲族，2005.03—2011.03）

蓝锡录（畲族，2011.03—2014.03）

陈法镇（汉族，2014.03—2015.12）

鹤山村党支部

书　记：蓝元长（畲族，1985.02—1987.06）

　　　　钟希眼（畲族，1987.06—2002.05）

　　　　蓝准民（畲族，2002.05—2005.03）

　　　　钟政权（畲族，2005.03—2015.12）

凤楼村党支部

书　记：蓝颜勇（畲族，1985.02—2005.03）

　　　　雷朝迎（畲族，2005.03—2015.12）

鹤峰村党支部

书　记：雷子旺（畲族，1985.02—2005.03）

　　　　雷朝密（畲族，2005.03—2015.12）

表3-3-3-1　1948—2015年各村党组织支部负责人名录

1.顶堡村党支部

支部名称	姓名	性别	民族	职务	任职时间
顶堡后坑党小组	陈均纺	男	汉族	小组长	1948.11—1949.06
炬光社党支部	董希西	男	汉族	书记	1956.12—1958.11
炬光生产队党支部	董希西	男	汉族	书记	1958.11—1961.10
炬光社党支部	肖可生	男	汉族	书记	1961.10—1966.10
炬光社党支部	肖可生	男	汉族	书记	1970.12—1971.07
炬光社党支部	刘维完	男	汉族	书记	1971.07—1985.02
顶堡村党支部	雷朝爱	男	畲族	书记	1985.02—2010.10
顶堡村党支部	郑计桂	男	汉族	书记	2010.10—2015.12

2. 龟墩村党支部

支部名称	姓名	性别	民族	职务	任职时间
龟墩南山党支部	郑义乐	男	汉族	书记	1949.01—1952.08
龟墩南山党支部	黄荣归	男	汉族	书记	1952.08—1956.03
凤新社党支部	陈孝宜	男	汉族	书记	1956.12—1986.06
龟墩村党支部	吴贤吞	男	汉族	书记	1986.06—1992.07
龟墩村党支部	黄荣阳	男	汉族	书记	1992.07—1995.07
龟墩村党支部	魏起彪	男	汉族	书记	1995.07—2008.07
龟墩村党支部	柯红梅	女	汉族	书记	2008.07—2011.06
龟墩村党支部	潘宗瑞	男	汉族	书记	2011.06—2015.12

3. 鹤山村党支部

支部名称	姓名	性别	民族	职务	任职时间
鹤山南山党支部	蓝升株	男	畲族	书记	1949.02—1956.03
明星社党支部	蓝升株	男	畲族	书记	1956.12—1957.12
明星社党支部	钟铭	男	畲族	书记	1957.12—1958.11
明星生产队党支部	钟铭	男	畲族	书记	1958.11—1979.10
明星社党支部	蓝朝生	男	畲族	书记	1979.10—1984.06
鹤山村党支部	蓝元长	男	畲族	书记	1984.06—1987.06
鹤山村党支部	钟希眼	男	畲族	书记	1987.06—2002.05
鹤山村党支部	蓝准民	男	畲族	书记	2002.05—2005.03
鹤山村党支部	钟政权	男	畲族	书记	2005.03—2015.12

4. 岭边村党支部

支部名称	姓名	性别	民族	职务	任职时间
岭边生产大队支部	董希西	男	汉族	书记	1970.12—1984.06
岭边村党支部	陈钦吕	男	畲族	书记	1984.06—1999.06
岭边村党支部	钟昌元	男	畲族	书记	1999.06—2002.05
岭边村党支部	钟显艺	男	畲族	书记	2002.05—2005.03
岭边村党支部	钟昌夫	男	畲族	书记	2005.03—2011.03
岭边村党支部	蓝锡录	男	畲族	书记	2011.03—2014.03
岭边村党支部	陈法镇	男	汉族	书记	2014.03—2015.12

5. 凤楼村党支部

支部名称	姓名	性别	民族	职务	任职时间
凤楼社党支部	李计宝	男	汉族	书记	1956.12—1984.06
凤楼村党支部	蓝颜助	男	畲族	书记	1984.06—1985.02
凤楼村党支部	蓝颜勇	男	畲族	书记	1985.02—2005.03
凤楼村党支部	雷朝迎	男	畲族	书记	2005.03—2015.12

6. 鹤峰村党支部

支部名称	姓名	性别	民族	职务	任职时间
鹤峰社党支部	雷子休	男	畲族	书记	1956.12—1984.06
鹤峰村党支部	雷子旺	男	畲族	书记	1984.06—2005.03
鹤峰村党支部	雷朝密	男	畲族	书记	2005.03—2015.12

资料来源：根据《凤阳畲族乡组织史》资料汇编。

（二）各村委会任职名录

凤阳畲族乡地处鹤顶山麓，全乡辖6个行政村51个自然村56个村民小组，一个纯畲族村（鹤山村），其余5个均为畲汉杂居村。1950年7月，属矾山区领导，建立凤阳乡，辖4个村（即：凤阳北山村、龟墩村、杨加坑村、凤阳南山村），至1956年3月，进入高级农业生产合作社，6个行政村合办5个合作社。至1958年11月，公社化，凤阳管理区及生产大队、高级农业合作社，改为公社的生产队，共有：凤新、炬光、明星、岭边、凤楼、鹤峰6个生产队，至1984年4月恢复凤阳畲族乡，辖6个行政村。

凤阳北山村

村　　长：肖可生（汉族，1949.08—1950.02）

农会主任：肖可生（兼）（汉族，1949.08—1950.02）

凤阳龟墩村

村　　长：黄赐义（汉族，1949.07—1950.07）

农会主任：黄荣归（汉族，1949.07—1950.07）

凤阳南山村

村　　长：钟思市（畲族，1949.1 0—1950.06）

1950年7月，在矾山区领导下，建立凤阳乡，下辖：

凤阳北山村

村　　长：郑和丸（汉族，1950.07—1951.12）

农会主任：肖可生（汉族，1950.07—1952.04）

凤阳杨家坑村

村　　长：陈均涨（汉族，1950.07—1952.01）

农会主任：石克全（汉族，1950.07—1952.01）

凤阳龟墩村

村　　长：黄赐义（汉族，1950.07—1952.04）

农会主任：黄荣归（汉族，1950.07—1952.04）

凤阳南山村

村　　长：钟思市（畲族，1950.07—1952.04）

1952年4月，民主建政，建立凤阳乡，下辖：

凤阳北山村（顶堡村）

村　　长：王扬崇（汉族，1952.04—1956.03）

副村长：肖可生（汉族，1952.04—1956.03）

凤阳乡龟墩村

村　　长：陈孝宜（汉族，1952.04—1956.03）

副村长：黄荣芬（汉族，1952.04—1956.03）

凤阳杨家坑村（现岭边村）

村　　长：陈均畅（汉族，1952.04—1956.03）

凤阳南山村（现鹤山村）

村　　长：钟铭（畲族，1952.04—1956.03）

副村长：钟思荣（畲族，1952.04—1956.03）

1956年3月，撤销赤溪区，并入矾山区，设立凤阳畲族乡，农村农业合作化进入高级阶段，高级农业生产合作社，6个行政村合办5个合作社。

原杨家坑村，凤阳北山村合并为一个炬光高级农业合作社

社　　长：董希西（汉族，1956.03—1958.11）

副社长：王扬崇（汉族，1956.03—1958.11）

龟墩村农业合作社（凤新）

社　　长：陈孝宜（汉族，1956.03—1958.11）

副社长：黄荣芬（汉族，1956.03—1958.11）

明星（现鹤山）农业合作社

社　　长：钟铭（畲族，1956年.03—1958.11）

副社长：钟思荣（畲族，1956.03—1958.11）

凤楼村农业合作社

社　长：李计宝（汉族，1956.03—1958.11）

副社长：李计英（汉族，1956.03—1958.11）

鹤丰农业合作社

社　长：雷天想（畲族，1956.03—1958.11）

副社长：雷必恭（畲族，1956.03—1958.11）

1958年11月，公社化，凤阳管理区及生产大队、高级农业合作社，改为公社的生产队：

炬光生产队

队　长：肖可生（汉族，1958.11—1961.10）

副队长：王扬崇（汉族，1958.11—1961.10）

（原炬光高级农业合作社，分出一个岭边生产队）

岭边生产队

队　长：董希西（汉族，1958年11—1961.10）

副队长：李招引（畲族，1958年11—1961.10）

凤新生产队（现龟墩村）

队　长：黄荣芬（汉族，1958.11—1961.10）

副队长：杨经和（汉族，1958.11—1961.10）

明星生产队（现鹤山村）

队　长：钟大凤（畲族，1958.11—1961.10）

凤楼生产队

队　长：李计宝（汉族，1958.11—1961.10）

副队长：李计英（汉族，1958.11—1961.10）

鹤丰生产队

队　长：雷天想（畲族，1958.11—1961.10）

副队长：雷必恭（畲族，1958.11—1961.10）

1961年10月，公社生产队扩建生产大队管委会。

炬光生产大队

大队长：肖可生（汉族，1961.10—1966.11）

岭边生产大队

大队长：陈均畅（汉族，1961.10—1966.11）

龟墩生产大队

大队长：黄荣芬（汉族，1961.10—1966.11）

副大队长：杨经和（汉族，1961.10—1966.11）

明星生产大队

大队长：蓝朝生（畲族，1961.10—1966.11）

副大队长：钟大凤（畲族，1961.10—1966.11）

凤楼生产大队

大队长：雷顺利（畲族，1961.10—1966.11）

副大队长：蓝颜助（畲族，1961.10—1966.11）

鹤丰生产大队

大队长：雷天想（畲族，1961.10—1966.11）

副大队长：雷必恭（畲族，1961.10—1966.11）

1966年11月，农村"文化大革命"开始，冲击农村政权组织，停止活动，直到1969年8月，凤阳公社建立革委会，各大队建立革命领导小组。

炬光大队革命领导小组

组　　长：刘维完（汉族，1969.08—1978.04）

岭边大队革命领导小组

组　　长：董希西（汉族，1969.08—1978.04）

副组长：陈均畅（汉族，1969.09—1978.04）

凤新大队革命领导小组

组　　长：陈孝宜（汉族，1969.09—1978.04）

副组长：黄荣芬（汉族，1969.09—1978.04）

明星大队革命领导小组

组　　长：钟铭（畲族，1969.09—1978.04）

凤楼大队革命领导小组

组　　长：李计宝（汉族，1969.09—1978.04）

副组长：李计英（汉族，1969.09—1978.04）

鹤丰大队革命领导小组

组　　长：雷子休（畲族，1969.09—1978.04）

1978年4月，恢复公社，大队设二级管委会。

炬光大队管委会

大队长：郑宗宜（汉族，1978.04—1984.06）

凤新大队管委会

大队长：黄荣芬（汉族，1978.04—1984.06）

明星大队管委会

大队长：蓝朝生（畲族，1978.04—1981.01）

　　　　蓝元长（畲族，1978.04—1984.06）

副队长：蓝准顶（畲族，1981.01—1984.06）

鹤丰大队管委会

大队长：雷天想（畲族，1978.04—1984.06）

副队长：雷必恭（畲族，1978.04—1984.06）

凤楼大队管委会

大队长：雷顺利（畲族，1978.04—1984.06）

岭边大队管委会

大队长：陈均畅（汉族，1978.04—1984.06）

1984年6月，实行体制改革，大队管委会，改建村民委员会。

炬光大队改为顶堡村

村委会主任：吴立宋（汉族，1984.06—1987.06）

村委会副主任：蓝成叟（畲族，1984.06—1987.06）

　　　　黄基相（汉族，1984.06—1987.06）

岭边村村委会

村委会主任：陈钦吕（汉族，1984.06—1987.06）

村委会副主任：李招团（畲族，1984.06—1987.06）

　　　　钟显艺（畲族，1984.06—1987.06）

凤新大队改为龟墩村村委会

村委会主任：吴贤吞（汉族，1984.06—1987.06）

村委会副主任：魏起彪（汉族，1984.06—1987.06）

　　　　黄赐姜（汉族，1984.06—1987.06）

明星大队改为鹤山村村委会

村委会主任：钟昌齐（畲族，1984.06—1987.06）

村委会副主任：李招昌（畲族，1984.06—1987.06）

　　　　蓝升新（畲族，1984.06—1987.06）

鹤丰村村委会

村委会主任：雷天魁（畲族，1984.06—1987.06）

村委会副主任：雷必等（畲族，1984.06—1987.06）

凤楼村村委会

村委会主任：李绍仪（汉族，1984.06—1987.06）

村委会副主任：蓝颜助（畲族，1984.06—1987.06）

　　　　　雷正银（畲族，1984.06—1987.06）

1985年6月—2015年12月期间凤阳畲族乡各村管理机构和领导：

顶堡村村委会

村委会主任：吴立宋（汉族，1987.06—1997.04）

　　　　　郑计桂（汉族，1997.04—1999.04）

　　　　　郑计桂（汉族，1999.04—2011.02）

　　　　　雷开旺（畲族，2011.02—2015.12）

村委会副主任：黄基相（汉族，1985.06—1988.03）

　　　　　蓝成叟（畲族，1985.06—1988.03）

　　　　　雷顺坤（畲族，1988.04—1999.04）

　　　　　蓝准辉（畲族，1988.04—2010.04）

　　　　　郑丽辉（汉族，1999.04—2008.04）

　　　　　郑计烈（汉族，2011.01—2015.12）

妇联主任：卢细凤（汉族，1985.04—1999.04）

　　　　　郑丽辉（汉族，1999.04—2013.12）

委　　员：雷大林（畲族，1999.04—2002.04）

　　　　　蓝准辉（畲族，1999.04—2008.04）

　　　　　郑丽辉（汉族，1999.04—2013.12）

　　　　　肖怀来（汉族，2002.04—2005.04）

　　　　　肖怀来（汉族，2008.04—2011.04）

岭边村村委会

村委会主任：钟显艺（畲族，1984.06—1999.02）

　　　　　董学良（汉族，1999.02—2002.01）

　　　　　陈桂意（汉族，2002.02—2005.02）

　　　　　蓝锡录（畲族，2005.02—2011.02）

　　　　　陈法镇（汉族，2011.02—2013.12）

　　　　　钟昌旭（畲族，2013.12—2015.12）

村委会副主任：蓝锡录（畲族，2002.02—2005.02）

妇联主任：蓝冬花（畲族，1984—1990.02）

　　　　　董素真（汉族，1990.02—2002.01）

　　　　　李先月（畲族，2002.01—2008.02）

　　　　　林金辉（汉族，2008.02—2011.03）

委　员：陈均本（汉族，1984—1990.02）

　　　　林金辉（汉族，2011.02—2013.12）

　　　　陈尔现（汉族，2011.02—2013.12）

龟墩村村委会

村委会主任：黄荣孝（汉族，1987.07—1992.07）

　　　　　　黄荣阳（汉族，1992.07—1996.07）

　　　　　　魏起彪（汉族，1996.07—1999.04）

　　　　　　潘宗瑞（汉族，1999.04—2011.03）

　　　　　　黄益友（汉族，2011.03—2013.12）

村委会副主任：黄庆宣（汉族，2014.02—2015.12）

妇联主任：雷月英（畲族，1987.07—1997.07）

　　　　　潘永清（汉族，1997.07—2005.07）

　　　　　曾宪花（汉族，2005.07—2011.03）

委　员：陈友良（汉族，1987.07—2011.03）

　　　　杨经裕（汉族，1987.07—1992.07）

　　　　黄庆银（汉族，1992.07—2006.07）

　　　　雷素贞（畲族，2011.03—2013.12）

　　　　欧阳菲菲（汉族，2011.03—2013.12）

　　　　吴时育（汉族，2011.03—2013.12）

鹤山村村委会

村委会主任：蓝准民（畲族，1987.07—2002.02）

　　　　　　钟政权（畲族，2002.02—2005.02）

　　　　　　蓝准标（畲族，2005.02—2011.12）

　　　　　　蓝颜月（畲族，2011.02—2015.12）

委员：雷小军（畲族，2005.02—2013.12）

妇联主任：钟丽琴（畲族，1987.02—2002.10）

　　　　　雷达花（畲族，2002.10—2005.02）

　　　　　雷小军（畲族，2005.02—2011.10）

鹤峰村村委会

村委会主任：雷天魁（畲族，1987.06—1996.3）

雷必军（畲族，1996.03—1999.04）

雷顺柳（畲族，1999.04—2005.03）

雷必蕉（畲族，2005.04—2010.03）

雷朝瓜（畲族，2010.03—2015.12）

妇联主任：蓝秋花（畲族，1987.02—1966.03）

钟昌梅（畲族，1996.03—1999.04）

秦三丽（汉族，2013.03—2013.12）

委　员：雷顺儿（畲族，1987.06—1996.04）

雷开政（畲族，2005.02—2008.04）

蓝丽琴（畲族，2005.02—2008.04）

雷文量（畲族，2013.02—2013.12）

凤楼村村委会

村委会主任：雷顺求（畲族，1987.03—1993.03）

雷朝迎（畲族，1993.03—2005.03）

雷朝国（畲族，2005.03—2008.03）

钟政取（畲族，2008.03—2013.07）

吴积江（汉族，2013.12—2015.12）

村委会副主任：雷正银（畲族，1987.03—1993.03）

雷正字（畲族，1987.03—1993.03）

李绍议（汉族，1993.03—1999.03）

李先兴（畲族，1993.03—1999.03）

雷正寒（畲族，1999.03—2005.07）

张能谋（汉族，1999.03—2005.07）

钟美雪（畲族，2005.07—2013.12）

雷朝依（畲族，2005.07—2013.12）

妇联主任：徐丽金（汉族，1987.03—1993.03）

蓝爱芬（畲族，1993.03—1999.03）

钟美雪（畲族，1999.03—2008.03）

委　员：钟美雪（畲族，2005.07—2011.03）

表3-3-3-2 1949—2015年各村负责人名录

1. 顶堡村

名 称	姓名	性别	民族	职务	任职时间
凤阳北山村	肖可生	男	汉族	村长	1949.08—1950.02
凤阳北山村	郑和丸	男	汉族	村长	1950.07—1951.12
凤阳北山村	肖可生	男	汉族	农会主任	1950.07—1952.04
凤阳北山村	王扬崇	男	汉族	村长	1952.04—1956.03
炬光合作社	王扬崇	男	汉族	社长	1956.03—1958.11
炬光生产队	肖可生	男	汉族	队长	1958.11—1966.11
炬光大队革领小组	刘维完	男	汉族	组长	1966.08—1978.04
炬光大队管委员会	郑宗宜	男	汉族	大队长	1978.04—1984.06
顶堡村委员会	吴立宋	男	汉族	主任	1984.06—1997.04
顶堡村委员会	郑计桂	男	汉族	主任	1997.04—2011.02
顶堡村委员会	雷开旺	男	畲族	主任	2011.02—2015.12

2. 龟墩村

名 称	姓名	性别	民族	职务	任职时间
龟墩村	黄赐义	男	汉族	村长	1949.07—1952.04
龟墩村	黄荣归	男	汉族	农会主任	1949.07—1952.04
龟墩村	陈孝宜	男	汉族	村长	1952.04—1956.03
凤新合作社	黄荣芬	男	汉族	社长	1956.03—1958.11
凤新生产队	黄荣芬	男	汉族	队长	1958.11—1961.10
凤新生产大队	黄荣芬	男	汉族	大队长	1961.10—1966.11
凤新大队革领小组	黄荣芬	男	汉族	组长	1966.08—1978.04
凤新大队管委会	黄荣芬	男	汉族	大队长	1978.04—1984.06
龟墩村民委员会	吴贤吞	男	汉族	主任	1984.06—1987.06
龟墩村民委员会	黄荣孝	男	汉族	主任	1987.06—1992.07
龟墩村民委员会	黄荣阳	男	汉族	主任	1992.07—1996.04
龟墩村民委员会	魏起彪	男	汉族	主任	1996.07—1999.04

续表

名　称	姓名	性别	民族	职务	任职时间
龟墩村民委员会	潘宗瑞	男	汉族	主任	1999.04—2011.03
龟墩村民委员会	黄益友	男	汉族	主任	2011.03—2013.12
龟墩村民委员会	黄庆宣	男	汉族	主任	2013.02—2015.12

3. 鹤山村

名　称	姓名	性别	民族	职务	任职时间
凤阳南山村	钟思市	男	畲族	村长	1949.10—1952.04
凤阳南山村	钟铭	男	畲族	村长	1952.04—1956.03
明星合作社	钟铭	男	畲族	社长	1956.03—1958.11
明星生产队	钟大凤	男	畲族	队长	1958.11—1961.10
明星生产大队	蓝朝生	男	畲族	大队长	1961.10—1966.11
明星大队革领小组	钟大凤	男	畲族	组长	1966.08—1978.04
明星大队管委会	蓝朝生	男	畲族	大队长	1978.04—1981.01
明星大队管委会	蓝元长	男	畲族	大队长	1981.04—1984.06
鹤山村民委员会	钟昌齐	男	畲族	主任	1984.06—1987.06
鹤山村民委员会	蓝准民	男	畲族	主任	1987.06—2002.02
鹤山村民委员会	钟政权	男	畲族	主任	2002.02—2005.02
鹤山村民委员会	蓝准标	男	畲族	主任	2005.02—2011.02
鹤山村民委员会	蓝颜月	男	畲族	主任	2011.02—2015.12

4. 岭边村

名　称	姓名	性别	民族	职务	任职时间
杨家坑村	陈均涨	男	汉族	村长	1950.07—1952.01
杨家坑村	石克全	男	汉族	农会主任	1950.07—1952.01
杨家坑村	陈均畅	男	汉族	村长	1952.04—1956.03
岭边生产大队	陈均畅	男	汉族	大队长	1961.10—1966.11
岭边大队革领小组	陈均畅	男	汉族	组长	1969.08—1978.04
岭边大队	陈均畅	男	汉族	大队长	1978.04—1984.06
岭边村民委员会	钟显艺	男	畲族	主任	1984.06—1999.02
岭边村民委员会	董学良	男	汉族	主任	1999.02—2002.02

续表

名　称	姓名	性别	民族	职务	任职时间
岭边村民委员会	陈桂意	男	汉族	主任	2002.02—2005.02
岭边村民委员会	蓝锡录	男	畲族	主任	2005.02—2011.02
岭边村民委员会	陈法镇	男	汉族	主任	2011.02—2014.02
岭边村民委员会	钟昌旭	男	畲族	主任	2014.02—2015.12

5. 凤楼村

名　称	姓名	性别	民族	职务	任职时间
凤楼合作社	李计英	男	汉族	社长	1956.03—1958.11
凤楼生产队	李计英	男	汉族	队长	1958.11—1961.10
凤楼生产大队	雷顺利	男	畲族	大队长	1961.10—1966.11
凤楼大队革领小组	雷顺利	男	畲族	组长	1969.08—1978.04
凤楼大队	雷顺利	男	畲族	大队长	1978.04—1984.06
凤楼村民委员会	李绍义	男	汉族	主任	1984.06—1987.06
凤楼村民委员会	雷顺球	男	畲族	主任	1987.06—1993.03
凤楼村民委员会	雷朝迎	男	畲族	主任	1993.03—2005.03
凤楼村民委员会	雷朝国	男	畲族	主任	2005.03—2008.03
凤楼村民委员会	钟政取	男	畲族	主任	2008.03—2013.12
凤楼村民委员会	吴积江	男	汉族	主任	2013.12—2015.12

6. 鹤峰村

名　称	姓名	性别	民族	职务	任职时间
鹤峰合作社	雷天想	男	畲族	社长	1956.03—1958.11
鹤峰生产队	雷天想	男	畲族	队长	1958.11—1961.10
鹤峰生产大队	雷天想	男	畲族	大队长	1961.10—1966.11
鹤峰大队革领小组	雷天想	男	畲族	组长	1969.08—1978.04
鹤峰大队	雷必恭	男	畲族	大队长	1978.04—1984.06
鹤峰村民委员会	雷天魁	男	畲族	主任	1984.06—1996.03
鹤峰村民委员会	雷必军	男	畲族	主任	1996.03—1999.04
鹤峰村民委员会	雷顺柳	男	畲族	主任	1999.04—2005.03
鹤峰村民委员会	雷必蕉	男	畲族	主任	2005.03—2011.03
鹤峰村民委员会	雷朝瓜	男	畲族	主任	2011.03—2015.12

资料来源：根据《凤阳畲族乡组织史》资料汇编。

（三）民族村建设

2000年苍南县政府根据《浙江省少数民族权益保障条例》的规定，将少数民族人口占30%以上的村确定为民族村。全县共有30个，凤阳畲族乡共6个行政村（即龟墩村、顶堡村、鹤山村、岭边村、凤楼村、鹤峰村），其中有5个民族村，畲族人口占30%以上有顶堡村和岭边村，畲族人口占50%以上有凤楼村和鹤峰村，鹤山村为纯畲族村。

进入21世纪后，各级政府加大对少数民族和民族地区的经济社会事业发展的工作力度。大力扶持基础设施建设和发展农业种、养、加项目，创办专业合作社，并积极引导劳务输出，使生产结构和人均收入发生较大的变化。

2002年以来，县政府每年安排一定数量的建房土地指标和相应配套扶持资金，重点扶持少数民族和民族村的群众下山异地脱贫。2002年至2003年12月，分别有70多户300多人搬迁至赤溪镇北岙内（今鹤峰新村）和望海小区。纯畲族村鹤山，1995年80多户400多人下山到乡政府统一规划的凤阳新村居住。1998年8月鹤山龙头山有20多户村民遭遇地质灾害，县长视察后建议并批示整体搬迁安置凤阳新村，同年岭边、顶堡两村也有100多户420人迁居新村，较大地改变了村民居住和生活条件。

畲族村的经济与社会尤其是基础设施建设较快发展，如电网改造、标准化路灯架设、自来水管道水的整改、康庄工程的优化改建、治污改厕环境美化、溪床整治栏坝建造、旅游资源大开发等等，使畲族村的面貌有了明显改变。

（四）村委会组成及选举

1.村委会的人员组成

按照《村委会组织法》第九条第一款的规定，"村民委员会由主任、副主任和委员共3～7人组成"。由于村民委员会实行的是委员会制度，村民委员会决定问题采用少数服从多数的原则。因此，村民委员会组成的人数应当是单数，具体人数的多少，根据村委会管辖的地域大小，人口多少，由当地政府指出，在广泛征求村民意见的基础上来确定。

凤阳畲族乡的5个民族村中除了鹤山村属纯畲族村外，其余的4个村均属畲、汉杂居村。根据有关法律中的规定，村民委员会应当有少数民族成员。此外在成员的选举中还考虑有一定妇女的名额，有利于开展计生及各项工作的搭配。近几年来的选举符合了上述规定的原则。

2.村委会的性质

《村委会组织法》第二条明确规定："村民委员会是村民自我管理、自我教育、自我服务的基层群众性自治组织。"首先，村民委员会是一种在法律、法规范围内，组织群众自己办理事情的组织。它不是一级政权机关或行政机关，不是政权机关的派出机构，也不是自治组织与行政机关的结合体制。它的干部由本村全体选民选举产生，并对村民会议或村民代表会议负责和报告工作，接受村民监督和建议。

3.村委会成员的选举

按照法律的规定，村民委员会主任、副主任和委员，是由村民直接选择产生的。所谓的直接选择是指由本村选民直接投票选举不得采用户代表选举，也不得采用由村民代表选举产生村民委员会主任、副主任和委员。

4.村委会成员的选举办法

先进行选民登记，按照《村委会组织法》第十二条的规定，年满十八周岁的村民，不分民族、种族、性别、职业、家庭出身、宗教信仰、教育程度、财产状况、居住期限都有选举权和被选举权。但是依照法律被剥夺政治权利的人除外，也就是说我国村民委员会组织法规定的村民的选举资格只有三限限制条件：一是年龄条件，必须年龄满十八周岁；二是属地条件，必须是本村人民；三是政治条件，即依照法律被剥夺政治权利的人无选举权和被选举权。

5.村委会的选举一般要经过三个阶段

第一阶段是宣传教育发动群众阶段，通过宣传发动，主要让村民知晓两件事：一是让村民了解选举的重要意义和具体选举程序，从而使村民能认真地通过民主选举，选出真正能代表村民群众利益，反映村民意见的人员；二是让村民知晓选举的时间。

第二阶段是提名确定村民委员会组成人员候选人，由村有选举权的村民直接提名候选人，实行差额选举候选人的名额应多于应选名额。如果应选3名应提名5人。

第三阶段是村民委员会采取无记名投票方式，由有选举权的村民直接选举。根据地区设指定投票点和流动投票箱两种。本乡各民族村的选举大多用流动投票箱，走村串户、挨家挨户或村民在外地的用电话联系投票方式，有的用委托投票方式。做到村不漏户，户不漏人，全民参与选举。同时在投票选举的日期间还选派多名的监督员跟随到各自然村进行选举监督，在监票和计票的过程中依照《选举法》的有关规定去执行。只有有选举权的村民过半数投票，选举才有效。候选人获得参加投票村民的过半数的选票，才能当选。而且按照得票的多少和需要选举的人数多少，得票多者当选，如果获得过半数选票的候选人名额超过应选人数，同时最后几名得票相等，不能确定当选人时，组织村民对票数相等的候选人重新投票，再确定得票多的当选，如果获得过半数的村民委员会候选人名额少于应选名额时，对不足的名额另行选举。

近几年来，本乡各畲族村的村长、副村长和委员的选举工作都依照有关法律、法规去执行。选举工作都比较顺利，没有出现拉票和受贿现象，通过全民参与选举达到了公开、公正的选举效果。

（五）村委会成员及职责

村委会主任的职责 村委会主任是一个村的法定代表人，其主要职责为：（1）主持村委会的日常工作。（2）主持村民大会或村民代表大会，向大会报告工作。（3）督促检查本村各项工作执行情况，并向上级政府及派出机关汇报。争取政府及其派出机关对村委会工作的指导、帮助和支持。（4）领导村委会下属各工作委员会的工作。（5）领导各村民小组的工作。

村委会副主任职责 村委会副主任的职责为：（1）主要协助主任工作对主任负责。（2）主任外出时，由主任授权主持全村工作。（3）做好由自己负责管理和办理的工作。

村委会委员职责 村委会委员的职责主要有两个方面，协助主任、副主任工作，做好由自己负责管理和办理的工作。

村民委员会下设的村民小组 按照《村民委员会组织法》的规定，村民委员会可以按照村民的居住状况分设若干村民小组。村民小组是村民开展自治活动的最小单元，即是农村基层的自治组织。村民小组要选举村民小组长来具体主持村民小组的各项事务。

村民小组的作用 一是村民委员会通过村民小组向村民布置任务；二是村民小组可以相对独立地组织村民进行生产、经营、科技文化等活动，以充分发挥自己的组织、协调指导的作用。村民对村民委员会，对乡镇政府有什么意见和要求，通过村民小组收集集中上报。

村民小组组长的职责 村民小组长是村民小组的代表，其主要职责有：（1）宣传和贯彻党的路线、方针、政策和国家的法律、法规；（2）在村委会的领导下，贯彻执行村民会议和村委会的决定，完成村委会布置的工作任务，办好本组的事务，及时反映本组村民的意见、建议和要求；（3）负责召开小组的各种会议和组织全组村民的各项活动，并及时向村委会汇报；（4）对村级财务、政务和公益事业等工作进行监督，提出相应的建议；（5）组织本组村民积极推行政治文明、物质文明和精神文明建设；（6）参加村民议事会和村民代表大会，积极参政议政。

（六）村"两委"联席会议及各项制度

"两委"联席会议是由村党支部书记主持，村党组织委员和村民委员会成员参加的会议。主要讨论村内重大事项，研究提出具体意见和建议。联席会议一般每月召开一次，如遇特殊情况可随时召开。以下事项应由"两委"联席会议研究，提出方案后，按照有关规定和程序，提交党员大会、村民会议和村民代表会议决定：（1）本村经济和社会发展五年规划和年度计划。（2）本村享受误工补贴的人数及补贴标准。（3）集体经济所得收益使用。（4）兴办村公益事业资金的筹集办法。（5）村集体经济项目的立项，承包方案及村公益事业的建设承包方案。（6）村集体土地及各业的承包经营方案。（7）计划生育工作，宅基地指标分配。（8）村民会议认为应当由村民会议讨论决定的涉及村民利益的其他事项。

认真落实"一事一议"的制度　"一事一议"制度是以村级范围内开展各项建设和公益事业前，在村委会的组织下，由村民讨论商议是否开展该项建设事业，以及如何筹措并开展该项事业的一项民主议事制度。

执行村务公开制度　村务公开是按照规定的时间形式和程序，将村民普遍关心的，涉及村民切身利益的重大事项公布，并接受村民监督的民主管理制度。

根据中办发〔2004〕17号文件明确提出的村务公开内容，结合各地实际当前的村务公开内容包括24项：

（1）村干部分工及责任目标。（2）村经济社会发展规划，年度计划及进展情况。（3）社会主义新农村的建设情况。（4）文明生态村的建设方案及实施情况。（5）村年度财务收支计划及落实情况。（6）集体土地的承包、经营使用方案及落实情况。（7）集体企业及其他资产资源的承包，经营使用方案及落实情况。（8）村集体经济项目，公益事业项目的立案、经费筹集方案及落实情况。（9）村所得的收益的使用分配方案。（10）村财务收支情况。（11）享受补贴人员及补贴金额。（12）宅基地的使用方案及落实情况。（13）土地征用补偿及分配使用情况。（14）集体债权债务情况。（15）计划生育情况。（16）种粮补贴情况。（17）国家其他补贴农民，资助村集体的政策落实情况。（18）退耕还林还草款物兑现情况。（19）救灾救济款物的发放及五保户供养情况。（20）新型合作医疗。（21）"一事一议"筹资筹劳方案及落实情况。（22）农民群众认为应当公开的其他内容。（23）村务公开监督小组成员。（24）民主理财小组成员。

村务公开时间，一般的事项坚持每季一次，涉及农民利益的重大问题以及群众关心的事项，要及时公开。村务公开的形式是通过公开栏，要求按实际、实用、实效的原则，在便利与群众观看的地方设立固定公开栏。同时还可以通过广播、电视网络、"明白纸"、民主听证会等其他有效形式公开，方便群众监督。

三、政策法规

（一）教 育

教育方面，上级政府采取扶贫助教政策，拨款支持兴建教学楼及添置教学设施。1977年至1980年移建两个教室；1980年加楼；1988年因危房禁用了4个教室后，1989年又扩建了两个教室；教师增加到16人，学生发展到371人。

1991年建造小学教学楼450平方米。至1997年县财政又投入计100万元新建了391平方米新教学楼；1998年创办初中一个班，又投入60多万元配备了操场、电脑、课桌、实验室、图书馆及美乐室等；2004年又投入资金，建成学校食堂98平方米。畲族乡中心校创办了一所寄宿制小学，住宿生达50多人。

2012年以来，上级政府重点扶持学前幼儿教育。将凤阳民办幼儿园转为公办，从2012年至2016年政府投入幼儿教育设施经费共计110万元，其中乡政府投入20万元。改善了办学条件，完成了主教学楼屋面改造和1000余平方米的塑胶操场。配置了各类书室和幼儿活动仪具。

对在山区和少数民族地区任教的老师，采取优惠政策，每月提高教师津贴600元。县财政全年还专款扶持民族教育经费30万元，凤阳畲乡中心学校5万元。从2012年开始，属于低收入、低保户的学生及烈士后代、残疾儿童每学期享受营养餐、津贴待遇。

对初中升高中的少数民族学生，实行加40分录取优惠政策，大专高考生优惠5分。苍南中学出台政策优先录取畲族考生一名。

加快对学生的关爱和帮扶力度。增加对少数民族学生助学金的投入比例，同时开展对学生进行"跟踪式"的帮扶。发动社会爱心人士，筹资成立"成才计划"基金。对家庭贫困，学习成绩好的学生进行重点培养帮扶。面向社会公开选聘优秀教师，着力培养当地民族教师，开展对当地学生民族语言、民族习俗、民族工艺的传统教学。

（二）医疗卫生

温委发〔2006〕28号文件《关于进一步加快少数民族和民族地区经济社会发展的若干意见》指出：要优先安排民族乡、镇卫生院的基础设施建设和常规医疗设施装备，争取三年内基本解决民族地区群众看病难的问题。各级卫生部门采取切实措施，帮助民族地区培养医务人员。组织医疗对口支援，加速民族地区医疗卫生人才的培养。提高医疗技术水平，健全并巩固民族乡、镇、村初级卫生保健体系。

温州市财政每年安排专项补助资金，用于对特别困难的少数民族重病户住院医疗费补助。各县（市区）应参照设立医疗费专线补助资金。

苍南县政府有关部门每年安排5%以上的财政资金用于支持少数民族乡镇、村改水、改厕。

多年来温州市卫生局与凤阳畲族乡结对扶贫，自1988年起多次组织九三学社医疗队来凤阳畲族乡，为畲汉村民免费疾病义诊，给予免费取药。2011年在上级政府的大力支持下立项建造凤阳乡卫生院。政府拨款76万余元，总投入建筑资金106万元，建成一座600平方米的凤阳乡卫生院。

大力开展环境综合治理，净化生活环境。在生态投入方面，投入121万元建设中心村污水管网工程。铺设管网1.70公里。收集解决了近430户2000千余人的生活污水，完成中心村日处理150吨污水，净化了水资源。2012年投入近200万用于凤楼等四个村饮水工程，彻底解决了农村群众生活饮用水问题。

加大力度将农村改厕和治污工作相结合，生活污水集中处理，切实改变农村卫生脏、乱、差现状。

（三）文化体育

各级财政、文化部门加大对民族地区文化建设的投入，支持民族地区挖掘和保护利用民族传统文化资源，积极发展文化产业。

凤阳畲族乡境以发展畲族特色文化和丰富多彩文化为主线，大力挖掘整理保护传统非物质文化遗产。加强对文化设施的投入，打造畲乡特色文化，丰富百姓的精神生活。优化资源配置，形成融宣传教育、文化娱乐、信息服务、科学普及、体育活动等为一体的文化平台。2009年上级及有关部门加大投入力度，拨款建造了凤阳畲族乡文化中心楼一座，总投资60多万元，建筑面积为450平方米，融宣传、娱乐、科普为一体的场所。

实施文化惠民工程，实现了广播电视村村通，闭路电视进万家，体育健身器材进村庄和文化资源信息共享的新格局。2010年上级政府和矿山老板捐资把原凤阳大宫建成文娱为一体的"凤阳大宫文化礼堂"。设有多功能活动室和农家书屋，开设道德讲堂，每月制定活动内容，开展讲课和室外活动，增强了村民的科学技术信息，丰富了各种文化娱乐活动。自2010年以来矿山企业代表年年捐资演大戏，乡政府及各村委会联合主办的浙闽畲歌演唱会在每年春节和"三月三"时举办，从无间断。还有群众自发创办的庙会活动，如上刀山、坐刀轿、抛钉球各类的传统畲族民俗文化巡回到乡邻各村，似神灵活现，盛况空前。畲乡文化建设的改观，通过文化活动，采取"引进来"和"走出去"的方式，丰富群众文化生活，增强民众互动。还有县各有关部门，年度送戏下乡，电影下乡，书画摄影展下乡，将引进文化拓展村民视野。2015年凤阳畲族乡与岱岭畲族乡共同承办的第三届瓯越"三月三"畲族风情旅游节，吸引四方游客，场面隆重，盛况空前。

凤阳乡文化站负责开展了非物质文化遗产普查工作，详细调查了非遗项目71项，整理编写了《温州市非物质文化普查项目汇编·苍南县凤阳畲乡卷》详细记录了民族语言、民间文学、音乐、戏曲、美术、工艺技术、人生礼仪、岁时节令、民间信仰、体育竞技、畲医畲药等项目。帮助"畲歌传承人"蓝梅英开展工作，使之成功地收藏了畲民古代用过的各种编织、纺织、生产和生活用具、银器、锡铸等计300多种类型，并由政府造册登记，帮助保管收藏，以便开设展览馆，立时开放，以供参观。

（四）下山脱贫

在省、市、县各级政府帮扶民族乡的政策推动下，历年来凤阳畲族乡享受优惠政策，并得到了落实和兑现，取得了一定的成效。

扶持民族地区发展生产和基础设施建设。以前每年给予民族乡不低于10万元，近年来扶持力度逐年增加。

多措并举，加快民族乡、村资源优势转化。帮助引进人才、项目、资金、技术，通过经济技术合作开发等方式，加快民族乡经济的发展。同时规定对在民族乡创办企业实行免税5年，村免税3年的优惠政策。

做好少数民族群众下山脱贫工作。1994年凤阳乡规划新村建设后，鹤山民族村有顶中贡、鹤顶山、龙头山、田中央、隔头、平石和岭边、顶堡等村民200多户下山移居到乡中心村（现建新路）居住。2002年赤溪镇北岙内规划鹤峰村异地脱贫后，解决了本乡鹤峰村交椅环、三十亩等自然村40多户，200多人到赤溪北岙内移民点聚居。2005年第二批又安置解决了章家山等地村民30多户，130多人到赤溪镇望海路集居。2008年龟墩村民共有28户120多人，移居到矾山镇南下小区，走出山门实现下山异地脱贫。政府仍继续规划新村下山脱贫点。还积极争取土地指标和村民协商落实。

（五）产业发展

大力发展开发性农业和林业，发展多种适度规模经营，近年来在各级政府扶持政策的推动下，凤阳乡的产业结构调整和适度规模经营取得了一定的成效。乡境内发展油茶基地顶堡村427亩、鹤峰村310亩、鹤山村金银花基地320亩、红心李基地220亩，龟墩村砂糖桔、贡柑基地120亩，凤楼村高山有机茶基地230亩、浙八味基地350亩、东魁杨梅基地223亩、牛蛙养殖基地130亩，共有9个百亩基地，总投资458万元。扶持发展鹤峰村规模化的生猪养殖项目基地，同时还可解决闲置劳力几十人。民族政策的优惠促进了农业产业结构的调整，提高了土地资源的利用，拓宽农民增收渠道。

（六）设施建设

不断加大基础设施投入力度。以生态优化为载体，大力开展环境综合整治，净化生活环境，在生态方面投入121万元。建设中心村污水管网工程，铺设管网1.7公里，收集了430户近2000人的生活污水，完成了中心村日处理150吨污水的处理工程，净化水资源。建设龟墩、鹤山两村县级饮水工程，2012年继续投入200万元用于凤楼等四个村饮水工程，彻底解决了山区群众饮用水难的问题。做好凤阳畲族乡小流域治理工程。总投入532万元，建造了长达1.30公里的凤宫溪堤加固工程。目前已完成一期二期工程，三期1公里溪堤加固可在年底内完成。该工程防洪标准为10年一遇，可确保沿岸,2000多人民群众的生命财产安全。建成全县首座太阳能减量化垃圾处理池，全乡垃圾无害化处理可达到百分之百。解决山区交通不便，运输困难，确保出行畅通。除前几年已建造了顶堡、龟墩二村标准机耕路外，近几年又投入经费完成了凤楼、鹤山、鹤峰、岭边等6条16.50公里的康庄公路建设。实现了村村通公路，彻底解决了山区交通闭塞历史问题。全面开展低收入户奔小康工程，通过建设顶堡新村、赤溪北岙、赤溪环海路及矾山南下小区4个移民点，使鹤峰、凤楼、顶堡、岭边、鹤山、龟墩等村270多户,1000多群众走出山门，实现了异地脱贫。全力做好"四边三化"工作。对垃圾溪间进行了有效整治全部拆除沿溪的畜禽养殖点清淤护坡。兴建了六个村及垃圾堆放点，同时完善各村保洁员制度，配足配齐保洁器具，净化溪流打造生态美丽凤阳。

第四章 经 济

　　凤阳畲族乡的经济以农业为主，粮食、茶叶和畜牧是境内三大传统产业。旧时，凤阳乡民缺地少粮，温饱不易，遇上灾荒战乱，生活困苦艰难。民国时期国力贫弱，社会动乱，经济发展十分落后。中华人民共和国成立后，实行土地改革，农民分到了土地，生活有了保障，温饱问题得到解决。进入21世纪后，政府加大"三农"支持力度，继续免征农业税，给农民发放各类政策性补贴等，多种经营生产快速发展，乡民生活显著改善。

第一节 农 业

　　凤阳乡畲汉先民的早期生产方式是游耕和狩猎。明清定居后逐渐发展以梯田垄亩耕植稻谷和旱地种植甘薯为主的农业生产方式。锄犁并耕的传统农业生产是主要的经济体系。

　　中华人民共和国成立后，凤阳乡进行土地改革运动，家庭成分划定，走向社会主义道路。1958年，成立人民公社，实行"一大二公""三级所有，队为基础"，所有土地、山林、耕牛、农具、水利设施等一律归公社所有。1979年以后，实行联产承包责任制，稳定和完善以家庭联产承包为主的统分结合双层经营，使农业经济快速发展，人民生活水平普遍提高。

　　自1985年以来，通过改革开放，进一步深化农村经济体制改革，土地经营方式发生根本改变，民族地区的生产力得到空前解放。通过对产业结构的调整，改革传统的耕作制度引进高效优良品种，采用新型栽培技术，合理利用科学方式，有效防治病虫害措施，使农民种粮逐年丰产。同时通过改革开放，"小农经济，自给自足"逐步转向第二、三产业发展，适度规模的多种经营生产和农业龙头企业也方兴未艾。

　　2015年全乡工农业总产值由1985年的138.60万元增加到3803.24万元增长26.44倍。农民人均收入由1985年165元增加到10514元，增长62.72倍。

一、原始农耕

（一）刀耕火种

唐代，畲汉先民始入迁凤阳。据考古发现，"凤阳碗窑址群建于唐朝，宋代最盛，清中期由战乱而毁……"大多数先民定居深山结庐，白手起家，沿用刀耕火种之法，以垦荒种粮、造窑烧碗为生。"畲"音奢，火种也，民以畲名，其善田者也……勤播植树，旁山结茅，男女均得力稿……火田即"刀耕火种"之田，先劈倒草木，待树草干枯，后点火烧。烧山时，从山顶点火往下烧，曰："落山火""坐火"。烧后等凉透再锄地播种，不耘而获。这种"火田"多属缺水旱地，所种多为耐旱作物，如"种薯、姜、苎、芋、豆、高粱、麦、蔴、菜等作物"。

凤阳地处高山丘陵，先民开辟之，多以"刀耕火种"为主，诸如鹤山看牛坪、鬼硐、凤楼碗窑、虎橱、岭边长尾坑、顶堡牛栏、龟墩、鹿塆等一带山地开发皆为"火田"。大多数凤阳先民自闽入迁之前就会种植番薯，迁入凤阳后，番薯种植之风盛行，尤其是清雍正、乾隆二朝，鼓励山区垦植番薯，为了解决粮食问题，所垦农地，一律免赋。因此，迁入凤阳垦荒定居者逐渐增多。若较迟入迁者见山垦熟，先须签订《承让山契》，是有山主，要交山租。"然刀耕火种之所得，未能卒岁，禾中之获苓，则掘草药自活，十九务农。"

（二）狩猎生活

狩猎是原始粗放耕作方式"刀耕火种"的辅业。为增加经济收入，也为消除兽害，凤阳乡民以狩猎为生者组成狩猎队，世代相承。早时祖先"以木弩捕、圈扣、设陷阱、猎炮"等为狩猎方法，后用猎枪、尖刀、铁棒、猎钗等武器进行夜猎或日游猎。现保存有清光绪年间猎得的1张豹皮遗存。

中华人民共和国成立以后，凤阳乡建有凤楼村夜猎队，养有猎犬在夜间山园田地，捕捉野猪、狐狸、土狗、刺猬、白眉香等野兽。鹤峰交椅环的章家山猎队，用猎枪、土制猎炮、火药、弹子，在日间巡猎，捕捉野兔、山鸡……。部分乡民居住深山老林，时常单独与集体到鹤顶山狩猎，或设伏捕捉，或上山打猎。

凤阳乡民狩猎时有一些约定成俗的规矩。集体围猎时，要民主推荐一名年长者当"打铳头"，其他成员听其指挥。长者一般都是有经济实力、熟悉地理环境且为人公正的猎手。出发前，先拜请"打猎仙师"，祈祷"保佑弟子坐山安全，铳头走火，枪尾生财"；拜毕，将三炷香插入香炉中央；狩猎路上忌说秽语；抵达狩猎地点后，狩猎人员分为"赶山"与"守靶"两拨，各司其职。

"赶山"者用猎狗把野兽驱赶到靶口，"守靶"者负责将野兽击中。狩猎结束，必先用猎物祭谢"打猎仙师"，燃香鸣枪，庆贺丰收，然后分配猎物。凤阳畲民的狩猎活动延续到20世纪50—60年代止，现有三处"狩猎先师圣位"尚存：鹤峰村章家山水尾宫何三虎军（打虎将军），交椅环打猎仙师，鹤山村陈家塆宫打猎仙师。

（三）垦山筑田

凤阳先民入迁时用刀耕火种的方式把陡坡开垦成梯田和林园，使用的主要农具分为铁制、木制、竹制和混合材料制作的4大类。金属农具以铁木结构为主，有犁、耙、锄、双齿、四齿、拦扒、耥耙、镰刀、铁锤、钢钎等，用于田间耕作和收割；木制农具有风车、牛车、谷扒、谷笼、粪桶、稻桶、稻梯、戽水桶等，用于提水、灌溉、运输和脱粒等；竹制农具有扁担、畚斗、箩筐、灰箕、簟、稻桶簟、谷筛、米筛等。一直到民国时期，农业生产工具基本上没有明显的改良和发展，劳动生产率低下。

中华人民共和国建立后，尤其从20世纪60年代开始，凤阳乡逐步引进各种新型农业机械，农业生产逐渐实现机械化或半机械化。进入20世纪80年代农业机械化有进一步发展，20世纪90年代后，农业机械化发展迅猛，脱粒、排灌、植保农副产品加工、农运等基本实现机械化。到2005年，全乡农业机械总动力737千瓦，其中收获机械动力1台2千瓦，排灌机械23台28千瓦，农副产品加工机械16台，运输机31台540千瓦，其他农业机械2台18千瓦，农业机械原值55万元，年加工农副产品860吨。乡村农机人员35人（拖拉机司机28人、农用运输车司机2人、农机维修人员5人）。农机经营单位2个，农机经营收入16万元。2010年，全乡农业机械总动力增至841千瓦（柴油机555千瓦、汽油机286千瓦），其中，排灌机械101台203千瓦，运输机械11台286千瓦，农业机械动力43台352千瓦，农业机械原值55万元。2015年，全乡农业机械总动力902千瓦，其中灌排机械3台5千瓦，收获后处理机械66台66千瓦，农产品加工机械20台141千瓦，运输机械动力12台312千瓦，其他农业机械动力16台378千瓦。农业机械原值63万元，农业机械净值5万元。

（四）其他副业

凤阳乡的野生自然资源丰富。村民从大山林木中获取食物类、药材类、饲料类等农副产品。

食物类主要是野菜、野果和溪坑鱼蟹。野菜有蘑菇、蕨菜、野葱、山笋、苦菜、大青叶、山花菜、野姜等；野果有山楂、山油茶、黄栀等；溪坑鱼蟹有野生石蛙、坑蟹、溪鱼、黄鳝、泥鳅、螺丝等。药材类主要是中草药，有茯苓、何首乌、三叶青、金银花、茅草根、百合、板蓝根等。饲料类主要是牛、羊、猪、兔的青饲料。乡民还从山林获取锄头柄、扁担坯、龙须草、箬叶、薪柴以及各种藤绳等农用制品。挖树桩做盘景，也成为赶山采集的新内容。

秋末时节，村民开始砍柴割草。每年畲民必割"八月草"。山草割后在山上晒干，再挑运回家叠成草垛，到翌年春夏时挑到集市兑取油盐酱醋。杂木薪柴是乡民的主要燃料。进入21世纪后，村民普遍使用液化石油气。

（五）土地租赁

凤阳丘陵坡地居多，旱地多水田少，田地仅占耕地四分之一。中华人民共和国成立以前，水田旱地好的都集中到地主手中，他们以土地租赁形式剥削农民和雇工。地租种类繁多，有田租、园租、山租、屋基租、牛栏租、粪缸租、猪栏租等等。土地租形式有3种：一是定租，又称"定额"。地主出租土地时规定租额，一般占收获量的60%～80%。二是分租，又称"作分"。按收获量分配，一般是"三七分"（地主得七成）。年境收成较低，也可以减租。三是高利贷。地主、商人趁天灾人祸或青黄不接之机放高利贷，贷钱和物给农民。贷款期有长有短，长期一般以年为限，短期则以日为度，利度高达50%～60%。借贷时要担保人或以实物抵押，扣去第一年的利息，或以山园、经济林、杂地抵押。

二、土地制度
（一）土地改革

1950年6月30日中央人民政府政务院颁布《中华人民共和国土地改革法》，废除封建土地所有制，开始土地改革运动。1951年12月中国共产党矶山区委派出土地改革工作组（组长李和仕）进驻凤阳乡，至1952年春耕前结束。土地改革工作组具体指导凤阳乡展开大规模的土地改革运动，全过程分为4个阶段：宣传发动，划分阶级成分，斗地主、没收地主的多余土地和财产分给农民，建立乡村政权。

土地改革前，全乡共有土地357.04公顷，有地主26户，占有土地22.50公顷，占6.30%；富农占有土地17公顷，占4.76%；中农占有土地141公顷，占39.49%；贫农占有土地147.50公顷，占41.31%；雇农占有土地0.49公顷，占0.14%；小土地出租者占有1.21公顷，占0.34%；公地有27.34公顷，占7.66%。

土地改革后，土地占有结构发生变化，广大贫下中农的土地占有量提高。

地主占有土地7.41公顷，占2.07%，减少15.09公顷，下降67.07%；富农占有土地16.16公顷，占4.52%，下降4.94%；中农占有土地146.45公顷，占41.01%，增加5.45公顷，增长3.87%；贫农占有土地186.36公顷，占52.19%，增加38.86公顷，增长26.35%；雇农占有土地1.53公顷，占0.43%，增加1.04公顷，增长212.24%；小土地出租者占有土地1.02公顷，占0.28%，减少0.19亩，下降15.70%。土地改革运动彻底消灭了封建土地所有制。

为了全面打击地主封建势力，全乡召开"划成分，交契约，控诉说理，审判"等大小会议11次，参加人数9538人次。批斗地主26人次、恶霸19人次、流氓1次、反革命1次；判死刑3人、徒刑7人，经群众批斗45人。上台控诉地主、恶霸、反革命分子的贫下中农207人次。经过土地改革，划定雇农成分14户54人，贫农成分691户2334人，中农成分410户1602人，富农成分24户141人，地主成分26户150人，其他成分3户7人。另外，没收地主多余土地15.11公顷、粮食3168担、犁31张、耙28张、锄头112把、稻桶32个、耕牛28头、其他农具1604件；没收房屋41间、床14张、椅17条、凳65张、橱29个、箱103只、其他家具458件。

中华人民共和国成立前，山林主要为私有山林，占山林面积的90%，公有山林（宗族名下同征山）仅占10%。1951年，在土地改革中，按照《土地改革法》和《浙江省土地改革中山林处理办法》有关规定，没收各种族山、众山，征收地主出租的山林，保护雇农、贫农、中农山林。在土地改革中，山林分配实行山、田统一，山、田比例均等，田多补山，山多补田。近山传统习惯于经营山地者，则多分田。山林田亩搭配分配。根据山场土质优劣，苗木大小，离村远近，运输畅梗等情况，经民主评议，以常年年均收益折合普通土地计算之。通过山林土改，基本平均了山权，解决了山农山林个体所有制。

整个土地改革运动中，实施"依靠贫农雇农，团结中农，中立富农，孤立地主"的阶级路线，引导农民民主协商，互利互让，公平合理地分配土地，对地主同样分给一份土地，促使他们成为自食其力的劳动者。

（二）农业生产合作社

土地改革后，党和人民政府引导农民走集体道路，互助互利，互通有无，开展互助合作。1954年，山农先后转常年互助组为初级社。1955年凤阳乡在互助组的基础上，组织低级农业生产合作社。1956年，土地全部归并，走集体化道路，组织高级农业生产合作社。

据中国共产党浙江省委《关于山区合作社运动中处理山林问题的指示》

精神，按照自愿互利原则和民主协商办法来处理社员山林：山农房前屋后零星少量林木仍归社员所有；幼林、苗圃，偿还工本费后划归合作社集体所有；成片果树、茶树、桑树、竹子、桐树、乌桕和其他经济林，视收益大小，经营难易，工本多少，作价归合作社所有；大片用材林，按材积分等作价，转归集体所有。土改后，山林从临时互助组—常年互助组—初级社—高级社，改历来私有制为集体所有制。

（三）人民公社

1958年8月29日，以区为单位的矾山人民公社成立后，于10月初将所有山林、荒山收归公社所有，对社员的所有私有林木进行造册登记，并明确宣布取消农民对山林的所有权。社员私有山林及房前屋后零星果木，由公社核定若干报酬，作本人投资入社，社员所有经济林与少量杂林木，荒山一律无代价收归公社所有。

1958年10月实现人民公社化，成立改社合一的凤阳大队，翌年5月又称生产大队。生产资料归公社所有，实行土地、劳动力、资金、农具、粮食五个统一，简称"五统"。生产上采取"大兵团作战"的方法，生活上大办公共食堂，分配上推行基本工资（工分）加奖励与伙食供给制等制度。

1958年底，凤阳大办农村公共食堂，普遍以杂木、松木甚至杉木、毛竹、油茶作柴薪。在办公共食堂的同时遍筑小高炉大炼钢铁，肆意砍伐山林烧炭，被毁林木不计其数。1961年毁林种粮，砍树度荒，造成了森林资源大破坏。境内山林几经折腾，林木所剩无几。这一时期，俗称"五风"的共产风、浮夸风、干部特殊化风、强逼命令风、生产瞎指挥风越刮越烈，挫伤了农民生产积极性，阻碍了生产力的发展。

1961年6月26日，中国共产党中央颁发《关于确定林权保护山林发展林业生产若干政策规定（试行草案）》（即十八条），平阳县委作出具体规定：天然森林资源和公社化以前已划归国有的山林，仍归国家所有；高级社划归合作社，生产队集体所有与个人所有山林仍归大队、生产队集体及个人所有，人民公社现有及今后新造的各种林木，必须坚持："谁种谁有，谁的山林，林木产品收益就归谁支配，任何单位与个人不得侵犯；公社乃至县以上各级无偿砍伐大队、生产队及社员的树木，以及大队、生产队无偿砍伐社员树木，均须认真清理，坚决彻底全部退赔。"1962—1965年社队、社员掀起造林风，其中1965年1月，又出现混乱局面，在"农业学大寨"运动推动下，境内把社员房前屋后零星种植的树木收归集体，同时许多生产队毁林开荒，毁果种粮，山林遭到严重破坏。"文化大革命"期间，少数人闹"山林还家"，收回祖宗山，乱砍滥伐，山林又遭受严重破坏。

1961年9月，贯彻《农村人民公社工作条例（草案）》，实行"三级所有，队为基础"，以生产队为基本核算单位，恢复评工积分制度，重新分配社员自留地，对平调的财务进行算账退赔，并解散公共食堂。1962年10月，中共中央《农村人民公社工作条例（修正草案）》和《关于进一步巩固人民公社集体经济发展生产的决定》下达后，实行"土地、劳力、耕牛、农具"四固定，允许社员经营少量自留地和小规模家庭副业。1964年成立乡政府，建立经济联合社一体制度。

（四）家庭联产承包责任制

1979年凤阳乡小部分生产队开始包产到户。1980年9月，中共中央发出《关于进一步加强和完善农业生产责任制几个问题的通知》后，凤阳大部分生产队实行包干到组或者包干到户（统称大包干）的家庭联产承包责任制。1981年3月，进一步贯彻中共中央〔1980〕75号〔1981〕1、2号文件，因地制宜推行生产责任制，重点推广专业承包、联立计酬、分组作业、四定一奖包产到户等4种形式。至1982年底，全社实行"双包"到户的56个生产队，总队数100%，1005户占总户数97%。实行联产承包责任制后，广大农民有了生产经营自主权，生产积极性得到充分发挥。1984年，中共中央〔1984〕1号文件强调要继续稳定和完善联产承包责任制，延长土地承包期，帮助农民在家庭经营的基础上扩大生产规模，发展商品经济，按照"大稳定，小调整"的原则，对土地承包过于零碎和人口劳力增减较大的生产队，进行适当调整土地承包，并把土地承包期从原来3年延长到15年。农村家庭联产承包责任制的建立与完善，推动了农村商品经济的快速发展，1991年全乡粮食总产量达1008吨。

1982年6月至11月，矾山区林业"三定"试点工作在凤阳公社进行，工作组进驻，开展稳定山权林权划定社员自留山，确定林业生产责任制的林业"山林定权"发证试点工作，落实自留山，责任承包到户，颁发了《山林权证》和《自留山使用证》，通过林业"三定"，理顺山林权属，解决了土改时山不清，合作化时林不清，"大跃进"时权不清，"四固定"时界不清的混乱状况，实现山定界，林定权，人定心，建立以家庭经营为主要格局的林业体制。彻底端掉"大锅饭"，调动山区农民兴林致富积极性。2006年5月，境内以1982年山林承包为基础，开展山林延包工作，至2008年全部完成。主要对已经划定的自留山由农户长期无偿使用，对已经承包到期的责任山则继续保持承包关系，并统一将山林承包延长至2055年，换发证率达100%。

（五）生态公益林

公益林是为了维护和改善社会环境，以保护生态平衡，保护物种的多样性等作为目的，向社会和公众提供公益的、社会性的产品和服务森林、林地。凤阳乡2012年重点生态公益林补助资金发放清册。

表3-4-1-1 2012年度凤阳畲族乡重点生态公益林补助资金
发放清单

单位：元、亩

序号	经营单位	经营类	所在（乡）镇	所在村	账号	面积	补偿资金	备注
1	鹤山村经济合作社	集体	凤阳畲族乡	鹤山村	201000085939252	1680	28560	
2	岭边村民委员会	集体	凤阳畲族乡	岭边村	1103092101201 000011024	773	13141	
合　计						2453	41701	17元／亩

表3-4-1-2 2013年度凤阳畲族乡重点生态公益林补助资金
发放清单

单位：元、亩

序号	经营单位	经营类	所在（乡）镇	所在村	账号	面积	补偿资金	备注
1	鹤山村经济合作社	集体	凤阳畲族乡	鹤山村	201000085939252	1680	28560	
2	岭边村民委员会	集体	凤阳畲族乡	岭边村	1103092101201 000011024	773	13141	
合　计						2453	41701	17元／亩

表3-4-1-3　2014年度凤阳畲族乡省级以上公益林损失性补助
资金清单

单位：元、亩

序号	经营单位	经营类	所在（乡）镇	所在村	账号	面积	补偿资金	备注
1	鹤山村经济合作社	集体	凤阳畲族乡	鹤山村	201000085939252	1680	38640	
2	岭边村民委员会	集体	凤阳畲族乡	岭边村	201000133973435	773	17779	
合　计						2453	56419	23元／亩

表3-4-1-4　2015年度凤阳畲族乡省级以上公益林损失性补助
资金清单

单位：元、亩

序号	经营单位	经营类	所在（乡）镇	所在村	账号	面积	补偿资金	备注
1	鹤山村经济合作社	集体	凤阳畲族乡	鹤山村	201000085939252	1680	43680	
2	岭边村民委员会	集体	凤阳畲族乡	岭边村	1103092101201000011024	773	20098	
合　计						2453	63778	26元／亩

三、生产条件

（一）土　地

1.耕　地

凤阳境内耕地中，水田占全乡总耕地面积的60%以上，其中大部分为分布在半山区和丘陵的稻田，少数为半山区和山区的梯田；旱地中，土质较好的丘陵平地为数不多。1953年冬，根据国家粮食统购统销政策，赤溪区凤阳乡进行了"查田定产"工作，将凤阳全乡分为10个等级。第一等级每亩产量为230公斤，每等级降低13公斤，至10级每亩产量定为120公斤。根据自然、社会和经济条件及作物布局的特点，苍南县南部的赤溪、凤阳、矾山为丘陵低山，属粮、茶、果、糖、菜种植区。

　　中华人民共和国成立后，在实行土地改革和开展农业合作化运动的基础上，20世纪50年代开始，在境内修建小型水库和建造公路等建设用地增多，1961年全乡耕地面积为237.20公顷，农业人口为3045人，每个农业人口持有耕地面积仅为0.078公顷。2015年，全乡耕地面积为240.53公顷，而农业人口增长为3943人，每个农业人口持有耕地面积为0.061公顷，与1961年比，每个农业人口减少耕地0.02公顷。

表3-4-1-5　1961—2015年凤阳畲族乡部分年份土地面积统计一览表

年　份	耕地面积（亩）	其　中		农业人口（人）	每农业人口占有耕地（亩）
		水　田	旱　地		
1961	3558	2462	1096	3045	1.17
1962	3370	2330	1040	3083	1.09
1963	3372	2332	1041	3083	1.09
1964	3164	2248	916	3269	0.97
1965	3566	2467	1099	3335	1.07
1966	3560	2461	1099	3381	1.05
1967	3562	2460	1102	3381	1.05
1968	3574	2475	1099	3509	1.02
1969	3086	2193	893	3624	0.85
1970	3171	2231	940	3830	0.83
1971	3171	2269	902	3591	0.88
1972	3171	2269	902	3758	0.84
1973	3187	2245	942	3990	0.80
1974	3188	2245	943	3985	0.80
1975	3186	2244	942	4187	0.76
1976	3186	2244	942	4274	0.75
1981	3020	2157	863	4733	0.64
1982	3020	2153	867	4794	0.63
1983	3020	2153	867	4757	0.63
1984	3217	2155	865	4830	0.67
1985	3068	2249	819	4783	0.64

续表

年　份	耕地面积（亩）	其　中		农业人口（人）	每农业人口占有耕地（亩）
		水　田	旱　地		
1986	3068	2249	819	4674	0.66
1987	3068	2249	819	4782	0.64
1988	3068	2249	819	4810	0.64
1989	3068	2249	819	4888	0.63
1990	2895	2241	654	4896	0.59
1991	3145	2335	810	4962	0.63
1992	3142	2335	870	4991	0.63
1993	3234	2427	807	5029	0.64
1994	3263	2427	836	5085	0.65
1995	3248	2427	821	5128	0.63
1996	3248	2427	821	5125	0.63
1997	3248	2427	821	5144	0.63
1998	3248	2427	821	5282	0.61
1999	3286	2427	859	5270	0.62
2000	3260	2427	833	5366	0.61
2001	3314	2427	887	5371	0.62
2002	3643	2427	1216	5408	0.67
2003	3643	2427	1216	5050	0.72
2004	3922	2746	1176	5697	0.69
2005	3643	2427	1216	5418	0.67
2010	3642	2426	1216	5538	0.66
2015	3608	2426	1182	3943	0.92

资料来源：根据苍南县农业局农经统计资料汇编。

2. 自留地

根据1962年9月27日，中共第八届中央委员会第十次全会通过的《农村人民公社工作条例（修正草案）》第4章第40条规定：社员的自留地、饲料地和开荒地合在一起的数量，根据各个村居土地的不同情况，有多有少，在一般情况下，可以占生产队耕地面积的百分之五到百分之十，最多不能超过百分之十五。1963年，全社分给社员自留地37.80公顷，其中宅边地8.67公顷。1968年秋，以"大批判"开路，掀起"农业学大寨"高潮，大肆推行"三献一并"把社员自留地、宅边地、房前屋后零星树木收归集体，进行并队升级的错误做法。是年社员自留地减至17.53公顷，比1963年下降了53.62%。1975—1982年，连续8年社员自留地稳定为16.80公顷，占全乡耕地面积8.3%。

表3-4-1-6 1962—1983年凤阳畲族乡部分年份社员自留地一览表

年 份	耕地面积（亩）	社员自留地（亩）			自留地占耕地%
		合计	其中水田	其中旱田	
1962	3279	240	125	115	7.32
1963	3586	240	125	115	6.70
1964	3109	240	125	115	7.72
1965	3204	240	125	115	7.49
1966	3208	240	125	115	7.48
1967	3209	263	126	137	8.20
1968	3208	263	126	137	8.20
1969	3086	263	126	137	8.52
1970	3876	263	126	137	6.79
1971	3171	263	126	137	8.29
1972	3187	253.70	135.40	118.30	7.96
1973	3188	253.70	135.40	118.30	7.96
1974	3188	253	135	118	7.94
1975	3186	252	135	117	7.91
1981	3064	256	139	117	8.36
1982	3382	252	135	117	7.45
1983	2938	252	135	117	8.58

说明：1984至2015年实行土地联产承包责任制，自行取消社员自留地。

四、种植业

中华人民共和国成立以前，凤阳境内粮食生产以种植番薯、水稻为主，兼种大麦、小麦、豆、芋、马铃薯等。由于生产方式落后，旱涝虫灾频繁，粮食产量低，平均亩产100多公斤，丰收年景亩产不超200公斤，歉收年份亩产不足100公斤。

中华人民共和国成立后，党和政府重视农业生产，领导农民进行农田基本建设，改革耕作制度，推行优良品种，改革栽培技术，提倡科学施肥和防治病虫害，粮食产量逐年提高。据凤阳乡农业年报资料统计，1959年，全乡粮食种植面积5266亩，亩产215公斤，总产量1132.19吨，比解放前一般年景增长1倍多。

国民经济第二个五年计划期间（1958—1962年）（大跃进期间），由于全国刮起"共产风""浮夸风"，领导主观主义，生产高标，瞎指挥，严重违背自然规律，挫伤了农民的生产积极性，再加上三年自然灾害，粮食生产开始滑坡。1962年，全社粮食总产量下降到572.26吨，比1960年减产274.29吨，减产32.40%。1962年冬，国家开始进行三年调整，到1966年，全社粮食总产量上升至788吨，比1962年增产215.74吨，增长37.70%。"文化大革命"期间，生产力受到严重破坏，粮食生产再度滑坡。1969年，全社粮食总产量下降到619.84吨，比1966年减产168.16吨，减产21.34%。

1982年，全社实现粮食亩产超纲要，平均474公斤，总产达1189.90吨，为历史粮食产量最高年份。

（一）水 稻

水稻是主要的粮食作物。

据史料记载，水稻间作，一年两熟的耕作制度在明代已在本地形成。明隆庆《平阳县志》记载："春分平田、浸种、下秧、通田。春夏之间先分早秧插秧田，疏其行列，候数日后乃插晚秧，曰补晚。浃旬余而耘。旱则手车引水灌之。"自清至民国时期，水稻产量低，"秋四晚六"，早稻亩收四袋谷，晚稻亩收六袋谷，每袋25公斤，算是"年成大丰熟"。平常年景，亩产仅150公斤左右。

中华人民共和国成立后，由于间作改为连作，单季改为双季，高秆改为矮秆，常规稻改为杂交稻，以及栽培技术的提高和生产条件的改善，水稻产量大幅度增长。1965年，凤阳乡（时称公社）水稻产量335.08吨。"文化大革命"期间，生产受到干扰和破坏，1969年，全社水稻产量下降至213.74吨，比1965

年水稻总产量减少了36.21%。实行家庭联产承包责任制，1990年，凤阳乡水稻面积2650亩，占粮食作物总面积的97.60%，稻谷产量占粮食总产量的69.21%。1991年，全乡水稻产量648吨，比1975年水稻产量增长1.11倍。

耕作制度　中华人民共和国成立以前，凤阳境内山区普遍种植单季中、晚稻。20世纪50年代开始逐步改革耕作制度，增加冬种作物，提高复种指数。1959年在丘陵平地开始试种连作稻，获得增产。20世纪60年代，丘陵平地基本实现连作化。部分丘陵平地基本达到春花、早稻、晚稻三熟制，提高复种指数。1965年，全社种植连作早稻124亩占早稻面积738亩的16.82%。1979年，全社种植连作晚稻528亩，占晚稻面积551亩95.82%。1985年，全乡连作晚稻种植930亩，占晚稻种植1270亩的73.23%。1991年全乡种植连作晚稻950亩，占晚稻面积1600亩的59.37%。

水稻分布　主要分布在丘陵平地有水源地段。据1962年凤阳公社农业统计，水稻收获面积2189亩，其中早季稻806亩、间作早稻741亩、连作早稻65.30亩。连作早稻，主要分布在凤新大队（35.80亩）、凤楼大队（19.50亩）、明星大队（10亩）。1970年，全社种植连作晚稻90亩，主要分布在凤新大队、炬光大队。

品种改良　中华人民共和国成立以前，凤阳境内水稻品种基本上是高秆、耐瘦、低产的传统品种。早稻以早京秋、宁波秋为当家品种；晚稻以镇江京、十袋斜、白芒晚为当家品种。20世纪50年代初期引进503早稻品种，遂成为当家品种；晚稻推广荒四百、西瓜红、珍珠矮、农垦58，从而改高秆、低产品种为矮秆、高产品种，大幅度提高粮食产量。1963年后，早稻引进矮脚南特号、团粒矮等品种。20世纪70年代，早稻推广早丰收、二九青、朝阳1号、珍汕97、珍龙13、广场矮1号、红梅早、温选青和绍糯等品种。从1978年开始，试种青秆黄和温选紫。晚稻品种有早金凤、农虎6号、杂交南优2号，晚稻品种逐步实现杂交化。20世纪80年代，早稻推广个竹科2号、竹菲10号、矮青3号、庆莲16号、二九丰等。1984年以后，引进试种威优35杂交早稻，并逐步推广早稻杂交品种的各个组合。早熟有汕优10-35、汕优392等；中熟有威优1126、协优48-2、汕优48-2、汕优浙3等；迟熟有威优35、威优64等。晚稻引进汕优85、协优46、汕优64号、台杂2号。晚稻基本实现杂交化。

防治病虫害　凤阳境内水稻病虫害，有水稻瘟病、纹枯病、矮缩病、胡麻斑病、恶苗病、菌核病、叶鞘腐败病、细菌性条斑病、白叶枯病、云形病、紫秆病及螟虫、稻蚜、卷叶虫、稻苞虫等。民国以前，境内农民防治水稻病虫害，主要采用桐油、菜油"打杀"稻蛳，采用石灰、草木灰等撒杀螟虫，以及采用冬耕灌水、烧田岸、烧田灰、捉虫、灭卵等人工方法防治，效果欠佳。中华人民共和国成立以后，20世纪50年代初期，水稻病虫害防治主要采用掘稻根（螟虫）、捞流托（稻蝗块）、点灯诱蛾、人工捕捉（稻苞虫）等。后开始使用"六六六"粉、"二二三"乳剂等有机氯农药。随着化学工业的发展，农药品类增多，除了有机氯农药外，相继使用有机磷、有机砷和生物农药等。20世纪80年代，全面推广杀虫剂、除草剂和灭鼠药，使全乡多发性的病、虫草、鼠害得到有效的防治。

栽培技术　清代、民国以前，水稻栽培技术落后，耕作方式粗放。新中国成立初期，有冷水催芽、温水催芽、蒸气催芽等方法，秧田每亩播种量250～400公斤。1956年以后，推广燥耕燥作旱秧，培育壮秧，亩播种量150～250公斤。20世纪60年代早稻大都采用尼龙育秧。1970—1972年，推广小苗带土移栽，亩播种量400～500公斤。1980年，采用稀播地膜育秧和浸种不催芽，亩播种量在100公斤左右。

稀植改为密植，是水稻栽培技术的一大变革，间作稻株行距1尺许，有效穗少，产量低。改种连作稻后，推广小株密植，一般株行距6市寸×4市寸，杂交稻6市寸×5市寸，提高有效穗数，增加产量。

水稻历来均采取水作栽培，保持寸水，养水到老的办法。以后逐步推广浅水插秧，寸水护苗，薄水保蘖，苗足烤田，灌好养胎水，养根保叶的办法。

（二）甘薯

俗称番薯，历史上是凤阳境内与水稻并重的粮食作物，是山区、半山区农民的主粮。清康熙《平阳县志》将甘薯列为蔬菜类，名曰大薯。民国《平阳县志》记载，甘薯"色有红白，有六十日红、六十日白、台湾红、台湾白、金瓜薯、荞麦薯多种。以六十日及台湾薯二类为多。邑人刨丝曝干者曰番薯丝，切片蒸晒曰香薯枣，取粉制面曰番薯粉"。但未见产量记载。中华人民共和国成立后，甘薯生产有起有落，但总的趋势是稍有发展。1960年，凤阳境内甘薯种植面积1931亩，平均亩产230公斤，产量444.13吨。1962年，因严重自然灾害影响，平均亩产下降至164.80公斤，产量减至309.82吨，比1960年分别下降28.35%和43.35%。1970年，番薯种植面积1751.80亩，平均亩产346.80公斤，产量607.53吨，比1962年平均亩产和产量分别增长1.10倍和0.96倍。20世纪80年代后期开始，由于甘薯经济效益差，生产投入减少。1991年，番薯种植面积减1100亩，产量降至280吨。

种植制度　20世纪50—60年代，甘薯以一熟为主，部分为冬作-甘薯二熟制，少数丘陵平地实行冬作-甘薯-套作瓜、菜、豆多熟制。20世纪70年代初，部分薯地套种黄豆，形成三熟制，称"老三熟"。

品种改良　民国时期至中华人民共和国建立初期，甘薯品种有台湾红、台湾白、五爪龙、红皮白心六十日早、金瓜薯、海薯等。除五爪龙外，都是耐瘠、省肥、低产品种。从20世纪50年代开始，分别引进胜利百号、樟浦竖藤。20世纪60年代，又先后引进长蔓型品种港头白和新种花，因耐瘠耐旱，鲜薯产量较高，渐成当家品种。但晒丝率偏低，抗病力差。20世纪70年代甘薯瘟蔓延时，被华北48、湘农黄皮、荆选4号、梅尖红、新大紫等抗瘟力较强的品种所取代。20世纪80年代后期，经过筛选，大力推广潮薯1号和万春等品种。

改土整地　20世纪50年代和20世纪70年代末，两度大搞薯地基本建设，土层深厚的作了深翻，土层浅薄的加上客土，有的还推广小丘并大丘、坡地改梯田、沟垄换位等措施，创造深、厚、肥、松的薯地土壤。

科学施肥　20世纪50年代之前，甘薯基肥和培土肥都为农家土杂肥。自20世纪60年代山区半山区扩大水稻面积以后，稻薯争肥矛盾突出，不少生产队先压藤后补肥，且多用化学氮肥。20世纪70年代为开辟肥源，除发展畜牧业、推广绿肥上山外，还推广薯地套种苕子、豌豆和提倡蚕豆等冬作槁秆还田。施肥方法上，着重施足基肥，特别是有机肥和磷钾肥，适量增施壮薯肥和裂缝肥。

田间管理　境内除分期施肥外，前期注意补苗和破畦晒白，中期适时培土。20世纪50年代前采用翻蔓的方法；20世纪60年代改为提蔓；20世纪70年代后，根据科研单位实验结果，不再翻蔓、提蔓。

防治病虫害　境内甘薯的主要病害有甘薯瘟、黑斑病、软腐病、紫纹羽病、疮痂病等，其中番薯瘟、疮痂病和象甲病最为严重，虽经几十年防治，病虫害仍未根治。

（三）大小麦

明隆庆《平阳县志》记载："种麦者甚少……人家罕食麦面。"以后大小麦种植面积虽有所扩大，但由于自然环境和历史习惯等原因，生产始终处于较低的水平。1959年，凤阳乡大小麦、豆等种植面积1093亩，平均亩产45公斤，产量49.19吨。

20世纪60年代开始，凤阳境内大小麦种植面积和产量均呈逐渐减少趋势。1960年，全境大小麦种植1169亩，平均亩产31公斤，产量36吨，比1959年产量下降28.36%。1962年，因严重自然灾害影响，全公社大小麦种植面积减至385亩，产量减少14.25吨。20世纪80年代中期开始，大麦种植面积扩大，产量增加。1991年，全乡大小麦种植面积1220亩，产量75吨，比往年有大幅度增长。

（四）蔬 菜

蚕 豆 俗称淮豆（槐豆），有小粒、中粒、大粒诸种，是粮、菜、饲、肥兼用作物。1962年，全社种植蚕豌豆19亩，产量0.34吨。1965年，全社蚕豌豆增至97亩，平均亩产162公斤，产量15.71吨。1991年，大豆面积40亩，产量3吨。1992年，大豆面积保持40亩，产量增至6吨，比上年产量增长1倍。

蚕豆品种有本地的钱仓早、头类早和二类早等；还有从外地引进的青光豆、宁波种、慈溪大白蚕、上虞田鸡青和启东豆等。其中钱仓早为小粒种，头类早、二类早、青光豆、上虞田鸡青为中粒种，既收干豆，也做蔬菜；宁波种、慈溪大白蚕、启东豆为大粒种，主要收干豆。20世纪80年代，二类早为主栽品种。

马铃薯 俗称"洋芋"，原来仅少量种植，后逐年增多。1960年，马铃薯种植面积45亩，产量1.46吨。1969年，面积仅40亩，产量1.93吨。

马铃薯品种，除本地种外，自1958年开始先后从四川、内蒙古、黑龙江引入巫峡种、克新三号和克新二号等。凤阳境内马铃薯只作春季栽培，大部分种于旱地，全生育期分别为90天和100天。栽培马铃薯除注意选择良种、科学轮作外，要避免同一块上连作或与茄科作物连作，其病害有病毒病、晚疫病等，虫害有地老虎、蚜虫等。

品种改良 民国时期和中华人民共和国建立初期，境内栽培的大麦品种多为本地四棱、六棱皮大麦和谷雨米麦。1956年从外地引入立夏黄米麦，栽培面积逐步扩大，后因出现生理性病害，于20世纪60年代被淘汰。20世纪70年代初引进二棱皮大麦早熟3号、六棱皮大麦、嵊县无芒六棱和稞麦757、浙农12、矮白洋和丰收二棱等。其中栽培面积最大的早熟3号，从1976年至20世纪80年代中期，一直是当家品种。境内历来栽培的小麦品种主要是"和尚麦"。1956至1959年，先后引进南大241、百日芒、矮粒多、方山麦、洋粉麦等品种。20世纪80年代小麦引进169号、浙麦二号、352等，大麦引进舟麦1号、秀麦1号等。

病虫害防治 境内麦园管理主要是防草害、防倒伏、防早衰和防治病虫害。境内大小麦病害赤霉病、黑穗病、大麦条纹病、网斑病、黄花叶病和小麦白粉病等，危害最大的是赤霉病，大小麦虫害以蚜虫为甚。

表3-4-1-7　1960—2008年凤阳畲族乡粮食种植面积和产量一览表

单位：面积：亩，亩产：公斤，产量：吨

年　份		1960	1961	1962	1963
合计	面　积	3577	3555	3279	3586
	亩　产	236.66	206.35	174.58	221.57
	总产量	846.55	735.56	572.26	794.33
春粮	面　积	1169	1169	385	184
	亩　产	31	31	27.32	16.14
	产　量	36.24	36.24	10.52	2.97
早稻	面　积	1104	915	806	867.80
	亩　产	148.46	128.35	117.69	122.86
	产　量	163.90	117.44	94.86	106.62
晚稻	面　积	1461	1320	1352	1158
	亩　产	138.57	104.26	116.17	203.58
	产　量	202.45	137.62	157.06	235.75
番薯	面　积	1931	1935	1880	1850
	亩　产	230	229.72	164.80	242.70
	产　量	444.13	444.51	309.82	449.00
杂粮	产　量	—	—	—	—

年　份		1964	1965	1966	1967
合计	面　积	3109	3204	3193	3192
	亩　产	280	227.43	246.79	230.80
	总产量	870.37	728.70	788	736.7
春粮	面　积	231	240.90	240	245
	亩　产	39	33.75	31.25	28
	产　量	9.01	8.13	7.50	6.86
早稻	面　积	866	738.50	738	740
	亩　产	250	150.71	150.40	52
	产　量	216.50	111.30	111	38.48
晚稻	面　积	1348	1336	1336	1338
	亩　产	187	167.50	167.29	166.29
	产　量	252.08	223.78	223.50	222.50

续表

年　份		1964	1965	1966	1967
番薯	面　积	1880	1882	1882	1885
	亩　产	209	205	205.10	207.96
	产　量	392.92	385.81	386	392
杂粮	产　量	—	—	—	—

年　份		1969	1970	1971	1972
合计	面　积	3086	3875	3171	3187
	亩　产	201	249.59	300.66	274
	总产量	619.84	967.15	953.39	873.34
春粮	面　积	320	81.20	129.50	318
	亩　产	39	50	51.66	45
	产　量	12.48	4.06	6.69	14.31
早稻	面　积	364	623	1296	1368
	亩　产	144.23	132.12	243.69	216.37
	产　量	52.50	82.31	315.82	296.00
晚稻	面　积	1460	1419	1597	1578
	亩　产	110.44	192.57	107.46	117.62
	产　量	161.24	273.26	171.61	185.60
番薯	面　积	1626	1751.80	1529	1608
	亩　产	242.11	346.80	300.83	234.70
	产　量	393.67	607.53	459.97	377.40
杂粮	产　量	—	—	—	—

年　份		1973	1975	1976	1981
合计	面　积	3188	3186	3186	3064
	亩　产	199.47	251.50	275.66	342.90
	总产量	635.92	801.28	878.24	1050.65
春粮	面　积	144	—	156	215
	亩　产	22.92	—	68.14	65.12
	产　量	3.30	—	10.63	14.00
早稻	面　积	1251	551	627	760
	亩　产	130.52	127.40	168.60	338.16
	产　量	163.28	70.20	105.71	257

续表

年 份		1973	1975	1976	1981
晚稻	面 积	1530	1383	1262	1255
	亩 产	109.15	171	169.48	225.50
	产 量	167.00	236.48	213.88	283.00
番薯	面 积	1657	1803	1924	1775
	亩 产	182.45	274.32	284.83	279.72
	产 量	302.32	494.60	548.01	496.50
杂粮	产 量	—	—	—	—

年 份		1982	1983	1985	1986
合计	面 积	3382	2938	3050	2399
	亩 产	35183	400.26	402	490.29
	总产量	1189.90	1175.95	1225.95	1176.20
春粮	面 积	217	320	450	817
	亩 产	67.51	41.09	63.22	52.50
	产 量	14.65	13.15	28.45	42.89
早稻	面 积	750	850	930	940
	亩 产	340	300.53	275	290
	产 量	255	255.45	255.75	272.60
晚稻	面 积	1250	1168	1270	994
	亩 产	225	227.48	265	110
	产 量	281.25	265.70	336.55	109.34
番薯	面 积	1770	1770	1780	1608
	亩 产	361	362.51	340	271.64
	产 量	638.97	641.64	605.20	436.80
杂粮	产 量	—	—	—	—

年 份		1987	1988	1989	1990
合计	面 积	2933	2980	2980	2715
	亩 产	372.69	333.29	369.26	299.08
	总产量	1093.10	993.20	1100.40	812.00
春粮	面 积	880	970	980	1150
	亩 产	33.75	45.21	39.18	50.43
	产 量	29.70	43.85	38.40	58.00

续表

年 份		1987	1988	1989	1990
早稻	面 积	1005	950	1000	1150
	亩 产	295.02	310	290	260
	产 量	296.50	294.50	290	299.00
晚稻	面 积	1188	1210	1600	1500
	亩 产	175	215	280	175.33
	产 量	207.90	260.15	448.00	263.00
番薯	面 积	1720	1740	1350	1185
	亩 产	325	225	240	162.03
	产 量	559.00	391.50	324.00	192.00
杂粮	产 量	—	—	—	—

年 份		1992	1995	1998	2000
合计	面 积	4705	4680	4620	3910
	亩 产	297.76	226.90	243.50	222.50
	总产量	1401.00	1061.90	1125.00	870.00
春粮	面 积	1050	970	860	840
	亩 产	45.50	52.40	43.20	40.40
	产 量	47.78	50.83	37.15	33.94
早稻	面 积	950	900	820	520
	亩 产	280.00	310.00	295.00	305.00
	产 量	266.00	279.00	241.90	158.60
晚稻	面 积	1500	1560	1620	1543
	亩 产	275.00	285.00	310.00	290.00
	产 量	412.50	444.60	502.20	447.47
番薯	面 积	1205	1250	1320	1120
	亩 产	256.00	230.00	260.00	235.00
	产 量	308.48	287.50	343.20	263.20
杂粮	产 量	—	—	—	—

年 份		2002	2003	2005	2008
合计	面 积	3210.00	2760.00	2580.00	2480.00
	亩 产	245.30	221.30	244.50	246.55
	总产量	787.40	610.80	630.76	661.45

续表

年 份		2002	2003	2005	2008
春粮	面 积	750.00	730.00	620.00	580.00
	亩 产	38.60	36.24	38.00	41.30
	产 量	28.95	26.46	23.56	23.95
早稻	面 积	260.00	150.00	80.00	—
	亩 产	285.00	265.00	305.00	—
	产 量	74.10	39.75	24.40	—
晚稻	面 积	1220.00	1120.00	1160.00	1080.00
	亩 产	340.00	320.00	310.00	320.00
	产 量	414.80	358.40	359.60	345.60
番薯	面 积	980.00	760.00	720.00	820.00
	亩 产	275.00	245.00	310.00	295.00
	产 量	269.50	186.20	223.20	241.90
杂粮	产 量	—	—	—	—

资料来源：根据苍南县农业局农经统计资料汇编。

（五）茶 叶

民国时期，凤阳境内零星种植茶叶，主要产地在鹤顶山、龟墩、顶堡、岭边等村。茶叶制作品类主要有红茶、绿茶、白茶、炒青芽茶和"旗枪"等，经矾山、马站和赤溪茶（行）贩收购，销往上海、苏州、福州和台湾等地。民国26—34年抗日战争时期，茶叶销路呆滞，茶价暴跌，茶农放弃种茶。

中华人民共和国成立后，政府积极扶持茶叶生产，发放茶叶贷款和定金，提高茶农生产积极性，茶叶生产逐步发展。从1956年开始，茶叶被国家定为派购物资，规定在国家收购期间，尚未完成任务之前，任何个人和单位均不得进行收购和返运。1958年，"大跃进"期间，搞大兵团作战，发展一批茶园。在浮夸风、高指标、瞎指挥的影响下，提出茶叶"一季超全年，夏季赶春茶，秋茶超夏茶"的口号，过度采摘，严重损坏茶树生机，造成茶叶大减产。从1961年开始，国家对茶叶收购实行奖售政策，原则是"按质论价，好茶多奖，次茶少奖"，开始时规定售茶100公斤，奖售粮食25公斤。1962年改为级内茶叶每100公斤奖售粮食25公斤，化肥125公斤；级外茶叶奖售粮食10公斤，化肥40公斤。1963年，又作调整，改级内每100公斤奖售粮食50公斤，化肥100公斤，布票18.70米（56市尺），香烟40包；级外茶叶每100公斤奖售粮食20公斤，化肥30公斤，布票10米，香烟20包。从1963年起，贯彻《农村人民公社条例》（简称六十条）落实了茶叶生产有关政策和收购奖售政策，使茶叶生产迅速恢复，1965年，产茶叶3.08吨。1973年，在"农业学大寨""茶叶超上旺"运动中，茶园面积扩大到117公顷，产量增至4.87吨，比1965年产量增长36.55%。从1982年开始，国家对茶叶奖售政策作出新的规定，派购基数的80%按国家牌价收购，20%按减税加价收购；超额部分实行减税加价收购。1985年开始，取消茶叶派购和奖励政策，实行市场调节。1991年，茶叶销路不畅，茶叶产量降至2吨。2005年全乡茶园只有35公顷，仅产茶叶2吨。

表3-4-1-8　11957—1991年凤阳畲族乡部分年份茶叶产量一览表

年份	茶园面积（亩）	茶叶产量（吨）	其中（吨）		
			春茶	夏茶	秋茶
1957	75	1.31	0.81	0.35	0.15
1962	65	1.78	1.20	0.45	0.13
1963	286	2.07	0.78	0.72	0.57
1965	453.30	3.08	1.46	1.01	0.61
1968	162	2.09	0.95	0.70	0.44
1969	163	1.91	0.88	0.63	0.40
1970	256	1.52	0.77	0.50	0.25
1971	1018.50	1.66	0.87	0.50	0.29
1972	1468	4.38	2.34	1.27	0.77
1973	1758	4.37	2.65	1.39	0.33
1975	1758	4.38	2.22	1.13	1.03
1976	1758	3.93	1.99	1.06	0.88
1982	729	7.91	5.245	1.89	0.77
1983	672	8.38	6.34	1.53	0.51
1985	672	8.10	5.70	2.27	0.13
1986	672	4.99	3.57	1.42	—
1987	672	3.50	1.25	0.75	1.50
1988	672	3.30	1.20	0.78	1.32
1989	672	2.50	1.55	0.55	0.40
1990	672	2.25	1.35	0.58	0.32
1991	672	2.00	1.10	0.60	0.30

资料来源：根据苍南县农业局农经统计报表资料汇编。

五、养殖业

1978年后，养殖业由传统家庭的庭院式养殖向养殖场专业化、规模化养殖发展，生产水平不断提高，2010年乡境内为净化溪流、美化乡村，境内上游的专业养殖场搬迁或转行，养殖数量下降。

1979—1991年全乡生猪饲养量突破2000头，年末存栏数1000头，家禽饲养量10000羽，耕牛存栏数400多头，山羊存栏数750只，家兔300多只，至1998年生猪年末存栏数500头，家禽5200羽，牛存栏数100头，山羊存楼数560头，家家户户养猪逐步减少，而规模养殖大户也有所增加，至2010年生猪饲养量580头，家禽5000羽。

猪　农户一般三年出售二头猪。1958年大办食堂，粮食减产，生猪饲养量下降。1978年以后，政府鼓励农民家庭养殖，明确规定奖售饲料粮，划拨饲料地和自由地或奖励布票政策，同时提高生猪收购价格，使乡民提高了养猪积极性，数量有大幅度增加，基本接近一亩一头猪的要求，此后每年生猪饲养量持续上升。1995年，生猪市场全面放开，收购价格随行就市，生猪养殖朝专业化、规模化方向发展。2000年后，随着社会的发展，村民以工代农，劳务输出人员增加，家庭饲养已极少见。2014年境内的鹤峰村原老支书雷子旺，创办了温州市中泽农业开发公司，投入380万元，创办生猪养殖场，引进西藏特种猪圈养，目前有存栏数750头，其中母猪75头，以繁殖供饲养，三年共创产值260万元。

牛、羊、兔　养牛历史上以养殖水牛为多，黄牛为次，由于地处山区，梯田成片，实为农耕之需，黄牛作为肉牛出售亦很少见。20世纪80年代，全乡耕牛存栏数一直稳定在400头左右，山羊存栏750只，家兔存栏230只。1995年以后劳务输出人员异军突起，种粮面积减少，耕牛饲养也随之少量。但山羊的饲养仍保持有户养和创办羊场的规模，目前境内有大小山羊饲养场4个，存栏850头，年创产值150多万元。

鸡、鸭、鹅　饲养禽畜是境内村民长期以来增加副业经济收入的重要部分。20世纪70年代村民每户饲养甚为普遍，一是满足家庭节日之用，二是馈赠亲朋戚友礼品所需，此外销售市场增加收入。饲养禽畜在山区场所宽敞便于养殖。20世纪90年代前所存栏数2000羽。从2005年始，境内办有鸡、鸭、鹅专业养殖场10所，饲养量达12000多羽，年创产值80多万元。同时，还有3个自然村养殖石蛙和牛蛙。

第二节 林 业

根据1986年统计，凤阳乡土地总面积2062.53公顷，其中有林业用地面积1505.13公顷，蓄积面积4969平方米，已造林面积694.80公顷，（用材林120.13公顷、薪炭林482.33公顷、经济71.93公顷、竹林20.40公顷）占总面积33.69%。

2005年全乡林地面积1505.13公顷，占总面积的73%。从1992—2005年，飞机造林480公顷。

一、用材林

凤阳境内常见的用材林树种有：柳杉、杉木、水杉、柏木、竹柏、木麻黄、枫杨、苦槠、甜槠、樟树、楝树、小果冬青、木荷、喜树、按树、枫香、青冈栎、黄檀、香果树等树木。2005年，全乡有用材林133.33公顷。主要树种介绍如下：

杉 木 俗称真杉、正杉、刺杉，为杉科常绿乔木，是有用木材树种。它具有生长快、成材早、产量高、材质好、抗病虫能力强等特点。木材纹理直、质地软、细密、干后不翘不裂、易加工耐腐朽、有香气，广用于建筑、桥梁、造船、电杆、门窗、家具、板料及各种木制品，也是优良的造纸原料。据1988年调查统计，全乡有杉木6.47公顷。至2005年，杉木发展达20公顷。

柳 杉 俗称大杉、榀杉，为杉科的常绿大乔木。它生长快，是境内山地造林的优良树种。它树姿优美，绿叶婆娑，对二氧化硫气体抗性较强，是很好的园林风景树种。

樟 树 别称香樟，为樟科的常绿大乔木。木材质地细密、纹理美观、香气浓郁、不受虫蛀、耐水湿，是造船、建筑、箱柜、家具等优良用材；根、叶、果实可提取樟脑、樟油，供医药、国防和化学工业用；寿命长、树形优美、根系深广、枝叶茂盛、四季常绿，是四旁绿化和防护林的优良树种。

枫 香 别称枫树，为落叶大乔木，最高可达48米，胸围可达190厘米。树形高大美观，叶色多变，秋后经霜变红色，称"丹枫"。陆游有诗："数树丹枫映苍松。"枫树生长迅速、根系发达、耐干旱、耐瘦薄，是荒山造林的优良阔叶林树种；树干通直，木材纹理细致，在通风干燥处能保存很长时间，故有"万年阁上枫"之称，枫材无气味，是茶叶、食品包装箱的理想材料；拔、梢能培养香菇、木耳；主木可采枫脂供制香料；根皮，果实可入药用，药名"路路通"，有祛风、通络、利尿、通乳之效。

二、经济林

（一）果　林

中华人民共和国成立之前，境内绝大多数村民缺乏果树栽培技术。村民只在房前屋后或园边栽插零星果树，果树稀少，尚无经济价值。

1980年，全面贯彻落实党的十一届三中全会精神，多种经营，全面发展，畲乡兴起种果热潮。70%以上的乡民种植四季柚、柑、橘、枇杷、杨梅、李、水蜜桃、无核柿、葡萄等10个品种果树60多万株，成活率达60%。由于受土质的限制，很多品种，不适宜土质，产果后质量差，无法销入市场，逐渐被淘汰，复垦种植其他作物。而品种好质量较佳的果树正值收益时期，又遭台风过境损失惨重。目前生存的果树仅有红心李和数量较少的四季柚、柑、橘子和杨梅等，其进入市场销售竞争为弱，收入甚微。

自2008年以来，凤阳畲族乡境内将依托生态优势发展"两山经济"，充分利用山场广阔有利条件，打造"一村一品"，开发经济果林，全乡有顶堡村林茂专业合作社发展油茶28公顷，鹤山村21公顷金银花和15公顷红心李基地，凤楼村发展高山有机茶15公顷、东魁杨梅15公顷和23公顷浙八味基地，鹤峰村20公顷油茶基地，龟墩村发展种植0.80公顷砂糖桔和贡柑基地。全乡共发展7个百亩经济果林基地。

黑荆树　黑荆树皮是栲胶的主要原料，从20世纪60年代开始引进，20世纪70年代进入中试，就有部分荆树进行砍伐，出口部分荆松皮，但数量极少。到1981年之后，境内黑荆树大发展。进入20世纪90年代后，由于销路不畅而停产，今荆树全部被砍伐。

（二）薪炭林

凤阳境内薪炭林分布极广，其树种主要为马尾松，其次是杂木。据1988年调查统计，全乡有薪炭林482公顷，占全乡造林面积695公顷的69%。至2005年，全乡薪炭林仍有386.67公顷。

马尾松（俗称王树），为松科常绿大乔木，是境内分布最广、数量最多的一种用材兼薪炭采脂的树种。它适应性强，耐干旱瘠薄，而且种源丰富，人工育苗造林和天然更新都很容易，是境内荒山造林的重点树种。树干可供材用和割脂，又可培育茯苓，花粉可入药。

（三）毛竹林

据1989年调查，凤阳境内竹类资源丰富，品种繁多。有毛竹、光箨绿竹、毛绿竹、苦绿竹、大木竹、水竹、水桂竹、桂竹、刚竹、空心竹、孝顺竹等。其中分布最广、数量较多的是毛竹、大木竹、麻竹和青皮竹。

三、古树名木

凤阳境内以前古树名木很多，基本上每个自然村宫庙、古墓周围、村口都有一至数株百年以上古树，乡民称之为"风水树"。树种有枫香、香樟、苦槠、银杏等。1958年大量古树被砍伐，锯成巨板，用人工运往赤溪造船。现凤阳遗留古树已不多。

李家山银杏 浙CD0577，属杏科，树龄320年。此树位于凤楼村李家山，千年运碗古道鲤鱼桥桥头，高10米，胸围472厘米，属于国家三级保护古树。银杏为落叶乔木，4月开花，10月成熟，树叶为橙黄色的核果状。银杏是现存种子植物中最古老的树子遗植物。该树木主干2006年遭"桑美"台风吹毁。

仓头枫香 浙CD0050，属金缕梅科，树龄315年，此树位于凤楼村仓头。高18.50米，胸围440厘米，属国家二级保护古树。

仓头樟树 浙CD0579，位于凤楼仓头老厝内入口处，高20米，胸围7米，树龄120年，属国家三级保护古树。

坑边枫香 浙CD0578，位凤楼村坑边宫边、五塘桥头。高11米，胸围3米，树龄205年，属国家三级保护植物。

崩山七株枫香 浙CD0585位于凤阳顶堡村崩山，卢姓祖宅和雷姓祖宅古道房边，高分别20米，胸围各有6米，树龄135年，属国家三级保护古树。

龟墩宫左右二枫 浙CD588，位于龟墩村龟墩宫两侧，高分别20米，胸围各有6米，树龄160年，属国家三级保护古树。

崩山香樟 浙CD0584，位于顶堡村崩山岭头，高20米，胸围5米，树龄155年，属国家三级保护古树。

凤阳宫枫香 浙CD0581，位于凤阳乡凤阳宫门前，高21米，胸围6米，树龄100年，国家三级保护古树。

大贡枫香 位于岭边村大贡，昔年矾赤挑矾古道大贡墘，高18米，胸围4.70米，属三级保护古树。身直枝粗叶茂，树龄201年。

漈头杨枫香群 位于凤阳乡和矾山镇昌禅漈头隔交界处漈头杨，高30米，胸围较大5米，小有3.10米，树龄200年多，属国家三级保护古树。

凤阳新村枫香　位于矶山至赤溪挑矶古道，凤阳石龟道路边，高10米，胸围4.70米，树龄120以上。

岭边斗门底枫香　位斗门底王姓祖厝房边，高11米，胸围3.70米，树龄120年。

李家山水尾宫枫香　位于内楼村李家山千年运碗古道水尾宫边，高18米，胸围3米，树龄200多年。

交椅环枫香　位于鹤峰村沟椅环，高21米，胸围6米，树龄约210年。

交椅环樟树　位于鹤峰村沟椅环至外环，高16米，胸围3.10米，树龄有100多年。

仓头枫香（2号）　位于凤楼村仓头老厝内，边刨苦槠3株，高21米，胸围7米，为樟科常绿乔木，树龄300多年；

仓头枫香（3号）　位于凤阳凤楼村仓头水门，高12米，胸围4米，树龄210年。

岭边楠木三姐妹　位于岭边村斗门底董姓祖宅右侧。3株楠木，高20米，胸围5米，树龄200多年，中刨椰榆1株，4株丛生，树龄150多年。

陈家垟香樟　位于凤阳陈家垟上宫边，高18米，胸围6米，树龄180年。

杨家坑百年香樟　位于上杨家坑，高12米，胸围3米，树龄100年。

鹤顶山楠木　位于鹤山村鹤顶山，高20米，胸围8米，树龄200年。

鹤山栲树　高10米，胸围3.10米，位于鹤山村鹤顶山自然村内垟公路边，枝伸叶茂，树龄约有180年。

鹤顶山枫香　高27米，胸围各有5米，位于鹤山村鹤顶山外垟"土地宫"边，树龄210年。

鹤峰原始林　位于凤阳鹤峰村沟椅环自然村和三十亩自然村毗邻合片，面积47公顷左右。这里植物资源十分丰富，有3个植被类型8个群系，单树木就有100多种，其中又以苦槠为最多。林中陡坡悬崖，奇石怪硐，是早年红军活动场所，也是鼎平县蒲区区委所在地。硐口蔓藤遮盖，硐内可容纳30多人。由于村民对树林保护，在"五统"（实行土地、劳动力、资金、农具、粮食五个统一，简称"五统"）期间，没有乱砍乱伐，封山育林效果明显，保护原始生态，树木更加茂盛。

第三节　工商贸易

民国时期，凤阳境内有铁、木、篾、砖瓦、纺纱等传统手工业。20世纪70年代，凤阳乡办起茶叶初制厂、粮食加工厂、蘑菇加工厂等。20世纪80年代后，在原有家庭副业的基础上，乡村工业逐渐发展起来。

一、工　业

（一）乡办企业

1985年，全乡社队企业2家，产值6.85万元，净利润0.17万元，上缴税金0.12万元，至1987年，企业增至4家，产值上升至30万元，分别比1985年增长1倍和4.38倍。

1993年，创办凤阳畲族乡木材加工厂，属乡办股份合资企业，利用当地林业资源，制作啤酒箱、床板、桌椅方料等半成品（至2005年停办）。1994年，村民蓝准民等3人采用股份制形式创办蘑菇加工厂，蘑菇加工后，运往马站等地销售，实行产、供、销一条龙服务。

1995年，全乡有村及村以下企业3家，工业产值8.70万元。1996年，由于蘑茹市场价格下跌，蘑菇大减，加工厂停办。

2005年，全乡外出务工2030人，主要分赴宁夏、甘肃、陕西、山东等地从事采矿、开通隧道、筑路等。

表3-4-3-1　1985—1990年凤阳乡办企业主要指标一览表

单位：万元

年　份	企业个数	产　值	净利润	税　金
1985	2	6.85	0.17	0.12
1986	4	15.30	1.22	1.19
1987	4	30.00	2.17	2.41
1988	2	25.00	1.55	1.05
1989	1	20.00	0.07	0.21
1990	1	4.20	0.02	0.26

资料来源：根据凤阳畲族乡政府提供资料汇编。

（二）矿山冶炼

凤阳地处山区，储藏有各种的矿石，如硫磺矿、叶腊石矿、瓷土矿、铅锌矿等。畲汉人民有开矿冶炼的历史，世代与泥土石头打交道练就了精通开山凿硐的技能。

银珠硐硫磺矿　硫磺矿位鹤山村的西端，与矾山金斗垟村山交界。硫磺矿在解放前已经发现，矿石闪亮呈金黄色，初疑是金矿或铜矿。1958年大炼钢铁时开采，由平阳县矿冶公司勘测、化验、主要成分为硫磺附生铁含量。当时组织工人100多人大规模开采，日采矿石100多吨，销往平阳化工厂提炼，由于矿脉呈分叉形，时断时续，加上农田受硫磺水的污染，开采数年后，至1980年全部停产。

叶腊石矿　该矿位于顶堡村下后坑东北向，1981年经省地质大队勘测发现矿山具有一定的开采规模，经化验叶腊石含$A1203$品位高而稳定具有铁钛含量低、白度好，耐火度低等优点。矿床长750米，宽10～40米，该矿石可代替铅矾土作为制造高温匣钵的原料，适合于瓷器及地砖、墙外砖生产。1987年作为雕刻石开采，每吨价格200元，销往青田150吨，1988年温州陶瓷厂开始试用，月用量150吨，桥墩陶瓷厂用量100吨，1992年计销售3000吨，同年县政府有关部门拨款资助开通矿山机耕路，由于多种原因至1996年停采。

陶瓷土矿　矿山位于凤楼村姚头岗东南地段，1985年经浙江省化工地质大队初步勘测，矿脉长200～500米，宽10～100米，距计算1-2号矿点储量43万吨，风化及半风化块状矿石，具有含铁钛低、白度高、耐火度低等优点，适合于制造瓷器及地砖等。1985年投产以来，已销往桥墩陶瓷总厂、电瓷分厂、平阳鳌江黑城陶瓷厂、钱库陶瓷厂、泰顺月湖陶瓷厂，总计1万多吨，至1992年下半年停产。

铅锌矿　该矿山位于鹤峰村章家山大坑底，铅锌矿在解放前已发现有矿藏但未开采，到1958年由平阳县矿冶公司勘测化验因储量少品位低，只开采3个月后停工。

崩山铜矿　矿山位于顶堡村崩山的北山山脉，属于顶堡与龟墩的交界处，2013年由南宋及当地老板投资勘测，苍南县地质矿冶公司化验，因矿脉小、含量少、品位低，所以探矿开采3个月后停工。

（三）井巷工程

1980年凤阳畲族乡成立井巷开拓工程处，注册资金500万，负责人蓝准瓜，主要负责办理外出承包工程或个人外出务工手续。1987年国家发放居民身份证后，农民可随时改行外出务工，据不完全统计1990年至2015年乡境内计有2000多人在全国各地从事矿山、井巷公路、港口码头、厂家企业各种行业，生产年总产值超出2亿元，还有部分人员随着资金、技术经验丰富成了包工头，并引领乡境内的农民到各地劳务就业，劳务大军成为乡境农民的一大产业支柱，助推和加快了脱贫致富步伐。

20世纪80年代后期，迫于生计外出打工，从事井巷开矿等重体力劳动，基于山区劳动者素有于石头打交道的经验，能吃苦耐劳，逐步形成了一支庞大的井巷矿山工程队，活跃在祖国的东北、西南，遍布全国各地。

顶堡村凤阳宫自然村矿山企业家王良宏于20世纪80年代中期就外出承包工程，1987年10月经宁夏灵武矿务局的邀请来到了宁夏创业。从此他与灵武煤矿结下了不解之缘，此后20多年时间，把矿山井巷越做越大，引领本乡200多劳务工人在其打工，带动全乡劳务输出取得了良好的经济效益。顶堡村新厝自然村郑计松、郑计用分别于1978年10月和1985年8月外出承包工程，分别引领了100多本地民工劳务于矿山井巷。到2015年止全乡共有15位矿山企业家，他们带动了全乡劳务输出，助推了乡村经济发展。1987年在宁夏银川的有王良宏的中宇实业发展有限公司、宁夏回族自治区中外经济发展合作协会。1988年在甘肃有郑计用的甘肃西和铅锌矿，1985年在浙闽有郑计松的温州东大建设工程有限公司，1995在河北和内蒙古有刘正晏的中开宏井巷有限公司和浙江温州井巷有限公司。1992年在银川有刘端松的中宇实业有限公司，1993年在银川的有杨诸本和郑允信的中宇实业有限公司，1995年在山西的有陈启石的金信矿建公司浙江华冶分公司，2008年在内蒙古和湖南的有蓝锡准和雷平的温州通业建设工程有限公司驻地项目部等。

还有去国外合作投资发展和开发者，有的创建矿业成为知名的企业家。他们回乡投资建设、捐资助教、造路、新建文化礼堂、助建公园景点等，回报故乡父老乡亲。

表3-4-3-2 凤阳畲族乡部分在外省矿山井巷企业负责人

时 间	法人代表	企业名称	企业地点	住 址
1987—2015	王良鸿	宁夏回族自治区中外经济发展合作协会	宁夏	顶堡村凤阳宫
1988—2015	郑计用	甘肃西和铅锌矿	甘肃	顶堡村外新厝

续表

时　间	法人代表	企业名称	企业地点	住　址
1985—2015	郑计松	温州东大建设工程有限公司	福建	顶堡村新厝
1995—2015	刘正晏	浙江温州井巷有限公司	内蒙古	顶堡村南头
1992—2015	刘端松	宁夏银川中宇实业发展 有限公司	宁夏	顶堡村柿脚
1993—2015	陈启石	山西金信矿建公司浙江华冶 分公司	山西太原	顶堡村凤阳宫
1992—2015	杨诸本	宁夏银川中宇实业发展有限公司	宁夏	龟墩村漈头
1992—2015	郑允信	宁夏银川中宇实业发展有限公司	宁夏	顶堡村内新厝
2005—2015	蓝锡准	温州通业建设工程有限公司 驻湖南项目部	湖南	领边村岭边

资料来源：根据凤阳畲族乡政府提供资料汇编。

二、商　贸

乡境内历来商业贸易位数不多，没有农贸市场与购物集散中心。地理位置上毗邻矾山，下接壤赤溪，上通下达交通方便，村民的货物交易就近市场交易。1954年由李姓乡民独家开办了合作社。1962年正式创办了凤阳供销社，新建楼房五间，职工8人。经营小百货、棉布、日杂生活用品及生产农具、农药、化肥等。至1983年后供销社体制改革，人员解散，只留一个店铺专营生产物资、日杂等。1994年乡政府规划中心村建设，村民下山脱贫迁移中心村集居。至2000年中心村有个体商店8家，餐饮农家乐5家，娱乐OK厅3家。理发修理各类行业随之相继开设，就业人员120多人，年产值500多万元，猪仔交易市场年产值100多万元。至2015年，创办紫菜烘干厂3家，紫菜烘干加工120吨，总产值720多万元。乡村人员逐渐向城镇分流，有开办小型超市、个体商店的，经营副食品、水产等各类货品。经商贸易，参于餐饮服务及旅游行业者也不断增加。唯凭所愿，各展技能，逐向第二、第三产业发展，迈进小康水平。

第四节　旅游与服务

凤阳畲族乡境内曾经有合作社、供销社，为广大农民提供棉布和日常生活用品服务，1993年供销社因体制改革而解散。1958年12月创办凤阳信用社，长期为境内群众提供存、贷等金融服务。1992年，金融机构改革，凤阳信用社并入赤溪农商银行，凤阳仅设存、取款机台。2015年，凤阳畲族乡在鹤山开发杜鹃花海旅游景点，并开设星空民宿露营基地与农家乐，为游客提供多项服务。

一、旅游业

2015年，凤阳畲族乡开发鹤山杜鹃花海旅游景点。利用267余公顷的原始杜鹃花卉，13万平方米的杜鹃花核心区，1500平方米的大隔草坪，打造了4000平方米的畲族文化广场，600米林间游步道。

畲族青年雷朝瓜利用有利条件，成立"清风农旅文化发展公司"。公司在杜鹃花海原有基础上打造星空民宿露营基地。至2015年底，基地配有12星座组成的星宿空间玻璃房民宿、露营专属平台30座、星空音乐厅、共享茶室、亲子DIR互动区、烧烤野炊专区、休闲足球场、风筝滑草、畲族民俗篝火场等系列体验项目。在核心区建有望海亭，可眺望浩瀚的星海、云海、花海、石海。"清风农旅文化发展公司"旅游服务业人员20多人。

景区为开放式无门票观赏模式，在阳春三月春暖花开之时，游客纷至踏来，高峰时，每日游客1000多人。花谢之后游客以避暑露营为主。夜宿露营每晚约30～50人。解决闲置劳力50多人。开办"云上人家农家乐"，日接待游客200余人，年经营额250多万元。

二、服务业
（一）供销社

1954年凤阳创办了合作社，地址设在凤宫桥头边，是一间地主被土改后的民房，面积大概50平方米，经营者只有1人，外售土棉布和日常生活用品等。当时物资的采购都十分困难，大多数是从江南地方用肩挑手提回来的，添置的物品数量有限，除村民日常生活必备外，其余的也无法购买。

1958至1962年供销社逐步扩大，至人民公社化以来，凤阳供销社由政府支持新建了5间店房，职工增加到7人。经营小百货、棉布及农业生产用具、化肥、农药等。各村因地制宜也都办起了下伸店，同时还大力宣传农民按股入社，以户为股，每户入社股，一股2元，到年终股员在那物资十分紧缺的年代，可享受股份补助，如肥皂、煤油、火柴等之类的物资优先供给。

1993年凤阳供销社只剩一个门店口，专营生产物资，如化肥农药之类的，后由于供销社体制的改革解散。

（二）信用社

中共平阳县委、县政府当时根据凤阳畲、汉两族群众迫切的要求，于1958年4月批准建立凤阳畲族乡，属矾山区管辖。凤阳信用社创办于1958年12月，信用社人员既属矾山信用社领导，又属乡下业务单位。信用社人员只1人，地址同乡政府，办公统一在凤阳宫庙内。办理的业务在大办农业合作社时对贫雇农中的特困户、重灾户在生产农具遭灾后给予适当的生产、生活补助，数额甚少，仅2～3元。

1968年以来，信用社动员群众入股，每股2元。集中作为信用社的统筹资金，对农村群众确实生产农具极为困难的对象，发放2～3元的贷款，以资助购置如蓑衣、锄头、箩筐等之类的生产农具。1979年7月，凤阳乡信用社正式挂牌营业，购置二间民房作为社址。专职人员3人，面向全乡六个行政村群众办理存、贷等有关金融业务。至1992年，金融机构改革，凤阳信用社并赤溪社（现赤溪农商银行），现只设存、取款机1台。

第五章 社会事业

凤阳畲族乡历来注重育才。民国10年（1921年）郑文成创办第一所小学，后于民国26年兴办"平阳县矾山民生小学"。中华人民共和国成立后，乡政府创办"凤阳小学"，1956年批准建立凤阳畲族乡后，改称"少数民族完全小学"。随着社会的不断发展，教育逐渐普及，成人、儿童、夜校扫盲等教育取得显著成效。

自20世纪70年代始，乡域内的基础设施建设快速发展，实现村村通公路，家家亮电灯，户户有各种电器，村村饮用自来水，村民生活水平渐渐步入小康。

乡境内的畲族文化颇有特色。乡民以畲歌口传文化，以畲拳健身护体，用畲药医治疾病，把传统民族文化融入现代生活之中。传统手工艺诸如纺织刺绣、花带编织成为非物质文化遗产。

第一节 基础设施

凤阳畲族乡的基础设施，包括公路、邮政、电信、用电、供水等，是从20世纪70年代开始建设的。1972年建造"明星水电站"，解决农业和照明用电。从1987年全乡经三次电网改造增容，6个行政村架设路灯200多盏，三相电力各自然村全部覆盖，全乡用电照明入户率达100%。1977—1984年矾赤公路横穿乡境中部，1995—1997年村民自发投劳建造机耕路，2006—2014年建造了各村康庄工程路，实现村村通公路。2000年以后，各村陆续建成中国移动和联通基站数座，移动通讯电话信号覆盖100%。2010年先后设立凤楼、顶堡、鹤山3个村邮站，并在乡政府设立邮政取款机。2003—2015年，各村建造蓄水池和供水管道，解决了6个行政村村民生活饮用水问题。

一、交　通

（一）公　路

1977—1984年开通矾山至赤溪公路，横穿凤阳乡境中部。1977年4月至1980年11月先建矾山至凤阳段，全长7.10公里，路基宽6.50米，路面4.50米，总造价16万元；第二段从凤阳至赤溪段，1983年6月动工至1984年1月竣工，全长9.10公里，总造价43万元。矾赤公路的开通，途经境内沿线4个村，使交通状况得到改善。

1989年3月至1990年10月，鹤峰村发动村民自发投工投资，挖掘开通矾赤线坑底至三十亩自然村的3公里机耕路，宽3.50米。省交通厅、县交通局、民族科及赤溪区委工作组合计拨款补助28万元。同年10月，章家山自然村村民也自发投工献料，一年多时间开通了赤溪园林至章家山3.50公里机耕路，路坯宽3.80米。2014年投入115万元，将三十亩村3公里机耕路拓宽硬化为康庄公路，为纪念昔日红军驻地路面浇染红色。2006年，投入120万元，建造凤楼坑边至鹤峰章家山3.50公里康庄公路，宽3.50米，2015年政府再次投入60万元，路面拓宽1.80米，现路面宽达5米。1990年7月至1993年10月，凤楼村村民投工献料开通矾赤线姚头贡至坑边3.10公里机耕路，至2003年投入55万元改造为康庄公路，宽3.50米。1994—1998年顶堡村民自发投工开通乡政府所在地至崩山1.50公里机耕路，县有关部门资助投入3.70万元，2000年矿山老板个人捐资40万元，建造一段顶堡路口到新厝的500米水泥路，至2002年政府投入康庄路补助65万元，全线至崩山长1.50公里，宽4.50米，完成村通公路。1995—1997年鹤山村村民自发投劳建造开通乡所在地至鹤顶山4.50公里机耕路，同年陈家湾至龙头山，仓厝至下中贡也相继开通路坯3.10公里，2006—2014在原基础路上建造矾赤公路隔头候车亭至鹤山村康庄公路4.50公里，宽6.50米，三条康庄工程公路共投入250万元。龟墩村1998年自发投工开通矾山赤家山至龟墩崩山机耕路3.40公里，宽3.50米，至2014年该通村公路计投入115万元，建成四级公路宽4.50米，长达3.50公里，与顶堡村崩山连接可直达县城。乡境内全面实现村村公路通。2015全乡6个行政村50个自然村通村公路基本优化升级。

（二）交通工具

凤阳畲族乡境内古代有轿和抬兜，坐轿者系较富有的畲民迎亲才有出现。20世纪80年代初，矾赤公路开通，境内出现自行车，1985年后农用拖拉机加入运输队伍。90年代出现摩托车、三轮车、农用四轮卡车。2010年以后随着村村公路的开通，小轿车开始逐步进入寻常百姓家。

　　轿、兜　古代官员出门要坐轿，姑娘出嫁及迎亲用轿较为普遍。改革开放后姑娘出嫁坐轿已十分罕见。轿是用木头制的，四周雕刻有八仙画图，花轿上有篷顶，用红绸布刺绣做门帘，四周彩画凤凰和八仙。4人抬的俗称"花轿"，寡妇使用的小轿2人台，俗称"便轿"。绅士和老医生出门或偏远山区的病人送医，有时也坐抬兜。抬兜竹制或藤编制，上有篷顶、四周空的，出门时2人抬，现已绝迹。

　　自行车　也称踏脚车，20世纪80年代初在境内出现。随着公路和康庄路的普及，至20世纪90年代在乡村已屡见不鲜，进入21世纪后随着摩托车、助动自行车、电瓶车的出现，普通自行车逐渐减少。

　　机动车　1984年10月　随着矾赤公路的通车，居民外出坐车比较多了，可搭乘矾山至赤溪的大货车，同时农用拖拉机也加入运输队伍。20世纪90年代农村的三轮卡车，农用四轮卡车也频繁出现。之后货运工具以柳州五菱和"方拖"为主。1995年个体运输业上了一个层次，赤溪途径凤阳至灵溪的客运班车4辆，赤溪至矾山途径凤阳的客运班车3辆，2015年赤溪至灵溪途径凤阳的客运公交增至14辆。目前境内有家庭小轿车300多辆、柳州五菱15辆，两轮电动车、三轮助动车等十分普遍，境内居民往返各地十分便捷。

二、邮　电

　　邮　政　民国25年（1936年），设立赤溪邮柜。1949年7月更名为赤溪邮政代办所。1955年成立营业处，管理凤阳区域邮政业务，邮递员肩挑邮件翻山越岭，送达所在地邮政代管员。2010年为加快邮政服务农村，先后设立凤楼、顶堡、鹤山三个村邮站，并在乡所在地设立邮政取款机。

　　电　信　1956年乡政府接通电话线路。1985年设立赤溪邮电所，管理凤阳区域邮电业务。1998年村村通上程控电话。2002年政府部门加大投入开通程控电话500门，并设立移动通信基站。2005年全乡固定电话580多部，2011年固定电话增至620多户。20世纪90年代手机普及，电话用户已所剩无几。2000年在乡境内建造移动通讯基站，并在各村建造小灵通基站2座，信号覆盖6个村90%区域，之后各村陆续建成中国移动和联通基站数座，移动通讯电话信号覆盖100%。

三、水　电

　　供　水　凤阳乡境内村民早年饮用溪水或井水。1990—1995年，全乡60%

以上村民开始饮用简易自来水。从1990年开始，通过三次改水建池扩容更新管道，又于2005年政府支持资金投入创办鹤山供水站，建容量2000立方米蓄水池，拉设新增管道2.80公里，供应乡所在地中心村600多户2000多人及乡机关部门单位人员生活用水。2003—2010年，各村先后投入资金180多万元，建造蓄水池16个，容量达128立方米，解决了6个行政村485户2300多人的生活饮用水问题。

用　电　1972年在县水利、电力部门的勘测指导下，在明星（现鹤山村）狗头岗开发建造水电站，建造水库容量2000立方米，开山凿壁贯通隧道180米，铺设压力管300米，建造电站机房4间装机40千瓦时，名曰：明星水电站，解决顶堡、鹤山、岭边3个村及所在地居民照明用电。1985年赤溪八角潭水电站建成发电，架设乡境内8公里高压线路和各村低压杆线，开始向凤阳乡供电，解决全乡村民照明。现全部并入由国家电网公司管理，从1987年全乡50千瓦时和100千瓦时，经3次电网改造增容至2000千瓦时，总投入5000多万元，现6个行政村架设路灯200多盏，三相电力各自然村全部覆盖，全乡用电照明入户率达100%。

第二节　教　育

清乾隆年间（1736—1795）境内始有私塾，民国10年（1921）创办了第一所学堂，"雄扬小学"。后又5次创办国民小学，因经济困难而时办时停，直至中华人民共和国成立后，1951年春各村自募经费兴办村小。同年9月3所村小合并为凤阳小学，至1956年上级政府十分重视民族地区教育事业，把凤阳小学定点为"浙江省少数民族完全小学"，师资配备设施经费均有政府拨款支持，从此凤阳乡的教育事业蓬勃发展。20世纪50年代，境内农村大办成人教育，有民校12所、夜校3所。60年代初境内创办苍南县凤阳辅导中心学校，还有1所凤楼完小、5所村小，1974年附设初中班，至1981年初中班停办。1998年凤阳中心小学附设凤阳中心幼儿园，2012年凤阳中心幼儿园转为公办，12月底通过省三级幼儿园的评估验收。

一、学社与私塾教育

清光绪四年（1878年）凤阳宫创办了私塾，后在凤楼仓头、鹤山中贡、龟墩等地也陆续办过私塾。先后办过10家私塾，是凤阳乡倡导教育的主要形式。

在儿童启蒙教育上起到重要的作用。

（一）凤阳宫私塾

据85岁畲族钟希回老人回忆，凤阳宫私塾最早创办于清光绪四年（1878年），创办人是本地邑庠生钟庆英，学生数额失详，具体概况失载，馆址凤阳大宫。民国5年（1916年），由塾师钟希瑞、雷必昆自行设馆，招收邻近村童入学，学费按入学儿童的程度分摊，有时由家长轮流供膳，桌椅学生自备。

教读内容主要有《三字经》启蒙、《神童诗》《百字姓》《诗经》《幼学琼林》等，学生人数不多，也没有统一学制，以背诵诗书和毛笔字练习为主。

学生座位在大宫两厢的走廊，塾师左边的厢廊插着一个香筒，立着"文宣王先师—孔夫子—五代圣贤神位"。私塾在正月择日开馆，塾师的左边厢房放置文案、文房四宝、戒方一对（木制）、戒板一支（竹制），其中戒方和戒板用以处罚功课未完成的学生，打三下手板，古曰："南山一支竹，专打书不熟。"开馆时，备办牲礼于圣位前，燃烛焚香拜请孔夫子圣人，号称"开馆请圣贤"。在凤阳仓头还有保存完好的一本《请圣贤科书》。内注："六神咒、通乡贯、礼主学生、同学名字。"敬答："大禹文王，周公先生，五代圣贤，朱文公先生，程夫子先生，文宣王先生，伏羲神农，朱夫子先生，大成孔贤先师，孔夫子，万世师表，三千其弟子，七十二贤人，文昌帝君，关圣帝君，把笔判官，加福加禄郎君，左文班，右武将，先传后教历代先生，本宫恩主，合殿神明……"

私塾没有周末，没有暑假，只有"清明节、五月节、七月半"等节日各停学一天，直至冬至才放假。"五月节"时先生会向学生分发一把白纸扇，大户人家学生则包"红包"还谢。

（二）仓头私塾

清代五十二都仓楼（今凤阳）走出26名清代塾师。据悉，仓楼清代私塾将列入矾山教育博物馆展出。彼时仓楼文风鼎盛，办起私塾，由雷天三为塾师，读三字经、百家姓、千字文、四书五经等课本，还设习字课，学规极严。

为鼓励、帮助学子勤奋学习，设笔资田20亩，为公田，并规定谁家子弟考中秀才，当年笔资田归谁收获，下科谁考中转给谁。因此仓楼村文风大振，人文蔚起，清时在这个小小畲族自然村涌现出庠生、迪功郎、乡饮宾、儒业等26人。他们中有些受聘浙闽交界私塾当塾师。当他们外出教书，坐馆授徒，都有一担随身书笼挑出去，以示饱学。因此仓楼有"十八担书笼"之美谈。据雷必庄先生介绍，他知道雷姓塾师有国彬、宗洲、宗岳、宗功、宗玺、天阳、天荷、天谋、天三等20多人，其中最为突出代表人物雷天三和雷云为私塾教育作出重大贡献。

仓头蒙馆创办于清光绪十四年（1888年），创办人雷宗功（仓头人，邑庠生），私塾地址在仓头塘下宫，塾师一人，学塾未详。宣统三年（1911年）雷天三创办塘下宫蒙馆，学生60多人，雷天三执教，后民国元年（1912年），转移到仓头，入学年龄没有严格限制，一般招收7岁以上蒙童，就读学生100多人，钟大哲、蓝春荣二位塾师助教。

主要教《三字经》《古文观止》。年初开馆，冬至前结束，没有暑假和双休日，故有"教书先生不吃冬节圆"之说。学生程度参差不齐，塾师逐个点教，重在背诵与毛笔字练习。初为识字，由浅而深，上午面授，下午读书、背书。教学毛笔字时按描红、影格、临帖、默写的顺序渐进。

塘下宫私塾不收学费，但拨有田亩。仓头有"养贤田"20亩，作为学生考上秀才的鼓励，另有三十亩公田作捐于学堂塾师薪水，"延师设教，以田租赡塾之师徒"。仓头学风鼎盛，家不论贫富，子女不论贤愚，必须读书。有一训联："春雨呼塘耕田亩，夜灯课子读诗歌。"据92岁的雷顺天老人回忆：学生最多时是在民国20年（1931年），131名学生座在走马楼大厅，来自福建、马站、岱岭、昌禅、赤溪等地，有塾师3人执教。

表3-5-2-1　1888—1936年凤阳畲族乡私塾（蒙馆）一览表

塾名	类别	塾址	创办时间	创办人	住址	塾师
仓头私塾	蒙馆	塘下宫走马楼大厅	光绪十四年（1888年）	雷宗功（郡庠生）	凤阳仓头	雷宗功 雷天荷 雷天三 雷必贵
凤阳私塾	蒙馆	凤阳大宫	光绪二十四年（1898年）	钟庆英（邑庠生）	凤阳中贡	钟小玉 钟希瑞 雷必昆
龟墩私塾	蒙馆	杨氏祖厅	光绪辛丑年（1901年）	杨伯堂	凤阳龟墩	杨伯堂
三十亩私塾	蒙馆	深塆宫	光绪三十四年（1908年）	雷天垂	凤阳仓头	雷天垂 雷必挺 雷天卿
坑边私塾	蒙馆	坑边宫	民国8年（1919年）	雷必超	凤阳仓头	雷必超
姚头贡私塾	蒙馆	姚头贡宫	民国12年（1923）	雷天燕	凤阳仓头	雷天燕 雷必多

续表

塾名	类别	塾址	创办时间	创办人	住址	塾师
杨家坑私塾	蒙馆	陈姓祖厅	民国14年 （1925年）	失详	凤阳杨家坑	雷必曹
坝头贡私塾	蒙馆	坝头贡宫	民国17年 （1928年）	雷必挺	凤阳仓头	雷必挺
隔头私塾	蒙馆	钟姓祖厅	民国20年 （1931年）	钟秋明	凤阳宫	钟秋明
鹤山私塾	蒙馆	蓝姓祖厅	民国25年 （1936年）	蓝朝权	凤阳鹤山	蓝朝权 雷天卿

资料来源：根据口述资料汇编。

二、学校教育

（一）凤阳畲族乡民族小学

1.学校概况

民国10年（1921年），郑文成、徐惠卿筹措资金，创办第一所小学，名称"雄扬小学"。至此，私塾教育体制终止。"雄扬小学"校址设在凤阳大宫。民国12年2月郑文成病辞由徐惠卿继任校长。民国26年，校名改为"平阳县矾山区民生初级小学"，校址设在凤阳乡第四保半垟宫，陈焕绰任校长，教师3人，学生50人。民国31年2月至民国32年7月校名改为"平阳县凤阳乡第六七八保联立国民学校"，校址设在凤阳大宫。陈崇礼任校长，班级数3个，学生100多人，教员4人。民国32年7月至民国34年7月，校名改为"平阳县凤阳乡中心学校"，校长陈均勇。民国34年至民国35年，校长陈瑞，校名改为"平阳县凤阳中心国民学校"。民国37年春，校名改为"平阳县矾山乡第11保国民学校"，校长雷明。

1951年春，凤阳乡所在附近岭边、北山、南山三个村由各校自筹食谷抵教师工资创办三所村小。是年秋，该三所村小合并一所为"凤阳小学"，校长郑宗沛，校址仍设在凤阳大宫。1952年暑假，全体教师参加平阳县思想改造学习，思改后教师待遇原由乡村筹募改为国家负担，教师转公办。同时，师生积极投入"土改"宣传工作，积极拥护土改运动。少数民族学生享受学费减免和春秋二季衣着费。1957年暑假，教师参加肃反反右学习。1958年暑假，教师参加平阳县向党"交心"运动学习；组织师生烧炭洗铁砂支援大跃进建设。公社化后，校名改为平阳县凤阳公社中心小学。1959—1961年，学校开展勤工俭学，养殖畜牧业。1962年，代编教师金益池精简下放。

1966年，"文化大革命开始"，学校组织红卫兵破旧立新，正常的教育受到冲击。1967年，驻军进校联防搞军训与宣传工作。秋，教师成立革命战斗队，夺取学校领导权，校长被作为当权派；冬，教师停课闹革命外出串连。1968年，清理阶级队伍，教师参加社会宣传活动。1969年春，学校复课，贫下中农管理学校，学校成立贫管会。1974年附设初中班。秋，浙江省少数民族师范七六届毕业生一组7人来校实习，时间1个月。1979年，取消贫管会建立学校校长责任制。1981年，初中班停办。12月郑宗沛老师经教育局批准退休。秋，县民族科拨款600元给本校少数民族学生每人添置衣服一套。1984年，赤溪区成立，校名改为"苍南县凤阳中心学校"。省、市、县民族事务处来校调查少数民族教育情况。5月，经县扫盲检查验收，全乡达到基本无盲乡标准。6月份县教委与凤阳学校挂钩。1985年10月，苍南县民族科钟大西以及县委、区教委、乡政府到校督促教学工作。1986年第一学期起少数民族学生享受学费减免。1987年，成立凤阳中心学校党支部，教师开始职称评定；学校荣获区体操比赛第一名、区级扩生总分第一名。1987—1990年，县人大、政协、统战、到校调研少数民族教育发展情况。2005年9月苍南金乡论坛来校与8名学生结对，开展扶贫助学活动。2006年9月苍南县禁毒办领导莅临我校检查禁毒教育开展工作。2007年1月，苍南县人事局人事核编小组到校检查指导工作。6月，温州市农村建设调研组来校指导工作。9月，苍南县县长黄寿龙莅临学校慰问教师。12月，赤溪片区学校校长一行5人到校参观。顺利通过"温州市农村寄宿制达标学校"评估验收。2008年2月，苍南县教育局义务教育财务检查组来校开展调研工作。3月，苍南县水利局局长一行3人来校了解溪坎损毁情况。2008年4月，通过"苍南县环境教育特色学校"评估。10月，通过"苍南县绿色学校"评估验收。12月，县文明办领导来校进行文明单位复查；县规范化检查领导小组来校指导工作。2009年3月，学校举行"创省级绿色学校动员大会"及"校园护绿活动"。4月，县教育局慈善总会领导来校慰问贫困学生；县组织部"玉苍先锋"拍摄组记者来校访问报道。2011年8月，更名为"苍南县凤阳畲族乡小学"。 2012年1月，温州市慈善总会到校慰问特困教师。2月，学校举行首届"校园歌手"比赛。4月，雷大银老师荣获温州市终身班主任奖。9月，梁峰局长等到校慰问市终身班主任雷大银老师。2013年1月，温州市慈善总会到校慰问特困教师。10月，苍南县关心下一代工作委员会来校讲座。2014年1月，温州市慈善总会到校慰问特困教师。

2. 荣誉与称号

苍南县凤阳畲族乡小学获得各种荣誉称号。1976年9月，学校荣获区乒乓球赛总分第二名。1982年，被评为县开学工作循环竞赛优胜单位，县教委奖锦标。荣获1997—1998年"温州市《国家体育锻炼标准》先进学校"。2002年6月，荣获共青团苍南县委、教育局和少工委三家联合颁发的"少先队先进集体"称号。2002年2月，获得"苍南县小学生日常行为规范达标学校"荣誉称号和"中共苍南县先进党支部"称号。2003年12月，学校党支部被评为"中共凤阳畲族乡先进党支部"。2005年7月，蓝准秀老师荣获温州市园丁奖。2006年9月，学校荣获"中共苍南县2001—2005法制宣传先进集体"称号。2007年2月，荣获"中共温州市2006年度森林防火先进单位"称号。2009年4月，被评为中共凤阳畲族乡2008年度先进党支部。2010年6月，被评为中共苍南县2009年度先进基层党组织。11月，被评为温州市中小学教育信息化建设II类达标学校。2013年8月，被评为矾山学区美丽校园。

图 3-5-2-1　凤阳畲族乡小学教学楼（蓝准秀 摄于 2012 年）

3. 学校建设

1921年，雄扬小学创办时校址设在凤阳大宫，计有前后殿共10间，两侧有平廊，仅有2个教室。1956年，省定点创办"浙江省少数民族完全小学——凤阳中心小学"，校长雷必语，上级拨款新建2个教室，在老宫修理2个教室，1

个办公室、4个教师寝室。1965年，原校址（凤阳大宫）迁建到南山塘沽边，建筑一座钢筋水泥结构5间2层教学楼、2间厨房、2间教师寝室、1个厕所。1977年，拆建2个老教室搬迁到南山塘沽边新校舍。原1955年建的钢筋水泥结构一座5间2层教学楼系一级危房，禁止学生上课，同年修理校舍245平方米。1980年，新学校2个教室加楼。1989年7月，扩建3个教室共162平方米。2007年9月，学校更新课桌椅。2008年1月，荣获温州市农村寄宿制标准学校称号。2012年7月，教学楼屋面维修改造。12月，建成1200平方米的塑胶操场。2013年8月，教学楼木质窗户更换成铝合金窗户。2013年9月，被命名为苍南县全民健身体育场地设施开放学校。

表3-5-2-2　1921—2010年校舍占地面积一览表

时间	地址	占地面积（平方米）	建筑面积（平方米）	教室个	办公室间	厨房	宿舍	厕所	其他	附注
民国 10 年	凤阳大宫			2						
民国 32 年	凤阳大宫			5	1					
民国 34 年	凤阳大宫			2						
1951 年	凤阳大宫			2	1					
1956 年	凤阳大宫	1370		4	1	1	4			
1965 年	南山塘沽边		485	4	1	2	2	1		
1974 年	南山塘沽边	1578	485	6	1	1	3	1		
1977 年	南山塘沽边	1578	577	8	1	1	3	1		
1988 年	南山塘沽边	1578	716	11	1	1	4	1		4 个危房教室禁用
1989 年	南山塘沽边	1578	766	11	1	1	4	1		4 个危房教室禁用
1990 年	南山塘沽边	1578	928	11	1	1	4	1		4 个危房教室禁用
1997 年	南山塘沽边	3494	1928	18	4	1	4	1	1	4 个危房教室禁用
2001 年	南山塘沽边	3914	2019	18	5	1	4	1	1	4 个危房教室禁用
2010 年	南山塘沽边	3914	1569	15	4	1	0	1	1	危房拆除

资料来源：根据凤阳中心校校志记载资料汇编。

4. 办学经费

民国10年（1921年）建雄扬小学时，教师工资等一切费用均是由校董地方筹措。自民国26年（1937年）始，办学经费一部分由当地政府补助、一部分由地方摊派群众负担。1951年，由各村筹集稻谷，每学期一位教师多者800斤，少者600斤。1952年"思改"以后，教师工资由上级教育部门拨款按月发放。学生学费收入上缴后留25%～30%作为学校办公费用。1956年后开设民办班，聘用民办教师的工资由上级教育部门补助和乡村筹募付给。自1956年以后，学校添置设备、修理新建校舍均由上级财政及教育部门拨款。

表3-5-2-3 1921—2015年凤阳畲族乡民族小学历任校长一览表

姓名	性别	民族	籍贯	学历	任期	备注
郑文成	男	汉族	凤阳	私塾七年	1921.09—1923.07	
徐惠卿	男	汉族	凤阳	私塾六年	1924.09—1925.07	
陈焕绰	男	汉族	凤阳	私塾七年	1937.09—1938.07	
陈崇礼	男	汉族	凤阳	初中毕业	1942.09—1943.07	
陈均勇	男	汉族	凤阳	初中肄业	1943.09—1945.07	
陈 瑞	男	汉族	半垟	初中毕业	1945.09—1946.07	
雷 明	男	畲族	凤阳	高小毕业	1948.09—1948.12	
郑宗沛	男	汉族	凤阳	初师	1953.09—1956.02 1957.02—1981.12	
雷必语	男	畲族	凤阳中墩	平阳简易师范毕业	1956.02—1970.12	
钟显添	男	畲族	南宋垟头	浙江省少数民族师范毕业	1960.03—1960.12	
杨经秋	男	汉族	凤阳	温州师范毕业	1978.09—1982.11	
李先秦	男	畲族	凤阳	浙江省少数民族师范毕业	1982.02—1984.12	
钟大庆	男	畲族	凤阳	浙江省少数民族师范毕业	1984.12—1985.12	
蓝成取	男	畲族	凤阳	浙江省少数民族师范毕业	1986.02—1993.12	
蓝准凯	男	畲族	赤溪	大专（函授）	1994.02—1996.07	
钟德斌	男	畲族	凤阳	大专（函授）	1996.08—2005.07	
雷正展	男	畲族	南堡	大专（函授）	2005.08—2010.07	
钟昌典	男	畲族	凤阳	大专（函授）	2010.08—2015.12	

资料来源：根据凤阳中心校校志记载资料汇编。

表3-5-2-4　1956—2015年历任教导主任一览表

姓名	性别	民族	籍贯	学历	任期	备注
吴加字	男	汉族	赤溪	平阳师范	1956.03—1957.01	
郑宗沛	男	汉族	凤阳	初师（瑞师函授）	1957.02—1977.02	
杨经秋	男	汉族	凤阳	温州师范毕业	1977.03—1978.08	
钟大庆	男	畲族	凤阳	浙江少数民族师范毕业	1986.09—1990.07	教导
蓝升杰	男	畲族	凤阳	矾山中学毕业	1977.08—1981.08	副教导
刘祥开	男	汉族	赤溪	平阳师范	1973.09—1978.08	
蓝成取	男	畲族	凤阳	浙江少师毕业	1984.08—1986.08	
刘正高	男	汉族	凤阳	矾山高中毕业	1990.03—2001.07	副教导、教导
董学周	男	汉族	凤阳	大专（函授）	1996.08—2000.07	副教导
钟昌典	男	畲族	凤阳	大专（函授）	2000.08—2001.07	副教导
钟昌典	男	畲族	凤阳	大专（函授）	2001.08—2010.07	教务主任
蓝准秀	男	畲族	凤阳	高中（函授）	2001.08—2015.12	副教务主任
钟昌录	男	畲族	凤阳	大专（函授）	2010.08—2015.12	教务主任

资料来源：根据凤阳中心校校志记载资料汇编。

表3-5-2-5　1956—2015年历任总务主任一览表

姓名	性别	民族	籍贯	学历	任期	备注
金益池	男	汉族	中墩	温四中毕业	1956.02—1961.12	
李先秦	男	畲族	凤阳	浙江少数民族师范毕业	1962.02—1964.12	
钟希仁	男	畲族	凤阳	浙江少数民族师范毕业	1965.02—1972.12	
钟大庆	男	畲族	凤阳	浙江少数民族师范毕业	1973.10—1979.08	
钟显枝	男	畲族	凤阳	浙江少数民族师范毕业	1979.08—1980.09	
蓝成取	男	畲族	凤阳	浙江少数民族师范毕业	1980.09—1984.09	
蓝升杰	男	畲族	凤阳	矾山中学毕业	1984.09—193.12	
郑计富	男	汉族	凤阳	初中	1994.02—2000.07	
董学周	男	汉族	凤阳	大专（函授）	2000.08—2008.07	
郑允达	男	汉族	凤阳	大专（函授）	2008.08—2011.07	
钟扬敏	男	畲族	凤阳	大专（函授）	2011.08—2015.12	

资料来源：根据凤阳中心校校志记载资料汇编。

表3-5-2-6 1956—2015年凤阳畲族乡民族小学教师名录

姓名	性别	民族	籍贯	学历	任课	任期	备注
雷必语	男	畲族	中墩	平师毕业	地理政治	1956.02—1970.08	
陈诗凤	男	汉族	马站	初中	语文数学	1954.09—1957.02	
金益池	男	汉族	中墩	温四中毕业	语文	1956.02—1962.02	
吴加字	男	汉族	赤溪	瑞师	语文数学	1954.02—1958.02	
钟显添	男	畲族	南宋洋头	浙江省少数民族师范	语文数学	1958.09—1962.02	
郑宗沛	男	汉族	凤阳	初师	语文政治	1951.02—1956.01 1957.02—1981.12	
郑祥芳	女	汉族	灵溪	温师大	语文	1960.9—1967.02	
王永芬	女	汉族	水头	高中毕业	语文数学	1959.02—1961.02	
吴月英	女	汉族	矾山	初中毕业	音乐语文	1958.09—1962.02	
雷云芳	男	畲族	桥墩	高中	语文	1961.09—1965.02	
李月香	女	汉族	赤溪山门	初师（函授）	语文音乐	1951.09—1955.02 1957.02—1958.08	
李先秦	男	畲族	凤阳	浙江省少数民族师范	语文体育	1961.09—1965.02	
周友胜	男	汉族	马站	初师	语文数学	1963.02—1976.02	
钟大庆	男	畲族	凤阳	浙江省少数民族师范	语文数学	1965.03—1966.03 1967.02—1990.12	
方连朝	男	汉族	中墩	初中毕业	语文体育	1965.09—1977.08	
钟希仁	男	畲族	凤阳	浙江省少数民族师范	语文音乐	1965.09—1977.08	
梁祥今	女	汉族	灵溪	初中	语文数学	1965.09—1968.02	
方学干	男	汉族	赤溪	初中	语文数学	1966.02—1970.02	
李先梅	男	畲族	凤阳	浙江省少数民族师范	语文数学	1968.02—1969.02	代课
吴昌富	男	汉族	中墩	温师毕业	语文数学	1969.09—1970.08	
郑秀清	女	汉族	中墩	平中毕业	语文音乐	1970.02—1979.02	
蓝升杰	男	畲族	凤阳	矾中毕业	数学音乐	1970.02—1998.08	
钟昌元	男	畲族	凤阳	高中（函授）	语文	1972.02—1978.02	
刘祥开	男	汉族	赤溪	平师	语文体育	1974.02—1977.02	
陈大荣	男	汉族	赤溪	高中	语文	1974.02—1976.02	

续表

姓名	性别	民族	籍贯	学历	任课	任期	备注
杨丽珠	女	汉族	矾中	高中	英语	1974.09—1976.02	
许夏景	男	汉族	华阳	高中	语文	1975.09—1976.07	
杨经秋	男	汉族	凤阳	温师毕业	数学	1975.09—1982.09	
肖怀云	男	汉族	凤阳	中师（函授）	语文	1976.02—1990.12	
许兰芬	女	汉族	马站	中师乐专毕业	数学	1976.09—1981.02	
林秋花	女	汉族	赤溪	初中	语文数学	1976.09—1977.08	
王美容	女	汉族	中墩	中专平师毕业	语文	1977.09—1979.02	
潘友谊	男	汉族	赤溪	温师专	数学	1971.09—1979.02	
王世鎏	男	汉族	矾山	浙江农大毕业	语文	1977.09—1979.02	
杨春雪	女	汉族	马站	乐师毕业	语文	1978.09—1981.02	
蓝金凤	女	畲族	凤阳	高中毕业	语文	1979.02—1979.08	
刘正高	男	汉族	凤阳	高中毕业	数学	1978.09—2008.07	
钟显枝	男	畲族	凤阳	浙江省少数民族师范毕业	数学	1979.02—1996.07	
蓝成取	男	畲族	凤阳	浙江省少数民族师范毕业	语文	1979.09—2010.07	
郑先玺	男	汉族	南堡	中专温师专	语文	1980.09—1982.08	
林德守	男	汉族	马站	温师毕业	数学	1980.09—1982.02	
叶凤辉	女	汉族	凤阳	初中毕业	语文数学	1981.09—1984.02	
郑计富	男	汉族	凤阳	初中	数学	1981.12—2001.07	
杨步进	男	汉族	凤阳	初师（函授）	语文数学	1984.09—1989.08	
钟大样	男	畲族	凤阳	高中毕业	数学	1985.09—1987.08	
蓝成陈	男	畲族	凤阳	初中毕业	数学	1986.09—1993.07	
钟菊花	女	畲族	凤阳	高中毕业	语文数学	1989.09—1993.07	
蓝准秀	男	畲族	凤阳	高中（函授）	语文数学	1987.09—2015.12	
钟显松	男	汉族	凤阳	高中毕业	语文数学	1989.09—1993.07	
郑允爱	男	汉族	凤阳	初中毕业	数学	1989.09—1993.07	
蓝成美	男	畲族	凤阳	大专（函授）	数学	1989.09—1993.07	
董学周	男	汉族	凤阳	乐清师范毕业	语文	1990.09—2008.07	
杨耀辉	男	汉族	凤阳	中专（函授）	数学	1990.09—1995.07	

续表

姓名	性别	民族	籍贯	学历	任课	任期	备注
雷大银	男	畲族	凤阳	大专（函授）	语文	1991.02—2015.12	
雷朝乐	男	畲族	凤阳	本科（函授）	数学	1992.08—1998.07	
杨书勤	男	汉族	凤阳	研究生（函授）	语文数学	1992.08—1997.07	
钟昌录	男	畲族	凤阳	大专（函授）	语文	1992.08—2015.12	
郑琴	女	汉族	凤阳	本科（函授）	语文	1993.08—1998.07	
钟昌典	男	畲族	凤阳	大专（函授）	语文数学	1993.08—2015.12	
陈裕鑫	男	汉族	凤阳	本科（函授）	数学	1994.08—1999.07	
郑允达	男	汉族	凤阳	大专（函授）	数学	1995.08—2011.07	
钟德斌	男	畲族	凤阳	大专（函授）	数学	1995.07—2005.07	
钟政营	男	畲族	凤阳	大专（函授）	数学	1997.08—2013.12	
钟昌山	男	畲族	凤阳	大专（函授）	数学	1997.08—2014.12	
雷凤新	女	畲族	凤阳	大专（函授）	语文	1998.08—2008.07	
蓝准凯	男	畲族	赤溪	大专（函授）	思品	1994.02—1996.07	
林初龙	男	汉族	龙港	大专	语文	1998.08—2000.07	初中
颜育波	男	汉族	龙港	大专	英语	1998.08—2000.07	初中
张建平	女	汉族	矾山	大专	数学	1998.08—2000.07	初中
吴小秋	女	汉族	矾山	高中毕业	英语	1996.09—1998.07	初中代课
欧昆仑	男	汉族	龙港	大专	社会	1998.08—2000.07	代课
蓝升好	男	畲族	凤阳	中师（函授）	语文数学	2001.07—2015.12	完小校长
钟扬敏	男	畲族	凤阳	大专（函授）	数学	1999.08—2015.12	
雷顺量	男	畲族	凤阳	大专（函授）	数学	1999.08—2005.07	
张顺步	男	汉族	龙港	本科	数学	2005.09—2006.08	支教
雷正展	男	畲族	矾山	大专（函授）	思品	2006.08—2010.07	
蔡宝华	女	汉族	埔坪	大专	英语语文	2007.08—2010.07	
王碧英	女	汉族	福安	大专	语文	2010.09—2011.07	代课
钟颖	女	畲族	福鼎	大专	数学	2010.09—2011.07	代课
蔡禅云	女	汉族	福鼎	大专	语文英语	2010.09—2011.07	代课
蔡莹	女	汉族	矾山	大专	语文	2009.09—2010.07	代课

续表

姓名	性别	民族	籍贯	学历	任课	任期	备注
陈婷婷	女	汉族	赤溪	大专	语文	2011.09—2015.12	代课
苏慧芬	女	汉族	观美	本科	数学 英语	2011.09—2013.12	代课
肖小梅	女	汉族	灵溪	大专	语文 英语	2012.09—2013.12	代课
李 冰	女	汉族	灵溪	本科	英语	2012.08—2015.12	
吕小东	女	汉族	宜山	本科	科学数学	2013.08—2015.12	

资料来源：根据凤阳中心校校志记载资料汇编。

表3-5-2-7 1956—2015年凤阳畲族乡民族小学优秀教师一览表

姓名	性别	民族	优秀名称	时间	备注
郑宗沛	男	汉族	县教育选进工作者	1956 年	
杨步进	男	汉族	市优秀教育之家、县教育世家	1990 年	
刘正高	男	汉族	县教育先进工作者 县优秀教师 县级计生先进工作者	1984 年 1986 年 1988 年 2001 年	
杨经波	男	汉族	赤溪教育组教育先进个人 矾山教育分会级优秀教师	1986 年 1997 年	
蓝成取	男	畲族	县先进工作者	1987 年	
钟大庆	男	畲族	县教育积子 县五讲四美先进分子	1972 年 1974 年	
郑计富	男	汉族	区级优秀班主任	1989 年	
肖怀云	男	汉族	省初级普及教育工作中 先进工作者	1989 年	
雷必希	男	畲族	市级优秀教师	1957 年	
蓝升杰	男	畲族	区优秀教师	1989 年	
蓝准秀	男	畲族	区级优秀教师 县级优秀班主任 县级优秀教师 县级后勤工作先进个人 温州市"园丁奖" 县级百名中年优秀教师	1988 年 1996 年 1998 年 2000 年 2005 年 2011 年	

续表

姓名	性别	民族	优秀名称	时间	备注
蓝升好	男	畲族	区级优秀班主任 县级百名中年优秀教师 市第六届终身班主任	1989 年 2011 年 2015 年	
雷大银	男	畲族	县业余教育先进工作者 县计生协会先进个人 县级优秀教师 市级事业家庭兼顾型先进个人 县百名优秀中年教师 市第五届终身班主任 县教育系统工会先进工作者	1977 年 1994 年 2007 年 2008 年 2010 年 2012 年 2013 年	
雷朝乐	男	畲族	县优秀教师	1996 年	
董学周	男	汉族	学区级后勤先进工作者 县志愿者暑假社会实践活动先进个人	2001 年 2005 年	
钟昌录	男	畲族	县级优秀少先队辅导员	2001 年	
郑琴	女	汉族	县级优秀教师	1995 年	
钟昌典	男	畲族	县级优秀教研组长 县级优秀共青团员 县级优秀团干部 县级优秀少先队辅导员 县级优秀教师 学区优秀教师 学区先进教育工作者	1994 年 1995 年 1996 年 1998 年 2001 年 2005 年 2012 年	
陈裕鑫	男	汉族	学区级优秀教师	1998 年	
郑允达	男	汉族	学区优秀教师	2002—2004 年	
钟德斌	男	畲族	县优秀教师	1995 年	
钟政营	男	畲族	县级先进教研组长 县级优秀班主任 县级学习型党员 市第五届新闻奖教金（农村优秀教师） 县级学科骨干教师	2002 年 2010 年 2011 年 2011 年 2012 年	
钟昌山	男	畲族	学区级优秀教师 学区级优秀班主任 县级优秀班主任	2010 年 2011 年 2012 年	
雷凤新	女	畲族	学区级优秀班主任	2004 年	

姓名	性别	民族	优秀名称	时间	备注
钟扬敏	男	畲族	学区级优秀教师 县级优秀班主任	2010 年 2011 年	
张顺步	男	汉族	县级优秀教师	2006 年	
雷正展	男	畲族	市第四届新闻奖教金（农村优秀校长）	2010 年	
蔡宝华	女	汉族	县级先进班集体	2009 年 2010 年	

资料来源：根据凤阳中心校校志记载资料汇编。

5.凤阳畲族乡民族小学各历史时期的学校机构与管理

（1）民国时期的机构

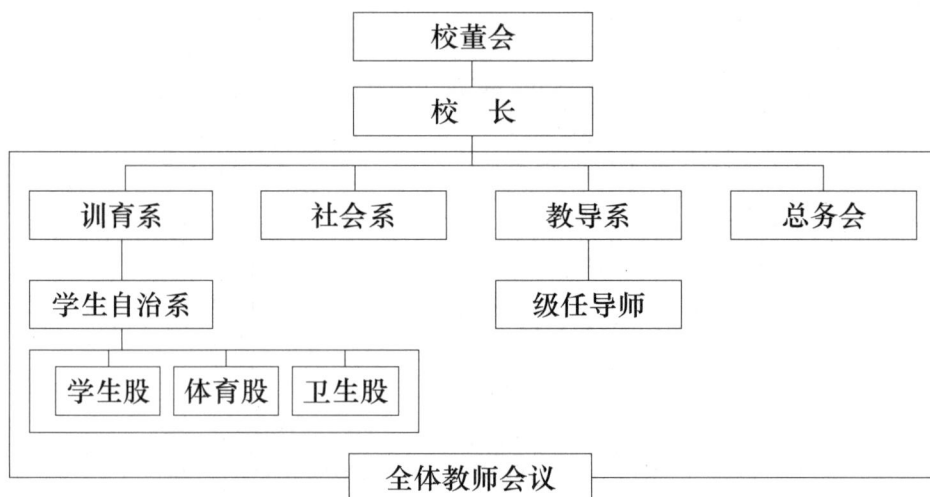

（2）中华人民共和国成立后的学校机构

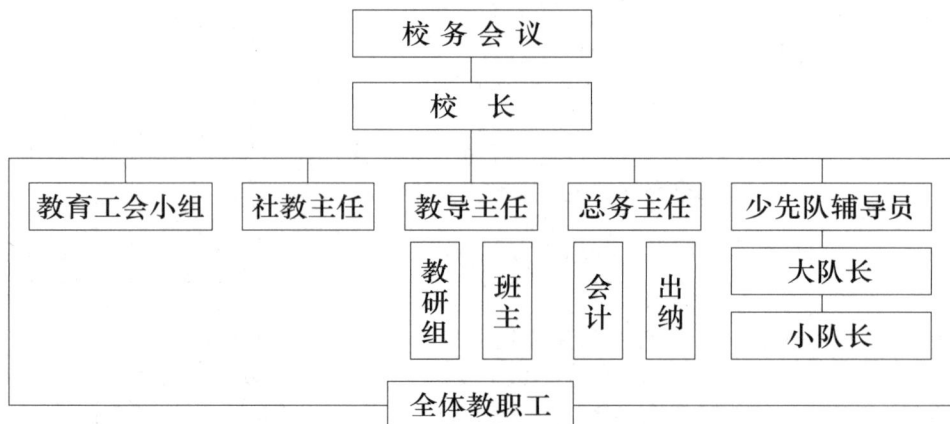

说明：少先队辅民员设于 1954 年起。社教、本校于 1954 年秋后改为工农业余专职干部。

（3）1968—1972年贫下中农委员会管理学校的组织机构

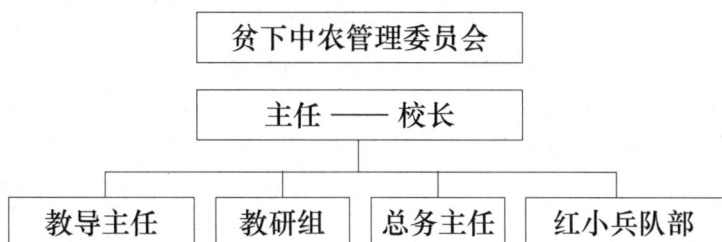

```
            ┌──────────────────────┐
            │    贫下中农管理委员会    │
            └──────────┬───────────┘
            ┌──────────┴───────────┐
            │    主任 ── 校长        │
            └──────────┬───────────┘
    ┌──────────┬───────┼────────┬──────────┐
┌────────┐ ┌────────┐ ┌────────┐ ┌──────────┐
│ 教导主任 │ │ 教研组 │ │ 总务主任 │ │ 红小兵队部 │
└────────┘ └────────┘ └────────┘ └──────────┘
```

6.各历史时期的教学管理

民国10年（1921年）"雄扬小学"创办后，教师由校董会校长招聘。1952年经过教学管理，工资制度改革后，校长及教师由县教育局任命和统一调配。

1957年后，推广社教工作，教师校内教课外，还分担施教区内一个村的社教工作，包括勤学、家庭访问及辅导冬学、夜校，多数教师亲自担任民师、兼教。1959年兴办成人速成识字班，大部分教师担任识字班教师，各村转入民校，成人及学龄儿童兼收，聘用民师任教。

1982年后设立级段教研组，全乡各个级段任课教师共讨，定期举行观摩教学、公开课、研讨课等教学活动。教学质量有所提高。1985年毕业生17人，小学升初中录取15人，升学率达80%，居全区第一位。

对教师的要求　定期不定期检查各项计划、进度、教案、批改，做到没有备课不能进教室上课，及时收发作业，按时批改，及时纠正作业中的存在问题。

对学生的要求　严守课堂纪律，专心听课，预习新课，复习旧课，按时完成作业，提问踊跃发言，大胆提出疑难问题。

成绩考查　课内作业检查，单元测验，期中期末考试，全乡同级段统卷考试，集中改卷，分析试卷，总结教学效果。

学籍管理　过去学校学籍管理不完整，近几年来对请假制度、学生转休学制度进行了完善，建立健全班主任工作手册、儿童表册、学生名册等一系列档案，以备查阅。

奖惩制度　对学生奖惩办法，以多表扬，少批评为原则，及时发现与宣扬、表彰好人好事。对差生做好细致工作。期末全校进行三好生、积极分子评比，大力鼓励先进，树立先进更先进，后进赶先进的良好学习风气，促使好人好事层出不穷。

表3-5-2-8 1951—2015年凤阳畲族乡民族学校教职员工及学生数量一览表

年度	教职员工数	班级数	学生数	毕业生数	备注
1951	2	2	35		
1952	2	2	44		
1953	2	2	45		
1954	2	2	50		
4955	2	2	55		
1956	6	4	185		
1957	6	4	175		
1958	6	4	170	10	
1959	6	4	148		
1960	6	5	135		
1961	6	5	148		
1962	6	5	125		
1963	6	5	117		
1964	6	5	127		
1965	6	5	130		
1966	6	5	135	5	
1967	6	5	130	6	
1968	6	5	132	8	
1969	6	5	131	12	
1970	6	5	125	6	
1971	6	5	146	7	
1972	6	5	138	12	
1973	6	5	148	18	
1974	9	7	170	28	其中初中班28人
1975	10	7	194	30	初一23、初二23
1976	12	7	196	29	初一29、初二24
1977	12	7	197	22	初一20、初二22
1978	11	7	201	29	初一36、初二26
1979	10	7	205	23	
1980	10	7	202	21	
1981	7	5	154	18	初中停办

年度	教职员工数	班级数	学生数	毕业生数	备注
1982	7	5	160	21	
1983	7	5	160	20	
1984	8	6	210	27	
1985	10	6	191	21	
1986	10	6	221	23	
1987	11	7	287	23	
1988	14	8	316	57	
1989	14	8	371	64	
1990	1	10	371	80	
1992	20	12	619	27	
1993	19	12	540	21	
1994	19	9	493	23	
1995	19	7	433	25	
1996	18	6	431	26	
1997	18	5	451	26	
1998	15	5	459	28	
1999	16	7	438	28	
2000	13	8	380	24	
2001	15	8	373	24	
2002	16	8	352	24	
2003	15	9	301	77	
2004	17	8	263	54	
2005	16	6	253	36	
2006	15	6	219	49	
2007	15	6	162	53	
2008	14	6	132	39	
2009	14	6	111	37	
2010	13	6	97	24	
2011	12	6	88	17	
2012	13	6	75	23	
2013	13	6	85	14	
2014	14	6	78	16	
2015	14	6	76	15	

资料来源：根据凤阳中心校校志记载资料汇编。

（二）各村的小学

凤阳畲族乡的6个行政村在历史上均办有村小学。在20世纪50年代，先在人口较密集的村开办了凤楼小学、龟墩小学和鹤峰小学；70年代随着人口增长，又扩办了岭边小学、鹤山小学和隔头小学。1995—2001年，因学校撤并，各村小陆续停办。

表3-5-2-9 凤阳畲族乡各村小学一览表

校名	校址	创办时间	教学楼	班级	学生数	校舍面积	教师数	班级	学生数	校舍面积	占地面积	备注
凤楼小学	苍楼	1950	1	1	23	100	6	5	115	135	378	2001 停办
龟墩小学	龟墩宫	1954	1	1	25	120	2	2复	37	120	285	2001 停办
鹤峰小学	顶加山	1950	1	1	23	100	1	2复	30	100	263	2001 停办
岭边小学	杨家坑	1971	1	1	15	68	1	2复	27	70	175	1996 停办
鹤山小学	鹤顶山	1971	1	1	20	51	1	2复	17	60	135	1995 停办
隔头小学	隔头	1973	1	1	16	50	1	2复	20	50	110	1997 停办

资料来源：根据凤阳中心校校志记载资料汇编。

表3-5-2-10 1971—2001年凤阳畲族乡各村校教师一览表

1.鹤山小学

姓名	性别	民族	籍贯	学历	时间	备注
钟政居	男	畲族	凤阳	浙江省少数民族师范肄业	1971.09—1978.07	
蓝准秀	男	畲族	凤阳	高中（函授）	1979.09—1986.08	
雷朝涨	男	畲族	凤阳	初中毕业	1987.09—1989.08	
钟希岳	男	畲族	凤阳	初中毕业	1989.09—1995.07	

2.岭边小学

姓名	性别	民族	籍贯	学历	时间	备注
杨经波	男	汉族	凤阳	初中毕业	1971.09—1975.01	
蓝准秀	男	畲族	凤阳	高中（函授）	1976.02—1977.08	
雷大银	男	畲族	凤阳	大专（函授）	1977.09—1996.07	

3. 隔头小学

姓名	性别	民族	籍贯	学历	时间	备注
林彩云	女	汉族	马站	初中毕业	1973.09—1974.08	
蓝成取	男	畲族	凤阳	少师毕业	1974.09—1975.07	
蓝金凤	女	畲族	凤阳	高中毕业	1976.09—1977.07	
蓝准秀	男	畲族	凤阳	高中（函授）	1977.09—1979.08	
钟政居	男	畲族	凤阳	少师肄业	1979.09—1997.07	

4. 鹤丰小学

姓名	性别	民族	籍贯	学历	时间	备注
雷必通	男	畲族	岱岭	小学	1950.09—1951.02	
吴加字	男	汉族	赤溪	瑞师毕业	1952.09—1953.07	
陈启贤	男	汉族	赤溪	瑞师毕业	1953.09—1954.02	
雷开榴	男	畲族	昌禅	少师肄业	1954.09—1961.07	
雷必希	男	畲族	凤阳	初中毕业	1962.09—1971.08	
钟显枝	男	畲族	凤阳	师范毕业	1971.09—1973.08	
雷顺甫	男	畲族	凤阳	初中肄业	1973.09—1974.08	
雷文治	男	畲族	赤溪	少师肄业	1974.09—1982.12	
雷顺华	男	畲族	凤阳	高中毕业	1983.02—1983.12	
雷朝涨	男	畲族	凤阳	初中毕业	1984.02—1986.12	
雷必开	男	畲族	凤阳	初中毕业	1987.02—1987.12	
叶思珍	男	汉族	凤阳	初中毕业	1987.02—1987.12	
雷开涨	男	畲族	凤阳	初中毕业	1988.02—1994.07	
雷朝涨	男	畲族	凤阳	初中毕业	1994.09—1996.07	
雷顺锐	男	畲族	凤阳	初中毕业	1996.09—1999.07	
雷顺量	男	畲族	凤阳	少师毕业	1999.09—2000.07	

5. 龟墩小学

姓名	性别	民族	籍贯	学历	时间	备注
杨彩廷	男	汉族	福安	初中	1927.09—1928.07	
易平	男	汉族	北港	初中	1933.09—1934.08	
易景辉	男	汉族	北港	初中	1934.09—1935.01	
易景文	男	汉族	北港	初中	1935.02—1935.06	

续表

姓名	性别	民族	籍贯	学历	时间	备注
蓝月阳	男	畲族	马站	初中	1936.02—1937.07	
杨步进	男	汉族	凤阳	初师	1940.09—1941.01	
雷开榴	男	畲族	昌禅	初中	1943.02—1944.02	
李德魁	男	汉族	北港溪头埠	初中	1944.09—1945.02	
王连记	男	汉族	中墩	初中	1946.09—1948.01	
杨步进	男	汉族	凤阳	初中	1951.09	
林勤敬	男	汉族	初中	初中	1952.09—1953.07	
李斌	男	汉族	凤阳	初中	1954.09	
陈朝华	男	汉族	赤溪	初中	1959.09	
朱善共	男	汉族	矾山	初中	1960—1961	
郑方顺	男	汉族	凤阳	初中	1962—1990	
吴荣明	男	汉族	凤阳	初中	1973.09—1974.07	
叶志顺	男	汉族	凤阳	高中	1975.09	
杨经波	男	汉族	凤阳	初中	1975.09—1988.07	
叶凤辉	女	汉族	凤阳	初中毕业	1977—1988	
郑方顺	男	汉族	凤阳	初中	1991.02—1996.07	
潘永清	女	汉族	凤阳	初中	1996.09—1998.07	
钟政营	男	畲族	凤阳	大专（函授）	1998.09—1999.07	
杨经波	男	汉族	凤阳	初中	1999.09—2001.07	

6. 凤楼小学

姓名	性别	民族	籍贯	学历	时间	备注
郑燕秋	女	汉族	矾山	初中	1950	
宋能辉	女	汉族	马站	高中	1952	
黄荣夫	男	汉族	凤阳	初中	1953	
徐益兰	女	汉族	凤阳	初中	1954	
金益界	男	汉族	中墩	初中	1960	
钟政居	男	畲族	凤阳	少师肄业	1961	
诸大怀	男	汉族	赤溪	初中	1961	
陈启贤	男	汉族	赤溪	初师（函授）	1962.09—1963.07	
杨步进	男	汉族	凤阳	初师（函授）	1969.09—1975.07	

续表

姓名	性别	民族	籍贯	学历	时间	备注
李招字	男	汉族	凤阳	初中	1973.09—1974.07	
蓝成取	男	畲族	凤阳	少师毕业	1974.07	
李爱娇	女	汉族	铺坪	初中	1974.07	
杨经选	男	汉族	凤阳	中专	1975.09—1980.07	
杨庆扬	男	汉族	中墩	初中	1976.09	
蓝升好	男	畲族	凤阳	中师（函授）	1981.09—1990.07	
雷朝权	男	畲族	凤阳	高中毕业	1981.09—1983.07	
蓝秀林	男	畲族	凤阳	高中毕业	1983.09—1990.07	
雷晖	女	畲族	赤溪	初中毕业	1987.09—1990.07	
李永朝	男	汉族	凤阳	初中	1989.09—1990.07	
蓝升好	男	畲族	凤阳	中师（函授）	1991.02—2001.07	完小校长
蓝秀林	男	畲族	凤阳	高中毕业	1991.02—1995.07	
雷晖	女	畲族	赤溪	初中毕业	1991.02—1995.07	
杨经波	男	汉族	凤阳	初中	1991.02—1999.07	
雷金花	女	畲族	凤阳	高中	1991.02—1997.07	
郑允达	男	汉族	凤阳	大专（函授）	1995.09—1999.07	
钟昌山	男	畲族	凤阳	大专（函授）	1997.09—2000.07	
陈裕鑫	男	汉族	凤阳	大专（函授）	1994.09—1997.07	
雷朝凤	男	畲族	凤阳	初中毕业	1992.09—1994.07	
钟政营	男	畲族	凤阳	大专（函授）	1997.09—1998.07	
雷顺量	男	畲族	凤阳	大专（函授）	2000.09—2001.07	
雷朝涨	男	畲族	凤阳	初中毕业	1996.09—2000.07	

资料来源：根据凤阳中心校校志记载资料汇编。

三、其他教育

（一）乡中心幼儿园

凤阳畲族乡中心幼儿园创办于1998年，其前身为凤阳小学附属幼儿园，园址在凤阳小学内。2012—2013年是幼儿园大发展、大跨越的关键一年。在苍南县教育局、矾山学区及凤阳乡党委、政府的关心、支持下，幼儿园顺利转为公办幼儿园，并在2012年12月底通过省三幼儿园的评估验收。经过几年的发展，现幼儿园占地面积约1650平方米，建筑面积650平方米，户外活动场地面积800

平方米，绿地面积240多平方米。现有3个班，在园幼儿47名，教职工13名，正式教师10名，其中专任教师6名，教师大专以上学历10名，教师资格证持证率100%。另外，幼儿园各种教学设施完善齐全。宽敞明亮的活动室按规定配有各种生活学习设施。各班配有录音机、电视机、电脑、电子琴等设备。园内还设有多功能活动室（配有钢琴）、教师会议室、音乐室、美术室、图书室等。宽阔安全的户外活动场地设有草坪、小篮球场、大型攀爬玩具等，以及促进幼儿体能发展的各类大中小型玩具设施。凤阳幼儿园已发展成为设施完备、环境优美、群众比较满意的一所乡村公办幼儿园。

图3-5-2-2 凤阳畲族乡中心幼儿园（蓝准秀 摄 2015年）

主要荣誉：2013—2014年度苍南县规范化考核优秀单位、矾山学区美丽校园、苍南县文明单位、苍南县5A平安校园。

表3-5-2-11 1982—2015年凤阳畲族乡中心幼儿园幼师一览表

姓　名	性别	民族	籍贯	学　历	任　期	备　注
肖金凤	女	汉族	凤阳	平阳幼师肄业	1982.09—1984.07	
钟金钗	女	畲族	凤阳	高中	1984.09—1986.06	
雷小玲	女	畲族	凤阳	初中	1986.07—1990.12	
李爱芬	女	畲族	凤阳	大专	1998.09—2015.12	

续表

姓　名	性别	民族	籍贯	学　历	任　期	备　注
曾小慧	女	汉族	凤阳	本科	2013.09—2015.12	
谢丽丽	女	汉族	凤阳	本科	2014.09—2015.12	
陈小春	女	汉族	凤阳	大专	2013.09—2015.12	
许松松	女	汉族	凤阳	大专	2012.09—2015.12	
陈小滨	女	汉族	凤阳	大专	2014.09—2015.12	
温滋蓉	女	汉族	凤阳	大专	2015.09—2015.12	

资料来源：根据凤阳校史资料汇编。

表3-5-2-12　凤阳畲族乡中心幼儿园幼师教育教学荣誉一览表

集体荣誉	
2013 年度	苍南县规范化管理优秀单位
2014 年度	苍南县规范化管理优秀单位、园报《畲苗》荣获县级一等奖
2015 年度	苍南县文明单位、苍南县美丽校园、苍南县三八红旗巾帼集体

个人荣誉		
曾小慧	论文，县一等奖 1 次、三等奖 1 奖	县先进班集体
陈小春	论文，县二等奖 2 次	
陈小滨	论文，县二等奖	课堂教学评比学区一等奖；县三等奖
谢丽丽	论文，县一等奖 2 次	县先进班集体
许松松	论文，县三等奖	
温滋蓉	论文，县三等奖	

资料来源：根据凤阳校史资料汇编。

（二）夜　校

在清宣统元年（1909年）称"简易识学"，规定招生对象为"年长失学及贫寒子女无力就学者"。教学时间规定晚上，课程设国文。课本《简易识字课本》俗称"暗学"，一般是由塾师无偿教学。民国16年至民国18年称"民众学校""民众教育馆"。凤阳境内在民国31年仅有仓头地方开办。据91岁雷顺天口述："馆址设在走马楼大厅，由雷必曹、雷必敬二位塾师执教，学员大约有30多人就读。"时间不长后停办，其他失详。

中华人民共和国建立后，党和人民政府十分重视扫盲教育，把扫除文盲当成一项重大政治任务来抓，提出"群众工作开展到哪里，扫盲开办到哪里"。1949年11月至1950年，凤阳成立由村干部、民兵、群众团体参加的"见物识字班"，地址在凤阳宫。1956年，大力贯彻毛泽东在中共七届六中全会上关于"扫盲运动，我看要扫起来才好"的指示，凤阳配备扫盲专职干部，积极完成上级下达入学任务，完成扫盲青壮年文盲半文盲的41%。1957年，县教育局要求全体教师在搞好本身教学业务的前提下，积极协助乡、村做好扫盲工作：

1. 制定扫盲规划，培训民师，积极向群众宣传。

2. 加强民师业务辅导，完小要办好民师进修学校；村小要建立备课小组，主动帮助解决学校所在地民校的一些具体问题。

3. 帮助组织农民入学，要求中心校，村小附近办好民校，坚持常年学习。

凤阳各地积极开办夜校，共10所民校，大多是教师兼教。

鹤峰三所，教师一人（兼职），学生87人。

凤楼二所，教师二人（兼职），学生91人。

岭边一所，教师一人（兼职），学生42人。

明星二所，教师二人（兼职），学生86人。

炬光一所，教师一人（兼职），学生43人。

龟墩一所，教师一人（兼职），学生51人。

翌年鹤峰小学教师雷必希，被评为"浙江省级优秀民师"和"温州市级优秀民师"。

1958年，凤阳开展突击扫盲运动，小学教师白天教小学，晚上教民校，实现青壮年基本无盲的要求和效果。1959年，凤阳在扫盲工作中存在高速度的浮夸风，以及形式主义、强迫命令、脱离实际等现象日益严重。除10所民校外，再增加5所，各地方办起"工农业余学校"。校址为民宅大厅、宫庙等。1961年后，贯彻中央"调整、巩固、充实。提高"的方针，扫盲工作也开始稳步发展。1962年开办民校15所，参加学习的有578人，1963年对凤阳青壮年文化程度进行调查，文盲情况大体上分为三种类型：文盲、半文盲、脱盲。因凤阳地处少数民族较落后的山区，文盲人数较多。"文化大革命"期间，扫盲教育停顿，文盲人数上升。粉碎"四人帮"后，扫盲教育逐步得到恢复和发展。1978年11月，国务院下达《关于扫除文盲的指示》，要求做到"一堵、二扫、三提高"。即抓好小学五年普及教育，堵住新文盲产生的漏洞；根据农村特点，采取多种办法，把农村少青壮年中的文盲基本扫除；组织脱盲人员继续学习，从中培养各方面需要的人才。根据国务院的指示，1979年凤阳进行了一次成人文化普查，青壮年3450人，其中有文盲半文盲2572人。经过近3年时间的努力，到1982年对农民业余教育对口检查时，凤阳已扫除文盲半文盲2376人，占农民少青壮年总数68.9%。1985年苍南县人民政府决定力争在1987年度前基本完成扫除少青壮年文盲的工作目标，"凤阳乡建立扫盲工作领导小组"配备专职干部钟显枝老师负责成人教育工作。接着对全乡少青壮年文化状况进行全面普查，建立起文化档案。12月，凤阳乡人民政府自行组织力量，根据《温州市农村扫盲验收细则》，对凤阳乡进行了检查验收。1987年，中共苍南县委对扫除文盲，实现基本无盲村，进行一次大验收。1988年，县长与凤阳乡乡长签订"完成扫盲教育指标的责任协议书"，乡长亲自抓，分管干部具体抓，驻村干部配合抓，学校领导、教师齐心抓，建立了分片包干，责任到人，限期完成的一级对一级负责的责任制。建立了奖励制度，制定了村规民约。根据国务院于1988年2月5日发布的《扫除文盲工作条例》，要求继续扫除剩余文盲。凤阳乡15至40周岁人口中的非文盲人数，虽在1989年凤阳乡接受县扫除文盲验收合格，但还要继续组织开展扫盲办班工作，共办民校7所，学员451人。

1990年是国际扫盲年。温州市政府办公室下发《印发温州市1990至1995年扫除文盲规划的通知》，苍南县按文件要求加快扫盲工作步伐，凤阳乡计办民校7所，学员491人。

表3-5-2-13 凤阳1984—1990年农民业余文化教育情况一览表

村名	时间	民师	民族	学生数	班级数	校址
鹤峰	1984	雷朝涨	畲族	57	1	鹤峰小学
鹤峰	1985	雷朝涨	畲族	51	1	鹤峰小学
鹤峰	1986	雷朝涨	畲族	32	1	鹤峰小学
鹤峰	1987	雷必开	畲族	41	1	鹤峰小学
鹤峰	1988	雷朝涨	畲族	32	1	鹤峰小学
鹤峰	1989	雷朝涨	畲族	41	1	鹤峰小学
鹤峰	1990	雷朝涨	畲族	43	1	鹤峰小学
龟墩	1984	郑方顺	汉族	43	1	龟墩小学
龟墩	1985	郑方顺	汉族	37	1	龟墩小学
龟墩	1986	郑方顺	汉族	48	1	龟墩小学
龟墩	1987	郑方顺	汉族	45	1	龟墩小学
龟墩	1988	郑方顺	汉族	47	1	龟墩小学
龟墩	1989	郑方顺	汉族	56	1	龟墩小学

村名	时间	民师	民族	学生数	班级数	校址
龟墩	1990	郑方顺	汉族	47	1	龟墩小学
顶堡	1984	刘正高	汉族	41	1	中心校
顶堡	1985	刘正高	汉族	57	1	中心校
顶堡	1986	钟昌录	畲族	37	1	中心校
顶堡	1987	郑计富	汉族	42	1	中心校
顶堡	1988	蓝准秀	畲族	38	1	中心校
顶堡	1989	董学周	汉族	57	1	中心校
顶堡	1990	钟政营	畲族	51	1	中心校
隔头	1984	钟正居	畲族	21	1	隔头小学
鹤山	1984	蓝准秀	畲族	26	1	鹤山小学
隔头	1985	钟正居	畲族	20	1	隔头小学
鹤山	1985	蓝准秀	畲族	18	1	鹤山小学
隔头	1986	钟正居	畲族	17	1	隔头小学
鹤山	1986	蓝准秀	畲族	16	1	鹤山小学
隔头	1987	钟正居	畲族	17	1	隔头小学
鹤山	1987	蓝准秀	畲族	18	1	鹤山小学
隔头	1988	钟正居	畲族	19	1	隔头小学
鹤山	1988	蓝准秀	畲族	17	1	鹤山小学
隔头	1987	钟正居	畲族	16	1	隔头小学
鹤山	1987	蓝准秀	畲族	21	1	鹤山小学
隔头	1990	钟正居	畲族	20	1	隔头小学
鹤山	1990	蓝准秀	畲族	24	1	鹤山小学
岭边	1984	雷大银	畲族	31	1	岭边小学
岭边	1985	雷大银	畲族	32	1	岭边小学
岭边	1986	雷大银	畲族	23	1	岭边小学
岭边	1987	雷大银	畲族	30	1	岭边小学
岭边	1988	雷大银	畲族	27	1	岭边小学
岭边	1989	雷大银	畲族	36	1	岭边小学
岭边	1990	雷大银	畲族	40	1	岭边小学
凤楼	1984	雷正韩	畲族	61	1	凤楼小学
凤楼	1985	雷正韩	畲族	53	1	凤楼小学
凤楼	1986	雷正韩	畲族	54	1	凤楼小学

村名	时间	民师	民族	学生数	班级数	校址
凤楼	1987	蓝秀林	畲族	56	1	凤楼小学
凤楼	1988	李招忠	汉族	48	1	凤楼小学
凤楼	1989	雷朝涨	畲族	51	1	凤楼小学
凤楼	1990	雷朝涨	畲族	52	1	凤楼小学

资料来源：根据凤阳中心校校志资料汇编。

（三）成人技术学校

凤阳畲族乡成人技术学校在苍南县教育局、矾山学区及凤阳畲族乡人民政府的支持下，全面筹划、精心准备，学校各项办学指标均达到浙江省乡镇成人文化技术学校建设标准。

1. 社区学校的基本情况

凤阳乡成人技术学校坐落在矾赤公路旁，校址设在凤阳小学内，学校占地面积3910平方米，建筑面积930平方米。2012年根据温州市委、市政府《关于深入开展创建学习型社会活动的意见》精神，积极开展社区成人教育，构建多层次、多样化、开放式的终身教育体系，推进学习型社会的建设，苍南县教育局和苍南县社区教育办公室批复设立凤阳畲族乡成人技术学校，其培训内容、形式、地点、资金支出全部由成技校负责。2013年底顺利通过苍南县合格社区学校成技校评估验收。至2015年，学校已经投入10万元办学资金，有专业教室6个、功能室3个、行政办公室1个、图书阅览室1个、电脑室1个，图书室有图书5000余册，配备电脑20台及其他辅助教学设备，能利用社区内有线广播电视节目网、计算机网络建立远程教育网；建立网上成技校，网上教育资源丰富。

2. 培训机构建设

为促进成技校规范运作，经苍南县教育局批准，成立了凤阳畲族乡成技校校务委员会，由乡分管教育的副乡长任校长。校务委员会定期召开会议，对学校的办学理念、教学管理、培训内容、招生计划等问题进行讨论研究。在县教育局和乡政府的直接领导下，从社区的实际出发，立足社区，依靠社区，逐渐形成了规范高效的办学机制，逐步推动凤阳社区教育向纵深发展。乡成技校的各项工作在县教育有关部门和乡政府、各村居的大力支持和帮助下，把这项工作纳入党政工作的议事日程，各村的工作内容和考核目标，同时建立村联络员制度，定期召开会议，通报成技校的工作，听取他们的意见。形成了"党委政府领导、教育部门主管、学校负责、社会支持、群众参与"的成技校管理体制。

3. 管理与工作效益

学校完善各项规章制度，强化科学管理。在办学过程中，建立完善的制度加强学校管理，才能提高教学质量，经过一年多的探索和完善，目前已形成一整套具有本校特色的管理模式：岗位责任制、学校常规制度、教职工奖惩制度、学员(学业)守则、违纪处罚条例、清洁卫生管理条例、先进班级优秀学员(学生)评定及表彰办法等等。

学校工作德育为首。在市场经济条件下，贴近学生的实际，结合本乡境内的实际，注重爱国、爱乡的思想教育，让学生接受艰苦创业精神的教育。同时开展四项竞赛，加强组织纪律性教育，加强日常行为规范教育。开展篮球、排球、登山、书法、唱畲歌等活动，极大地活跃了村民的业余文化生活，陶冶思想情操，提升了村民素质。

4. 教育教学

至2015年，学校参加各类培训人数为1022人次(其中2014年517人次)。2014年参加农村预备劳动力培训为328人，2014年成人双证制培训毕业生45人，取得初级国家职业资格证书的有42人，取证率达到93.3%。教学方式主要是定期有计划、有组织地对管理人员、师资、志愿者进行培训，加强师德教育的同时进一步了解社区教育，提高业务水平，更好地为畲乡广大群众服务。学校倡导数字化学习理念，积极开展网络学习、远程教育学习宣传，制订相应措施推广温州学习网，并及时发放学习卡，动员广大群众参与学习，鼓励家庭有电脑并会使用电脑的村民积极应用温州学习网和学校网站中的资源进行学习。学校专门配备了专人负责信息化建设与维护，为有关人员颁发证书，明确职责，确保网站及时更新和安全。此外，有计划地开展学习型社区、家庭的创建活动；学校资源常年向社会开放，定期组织开展公益性居民素质、文体类教育活动；社区成员对社区成技校教育认同度达80%以上，使社区成员明显增强对成技校的责任感。

（四）社区学校

乡社区学校，创办于2013年9月，根据浙江省教育厅、文明办、民政厅《关于大力开展社区教育工作的意见》和《温州市社区教育工作实施意见》、苍教职函〔2010〕145号等文件精神，成立社区学校领导班子，由学校校长担任领导，认真讨论研究办学思路，根据乡境的实际情况，为全乡农村两个文明建设培养输送合格人才添砖加瓦，自2013年至2015年，由于名额限制，全乡社区学校创办两期高中毕业学历双证制培训班。全乡有85个学员通过培训考试合格毕业，领到(温州市"双证制"成人高中)毕业证书(国家承认学历)。学员毕业后，有的担任了村干部和村委骨干成员；一部分同学考了驾驶证；还有部分学员办公司开店；大部分学员外出打工。随着社会的进步发展现在到外承包工地、矿山，进工厂都要求高中以上学历。社区学校的创办，大大方便和造就了广大青年的就业机会，也增加了农村经济收入，有利于畲乡的两个文明建设和发展。2015年8月成为县良好级社区学校，12月份通过温州市二级社区学校验收。

第三节　文　化

凤阳畲族乡的畲族文化历史悠久，内容丰富。各村根据自己的实际，开展了各种有意义的文化活动，健全了文化活动组织，落实场地，除了乡文化站外，各行政村建立的文化活动中心或文化礼堂。畲民创作了大量口头文化和颇具特色的畲歌和畲舞，把历史和现实生活感受用歌舞形式流传下来，集中而生动地反映畲族的历史、政治、经济、文化，叙述表达生产生活和乡土风情。

一、文化机构团体

（一）广播电视站

1970年凤阳开始设立转播室，地址设在乡办公点（原凤阳宫庙）的楼下。配转播专职人员1人，主要业务是转播县、区的新闻消息，天气预报及病虫情报。由于当时的科技信息技术落后，气候和病虫情报最受群众的欢迎。1984年7月开始转播室归县广播电视局管理，作为派出机构，区广播站直接业务指导。设专职人员2名，负责接收、转发县站广播信号，承担辖区广播网的发展和维护。管理本乡村的音像市场、电视转台、卫星地面接收站的业务。

1985年8月开始设立乡广播站。购置了新型的扩音器，配备了专职人员，开始早、中、晚三套节目的正常播放。1990年乡广播放大站改称广播电视站。由于乡村受历史条件的限制，交通不便，仍以广播服务于农村为重点。全乡35个自然村，56个村民小组，当地政府采取财政拨款补助和群众集资方式发展广播网络。以县站到乡站的广播信号双线水泥杆化，村村架设了广播信号线。村头巷尾均安装了高音喇叭，实现了村村线路通、户户喇叭响的新局面，入户率达到75%以上。

1992年鹤顶山卫星转播站建成，当地村民可接收到温州、苍南、福建等频道信号。1993年乡政府及有关部门建造了地面卫星接收站，可收视中央1套2套、浙江、温州、苍南等二十几套电视节目，12套广播节目。

至2010年底，凤阳畲族乡有线电视总用户1000户，安装光缆120多千米，采用光缆传输技术，可接收35套电视节目。2010年以后，广播电视又进一步向闭路电视尖端科技方面发展。

（二）电影放映室

各行政村有农村数字电影固定放映点。为维护社会治安秩序和保障公共安全，为人民群众的社交活动和娱乐生活提供安全、舒适、健康、文明的场所，苍南县友文新农村数字电影股份有限公司，制定放映点管理制度：

1.本场所有专人负责管理。明确责任，落实到人。在电影放映室宣传活动过程中至少有2名管理人员对场所进行监督管理。

2.每月确定固定日期在本场所开展电影放映宣传活动。本场所内不能播放未经授权许可放映的电影或广告。

3.放映员应做到映前不喝酒、每场电影放映质量佳、服务态度好。

4.放映员必须在放映前通知本场所所在的乡镇文化站或村委会，张贴电影放映海报。

5.场所内必须配备相应种类和数量的消防器材和设施，并设置应急通道指示灯和应急照明器具。

6.保持疏散通道、安全出口畅通无阻，场所内禁止燃放烟花、爆竹。

7.保持场所环境整洁，凳椅无积尘，地面无污垢和垃圾。

8.保持场所空气流通，及时通风换气，空气质量符合有关标准。

9.加强电源管理，如实执行安全用电规定，配置专用放映电器等。

10.定期检查各项安全防范措施的落实情况，及时消除事故隐患，并且检查、排除情况记录存档。

（三）图书阅览室

凤阳社区文化礼堂开设图书阅览室，坚持对外开放，由文化礼堂管理人员轮流看管，并制定图书阅览室活动须知，阅读者必须严格遵守。

1.本室收藏文学艺术、社会科学、时事政治、生活热点与焦点书籍、各类报刊，实行开放阅览。

2.读者入室阅览，每次只能拿取一份。阅后整序放回原处、如需复印翻拍可与管理人员联系。

3.外借图书凭证借阅，每次限借两册，借期20天，不得逾期。

4.爱护图书报刊，如有涂损、撕剪、遗失，按原价两倍赔偿。

5.室内严禁吸烟，不得将各种食物带入，保持室内卫生整洁。

6.严禁大声喧哗、嬉闹，做到安静文明阅览。

二、文化事业

（一）乡文化站

1978年8月成立凤阳乡文化站，站址设凤阳大宫庙内。配备文化员1人，设有简易影剧场1个（凤阳宫内）、图书室3个、藏书1500册。各村有俱乐部6个、宣传窗墙报栏10个、村图书阅览室3个、棋类室5个、电视放映室1个。至2009年3月，上级政府拨款资助新建了一座600多平方米的畲族乡文化中心。设有图书室、电子阅览室、乒乓球室、台球室、棋牌室、多功能厅，藏书8000册。同时创建温州市金海岸文化工程，并通过了验收。

历年来凤阳畲族乡文化站主要活动：1980年按各行政村的实际情况，因地制宜，创办了农村俱乐部。地点大多设在各村校内，每到节日期间还举行喜闻乐见的文化娱乐活动，采用多种文艺方式，如：三句半、快板、相声、游艺等。宣传党的方针、政策和先进人物，开展多种形式的活动。个别民族村俱乐部还举办了畲族演唱，猜灯谜等。总之文化活动利用了简陋的场所、简单的节目、简要的时间来表达地方的文化色彩，颂扬人物事迹。

（二）文化礼堂

凤阳大宫始建于清乾隆三十年（1765年），第二次重建于同治二年（1863年），第三次重建于清宣统三年（1911年），第四次重建于2004年，对正殿和两边厢楼进行修建翻新。2009年2月，再续建前楼及戏台，于2009年12月完工。2010年2月，凤阳社区文化礼堂设在凤阳大宫内。该文化礼堂坐落虎岗山麓，背山面向鹤顶山巅，左伏鳌右翥凤两山环抱，堂面雄伟壮观，装饰的璀璨绚丽，富丽堂皇，增添了乡村文化色彩。

凤阳乡政府按照省四个基本标准和四个基本原则，把文化建设与美丽乡村建设紧密结合起来，力求把礼堂建成集教育型、礼仪型、娱乐型、长放型，集"四型"于一体的文化礼堂。社区文化礼堂经精心设计，突出特色，打造精品，除在硬件上按照浙江省统一的"二堂""五廊"标准进行建设外，同时在软件的建设和活动开展上，坚持因地制宜，着力打造"一村一品""一堂一色"。文化礼堂结合本地推出具有浓郁乡村特色，古今融汇，并突出现代舞台元素，创办重现当前的那段辉煌时光。

文化礼堂发挥多样功能，如传承先贤精神、学习身边楷模、传播现代文明、弘扬主流价值、展示村庄风采、普及实用知识、传承畲族文化、举办重大仪式、丰富文体活动，文化礼堂所开展的各项活动均按季度月份进行，内容丰富多彩，有农技讲座、书画培训、畲歌教唱、礼仪习俗、生产技能、科普知识及形势政策宣传等等，成为对村民有凝聚力、向心力、归属感和自豪感的精神家园。

文化礼堂内有刻古训版画："为人要做到忠、孝、廉、耻、恭、让、仁、义、礼、智、信"和社会主义核心价值观宣传画"富强、民主、文明、和谐、自由、平等、公正、法治、爱国、敬业、诚信、友善"。

凤阳社区文化礼堂管理办法：

第一条　为了加强文化礼堂的建设和管理，满足广大群众的精神文明需求，结合实际，特制定本办法。

图3-5-3-1凤阳社区文化礼堂（钟显桂　摄　2015年）

第二条　文化礼堂根据新农村建设和文化苍南的要求，具有相应室内外文化活动场地和设施的村级公益性文阵地。

第三条　成立文化礼堂管理办公室，负责管理文化礼堂一切活动。

第四条　文化礼堂一经成立，不得随意撤销、合并或改变其名称性质和用途，因行政区划变更，确需变动的，应征求上级宣传、文化主管部门意见，共同协商解决。

第五条　文化礼堂的名称必须在显著位置标明，管理办公室人员和文体队伍名单、管理制度、活动须知、标语及名言警语统一挂牌上墙。

第六条　文化礼堂明确专人管理，管理人员应符合知识化、专业化要求，有一定业务专长和管理能力。

第七条　要坚持先进文化的方向，积极倡导健康、科学、文明的文化娱乐活动，禁止在文化礼堂从事封建迷信和赌博等不良活动。

第八条　文化礼堂要经常开展活动，每年至少举办一次大型活动，每月至少举办一次小型活动，并有活动记录，乡宣传委员和文化员要加强指导和辅导，确保活动经常和规范开展。

第九条　文化礼堂资金以村投入为主，通过多渠道、多方式等筹措解决，乡政府要给予一定扶持，筹措的资金和上级奖励资金应确保用于文化礼堂建设和管理，任何单位和个人不得挪用。

第十条　为保证文化礼堂的正堂运行，乡政府和所在村有计划地安排部分经费，用于更新、充实文化设施、设备，改善文化活动场地等。

第十一条　文化礼堂资产、设备要登记造册，并由专人保管；任何部门和个人不得挤占、挪用，损坏文化礼堂设备的应依法予以赔偿。

第十二条　欢迎部门、单位和个人向文化礼堂捐赠资金、设备、图书。

第十三条　文化礼堂管理办公室要定期向乡政府和县委宣传部上报文化礼堂活动开展情况，及时总结运行过程中的经验做法，积极配合有关部门做好宣传报道工作。

第十四条　本办法解释权归凤阳畲族乡社区文化礼堂管理办公室，本办法自颁布之日起实施。

凤阳社区文化礼堂内有大戏台一座，历年来春节期间都在此戏台演大戏、唱畲歌，"六一"儿童节学校组织在此文艺演出，同时把它作为农村数字电影固定放映点。因此用途较广，是凤阳人民文化娱乐活动中心。

三、文化活动
（一）道德讲堂

凤阳社区文化礼堂开设的道德讲堂，坚持每月一课讲座，讲师为乡文化宣传部门工作人员和学校教师。有事还特邀县文化宣传部门讲座，讲课的主要内容有党和国家的路线、方针、政策。社会主义价值观，党风廉政建设，为人道：忠、孝、廉、恭、让、仁、义、礼、智、信等内容。

凤阳社区文化礼堂设有各种活动场所：健身室、书画室、音乐室、电子信息馆、非遗展馆、乒乓球场、棋牌室等，并制定活动须知。

（二）畲族民俗文化节

2015年2月24日，凤阳畲族乡举办了畲族民俗文化节暨第三届畲歌会。苍南县相关部门领导参与活动，县文化局局长李晖华宣布开幕式，县民宗局副局长雷顺银在开幕式上致辞。

当日美妙的畲歌对唱、优美的畲族舞蹈，吸引了许多游客驻足观看。首先出场的是凤阳畲族乡中心幼儿园表演的民俗节目（畲乡鼓韵），演员们随着鼓

图 3-5-3-2　凤阳畲族乡畲族民俗文化节暨第三届畲歌会（蓝准秀　摄　2015 年）

声翩翩起舞，婀娜多姿，似水柔情，赢得观众的阵阵掌声。随后由蓝梅英老师带队表演斟茶歌，茶歌互动，茶景相融，尽显畲茶独特韵味。茶歌更是把演出推向高潮，而后由畲族民间提线木偶剧团表演节目（畲家磨坊），节目活灵活现，反映了畲族风情特色。整场演出，得到了广大群众一致赞赏。同时还举行了"坐刀轿"民俗祈福活动，巡游各村，祈求国泰民安。2015年三月三还举行了第三届畲歌会，当地歌手和福建歌手相继演唱畲歌。广大观众沉浸在欢歌笑语中，共同感受畲族民俗节庆的喜悦。

1982年3月，蓝梅英、钟显烧等5名畲乡歌手赴泰顺参加"三月三"畲歌演唱会。同年8月又选拔歌手参加苍南县文化馆举办的第一届文化艺术节活动，在泰顺的自编自唱节目荣获二等奖。1984年县文化馆和矾山文化站下派文化骨干下乡指导开展文化活动，并组织文化骨干培训，搜集了大量畲歌，还编写了现代的畲歌作曲。同年10月参加了矾山站在华阳举办的文化体育活动。

2002年3月组织人员参加中央电视台大型少儿电视剧《山的那边是大海》的拍摄，蓝梅英演钟嫂，蓝成美担任民歌指导。2005年文化站在凤楼村举办赛歌会。2006年参加苍南县民族民间艺术资源普查工作，同年11月整理、改编的畲歌获得温州市第十三届音乐舞蹈节特别奖。2007年选送畲族歌手李芬参加"利德杯"浙江原生态歌唱擂台赛，获得本次演唱的金奖。2008年参加编写

《浙江省非物质文化遗产普查·苍南县凤阳畲族乡卷》，在编写中蓝成美被评为先进工作者，同年6月蓝成美被评为温州市非物质文化遗产普查先进个人。2009年，组织歌手赴景宁畲族自治县"参加中国畲乡三月三"并获一等奖。同年组织参加苍南县"非遗进校园大型公益活动"。2010年和2011年春节期间分别举办了浙闽畲歌演唱会。

（三）畲族舞蹈

畲族是一个能歌善舞的民族。畲族舞蹈有着特殊的文化背景，它在特定的生态环境中形成，有着本民族信仰、礼俗等方面的表现特征。畲族舞蹈的社会功能，不仅表现在娱乐作用方面，以此满足民众审美和情感表达上的需要，而且表现在这一形体艺术阐释民族的起源和始祖的史绩上。畲歌能唤起民族的尊严和自豪，增强民族的凝聚力和向心力，承前启后，继往开来，振兴和弘扬畲族的民族文化。

畲族传统舞蹈按内容分，可分为生产舞和祭祀舞，以祭祀舞为主。畲族传统舞蹈与生产劳动和祭祀活动关系密切，由劳动场景和祭祀场景演变而来。生产舞源于畲族人民生产劳动，表现生产劳动的舞蹈，有猎捕舞、栽竹舞、闹春舞、谷神舞等。如猎捕舞，是与畲族人民狩猎生产关系密切的舞蹈。祭祀舞与畲族人民祖先崇拜关系密切，集中表现在祭祀活动上。畲族祭祖是最隆重虔诚的全族性民俗活动，由此可见，畲族传统舞蹈既是畲族民间娱乐活动，又是全族性民俗活动。

（四）坐刀轿民俗祈福文化游艺活动

2015年2月24日，凤阳畲族乡鹤山村热闹非凡，畲民在此举行"坐刀轿"民俗祈福文化游艺活动。

身坐刀口，脚踏刀刃，手里挥动旗和剑，口里还念念有词……这不是杂技表演，而是苍南县一项非物质文化遗产，这种习俗已延续了200多年。"坐刀轿"即在轿上陈设13把锋利钢刀，靠背、坐垫、扶手、踏脚上的钢刀刀口向上。此次扮演"童子"的畲民蓝升法，现年已73岁，扮"童子"

图3-5-3-3 "童子"坐刀轿（蓝准秀　摄　2015年）

已有40多年之久，"坐刀轿"技艺传承已有五代。

巡游队伍浩浩荡荡，从鹤山村出发，途经鹤峰、凤楼、岭边、顶堡和龟墩村，共往返巡游24公里。沿途所到之处，宫庙设供迎圣，神光浩荡，信民拈香跪拜，无不感恩戴德，佛圣降临，场面隆重，盛况空前。

（五）浙南民间吹打

浙南吹打历史悠久，明代文人余怀的《板桥杂记》、张岱的《陶魔梦忆》等著作，记载了浙江一带民间流传的吹打乐曲情况。

乡境内吹打艺人从第一代传承人雷龙凤、蓝朝巢、蓝升景开始，至2015年有100多年。第二代传承人，雷圣坤、雷圣典、蓝升王、蓝升武。第三代传承人，雷祖此、蓝升进、雷祖响、雷祖政。第四代传承人，雷武纯。因老一辈艺人去世，目前仅有蓝升武、雷祖此、蓝升进、雷祖响、雷祖政、雷武纯属世代相传。因目前年轻人外出较多，流动性较大，传承关系松散，缺少后代传承人。

凤阳吹打乐曲有两种形式。一种为行进式，乐手列纵队边走边演，此形式主要运用于婚嫁迎娶、送神庙会、殡丧等动态场合。另一种为室内坐奏，乐手分四面围坐在八仙桌前演奏，此形式主要运用于祝寿、祈祷、祭祀等静态场所。演奏时乐手可多可少，随雇主操办场面大小邀请人数而定。这种操作是有报酬的，但闲时在家大伙相聚把吹打作为一种民间娱乐活动。

吹打乐曲所用的乐器有唢呐、笛子、京胡、二胡、板胡、大鼓、小堂鼓、扁鼓；响器有大锣、钹、小锣、三夹板、单皮。表演曲目有《福建头》《庆八仙》《集中》《将军令》和京剧唱段等。

第一代艺人学习时采用的工×谱

工工×下工×下士上，×工士上工×，

工×下工×，工上×工×下，×，下工×上，

下上下上×工下×，上六士下工下士，

六士合下×，工上工×,工×上，×上六士六合，

工×工合士合，六士下工上（合）×工士下上×上×，

工士六士合上，工×上×工，合（下），士六合工，

×工士合六士下士上，×工士下上×，上×工士下，

六士上，工×上×工合工六×工士合六士合士上×工士上×上士，

合六七合上，工×上工×上士合士合，工×工上工，×工×。

四、非物质文化遗产

(一) 畲　歌

民歌是畲族民间音乐的一种主要形式。畲族民歌又称为"畲歌""山歌"。畲族人民喜爱唱歌，他们"俗不离歌"，擅长"以歌代言"，民歌深深地融入了畲族人民生活中。他们张口就歌，歌词都是对照日常生活常识和劳动情景自编的。无论是祭祀、待宾、婚礼和节日，还是平时生活和劳动中他们以歌对话，对答如流。他们在歌声中叙世事、陈志趣、寄幽思、诉衷肠。通过唱歌记时令、劝耕织、比睿智、争巧愚，甚至以歌辨亲疏、度优劣、正人心。多少世纪以来，畲族人民就是这样唱着山歌，在艰苦的环境中辗转迁徙，刀耕火种，展现了一个古老民族的坚韧、智慧和豁达。

畲族民歌按内容，可分为神话传说歌、史事传说歌、小说歌、风俗礼仪歌、劳动歌、时令歌、时政歌、情歌和杂歌等。

畲族民歌主要有四大基本音调。即闽浙调、罗源调、顺文调、闽皖调。这四个基本音调虽存在一定的差异，但却具有难以割舍的内在联系。这四大音调各有所别，暗示畲族在漫长的历史形成中不尽单一，民族来源以及分散居住后和其他民族所发生的相交混融。而四大音调互有关联，则显示出一个民族共同体所具有的共同文化特征。基于畲族民歌的特征性，它既是畲民娱乐活动的重要内容，又是畲族一个重要而鲜明的文化符号。

2009年3月，第二届中国畲族民歌节在景宁畲族自治县举行。苍南县凤阳畲族乡歌手蓝梅英带队的代表队参加这次比赛，女声无伴奏组唱《倒茶歌》获得金奖。

畲族歌手蓝梅英从小喜爱唱歌，如今珍藏着12本畲族祖传的民歌手抄本。由于她始终没有停止对畲歌的练习，多次

图3-5-3-4　蓝梅英带队的歌手们在演唱（左起）：蓝春生、钟建萍、钟丽辉、李金哈、钟萍萍（蓝准秀　翻摄　2014年）

代表畲族参加省、市有关畲歌比赛，并获得不少荣誉。2002年2月，蓝梅英受邀为大型小儿电视连续剧《山的那边是大海》演唱畲族民歌，并饰演钟嫂这一角色，受到导演的好评。为了让更多的畲族青年学习畲歌，蓝梅英在当地举办多期培训班，培养出50多名新一代畲族歌手。

《倒茶歌》

少郎来到少娘家，少娘赶紧来泡茶；
好茶泡在茶壶里，手拿茶盘来端茶。

第一斟茶笑微微，江西茶杯就拿来；
少娘泡茶有传统，子孙代代传下来。

第二斟茶茶有甜，古井出水久长年；
井水泡茶少郎喝，人情那好水也甜。

第三斟茶茶叶圆，放进杯底转玲珑；
少郎喝茶看杯底，人情结在茶杯边。

第四斟茶茶叶香，放进杯底转玲珑；
少郎喝茶看杯底，人情结在茶杯中。

第五斟茶给郎尝，娘家茶叶甜又香；
有缘倒茶少郎喝，少郎喝茶情谊长。

（二）布袋戏

布袋戏历来流行在浙闽南地区。1959年，联友布袋木偶团更名为平阳布袋木偶剧团，20世纪70年代，时15岁的凤阳畲族乡龟墩村村民黄庆银师从福建前岐李祖泳先生，并学得布袋戏，后又拜挺南村朱坤恩为师，从此便在浙闽地区演出。其擅长的剧目有《十里亭》《三娇院》《江湖三侠》等。20世纪90年代后由于电影、电视的大众化，布袋戏逐渐淡出人们的精神生活。

艺人与行当　布袋戏台一架，布台长宽均为1.30米，高2米，可装卸舞台长1.30米，高0.66米，木偶高0.30米，艺人坐于台内，舞台与艺人之间隔一镂空木板屏风，艺人可以从空隙处看到自己的双手动作和台下观众。演出时，将木偶套于双手，表演各种角色，双脚打击乐器（尚有一梆子，只有一个角色上台时，艺人才腾出一手敲打）。

服饰及道具　布袋戏台、锣、钹、小鼓、单皮木偶。

人物角色雕刻绘画　布袋戏的人物角色雕刻绘画历史较长，自出现木偶戏演出以来就有了人物头像的雕刻绘画。学生在老师的指导下进行学习，平时需要更换或新添新的人物头像，一般都会自刻自绘，自制自用。

第四节　卫生与体育

畲医畲药是祖国优秀的医学文化遗产一部分。畲医畲药经实践检验，形成了独特的医疗方法方式。人称"先生妈"的畲医，走南闯北，对小儿的病患医治有独特的方法和疗效，获得了群众的一致认同。

1952年前，凤阳乡境内没有任何医疗卫生机构。1952年有一家私人诊所，只有中医1人，1958年改名为保健所，中西医各1人，至1983年又更名为凤阳公社卫生所，配医务人员4人。20世纪90年代创办了凤阳畲族乡卫生院，2011年新建院房636平方米，医务人员9人，各种科室医疗设备齐全，改变了全乡医疗条件。

畲族武术，主要有拳术和棍棒两种，是畲族世代流传的民间群众性护身和健身体育活动项目，早年在畲族拳术中就有老一辈拳师称"赞泉拳公"招式多样，远近闻名。中华人民共和国成立以后，练拳习武成了锻炼身体、陶冶情操和丰富文化生活的一项体育活动。境内的民间传统体育活动皆适应生活、劳动环境，其内容既灵活多样，又富有浓郁的乡情，还结合民俗节日活动，更显得多姿多采。

一、民间医药
（一）畲　医
1.常用草药

水　松　形态特征：多年生草本，茎纤细，匍匐地面，淡黄色，有浅沟，节上生根，分枝向上伸展，再作几次分枝。叶小，异形，成平面排列，表面带碧蓝色，背面绿色，生于茎上的叶稀疏，斜椭圆形，分枝上的叶密生，侧叶卵状椭圆形，先端短尖，基圆或近心形，中叶较小斜卵形，先端渐尖，全缘，有白边。孢子囊穗生枝顶，孢子叶目卵状披针形。功效：清热凉血，收敛止血。应用：①烫伤：全草烧存性，研细粉用麻油调敷。②外伤出血：鲜全草嚼烂或捣烂外敷。③吐血、便血。④竹叶青蛇咬伤：鲜全草捣烂外敷伤处。

乌脚鸡　形态特征：多年生草本蕨类，根状茎短而直立，被狭披针形鳞片。叶柄丛生，直立，紫褐色，有光泽，叶片为不整齐的广卵形，鸟趾状叉状分枝，各枝再1次或2次分枝，最后小羽片扇状楔形，外缘圆形。孢子囊群长圆形，数个密接着生于小羽片的上侧和外缘，叶缘反卷为囊群盖，包被孢子囊群。功效：清热解毒，平肝利湿。应用：①急性黄疸型传染性肝炎。②黄疸型或无黄疸型肝炎。③急性肾功能衰竭。④疖子：鲜全草加水适量捣外敷。

七星草　形态特征：多年生常绿草本蕨类，根状茎横走，稍粗，密被鳞片，有须根；鳞片线状钻形，基部广卵形，除下部边缘外都是黑色。叶略疏生，线状披针形，中部最宽，先端渐尖，基部渐狭成短柄，厚革质，表面深绿色，有小孔点散布，背面淡绿色，中脉显著隆起。子囊群着生于叶背面的上半部，圆形，黄色，排列于中脉西侧。孢子期6—10月。功效：平肝明目，利尿清热，止血，止咳。应用：①结膜炎、角膜炎；②口腔炎；③咯血；④血尿；⑤百日咳；⑥肾炎。

马尾松　形态特征：常绿乔木，树皮红棕色至灰棕色，呈薄鳞片状剥离；芽圆柱形，先端尖，被有鳞片，灰红棕色。叶红针形，2枚成束，稍柔弱，鲜绿色，下有宿存的叶鞘。花雌雄同株，雄球花圆柱状卵形，黄色、密生成簇；雌球花卵形，肉紫色，单一或2枚以上簇生。球果卵状圆锥形，鳞脐小而扁，无刺。种子有翅。4—5月开花，次年9—10月种子成熟。功效：祛风理湿，活血镇痛，安神益气，涩精。应用：①跌打损伤、扭伤；②风湿性关节炎；③失眠、维生素丙缺乏、营养性水肿；④皮肤骚痒症、漆疮、湿疹：鲜叶或树皮（去粗皮）煎汤熏洗；⑤外伤出血：花粉外敷伤口；⑥遗精。⑦牙痛；⑧尿布皮炎：花粉撒布患处。

九节茶　形态特征：常绿小灌木。茎丛生，绿色，稍呈革质，节膨大。叶对生，有短柄，叶片卵状长椭圆形，先端尖锐，基部楔形，边缘下部三分之一以上有锯齿。花细小，黄绿色，成顶生2～3分枝的复穗状花序，花无花被，雄蕊1，沿子房外壁着生。果实为小球形核果，熟时红色。6月开花，8—9月果熟。功效：祛风活血，清热解毒，止痛。应用：①风湿性关节炎；②阑尾炎、胆囊炎；③牙痛；④闭经。

猴欢喜　形态特征：直立或攀援状常绿灌木，具粗壮、直立或微弯的棘刺。叶互生，有柄，叶片倒卵状披针形，椭圆形或长椭圆形，先端钝或渐尖，基部楔形，全缘或波状，光滑无笔。花单性，雌雄异株，雄花序成球形头状花序，黄色，被柔毛；雌花序椭圆形，花后结肉质甚果，熟时橙红色。4—5月开花，9—10月果熟。功效：舒筋活血，祛风除湿。应用：①闭合性骨折：鲜根、鲜榔榆树皮和糯米饭混合捣烂外敷，用杉树皮固定；②跌打损伤、疖子、脓肿；③风湿痛；④外痔出血。

山荔枝　形态特征：落叶乔木或灌木，具有坚硬棘刺。叶互生，有短柄，叶片卵圆形至圆形，全缘或三裂，托叶小。花小，雌雄异株。雌雄花均成腋生的头状花序。花后雌花的花被及苞片一同增大结成肉质的葚果，近球形，红色。5月开花，9—10月果熟。功效：清热凉血，舒筋活络。应用：①体虚白带；②跌打损伤；③咯血、呕血；④疖子、湿疹：茎叶煎汤外洗；⑤腰痛。

乌骨麻　形态特征：多年生草本，茎斜生，光滑无毛。叶互生，无柄，成2列着生茎上，叶片斜长椭圆形或斜倒卵状长椭圆形，先端尖锐呈尾状，基部斜半圆形，不列称；边缘有粗锯齿，表面密布贴生毛，背面无毛。花小，单性，雌雄异株，雌雄花均在叶腋簇生成球形的花序，但雄花序有梗而雌花序无梗。瘦果细小、卵形。5—7月开花，9—10月果熟。功效：活血祛瘀，消肿解毒，止咳。应用：①挫伤、扭伤：鲜全草加食盐适量捣烂外敷伤处；②流行性腮腺炎：鲜全草捣烂外敷患处；③闭经；④肺结核发热、咳嗽。

深毛乌　形态特征：多年生草本，茎圆柱状，无毛，稍呈蔓状，基部往往呈硬质。叶互生，有柄，叶片广卵形或卵状椭圆形，先端尖锐，基部截形，全缘；托叶鞘短筒状，上端斜截形，膜质。花小，白色或淡红色，在茎梢小分枝上簇生成球状花序，花序梗有粗腺毛。瘦果黑色，三棱形，外包宿存的干膜质花被。9—10月开花，11—12月果熟。功效：清热解毒，消肿止痛。应用：①急性肠胃炎、痢疾；②痈、挫伤血肿；③宫颈癌；④流行性腮腺炎：鲜全草、鲜瓦松各等量，捣烂外敷患处。

瞿麦　形态特征：多年生草本，主根肥大呈圆锥形，表面淡黄白色。茎直立，基部稍带木质，上部分枝很多。叶对生，倒披针形，先端尖锐，基部狭窄成细柄。花白色或淡红色，成短聚伞花序；花萼长管形，光滑，有纵脉10条，先端5裂；花瓣5片，基部有瓣柄，瓣片2裂，每裂片再裂成狭条。蒴果长圆形，上部略膨大而下部狭小，呈棍棒状，成熟时顶端6齿裂。7—10月开花结果。功效：清热利湿，解毒消肿。应用：①痢疾、嗜盐蒐性肠炎；②蝮蛇咬伤；③挫伤、扭伤、关节肌肉酸痛；④白带；⑤尿路感染。

瓦玉　形态特征：多年生肉质草本。茎直立，单一，全体粉白色，密被紫红色细点。叶肉质，面绿色或带紫色，基生叶复瓦状排列，呈莲座状，线形至长圆状披针形，先端锐有刺；茎生叶细长披针形，全缘，先端锐尖，基部贴附茎上，无柄。花密集成狭长圆锥形总状花序，花序间有叶状苞片，花淡红色或白色，具短梗。果实为蓇葖果。功效：清热解毒，止血截疟。应用：①

急性无黄疸型传染性肝炎；②亲疮疔毒、黄蜂刺伤：鲜全草加食盐少许捣烂外敷患处；③小儿惊风；④头癣：去痂后，先用明矾水洗，再用鲜全草捣汁涂洗患处，一日二次，连用四五天；⑤外伤出血、创面溃疡：鲜全草捣烂外敷。此方治疗创伤后溃疡化脓者数例，有效；⑥咯血；⑦疟疾；⑨过敏性皮炎全草适量，水煎外洗；⑨痔疮：鲜全草，水煎，熏洗患处。

脚疗草　形态特征：多年生肉质草本。茎直立，全体带粉白色。叶对生或互生，有短柄，叶片椭圆形或长椭圆状卵形，先端钝，边缘有不明显的浅波状齿，基部锐形。花多数成伞房状的聚伞花序，花瓣白色而有红晕，花药带紫色。果实为蓇葖，顶端渐尖。7—8月开花。功效：清热解毒。应用：①荨麻疹；②鸡眼、胪胝：鲜全草捣烂，外敷局部；③吐血；④带状疱疹、脚癣：鲜叶捣汁，外搽患处；⑤烫伤、毒蛇咬伤：鲜叶捣烂外敷；⑥乳腺炎；⑦疖子：鲜全草加盐卤捣烂外敷。

蛇结公　形态特征：多年生匍匐草本，全体被白色绢状柔毛。叶为3出复叶，互生，有长柄，小叶片卵状椭圆形或椭圆形，先端钝，基部楔形，边缘有圆钝齿，中间小叶较大；托叶卵状披针形。花黄色，单生于叶腋；花萼外有副萼，花后花托膨大呈红色球形。瘦果多数，细小，散布于花托的表面。4月开花，5月果熟。功效：清热解毒。应用：①小儿惊风；②急性喉炎、扁桃体炎：鲜全草加食盐少许捣烂取汁半酒杯，徐徐含漱后咽下；③痢疾、肠炎：全草五钱至一两，水煎服，或全草二两，斑地锦、山楂根各一两，水煎服。此方治疗数百例疗效良好；④流火；⑤角膜炎、结膜炎；⑥带状疱疹：鲜全草捣烂，取汁外敷，或加繁缕（小鸡草）等量，食盐少许捣烂，取汁外敷；⑦疖子、指头炎：鲜全草加食盐捣烂外敷；⑧冻疮：鲜果漫盐卤中备用，溃与未溃者均可外敷。

白云叶莲　形态特征：多年生草本，根茎短，茎倾卧，全株有伏毛。基生叶有长柄，多为5出复叶，茎生叶柄短，3出复叶，小叶椭圆形或倒卵状椭圆形，先端圆钝，基部狭，边缘有粗锯齿，上面无毛，下面沿叶脉有少数毛。花黄色，成聚伞花序；萼片5，卵形或卵状披针形，副萼片5，线形，较萼片略短；花瓣5，倒心脏形，先端凹，基部楔形。瘦果小，广卵形无毛。4—5月开花，8—9月果熟。功效：清热解毒，化痰止咳，截疟。应用：①疟疾：全草五至七株（以无毛，茎细者为好），为泡开水服；②角膜溃疡：鲜全草三株，洗净，捣烂，敷患眼眉弓，一至二日换药一次；③雷公藤中毒；④疖子、毒蛇咬伤：鲜全草加食盐或白糖捣烂外敷；⑤感冒、咳嗽；⑥急性喉炎、扁桃体炎、口腔炎：鲜全草适量，捣汁含咽。

斗笼波　形态特征：小灌木，地下茎长而横走，常生出新苗繁殖。茎细长，密生腺毛，散生棘刺。叶互生，单数羽状复叶，小叶3～5片，卵状披针形或卵状椭圆形，先端尖锐，基部钝或圆，边缘有缺刻状锯齿，两面有毛；叶柄长，基部有针状托叶。花白色，单生于上年的枝端。果实为多数红色小核果，集成球形。5—6月开花，7—8月果熟。功效：清热解毒，消肿止痛。应用：①流行性感冒、感冒；②牙周炎；③急性结膜炎：嫩梢适量，捣烂取汁过滤，滴眼，一日三次；④外伤出血：鲜叶捣烂或干叶研细粉外敷；⑤淋巴结结核。

双头连　形态特征：落叶灌木，茎较矮，枝成拱形，有短毛和倒生皮刺。叶互生，3出复叶，顶生小叶菱状卵形至阔卵形，侧生小叶较小，通常倒卵圆形，先端钝，基部阔楔形，边缘具浅裂，有不整齐锯齿，表面深绿色，有疏生毛，背面密生白色短绒毛。花粉红色或紫色，数朵在枝顶成伞房花序或短总状花序，部分花腋生。果实为多数小核果，集成球形，红色。5—6月开花，7—8月果熟。功效：滋阴壮阳，清热除湿，止血解毒。应用：①糖尿病；②阳萎；③白带多，血尿；④肠炎；⑤乳腺炎；⑥外伤出血：鲜叶捣烂外敷；⑦急性黄疸型传染性肝炎。

企　铃　形态特征：一年生草本。叶互生，线形至披针形，表面深绿色，背面与茎上均有褐色细毛，有托叶。花为紫色的蝶形花，在枝端密生成穗状的总状花序；花萼大，深裂成2唇形，外被褐色毛。荚果长圆形，肿胀，表面平滑，约含种子10粒。8—9月开花，10—11月果熟。功效：清热解毒，利湿消积。应用：①疖子：鲜全草加糖捣烂或晒干研粉外敷或水煎外洗；②小儿黄疸、疳积；③毒蛇咬伤：鲜全草捣烂外敷。

金腰带　形态特征：草本状灌木。叶互生，有长柄；叶片由3小叶组成，中央小叶较大，并有较长的小叶柄，小叶长椭圆形或披针形，先端尖，绿色，背面蔬生短毛，脉上毛较密。花小，白色，在枝梢形戚腋生的穗形总状花序。荚果扁平，有4—8节，每节长椭圆形，两端较狭，表面有钩状刚毛，边缘毛较密。8—9月开花，10月果熟。功效：祛风，除湿，解毒。应用：①蕲蛇、蝮蛇咬伤；②风湿腰痛；③疖子；④深部脓肿；鲜根皮捣烂，加黄酒炒热，外敷患处。

白婆娑花　形态特征：落叶灌木，小枝有毛并有沟棱。叶为具3小叶的复叶，小叶阔椭圆形或阔倒卵形，先端圆钝（或微凹），基部楔形至圆形，全缘，两面均有微毛而背面较密。花红紫色，成腋生的总状花序。荚果阔椭圆形，有绒毛，内含种子1粒。8—9月开花，9—10月果熟。功效：消痰镇咳，活血接骨。应用：①急、慢性支气管炎；②小儿慢性支气管炎；③跃打损伤；④骨折：复位后，取鲜根皮捣烂，外敷包扎。

2.刮痧自疗

畲医对疾病有独特的分类法和命名法，它将疾病分为寒、风、气、血症和杂症5大类，每类又根据症状分为72种，并形成了独特的医疗和用药方法。一般（用药）单味多，外治法多，针刺、针灸加外用法或加汤药亦多；内服法要相对少于中医疗法。药用部位独特，一般下身疾病、血症用植物花，头疾用植物根，中间用植物枝叶。

传承人钟祖亲，男，畲族，苍南县凤阳畲族乡鹤山村人。他保存的祖传《中医痧症指微》年代久远，于清光绪十三年由上海文元书局翻印发行，《中医痧症指微》已流传六代。清晚期钟思苗从医数十载，以针灸、中医、刮痧治疗方法最为出名，也是传统的儒医。当时，已闻名矾山、赤溪、马站一带，并延续传到钟祖亲一代。

主治发热、头疼、面瘫、腰腿背疼痛等痧症72种。

一望：观察病人面色、舌苔及外发病部位。

二闻：闻病人的口气、汗腺味。

三问：问病史，发病状况及家族遗传史。

四切：通过把脉，感知病人脉搏，诊断病症。

五疗：通过以上四种方法诊断和丰富的临床经验确定病症，对症穴位针灸，或手擦针挑。

由于畲医主要是应用已经实践检验的祖传秘方、单方治疗，往往疗效神奇，这是畲族医药在现代条件下还能生存的根本原因。畲医认为动物、植物都可入药，一般以植物为药较多。畲民长期居住在山区，药源丰富，需要随采随用，无需加工炮制，非常方便；由于自采自用鲜草药，无需花钱，只有在用药效果不佳或者诊治有困难时才请能者诊治，但也只是付给工夫钱，药多数还是自采自用，因此治病也可少花钱，所以畲医深受广大群众欢迎。

人称"先生妈"的畲医，在乡间走村串户，对小儿的"喉痛""水湿""疳积"等疾患，具有独到的诊疗效果，得到畲汉族群众的认同。据调查凤阳境内都有世代相传的传统畲医，计境内鹤山村就有畲医十多个人，可见传统畲医历来被广大群众所接受。但因现行医疗管理制度的限制，绝大多数畲医已无法从业，畲族医药濒临失传。

畲医把许多疾病都归为痧症，并往往采用外治与内服相结合的方法，尤其是外治最有特色，采用针、灸、撮痧、刮痧等方法；内服则采用一些草药验方，主要用鲜草入药。普通畲民作为畲医的乡邻，都学会一些日常小疾的自我预防和治疗方法。最普及的是两种治疗方法：一是应用一些鲜草药治疗常见病，如用凤尾草煎汤或者绞汁内服，治疗痢疾等肠胃炎症；用"四门消"（亦称"生毛消"）煎汤熏眼，治疗眼疾；虎耳草绞汁滴耳，治疗中耳炎；用"五斤草"（车前草）、小青草煎服，利通小便；脚疔草鲜全草捣烂外敷，治疗疖子等等。二是普遍流行"刮痧"。畲民感到身体不舒服时，或者头晕，或者肠胃不适，或者全身乏力，都会叫家人刮痧。方法也很简单：在背上抹一些植物油，用一条弯弯的牛骨（牛肋骨），或者最简便的用大碗的边沿，在背上一下一下往下刮，刮得皮肤发红，直至皮下出血，治疗效果很好，但得注意当天不要用水洗身体。在旧时医疗条件极端落后的情况下，畲民正是通过传承畲医，顽强地与危害健康和生存的疾病作斗争。

由于畲族男女都参加野外劳动，体力消耗大，加上生产和生活条件都很差，农耕大忙之前，用山草药炖畜、禽肉"食补"，或者用山草药烧"补药饭"，便成了畲民"进补"最经济的方法和最普遍的选择。如宰上一只鸡、鸭或家兔，或者买个猪腿，再上山挖回几味草药，用草药煎出的汤，再加些自家酿造的米酒来炖即可。畲民还会经常选用几味草药，煎汤做米饭，畲民称之为"补药饭"，用来滋补身体，以适应超强的体力劳动。

畲医所奉行的草药治病、刮痧疗法等，虽与汉族民间中草药、针灸等传统医药无大的区别，但畲医的简单方便、廉价有效、易学易行却是独树一帜。畲医应作为本民族宝贵的遗产来传承，但由于多数没有教材，依靠口传心授，实践传艺，因而畲医的传承主要是家族祖传，绝大多数是父传子，子传孙，传媳妇传女儿。畲医中一些简单易行的治疗方法和疗效神奇的验方，在畲医中广为普及，成为老孺皆知的常识，进而成为传统的生活习俗。

3. 畲族祖传中医"先生妈"

儿科"先生妈"：山区有着得天独厚的中草药资源。畲族人民在长期生产劳动和生活实践中，在与各种疾病的斗争中，积累了丰富的中草药防治疾病的经验。畲族"先生妈"，又称医生妈，相当于民间的赤脚医生。行医方式有两种：一是背着草药包走村串户行医；二是在家由患者家属来请行医。后者一般都是比较出名的，有较好的医疗效果和经验的畲医。

雷祝英　女，生于民国32年（1943年），苍南凤阳畲族乡鹤山村人。三

图 3-5-4-1 雷秀女（蓝准秀 摄 2015 年）

图 3-5-4-2 祖传畲医雷祝英（蓝准秀 摄 2015 年）

代祖传，用山草药主治儿科（新生婴儿）疾病。其外婆和母亲二人几十年来曾拯救了许多婴孩，使他们摆脱了生命危险与疾病的痛苦。因此名闻马站、赤溪、中墩、矾山、昌禅等地。凡有婴孩、儿童患病者都翻山越岭前来求医。她专长儿科，主要方式为望诊、针灸，草药配合疗法：看患童的面色、舌头、咽喉、手面等；用针灸给患童放痧，看患童的病情，配民间传统配方草药。外祖母年老时不能出诊，就用竹箅抬去看病。她们过世前就把知识传授给祝英继续行医。采用一观、二看、三摸、四问，即一观新生婴儿的颜色，是否带有青、白、苍黄三色；二看口腔之内的舌头是否有生白菇；三摸婴孩腹部是否有饱胀之气，较大的在一周至十岁的儿童还摸手脚的冷热情况，摸咽喉的情况如何；四问婴孩的饮食情况、睡眠情况、啼哭情况、吐泻等情况。然后按各个患者的不同症状予以诊断患病的原因及根源。属疳积、水湿、冷热病及其他类型的病，采取针灸方法治疗，并内服山草药配合治疗。一般的情况下，一个患者消炎、退心火、清毒气、清热气、促进饮食的山草药内服3～5贴病则痊愈，恢复正常，健康成长。百分之九十八的被她们医过的婴孩都有疗效。

二、现代医疗

凤阳畲族乡卫生院　凤阳畲族乡卫生院的前身是民国时期李新明、王忠泽中药店。1952年组建凤阳民族乡联合诊所，时有中医1人。1952年至1958年发展为"凤阳民族乡保健所"，有中西医1人。1959年更名为"凤阳管理区（大队）保健所"。1963年至1983年更名为"凤阳公社卫生所"，医务人员4人。1969年至1970年培训"赤脚医生"，各大队办医疗室。1984年至2015年更名为

"凤阳畲族乡卫生院"，医务人员9人，村卫生室两处。

乡卫生院是医疗预防、妇幼保健的综合机构，担负全乡的卫生医疗工作，带领群众开展爱国卫生运动，解决农村居民普通疾病治疗问题。

在1972年前借用炬光大队办公室做医疗用房。1973年在凤阳宫大桥南建二层木石结构房子，为卫生所正式用房，建筑面积120平方米。1992年在原址上重建三层混凝土砖结构用房，建筑面积200平方米。2011年又在原址上重新扩建混凝土砖结构用房，建筑面积636平方米，占地面积400多平方米。医务人员9人，有中医科、内科、外科、注射室、公共卫生办公室、中西医药房、儿保接诊室、产后妇保室、接种候诊室、接种室、冷链室、早孕检查婚前咨询室、观察宣教室、预种登记室。添加的医疗设备有B超机血球仪、尿液分析仪、心电图机、心电监护仪、呼吸气囊、公共卫生随访包等，大大地改善了凤阳畲族乡的医疗条件。

表3-5-4-1　1952—2015年凤阳畲族乡卫生院负责人任职一览表

单位名称	姓名	民族	职务	医务人员（人数）	任职时间	院址情况	医疗设备
凤阳民族乡联合诊所	陈亦龙	汉族	负责人	1	1952—1954	租用民房（村址）	听诊器
	刘长辉	汉族	负责人	1	1954—1955	租用民房（村址）	听诊器
凤阳民族乡保健所	蔡荣生	汉族	负责人	1	1955—1956	租用民房（村址）	听诊器
	钟大孟	畲族	负责人	1	1957—1958	租用民房（村址）	听诊器
凤阳管理区（大队）保健所	金银南	汉族	负责人	1	1959—1960	炬光大队（村址）	听诊器
	金益界	汉族	负责人	1	1960—1961	炬光大队（村址）	听诊器
凤阳公社卫生所	刘正坚	汉族	负责人	1	1961—1963	炬光大队（村址）	听诊器
	肖可杭	汉族	负责人	4	1963—1983	现凤阳卫生所原址	听诊器

单位名称	姓名	民族	职务	医务人员（人数）	任职时间	院址情况	医疗设备
凤阳畲族乡卫生院	吴善民	汉族	院长	5	1984—2000	现凤阳卫生所原址	听诊器
	钟昌业	畲族	院长	9	2000—2015	现凤阳卫生院原址	听诊器、血压计 B 超机、血球仪、尿液分析仪、心电图机、心电监护仪、呼吸气囊

资料来源：根据凤阳畲族乡卫生院提供资料汇编。

三、体 育

（一）南拳之"刚柔法"

关于"功柔"拳法的名称，温州各地说法各异，有称"功仇""公仇"，也有称"刚柔"等，皆为温州各地方言口音区别之故，其实拳法内容大同小异。

畲族武术以南拳"刚柔法"最为著名，已有300多年的历史，创编者是畲民先人蓝承赞、蓝承泉堂兄弟俩。畲族南拳"刚柔法"主要动作有站、蹲、盘、冲、扭、顶、搁、削、拖、踢、扫、跳等，重在发力、收力、借力出其不意，以柔克刚，以刚克强等拳法精髓。用拳时，前臂、左右腿和掌攻击对方，并做到步伐稳健、进退灵活、眼到手到、腿拳掌并用。据传，一些德高望重的老拳师还有"同人"点穴的绝招。

早年，传统性的集体体育活动在畲族中并不多见，只有一些防卫性的个人身体锻炼。较普遍的是棍术与拳术，还有打尺寸、肚顶棍、踢擒、腹抄杠等民间项目。这些项目除棍术和拳术外，其他的竞技活动，无名师传授，自练自精。

中华人民共和国成立后，民族民间传统体育项目开始陆续被挖掘和整理，并参与表演竞赛。1986年10月，鹤山村陈家湾畲族青年蓝准辉、蓝升烟、蓝准勇等人代表苍南县少数民族体育运动员，参加浙江省在景宁畲族自治县举办的第一届省体育运动会。所表演的畲族拳术（南拳）柴槌棍术节目，荣获三等奖。1990年10月，苍南县凤阳畲族乡青年蓝准辉、蓝颜斌、蓝准清、蓝准勇等

4位选手参加浙江省在丽水地区举办第二届体育运动会，凤阳畲族乡荣获"浙江省少数民族体育运动先进集体单位"称号，载入《浙江省少数民族志》。

（二）传统体育

畲族的民间传统体育项目内涵丰富，形式多样。既具竞技性、娱乐性，又具交融性和观赏性。而且，具有强身健体和思想教育的丰富内涵，能明显增强人们的民族自尊心和自信心，增强对民族传统文化的热爱，增强对现代体育起源的了解。目前流传和挖掘的畲族体育项目有南拳、盘柴槌、顶肚棍、抄杠、打尺寸、健身体操等。

1. 盘拳盘柴槌

畲族武术是一项以提高搏击技能为主旨的古老运动。它渗透着中国古代医学的理论与实践，调节阴阳，使人获得"和谐情感，健康延寿之益"。人们为了练习格斗、械斗的技巧，创造一些操练的方法和形式，畲民称之为畲拳。畲拳已有300多年的历史。凤

图 3-5-4-3 盘拳（蓝准辉 摄 1982年）

阳境内畲拳的开馆师祖是蓝承赞和蓝承泉。畲拳主要动作有站、蹲、盘、冲、扭、顶、搁、削、拖、踢、扫、跳等，重在发力、收力、借力，出其不意，有以柔克刚、以刚克强等拳法精髓。进攻时多用拳肘，防守时常用前臂和掌。讲究以肘护肋，步伐稳健，进退灵活，腿掌并用。具有"下如铁钉、上如车轮、手如碾盘、眼如铜铃"的特点，有四两拨千斤之势。上自古稀老人，下至学龄儿童，不论男女都有练习畲拳的爱好。畲拳的流派和套路有数十种之多，练习的方法也很特别，如棍术，连柱拐、锄头、扁担等生产用具都是习武的器械。"盘柴槌"就是棍术的一种，有长短之分，长的一丈二，短的八尺，其招式有"三步半、七步、九步、猴子翻身、双头槌、鸡啄米、三步跳、四步半、天观地测"等。畲族武术注重内外兼修，注重调息行气和意念活动。经常练习，不但能收到壮内强外的效果，而且对多种冷热病和调节人体内平衡均有良好的医疗保健作用。

2. 打尺寸

相传是纪念一位反抗唐王朝的畲族英雄，以断弓放箭拨迫敌阵演变而成。

后来被畲民广泛流传，以激励畲族人民团结奋进、自强不息。在畲民中，不管男女老少对打尺寸都颇感兴趣，该运动对人的反应速度、力量、灵活度、耐力等都有着良好的促进作用。成人常在劳动休息时举行，儿童不管什么时候随时进行，参加者至少两人以上，多则六七人，场地也不限制，只要在地上画一个圆圈，一人手持木棍（即尺）站在圈内，木棍击打竹条（即寸），使之飞向前方，其他人在前场奔接，接到者将竹条向圈内投去，持棍者将寸击出或手接。如果竹条被击出，落点经丈量后，给持棍人"尺寸"，如果竹条投进圈内，持棍者交换。在规定的时间内先得到规定的"尺寸"，多者为胜。该体育项目流传至今不衰。

3. 打篾球

是人们传统的体育游戏。早期村民居住在山里，以务农为主，种植水稻、番薯等农作物。但大山里的野兽较多，特别是野猪，破坏农作物较为严重，使得粮食颗粒无收。于是村民经常组织打猎队一起赶野猪。赶野猪需要讲究方法，他们空闲时就组织在一起演练赶野猪。经过漫长的时间，这一活动就逐渐演变成了现在的传统体育项目"赶野猪"。赶野猪每场比赛10～20分钟，由两个队参加，每队出场三至五人，人数相等。每人手握赶猪铳，运用赶、传、接、运、击等动作，避开对方防守，将野猪赶入猪笼得分，并用抢、断等防守技术阻止对方得分，以得分多的队伍为胜。

（三）群众活动

群众体育有自发的传统性活动和通过单位组织的群众活动两类。1995年凤阳首届群众体育活动由乡政府筹划举办，地点在凤阳小学，比赛项目包括游戏与竞技十多项。2015年10月，凤阳畲族乡第二届民族体育运动会在凤阳小学举行，参加对象有乡政府机关干部，所属部门单位职工及各行政村选派人员参与。运动会以"友谊团结，健康和谐"为活动主题，开展了传统体育和现代体育相结合。内容设八大活动项目，即：赶野猪、押加、自行车慢骑、板鞋竞速、挑担、集体跳绳、拔河赛、登山竞赛。

1. 赶野猪

一个人手握"赶猪杠"，运用赶、传、运等技术，将猪从起点线赶到终点线，中间必须通过五个障碍物，手和脚不得触碰"猪"，否则取消比赛资格，以用时最短者获胜。

2. 押加

每个参赛队伍派两名选手参加该项比赛，寻求每位参赛者在规定的区域内，两手与脚尖看地，在裁判员发令后，往自己所在的方向爬行，把系在带子中间的红布标志拉好自己的河界者为胜。首轮获胜的四名选手进入决赛，名次取决赛前3名。

3. 慢骑自行车

发令后，参赛运动员支撑脚立即离地（否则判失误），在各自车道内进行，当自行车后轮压在终点线时，比赛结束。参赛选手在比赛中，身体任何部位不得触及地面，车的前后轮不得触及左右两侧的车道线，违者判失误。该项目以完成比赛时间最长者为胜者，排名取前三名。

4. 板鞋竞速

运动员将板鞋置于跑道起跑线前，运动员共同套好板鞋，任何一支的板鞋不得触及和超过起跑线。运动员在比赛过程中，如果出现某一队员脚脱离板鞋触地或摔倒，须在触地（落地）处重新套好板鞋继续比赛。以最后一名运动员身体躯干任何部位抵达终点线后才能分离。按个人耗时排名，以耗时最短取胜。

5. 挑　担

每个参赛队伍选派2名（男、女各一名）选手参加该项比赛。要求每位竞赛者在规定的区域内挑担行走50米，按个人耗时排名，以耗时最短取胜。

6. 集体跳绳

每个参赛队伍选派2人摇绳，6人跳绳。6人同时跳跃过程中有人未能跳过，使摇绳中断，比赛结束。按全队一次性连续跳跃次数排名，不设决赛，最终成绩取前三名。

7. 拔　河

每个参赛队选8人参加该项比赛，参赛组由抽签产生，要求各参赛组在规定区域内，在裁判员发令后开始拔河，绳中间的悬挂物超过一边的白线比赛结束。第一轮获胜队伍进入决赛。

8. 登　山

从乡政府出发，经过指定路线，到达某终点后拿取规定物品，按指定路线返回。以耗时最短取胜，最终

图 3-5-4-4　凤阳畲族乡第二届少数民族运动会
（蓝准秀　摄　2015 年）

比赛成绩取前10名。

2012年以来全民健身活动也在畲族山区展开，各村都设置了健身器材，以供村民早晚锻炼。自发组织晨练也很普遍，各种新型健身活动器材进入各自然村场所，给群众的健身锻炼带来了方便。

1985年组织培训了5名业余青年组成武术队，参加了浙江省在景宁畲族自治县召开第一届少数民族体育运动会，登台演出南拳、畲家棍棒，荣获三等奖。1986年派选代表参加浙江省在丽水地区举办的第二届少数民族体育运动会，并荣获鼓励奖。

第五节　传统手工艺

昔日，居住在穷山僻壤的畲族人民过着刀耕火种，自供自给的封闭式生活，形成了多种有民族特色的传统手工艺。其中主要有纺织、刺绣、竹草编织、木石雕刻、铸锡等，这些手工艺的使用主要体现在日常生产用具和生活用品的制作上，在长期的生产生活实践中创造形成，具有独特的畲族风情和浓厚的民族色彩。

一、纺　织

苎麻便装　畲族的服饰，庄重古朴，配有图案装饰，衣尚青蓝色，布料为自织自纺的苎麻布，服饰样式不一，种类繁多。男子的布衣短，褐色尚蓝，布质粗厚，妇女衣长过膝，色或蓝或青，花纹比较简单，大襟服斗上绣的花纹较少，只在高二厘米的衣领上绣有水红、黄、大绿等色的马牙花纹，加配其他色线，靠袖口的位置绣上一块花纹图案，袖口缝一寸多的红布边，美丽大方。

红布袋　早年红布兜大都用苎麻纺织而成，用朱砂粉染色，称"红布袋"。订婚时媒人将鸡酒面等物品放在里面挑，或用于新娘出嫁头一年回娘家挑盛礼品。黑布袋也是畲家妇女用织好的苎布制成的。畲家人建新屋上梁时，黑布袋内装满稻谷"压梁"。其他时候则用于装挑粮食之类，较为便捷。

印花被　早年畲族百姓用棉花纺织粗棉布，然后加工制作成双层棉花被，再用蓝色染料染制，加绘白色图案，在闺女出嫁时当出嫁被，长2.20米，宽2米。

织花带　畲民的织花带，一般寸许宽，三尺多长，两边都有八对经纱织成的白边，各有三路花纹，中间的带芯织有文字。织带的手艺较为简单，主要有挑、压、刮、敲等，过去大多数畲族妇女都会织，织成一条花带所需的时间大概要三四天，所织花带除供自用或馈赠他人外，畲族姑娘也常常把花带作为定情礼物。

围身裙 早年自纺、自织、自制的围身裙，都是用纺纱机、织布机用白纱和青纱纺织而成的，只有经纱与纬纱自然组成本色、简单的图案。裙身宽二尺至二尺四寸，长二尺四寸至二尺八寸，长的一边沿镶上织花带。主要用于劳动，它的用处很大，不可缺少，上山下地时都会扎上，畲族妇女挑柴，扛草下山，用它护头。天寒时老人、小孩用它束身保暖，可谓旧时畲民苦难生活的见证。

二、编 织

竹木器具和草编制品是主要手工产品，也是自给自足的小农经济产物，这些日常用品制作工艺世代传承，人们自制自用竹、木、草、棕、藤器具的习俗得以不断延续。

箩筐、火笼、织苎笼 畲民农闲时破篾自制箩筐、火笼。箩筐装放稻谷、番薯丝之类物品用。火笼是天寒时内放些火碳用于取暖。这类物品在农村使用较为普遍。但其中一种放苎丝的织苎笼，是妇女织苎做布用的，该物品竹编制作精细，普遍为畲汉家庭所用。

斗 笠 这种款式的斗笠只在畲族农家才有，制作工艺比较精湛，外形美观。斗笠的带子是用多种颜色的链珠串成，畲家妇女戴上既能防晒又能挡雨，是闺女出嫁时陪嫁物品中的一种，一般都要雇请专业的工匠制作。

扁篮、鱼篓 山区的竹、木、藤、草等资源丰富，不少畲民无师自通，利用农闲时间破竹做篾，制作扁篮装放干食物。去小溪钓鱼时就会带上鱼篓，背在腰间装鱼，晾篛是制茶晒东西常用的器具。多数的畲汉人家都会制作一些日常用具，以供自身生产、生活的需要，还能拿到集市上出售，其中最普遍的是竹编制品。

编草鞋 旧时人们上山劳动乃至出行，都是赤脚或穿草鞋。多数人家中都备有“草鞋耙”，农闲或雨天就在家里搓绳、理草、打草鞋。所制作的原料不局限于稻草，还加上棉布条，使得草鞋更为牢固舒适。

蓑 衣 蓑衣在以前的农村几乎每个家庭都有，是生产劳动时防雨的主要用具。编织的师傅采用当地棕树上长出的棕丝片，经过加工制作最终成品。现在各种功能的雨衣问世，这种传统手工制作的蓑衣无人使用。本乡龟墩村一位做襄衣的师傅还保存有制缚工具。

三、雕　刻

五雷牌　正一道人流传已久的"五雷牌"，在文武场作为祖师圣位。该五雷牌收藏于道家弟子家中，数代流传，迄今已有150多年的历史，其曾祖用手工雕刻而成。牌上的"五雷号令"和顶头的"霝、靇、霸"三清讳字仍呈现清晰威严。

衣　橱　衣橱是清同治十年（1871年）由畲族木匠蓝阿钭师傅用红木和樟木制作而成的，衣橱正面雕有凤凰、八仙和花鸟，雕刻精细，距2015年已有145年。现保存完好。

图 3-5-5-1　"五雷牌"
（蓝准秀　摄　2015 年）

衣橱是较为富有人家姑娘陪嫁的嫁妆。在本乡境内类似这样的雕刻衣橱已为数不多。

木　鱼　木鱼为本乡一位正一道家弟子收藏，祖辈流传下来，历史悠久。据说当时是他祖辈用檀香木雕凿近半年时间制作而成的。而今用于醮事及文武场。

迎亲花轿　相传三公主是畲家女始祖。畲族妇女普遍着"凤凰装"，是沿袭三公主的装束，因此畲家姑娘出嫁都有花轿来迎亲，并打扮成凤凰装束的三公主模样，以显尊贵。迎亲时还请"吹班"（民乐队）吹打欢送，随轿的还有裙橱、抽屉桌、大柜、油灯、镜箱、脸盆架、孝顺桶、锡烛台和酒壶等陪嫁品，组合起来至少也有三四杠（抬），还有踏路牛、羊，一路热闹非凡。

孝顺桶　孝顺桶又称"瓜瓣桶""红桶仔"，畲民女儿出嫁都要请木匠精做一只孝顺桶。婚后小孩出生，为了迎接这个大喜事，女婿在小孩出生后的第三天，要备礼到岳父家报知，桶内盛放猪蹄膀一个或是猪肉数斤，外加长寿面数斤，用红布兜挑到岳父母家，也称"报酒"。孝顺桶还在岳父母生日时盛鸡鸭之类食物孝顺他们，出嫁的女儿在农历每月的初一、十五还会烧点心回娘家给父母"解晦气"。

石　雕　凤阳畲族乡鹤峰村民雷文进，于1988年在赤溪镇南行村宫脚创办石雕厂，制作雕刻石狮、石碑、石栏杆及牌坊等，所经营的产品广销乡内外。

四、打 锡

锡　壶　畲族闺女出嫁时的陪嫁物品,结婚这天新娘新郎在宴会上用锡壶给来宾贵客斟酒(红酒温热)。

酒　瓶　畲民闺女出嫁时的陪嫁物品。在结婚宴席上给亲戚长辈添酒,之后长辈还要给结婚的晚辈赠送红包,大婚这天就是用这对锡酒瓶来回给宾客斟酒。平时,畲民还在春节期间敬待客人,每户人炒一盘菜热一壶酒来招待客人,能唱畲歌者以《祝酒歌》增加热闹气氛。

锡烛台　畲民闺女出嫁时陪嫁的物品中都有锡烛台,在成亲拜堂时烛台点上大红烛,礼拜天地后,由两位伴娘手捧大红烛台在前带路引新郎新娘入洞房。该烛台还在年节祭祀祖先、祈福、还愿等场面应用,是畲民婚嫁时不可缺少的物品。

第六节　社会保障

灾荒和困难救济、社会最低保障、军属和烈属优抚、五保工作、安置工作等社会保障性工作事关群众切身利益。随着经济和社会的发展,社会保障面逐渐扩大,金额也有较大幅度提高,凤阳畲族乡政府为人民的理念有了更实在的体现。1989年成立了凤阳老人协会。2004年实行了农村低保制度。2006年建立新农村医疗合作保险。2009年开始,60岁以上老人享受社保补助金。

一、农村低保

自2004年始,凤阳畲族乡实行农村低保制度。2004—2015年6个行政村的居民最低生活保障报表显示,2005年最低生活保障家庭为236户455人,到2015年最低生活保障家庭数减少为104户179人。总计月补助资金由2005年的10550元提高到2015年的55920元。

表3-5-6-1　2004年度凤阳畲族乡居民最低生活保障报表

村名	原保障情况			注销对象		新增对象		调整后保障情况		
	户数	人数	月补助资金	户数	人数	户数	人数	户数	人数	月补助资金
顶堡村	—		—		—			45	78	1940

续表

村名	原保障情况			注销对象		新增对象		调整后保障情况		
	户数	人数	月补助资金	户数	人数	户数	人数	户数	人数	月补助资金
岭边村	—	—	—	—	—	—	—	34	57	1720
龟墩村	—	—	—	—	—	—	—	37	60	1850
凤楼村	—	—	—	—	—	—	—	41	81	1750
鹤山村	—	—	—	—	—	—	—	45	102	1750
鹤峰村	—	—	—	—	—	—	—	34	77	1510
合计	—	—	—	—	—	—	—	236	455	10520

资料来源：根据凤阳畲族乡政府提供资料汇编。

表3-5-6-2　2005年度凤阳畲族乡居民最低生活保障报表

村名	原保障情况			注销对象		新增对象		调整后保障情况		
	户数	人数	月补助资金	户数	人数	户数	人数	户数	人数	月补助资金
顶堡村	45	78	1940	29	50	8	17	24	45	1970
岭边村	34	57	1720	20	33	7	11	21	35	1570
龟墩村	37	60	1850	16	26	6	9	27	43	1850
凤楼村	41	81	1750	27	56	7	7	21	32	1800
鹤山村	45	102	1750	32	77	11	16	24	41	1850
鹤峰村	34	77	1510	22	55	3	5	15	27	1510
合计	236	455	10520	146	297	42	65	132	223	10550

资料来源：根据凤阳畲族乡政府提供资料汇编。

表3-5-6-3　2006年度凤阳畲族乡居民最低生活保障报表

村名	原保障情况			注销对象		新增对象		调整后保障情况		
	户数	人数	月补助资金	户数	人数	户数	人数	户数	人数	月补助资金
顶堡村	24	45	1970	—	—	—	—	24	45	2020
岭边村	21	35	1570	—	—	1	1	22	36	1650
龟墩村	27	43	1850	—	—	—	—	27	43	1990
凤楼村	21	32	1800	—	—	—	—	21	32	1800

续表

村名	原保障情况			注销对象		新增对象		调整后保障情况		
	户数	人数	月补助资金	户数	人数	户数	人数	户数	人数	月补助资金
鹤山村	24	41	1850	—	—	—	—	24	41	1900
鹤峰村	15	27	1510	—	—	—	—	15	27	1510
合计	132	223	10550	—	—	—	—	133	224	10870

资料来源：根据凤阳畲族乡政府提供资料汇编。

表3-5-6-4　2007年度凤阳畲族乡居民最低生活保障报表

村名	原保障情况			注销对象		新增对象		调整后保障情况		
	户数	人数	月补助资金	户数	人数	户数	人数	户数	人数	月补助资金
顶堡村	24	45	2020	1	2	1	1	24	44	2340
岭边村	22	36	1650	3	7	2	2	21	31	1570
龟墩村	27	43	1990	2	10	—	—	25	33	1680
凤楼村	21	32	1800	5	5	1	4	17	31	1530
鹤山村	24	41	1900	4	12	1	1	21	30	1570
鹤峰村	15	27	1510	2	8	2	2	15	21	1730
合计	133	224	10870	17	44	7	10	123	190	10420

资料来源：根据凤阳畲族乡政府提供资料汇编。

表3-5-6-5　2008年度凤阳畲族乡居民最低生活保障报表

村名	原保障情况			注销对象		新增对象		调整后保障情况		
	户数	人数	月补助资金	户数	人数	户数	人数	户数	人数	月补助资金
顶堡村	24	44	2340	4	12	1	1	21	33	2570
岭边村	21	31	1570	2	7	—	—	19	24	1650
龟墩村	25	33	1680	1	1	1	3	25	35	3000
凤楼村	17	31	1530	1	3	—	—	16	28	1890
鹤山村	21	30	1570	1	5	—	—	20	25	2080
鹤峰村	15	21	1730	2	4	—	—	13	17	1640
合计	123	190	10420	11	32	2	4	114	162	12830

资料来源：根据凤阳畲族乡政府提供资料汇编。

表3-5-6-6　2009年度凤阳畲族乡居民最低生活保障报表

村名	原保障情况			注销对象		新增对象		调整后保障情况		
	户数	人数	月补助资金	户数	人数	户数	人数	户数	人数	月补助资金
顶堡村	21	33	2570	—	—	1	1	22	34	3270
岭边村	19	24	1650	—	—	—	—	19	24	1930
龟墩村	25	35	3000	—	—	—	—	25	35	3540
凤楼村	16	28	1890	—	—	—	—	16	28	2250
鹤山村	20	25	2080	—	—	—	—	20	25	2360
鹤峰村	13	17	1640	—	—	—	—	13	17	1780
合计	114	162	12830	—	—			115	163	15130

资料来源：根据凤阳畲族乡政府提供资料汇编。

表3-5-6-7　2010年度凤阳畲族乡居民最低生活保障报表

村名	原保障情况			注销对象		新增对象		调整后保障情况		
	户数	人数	月补助资金	户数	人数	户数	人数	户数	人数	月补助资金
顶堡村	22	34	3270	1	1	—	—	21	33	3830
岭边村	19	24	1930	1	1	1	3	19	26	2770
龟墩村	25	35	3540	1	1	—	—	24	34	4080
凤楼村	16	28	2250	1	1	1	3	16	30	3050
鹤山村	20	25	2360	1	1	1	4	20	28	3190
鹤峰村	13	17	1780	1	1	—	—	12	16	1920
合计	115	163	15130	6	6	3	10	112	167	18840

资料来源：根据凤阳畲族乡政府提供资料汇编。

表3-5-6-8　2011年度凤阳畲族乡居民最低生活保障报表

村名	原保障情况			注销对象		新增对象		调整后保障情况		
	户数	人数	月补助资金	户数	人数	户数	人数	户数	人数	月补助资金
顶堡村	21	33	3830	5	6	1	2	17	29	3590
岭边村	19	26	2770	1	1	—	—	18	25	2920
龟墩村	24	34	4080	—			1	24	35	4480

村名	原保障情况			注销对象		新增对象		调整后保障情况		
	户数	人数	月补助资金	户数	人数	户数	人数	户数	人数	月补助资金
凤楼村	16	30	3050	2	3	—	—	14	27	3140
鹤山村	20	28	3190	2	8	1	2	19	22	2680
鹤峰村	12	16	1920	1	1	—	—	11	15	1950
合计	112	167	18840	11	19	2	5	103	153	18760

资料来源：根据凤阳畲族乡政府提供资料汇编。

表3-5-6-9 2012年度凤阳畲族乡居民最低生活保障报表

村名	原保障情况			注销对象		新增对象		调整后保障情况		
	户数	人数	月补助资金	户数	人数	户数	人数	户数	人数	月补助资金
顶堡村	17	29	3590	2	5	—	—	15	24	3890
岭边村	18	25	2920	4	7	—	—	14	18	2770
龟墩村	24	35	4480	4	4	1	6	21	37	6210
凤楼村	14	27	3140	1	1	—	—	13	26	4010
鹤山村	19	22	2680	4	6	—	—	15	16	2600
鹤峰村	11	15	1950	—	—	—	—	11	15	2550
合计	103	153	18760	15	23	1	6	89	136	22030

资料来源：根据凤阳畲族乡政府提供资料汇编。

表3-5-6-10 2013年度凤阳畲族乡居民最低生活保障报表

村名	原保障情况			注销对象		新增对象		调整后保障情况		
	户数	人数	月补助资金	户数	人数	户数	人数	户数	人数	月补助资金
顶堡村	15	24	3890	—	—	1	4	16	28	5670
岭边村	14	18	2770	—	—	1	4	15	22	4290
龟墩村	21	37	6210	—	—	—	—	21	37	7690
凤楼村	13	26	4010	—	—	1	1	14	27	5250
鹤山村	15	16	2600	—	—	—	—	15	16	3230
鹤峰村	11	15	2550	—	—	1	1	12	16	3360
合计	89	136	22030	—	—	4	10	93	146	29490

资料来源：根据凤阳畲族乡政府提供资料汇编。

表3-5-6-11 2014年度凤阳畲族乡居民最低生活保障报表

村名	原保障情况			注销对象		新增对象		调整后保障情况		
	户数	人数	月补助资金	户数	人数	户数	人数	户数	人数	月补助资金
顶堡村	16	28	5670	—	—	—	—	16	28	6770
岭边村	15	22	4290	—	—	2	5	17	27	6370
龟墩村	21	37	7690	—	—	3	12	24	49	12150
凤楼村	14	27	5250	—	—	3	8	17	35	8230
鹤山村	15	16	3230	—	—	4	9	19	25	6050
鹤峰村	12	16	3360	1	1	—	—	11	15	3750
合计	93	146	29490	1	1	12	34	104	179	43320

资料来源：根据凤阳畲族乡政府提供资料汇编。

表3-5-6-12 2015年度凤阳畲族乡居民最低生活保障报表

村名	原保障情况			注销对象		新增对象		调整后保障情况		
	户数	人数	月补助资金	户数	人数	户数	人数	户数	人数	月补助资金
顶堡村	16	28	6770	1	1	1	1	16	28	7840
岭边村	17	27	6370	—	—	1	1	18	28	7580
龟墩村	24	49	12150	—	—	4	9	28	58	16670
凤楼村	17	35	8230	1	1	4	4	20	38	10290
鹤山村	19	25	6050	1	1	6	10	24	35	9820
鹤峰村	11	15	3750	1	2	—	—	10	13	3720
合计	104	179	43320	4	5	16	25	116	199	55920

资料来源：根据凤阳畲族乡政府提供资料汇编。

二、新农村医疗合作保险

凤阳畲族乡于2006年建立新农村医疗合作保险。第一年有2733人参加投保，占总人口50%，个人参保金20元，政府补助20元。到2015年参加投保者达到5536人（其中政策优惠人员有418人）占总人口的95%。个人参保金210元，政府补助520元。

表3-5-6-13　2006至2015年凤阳畲族乡农村合作医疗保险人数

年份	总人口 （人）	投保人数 （人）	政府补助 （元）	个人保险金 （元）	占比 （%）
2006	5472	2733	20	20	50%
2007	5524	1912	—	—	35%
2008	5610	2381	—	—	42%
2009	5675	2610	—	—	46%
2010	5721	3986	150	50	70%
2011	5741	4536	—	—	79%
2012	5778	4987	—	—	86%
2013	5797	5195	—	—	90%
2014	5801	5434	—	—	94%
2015	5828	5536	520	210	95%

资料来源：根据凤阳畲族乡政府提供资料汇编。

三、社会福利

自2009年开始，凤阳畲族乡的老人享受社会福利。社保补助每位60岁及以上老人60元。到2015年，60岁～79岁每人提升到120元，80岁提升到160元。

表3-5-6-14　2015年度凤阳畲族乡60岁以上领取社保补助金

村名	享受人员人数	其中参保人数
龟墩村	114	90
顶堡村	180	132
鹤山村	160	174
岭边村	96	81
凤楼村	175	129
鹤峰村	93	94
合计	818	700

资料来源：根据凤阳畲族乡政府提供资料汇编。

第六章　语言与口传文学

　　畲族没有自己民族的文字，却有自己民族的语言，即畲话。畲话属于汉藏语系。凤阳畲民同周边各地畲族一样，通用畲汉两种语言。畲民之间交流用畲族语言，与汉族交际时使用当地的汉语方言，畲话各地相通，但不同程度受当地方言影响，在腔调上大同小异。

　　畲族人民能歌善舞，有"村村有歌声，人人是歌手"的美誉。千百年来创作了大量的口头文学作品，尤其是盘歌，它是一项最有畲族特色的民间口头艺术。盘歌是畲族人民在生产生活实践中的口头民间文学，内容丰富多彩，形式活泼新颖，与生活密切相关。昔日男女老小人人善歌，无论生产劳动，闲暇休息都以歌为乐。畲歌有独特的歌唱形式，独特的曲调，内容丰富多彩，形式自由，押韵悦耳，既有口头传承，也有随编随唱，临场发挥。主要有历史传说歌、古人歌、小说歌、时政歌、情歌、劳动歌等。这些既集中而生动地反映畲族的历史、政治经济文化、生产生活和乡土风情，又具有浓郁的畲乡气息。

　　凤阳人民在日常生产生活中积累的谚语，是一种流传于民间简练通俗的"古俗话"。每年春节或元宵，"二月二"或"三月三"举行对歌节目，邀请闽浙歌手欢聚一堂，进行演唱，情趣浓厚，音调悠扬。畲族歌谣是畲族人民历代社会生活的真实画卷，有着独特风格内涵。为了使畲话、畲歌这一瑰宝不失传承，在上级文化部门和当地政府大力扶持下创办了多期畲歌培训班，培训学员50多人。学校还提供畲歌教材，带进课堂，从幼儿教学开始。

　　凤阳历史悠久，美丽山川孕育了世代畲汉人民，积淀着丰厚的民俗、传说故事，通俗上口，朴素生动，含义深刻，都有重要的参考价值。

第一节　语　言

　　畲话通用于浙、闽、粤、赣、皖五省畲族的族内交流。畲话声母比较单纯，而韵母比较发达，声调复杂，变调现象较普遍，音节多，声、韵、调诸方面都有自己的特色。

一、畲 话

苍南的畲民使用畲话可以与浙江省丽水、金华、衢州、杭州及福建、广东、江西等地会畲话的畲族人直接交流。

苍南畲话的语音保留有较多古老的成分，有鼻音韵尾-m、-n、-ŋ和塞音韵尾-p、-t、-ʔ，诸如：衫bam、山ban、星baŋ，接tsap、节tsat、木moʔ等。凤阳畲族乡的畲话，特别是新名词，或多或少的受当地汉语方言的影响，存在语音、语气方面的差异，其基本词汇和语法结构与汉语或方言大体一致。

畲话声母单纯，韵母发达，声调复杂，保留有促声调，变调现象较普遍，音节多。畲话语音没有翘舌音声母，这与上古汉语无舌上音有关，翘舌音声母的字畲话一般读作声母d或t音；苍南畲话语音也没有f声母，这也与上古汉语无轻唇音有关。本节部分畲话采用国际音标标注语音。个别词语标注国际音标时用符号[ ]表示，其他则不再用符号[ ]表示。

（一）声 母

苍南畲话（属"福安畲话"[游文良先生将全国99%以上畲族人口使用的畲话称为"福安畲话"]）的声母有20，分别用16个汉语拼音和3个国际音标代替。

b   p   m

d   t   n   l

g   k   h   ŋ

j   q   x   ȵ

z   c   s

特殊音标例字的畲话声母：

ȵ	女	日	你	肉
ŋ	硬	牙	瓦	元
ɣ	碗	弯	锅	冤
ʔ	压	鸭		

其他声母例字：

b	布 飞		p	步 盘
m	门 面		d	潮 斗
t	到 豆		n	年 难
l	路 楼		g	贵 鬼

K	桥穷	h	好河
j	正酒	q	秋臭
x	扇蛇	z	争借
c	坐茶	s	沙苏

畲话读音对f、r、zh、ch、sh五个声母不明显，故此处予以舍弃，但新增了ŋ、ŋ、ʔ、ɣ四个特殊声母；ɣ相当于弱化了的g的发音。畲话i、u、ü领头的零声母音节，采用国际音标ɣ或ʔ作声母，如"锅ɣoʔ、压 ʔɔʔ"等。

（二）韵　母

单元音韵母　单元音韵母可分为7个，分别用5个汉语拼音和2个国际音标代替。

α　　　0　　　ɔ[ɔ]

i　　　u　　　ü

A[ei]

特殊音标的畲话韵母例字：

A　　稗　　戏　　祭　　知　　体

ɔ　　虾　　茶　　牙　　沙　　敲

复合元音韵母　可分为8个：

αi　　　　　　αo

oi [ɔei]　　　ui [ui]

eu [au]　　　ɔu [ɔu]

iu [iu]　　　iou [iəu]

特殊音标的畲话双韵母例字：

Oi　　大　　雷　　仔　　岁

Au　　到　　哭　　偷　　招

Ɔu　　狗　　草　　走　　老

鼻音韵母　可归为17个：

an　　am　　aŋ

en　　eŋ

An [yan、uan]　　Aŋ（üŋ）[yŋ]

ɔm　　ɔn　　ɔŋ

un		uŋ[ueŋ]		
in	im	iŋ	iaŋ	ioŋ

特殊音标的畲话鼻音韵母例字：

am	贫	衫	念
An	劝	远	恨
uŋ	菌	根	筋
ɔm	胆	南	暗
im	林	金	针
ioŋ	羊	相	昌
iŋ	精	兵	铃

塞音尾韵母 可归为7个

it	得	笔	失
At	贼	密	热
at	铁	节	切
ap	接	贴	夹
ɔt	割	辣	吓
oʔ	学	桌	落
ɔʔ	鸭	盒	压

A的读音相似于英语字母A[ei]。畲话的韵母没有汉语拼音e韵母。 ɔ的读音相似与英语音标[ɔ]。 aŋ、eŋ、ɔŋ、iŋ、ioŋ、uŋ相似汉语拼音ang、eng、ong、ing、iong、ueng。畲话的韵母还保留有-m、-p、-t、-ʔ韵尾，这些韵母后的辅音只有嘴形，不发音；-p、-t、-ʔ韵尾的韵母往往是入声调的韵母，发音时声调又短又促。韵尾-ŋ可独立成音节，如"五[ŋ]"、"午[ŋ]"等。

（三）声 调

温端正教授把苍南畲话的声调归为6种，即阴平、阳平，上声、去声，阴入、阳入。为了方便大家的学习，本书归为5种，即高平、阴平、阳平、上声、去声。

畲话声调情况较为复杂、调类归并也不尽一致，当然，采用以下这些方法不一定精确，但拼读起来基本可以沟通。

1.调 类

可分为5个：高平、阴平、阳平、上声、去声。

2.调值与调号

调类	调值	调号	代调号	例字	拼音
高平	55	ㄥ	—	姑	gū
阴平	44	ㄐ	>	过	gǜ
阳平	35	ㄐ	/	鼓	gú
上声	21	ㄏ	∨	壶	gǔ
去声	53	ㄥ	\	谷	gù

一声（高平）"—"。如：姑、酸、懒、花等，发音偏长。二声（阴平）">"。如：过、你、我、爱等。三声（阳平）"/"。如：鼓、蛋、老、碗等。四声（上声）（发音偏短）"∨"。如：壶、罪、沙、轿等。畲话中只读前半部分，略去后半部分，有如汉语拼音的半上调值21。五声（去声）"\"。如：谷、雪、客、脱等。因阴入、阳入，相似与阴平和上声，这里不作专项声调来描述。

3.八类调值调类

调类	高平	中平	低平	阳平	上声	去声	阴入	阳入
调值	ㄱ55	ㅓ44	ㅗ22	ㅓ23	ㄱ35	ㄴ21	ㄱ5	ㄴ3
例字	兔 tʼu 姑 ku 鸟 tɑu 驰 tɕia	诗 sʔ 四 sʔ 高 kɑu 孝 xɑu	时 sʔ 辞 su	猫 ŋiɑu 豹 pɑu 羊 jɔŋ 麻 mɔai	死 sʔ 屎 sʔ 写 ɕia 野 ja	已 su 字 tsʼ 步 pʼu	法 uaiʔ 百 pap 吓 xaʔ	罚 xuat 麦 map 踏 tʼauʔ

（四）词　类

1.人体名称

序号	畲话表述	畲话读音	汉语	国际音标
1	头	tʼeu	头	tʼəu⁴⁴
2	额头	ŋà tʼeu	额头	ŋaʔ⁵ tʼəu⁴⁴
3	头颅	tʼeu nɔ	头脑	tʼəu⁴⁴ nɔ⁴⁴
4	眼口毛	ŋián kǐt mɔu	眉毛	ŋiaŋ³⁵ kʼit²¹ mu⁴⁴
5	鼻	pǐ	鼻涕	pʼi²¹

续表

序号	畲话表述	畲话读音	汉语	国际音标
6	头毛	tèu mɔn	头发	$t´əu^{44}mu^{44}$
7	颈墩（根）	giáŋ dúŋ（gǔŋ）	脖子	$kiŋ^{35}tuŋ^{35}(kyŋ^{44})$
8	牙	ŋɔ̀	牙齿	$ŋɔ^{22}$
9	嘴巴	jiěi bɔ	嘴	$tɕiei^{44}bɔ^{44}$
10	面卵	mĂn lɔn	脸蛋	$man^{44}lɔn^{35}$
11	嘴须	jiěi su	胡须	$Tɕiei^{44}bu^{44}$
12	眼口	ŋián kǐt	眼睛	$ŋiaŋ^{35}k´it^{2}$
13	眼泪	ŋián lǔ	眼泪	$ŋiaŋ^{35}ly^{21}$
14	耳菌	ŋí kǔn	耳朵	$ŋi^{35}k´yŋ^{21}$
15	鼻洞	pǐ dúŋ	鼻孔	$p´i^{21}tuŋ^{35}$
16	舌	sǐAt	舌头	$siɛt^{2}$
17	下胲	hɔ́hái	下巴	$xɔ^{44}xai^{35}$
18	手	xíu	手	$ɕiu^{35}$
19	手甲	xǐu gàp	指甲	$ɕiu^{55}kap^{5}$
20	手骨	xíu gùt	手腕	$ɕiu^{35}kut^{5}$
21	拳头	kǔn téu	拳头	$kun^{44}təu^{35}$
22	手子	xǐu zei	手指	$ɕiu^{21}tsei^{44}$
23	手掌	xǐu jǐɔŋ	手掌	$ɕiu^{21}tɕyŋ^{21}$
24	左手	zɔu xǐu	左手	$tsəu^{21}ɕiu^{21}$
25	大边手	těi bǎn xǐu	右手	$t´oi^{21}pan^{44}ɕiu^{21}$
26	脚岗糕	giǒŋ bán	膝盖	$kiɔŋ^{21}pan^{35}$
27	脚后踪	giò hǒu zǎn	脚后跟	$kioʔ^{5}xəu^{21}tsaŋ^{44}$
28	脚	giò	脚	$kioʔ^{5}$
29	大比	téi bí	大腿	$t´oi^{21}bi^{35}$
30	肚屎齐	dū xī qǐ	肚脐	$tu^{55}ɕi^{55}tɕ´i^{21}$
31	背龙嘣	běi lǔŋ piàŋ	背	$pei^{44}lyŋ^{22}p´iaŋ^{44}$
32	屎豆	xí téu	屁股	$ɕi^{35}t´iəu^{21}$
33	骨头	gùt téu	骨头	$kut^{5}t´əu^{44}$
34	奶	nĂn	乳房（奶）	nan^{21}
35	心肝	xīm gɔn	心	$ɕin^{55}kɔn^{44}$
36	肚屎	dú xī	肚子	$tu^{35}ɕi^{55}$
37	肺	hǍ	肺	xei^{44}

续表

序号	畲话表述	畲话读音	汉语	国际音标
38	胆	dɔm	胆	tɔm³⁵
39	肚	dú	肚	tu³⁵
40	肠	qǐɔŋ	肠	tɕʼɔŋ⁴⁴
41	筋	gǔn	筋	kyn⁴⁴

说明：表中"□"表示畲话读音，没有相应的汉字读音对应，下同。

2. 称　谓

序号	畲话表述	畲话读音	汉语	国际音标
1	公白	gǔŋ pá	曾祖父	Kuŋ⁴⁴pʼa³⁵
2	阿白	ā pá	曾祖母	A⁵⁵pʼa³⁵
3	阿公	āgǔŋ	祖父	A⁵⁵kuŋ⁴⁴
4	阿妈	ā má	祖母	A⁵⁵ma³⁵
5	阿爸	ā bá	父亲	A⁵⁵pa³⁵
6	阿姆	āɲiǎ	母亲	A⁵⁵ɲia²¹
7	阿伯	ā bà	伯父	A⁵⁵pa⁵
8	嬷姆	mǒɲiǎ	伯母	mo²¹ɲia²¹
9	阿叔	ā zÀ	叔叔	A⁵⁵tsei⁵
10	阿嬷	ā m	婶婶	A⁵⁵mo⁴⁴
11	呔公	dāigǔŋ	外祖父	tai⁵⁵kuŋ⁴⁴
12	呔婆	dāi p	外祖母	tai⁵⁵pʼo⁴⁴
13	姆舅	ɲiǎkiu	舅父	ɲia⁴⁴kʼiu⁴⁴
14	姆嬷	ɲiǎ mó	舅母	ɲia⁴⁴mo³⁵
15	姑婆	gupó	姑祖母	Ku⁴⁴pʼo³⁵
16	姑公	gǔguŋ	姑祖父	ku⁴⁴kuŋ⁴⁴
17	阿姑	āg	姑妈	a⁵⁵ku⁴⁴
18	姑丈	g qiŋ	姑丈	Ku⁴⁴tɕʼyŋ²¹
19	阿哥	ā g	哥哥	a⁵⁵ko⁴⁴
20	阿嫂	ā su	嫂子	a⁵⁵sɔu³⁵
21	客爷	k ɣiá	岳父	kʼei⁴⁴ɣia³⁵
22	客姆	knā	岳母	kʼei⁴⁴nia⁵⁵
23	兄弟	hián tái	兄弟	xian³⁵tʼai³⁵

序号	畲话表述	畲话读音	汉语	国际音标
24	阿弟	ā tǎi	弟弟	$a^{55}t'ai^{21}$
25	媳布	xím bǔ	弟媳妇	$\varepsilon'im^{35}pu^{44}$
26	姐	jǐ	姐	$t\varepsilon i^{21}$
27	姐丈	jǐ qǐoŋ	姐夫	$t\varepsilon i^{21}t\varepsilon'yŋ^{21}$
28	妹	Muěi	妹	$mɔei^{44}$
29	妹细	muěi sǎi	妹夫	$mɔei^{44}sai^{44}$
30	表兄	Biǒu hiaŋ	表兄	$piəu^{21}xian^{44}$
31	表嫂	biǒu sǒu	表嫂	$piəu^{21}sou^{44}$
32	表姐	biǒu jǐ	表姐	$piəu^{21}t\varepsilon i^{44}$
33	表姐丈	biǒu jǐ qǐoŋ	表姐夫	$piəu^{21}t\varepsilon i^{44}$
34	仔	zěi	儿子	$tsei^{21}$
35	女	ńǔ	女儿	$ŋy^{35}$
36	女婿	ńǔ sǎi	女婿	$ŋy^{35}sai^{44}$
37	外甥	ńiasǎŋ	外甥	$ŋia^{44}saŋ^{44}$
38	布女崽	puńǔ zēi	女孩子	$pu^{44}ŋy^{21}tsei^{55}$
39	佛生崽	hǔ sǎŋzēi	男孩子	$xu^{21}saŋ^{21}tsei^{55}$
40	孙子	sǔnzēi	侄女	$sun^{44}tsei^{55}$
41	女孙	ńǔsun	侄女	$ŋy^{35}sun^{44}$
42	亲晴	qǐ cáŋ	亲戚	$t\varepsilon'iŋ^{44}caŋ^{35}$
43	丈布	qióŋ bǔ	丈夫	$t\varepsilon'iŋ^{35}pu^{44}$
44	布娘	bǔńióŋ	妻子	$pu^{44}ŋiɔŋ^{35}$

3. 天文地理

序号	畲话表述	畲话读音	汉语	国际音标
1	日头	ńǐAt téu	太阳	$ŋiet^{21}təu^{44}$
2	月光	ńüé gó^{21}	月亮	$ŋye^{35}kɔŋ^{44}$
3	星	sǎŋ	星星	$Saŋ^{21}$
4	风采	bǔŋ cái	台风	$Pyŋ^{44}ts'ai^{44}$
5	雷公	léi gúŋ	雷	$lɔei^{44}kuŋ^{44}$
6	闪眼	xiém ńǐan	闪电	$\varepsilon iem^{35}ŋian^{21}$
7	落水	lǒ xúi	下雨	$lo21\varepsilon ui^{35}$

续表

序号	畲话表述	畲话读音	汉语	国际音标
8	云露	ǔn lú	雾	ɣun²¹lu⁴⁴
9	落雪	lǒ sɔt	下雪	lo²¹sɔt⁵
10	风	bǔŋ	风	Pŋ⁴⁴
11	鬼旋风	guǐ qiěn bǔŋ	旋风	Kui²¹tɕ′ian²¹Pŋ⁴⁴
12	蛟龙	gáo lǔn	虹	Kau⁴⁴lyŋ²¹
13	云	ǔn	云	ɣuən²¹
14	龙雹	lǔŋ báo	冰雹	lyŋ²¹pau³⁵
15	雪	sɔt	雪	sɔt⁵
16	雪米豆	sɔt mǎi těu	碎米雪	sɔt⁵mai²¹t′əu²¹
17	霜	sɔŋ	霜	sɔŋ⁴⁴
18	冰	bln	冰	Pin⁴⁴
19	露水	lú xǔi	露水	lu⁴⁴ɕui²¹
20	失日头	sìt nǐAt tu	日食	sit⁵ɲiet²¹t′əu⁴⁴
21	赤霞	qià hɔ	红霞	tɕ′ia⁵xɔ⁴⁴
22	失月光	sìt nǔe gɔŋ	月食	sit⁵nye²¹kɔŋ⁴⁴
23	好天	hɔu tán	晴天	Xɔu³⁵t′an⁴⁴
24	阴天	yɪm tán	阴天	jim⁴⁴t′an⁴⁴

4. 动植物

动物类

序号	畲话表述	畲话读音	汉语	国际音标
1	牛牛	ŋɔǔŋɔǔ	黄牛	ŋɔu⁵⁵ŋɔu²¹
2	牛牯	ŋɔu gǔ	公牛	ŋɔu³⁵ku²¹
3	水牛	xuí ŋɔú	水牛	ɕui³⁵ŋɔu³⁵
4	猪	jǔ	猪	tɕy⁴⁴
5	猪牯	jǔgǔ	公猪	tɕy⁴⁴ku²¹
6	猪娘	jǔníɔŋ	母猪	tɕy⁴⁴ɲiɔŋ⁴⁴
7	猪媎	jǔ qí	小母猪	tɕy⁴⁴tɕ′i³⁵
8	羊	ɣíɔŋ	羊	ɣiɔŋ³⁵
9	羊姆	ɣíɔŋnǐa	母羊	ɣiɔŋ³⁵ɲia²¹
10	狗	gɔu	狗	kɔu²¹

续表

序号	畲话表述	畲话读音	汉语	国际音标
11	鸡	giǎi	鸡	Kiai^{44}
12	鸡公	giǎi gǔŋ	公鸡	Kiai^{44}kuŋ^{21}
13	鸡娘	giǎiŋiǒŋ	母鸡	Kiai^{44}ŋiɔŋ^{53}
14	鸡娄	gii lɔn	小母鸡	Kiai^{44}lɔu^{35}
15	鸭	ʔɔp	鸭	ʔɔ^{5}
16	佉鹅	qiǎŋó	鹅	tɕ′ia^{55}ŋo^{35}

鱼 类

序号	畲话表述	畲话读音	汉语	国际音标
1	鱼	ŋǚ	鱼	ŋy^{21}
2	虾公	hɔgǔŋ	虾	xɔ^{35}guŋ^{21}
3	老蟹	lɔu hǎi	蟹	lɔu^{21}xai^{44}
4	鳖	bÃt	鳖	Peit^{5}
5	禾蟹	ɣuǒ hǎi	河蟹	ɣo^{44}xai^{21}
6	湖溜	hǔ llu	泥鳅	xu^{21}liu^{44}
7	带鱼	dǎi ŋǚ	带鱼	tai^{44}ŋy^{21}
8	田鳝	dǎn xÏAn	黄鳝	tan^{21}ɕian^{44}
9	田螺	tǎn lɔ	田螺	t′an^{21}lo^{44}
10	黄瓜鱼	ɣǔɔŋgǎ nǔ	黄瓜鱼	ɣɔŋ^{21}ka^{44}ŋŋ^{21}
11	昌鱼	qʰlɔŋ ŋǚ	昌鱼	tɕ′iɔŋ^{44}ŋy^{21}
12	鳗鱼	miǎn ŋǚ	鳗鱼	mian^{21}ŋŋ^{21}
13	虾本	xɔ bǔn	虾米	xɔ^{21}pun^{44}
14	蛰	tɔ	海蜇	t′ɔ^{44}
15	乌贼	wǔ cÃ	墨鱼	wu^{44}ts′eit^{21}

植物类

序号	畲话表述	畲话读音	汉语	国际音标
1	禾	ɣúo	稻子	ɣo^{35}
2	谷	gù	谷子	Ku^{53}
3	稗	pÃ	稗	p′ei^{44}

续表

序号	畲话表述	畲话读音	汉语	国际音标
4	草	cǒu	草	ts'ou³⁵
5	糠	hɔŋ	糠	xɔŋ⁴⁴
6	禾秆	ɣuo gɔn	稻草	ɣo⁴⁴kɔan³⁵
7	禾纽	ɣuo nʌu	谷穗	ɣo⁴⁴nəu³⁵
8	萍	píou	萍	p'iəu³⁵
9	米	mái	米	mai³⁵
10	麦	mǎ	麦子	ma
11	旱薯	hàn	番薯	xan⁴⁴ɕy³⁵
12	芋卵	hǔ lɔn	芋头	xu²¹lɔan³⁵

5. 农 工

序号	畲话表述	畲话读音	汉语	国际音标
1	桌	dǒ	桌子	to²¹
2	登	dʌŋ	椅子	taŋ⁴⁴
3	顺脱	sǔŋ tɔt	抽屉	suŋ²¹t'ɔt⁵³
4	锁箸	só qǔ	钥匙	so³⁵tɕ'y²¹
5	推刀（刨）	téi dǒu（bǎo）	刨刀	t'ei⁴⁴tɔu²¹（pau²¹）
6	凿子	cǒ zéi	凿	ts'ɔ²¹tsei⁴⁴
7	锯	gǔ	锯	ky⁴⁴
8	碗	ɣuěn	碗	ɣuen²¹
9	盘	puán	盘	p'uan³⁵
10	饭箸	puǎn qǔ	筷子	puan²¹tɕ'y³⁵
11	补头	bú tóu	斧头	pu³⁵t'əu³⁵
12	菜刀	céi dǒu	菜刀	ts'ei⁴⁴tɔu²¹
13	火钳	hǔ kiʌm	火钳	xu²¹kiam²¹
14	火夹	húgīʌt	火柴	xu⁴⁴kiat⁵⁵
15	板砧	bān dǐm	切菜板	pan⁵⁵tim²¹
16	桶箜	tǔŋ kɔm	锅盖	t'uŋ²¹k'ɔm²¹
17	瓶	pʌn	瓶	p'an⁵⁵

6. 居住饮食

序号	畲话表述	畲话读音	汉语	国际音标
1	起寮	hǐ lǎo	盖房	xi²¹lau⁴⁴

续表

序号	畲话表述	畲话读音	汉语	国际音标
2	嫁妆	gŏ zŏŋ	家具（俬）	Kɔ⁴⁴tbɔŋ⁴⁴
3	做墙	zò qiŏŋ	砌墙	tsoʔ⁵³tɕʼiɔŋ⁴⁴
4	寮	láo	房子	lau³⁵
5	厅下	zăŋ hŏ	厅堂	tʼaŋ⁴⁴xɔ²¹
6	椆	giánt	房间	Kiant³⁵
7	门	mún	门	mun³⁵
8	厅纸	tăŋ jí	窗子	tʼaŋ⁴⁴tɕi³⁵
9	天井	tăn zăŋ	天井	tʼan⁴⁴tsaŋ²¹
10	后厅	hǎu tăŋ	后厅	xəu²¹tʼaŋ⁴⁴
11	灶间	zŏu giăn	厨房	tsou⁴⁴kian⁴⁴
12	桖头	liǍn téu	走廊	lian⁴⁴tʼəu³⁵
13	寮栋	lǎo dǔŋ	屋顶	lau²¹tuŋ⁴⁴
14	瓦	ŋŏ	瓦	ŋɔ³⁵
15	砖	jièn	砖	tɕian⁴⁴
16	墙壁	qiŏŋ bià	墙壁	tɕʼiɔŋ²¹piaʔ³⁵

7. 时 间

序号	畲话表述	畲话读音	汉语	国际音标
1	今日	gin n.it	今天	kin⁴⁴ŋit³⁵
2	天日	tan n.it	明天	tʼan⁵⁵ŋ.it⁵⁵
3	大日	tei nit	昨天	tʼei²¹ŋit⁵⁵
4	眼头	nian teu	早晨	ŋian³⁵tʼou³⁵
5	日时	n.it xi	白天	ŋit⁵³ɕi³⁵
6	暗晡头	Sm bu téu	晚上	ɔm⁴⁴pu³⁵tʼəu³⁵
7	日啁	nit jiù	下午	ŋit"⁵³tɕiu⁴⁴
8	天晧	tün hdu	天亮	tʼan²¹xau²¹
9	半夜	buan vid	半夜	puan⁴⁴ɣia²¹
10	今年	gin ndn	今年	kin⁴⁴nan³⁵
11	明年	mig nan	明年	miŋ³⁵nan³⁵
12	后年	hsg ndn	后年	xoŋ⁴⁴nan³⁵

8. 文化教育卫生

序号	畲话表述	畲话读音	汉语	国际音标
1	笔	bì	笔	Pit^{53}
2	墨	mA̅	墨	mei^{21}
3	纸	jǐ	纸	tɕi^{21}
4	钢笔	gɔbì	钢笔	Kɔŋ^{21}Pit^{53}
5	铅笔	yěn bì	铅笔	yɔn^{21}Pit^{53}
6	毛笔	mɔu bì	毛笔	mɔu^{35}Pit^{53}
7	水笔	xuǐ bì	水笔	ɕui^{21}Pit^{53}
8	书	xǔ	书	ɕy^{44}
9	报纸	bo jǐ	报纸	Po^{44}tɕi^{21}
10	白纸	Pǎ jǐ	白纸	p′a^{44}tɕi^{21}
11	书包	xǔ bao	书包	ɕy^{44}pau^{44}
12	算盘	xɔŋ puan	算盘	ɕɔŋ^{35}p′uan^{44}
13	手表	xiú biǒu	手表	ɕiu^{35}piou^{21}
14	簿子	buǒ zēi	作业本	puo^{21}tsei^{55}
15	学堂	hǒ dɔŋ	学校	xo^{21}tɔŋ^{44}
16	教学	gao hǒ	教学	kau^{44}xo^{21}
17	教书	go x	教书	kau^{44}ɕy^{44}
18	上堂	xiɔŋdɔŋ	上课	ɕiɔŋ^{44}tɔŋ^{44}
19	写字	xiǎ qǐ	写字	ɕia^{21}tɕ′i^{21}
20	读书	tǒxǔ	读书	t′o^{21}ɕy^{44}
21	备课	bǐ ko	备课	Pi^{21}k′o^{44}
22	粉笔	hǔŋ bì	粉笔	xun^{21}pit^{53}
23	操场	cao diɔŋ	操场	tsau^{44}tiɔŋ^{44}
24	球	gǐu	球	kiu^{44}
25	游水	xíu suǐ	游泳	ɕiu^{35}sui^{21}
26	做戏	zò hA̅	演戏	tso^{53}xe^{i44}
27	唱歌	qiɔŋgǒ	唱歌	tɕ′iɔŋ^{44}ko^{21}

9. 行为、形容

序号	畲话表述	畲话读音	汉语	国际音标
1	睇	tái	看	t′ai^{35}

续表

序号	畲话表述	畲话读音	汉语	国际音标
2	拿	nāŋ	拿	naŋ
3	担	dɔm	挑	tɔm⁴⁴
4	背	bǍ	背	Pei⁴⁴
5	拖	tō	拖	t´o⁵⁵
6	打	dǎŋ	打	taŋ²¹
7	捉	zù	抓	tsut⁵³
8	着衫	jiò sam	穿衣	tɕioʔ⁵³sam⁴⁴
9	请	cǎŋ	请	ts´aŋ²¹
10	坐	cò	坐	ts´o⁴⁴
11	借（乍）	zà	借	tsap⁵³
12	还	ɣián	还	ɣian³⁵

10. 喜 丧

序号	畲话表述	畲话读音	汉语	国际音标
1	做人客	zo n.iŋ ha	做客	tsoʔ⁵³ŋin²¹ xaʔ⁵³
2	办酒	biAn jiu	办酒席	pian²¹tɕiu²¹
3	出嫁	qut gɔ	出嫁	tɕ'yt⁵³kɔ⁴⁴
4	捋新娘	lopu nioŋ	娶老婆	lo⁴⁴p'u⁴⁴nioŋ²¹
5	打火炮	dan hu pao	放鞭炮	tan²¹xu⁵³p'au⁴⁴
6	新娘	sin nioŋ	新娘	sin⁴⁴ŋioŋ²¹
7	新郎官	sin lɔn guan	新郎	sin⁴⁴lɔn⁴⁴kuan⁴⁴
8	带身	dei xin	怀孕	tei⁴⁴ɕin⁴⁴
9	做月	zo n.üe	坐月子	tsoʔ⁵³nye²¹
10	过世	gu siA	去世	ku⁴⁴sie⁴⁴
11	戴孝	döi hao	带孝	tɔei⁴⁴xau⁴⁴
12	送葬	sun zɔŋ	送葬	suŋ⁴⁴tsɔŋ⁴⁴
13	葬坟	zoŋ puŋ	安葬	tsoŋ⁴⁴puŋ²¹
14	祭坟	zA püŋ	祭墓	tsei⁴⁴pun²¹

（五）词汇

畲话有着一些自己的特殊词汇。这些词与汉语以及其他的方言都不同，词汇中有很大一部分使用的是古代汉语词汇或古汉语的用法，在词的结构方式上与汉语也有一些不同，一个词常可带不同的叠音成分，有些词的结构方式与汉语构词方式也不相同。如：冷铁铁、冷冰冰、乌溜溜、乌洞洞、烘燎燎（"火很旺"的意思）、睇睇下（看一下、看看的意思）、行行下（走一下、走走的意思），等等。

畲话词汇中有一些词语结构的语序与现代汉语不同，如：牛牯、猪娘、鸡崽；语法结构上也有不同，如说："你先走（你行前）"。

畲族没有文字，只在山歌中有一些特殊的临时造字。如：龚（读音[naɪj^{55}]相当于汉语的连词"和"）；娚（读音[lau^{21}]，相当于汉语的"嬉"），等等。

图 3-6-1-1　2014 年李爱芬组织小朋友进行畲歌畲话培训（蓝准秀　摄　2014 年）

二、方　言

凤阳畲族乡的方言为闽南语，俗称福建话，属闽南话语系，系中国八大方言之一。闽南语主要分布于闽南、广东潮汕、海南岛、香洲半岛、浙南、台湾和东南亚新加坡等地，是八大方言中分布最为分散和广泛的一种语言。闽南话作为世界60种语言中的一种，在世界60科语言中，闽南话排名第20位。

序号	闽南话	汉语	序号	闽南话	汉语
1	日头、月佛、日头佛	太阳	2	月光	月亮
3	弹雷、弹雷公	打雷	4	落雨	下雨
5	落雪	下雪	6	雪焊呢	雪化了
7	龙雹	雹	8	五月节	端午节

续表

序号	闽南话	汉语	序号	闽南话	汉语
9	八月十五	中秋	10	过年	除夕
11	正月初一	春节	12	洋油	煤油
13	老人家	老头子	14	秧婶	叔母
15	兄弟仔	兄弟	16	姐妹仔	姐妹
17	老公	丈夫	18	娶老婆	娶媳妇
19	新妇	儿媳妇	20	咱某仔	女儿
21	小妹	妹	22	小弟	弟
23	外公	外祖父	24	外妈	外祖母
25	仔婿	女婿	26	秧妗	舅母
27	看病先生	医生	28	破仔	流氓
29	面	脸	30	头爷	额头
31	鼻空	鼻子	32	目睭	眼眼
33	耳仔	耳朵	34	手骨	胳臂
35	指头拇	大拇指	36	指头仔	小拇指
37	泻腹肚	泻	38	拍里长	疟疾
39	路巷	胡同	40	厝	房子
41	正厝	正房	42	村脚	厢房
43	窗子	窗户	44	屎合	厕所
45	哑巴	哑子	46	带疾	残疾
47	过山	死了	48	看病	诊病
49	衫	衣服	50	肚袋	口袋
51	雨伞	伞	52	墨砚	砚台
53	铁锤	锤子	54	索	绳子
55	扫帚	笤帚	56	碓臼	碓
57	椅子	凳子	58	燃火	火柴
59	面巾	毛巾	60	油皂	肥皂
61	汤挑	羹匙	62	箸	筷子
63	食日起	早饭	64	食日昼	午饭
65	食晏	晚饭	66	白米糜	大米饭
67	门配	菜	68	米粉	粉干
69	烧酒	白酒	70	红酒	黄酒
71	滚水	开水	72	卵	蛋

序号	闽南话	汉语	序号	闽南话	汉语
73	鸡角	公鸡	74	鸡澜	母鸡
75	燕仔	燕子	76	鸦乌	乌鸦
77	狼狗	狼	78	蚁	蚂蚁
79	马玲薯	洋芋	80	马荠	荸荠
81	潘珠	玉米	82	番葱	洋葱
83	红根菜	菠菜	84	茄	茄子
85	干事	事情、工作	86	缘故	原因
87	相	相貌	88	旧年	去年
89	前几年	往年	90	今在	今日
91	日起	上午	92	下昼	下午
93	日昼	中午	94	日起早	清晨
95	日生	白天	96	晏边	黄昏
97	一下仔	一会儿	98	一工到晏	一整天
99	面顶	上头	100	下面	下头
101	当央	中间	102	内壁	里面
103	阿沟	后边	104	碰着	遇见
105	做田	种地	106	拔草	锄草
107	大厅	厅堂	108	床头	枕头
109	蒜头	大蒜	110	土粉	灰尘

第二节　口传文学

　　畲族歌谣是畲族人民在生产、生活实践中的口头文学创作，在畲民生活中起着十分重要的地位，发挥着不可代替的作用。凤阳畲族乡境内的民间故事、神话传说和风俗传说，虽数量不多，但颇为流行，多为口头话传述，相当部分与当地汉族所流传的故事大同小异。这些传说故事，充满幻想，运用丰富的想象和夸张手法，表达畲汉人民的智慧。

一、畲　歌

　　由于畲族没有本民族的文字，只有本民族语言，畲民使用自己的聪明才智，把故事传奇、奇闻趣事、生存状态、知识经验、传统信仰礼仪，乃至个人的喜怒哀乐，都用民族语言编成通俗易懂、易学易记的歌谣，广为传唱，并世代传承。畲族歌谣发挥着传承民族历史、传播生产、生活知识，进行启蒙教育和伦理道德教育，以及代言议事、婚恋媒介等诸多功能与作用。

畲歌具有鲜明的民族特色，内容丰富多彩。畲民生产劳动、闲暇休息，以歌为乐；婚姻恋爱，以歌为媒；喜庆节日，以歌为贺；社会交往，以歌代言；丧葬祭祀，以歌代哭；敬祀祖先，以歌代辞。畲族民风是"肚中歌饱人相敬，肚中无歌出门难"。

（一）畲歌种类

畲歌"旋律多为单句变化体，一般由两大句组成，第二句常是第一句的变化重复。形式独具一格，多为五声性调式，宫、商、角、征、羽五种调式都有，其中商调式分布最广，角调次之，最富特色，征、羽、宫调式较少。节奏多为复合节奏，但却有小浪波动的潜在规律。曲式结构比较严谨，句读分明。在节拍形式上，以散板居多"。

"欢乐歌曲调因受地域性方言影响，各乡村间有差别。学者提出（浙江畲歌）可分为丽水调、景宁调、龙泉调、文成调、泰顺调、平阳调等6种。"演唱畲歌一般都用"假声"，这种唱法声音响，又省力，又动听，深受畲民喜爱；有的在假声唱法上再提高音区，称之"放高音"；还有一种是用真声唱，音调低平，畲语称之"平讲"，一般男声演唱和学唱畲歌时采用此法较多。

凤阳畲族乡收集到的畲歌唱本资料，从内容上大体可以分为历史传说歌、小说故事歌、劳动歌、时政歌、教育儿歌、杂歌等8类，以下按不同的歌类，选录几首作为例举。

1. 历史歌

《历史歌》是一部记述历史朝代的长篇诗歌，歌谣用七言四句，共55首，叙述混沌初开，盘古造出了天地，人和日、月、星三辰的历史传说。论述从三皇五帝伊始至夏、商、周800多年改朝换代的历史经过。按历史朝代连贯性记述创作各朝帝王天位，及所发生的国号天运变迁年限。《历代史》《金香亭》是一部以古祥今内容十分丰富的畲族歌谣。史诗在畲族中家喻户晓，世代传唱。

历代史[①]

混沌初开盘古分，大俚来听新歌文；

书名叫做历代史，造出歌元分人传。

---

① 由蓝俊瓜传唱，蓝准秀整理。

当初混沌未分清，好得盘古一个人；
轻浮为天浊为地，又造三光日月星。

盘古开天实是会，造出天地人三界；
造得三光定五基，干男坤女传万代。

盘古置立三皇氏，天皇地皇人皇氏；
天皇造年地造月，又造三光日月星。

三皇过了五帝时，头个皇帝是伏羲，
太极八卦是佢定，织网捉鱼就是佢。

第二皇帝是神农，掌在天庭火龙宫；
种出百草来医病，雷公泡剂传药方。

三皇以下有巢氏，有巢皇帝巧技能；
上古封山掌石硐，造起寨仔来掌人。

巢氏头下燧人氏，金木水火正兴时；
教人斩柴煮饭食，高辛正是第三帝。

五帝一朝八个王，伏羲神农到文王；
少昊颛顼高辛氏，尧舜哪过到别王。

五帝过了到夏朝，大禹坐天甲戌头；
主到下朝是甲午，十七皇帝是夏朝。

夏朝传落十七王，算来下朝是文王；
四百四十另一栽，定国安邦年久长。

文王也灭武王上，上朝出个圣通王；
乙亥行兵戊戌灭，二十八主是纣王。

二十八王来坐位，六百四十零四年，
等到纣王天位灭，太公昆仑正落山。

太公昆仑正转来，行到磻溪石壁载；
文王知信就去请，尽心去请佢也来。

尽心去请太公行，武吉捡柴大路边；
碰着太公路边走，收留武吉在身边。

文王请但做先生，点起兵马就出征；
文王年老冇出阵，佢子武王管江山。

武王登殿来立周，也管八百多年秋；
三十五个皇帝主，天位最长算中周。

己卯至到壬子时，算来八百六十四；
扳算周朝坐顶久，后来冇道人争去。

春秋分国起了争，不知哪国争确赢；
癸丑年甲就争起，至到己卯廿七午。

周朝过了到春秋，春秋全国世界浮，
争来争去冇归统，各人田粮各人收。

秦王来争会确赢，冇道秦王坐东京；
传得二世东京灭，泰王归统十五年。

秦朝哪灭汉朝见，高祖皇帝坐江山；
二十四个皇帝主，直到孝平王莽篡。

王莽篡位十八年，光武点来为东汉；
己亥起头庚子尽，四百二十零二年。

汉朝哪灭三国上，三国内里三个王；
蜀国就是刘备管，魏国曹操兵马强。

吴国皇帝是孙权，用瑜来收佢先生；
就是孔明计谋好，十阵来战九阵赢。

刘备皇帝坐三年，后主来管四十年；
分做三国纷纷乱，也管五十零九年。

三国过了是西晋，庚子年间五帝兴；
西晋皇帝管天下，至到圆满是庚申。

庚申庚子有差移，算来一百六十四；
西晋皇帝坐天位，风调雨顺太平时。

西晋过了南北朝，皇帝来多轮来凑；
南宋传落有八主，伍拾零玖就过朝。

南北内里去京廷，隋主皇帝有良心；
杀死大兄做太子，自己登殿杀爷亲。

南朝过了唐朝上，李渊来坐唐朝王，
乙亥行兵北隋灭，癸未年冬就灭梁。

唐王起义是戊申，至远招选丁卯辰；
唐朝传落二十主，也管两百八十零。

两百八十零九年，朱晃篡位争江山；
典宝被佢刀下杀，后梁二主十六年。

后梁又灭后唐争，后唐二主十四年；
后唐二主管上十，后汉二主管四年。

后晋过了到后周，后周也管十个秋；
丁卯起头庚申灭，算作五代加由由。

五代过了宋朝兴，宋朝皇帝坐朝廷；
真命太子赵匡胤，坐天就位年庚申。

宋朝归统乙亥年，至到帝昺巳卯庚；
宋朝传落十五主，三百二十零四年。

宋朝过了元朝到，元朝番边反过来；
世祖皇帝冇坐位，兵马确强反过来。

知兵退位就让佢，万里江山佢管去；
国号挂出元世祖，中原地土全归佢。

世祖坐天巳卯年，坐到至正丁未来；
元朝管下十个主，也管八十零九年。

元朝灭了明朝上，明朝出个洪武王；
国号挂出明太子，名字叫做朱元璋。

明朝起义是戊申，至到崇祯是甲申；
明朝传落十七主，也管贰佰柒拾零。

贰佰柒拾零柒年，明朝皇帝会南京；
传到崇祯天位灭，李闯起兵过来争。

李闯起兵不留停，姓吴三桂就去平；
三桂对佢都冇用，就去请来满洲兵。

满洲兵马请来时，两人发愿天地知；
谁人翘心来背义，沉江倒海冇身尸。

两人跪落誓苍天，江山归统分一半，
三桂追赶李闯兵，顺治皇帝坐朝廷。

顺治真主坐天位，朝号挂出是大清；
清朝皇帝会北京，顺治坐天十八年。

哪因当初发过愿，沉落福州大闽江，
漂流大海身尸失，第二皇帝是康熙。

六十一年冇见久，风调雨顺太平时；
风调雨顺太平年，乾隆来坐陆拾年。

乾隆过了嘉庆王，也管二十五年上；
二十五年皇帝位，在位十三是道光。

道光坐位十三年，传到咸丰坏时年，
咸丰哪坐十一载，同治来管十三年。

同治过了光绪时，光绪也坐三十四；
宣统也有二三载，后来又被人争去。

己酉直到壬子时，算来贰佰捌拾肆；
清朝传下十个主，以后便是民国时。

民国壬子清元年，直至癸酉十月间；
造出历史歌一本，风调雨顺太平年。

历史歌元六十年，唱哪不对你莫笑，
孔子传落是不错，我唱哪错字难教。

历史内里皇帝名，造出一本唱人听；
人情钱茶敬得好，谁人顶好确端正。

历史歌元唱完成，唱歌人家保太平；
经商生意大兴旺，勤作田固好收成。

金香亭①

一笔落纸字来长，造出歌仔分人唱；
大俚来听新歌本，唐朝皇帝唐明王。

两笔落纸字眉眉，前人造歌是也是；
唐朝皇帝管天下，唱出歌名钟景琪。

三笔落纸字来正，先唱地名后唱姓；
掌在西京洛阳县，爷名叫作锺寿铭。

孃姓宛来爷姓锺，单养景琪十八春；
上冇兄来下冇弟，家穷冇钱难成双。

景琪爷孃命归阴，寮里景琪一个人；
爷孃归阴孝堂守，三年孝满求功名。

景琪本是聪明人，文章诗书件件精；
十载寒窗冇所有，捡拾书笼求功名。

捡拾书笼去上京，一直来到京都城；
景琪来到京都府，上京举子千万名。

翰林院内选文章，景琪文章第一通；
文章主考来挑选，景琪考中状元郎。

新科状元钟景琪，头插金花去游街；
满城风景都游尽，一直游到葛府去。

---

① 由凤阳钟显销传唱，蓝准秀整理。

景琪游到葛府来，　睇见大门两边开；
行入花园去游娳，　捡着双帕笑嗳嗳。

景琪捡帕笑嗳嗳，　内面梅香走出来；
开口就问锺公子，　好好双帕拿还我。

景琪就讲梅香听，　你叫小姐出来拿；
小姐出来瘈我讲，　又怕亲手拿佢还。

何氏小姐走出来，　睇见景琪一秀才；
景琪身貌生得好，　心忖瘈佢结头对。

婚姻言语讲阵当，　小姐佢爷转回堂；
两人慌忙起身走，　景琪金香亭中藏。

寿铭吃酒金香亭，　未晓桌下有个人；
总是景琪未该死，　三更半夜走起身。

手攀杨柳摇玲琅，　跌落树下是宫廷；
景琪跌落皇宫内，　皇宫内里冷清清。

夫人就问公子名，　又问地名又问姓；
寮掌哪州瘈哪县，　从头到尾讲来听。

我今开口讲你听，　我寮原掌在西京；
西京城外洛阳县，　姓金名重是我名。

景琪讲话好文才，　夫人睇见心生爱；
千句言语对郎讲，　爱配你郎结头对。

景琪开口应夫人，　夫人讲话欠思忖；
你是皇上亲阿姨，　我是洛阳一平民。

夫人开口答景琪，讲得景琪心头软；
有缘千里来相会，冇缘对面难相逢。

不唱景琪在皇宫，再唱皇帝出榜文；
朝廷挂出龙虎榜，榜文挂在四城门。

榜文挂在四城门，百姓睇榜闹纷纷；
总是锺家好风水，景琪考举中状元。

皇帝殿上出榜时，头名状元锺景琪；
连挂三天冇领榜，不知景琪哪里去。

皇帝落旨挂榜文，榜文挂在四城门，
是谁留佢锺公子，斩头之罪在朝中。

夫人开口叫景琪，状元名字讲你知；
朝廷考举出皇榜，头名状元锺景琪。

景琪听讲笑嘻嘻，从头一二讲你知；
皇帝殿上挂出榜，我郎就是锺景琪。

景琪睇榜走近前，皇帝听讲气冲天；
新科状元答应好，我郎游婿去南山。

皇帝大骂锺景琪，一时缚出教场去；
新科状元该何罪，骂你胆大去游嬉。

景琪落难放掉先，再唱番邦安禄山；
日间坐在金盘上，夜间双凤采牡丹。

番邦番王安禄山，好鋕我朝争山场；
好争天下百姓管，争了江山征田粮。

莫唱万岁不知情，再唱西京洛阳人；
景琪嘎水落大难，后来平番会出身。

景琪落难缚出去，夫人眼泪湿衫襟；
冇奈上朝去奏本，央求娘娘着救佢。

娘娘开口答夫人，夫人讲话欠聪明；
本是兄弟姐妹好，佢是西京洛阳人。

夫人开口讲状元，阿妹粲佢结为亲；
阿姐在朝有姐丈，好救西京洛阳人。

娘娘听讲笑嗳嗳，原来景琪是妹婿；
阿姐上朝去奏本，皇帝殿上保出来。

皇帝殿上开口时，新科状元钟景琪；
拨去四川任官职，四川县内巡检司。

景琪听讲苦茫茫，忖着爷孃痛心肠；
君叫臣死臣着死，爷教子亡子着亡。

景琪骑马起身行，去到东京顺天城；
冯克担头前面走，景琪骑马随后行。

不唱景琪去四川，再唱番邦安禄山；
私通娘娘排起阵，招兵买马要来争。

安禄番王发文书，召起番将粲番兵；
召起番兵冇千万，好争天下管万民。

番将造反到京廷，唐朝皇帝不知情；
文武百官来奏本，你作万岁着脱身。

皇帝冇奈逃出城，景琪贬官路上行；
也是状元该到运，深山杳杳找冇店。

日头渐渐落西照，景琪冇奈总是哭；
深山杳杳走冇路，总怕老虎在路头。

奴才开口劝主人，劝你主人着放心；
嘎层山后有人掌，哪冇宫庙也有亭。

苦命又是苦命人，景琪贬官难出身；
黄连碰着苦草口，冤家碰着对头人。

再讲和尚起歹心，谋财害命读书人；
总是景琪不该死，观音来托土地神。

观音来托土地神，土地又托煮饭人；
伙头就对景琪讲，三更半夜逃出身。

景琪半夜逃起身，行出一里天又明；
深山杳杳找冇路，碰着万春打虎人。

打虎英雄雷万春，开口好比响雷公；
景琪又怕跳起走，万春开口就来问。

万春就问景琪郎，应问景琪掌哪方；
你掌哪州粲哪县，从头到尾讲我听。

景琪开口讲来听，公子寮掌在西京；
寮掌西京洛阳县，姓钟景其是我名。

万春听讲是景琪，新科状元就是你；
你今粲我回家转，女孙天然配分你。

景琪打扮做新郎，天然小姐来梳妆；
头上又梳盘龙髻，脚着绸鞋三寸长。

两人打扮都阵当，双双对对来拜堂；
一拜天来二拜地，结拜夫妻日月长。

结拜夫妻成了亲，从头到尾唱人听；
大俚来听歌下本，分我歇气再唱完。

结了夫妻两三天，孙婿吩咐雷万春；
吩咐天然着君子，郎好上任去四川。

景琪上任去四川，万春一路送佢行；
送到四川回头转，又要投军去东京。

万春回转去投军，路边碰着姓蓝人；
寮掌福建福宁府，名字叫做蓝齐文。

路边碰见相借问，两人商量去投军；
行过一站又一里，歇落饭店去安身。

饭店主人添饭来，一碗白饭两三嘴；
两人共吃三斗米，店主冇饭端出来。

万春听讲气纷纷，手拿饭箸桌上囤；
有饭分郎食到饱，枉在路边开饭店。

店主听讲走忙忙，不晓嘎个大吃郎；
冇饭分佢食到饱，脚踏石板两头断。

两人食了就起身，店主睇见头吓眩；
一直到来东京府，就去投军当官兵。

万春投军东京廷，睇见大哥雷海清；
海清睇见开口问，问佢我女配哪人。

万春答应雷海清，你女不会配错人；
配分景琪锺公子，新科状元做夫人。

不唱前唐唱后唐，小说歌本各人唱；
做了皇帝都落难，落难连累百姓郎。

皇帝出逃冇奈何，朝廷冇主闹嘈嘈。
文武百官都逃走，金銮宝殿娘娘坐。

金銮殿上出令箭，定国安邦管百姓；
谁人平得番王倒，万里江山分一半。

海清做官实是贤，讲有一女叫天然；
日间花园练武艺，手企大刀三百三。

皇帝圣旨召天然，天然小姐是确贤；
勒封官职带兵马，手企大刀威风展。

天然小姐出令箭，娘今领旨去平番；
大俚都是苦难仔，个个企刀去交战。

天然小姐是英雄，点起兵马闹纷纷；
手企大刀带兵马，不怕征途万里长。

一直来到东京城，天然小姐出阵前；
战书送来相对战，连打三阵冇输赢。

万春饿死到阴间，天然小姐去平番；
佢叔阴魂来助阵，一刀杀死安禄山。

番头割转云见皇，皇帝睇见笑茫茫；
百万番兵尽杀死，一刀杀死番王娘。

平了番邦坐朝廷，皇帝来封雷海清；
文武百官尽封赏，风调雨顺定太平。

皇帝又封雷天然，封佢一品正夫人；
皇帝殿前出圣旨，又封殿前女将军。

皇帝又封何碧秋，何氏小姐封夫人；
叫佢三人着和顺，姐妹和顺情谊深。

又封状元锺景琪，封你吏部做尚书；
文武百官都封尽，定国安邦太平时。

小说歌元字铺铺，人名来多唱不去；
莫笑我郎唱不着，我郎从小冇读书。

歌元唱出句句真，也冇半句来骗人；
歌词一句七个字，歌名叫作金香亭。

2. 小说故事歌

小说故事歌，是借助汉族小说、戏剧、故事的情节，按畲话的表述习惯改编而成。由于小说、故事本身的情节离奇，富有吸引力，加上唱小说故事歌用的是本民族语言，通俗易懂，深受畲民欢迎。但小说故事歌篇幅都比较长，一般都要依据歌本能完整唱上几本的很不容易。乡境内收集到的小说故事歌唱本有：《刘智远》《双剑记》《碧连珠》《古人名》《林宗英告状》《梁山伯与祝英台》《纸马记》《状元游街》《擂台报》等。

上述小说故事歌中，一种是一个篇目中仅概要地叙述若干个故事的某些情节。如鹤山村蓝升荫演唱的《古人名》，以每月的时令特征为开头语，只用四首十六句来表述一个故事的梗概，全歌共概要叙述了杨家将、梁山好汉、孔明用兵、柳毅传书、薛仁贵征东等12个历史故事中的某些情节。例如，其中"二月"这一部分唱的是杨家将的故事：

二月时节是春分，宋朝出了仁宗君；
文官出在包家府，武将出在杨家门。

武将出在杨家姓，肖后造反九龙山；
一直反过九龙寨，九龙山寨排阵行。

肖后反界实是真，国内无将敢去平；
冇个大将战得过，晓的山东穆桂英。

宗宝出阵是先锋，七姐八妹是英雄；
六郎受困青龙阵，宗宝桂英救出翁。

状元游街[1]

正月新年又新岁，主人红包拿出来；
年头唱歌添丁喜，年尾主人大发财。

正月新年又新春，主人红包拿出厅；
年头唱歌添丁喜，年尾唱歌喜双行。

财送喜，喜送财，财喜双双上门来；
年头唱歌添丁喜，年尾主人大发财。

财双喜，喜双生，财喜双双上门行；
年头唱歌添丁喜，年尾主人大买田。

财送喜，喜送财，财喜双双上门来；
地方算你第一户，家当财主千万岁。

---

[1] 凤阳钟显销传唱，蓝准秀整理。

财双喜，喜双行，财喜双双上门行；
地方算你第一户，家当财主千万年。

财送喜，喜送财，财喜双双上门来；
年头唱歌添丁喜，麒麟送子在门背。

财双喜、喜双行，财喜双双上门行；
年头唱歌添丁喜，麒麟送子在门边。

麒麟送子在门背，口含龙珠朗过来；
龙珠不值珍珠宝，珍珠宝贝结头对。

麒麟送子在门边，口含龙珠朗过山；
龙珠不值珍珠宝，珍珠宝贝结同年。

麒麟送子在门背，口含龙珠朗过来；
主人得着龙珠宝，家当财主不会退。

麒麟送子在门边，口含龙珠朗过山；
主人得着龙珠宝，家当财主千万年。

麒麟送子在门背，口含龙珠朗过来；
表妹又对福禄寿，表兄寿元八百岁。

麒麟送子在门边，口含龙珠朗过山；
表妹又对福禄寿，表兄寿元八百年。

麒麟送子在门背，口含龙珠朗过来；
表兄财丁多兴旺，表妹命好出秀才。

正月十五是状元，好言好语讲来全；
主人又添双贵子，再添四代五公孙。

正月十五是元宵，好言好语讲来到；
主人做官未回转，黄蜂冇敢起歌头。

正月十五是状元，好言好语讲来全；
主人做官未回转，黄蜂冇敢起歌元。

行到岭头过个弯，睇见主人去上京；
去时包袱共书笼，转时骑马对金鞍。

行到岭头过条岭，睇见主人去上京；
上京也论功名事，也爱金榜第一名。

行到岭头过个亭，睇见主人求功名；
睇见主人去考举，脚踏莲花步步升。

行到岭头过个桥，睇见主人去上朝；
睇见主人去考举，一举成名天下晓。

行到岭头过弯去，睇见主人去考诗；
睇见主人去考举，一举成名天下知。

行到岭头过个桥，睇见主人去上朝；
求得一官共半职，寮里大小逍活到。

行到岭头过个弯，睇见主人去上京；
求得一官半职着，寮里大小逍活仙。

行到岭头过个亭，上京头名号书生；
去时京城未开考，歇落公馆念诗经。

把笔先生上大人，上京头名王封臣；
进入城内孔一己，学院睇你聪明人。

去时匆匆便到京，学院挂榜选名姓；
又选三千徒弟子，七十二个巧贤名。

学院出来选文章，主人文章会确强；
主人文章会确好，翰林选佢状元郎。

文章选好便转来，皇帝殿上考英才；
皇帝殿上出题目，手企笔仔作诗对。

一题天子逞英豪，二题文章领风骚；
三题万般皆下品，四题唯有读书高。

五朝墨斗转东轮，六斗七合共天春；
小鬼头上官星现，出科就是中状元。

出科就中状元郎，双脚跪落谢君王；
小鬼跟随官星现，又戴金冠去谢恩。

头戴金冠去谢恩，正宫娘娘便倚近；
正宫娘娘槼你讲，又槼状元插金花。

状元中来笑朗朗，双脚跪落谢娘娘；
又拜娘娘正宫姐，状元拜府转回乡。

状元中来笑嗳嗳，双脚跪落谢万岁；
又拜娘娘正宫姐，状元拜府回转来。

状元拜府转回乡，朝内考举闹匆匆；
头戴纱帽坠两耳，身缚玉带两头长。

状元拜府转回家，朝内考举闹曹曹，
头戴纱帽坠两耳，身缚玉带两头拖。

爷来老，子当家，爷哪坐轿子骑马；
来到官堂就落轿，未曾滕酒先滕茶。

爷来老，子做官，爷哪坐轿子坐船；
来到官堂就落轿，未曾滕酒先敬烟。

上祖历代和顺多，子孙历代有官做；
做官本是坐北座，八个鼓手吹喇叭。

八个鼓手吹喇叭，前面一个吹大号；
武官出门三声鼓，文官出门三声锣。

一拉琵，二拖琶，两人叉打七声锣；
威风凛凛真闹热，文武百官尽骑马。

状元要转拜皇帝，双脚跪落膝齐齐；
东门西门都游了，南门游尽北门街。

状元要转拜宰相，文武百官行阵当；
东门西门都游了，南门游了北门上。

状元游街转回门，文武百官尽来送；
文武百官尽随后，三声礼炮四声枪。

状元游街转到寮，三声响枪四声炮；
洋伞彩旗红艳艳，状元游街真热闹。

状元游街回转来，门前旗杆徛双对；
楼栋又雕双龙凤，龙凤双双在门背。

龙凤双双在前门，寮里有金又有银；
主人又添双贵子，再添四代五公孙。

状元游街转回行，洋伞彩旗插两边；
四山八岭人来睇，千古流传闻你名。

状元游街转到寮，门前又打三声炮；
状元游街唱不尽，唱了一段就放掉。

状元游街转回行，兵马随后待满厅；
状元游街唱不尽，千古流传好名声。

状元游街转回乡，文武百官待满堂；
齐家来食状元酒，酒宴哪满喜洋洋。

一更鼓，响叮当，状元脱衫上龙床；
状元脱衫龙床上，三醒四令天大光。

三醒四令天大光，两边又敲鲤鱼梆；
两边又敲龙邦凤，状元忖起好凄惶。

二更鼓，在高楼，好言好语讲来愁；
主人做官未回转，黄蜂不敢起歌头。

黄蜂不敢起歌头，起了歌头奚娘斗；
娘哪唱千郎唱万，重重叠叠起歌头。

三更鼓，在门楼，好言好语讲不完；
新科状元未回转，黄蜂不敢起歌元。

黄蜂不敢起歌元，起了歌元奚娘唱；
娘哪唱千郎唱万，重重叠叠起歌场。

四更鼓，在楼檐，状元游街唱不完；
新科状元年又少，子孙代代千万年。

五更鼓，天大光，身着龙袍出厅堂；
身着龙袍头戴冠，状元游街唱不完。

金宝炉①

一笔落纸字来正，大倻来听新歌名；
仁宗皇帝管天下，又管天下百家姓。

二笔落纸字铺铺，大倻来听新歌句；
歌名叫作姻缘传，书名叫作金宝炉。

三笔落纸字来真，大倻来听新歌情；
荣华富贵都着命，冇苦冇难会出身。

冇苦冇难会出身，唱出一本马家情；
掌在浙江杭州府，万贯财主实是真。

姓马马忠财主仔，攞个布娘林氏身，
马忠哪养一个女，名字叫作马月英。

月英小姐十八岁，聪明伶俐生端才；
千金小姐在室女，爱配郎君结头对。

马忠在朝当宰相，人品面貌生阵当；
忖起人讲由人命，写出大字贴四方。

写起大字贴出去，睇见大字笑咪咪；
正写七字贴壁上，不由天命乃由人。

大字贴在壁板上，睇见大字笑朗朗；
马忠食酒起身走，千金小姐叫梅香。

---

① 录自凤阳蓝梅英传唱，蓝准秀整理。

千金小姐同梅香，睇爷食酒去街中；
两人相叫来游媚，正好来到大厅上。

两人游娚大门行，一直来到大官厅；
一直来到官厅内，小姐对字仔细仰。

睇见大字气冲天，手企笔仔就近前；
仰着壁上七个字，改了大字心正欢。

小姐肚内一想真，由天由命不由人；
手企墨笔改大字，改了大字实是真。

月英回转入橱门，老爷食酒转回堂；
老爷食酒便回转，回转坐落入大厅。

回转坐落厅堂前，睇见大字气震天；
谁人改了老爷字，大胆奴才骂几声。

骂了一阵实是真，叫女出来问原因；
又教奴才走去叫，奴才回转讲分明。

梅香又讲小姐听，又教小姐来厅前；
小姐无奈起身走，轻轻移步出大厅。

老爷开口骂月英，我讲由人你不信；
害人冇奈人就死，救人出身就出身。

小姐开口答言音，我讲由命你不信；
蒙正当初做乞食，命运行到做大人。

老爷听讲开口骂，骂你福禄未晓做；
等我分你去由命，拣个对头第一差。

老爷想起气喷喷，冇敢同我斗英雄，
等我分你去由命，拣个对头第一贫。

老爷气了想得真，又教奴才做媒人；
上冇瓦来下冇地，正好配他嘎种人。

老爷开口讲世情，奴才两人就起身；
去到街中寻定主，问个对头是单身。

奴才来到西湖边，睇见船仔水面行；
去到船边假搭渡，来到面前问情因。

奴才开口问情因，你是何方哪里人；
掌在何方并何府，从头一二讲分明。

奴才又问公子名，又问祖地又问姓；
掌在何方并何府，从头一二讲来听。

从头一二讲分明，问你度亲未度亲；
正经实话同他讲，月英配你结成亲。

王俊开口讲他听，第一艰苦嘎作生；
我今船仔当寮掌，哪作配婚结同年。

奴才回转到大厅，开口讲分老爷听；
两人寻到西湖内，有个单身水面行。

老爷听讲就搭嘴，又教小姐走出来；
分你自己去由命，配分乞食结头对。

小姐忖起苦衷哀，冇奈也着走出来；
娘今哪冇行好运，千古万年不转来。

老爷讲分奴才听，请顶大轿在厅边；
扛来牵去叫贺喜，一直扛到西湖边。

一直扛到西湖边，小姐冇奈出来行；
开口就叫亲夫主，我今同你结同年。

郎今开口答言音，你是官家女千金；
郎是粗糠娘白米，哪作同你结成亲。

王俊一直不允承，央请千金配别人；
我冇寮仔分娘掌，又冇床铺好安身。

奴才总好配分他，王俊一口不应承，
月英想起好凄惨，一心爱投水面去。

奴才开口劝月英，劝你月英着放心；
几多穷人做财主，做了财主好安身。

王俊冇奈就应承，小姐同他结成亲；
两人相叫堂拜好，瓦窑内里去安身。

八月十五日子到，夫妻两人掌瓦窑；
小姐又同丈夫讲，凡人后来会出头。

王俊开口问原因，你是官家女千金；
我郎冇食落难仔，因何同你结成亲。

小姐又讲丈夫听，老爷在朝做宰相；
哪因壁上改了字，今晡同你结同年。

两人想起双泪淋，逍活未晓落难人；
又冇寮仔分娘掌，瓦窑内里难安身。

小姐开口劝男人，劝你丈夫着放心；
船仔放海去攞食，下鱼籴米度光阴。

成亲也有二三天，王俊做事仔细忖，
东西南北去下鱼，一网放着几百斤。

鱼哪下有实是真，缚起寮仔好安身；
缚上寮仔分娘掌，两人掌寮正安心。

鱼哪下有实是真，可比土地来送金；
总是小姐福气好，从来下鱼冇嘎重。

小姐又讲丈夫听，嘎水人情你着行；
我娘今年五十寿，猪脚一个鱼一桁。

王俊来到契娘寮，契娘睇见微微笑；
女婿契娘行大礼，嘎好人情放不掉。

昼哪食了半晡过，女婿就要转回去；
寮里诸事冇人晓，一担重担手上过。

点心食了日又暗，女婿要转急忙忙；
寮里诸事冇人晓，一担重担自个担。

谢了契娘就出门，肩头担担哪嘎重；
行过深弯开来睇，一粒砖头几十斤。

手拿砖头就扔掉，一担担仔担到寮；
小姐睇见丈夫转，睇见丈夫微微笑。

我娘什么拿分你，丈夫开口就应她；
行过半路开来睇，一粒砖头扔掉去。

小姐便讲是金砖， 王俊听讲忖不信；
船仔使去西湖外， 拣粒分你睇分明。

土地神明叫出来， 嘎生宝贝你莫爱；
嘎生宝贝你冇份， 宝贝又是奇文个。

王俊听讲忖不信， 船仔摇摇走回门，
小姐怀胎十月满， 仔儿出世叫奇文。

王俊听讲笑朗朗， 嘎生宝贝他他个；
他仔奇文真名字， 一只船仔驶去载。

船仔驶到南海过， 王俊游婿金家去；
睇见大寮几多落， 员外又讲好卖他。

王俊听讲就允承， 又问员外几多银；
员外亲嘴同他讲， 大寮讲实千三银。

王俊听讲微微笑， 干三纹银手上交，
三落大寮实在好， 安心搬去掌大寮。

三落大寮好吓人， 走到花园内里寻；
总是小姐命运好， 捡着两池马蹄金。

家里银钱实是有， 就送奇文去读书；
三天就读书一本， 十天就读三本书。

新掌大寮逍活仙， 再唱歌元分人听；
一时一刻唱不尽， 歌元一句当十年。

奇文公子十三春， 长在书堂读书文；
长在书堂勤书典， 公子勤奋确聪明。

莫唱奇文在书堂，再唱朝内马宰相；
刘卿是他对头至：夏季宰相去坐监。

刘卿元老是好势，好害马忠来用计；
寮里银钱尽使了，马忠坐监难救他。

莫唱宰相坐落监，再唱奇文去上京；
行过一站又一里，一直来到京都城。

学院出来选文章，奇文文章会确强；
奇文文章会确好，金榜题名状元耶。

状元封分王奇文，走入朝内去谢恩；
十二朝臣尽拜了，不拜刘卿实是真。

刘卿知晓人气翻，心想状元胆大天；
又恨状元冇道理，要害状元害不成。

状元入朝去奏王，想保太公转回乡；
状元奏本功劳大，保出宰相出厅堂。

状元救他出监牢，万岁送他金宝炉；
状元加职官做大，跪落谢恩转回去。

跪落谢恩便起身，又同太公出朝廷；
威风凛凛真闹热，一站一站送大人。

一站一站送到寮，王俊夫妻微微笑；
亲爷落难子救传，两家合来掌一寮。

月英讲分亲爷听，睇你由人哪作生；
你今哪冇由命女，马家香火靠谁传。

月英讲爷歌莫唱，再唱状元起府堂；
皇银进来起大府，造起大府通京城。

造起大府好威风，粘灰走脊白如银；
门前旗杆倚双斗，府内粘出双凤龙。

歌元一本唱完成，大俚来听歌团圆；
王俊家贫做财主，宰相家富变穷人。

有人怀使讲势头，冇见穷人使落漂；
做人未晓是哪样，海水难用斗来量。

莫笑穷人着烂衣，烂衫遮身逍遥时；
黄河也冇澄清日，几多穷人出运时。

宝炉歌元唱团圆，也同做戏一样生；
唱书也爱唱到尽，歌唱团圆戏落坪。

一本歌元唱零清，大俚齐听句句真；
人人本是有苦难，有苦有难会出身。

3. 时政歌

时政歌是畲民对当代社会状态的反映，在歌词中控诉旧社会的黑暗，中华人民共和国成立后畲民表达对新社会共产党的拥护，热爱毛主席、热爱祖国之情。

坏时年①

一笔落纸字来真，小说歌元冇同音；
大俚来听新歌本，嘎本歌元唱分明。

---

① 录自凤阳仓头村传唱歌本，雷朝涨整理。

二笔落纸字来正，大俚来听新歌名；
书名叫作荒年记，歌名叫作坏时年。

三笔落纸字来长，清朝皇帝宣统王；
清朝管落第十帝，宣统皇帝管百姓。

宣统登基二年半，几多事情罕得见；
朝尾皇帝都有令，军阀造反过来争。

军阀造反过来争，皇帝有奈赶出城；
冇好军师排死阵，自愿回转满洲城。

宣统过了民国坐，民国坐天路数多；
军阀造反天下乱，为非打劫事乱作。

为非打劫事乱来，件件重新来收税；
也有贩子买细崽，也有酒税槳猪税。

民国办起新学堂，军阀个个想做王；
又压官民剪辫子，买来战船起盐仓。

民国掌权管四方，几多事情都冇见；
买来飞船飞天上，电灯冇使油来添。

宣统坐天庚申年，大水狂风做现成；
风台打寮又打地，山崩地裂人心慌。

狂风大水乱纷纷，流去几省几多村；
四方八面来议论，去请知县来游村。

知县听讲头吓眩，四方百姓乱纷纷；
有奈做呈上省府，失去田粮几万民。

受灾几省几县城，浙江一省损过半；
六十上岁冇听讲，几多老人未有见。

盘古开天到如今，讲起世情海洋深；
天年冇收嘎个样，尾轮甲子人食人。

庚申过了辛酉年，年景来坏又饥荒；
百姓人人都乱食，大小乱食心不安。

番薯谷米卖尽空，一担番薯五个银；
粗米一斗百八钱，冇法煎汤也着啉①。

各村各户保近邻，上家着保下家人；
喊天喊地人喊抢，哪是抢了大冇边。

番薯谷米行嘎贵，大阵人家打吃亏；
有人有钱买有食，冇人冇钱冇定来。

天下论食大冇边，冇心做事燥心眠；
各村各地买冇米，好得外国番薯片。

外国进来番薯片，大俚睇见头吓眩；
冇奈也着买转煮，煮了清汤来当顿。

仔细忖起好冤深，六十上片一个银；
也好磨粉做丸食，也好滚糊来当顿。

大坏时年也罕逢，几多艰苦作冇粮；
穷人心里忖到尽，田地裙衫拿去当。

---

① 啉：喝。

今下行到嘎朝尾，几多穷人打吃亏；
上顿难落下顿米，几多冇食夹活饥。

几多田地都着当，手头家伙尽卖光；
几多卖男又卖女，卖男卖女卖布娘。

布娘卖掉都在佢，卖掉子女心肝痛；
三顿有食不得落，总是佢奈卖掉去。

时年哪坏打倒人，薯种煮汤嘎好啉；
山上草菜都食尽，几多穷人过不去。

山上草菜摘尽光，一斤薯种七八银；
几多细崽都有食，老人睇着也冤深。

老人听讲也罕逢，几多人家都拆散；
穷人怨天又怨地，嘎样朝尾是冇王。

知县办文上省头，拔落纹银来救饥；
总是地头人做坏，救饥纹银食落去。

穷人忖起好罪过，六月冇奈食番薯；
今晡三顿都有食，明年冇食又在佢。

秋天不热又不冷，百姓作事求丰年；
番薯谷米收仓内，落烊谷米出成半。

满烊谷米多成半，百姓作食正喜欢；
嘎样时年见过了，上元甲子太平年。

三十六条歌造上，贤人来学教人唱；
借问歌元谁人造，佢郎掌在凤阳仓。

佢郎掌在凤阳仓，清闲冇事在书堂；
凑巧过站造不着，贤人再造也团圆。

共产党领导好 ①

东边日头上山红，中国出个毛泽东；
领导穷人打天下，百姓翻身歌来唱。

公元一九四九年，全国解放翻了天；
九州大地解放了，穷苦百姓逍活仙。

解放了，出头天，穷人分田又分山；
勤奋郎仔作有食，作哪有食日子甜。

山客翻身笑盈盈，分田分地分山林；
有田有地作自个，锄头落泥掘会深。

有田冇水是难种，好花冇水也难栽；
穷人哪冇共产党，冇穿冇食难发财。

山客代代苦难当，受尽欺负伤心肝；
自从有了党领导，翻身解放做事忙。

共产党，真英明，路线政策得人心；
民族平等讲团结，山客当家做主人。

民族政策定得真，山客阜老一样亲；
感谢党的好领导，天下太平万年春。

---

① 蓝梅英唱本，蓝准秀整理。

廉政歌①

你来唱歌我也来，开口来唱新歌言；
我们来唱廉政歌，古来清官万古传。

当初包拯是清官，青天美名万古传；
不畏强权担大义，铁面无私天下传。

古有一个包青天，今有公仆孔繁森；
爱民如子好干部，鞠躬尽瘁天可鉴。

清廉廉政一样抓，大公无私为国家；
带头树立好榜样，清廉为官人人夸。

天地之间秤称平，秤砣就是老百姓；
当官不为民做主，不如回家去种田。

为官做事本平常，作风廉政理应当；
是非曲直有公断，要留清白世上扬。

当官千万莫糊涂，自私自利不好过；
一朝失足千古恨，遵纪守法有前途。

大公无私是包拯，爱民如子孔繁森；
浩然正气立天地，光明正大万年青。

心底无私天地长，人间正道是沧桑；
政治文明国安泰，物质文明民富强。

① 李爱芬编唱，蓝准秀整理。

三中全会转乾坤①

三中全会转乾坤，全国出现新局面；
方针政策中央定，条条符合畲民心。

畲乡处处面貌变，农业生产大革新；
多种形式责任制，联产承包来经营。

生产责任分得清，农村形势日日新；
感谢党的好领导，制定政策合民情。

歌唱农业生产责任制②

中央一九八四年，一号文件天下传；
方针政策党决定，百姓拥护真喜欢。

党十二大提出来，中国特色的社会；
农村工作放重点，农业基础离不开。

落实生产责任制，生产力大解放时；
农林牧副大发展，农村繁荣有生气。

推广生产责任制，疏理流通的渠道；
商品生产当大事，农民收入也增加。

完善生产承包制，集体个人都有利；
发展生产讲效益，帮助农民长志气。

农业生产专业化，培养地力粮增加；
承包生产有责任，大俚欢喜笑呵呵。

---

① 凤阳蓝准瓜传唱，蓝准秀整理。
② 同上。

土地承包期延长，时间一十五年上；
政策稳定连续性，百姓积极信心强。

土地国家集体的，不准买卖得钱财；
公家土地谁敢卖，国家集体收转来。

农田水利建设来，不怕旱来不怕灾；
承包合同长管理，技术推广是应该。

发展生产找门路，林牧渔场都亦有；
精神物质两手抓，贡献国家功劳多。

粮食生产不放松，多种经营着用心；
农业结构调整好，农村面貌日日新。

山区发展畜牧业，牛羊猪兔多多养；
靠山用山多收入，农民生活会变样。

培养农村专业户，勤劳致富收入高；
亦有种田万元户，亦有一户十头牛。

农村面貌旧变新，文化工作着认真；
缩小工农的差别，城乡差别也改变。

农村工作的任务，发展经济不讲虚；
不讲空话讲实话，总着为民谋致富。

造出歌句唱人听，一年又比好一年；
农村发展再进步，以后慢慢唱人听。

感谢歌[1]

解放七十零一年，风调雨顺好江山；
中央各级领导好，国泰民安太平年。

盘古流传到如今，罕见今朝真太平；
主席领导真英明，上爱官员下爱民。

各项事业都做上，国家来富民来强；
百姓自由多快乐，田园没购没完粮。

各项行业由人做，百姓自由快乐多；
各人勤力做家富，寮里乃穷做也有。

各级领导爱良民，民族团结一样心；
一方有难八方助，不怕山高海洋深。

一方有难八方到，不怕山高路远遥；
军民团结力量大，不怕天灾在临头。

感谢中国共产党，感谢上级党中央；
感谢各级好领导，人民发展步步上。

温州管落福苍南，苍南市城是有名；
历史流传也长久，新县建来几十年。

新县建来到如今，社会进步人聪明；
科学发展真厉害，苍南变化事是真。

改革开放三十年，苍南发展有名声；
亭兜全国高速路，弯乌快速火车行。

---

① 李爱芬编唱，蓝准秀整理。

操场又办畲歌场，乡下各村有歌唱；
本县领导做得好，各项发展步步强。

感谢全县领导人，造福为民事是真；
会替人民办好事，代代子孙会念情。

畲族人民感谢你，万事如意送给你；
官上加官一帆顺，名声流传万年长。

一帆风顺开泰来，心想事成似花开；
太平盛世合家乐，恭喜齐齐发大财。

4. 劳动歌

劳动歌是畲民以歌唱形式表达对劳动的心理感受，赞美男女共同参加劳动的传统习惯，表达了畲族人民吃苦耐劳的优良品质。

采茶歌①

男：正月采茶是新年，捶锣打鼓闹喧天；
　　山茶苞眼正开芽，郎仔出门头直行。

女：采茶郎仔头直行，正月酒筵摆中厅；
　　留郎来食三杯酒，食了三杯再上山。

男：四月采茶茶叶长，双手采茶篓内放；
　　槐桑树下去歇力，思想去肽娇小娘。

女：采茶四月是播田，槐桑树下来相见；
　　劝郎莫去闲游嫐，谷种落泥水面清。

---

① 李爱芬编唱，蓝准秀整理。

男：七月采茶热难当，垾中耘田五谷青；
　　罗帕手巾擦汗水，笠头来扇小娘凉。

女：采茶七月秋风凉，我郎面前来思量；
　　隔河隔水难相会，风吹荷花也得香。

男：十月采茶夜结霜，落到山头草籽黄；
　　连落三夜清露水，我郎今晡转回乡。

女：采茶十月雪又霜，要送小郎转回乡；
　　记着当初一句话，劝郎长久记心上。

男：十二月过了又一年，一年到晚都无闲；
　　约定新年来相会，青菜白饭结同年。

廿四节气歌①

年哪过了立春到，作田郎君心烦愁；
山林树木都抽芽，下秧泥灰还来烧。

立春过了雨水来，山林树木青苔苔；
百草抽芯满山绿，人哪作田忙不开。

雨水过了惊蛰先，雷公轰轰响连天；
一轮黄云一轮雨，山头垾下都耕田。

惊蛰过了是春分，满样油菜绿葱葱；
一夜时间长半刻，夜里开花香喷喷。

春分过了清明来，田要犁来园要开；
莫去游娚满硐走，荒了田园过人嘴。

---

① 录自凤阳蓝梅英歌本，蓝准秀整理

清明过去谷雨上，谷种落田秧抽上；
勤奋少郎秧会大，懒汉秧苗确难长。

谷雨过了立夏天，男女大小都有闲；
四月正是农忙月，莫荒田来莫荒山。

立夏过了小满时，田头田尾剥清气；
园坎田塍着削好，田里禾苗青枝枝。

小满过了是芒种，芒种前后忙匆匆；
自样种籽种落地，冬天收转叠满仓。

芒种过了是夏至，夏至播田是过时；
田哪播早禾就大，播晚有米食谷皮。

夏至过了小暑到，垟中禾苗绿油油；
评水淋漓肥下落，耙掌薅草百草浮。

小暑过了大暑轮，清水荫禾值千银；
六月日头红艳艳，禾哪晒了饿饭顿。

大暑过了立秋到，坵坵田头着行到：
拔草除虫禾会大，冬来粮多不用愁。

立秋一转处暑顺，老老嫩嫩铲田塍；
田塍铲光有老鼠，颗颗禾穗长又重。

处暑过了白露汤，一轮落水一轮凉：
哪是天情事作紧，紧紧收成晒上仓。

白露过了转秋分，日夜平分定乾坤；
禾谷晒燥装仓内，食哪不了粜出村。

秋分过了寒露上，天时变凉又落霜：
山上番薯早掘转，有好天时薯烂光。

寒露一过是霜降，田园粮食尽收光；
青草霜冻尽燥了，禾秆相转牛过冬。

霜降过了是立冬，糯米做酒香喷喷：
人客落寮温酒食，着留一缸等作春。

立冬过了小雪到，雪花飘飘罩山头；
富人绸缎穿不了，穷人有穿冷又愁。

小雪过去大雪寒，北风厉厉吹人冷：
财主人家寮里掌，穷人有衫冻成团。

大雪时在冬至前，牛仔受冻心不甘；
割草落栏分牛垫，养好明年好犁田。

冬至过了是小寒，床里被薄盖不暖：
不怨爷来不怨孃，着怨床内两婆懒。

小寒过了大寒冷，大俚打算过新年；
有钱人家货办转，懒惰人家英怨天。

5. 情　歌

情歌是畲民男女青年在室外游娒娱乐活动，以歌代言表达自己喜悦的心情，使对方能激发内心情感的民间歌谣，他能反映出畲族男女青年的爱情之间纯朴、真诚。

结姻缘 ①

一结姻缘结花开，结在郎心笑微微；
姻缘本是天注定，仙伯来结祝英台。

二结姻缘结花黄，结在郎心笑茫茫；
姻缘本是天注定，姜女来结万里郎。

三结姻缘结花芯，结在郎心笑盈盈；
姻缘本是天注定，仙姑戏弄吕洞兵。

四结姻缘结花红，结在郎心笑茫茫；
姻缘本是天注定，文殊戏弄华山娘。

五结姻缘结花枝，结在郎心笑咪咪；
姻缘本是天注定，天然来结钟锦旗。

六结姻缘结朵花，结在郎心笑哈哈；
姻缘本是天注定，丁山来结含莉花。

七结姻缘结花芯，结在郎心笑盈盈；
姻缘本是天注定，金銮来结李秀英。

八结姻缘结花朵，结在郎心笑呵呵；
姻缘本是天注定，唐寅卖身点秋香。

九结姻缘结花松，结在郎心好威风；
姻缘本是天注定，凤春来结宋合同。

十结姻缘结全光，结在郎心闷闷香；
姻缘本是天注定，少娘来结有缘郎。

---

① 蓝梅英唱本，蓝准秀整理。

做客歌①

今晡做客郎硐行，高高山头云雾环；
心忖等你云雾水，南风吹来天又晴。

今晡做客郎硐过，高高山头罩云雾；
心忖等你云雾水，南风吹来又退去。

仰下矮，仰下高，仰定上云又打暴；
仰定霉天会作浪，仰来仰去忖到冇。

仰下西，仰下东，仰定上云又刮风；
仰定霉天会作浪，仰来仰去忖到空。

今晡做客郎硐前，心忖六月做霉天；
雷公隆隆又冇水，云头企企风打晴。

今晡做客郎硐来，心忖六月会做霉；
雷公隆隆又冇水，云头企企风打开。

黄云载水在山头，满了平垟百花苗；
黄云载水西山落，总是娘村水冇到。

黄云载水在高山，满了平垟百花青；
黄云载水西山落，总是娘村水冇行。

高山出水流下来，坑边出水人作坝；
高山出水不落井，娘好作田冇水来。

高山出水流下坑，坑边出水人作田；
高山出水不落井，娘好作田冇水仰。

---

① 凤阳蓝梅英传唱，蓝准秀整理。

作田哪荫一条坝，哪荫你郎百花栽；
哪荫你郎嫩花纽，路头嘎远正好来。

路头来远岭来崎，三埔路头来睇你；
饭钱带分身边走，肩头包袱背溜皮。

路头来远岭来长，三埔路头来睇郎；
饭钱带分身边走，肩头包袱背到融。

特地走你郎硐来，来睇你郎白花栽；
娘心哪忖拗纽娚，句句又讲有人个。

今晡走你郎硐行，来睇你郎白花青；
娘心哪忖拗纽娚，句句又讲有人仰。

哪因郎情冇注意，转去树下待三待；
害娘脚酸行空路，害郎手酸卡衫襟。

哪因郎情分不来，转去树下待三回；
害娘脚酸行空路，害郎手酸卡衫带。

待客歌①

听人讲哩娘好来，我郎回转去买菜；
又买香菇槃木耳，白银用去七八块。

菜哪买了转回乡，转去窭里等贤娘，
娘哪做客到郎硐，银瓶装酒郁郁香。

凳摆上来桌来搡，一瓶老酒放桌头；
八个酒盏放桌上，大桌搡搡桌又摇。

---

① 钟显销传唱，蓝准秀整理。

操来正哩桌摊横，八个酒盏摆桌边；
大桌操操还来载，柯泥摸摸地有平。

桌上摆起好酒菜，就叫贤娘过来坐；
寮里大细齐欢喜，爷孃问我煮几多。

菜哪煮好实阵当，人客先坐叫贤娘；
你娘做客坐上位，我郎主人坐下行。

我郎主人坐下行，银瓶装酒飘飘香；
开了一缸陈老酒，滕落瓯底馥馥香。

滕落在底馥馥香，人做红酒着酒娘；
前时又讲有酒味，今晡开了酒嘎香。

杀了鸡，抽了肠，利刀割笋等贤娘；
开了一缸陈老酒，等娘冇来菜也凉。

杀了鸡，斩了头，利刀割笋等娘到；
开了一缸陈老酒，等娘冇来菜臭酸。

6. 生活风俗歌

畲民"大分散""小集中"的居住特点，使很多风俗习惯已经与汉族趋同，但某些方面仍然保持着自己独特的风俗。风俗歌是一些仪式进行过程中所要唱的畲歌。

闹新房 [①]

一十上岁少年人，十八上岁讲定亲；
就叫媒人来讲话，讲了嫁妆讲聘金。

---

① 蓝梅英唱本，蓝准秀整理。

聘金讲了就会成，媒人又讲写生庚；
生庚和合拣日子，拣个日子是冬天。

日子哪到就好攞，裙橱屉桌也有做；
又做脚盘连水桶，蚊帐棉被做几多。

十件八件做齐全，熏鸡腊鸭办酒筵；
娘家来办嫁女酒，又请娘舅请媒人。

新做大轿分人扛，上好花轿扛新娘，
扛哪到寮齐欢喜，一班弟兄放大炮。

大炮放好是阵当，糖茶端来新娘尝；
主家攞亲真闹热，大大小小睇新娘。

新娘牵来上厅堂，夫妻双双来拜堂；
一拜天来二拜地，三拜祖宗拜爷孃。

堂哪拜好牵过间，就请孃舅坐大边；
又请媒人坐大位，正檄联对孃舅名。

亲戚食酒坐厅堂，橱内结彩皓唰唰；
橱内结彩红艳艳，蜡烛点起照新娘。

麒麟送子在门边，嘴含龙珠朗过来；
龙珠不值珍珠宝，珍珠宝贝结百年。

麒麟送子在门背，嘴合龙珠影过来；
龙珠不值珍珠宝，珍珠宝贝结百岁。

新娘橱门两边开，今晡新娘攞过来；
又做嫁妆好多件，又打酒瓶䦹烛台。

新娘生得好文才，　新穿长裙到脚背；
头上又扎盘龙髻，　银打八仙挂落来。

脚踏新房新橱门，　新娘橱内有老人；
哪有老人着走出，　今我年轻闹新房。

新娘攞来全身新，　橱内嫁妆照新人；
壁上又挂红灯笼，　有福兄弟来添丁。

脚踏橱门两边开，　一班兄弟入橱来；
兄弟一班来贺喜，　左手添丁右添财。

蜡烛点起照新娘，　一班兄弟闹新房；
令晡闹房真闹热，　桌上食酒讲猜拳。

要食瓜籽答诗句，　诗句答好去翻床；
一翻龙床生贵子，　二翻黄金满地铺。

左手添丁右添财，　今晡添喜喜就来；
新娘暗晡哪养仔，　夫妻欢喜笑唉唉。

一对蜡烛红又长，　照着橱内好新娘；
照着新娘像公主，　公主肚内好文章。

新郎新娘新祠房，　橱内结彩皓唨唨；
橱内结彩红艳艳，　灯笼点火照新娘。

眠床四角被四方．　新做眠床新蚊帐；
蚊帐罩在眠床上．　床内黄金千万两。

新蓆新被红咚咚，　又揽外甥来翻床；
翻来大边生男子，　翻去细边龙凤胎。

新娘身上穿新裙，四角花鞋冇出边；
头上又戴盘龙髻，绣花衫裤象天仙。

脚踏裥门两边开，今晡新娘攞过来；
暗晡来食闹房酒，子子孙孙传落来。

劝郎歌[1]

一劝郎来勤种田，种田道路到天边；
种田郎君吃白饭，懒惰郎仔荡街沿。

二劝郎来勤种田，早出晚转莫等闲；
种得田园样样有，土面好求人面难。

三劝郎来你着听，牛是帮人好头牲；
牛牯耕田多吃力，像人担担同艰难。

四劝郎来莫贪嬉，莫到街坊学走棋；
手拿棋子好过日，荒了田园有定来。

五劝郎来莫逞强，别人相打莫多言；
强风吹你寮檐瓦，大水打你出头橼。

六劝郎来莫过寮，莫坐厅头笑哈哈；
衫裤坏了有人补，别人笑你着袈裟。

七劝郎来要敬兄，阿哥买田你莫争；
阿哥买田你有份，过州过府好名声。

八劝郎来劝八条，丝瓜豇豆只一朝，
开花结籽有人采，干枝落叶冇人瞧。

---

[1] 凤阳钟显烧传唱，蓝准秀整理。

九劝郎来劝九声，莫模田螺用锅蒸；
田螺养仔三分命，鳌人养仔同一般。

十劝郎来交好友，莫合浪荡打赌鬼；
酒肉兄弟少来往，落难相帮真朋友。

送郎歌①

鳌郎娚歌天朗光，手拿梳子来梳妆；
手上又拿骨梳子，鳌郎分散好凄惶。

鳌郎娚歌五更头，手拿梳子来梳头；
手上又拿骨梳子，冇心梳头哪是哭。

鳌郎娚歌天朗光，潭底鲤鱼脱金黄；
郎哪骑马娘坐轿，送龙归井凤归帮。

鳌郎娚歌天蒙蒙，潭底鲤鱼脱金牙；
郎哪骑马娘坐轿，送龙归井凤归家。

送郎转，出栅门，衫襟遮眼泪纷纷；
手子衫襟擦眼泪，衫襟擦湿两三层。

送郎转，出灶炉，脚踏火管两边复；
爷嬢问娘因何事，金猫捕鼠楼上过。

送郎转，出灶前，脚踏火管变两爿；
爷嬢问娘因何事，金猫捕鼠楼上行。

送郎转，出厅来，谢天谢地谢门背；
厅头祖公也安位，寿字吉匾挂下来。

---

① 凤阳蓝梅英传唱，蓝准秀整理。

送郎转，出门边，开口袈郎讨盘缠；
要去郎寮路头远，饿死路边大有边。

送郎转，出门背，手企伞仔慢慢开；
正月闲工过来娚，清明过了不会来。

送郎转，出石街，脚踏石板两头斜；
石板铺路千年在，合似主家官做快。

送郎转，出门楼，脚踏石板两头翘；
石板铺路千年在，合似主家官做到。

送郎转，过条桥，桥下坑水白渺渺；
我娘爱吃桥下水，脚长手短吃不到。

送郎转，过条河，一直送到你郎家；
吃落几多眼泪饭，几多眼泪夹饭扒。

送神歌①

雷公法旨发落来，福如东海南山坝；
凶神恶煞郎送了，主人寮里大发财。

雷公法旨发来到，福如东海南山腰；
食到六村共五堡，等得功显必武漂。

你做灶神在灶前，你做土地在后边；
主人寮里交你管，一年四季保平安。

袈郎娚歌天朗光，送神送佛转回乡；
主人安到神堂上，外头佛仔送回乡。

---

① 录自凤阳钟显烧唱本，蓝准秀整理。

　　槃郎娚歌到五更，送神送佛到外边；
　　年头唱歌添丁喜，年尾唱歌发财添。

　　槃郎娚歌五更头，送神送佛转回头；
　　诸神百煞都送了，主人寮内发财到。

　　槃郎娚歌五更长，送神送佛到外堂；
　　有宫归转大宫庙，冇宫冇庙归石岩。

　　官爷骑马在天前，寮前寮后环三环；
　　厅前厅后尽查了，主人寮里保平安。

　　官爷骑马在天庭，寮前寮后寻三寻；
　　厅前厅后尽查了，主人寮里保太平。

　　神哪送好不再唱，大细男女转回乡；
　　主人寮里唱夜歌，子孙代代状元郎。

　　神哪送好是陈当，大细男女保安康；
　　一年四季好赚钱，万金财主顶到天。

7. 教育儿歌

　　传唱畲歌也是畲族家庭对儿童教育的重要方式之一，有着很重要的地位与作用。畲歌不仅量多而涉及面也很广，就教育歌而言，有启蒙歌、儿歌、畲家幸福歌、畲族童谣等。内容充满儿童生活情趣，是对儿童进行启蒙教育的民歌谣。从孩儿学话开始，父母就会用畲族儿歌作为摇篮曲，到四五岁时教小孩学唱。

启蒙歌[1]

　　细崽细细崽细，细崽穿裙拖到泥；
　　十指排来何长短，山林树木合计高低。

---

[1] 李爱芬编唱，蓝准秀整理。

细崽细细崽细，细崽细细会扒泥；
鸡崽细细会批食，鲤鱼细细钻塘泥。

细崽细细崽细，细崽做人会古怪；
擎把锄头饭箸大，句句哪讲作世界。

细崽还细崽还，棕桐骨柴来当犁；
鸡公吊来当牛牯，犁来犁去冇见泥。

教你教教你教，一连教你两三条；
一连教你两三条，学奈唔去分人笑。

鸡崽细细会食糠，鲤鱼细细会游塘；
黄蜂细细嗷人痛，人崽细细读文章。

鸡公上岭尾拖拖，鸭崽落田食草禾；
大人讲自没钱使，细崽讲自钱何多。

田螺养崽水缺头，鲤鱼养崽满塘漂；
和尚带崽背锣鼓，穷人养崽戴笠头。

日头落山吞里黄，牛娘带崽走岭上；
牛娘四奶单个崽，鸡母没奶崽成行。

鸡母生蛋咕嗒响，鸡公跳跳过来仰，
鸡公又讲是其卵，鸡母又讲是其生。

一条歌崽生毛毛，分你学去我又没；
夜里困去唔得忔，眼头醒来满床扫。

细崽细细会当阵，树崽细细会成林；
衫子何长又何短，水塘何浅又何深。

踏下东踏下西，踏着石沽滚过界；
寮茄过坑唔过水，老蟹过坑唔带泥。

黄鸟崽尖尾咀，我寮晒谷你就来；
你好食我陈缸酒，我寮酒米还没炊。

好吃橄榄两头尖，好食甘蔗当央甜；
好食杨梅双合子，桔子黄皮心里甜。

旧年过了新年来，桃花开了李花开；
燕子衔泥来做窝，双双飞去又飞来。

细崽细细崽细，细崽食饭慢慢挨；
细细养你食透大，大来就想你成才。

儿 歌

水连云来云连天，山哈歌言几千年；
歌言唱起迎人客，山哈生活比蜜甜。

歌言本是祖上传，山哈歌言传子孙；
歌是山哈传家宝，山哈歌言唱万年。

鸡公上岭尾拖拖，鸭子落田食草禾；
大人思量没钱使，细崽思量钱使多。

踏下东，踏下西，踏着石鼓滚过界；
寮茄过坑唔过水，老蟹过坑唔带泥。

黄鸟崽尖尾咀，我寮晒谷你就来；
你好食我陈缸酒，我寮酒米还没炊。

好食橄榄两头尖，好食甘蔗当央甜；
好食杨梅双合子，桔子黄皮内里甜。

旧年过了新年来，桃花开了李花开；
燕子衔泥窝来做，双双飞去又飞来。

书要读田要耕，笔头落水做先生；
书哪不读也没字，田哪不耕草生青。

书要读田要耕，莫学懒人满村逛；
田园做饭养爹娘，字哪读多有官名。

歌是山哈小文章，齐人都要学点唱；
大人来唱细崽学，流传世上久长长。

畲家幸福娃

我是幸福山哈娃，我爱唱那山哈歌；
唱红山上石榴花，唱出山水叮咚响。

我是幸福山哈娃，我爱唱那山哈歌；
唱绿青山树排排，唱出歌声像银铃。

山哈娃山哈娃，我是幸福山哈娃；
生活在党阳光下，幸福健康似朵花。

畲族童谣[1]

好笑真好笑，　　我今寮里养金猫；
好猫养来捕老鼠，坏猫养来罐打掉。

---

[1] 李爱芬编唱，蓝准秀整理。

罐打掉，钵打掉，罐罐斗斗尽打掉；
好猫养来捕老鼠，坏猫养来罐打掉。

罐打掉，钵打掉，罐罐斗斗尽打掉；
哈哈……

鸡公上岭尾拖拖，鸭子落田吃草禾；
大人过年没钱仔，细崽过年钱仔多。

兔子上山吃嫩菜，塘底鲤鱼住石磊；
在母家堂没学歌，怎么叫我唱得来。

兔子上山吃嫩茅，塘底鲤鱼住石寮；
在母家堂没学歌，怎么叫我唱一条。

8. 杂　歌

杂歌（畲话称散条流）大多随编随唱，可举天文地理、自然万象、人间冷暖入歌而不受任何限制，实在难以对其内容进行准确分类。大多是两人对唱，反映畲民生活的畲歌。如在境内为流行的《喝茶歌》《人情结在碗中央》等。

十二月古人名[①]

正月新年又新上，花龙公子上考场；
山上喽啰落山抢，捉转山寨见大王。

花龙公子生阵当，大王睇见借问郎；
前年神仙来托梦，花龙是他亲夫郎。

二月时节是春分，清朝皇帝嘉庆君；
哪因水龙奏一本，斩了忠臣是李清。

---

① 凤阳钟显销传唱，王守长记录，蓝准秀整理。

斩了忠臣又是差，又点兵马抄李家；
李家鸡狗斩尽了，逃出春龙两姐妹。

三月时节清明前，当初有义来烧炭；
有义又养一个女，名字就叫丁三娘。

三娘漂纱在坑塘，王伦睇见心肝狂；
三娘面貌生得好，抢转去凑十三厉。

四月立夏日又长，当初马家忏着娘；
忏着英台祝小姐，打起红轿过来扛。

打起红轿过来扛，轿夫人马走忙忙；
扛到南山就落轿，会着山伯状元郎。

五月时节是芒种，当初文瑞寮里穷；
寮里爷娘养不落，写出诗对卖客人。

文瑞生好实停当，仙女碰着眼睇见；
百件宝贝来赠他，爱同文瑞结同年。

六月时节大暑前，沉香救娘在路边；
碰着一个铁拐李，铁拐带他上西天。

去到天上开洞门，骂他娘舅二郎神；
沉香七岁冇见娘，睇见他娘泪淋淋。

七月正是立秋前，刘海斫柴在深山；
狐狸来变文小姐，爱收刘海一个人。

刘海斫柴在高峰，石精同他讲双同；
狐狸修行千八载，哪有仙丹你着吞。

八月时节是秋分，燕林买到玉堂春；
皮氏伤心不甘顾，煮碗面条作点心。

砒霜下在碗当中，燕林游嬉转回乡；
一碗点心食未了，七孔流血命归亡。

九月日短夜又深，当初宗英告状人；
哪因田粮嘎件事，娘女俩人好冤深。

宗英告状实是真，杨府圣王显威灵；
宗英字状不会读，骑在肩头教宗英。

十月正是人收冬，石义本是打猎君；
石义上山来打猎，睇见一个云蛇精。

睇见一个云蛇精，摄走娇娘一个人；
石义睇见就去打，一箭射死云蛇精。

十一月时节冬至前，道光寻爷天下环；
假做先生来算命，来到处州王三店。

又同春龙共饭店，同桌食饭讲他听；
借问春龙哪里掌，我郎也在处州城。

十二月时节大寒去，张雨斫柴山林过；
张雨斫柴在山上，得着宝贝共天书。

得着宝贝天书文，开掉来睇会摄魂；
先摄金花文小姐，夜夜摄来结姻缘。

喝茶歌

要喝茶哩茶未烧，水在龙井挑未到；
茶叶深山未去采，碗在江西未开窑。

茶叶青，茶叶长，放在瓯底转吟唧；
表兄喝茶看瓯底，姻缘结在瓯中央。

茶叶青，茶越软，茶叶与水怪有缘；
未见茶叶怪好喝，东海捞干做茶园。

茶叶老，茶叶尖，茶叶水阴阴甜；
未见茶叶怪好喝，东海围掉做茶园。

白碗里，白茫茫，白碗泡茶喝清凉；
泡碗清茶分客喝，人情结在碗中央。

谜语歌

青青石板平又平，只能看来不能行；
谁人高来摸不着，千年万年草不生。

（谜底：天）

山上元宝有一对，好似鸳鸯双双对；
隔了山头不见面，停在山上飞不开。

（谜底：耳朵）

不穿衫儿全身毛，生有四只手掌耙；
站着好似像人样，卧着走路象狗爬。

（谜底：猴子）

眼睛红红的衣裳，尾巴短短耳朵长；
身上生的嫩毛儿，秀才飞笔写文章。

（谜底：兔）

身在地上身穿青，开花如同结黄金；
结子好像中秋月，月里又有满天星。

（谜底：向日葵）

生得白白又光光，滚滚圆圆又胖胖；
若未煮熟沉锅底，那是煮熟就浮上。

（谜底：汤圆）

对　歌[①]

唱：唱歌问你歌先生，什么肚内四角圆？
　　什么肚内八卦字？什么肚内弦线牵？

答：唱歌问我歌先生，桶盘肚内四角圆；
　　罗庚内里入卦字，墨斗内里弦线牵。

唱：唱歌问你歌灵通，什么出世艳艳红？
　　什么出世红搅绿？什么出世火搅风？

答：唱歌问我歌灵通，日头出世艳艳红；
　　蛟龙出世红搅绿，打铁师傅火搅风。

唱：唱歌问你唱歌哥，什么出世塘里坐？
　　什么有头又无爪？什么无头爪又多？

答：唱歌问我唱歌哥，坑蛙出世塘里坐；
　　鲤鱼有头又无爪，老蟹无头爪又多。

唱：唱歌问你歌新秀，什么无骨田里勾？
　　什么无骨街中卖？什么无骨山里游？

---

① 凤阳兰梅英传唱本，蓝准秀整理。

　答：唱歌问我歌新秀，蚂蜞无骨田里勾；
　　　豆腐无骨街中卖，云雾无骨山里游。

唱：唱歌问你唱歌人，什么出世傻眩眩？
　　什么画壁单个眼？什么挑担单个肩？

　答：唱歌问我唱歌人，兔子出世傻眩眩；
　　　鲤鱼画壁单个眼，牛牯挑担单个肩。

唱：唱歌问你歌灵通，什么肚里一点红？
　　什么开花不结子，什么结子是成双？

　答：唱歌问我歌灵通，鸡蛋肚内一点红；
　　　杨梅开花不结子宛豆结子是成双。

唱：唱歌问你唱歌郎，什么有柱又无梁？
　　什么有梁又无柱？什么肚大又无墙？

　答：唱歌问我唱歌郎，船子有柱又无梁；
　　　桶盖有梁又无柱，船肚那大又无墙。

唱：唱歌问你唱歌娘，什么肚内四条肠？
　　什么无骨爬上树？什么无骨水面上？

　答：唱歌问我唱歌娘，草鞋肚内四条肠；
　　　蜗牛无骨爬上树，蚂蜞无骨水面上。

（二）畲歌传承

1. 畲族歌手蓝梅英

《中国民间文学集成·浙江省温州市·苍南县卷》一书的扉页上影印几幅畲族歌手蓝梅英的照片，令人喜欢寻根问底。

蓝梅英少年时，跟随邻舍乡亲伯叔婶嫂上山放羊牧牛、砍柴采猪草，在劳动间，他〈她〉们就会教唱山歌，传承对歌，从小埋下唱畲歌的根源。

征得父母同意后，利用晚上歇工时间，叫拢邻里兄弟姐妹，由其祖父蓝朝通来教，口授口学。当时第一首是从《何文秀》开始的。后来大家不间

图 3-6-2-1 蓝梅英（中）和她的学生（蓝准秀　摄　2013年）

断地集中吊嗓练歌，学习《林宗英告御状》《金珠记》《七星纸马记》《割肝记》《桃花记》《钟锦奇》《罗帕记织罗记》《山伯英台》《请帖歌》《接郎歌》《送神歌》《送郎歌》《庆请八仙歌》《十二时辰歌》《十二生肖歌》《五更等郎歌》《十把白扇歌》《十个香袋歌》《善人》《十朵白花歌》《芙蓉花歌》《汗巾歌》《种田歌》《状元游街歌》《点心歌》《擂台报》等。还有"十二月古人名歌"，如"正月初一是新年，唐朝皇帝武则天，真命天子名李旦，连续造反十八年"等十来首。还有自编几十首，如：《结姻缘》《带子歌》《哭嫁歌》《采茶》《种花》《敬酒》《倒茶》《欢迎》《欢送》等。还有随时随地即兴而成的山歌。男、女对唱山歌不计其数。

蓝梅英十四岁开始与别人对唱，开台只觉得很有趣后一发迷恋，一旦发现有外地的男青年经过，就喊来姐妹几人追去与他对唱。十六岁参加本地畜牧场养兔、养猪，劳动间歇之际与人对唱。十七岁那年的"二月二"，就被邀请到福建双华与别人对唱，十八岁冬天她嫁到凤阳顶堡村，"三月三"又被邀请到福鼎一带对唱畲族民歌。每逢畲民开展文化活动时，总要到场参加演唱，如：福鼎县双华文化馆、老虎贡、广家山、前歧镇、店头填、番溪镇、北烊、北斗垟、牙城等十几个地方。后来又结伴二三姐妹到霞浦、福安等地清唱对歌，得到当地群众的好评。

近年来，民间歌谱、山歌、畲歌对唱得到上级文化部门的重视，并提倡挖掘、整理、传承，使畲族文化得到了有效的保护和发展。在"苍南县十大民间艺术家呈报表"中呈报：蓝梅英，女，1950.10出生，畲族，初小，政治清白。

1969—2006年，兼任苍南县凤阳畲族乡业余歌手。

1980年，参加浙江省畲族文艺交流会和温州地区畲族文艺交流会。

1982年3月，参加首届《苍南之春》音乐会，获得演出奖。

1987年3月，《中国民间故事集成·浙江省温州市·苍南县卷》"蓝梅英小传"，扉页用蓝梅英唱山歌以及传教山歌照片，收录刊载了多首畲族情歌，在漫长的历史长河中，为畲族留下美好的铭记。

1989年10月，参加中共矾山区委举办的"国庆四十周年民歌大奖赛，获"一等奖"。

1992年10月，与钟显烧赴景宁参加三月三畲歌对唱。

1997年10月，浙江省音乐理论家们前来畲乡采访。席间唱起了《敬酒歌》，深得大师们的好评，该歌还在《温州人》《红蜻蜓杯》月刊上进行发表。

1999年12月，自编自唱的畲族山歌《种棉歌》《隔山有情》被选入《浙江省少数民族志》。

2002年3月，为大型"少儿电影连续剧"《山的那边是大海》演唱畲族民歌，并饰演剧中人"钟嫂"。荣获中央电视台、中共苍南县宣传部、杭州海空影视公司《山的那边是大海》剧组等4个单位联合颁发的"荣誉证书"。

2003年，获温州日报证书1份——"鉴于你酷爱读书学习和出色的社会文化工作成绩特嘉奖"。

2005年6月，省民委主任钟小毛来我县参观考察，蓝梅英参加赤溪镇流歧岙小康示范村欢迎歌会。

2006年9月，参加苍南县首届少数民族传统体育文化节闭幕式晚会演唱。

2007年10月，被苍南县文化广电新闻出版局定为"文化示范户"。

2007年7月，参加温州市首届农民文化艺术节，获"苍南县十大民间艺术家称号"。

2009年4月，《倒茶歌》获得"第二届中国畲族民歌节"决赛金奖；

2009年10月，在浙江省首届江浙民歌演唱大赛上演唱的《斟茶歌》被浙江

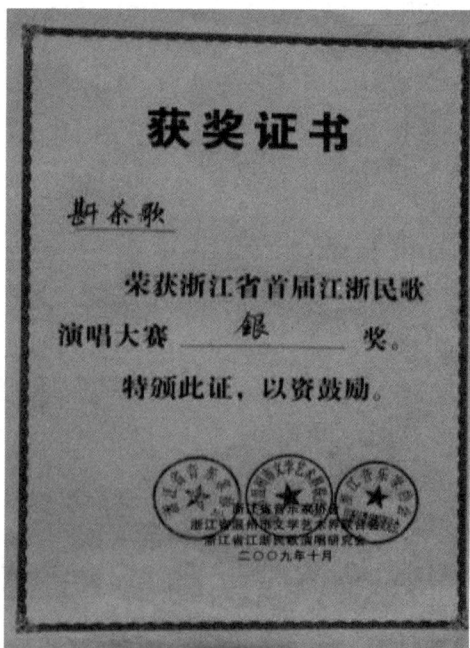

图 3-6-2-2 获奖证书（蓝准秀 摄 2015年）

省音乐家协会、浙江省温州市文学艺术界联合会、浙江音乐家协会江浙民歌演唱研究会评为银奖。

在苍南县首届少数民族传统体育文化节编纂册中，《焦距百姓·温州人·红蜻蜓杯·温州人10月号》刊登了其照片和演唱诗歌，蓝氏梅英设计《畲乡婚俗》入汇编，得到好评。

教育部国语推行委员会、台湾语言与语文教育研究所教授董忠司博士前来采访，主要收集畲族民歌艺术和畲歌等内容。同时，《温州晚报》《商报》《都市报》《苍南时报》也刊登过蓝梅英的诗歌和照片。

图3-6-2-3 蓝梅英率歌手参加青街演唱会（蓝准秀 摄 2013年）

图3-6-2-4 歌手蓝梅英在凤阳大宫举行采茶制茶演唱培训
（蓝准秀 摄 2014年）

在畲歌演出比赛的活动中，不管大型中型小型都参加，意在投入、参与、宣扬，前后获得一、二、三等奖，优秀奖，演出奖，正如原苍南县委书记周方权题词一样："收集口头文学财富，发扬优秀文化传统"，"东海后浪推前浪，文化新人继后人"。

2.畲歌培训

为了避免畲族民歌这一块宝失去传承，在新形势下就应注重整理、传授，代代相传，发扬光大。为此，在苍南县文化等部门和当地政府的支持扶持下，蓝梅英组成了一个"培训

图3-6-2-5 凤阳乡青年畲歌手在农家乐庭前接受县记者采访。
（蓝准秀 摄 2014年）

班"，因陋就简，无活动场所，就在自家或公共活动场地，招来十几位少年儿童，定时集中传授，由浅到深，再到即兴自编，音调遵循原生态，继承发展。一般畲歌有5种腔调，逐个心传口授。2004年秋，正式在凤阳畲族乡创办第一期"凤阳畲族诗歌文化班"，学员十几人，无偿培训，即兴教学。通过培训不少人都会互教互学，形成了一种新鲜而又传统的唱山歌爱生活的风气。2004年至2015年共培训4期，学员近30人。这样的培训班今后还要坚持下去，并打算要建一个活动室，傍山倚溪，歌乐畲家，培养人才，后继有人，促使畲族山歌这朵鲜艳的花蕾在畲山深岙越开越美。

二、神话传说

凤阳宫洪氏兄妹成佛的传说

清乾隆三十年（1765年）间，相传半垟泗州安根竹埯有一户洪氏人家三兄一妹。兄弟们以农为耕，勤奋节俭。长期去江南帮工劳务挣钱，每日歇工，兄弟们还将稻谷抵作工钱挑回家。乡村邻里视其兄弟长期如此绝非凡辈，其兄妹一家生活也过得幸福安乐。

令妹洪氏长大成人，择日婚嫁南宋，完婚这天她坐轿途径凤垟蛤蟆宫门前时，突然间一阵冷风吹过，坐在轿内的洪氏新娘突然失去知觉、人事不省，瞬间一命归天。

洪氏兄弟惊悉胞妹噩耗悲痛欲绝，到底是何原因不得而知。随即组织人员持刀提棒赶到现场，经一番搜查在蛤蟆宫佛像金身后面找到洪氏绣花鞋一双。洪氏三兄弟痛失胞妹，痛不欲生，后三兄弟也在宫内自尽化身，羽化成佛。相传兄妹在凤阳宫内成佛，钦奉为"洪一、洪二、洪三相公和洪氏姑娘"，神话故事就流传至今。

龟墩宫蓝府侯王的传说

清康熙年间凤阳顶堡坎下厝居有蓝、雷两姓畲族群众数十户，传闻蓝氏祖宗是个长年放养母鸭为生的老农。坎下厝毗邻龟墩较近，龟墩山周围有片田名叫三十亩，大片荒芜的水草地和部分水田，因为这些水田长年赤土泥水浑浊为患，农户们无法播种水稻和其他农作物。蓝氏老农经常赶着鸭群到龟墩山周围的三十亩赤土泥水浑浊和荒芜的田里滤食。光阴荏苒蓝氏老农每到此处"看鸭"，看到此处土地荒芜，水草丛生非常惋惜和伤感，于是蓝氏老农登上龟山，双臂合掌跪地对苍天发誓，"我如能成佛，定要断绝此处赤土水的来源，保佑五谷丰登、岁岁平安"。不久后他去世了，龟墩的水田、荒芜水草地赤土水真的没了。翌年翻耕播种获得收成，昔日荒芜水草地开垦良田，农民们十分高兴。相传龟山上经常出现神虎从不惊扰村民，百姓为感恩戴德，就在龟山下建庙立炉，供奉蓝氏老农为佛。现宫庙扩建神像重塑，钦奉为"龟墩宫蓝府侯王"，此神话流传至今。

看牛大王

畲族多数居住在山区，信仰看（牧）牛大王的畲民不在少数，浙南、闽东各地的许多畲村宫庙，都供奉着看牛大王的神像。苍南畲民信仰看牛大王，除了与世代从事农耕有关，还因为牧牛大王的故事就来源于苍南所处的浙闽交界山区。

传说古时候在浙闽交界山区，有三个无依无靠的孤儿为财主牧牛。他们无论刮风下雨，都把牛喂得饱饱的，农忙犁田时就上山割嫩草给牛当点心。三个孤儿相依为命，比兄弟还亲。

旧时的风俗是到了农历十二月二十四这一天，雇工们都要回家去过年。这三个孤儿也不例外，财主给他们每人一块银元，让他们回家过年。财主盘算：一块银元至少可以维持十天的生活，十天之后重新回来看牛就不会饿肚子了。而三个孩子想，过年也得买件新衣穿，一块银元过一个年是不够的。三个孩子在山上商量了半天，还是想不出什么办法。这时年龄稍大的孩子看到山下有一群人赌"花会"（一种赌博形式），就商量决定下山押注赢钱。年龄小的孩子说："我人小，可以爬入桌下偷看他们摸签，看准再押一定赢"，并约定要是赢了，用手摇摇；要是输了，就用斗笠摇摇。

结果，小孩赢了几十块银元，用衣服包了起来就往山上跑。跑了一段路后，满头大汗，就休息一下，拿着斗笠痛痛快快地扇了一会。谁知他忘记了三个人在山上的约定，当山上的两个小孩看到山下的小孩用斗笠扇风，以为他输光了。输了这些银元绝非小事，三个孤儿就无法过年了。山上的两个孩子越想越觉得做人没意思，没等山下的孩子上山来，就用牛绳吊死在杨梅树上。山下这个最小的孩子拿着银元跑到山上时，一看那两个孩子吊死了，哭得死去活来。他静下来一想，知道这全是自己的错。想想从小没了父母，到财主家看牛都是他俩照顾，世上就他俩最亲了。今天他俩上吊又是自己造成的，自己活着有钱用也没什么意思，便拿起了牛绳，也吊死在杨梅树上。

山神与土地看到这三个孤儿一起吊死，感到十分震惊。刚好有个神仙从云端经过，见这三个孤儿如此讲义气，就超度了他们的灵魂。浙南、闽东各地的百姓为了纪念他们，就为了他们立了庙，称他们为"牧牛大王"。

白鹤仙师传说

白鹤仙师是凤阳畲族人民主要民间信仰之一，白鹤仙师丁令威，辽东人。传说稳居灵虚山学道，羽化成仙。《封神演义》谓其昆仑玉虚宫原始天尊的门人。据白鹤道院石碑记载：原籍浙江金华府，丁字村庄我居住，转世辽东高丽国，后回东北黑龙江，灵虚修道一百载，羽化白鹤飞上天，原始天尊佛旨到，吾领佛旨覆顶山。浮云三都都是海，赤垟山村无人烟，辽天华表苍茫里，千载何人识人威。黑龙江省山隐居，灵威山上修道行。又据《搜神后记》记载，据传很久以前，元始天尊修道时，座下有一白鹤童子在跟随天尊练学道，元始天尊得道成圣，指点童子，欲修成大罗金仙，须涉万水千山，劳其筋骨，救黎民水火，造福于民，食人间烟火，童子尊师指点迷津，周游天下名山，访仙学道，后稳居灵虚山羽化成仙。后称"康圣府白鹤大帝"。

黑石阵传说

这里的石海石浪是从山沟一直到山顶，传说曾有人以为经过这山顶就能爬到天上，但当他到了山顶。离天还很远，就跪下来祈祷叫神仙把山顶连到天。有位叫白鹤仙师的神仙，他听到那人的祈祷，就叫了一班徒弟施法把东西南北的石头化成猪仔。一群群地赶到山顶，使其连上天，没想到石头一群一群地爬，惊动另外一位神仙，他就化成一个老人家，来到了半山腰冲着石头大喊："哈哈！这石头也会爬山啊！"这一叫把白鹤仙师的法术冲破，四面山间堆满大小石头，再也爬不动了。石头的形状像猪，滚圆滚圆的非常圆滑。

后来人们为了纪念白鹤仙师，把这座山顶连天的山就叫做鹤顶山。

图 3-6-2-6 鹤顶山石海（邱新福 摄 2013 年）

三、民间故事

三十亩深埯宫豹子皮的来历

清光绪年间（1841年），相传在凤阳章家山和三步擂的山上有出现大虫的骇闻，住居在山下农户的牲畜经常遭到伤害。三步搐狩猎户坑头永（系莽对后代），他经常在这一带山上打猎。有一天他上山打猎时突然看见一只似豹子状的大虫在林里来回寻食，大虫见前方有人影晃动，即张牙舞爪来势汹汹，当时坑头永虽年轻力壮，见此景也被惊吓得大惊失色。大虫见前面有人便咆哮发威，向他俯冲过来，这时的坑头永已无退路，只能舍命同它一拼，即时就同大虫厮打在一

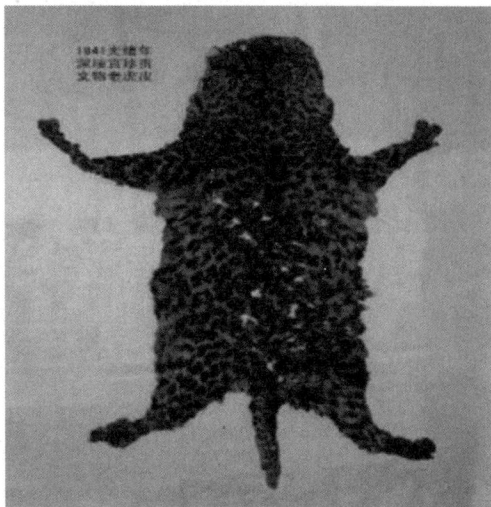

3-6-2-7 豹子皮（雷朝涨　摄　2015 年）

起，被凶猛的大虫打跌七条坎下，身受重伤、危在旦夕，他使出全身力气边打边喊齐天大圣救命啊！唢呐老和雷老汉二人听到有人喊救命之声，即时飞奔赶到现场。二人见此景魂不附体，唢呐老战战兢兢手持自制的鸟铳也打不响，危急之下雷老汉拿着鸟铳冲上去，对准大虫屁股扣动扳机，呼的一响，豹子瞬间毙命，三人这才松了口气。

坑头永身受重伤，被二人搀扶下山，来到深埯宫。为了治伤保命跪在齐天大圣案前叩头，大喊神灵救命。后大圣开判指点叫他去东边找三年没倒掉的鸡巢底来敷抹伤口。神灵指点真的灵验，从信智某个地点找到该药，数月后坑头永伤痛慢慢痊愈。后来他为了报答神圣救命之恩，就把这张豹子皮送给深埯宫齐天大圣当毯。现豹子皮仍在农户家里保存完好。

村妇难童生

从前有两个童生外出游玩走累了，看见前面有一座房子，就走过去问主人："阿嫂，贵府有没有茶？"那村妇说："两位相公来，我家虽没现成的茶水，烧一壶给你俩喝也不难呀！请问两位相公高姓？"

童生甲说："我姓勾耳东！"乙说："我姓勾耳西！"村妇听了说："噢，原来是陈相公和郑相公，两位请稍等！"

两童生问："阿嫂，尊府贵姓？"

村妇答道："有弓无箭，'月'字去边，'丁'字倒钩挂，'人'字翻上天。"

两位童生想了半天，也想不出来，他俩趁村妇进灶间烧茶时，偷看了厅堂上的木主。这时，村妇正好捧茶出来，他俩赶紧把木主放回原处。

两人坐了一阵子，喝完茶，然后说："张嫂嫂承待，我们告辞了！"村

妇送他俩到门口，说："两位相公，肚才不通，'张'字你不识，偷看厅头祖宗。"

两位童生红着脸，走了。

点石成猪筑天梯的传说

鹤顶山位于东南沿海最高的山峰，可观海潮看海上日出。很久以前的一天早晨，八仙下凡经过鹤顶山顶，神仙们看见太阳刚从海面升起，彩霞万里，波浪连天。老二说："如果在此山垒座天梯多好啊！"老七问："用什么材料最好呢？"老三答道："石头。"老六说："此山石头不多。"老四答道："可向东西北调。"老五问："怎么调法？"老大念念有词用两个手指向半山腰的石头"点"去，半山腰的石头变成"猪仔"，老八大声喊"走"，那群"猪仔"真的朝山上走来。

于是八位神仙各奔四面八方把石头变成猪仔朝鹤顶山赶来。这一群群走动的石头相互挨来挨去发出阵阵响声，惊天动地。突然半山腰出现一个挑水的"老太婆"，神仙碰到问："大嫂你刚才看见一大群猪仔上山吗？"老太婆答："没有。我只看见一大群石头往山上走去。"老太婆这一回答，一群群猪仔立刻变成大

图 3-6-2-8 鹤顶山（邱新福 摄 2012 年）

石头不动了……。至今从鹤顶山四周的山脚下直到山顶岩峰堆着十几道大石浪。而且每道大石浪有千万块大石，头朝上尾朝下，成为一道道猪仔形的石浪群自然奇观。

两兄弟分家

从前，一户姓钱的农户，生有兄弟两人，父母亡故后。嫂嫂提出了分家，除了房屋外，唯一的家产只有一头水牛。怎么分呢？嫂嫂想了想，有办法了，她对憨厚老实的小叔说："我们把牛牵到场院去，一个拉着牛的头一个拉着牛的尾，谁拉赢了牛就归谁。"小叔想这也是个办法。于是就叫兄长，把牛牵到场院上。嫂嫂说："你哥人大拉牛头，你人小拉牛尾巴。"两人各就各位，一拉牛往前使劲，被哥哥拉走了。他只抓住牛尾巴的一粒牛草蜱（牛身上吸血的虫子）。

从此，他对这只虫子疼爱有加。装进一只小袋子里。有一次他帮人家做裁缝。在空闲时把虫子放出来活动活动，就在这时一只公鸡跑过来把虫子啄去吃了。他放声大哭，主人听到哭声走出来问："小师傅你为什么哭呀？"他把分家的事一五一十地道出。主人说："没关系，我的那公鸡陪你就是了。"过了两天，他兴高采烈地带着公鸡回到家里。过几天他又到另一个地方做裁缝，干活时把公鸡放在裁缝案下，突然窜出一条狗把公鸡叼走咬死了，他号啕大哭，主人听到了走过来问："师傅你为什么哭呀？"他把事情的经过讲述了一遍，主人说："没关系，我这条狗力气大，赔你就是了。"他带着这条狗回家，与狗相依为命，日出而作，日落而息。农耕时，带上犁耙、狗和饭团，狗套上链条，只要把饭团抛向另一头，狗就会拉着犁跑向那一头，从不把饭团吃了。旁人看见了觉得奇怪，钱家小子的狗会拉犁。很快就传到了嫂嫂耳边，嫂子也觉得奇怪。第二天偷偷的去看，果然如此。回来后，跟丈夫商量，你弟弟的狗会拉犁，你去向弟弟借来犁田不是很省力了吗。一大早哥哥来到弟弟的住处，说明了来意。弟弟二话不说，把狗借给哥哥。哥哥牵着狗，带上饭团出发了，来到了田中间，按照弟弟的做法把饭团抛向另一端，狗跑去把饭团吃了。又把饭团抛向这一端又吃了，哥哥一气之下把狗打死，埋在后门荒丘上。第二天突然长出一株健壮的竹子，弟弟每天都要去抱着竹子痛哭一阵，一摇竹子上面叮叮当当掉下很多银子。一来二去，嫂嫂知道有此事，起了个大早去摇那竹子，只见上面劈头盖脸倒下狗屎。嫂子怒气冲天，拿了一把柴刀把竹子砍了。弟弟很伤心把竹子拿回来做成鸡窝。谁知鸡窝一放下，每天都有人家的鸡来下蛋。嫂嫂又使了坏心眼，把鸡窝偷回家。放在屋子里。每天都有人家的鸡来拉屎。嫂嫂气急败坏把鸡窝剁了来烧水，把竹子一根一根放进灶里当柴烧。结果一点火，只见火光冲天，所有的家产付与一炬。所以善有善报，恶有恶报。

木主的由来

从前有个后生名叫丁南以农为生，家父早逝，家里只有一个老妈。平时丁南干活的时候，老妈都会送点心给他吃。可是丁南很忤逆，母亲送点心送得早些，他嫌早，送迟些，又嫌迟，开口就骂，又动手打。时常为了点小事，把老娘打得死去活来。

有一天丁南在干活，肚子饿了看看老妈点心还没送来。心里生气，他想，这死老娘今日怎么啦，太阳快落山了，还不送点心来，想饿死我吗？等会来了，我一定狠狠打她出气。丁南想罢，便坐在田头休息。田头有一棵树，他抬头一看树上有一个鸟窝，窝里有四五只小鸟，一只母鸟嘴里叼着一条小虫，从远处飞来，它把小虫往小鸟嘴里送，小鸟吃了，母亲就转身飞出去。不一会儿它又叼回了一条小虫，往另一只小鸟嘴里送。丁楠看了好久，心里被感动了。他想，小的时候妈妈一定也是这样辛辛苦苦地把我养大的，我真不该这样对待她，以后我要加倍的孝顺她才对。丁南想着，继续犁田。就在这时看见对面山路，老妈提着点心走来，丁楠赶紧跑去接，忘了把赶牛的竹条放下。母亲远远看见儿子朝自己跑来，手里还拿着竹条，心想坏啦！这回点心送得太迟了，儿子跑来非打我不可，不逃肯定会被活活打死。想想这些年头儿子对自己的不孝，觉得活着做人也没意思。不如死了算了。她想也罢，把篮子一扔，转身朝溪边跑去，跑到溪边脱了鞋站在一块大石头上，双脚一跃，跳进水潭里。

丁南赶到时，见妈妈没有踪影，只见石头上有一双鞋子，他想妈妈肯定跳潭了，丁南赶紧跳下潭去摸，摸了半天也没找到妈妈的尸体，只摸到一根木头。丁南悲痛极了，瘫坐在石头上痛哭。他把这根木头带回家，放在厅堂上，一天三次烧香供奉。

后来人们为了表达对死去亲人的怀念，就学丁南的样子，把逝去的亲人的姓名刻上或写在木牌上，放在厅堂的神龛上。初一、十五，逢年过节，烧香祭品供奉，这木牌便是现在的木主牌。

除夕和春节的传说

从前人间并没有过年的风俗。有一年农历十二月，大家收成好，非常高兴，就搭香案，拜天谢地，却忘了祀奉祝融。祝融非常生气，到玉皇大帝殿前参奏，凡间百姓咒骂他是个大昏君。玉帝听了特别生气，马上叫四海龙王到殿前听令。下旨四海龙王给凡间发大水，把凡间百姓统统淹死。就在这时灶君神上天拜见玉帝，他听到这事，赶紧启奏玉帝，说祝融的话不能相信，玉帝不听。灶君神只好回到凡间，对百姓说，十二月三十日要发大水灾，大家都会被淹死。

消息一传十十传百就传开了，大家认为灾祸临头了，不如吃个痛快，就宰猪杀鸡，好酒好菜大吃特吃。

再说玉皇大帝要发水灾的事被太白星君知道了，就到凡间打听虚实，他去了好多地方，都没听过有人骂玉帝。赶紧回去禀报，叫玉皇大帝发出谕旨。玉帝相信了太白星君的话，收回圣旨。

三十日晚上，大家吃着好酒好菜，闹到半夜，没见发大水。正月初一起来，还是没见发水灾，人们互相见面，第一句就说"平安""恭喜"等好话。此次人间就形成了除夕和过春节的习俗，正月初一一定要说好话的风习。

猫挂佛珠

寺院里的猫跟和尚一样，荤的东西吃不到，都是吃素的。有个和尚，偷腌了一缸鱼生，放在床底下，平时想吃时，手伸底去抓两尾来吃吃。有一天，他到房内，关起门，正要伸手去抓鱼生时，外面有人叫："师父，客人来了。"他赶紧缩回了手，手上的念佛珠就掉在鱼缸口。和尚走后，猫来了，它闻了好久：哪里味道这么好？找呀找，找到床底下，头伸进缸里衔了一尾鱼生上来。猫的头一上来，掉在缸口上的佛珠就套在它的头颈上了。那天，猫吃了蛮爽快，这里走走，那里走走，老鼠看到了，相互说："现在没关系了，我们寺院里的猫也修行吃素了，不会咬我们了。""你怎么知道？""你看，猫的头颈上挂着拜佛珠呢！"

那天，刚好猫在晒太阳，两只老鼠走到猫的身边说："猫猫，你修行了？你吃素了？"猫一醒来就向前一扑，一下子抓住两只老鼠，把它们都吃下去了。后来，民间流传一句话："猫挂佛珠——假慈悲"。

第三节　谚语、歇后语

谚语是指语言相对稳定的格言，语句通俗简单、寓意深刻的短句，是流传民间俗语。村民称谚语为嘴头话或老人话、古老话，是民间文学最精练的一种形式。它以固定的语句表达丰富深刻的道理，是人民群众经验教训，知识体验的结晶。谚语在一方一族众口广泛流传，不断增补取舍，加工润色，形成语言凝练，表意精通，透辟深刻的特点。

一、谚　语

（一）天　象

日晕雨，月晕风。

晓日出海红，午后雨蒙蒙。

日出猫咪眼，落雨不等吃中饭。

早起乌云障，中午晒死老和尚。

天早红霞，水满稻桠；黄昏红霞，无水煎茶。

日落胭脂红，不是雨，就是风。

返照黄光，明朝风狂。

日落乌云走，雨落半夜后。

满天星，明朝晴。

东虹晴，西虹雨；朝虹晴，暮虹雨。

破篷（断虹）挂海口，茅草屋抖三抖（预兆台风）。

冬雪有财（保暖杀虫），春雪是灾（破坏农作物）。

春霜不露白，露白要赤脚（雨兆）。

海上云筑城，陆上雨淋淋。

鱼鳞天，不雨也风颠。

天上扫云，三五日内雨淋淋。

黄昏障云半夜开，半夜障云雨就来。

云下山顶必有雨，云上山头好晒衣。

云向东，刮阵风；云向南，雨绵绵；云向西，带蓑衣；云向北，好晒谷。

春雾雨；夏雾热；秋雾风；冬雾雪。

四季东风是雨娘；东北风，雨祖公。

一日南风，三日关门（指下雨）。

久晴西风雨，久雨西风晴。

春东夏西，打马送蓑衣。

春南夏北，无雨也黑黑。

夏东风，燥松松；冬东风，雨祖公。

冬春北风狂，夏秋台风多。

早雷不过午（快雨快收）；午雷两头空（早晚无雨）；夜雷三日丽。

雷轰天顶，有雨不猛；雷响天边，大雨淋涟。

东闪空；西闪风；南闪火门开（兆热）；北闪有雨来。

上角（西北方）闪，陡门拔；下角（东南方）闪，河潭刮。

百亩田礁闪一闪，一亩田谷去一担（兆台风）。

正月响雷阴雨多。

秋前打雷压台风，秋后打雷引台风。

雷少大浪（阵雨）多，雷多大浪少。

秋雷卟卟，大水满屋。

腊月先雷后雪，正月多雨雪；腊月先雪后雷，雷赶正月雪。

海雾上岸，冻死老娘（指春天）。

冬雾六十天有大雪；冬天三日雾，春天三日雪，雾大雪也大。

清晨浓雾一天晴。

人土雾晴，拦腰雾晴；海雾进山雨。

秋末再无露，不是风便是雨。

春霜三日白，晴到割大麦。

冬天断头霜（单天霜），明天雨就到。

长虹无大雨，短虹雨发狂。

虹不落地无大雨。

春虹多梅雨。

六月挂虹是祸殃（发大水）；十二月挂虹是条墙（天气转暖）。

七月七挂虹雨水多，四十九天内多阵雨。

秋虹挂海口，行人路难走（兆风雨）。

大旱不过七月半，过了月半要秋旱。

春雪百廿天有大水。

冬雪多，雨水匀；春雪多，天要旱。

高云变低云，明日雨淋淋；低云变高云，天气会晴明。

日出猪头云，台风要来临。

夏南秋北无水磨墨。

南大好晒谷，北大水没屋（指夏天）。

冬天打北风，雪花白篷篷。

十二月南风正月雪；正月南风二月雪；二月南风雪飞飞。

太阳落山生横云，明天雨来临。

（二）季 节

立春落雨，一年多雨。

雷响惊蛰前，一个月不见天。

春分秋分，日夜平分。

春分后落雪米，百廿日后见风水。

春雷早，台风多。

发尽桃花水，必是旱黄梅。

雷响立夏，无水洗犁耙。

雨打芒种头，河鱼眼泪流；雨打芒种脚，河潭刮三刮。

黄梅迷雾，雨在半路。

夏至西南风，久雨落满潭。

夏至有雷三伏热；重阳无雨一冬晴。

夏至大滥（大雨或久雨），黄鱼当饭，棉花烂了成片坛。

日长，长到夏至；日短，短到冬至。

小暑一声雷，重新做黄梅；小暑起西北，鲤鱼飞上屋（兆水涝）。

立夏起东风，小满.芒种.夏至满（指多雨）。

小满无雨晴得猛。

芒种不落雨，二日半做大水。

夏至寒，多雨水。

夏至落大雨，八月做大水；夏至无大雨，八月无大水。

小暑多晴天，大暑多雨天。

大暑不落到立秋，立秋不落到处暑；处暑无雨白露枉来临（兆晴旱）。

热在三伏，冷在三九。

伏里不热，九里不冷。

小暑银雨，大暑金雨。

吃了重午粽，还要冻三冻。

五月不热，五谷不结；六月盖被，有谷无米。

六月六响雷，十六个酿禾雨作一堆；早稻挑不归，晚稻晒成灰。

淘浪（夏沿海阵雨）淘，有米没有柴。

日暖夜寒，海水也干（兆夏旱）。

红云盖顶，找地安艇（兆台风）。

西风转西北，搓绳缚茅屋（兆台风）。

台风靠雷压，压一日，保一日。

六月怕尽，七月怕半，八月怕初（指台风易登陆时节）。

立秋响雷公，今后没台风。

立秋闻雷，百日见霜。

夏至响空雷，早稻挑归，晚稻成灰。

立秋勿落要秋旱。

六月立秋赶紧收（台风来早）；七月立秋慢慢收（台风来迟）。

处暑晴，霜雪早来临；处暑雨，霜雪迟半月。

白露日落雨，一滴雨，一枚虫。

霜降不降，有四十九日沆（兆久雨）。

七月秋霖（小阵雨）八月乌（阴天），种田儿郎好唱歌。

立冬无雨一冬晴。

冬至红，年边浦（湿烂）；冬至乌，年边疏（少雨）。

冬至挂虹，一个月雨蒙蒙。

雨夹雪，落勿歇。

腊月暖，六月旱；腊月寒，六月水。

冬暖要防春寒。

立冬落雨一冬落（指烂冬）。

立冬发雾冬至雪。

大寒不寒要春梅。

谷雨前，好种棉；谷雨后，好种豆。

大麦不过夏；小麦不过满（夏指立夏，满指小满）。

芒种前后，夜当日走。

五月挂虹，瓜果没种。

棉花立了秋，大小一齐揪。

白露白露，一箩番茄一箩芋。

白露白茫茫（晚稻扬花），寒露黄沙沙（晚稻成熟）。

晚稻不吃寒露水，小麦不听交夏雷（交夏即立夏）。

（三）物　象

雁不过南，不寒；雁不过北，不暖。

老鹰旋天顶，明朝天会晴。

阴雨要到，斑鸠出窝。

一鸠唤晴；二鸠唤雨；三鸠叫，满大水。

燕子高飞晴天到；燕子低飞雨天报。

久晴鹊噪雨，久雨鹊噪晴。

鸡早归笼，明朝太阳红；鸭早归笼，明朝雨哄哄。

蚂蝗浮水面，不久雨涟涟。

蚯蚓滚沙有大雨；蚯蚓夜鸣雨不停。

蜻蜓绕屋檐，风雨在眼前。

蜜蜂出窝，天要放晴。

蜘蛛张网，晴天不假。

雨中知了叫，晴天就来到。

蚊虫会市（成阵聚会），有雨就是。

盐缸还潮，阴雨难逃。

水缸穿裙（缸面还潮），大雨将临。

河翻水泡，雨水快到。

潮流乱，台风来。

条浪（长浪）打先锋，台风随后跟。

蚂蚁成阵爬高做大水。

泥鳅跳水面，大雨即刻到。

烟囱烟直无雨落；烟囱烟横要落雨。

水泥地返潮会落雨。

忽觉腰背痛，天变雨将落。

（四）气　象

西北雨，不过田岸路。

小满不满，芒种要赶。

雨打立夏，没水洗犁耙。

云遮中秋月，雨打元宵灯。

南闪北风动，北闪刮南风。

西闪太阳红，东闪台风狂。

南风吹过北，有钱籴谷壳。

北风吹过南，无钱酒仔唊唊。

老鹰矢闪一闪，大雨就开点。

正月初一发西风，十个牛栏九个空。

初一下雨初二散，初三下雨到月半。

二月二天晴，树叶三遍青。

未到惊蛰先响雷，插松柏子不用搋。

芒种下雨火烧街，夏至下雨烂破鞋。

四月初一下雨，一点水一尾虫。

六月初一下雨，一点水一点金。

西北雨不过蒲门，秋淋雨不过泰顺。

处暑下雨天下忧，万物种子对半收。

（五）生活类

过坑就有水，做卦就有鬼。

穷人吃粗糠，财主喝参汤。

语真有人信，理真服人心。

谎话没人听，多讲多愁心。

鸟不怕树高，鱼不怕塘深。

不怕千人看，只怕一人识。

人有亏心事，处处怕理输。

树老心里空，人老理论通。

树大还分叉，崽大要分家。

穷人交情义，富人交有财。

自己行不正，讲话没人听。

大学样，小学样，鸡崽缠鸡娘。

（六）时政类

土地里面出黄金，问你勤心不勤心。

好崽不用爹田粮，好女不用娘嫁妆。

做田做工共条命，赃官衙差共个病。

山羊麂鹿狗赶出，言语是非酒逼出。

松树不怕山土薄，好崽不怕家内穷。

竹笋出土节节老，鸟崽学飞步步高。

天地相和年丰顺，国家相和人太平。

大河涨水小河满，国家富强人家兴。

二、歇后语

路灯照明：公道。

顺水推舟：不费力。

井里行船：无出路。

做梦吃糖：想得甜。

海底栽花：根子深。

瞎子摸鱼：碰运气。

海底捞月：一场空。

蚯蚓吃土：开口就是。

鼻涕往嘴里滴：顺势。

和尚头的虱子：好捉。

借米还糠：气鼓气胀。

左手写字：格外别扭。

隔山买牛：不知黑白。

瞎子看书：观点不明。

和尚拜堂：全是外行。

水银洒地：无孔不入。

火烧眉毛：痛在眼前。

乌龟生蛋：苦出来的。

千人同船：共一条命。

窑里的泥：越烧越硬。

草帽端水：零落又滴答。

盲人吃汤丸：心中有数。

丈二和尚：摸不着头脑。

床头上拾钱：不用弯腰。

秃子当和尚：不费手续。

光棍佬教仔：便宜莫贪。

老牛拉破车：慢腾腾的。

筛子罩锅子：出气眼多。

杀鸡用牛刀：小题大做。

老鼠钻牛角：已到尽头。

黄鼠狼拖猪：白费力气。

五更天出门：越走越亮。

苦瓜拌黄连：苦上加苦。

蚂蚁拖蝗虫：齐心合力。

油浇蜡烛：只有一条心。

老婆婆喝豆浆：好吸(稀)。

秀才遇着兵：有理说不清。

财到光棍手：一去无回头。

砍柴卖,买柴烧：尽做倒功。

三个臭皮匠：胜过诸葛亮。

三、顺口溜（畲话）

见砖厚见瓦薄。

十指伸来有长短。

人吓人，吓死人。

明镜照人难照心。

一样谷米百样人。

枫树落叶心莫死。

冬瓜再大也是菜。

虾苗嫩嫩也是臊。

让人三步莫算输。

妳井深，绳长。

孝顺爷姆赢烧香。

天变一时人变一世。

人心定海水难量。

仙人打鼓也有错槌。

细时偷针大来偷金。

媒人两个嘴，火管两头吹。

春天一锄头，冬天一钵头。

山哈山哈不是亲情就是叔伯。

天平地平，一边落水一边晴。

风吹墙头草。总见行云没见水。

第七章　民间文献

　　凤阳畲族乡的著录书籍，经过文化大革命的破坏遗存不多。现有谱牒、书籍、文书、并文、铭刻、诗文、畲歌，仅着存目，尚能反映当时凤阳乡土人物之作为。科仪教本，凤阳先辈遗留下手抄册，属民俗通用书籍。谱牒系凤阳各姓氏家族内载世系源流序。木雕、石刻，大多数文字来自古董雕刻。名人匾额及古墓碑文铭刻系境内遗留保存，农村应用契约和法律文书，历代并文诗词、楹联，选录名人呈文手抄稿。畲族山歌唱本草纸线装，楷体黑字。这些民间文献集成凤阳古籍文化，具有历史研究价值。

第一节　书　籍

　　1966—1976年文化大革命期间，红卫兵的"破四旧，立四新"摧毁大量书籍文献。目前仅收集到数量不多的科仪教本和畲族各姓氏谱牒。科仪教本又称手抄本，粗线装订，楷书宣纸。凤阳畲汉民族所提供的清代至民国时期民俗应用、情旨稿、后土请神、还愿、收煞、祭梁、礼仪契式等也是宝贵的文献资料。

　　谱牒又称宗谱、族谱或家谱。谱牒是以特殊形式记载一姓世系和人物事迹的历史图集。国有国史，县有县志，家有家谱，可见谱牒、方志、正史是一国历史三大支柱。凤阳畲族蓝、雷、钟、李四姓谱牒6部。族谱的纂修大多出自本民族之手，而且在清代已出现了专业的"修谱先生"。凤阳畲汉各姓氏多数谱牒在"源流序"中都会详细记载该支系数百年来迫于生计而艰难迁徙的历程，从中可以深入了解畲汉先民的生存发展史。

一、科仪教本

　　凤阳中贡钟小玉藏稿　不分卷，1册44页，钟小玉撰，清代流传本，手抄线装。畲族功德设醮、祈福等。书内容为襟公在治丧超度，祈福设醮，进表达词等阶段的唱诵。清光绪二十四年（1898年）凤阳中贡钟希岳抄本草纸线装，行书墨色，页面10厘米×25厘米，保存完好。苍南县凤阳畲族乡下中贡钟希岳收藏。

后土神科　不分卷，1册138页，佚名撰，民国流传本。畲族治丧、礼仪、安葬、通词是书前部分内容，记载启土请神、后祭文灵符、百家姓称呼式、请梁科、文字游戏祭文等。民国2年（1913年）凤阳仓头雷云霆手抄本，本色草纸，楷书黑色，页面13厘米×20厘米，保存完好。苍南县凤阳畲族乡凤楼村仓头雷朝涨收藏。

还愿书　不分卷，1册56页，1968年流传本。还愿请神仪式经文，昔时告许盟愿（俗称小心），用猪、鸡、上素下荤两筵对天或某神前。请傩公在家门上或某庙神前供上香烛、清茶、净酒、五味素菜、十味花筵。主人手执三支明香跪叩筵下，叩还良愿，内容净身，净筵请神位，通口词庇祐等。1968年凤阳雷云霆手抄本，本色草纸，楷书黑色，粗线装订，页面14厘米×20厘米，保存完好。凤楼村仓头雷朝涨收藏。

张天师神册　不分卷，1册33页，佚名撰，民国流传本民俗书本。内记一个月60甲子日，每日成人和小儿起病、疾症、干犯神头，宜请傩公在晚上时间，办备生礼，在十字路口叩谢神头（俗称：暗请仔）。清光绪三年（1877年）年，凤阳凤楼村仓头燕山氏雷云霆抄本，草纸线装，行书黑色，页面14厘米×20厘米，保存完好。凤楼村仓头雷朝涨存藏。

请神科　《和神、安土、收扫》　不分卷，1册24页，佚名撰，清光绪十一年（1885年）民俗书本。内记和神、安土、收扫、神科，每日成人和小儿因某日得病、干犯某方神头，宜请傩公在十字路口答谢，后安土、收扫、神咒。凤阳凤楼村仓头雨田宣行雷云霆手抄本，草纸线装，本色草纸，行书黑色，页面10厘米×15厘米，保存完好。凤楼村仓头雷朝涨存藏。

诸家神煞　卷首20页，黄云联指白堂草稿。清光绪十九年（1893年）流传本。内记大肖神日录，七元甲子四将图式，瓯江潮表，鹤神游方日忌，畲族择日用书，黄云联手抄本。草纸线装，行书黑色，页面14厘米×21厘米，保存完好。凤楼村仓头雷朝涨存藏。

五脏治法药书　不分卷，93页，清光绪七年（1881年）。凤阳乡凤楼村仓头，吟风山馆儒士雷必阙手抄备用本。内备各种病症看用、内外科药方，共有179种，八卦面图，是畲医最宝贵药方。草纸线装，行书黑色，页面12厘米×10厘米，保存完好。凤阳乡凤楼村仓头雷朝涨收藏。

改良入地眼全书　共分三善本，每善本26页，清道光二十二年（1842年）堪舆通用书。内载诰授奉政大夫掌广西道监察卿史前翰林院编修加三级范亭黄中模拜撰序书，内分十卷，天星卦序，辨识龙、穴、砂、水、向看山和阳宅总论，配合《八宅明镜》东西四命宅图注解。保存完好。上海铸记书局校印，页面14厘米×20厘米，凤楼村仓头雷朝涨存藏。

地理青囊经　共分8卷，1册，清康熙三十四年（1695年）。通用堪舆教籍，凤阳畲族地理书，内记图式、七跃九星、天王经内传心印，分房水法，雌雄妙诀，玄空大卦古本龙水经，保存完好。上海铸记书局校印，页面13厘米×20厘米，谢吉堂置，凤楼村仓头雷朝涨存藏。

请梁科、收煞科　2册各28页，佚名撰，清代流传本。畲族上梁、收煞请神科书，凡新建房屋上梁落成，地理先生在栋梁前请梁神，后登山呼龙。《收煞科》楷书黑字，内载请收煞先师，入房收煞咒语，后送神等。草纸线订，页面9厘米×11厘米，保存完好。清宣统元年（1909年），凤阳仓头探源堂抄雷辅廷字。凤楼村仓头雷朝涨存藏。

请圣贤科　不分卷，1册，民国28年（1939年）流传科本，昔时畲族私塾先生（蒙馆），授徒开馆时塾师在文宣王先师，孔夫子五代圣贤神位拜请通词、内记、六神咒、请符官咒、通咒、庇佑、安位咒。保存完好，草纸黑字，凤阳雷祝三氏抄，行书装订，页面10厘米×13厘米，保存完好。凤楼村仓头雷朝涨存藏。

校正种痘新书　共有十二卷，1册60页，民国3年冬月（1914年）。流传书籍、中医药书，宁波张选玉先生纂集种痘新书，内编十二经络，观主家怨咎医人，调理法三条，面图，结痂辩证，痘后辩证赋，麻原赋好出症，稀痘三十一方，保存完好。上海铸记书局校印，页面13厘米×21厘米，凤楼村仓头雷朝涨存藏。

礼会通契式　不分卷，1册，清代流传书册，吟风山馆雷必阙手抄，畲家礼通用书。内记称呼宜用式，拜帖称呼式，称呼总论，相见称呼，先生解馆单红帖式，顿首类，丧事称呼式，作寿用帖式，契式，共有73页，保存完好。草纸黑字，行楷装订，清光绪七年（1881年）。凤楼村仓头雷朝涨存藏。

三圣经灵验图注　附朱柏卢先生政治家格言，不分卷，1册19页，民国流传书籍。内注朱子家训格言共有8章，太上感言应篇，太极真人垂训，日诵一遍，受持一月，福禄弥坚，久行不倦。民国9年（1920年）仲秋宁波辅仁堂敬送，浙宁级更齐书庄发行，上海天宝书局代印。民国9年岁次庚申孟秋上浣云间王家僧敬序，保存完好。页面13厘米×20厘米，凤楼村仓头雷朝涨存藏。

本命灯科　不分卷，1册，民国流传道教书籍，震灵道观佚人抄。畲族正一教过限科书，褛公延生科本，命灯属过限场中信礼无上大罗天，长生保命鲜厄消灾一札元辰本身宫之衍过，福星无量愿得长生唱诵书，保存完好。页面12厘米×20厘米，草纸黑字，行楷装订，民国16年（1927年）夏月抄，凤楼村仓头雷朝涨存藏。

改良绘图解人颐　卷上，1册28页，清代流传劝善书籍，内注懿行集，嘉言集，五言绝句，陶情集，寄咸集等。有蓝朝阳书东印，云候胡澹庵定本，吴门钱慎齐重增订，清嘉庆十七年（1812年）玉堂朱履中福建平南管舍书此序，保存基本完好。页面14厘米×20厘米，草纸黑字，行楷装订。凤楼村仓头雷朝涨存藏。

二、谱　牒

蓝氏宗谱　福鼎浮柳蓝氏宗谱，不分卷，9册，首册73页。清同治八年（1869年）创谱，清光绪三十年（1904年）纂修福建省福鼎前岐王华曾撰，重修宗谱记载意清公初移福州侯官县后裔孙分居各地，人丁繁衍，派分千支，谱牒载有修谱，历届首事名录宗谱凡例，谱序按官录，修谱论，行第小引，直系图，2015年福鼎市岩前蓝升祖撰，苍南象源内李先柏印本，草纸线订，宋体黑色，页面22厘米×32厘米，修谱年份有插图。今存苍南县凤阳乡鹤顶山蓝俊顶处，陈家弯蓝俊辉处存藏。

雷氏宗谱　闹村雷氏宗谱，不分卷，5册，首册125页。清同治十三年创谱，民国37年（1948年）浙江平阳闹村雷子旺撰，重修宗谱记载明万历年间（1573—1620年），雷明海由福建罗源迁居平阳四十八都，其子孙分居凤池东岙、岱岭福掌、凤阳崩山、桥墩单树峰、赤溪交椅环、三步擂等地。谱牒载有修谱名录、凡例、家训、广东宗祠记、授官记、修谱谱序行第及世纪支图等。可与平阳等同亲谱牒相参照。民国37年，浙江省苍南县象源内李德甫、李松刻本。草纸线订，宋体黑色，页面34厘米×22厘米，版墨框26厘米×16厘米，10行21字，四周双栏，白口有鱼尾，口题，修谱年份有插图，保存完好。苍南县凤阳乡崩山雷开标收藏。

钟氏宗谱　朝阳钟氏宗谱，欧苏式，钟维标（平阳朝阳人）撰。2014年出版，共14卷，宋书黑字，页面34厘米×22厘米，版框25厘米×18厘米，四周双栏，载有国仿眉山苏氏大小宗法，支图以五世为一图，过房者生父下载，名则大书房注名，葬地必纪都邑地名，坐向分金，原娶与续配，谱内名讳，祠图祖坟图等。存凤阳中贡钟希回处。

钟氏宗谱 昌禅中峧钟氏宗谱，不分卷，首册147页，清道光二十二年（1842年）创谱，清光绪三十三年（1907年）朝开、朝状撰谱，记录明嘉靖年间（1522—1566年），天锡从福建罗源大坝头迁居平邑山门，其后裔分居凤阳、马站梨垟、岱岭福掌、南宋半垟宫、昌禅金钩垄、埔坪饮垟、桥墩柳垟、大龙小沿底等地。后裔修谱多次，历次将原文原版转载。其内容有修谱录（清康熙三十六年（1697年）闽浙江温州府平阳正堂大宪勤永禁示谕较详）、凡例、授官记、修谱谱序、名人小传、行第及世纪图等。清光绪三十二年，浙江省平阳南港象源内李释如刻本。草纸线订，宋体黑色，页面31厘米×33厘米，版墨框25厘米×17厘米，10行18字，四周双栏，修谱年份有现代插图，保存完好。存苍南县凤阳乡隔头钟显烧处。

蓝氏宗谱 福鼎双华蓝氏宗谱，不分卷，7册，首册187页、清同治九年（1870年），编订王聘三（恩贡候选州判），梓辑侄、华叶、华曾、董事十二世孙明彩、明芝、明延、草稿十三世孙联辉，浙江省畬族蓝氏家族谱牒。载有石碑禁文、诸公傅、凡例谱论、姓属字行小引、历代名人、支图。内载清康熙三十七年五月十六日给奉平阳县周重勒石碑永禁示谕立衙门首，置浙江温州府平阳县正堂加五级记录十次周，为循例晓谕示禁事，据畬民雷向春呈称身等，蒙前代高辛氏锡，姓蓝、雷、钟、李四姓，为开山造田，以供赋税之事，清同治九年（1870年）刻本，草纸线订，宋体黑色，页面34厘米×22厘米，版框25厘米×18厘米，四周双栏，保存完好。存苍南县凤阳乡新村蓝成取处。

雷氏宗谱 青街章山雷氏宗谱，不分卷，17册，152页。清同治五年（1866年）仓头贡生雷云撰。浙江省畬族雷氏家族谱牒，载有修谱名录、广东总祠铭志、授官记、修谱谱序、源流、凡例、重修宗谱序、释明畬字义、雷氏名人小传世纪支图等。清康熙三十六年（1697年）闽浙总督部批浙江巡抚文宁呈奏礼部，咨准畬民一体考试。事以及清道光二十七年（1847年）特授浙江温州府正堂加六级，记录12次，徐瀛为遵批核，温州府颁发《禁阻考告示》记录较详。清同治五年刻本，草纸线订，宋体黑字，页面34厘米×22厘米，版墨框25厘米×18厘米，9行18字，四周双栏，白口有色尾，口题，修谱年份，保存完好。存苍南县凤阳乡凤楼仓头雷潮涨处。

第二节 铭 刻

凤阳民风淳朴，行多善举。鉴古详今，以来证实。凤阳境内保存完整匾额7块，其中荣誉匾3块，系政府官员所赐：仓头"文魁""俯案首"，下中贡"五叶承芬"，用于褒奖畲民对乡村的贡献及其美德。名人题写4块，仓头宫2块、中贡钟氏祖厅1块、鹤顶山宫1块。

石刻是凤阳传统工匠"手艺"的表现形式之一。手艺精湛的工匠有比较固定的劳作地域，收入也比较优厚。"手艺"人的言行举止及使用的工具常被附上神秘色彩。本节所选部分铭刻与乡民关系密切，影响久远，是凤阳乡社会变革的实物佐证。

一、匾 额

文魁匾额 木匾一面，清咸丰庚申年（1860年），正中上方镌有"温州府正堂印"一方篆体朱印，上款清咸丰庚申年桂月立，下款钦授贡元儒学六品文林郎雷云立。黑底金字，行书明刻，匾面80厘米×160厘米，厚15厘米，杉木结构，现挂苍南县凤阳乡仓头雷姓祖厅堂，颇含古意，保存完好。

府案首匾额 木匾一面，清光绪丁丑年（1877年）庠生功名匾，阴刻黑底金字，木构长方形，长180厘米，宽65厘米，厚18厘米。正面横字"府案首"上款清光绪丁丑科蒙张盛藻府尊取全案第九名，黄恕皆宗师岁取入泮第一名郡庠生雷作霖立，下款钦加五级记录温州府平阳正堂冯德坤题赠，正中上方镌有"温州府正堂"篆体印章。现挂苍南县凤阳乡凤楼仓头雷姓祖厅如门，保存完好。

恩同再造匾（一） 木匾一面，民国26年（1937年），此匾保存凤阳乡凤楼村仓头宫，匾额56厘米×101厘米，厚6厘米，杉木构质，红底金字，正面行书"恩同再造"，上款民国丁丑年秋月吉旦，下款社下弟子雷作峰题赠，颇含古意，保存完好。雷作峰字必挺（1902—1966年）仓头儒士，此匾雷作峰为报答仓头宫神明显赫、有求必应。恩同再造的含义是报恩感德之意。

恩同再造匾（二） 匾额一面，民国37年（1948年）。此匾保存凤阳乡凤楼村仓头，匾额117厘米×50厘米，厚5厘米，四方框边花纹，中块樟质，行楷阴刻，颇含古意。正面："恩同再造"，上款中华民国37年元月吉旦，下款弟子沈玉珊敬酬，雷舜渔题，含义报恩感德，都是宫庙用匾，保存完好。现藏于苍南县凤阳乡凤楼村仓头雷姓祖厅有历史研究价值。注：雷舜渔，字天三（1882—1972年）仓头人，邑庠生。

　　雷辅廷探源堂招牌　一牌两面雕刻，清光绪十二年（1886年），现挂凤阳乡凤楼村仓头老厝内祖厅。樟木质，长180厘米，宽27厘米，厚3厘米，楷书阴刻，正面：蒲门黄绍稳先生传授辅霆选日，落款：献廷汤国琛赠章。背面雷辅廷探源堂遵依大六壬选日，落款：蒲江张霨[汤国琛（1874—1948年）宜山新安人，民国时任过浙江常山县知事；蒲江张霨清代，知县、知州。]书赠章。此招牌字是仓头择日师雷天叙号辅廷（1872—1916年）儒士。清光绪年间在赤溪打铁宫挂牌选日，保存完好，颇含古意，有历史研究价值。

　　五叶承芬匾　木匾一面，清同治二年（1863年），平阳县正堂加六级记录三次余丽元撰书，佚名刻。为平阳儒士钟学义父耆赍延益立，赠给五世同堂贺匾，匾文为"五叶承芬"四个大字。上款平阳县正堂印，下款钟学义父子立。匾额规格长220厘米，高80厘米，后15厘米，尾端有方形官印一方，隶书篆刻，颇含古意，现挂苍南县凤阳乡中贡钟氏祖厅，保存完好。

　　年高德劭匾额　木匾一面，民国15年（1926年）庠生小玉先生寿匾，撰书佚名，木匾正中行书阴刻，黑底金字，樟木构成，长153厘米，宽68厘米，横文年高德劭，上款少玉钟先生八旬寿庆，下款民国15年立（1926年）。樟木构成，颇含古意。现挂苍南乡凤阳乡中贡钟姓祖厅，保存完好。

　　威镇鹤麓匾额　木匾一面，悬挂于凤阳乡鹤顶山宫正殿，匾额220厘米×150厘米，厚12厘米，上款公元2006年4月吉旦，下款合社弟子敬献，题字温简裕[1]口章，阴刻黑底，行书金字，杉木结构。鹤山畲族人民为弘扬神明显赫，永佑康宁竖匾敬献。

图 3-7-2-1　威镇鹤麓匾（蓝淮秀　摄　2013年）

① 温简裕，原苍南政协主席。

二、石 刻

旗杆夹石刻 两对面，清咸丰十年（1860年）贡生雷云立，佚名撰刻。凤阳乡凤楼村仓头旗杆内祖宅前，一对正面楷书阴刻，"清咸丰庚申年"另一对正面刻有"钦授贡元雷云立"。垂直式青石，厚13厘米，长170厘米，宽38厘米，今存完好。竖于苍南县凤阳乡凤楼村仓头雷氏祖宅前。

雷文和、雷文忠墓碑 登仕郎雷文和、乡耆雷文忠墓碑，共有五通。清咸丰3年（1853年）正月吉旦立，其中碑上面横书"思敬堂"，直书"钦赐登仕郎文和、乡耆文忠。姒钟李蓝氏子孺人雷公妈墓"。左边男国榜、国友、国培、国平，右边男国泰、国财立。碑面两边刻"仆梁已同铭石椁，追封还拟表龙岗"对联。楷书阴刻，青石紫色，碑下浮雕凸形元宝香炉。63厘米×70厘米，厚10厘米，今竖于凤阳乡岭边村双剑口虎头岗，保存完好。

雷可远墓碑 清道光6年（1826年）立，正面："皇清显考职修郎可远，姒配蓝氏孺人雷公妈墓。"男文和、文忠、文玉勒，宽50厘米，厚15厘米，青石，楷书阴刻，四周框围砂构质，颇有特色建筑，构造于交椅环地方模形，保存完好。今在苍南县凤阳乡凤楼村仓头土名塘下。

凤楼坑边蓝公墓道石碑 公墓道石碑一通横字汝南郡，边有花纹上方有太极，直字皇清一世祖考永辉配雷氏老安人墓道，上款清道光七年（1827年）葭月，下款坟坐干巽兼戌辰分金。碑80厘米×113厘米，厚15厘米，合族子孙全立，青石，楷书阴刻，今竖凤阳乡凤楼村坑边土名墩头仔屋基内，保存完好。

雷云墓碑 清光绪十五年（1899年）秋月立，正面横书"燕翼贻谋"，直书"钦授显考例授国学贡生讳云，姒归冯翊郡蓝氏孺人雷公妈墓。"男宗州、宗兰、宗玺立，碑面两边刻"鹤顶山脉钟胜地 龟溪抱水护佳城"对联一副。厚10厘米，64厘米×80厘米，楷书阴刻，花岗青石，今存于凤阳乡凤楼村仓头旗杆内台门右边，保存完好。

迪功郎雷国财、庠生雷用霖墓碑 共有五通，清光绪十一年（1885年）仲冬月立，中侧横书"乐斯邱"，直书"皇清显迪功郎字国财姒冯翊郡钟氏雷公妈墓"。男宗森、宗敏、宗显、宗赫、宗鑫勤，楷书阴刻，色彩灰白，通体石质，一面有字，宽55厘米，长65厘米，厚10厘米，两边刻："地卜牛眠秀气，灵钟鹤顶祝遐龄""青莲栽树乔和梓，辉映化台棣兴棠""岭畔田高龙现在，坪前坟就虎还栖。"右侧直书："附显考庠生字宗显，姒钟氏老孺人佳城。"上款本坟坐丁向癸兼午子分金。下款男天秩，天时，天衢勒，厚10厘米，宽55厘米，长65厘米，有雷用霖撰刻自志，楷书阴刻，有书法研究价值，今存于凤阳乡凤楼村仓头土名水路，保存完好。

立墓碑记蓝姓立墓碑记 清咸丰二年（1852年）九月吉日立，蓝孔时、孔筠、明道、明镐仝立，88厘米×52厘米，厚11厘米，内容公据式石碑，称蓝姓、李姓两边因祖坟余地界限未清，引起双方诉控争辩，官府奉意批姑，谕紧一面核案结合本地信士，贤能同临处理，立公据碑记，单面有字，花岗石色，楷书阴刻，今在凤阳乡凤楼村坑边土名屋基内，蓝氏祖墓前，单面有字，青石灰色，保存完好。

雷国泰、雷作霖墓碑 共有四通，清光绪12年（1886年）桂月吉旦，左碑男宗功立，右碑天藏、天璇、天鎗立。中碑联："观高起敬悲埋玉，式杀明恩效铸金。"两边碑联："龟山拱向卜龟龄，鹤顶当前延鹤箓。""寅瞻麻毕集，申锡福无疆。"诗吟："厚德宏襟铭孰同，龙峰宠锡姓名通，青囊秘启山埋玉，紫气光涵瑞兆铜。"附贡生吴一峰题，又一首："典籍罗胸情见闻，纵横笔阵冠童军，芝兹再励凌霄志，展翻腾飞万里云。"拔贡生张蔚题，该碑中间竖刻："显迪功郎讳国泰，显妣皈冯翊郡蓝氏雷公妈墓。"右边碑竖刻显考庠生作霖字宗功，显妣皈冯翊郡蓝孺人雷公妈墓，墓在赤溪塘头，上端横刻"诒殿堂"，一面有字，青石楷书，阴刻，原色，碑面73厘米×40厘米，面刻60厘米×29厘米，汉文直6行，保存完好。

第三节 文 书

凤阳畲族乡各时期的志书，民间收藏的法律文书和契约文书。法律文书记录人命案呈文和纠纷案件，共有26篇。契约文书大部分是土地、房屋、山林等交易凭证。这些文书揭示了凤阳乡的政治、经济、文化、法律、伦理等方面的历史。

一、法律文书

1. 诉控呈文

清嘉庆七年（1802年），23厘米×27厘米，直写14行，每行26字，内载雷可远、雷子清与方永趋、方式宰，因五十二都凤阳土名胡家坪祖坟山场争辩余地界限，雷方呈文蒲门巡检司呈稿。草纸黑字，现在原稿存于凤阳乡凤楼村仓头。

2. 诉控呈文

清嘉庆二十五年（1820年），23厘米×24厘米，直写12行，每行22字，内注雷可远、雷子清与方锡典、方锡勉，双方争辩地界限，呈文蒲门巡检司台主诉控稿纸描绘时诉控呈文稿式，有历史研究价值。原稿存于凤楼村仓头雷朝涨藏。

3. 人命案呈文

23厘米×26厘米，草纸直写，内载为灭伦命案呈文上司究辩文稿，楷书黑子，描绘彼时社会法律情景，有历史研究价值，现在原稿存于凤阳乡凤楼村仓头雷朝涨处。

4. 诉控呈文

20厘米×16厘米，时间失详，直写10行，每行13字，内载为控诉保长公窃一案，呈文上司鉴核撤销无任，描绘畲族诉控案呈文方式稿纸。草纸黑字，现在原稿存于凤阳乡凤楼村仓头雷朝涨处。

5. 反阻考呈文

25厘米×36厘米，草纸直写，清道光二十七年（1847年）三月二十九日，浙江温州府正堂，知府徐瀛明文批姑，内载平阳以陈重光为首控揭帖添砌情词，畲族童生不得参考，引起畲族童生雷云、雷夏与父雷文和、雷子清呈文请求府台，诉控三载，温州府知府徐瀛与清道光二十七年三月二十九日，明文告示准与畲族童生同汉族一体考试，明文手稿，仰祈云台察核具详，诉说畲族童生求考情景，略知彼时畲族参加考试被阻，有史料研究价值。现存于凤阳乡凤楼村仓头雷朝涨处。

图 3-7-3-1 反阻考呈文（雷朝涨 摄 2012 年）

二、契约文书

1. 立卖民田尽契约

60厘米×50厘米，清同治四年（1865年）直写12行，每行27字，内载董炳群情愿将祖手遗下民田贰亩，托中出契送卖给钟学顺为业，尽契一纸，内

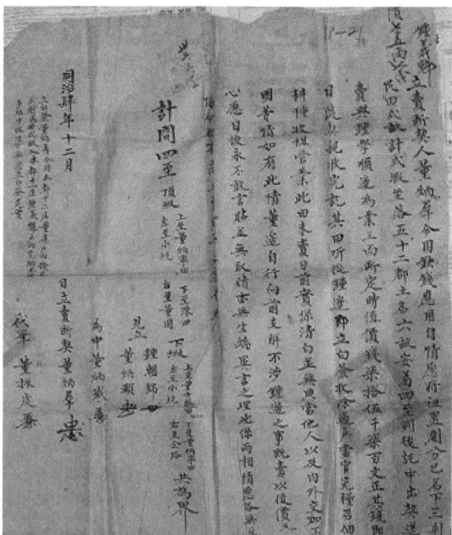

图 3-7-3-2 立卖民田尽契约（蓝准秀 摄 2015 年）

中四至俱明，为中秉笔，草纸黑字，描绘民间买卖方式，有历史研究价值。原稿存于鹤山村中贡自然村钟希岳藏。

2.立卖山园尽契约

35厘米×41厘米，民国10年（1921年），直写15行，每行25字。内载雷必聘自心情愿将三则民田一亩零五分，出契送卖堂叔雷天群、雷天琴为业，四至俱明，中人代笔。草纸黑字，描绘民田买卖情景。诉说在山田出契送卖方式，略知彼时畲族民间方俗，有史料价值，凤楼村仓头雷朝涨藏。

三、文献及诗词、楹联选录

凤阳人才辈出，民间保存了一些清代至民国时期的诗文楹联，现搜集部分反映当时凤阳文人的文献。

1.雷云，字国友，号鹤峰，凤楼仓头人。清咸丰十年（1860年）例授贡生。着《仓头地名记》：

尝思宇宙江山，不改古今之称谓！各殊盖世有治乱人不古，处历一朝，所以有一朝之名焉。缘我国初之际，海氛将作界迁，人移无复稽考。难以实指迫，雍正时世治人良复拓疆土。爱居爱处不止一家同洛同井者复非一姓。厥名曰"李家山"之谓，何山乃李氏征报总地名曰"李家山"。山既有所主矣，而方内之士田尚属未定也。厥后蒲庄徐氏申明征纳。批垦佃种，积粟盈余，蓄藏之处。爱立仓厂，以储租谷。谷乃民宝非仁厚之乡不可存，非善俗之地不可藏。于是图念我姓先人诚实醇朴可任付讬，故建立仓厂于我地。斯仓也，何仓也！乃昔徐氏所积储之仓也！民到于今名之曰仓头。其所由来也。久矣迫我先祖孔兴公闻有宗族者，在相其阴阳观其流泉，遂徙居于此。世远年湮业更仓壤。仅存古址而已，余生于斯，长于斯，聚国族于斯故为之记云耳。

2.同治丙寅年纂雷氏宗谱后，赴考赋七言律：

赋七言律一首

督就家书已鼎城，条分缕析甚分明。

千年祖德绵无替，百世宗支壮敷荣。

联络亲疏知有自，胪颂次弟识同行。

斯时既罢敦伦事，望切功名赴帝京。

恭赠鼎城仁山族督文远先生

刷辑家书过鼎城，竹林技术足堪称。

胸罗风月诗中画，笔扫星辰纸上生。

巧夺乾坤资俗世，精通妙秘指几行。

今虽暂仰书窗下，厥后芳名达帝京。

悼念堂叔文芳伤附感七律一首

雀角鼠牙志未酬，闻公何忍赴仙游。

微忱本欲期亲奠，不意羁身在东瓯。

竹笔筒诗一首

雅爱处心护管城，中间只合小心兵。

前身分得淇园种，好入文房伴群英。

3. 雷用霖，字宗显，官名雨亭，羡号灿堂，凤楼村仓头人。清同治十年（1871年）科岁试第二十一名邑庠生，撰《墓碑志》和《墓联》。

墓碑志

余自丁父艰延师远葬地归玉憩坪，足力倦休。于道时苍然暮色，自远而生。师颜余曰："噫胡为舍近园远也，此中有吉穴。具德观舌见其中分一脉，山绕水环，朝揖绝胜。"余嘉其仰筑，以妥亲骸。余及第昆云，寿域袝舌庶几没世后堂固聚，犹得敦孝之乐是亦，大快事也。

墓联三幅

地卜牛眠佟秀气，灵钟鹤顶祝迤龄。

青莲宰树乔和梓，辉映化台棣与棠。

岭畔田高龙现在，坪前坟就虎还栖。

4. 雷作霖，字宗功，号雨人又号纪臣，凤楼仓头人。光绪丁丑科岁试取入泮第一名郡庠生（府案首）。

光绪己巳冬从弟雨楼遽亡用成三律兼慰鹤峰从叔

抛梅别鹤忽登仙，迅速光阴廿四年。

祇望芹香分泮水，谁知数短入黄泉。

冥中有室差堪慰，膝下无人绝可怜。

惆怅风才今已杳，池塘无复梦阿连。

道山归后泪汪汪，十载寒窗一旦亡。

腹有诗书空蓄积，家徒笔墨最凄凉。

生前未副双亲愿，死后应增一室伤。

数卷文章千个字，临风检点断愁肠。

死生有命总难移，思子台中任客悲。

抚景真堪怀往圣，承欢况复有诸儿。

休将老泪层层洒，惟愿新愁种种离。

一语分明亲慰藉，达观二字料应知。

话语从肺腑中流出，先觉作者心酸读之泪也。

——吴凤山夫子评

5.钟小玉，字秉和，举名庆英。鹤山村下中贡人，清光绪丙子科邑庠生，撰：

募建赤溪三官堂序

盖闻祇园初建藉达，多布地之金。幕府功开赖子敬建园之来，得钱可以成塘制裘。必须集赤溪三官堂也。今夫三官堂此曲径出通允矣，人间之净域。层峦耸翠诚哉！物外之香山，一木一椽俱是檀那之力。片砖片瓦无非义士之金。爰布告于十方，冀玉成一旦。伏冀名颁莲座共鉴葵忱。此福田务须倡予和汝恩种果，何妨积少成多。庶几善信好施胜造浮屠之七级。随缘乐助，实望因果于百年，行见无涯之功德，总归乐善之仁人。谨启！
光绪甲申年四月吉旦

重修后陇岭亭序

盖闻，地纵大观亭榭在波坳水曲，山卧贤士亭台为棋布星罗。怡亭八方书光同水篆旗亭三赌句唱，遏白云绛雪。则旧虽杏花晚香，则何嫌老圃。凡此，开榑下榻皆古人得意之区，垂柱树门作过客栖身之暂。是有取夫十里、五里，阅历传星长亭短亭栈行、旅邸比矣！为我地沙埔后陇岭旧有一亭。系仆曾祖某集昔诸义人起建比也。当鸠营伊始想祖力几费图谋迨雀贺。观成贤邑，侯为齐碑额曰："憩饮亭"。象涵碧之清泉做流觞之曲水，其名为憩也。有取邵棠之义苍生得憩乎？棠阴其名为饮也。有取郇雨之膏饮，黎庶均饮乎。膏雨然则星霜几易。阅年佰有二三，风雨飘零，叹坏十之八九。纵未邱墟沦废亦。已蔓草漂摇长嗟乎秉至住予生成。谁无敦劝，听旧章之缺略。何不观型以彼岭峻山、羊肠鸟道。捷足难穷乎绝顶息，肩岂废大半途此亭最要。不可不修也。路通瓯越，下接奥闽。或高车驷马而来，或戴笠荷戈而至，此亭最衡不可不修也，谨为碑志也！光绪癸巳季夏月吉旦

祭文昌帝君文

祝以之曰：丹霄焕彩，长流奎璧之光。紫楹腾辉，远映图书之府。呈编斓于珠斗，象纬维昭盼璀灿于台阶。文明式焕，洵斯文之主宰，作科第之权衡。恭惟，梓潼大帝，奎宿星君司禄为权敷文是职。一十七世之仁慈，恩周士庶。亿仟万年之赫濯，泽编寰区。兹此时维八月，序属中秋。济济青衿，肃明禋而殷荐。羲羲髦士咸躅洁以明虔，乏琼浆玉液之投。爰效水藻溪毛之奠。伏愿来临来格、降福降康。佑启人文灿江花之五色，祥钟翰墨毓文风之九芭。挥毫则五岳，皆摇倚马则万言可待。芹宫获隽，喜汇拔之频占。雁塔留题、快联登之可卜。生等不胜感恩之至！谨疏，上闻，时在。光绪癸巳年三月十八日。

6. 雷天叙，字震卿，名长，凤楼仓头人，儒士。

诗序：清光绪十三年岁次丁亥与黄先生在赤溪圆林贡后宫教书，前后两年。老黄先数月前经过敝馆，我辈幸逢东君邀饮。斯时黄道我胸无半字之学，肆胆舌耕。后门人以黄某之言告生，生即怀惭未舒，迄今数律，伏祈郢政！

雷作：

> 未真半面胆何洪，鄙语敢传貌我躬。
> 玄豹夜寒和露阮，骊龙春暖吐珠雄。
> 诗成起凤光辉日，赋就腾蛟彩耀空。
> 黄儿被将纱罩面，安知斑马学深丰。

黄和：

> 居家博学识宽洪，惠我瑶编受尔躬。

笔走龙蛇侪李白，胸藏锦绣胜杨雄。

词林点染花依草，文陈轻清电闪空。

耳熟雷声平地震，范同甘雨兆年丰。

雷作：

原颜无耻胆宽洪，潦草和赓最不躬。

知之鸡碑违传雅，名存雀录背豪雄。

茅胸裁赋题寻草，枯腹搜诗自索空。

学步佳章聊答礼，续貂狗尾复熙丰。

雷作二寄：

援笔俥成五凤文，教君侧耳拜善闻。

蛟龙岂是池中物，得雨腾飞定不群。

老黄和褒：

羡君援笔妙奇文，由是雄才博见闻。

接读华笺堆锦绣，果然卓尔独超群。

老黄自叙：

吾尝搦管不成文，刻鹄无如百斟闻。

半幅花笺长百丈，低徊懑觉失同群。

雷作三寄：

冲霄鹏鸟伏山陬，肉眼如何识我侪。

只爱鳌头夸独步，故将孔孟自深求。

老黄和褒：

仁人性本乐山陬，才德企君李白侪。

学海深探追孔孟，何夸青紫有难求。

黄和自叙：

虚延半甲困荒陬，株守常惭草木侪。

糊口岂能夸善策，行藏候过自深求。

雷作其回：

天纸裁成一幅书，只因肆胆太欺予。

不与傍人羞见识，聊将俚句讬双鱼。

老黄和褒：

先生当富五车书，寄楮大方莫笑予。

振铎员山时雨化，养教池里化龙鱼。

老黄自叙：

> 回书未敢谓贤书，露丑肝肠愧了予。
> 冰炭不关心觉净，譬如水激则无鱼。

雷作其五：

> 习习莺鸠笑大鹏，徒于汝口亦何凭。
> 强中更有强中手，寄语劝君莫自称。

老黄和褒：

> 诒年云路任飞鹏，廷选青钱兆尔凭。
> 得窝贤才君自有，何须我以笔吟称。

老黄自叙：

> 男儿奋志胜飞鹏，假我摩能得有凭。
> 学比营规羞见识，涂鸦焉敢自称薄。

7. 雷天三，字菊泉，名舜渔，凤楼仓头人，省文史馆员。

竹笔简诗

> 人言称君子，此语实非处。
> 幸得淇园处，选入文房居。
> 壬戌秋月舜渔氏题

题于凤阳隔头胡家坪矾山朱氏祖墓

> 身前最是乐斯邱，尔绕岭垚一坐收。
> 为此道山应石静，千年翁仲作佣俦。

眠床七言律一首

> 与尔成婚共被眠，夫妻永久结良缘。
> 举头白髮同偕老，祝寿方知享大年。
> 最爱燕山窦十郎，多生贵子起腾芳。
> 人称五桂诚堪羡，祖德流传启后昌。
> 兴子相逢俱小年，天成佳偶是天缘。
> 恩深义重情未久，养得麟儿继后传。

题于沙埕"莲花屿"

莲现砵中神自显，花浮水上地为灵。

题于福鼎梅溪马仙宫

梅花树下马安殿，溪水源头乐仙宫。

1962年9月6日参加平阳县政协第二届会议
以平阳二字为题

平地发声雷一响，阳关叠唱曲三歌。

平旦黎明人人自起，阳关地润物物皆生。

四、畲歌唱本

畲族是个历史悠久的民族，畲族歌谣是畲族人民在生活生产实践中的口头文学创作，它用民族语言，编成通俗易懂的歌谣，在畲族集中居住的乡村广为传唱，并世代传承。

凤阳畲民喜唱民歌，素有"以歌代言"的传统习俗。在收集的民间畲歌手抄本中有各种名目繁多的歌谣，集中概括为八类内容：即历史传说歌、小说故事歌、劳动歌、风俗歌、时政歌、情歌、教育歌、杂歌等。而在不同场面举行男女盘歌时，即要显视其个人的才智，临场发挥随机应变，即称谓"散条溜""十条编""三条变"等诗歌，一般没有固定的歌词。

上述收集的畲歌手抄本中，历史传说歌有：《历史歌》《金宝炉》《金香亭》。小说故事歌有：《钟景琪》《双剑记》《碧连珠》《古人名》《八宝带》《英台十唱》《林宗英告状》《纸马记》《状元游街》《杨家将》等。劳动歌有：《采茶歌》《长工歌》《钟绵哥》《共耕牛苦》等。风俗歌有：《迎客歌》《劝酒歌》《点心歌》《闹洞房》《起寮歌》《哭嫁歌》《成亲歌》《孝顺歌》《守灵歌》等。时政歌有：《坏时年》《三中全会转乾坤》《廉政歌》《感谢歌》《苦歌》等。情歌有：《待娘歌》《带仔歌》《汗巾歌》《十求娘》《送郎歌》《姻缘歌》等。教育歌有：《启蒙歌》《畲家幸福娃》《畲族童谣》《儿歌》等。杂歌有：《十二月古人名》《喝茶歌》《谜语歌》《放牛歌》《生肖歌》《花名歌》《鸟名歌》《拦路歌》《送神歌》等。这些都是凤阳畲民自编自唱，易学易记的歌谣，这些畲歌唱本是畲族人民的口头文学创作，数百年来广为流传，既是民间宝贵的文化遗产，也是文学百花园中的一支奇葩。

2010年，畲族歌手蓝梅英被苍南县广电新闻出版局评为首届十佳"非物质文化传承人"和"文化示范户"。她精心收藏了大量畲族各种类畲歌手抄本。

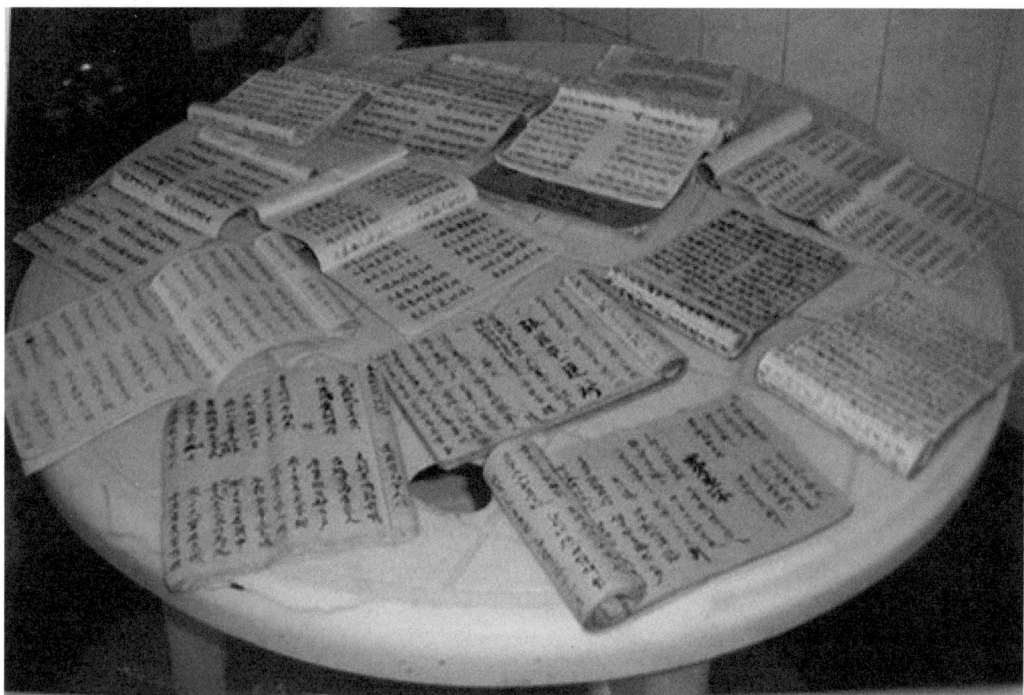

图 3-7-3-3 蓝梅英：畲歌唱本（蓝准秀 摄 2015年）

第八章 习俗与信仰

　　凤阳畲族乡境内畲汉两族有着相沿久积的习俗和信仰。畲族与汉族一起散杂居住，深受当地汉族习俗的影响，有些习俗也渐趋汉化，但畲族在很大的程度上传承了自己民族特点和形式。随着时代的变迁，有些民间习俗或保存，或改革，或摒除，并在不断变化。

　　乡境内的畲汉风俗信仰，集中表现在物质生活和精神生活的诸多方面。本章内容繁多，重点记述古今衣、食、住、行四大方面，福圣庆诞、民间节日活动、传统节日、妇幼孕育、人生习俗、婚丧寿庆、祖灵崇拜，及境内规模大小宫庙的历史记载。

第一节 习 俗

　　畲族的历史渊源和经历形成与众不同的生活方式。畲族姑娘身穿民族服装头发盘髻，出嫁时头戴凤冠，头顶插银簪，身穿绣花裙，足履绣花鞋，别具一番美丽。生活饮食方面，畲民昔日生活于深山僻壤，自制食品成为日常食物的主要来源，有晒制干货、腌制鲜货、水作处理等，其方法有晒制、腌制、浸制、蒸制等。村民的房屋经历了草寮、瓦房、楼房等阶段的发展过程。近年来大部分村民享有政府优惠政策，实施异地脱贫，并向集镇中心迁移，大大改变了村民居住条件。

　　畲族是勤劳智慧的农耕民族，男女共耕，喜种茶苎，家家采集，户户蓄养，中华人民共和国成立前有狩猎习俗，在生产劳动中，经常祈求神灵保佑风调雨顺、农业丰收，在农忙季节大家相互帮忙，有送工盘工习俗。畲汉村民在长期的劳动过程中对天地生灵，自然万物崇奉不已，虔诚之至，如农民为祈丰年，先做"开垟福，四月择日，抬庙中神像"绕民宅田垟巡游，求社神驱除虫害，祈保丰年，开垟福毕村民聚会。

　　畲汉两族均有自己的岁时习俗。一年四季，节日连连。许多节日的时间和名称与当地汉族的相同，但内涵和形式则大不一样，如"二月二""会亲节""三月三"等畲族传统节日更是别具一格。随着畲乡特色旅游的崛起，温州市民宗局在各个民族乡轮回举办的畲族风情旅游节，以带动畲乡经济发展。

畲民在一生中有几个重要环节要举行一定的仪式，主要有诞生仪礼、成年仪礼、婚姻仪礼和丧葬仪礼。人生习俗是社会民俗事象中的重要组成部分，它与社会组织信仰、生产与生活经验等多方面的民俗文化交织，集中体现了在不同社会和民俗文化类型中的生命周期观和生命价值观。

一、生活习俗

（一）服　饰

"笄" 畲族称头冠为"笄"。乡境内妇女的头冠，由冠身、裹布、串珠飘带、花饰银片、银簪等组合而成。民国22年（1933年）《畲民调查》中记述："妇女之装饰，除衣服外，尚有钗钏之类，用助其美。顶上有帽，以二英寸许之毛竹管制成，外裹以布，上置以长寸许之长板之两端，系以珠穗，两旁复贯以长珠串，经耳际垂于双肩。帽下周围更以银制之花，遍插头上，复有珠串由前额垂及眼际。""冠身为一竹筒（或用笋壳编成），呈牛角状，长约17厘米，下端开一弧形起口，上裹红布条，外镶各种花纹和神像的银片，作七

图 3-8-1-1 头饰（蓝准秀　摄　2012 年）

星、八仙、十二生肖等形状，绕以数串白色珍珠或红色璎珞。两侧各饰两条蓝色串珠分垂于两肩，前缨后尾，甚是美观。"

在凤阳境内凤楼村走访搜集资料时看到一副头冠，当时拍了照片。冠体呈圆柱形，长约20厘米，直径8～9厘米，似将竹筒壁剔薄，下端有弧形切口，外表裹以青布，后背中间处镶红布。两侧分别以靠近上下两头处为起点与终点，系挂三条白色琉璃珠；另有两三条杂色琉璃珠，则以左右两侧为系挂起点与终点。头冠前顶部中点镶有一枚铜钱，下侧挂一块长方形银片，银片上刻有花草和边框图案；银片下沿悬挂12串白珠，每串挂珠末端又有一片银质挂件，挂件上同样刻有图案。如将冠体竖直时（实际佩戴时为斜置），可以看到冠体"额部"还镶有一块银片，银片上也刻有精美的纹饰。实际佩戴时，头冠上面还复

以头巾，两侧的挂珠垂于两肩，还有数条挂珠自两侧悬于胸前。凤阳畲族的头饰在盛装时，还要于额前及两侧配以三支银簪。银簪畲民俗称"银花"，在凤楼村尚存一套，制作工艺也很精细。一套银花共有三支，一支"拦头花"，盛装时插在额前；两支"凤花"，分别插在左右两边。每支银花的正中上方，都有一个红色绒球，几十根细软的银丝末端，做有八仙人物和祥瑞动物如凤鸟、狮子等。"拦头花"较"凤花"宽大，位于银花最下层有十二只凤鸟，每只凤鸟嘴里叼着一串做有吉祥图案的银片链子，组成一道飘动的漂亮银帘。

"凤凰髻" 中老年人多用蓝色或黑色毛线，所用饰物较少。年龄越大，毛线髻越小，呈扁螺状。畲族少女头的梳法，是先将头发分为前后二部分，后面的头发扎成坠壶状，再取前部分头发中间的大部分扎平，并与后来头发扎紧，然后由右向左盘绕额头，再用红毛线缠绕于额上，插上少女银簪。畲族的"凤冠"，剜更为精致，顶边还饰有八组银象，且有遮面银帘，装潢华贵。有些少妇发式是先把头发分成前后两部分，先将前部分右侧头发往左边拢，并扎上一束红毛线，与左侧头发拢干耳上，用发夹固定。后部头发用红毛线扎成束，然后把三束头发交叉编成辫子，用红色毛线扎紧，从左往右盘于头顶，不加假发。额头裹一黑色头巾。妇女头髻系在脑后，结一盘髻。髻上套一发网，插上发夹和银花。

当地畲族妇女头饰是用一个小竹筒，外裹自织红色丝帕，筒前饰银片，前额顶挂三块银牌，称"髻牌"。头顶插有银簪一支，簪的外顶部挂红色丝线五至七束，称"髻须"。头顶披有一块约一寸宽的绒布，还盘绕三串白色珍珠。

衣 裙 乡境内旧时畲族妇女的服装，可分礼服与便服两种。畲民称之为"钉花衫"的是礼服，一般是畲族姑娘结婚时娘家作为陪嫁衣物，在婚礼、迎宾、做客、参加对歌或者节日活动时穿着。上衣为黑色大襟右衽，有衬里，面料多是绸缎、呢类等优质布料。胸前从中线至右侧部分，沿衣襟边缘绣有一幅色彩鲜艳的图案。绣花图案为四边形，宽4寸左右，右边长（高）在4至5寸，与上边（斜）沿衣襟边缘而作；左边顺胸前中线延伸至领口，长（高）约6至7寸。图案内容，或花鸟虫鱼，或吉祥动植物，或人物形状，周边围以一道乃至数道齿状或其他几何图案的花纹。衣领为中、高竖领，领上通圈绣有动植物花纹，领根处围以彩色细布条和多色齿状花纹；衣领布色或用衣服本色，或与袖口所镶彩色布条相同。额下领口有一个布扣或银、铜衣扣，左右各镶钉一个直径约2厘米红绒球。衣襟右侧腋下处无衣扣，但缝有一对布条供穿着时固定之用。上衣后裾长于前裾，衣襟两侧开衩，右侧开衩处缝有一只布扣，有的还在右侧内襟缝一口袋。袖口绣有数色花纹图案，袖端向外翻折，并缀以数道宽窄不一的红边或红绿相间之布条做装饰。畲族妇女的传统便装，畲语也称"便衫"，在日常生活中包括在劳动时穿着。上衣也是大襟右衽式，一般是用苎麻布制成，胸前右侧也有与礼服相类似的绣花图案，但是比较简单；低领或无领，低领的衣领一般也无绣花；袖口镶缝的彩色布条，较少而单调；除肩和衣襟边缘外，其他无衬里。

图 3-8-1-2 服饰（蓝准秀 摄 2015 年）

旧时畲族妇女尚穿长裙，现代的畲族服装在结婚时也穿素面长裙。《平阳县志》曾记载：畲族姑娘"结婚时，尚穿素面长裙，裙面镶有两条纵式云纹白色带饰，下面镶有二条白色带，中缀红色花饰"。乡境内鹤山村尚存一件素面长裙，该裙裙头为蓝色，裙身为青色，裙头长（腰围）3尺5寸；裙长（高）2尺5寸（含裙头4寸），裙身（下摆）为二幅，每幅宽2尺5寸；二幅下摆于前正中交叠4寸，在腰身两侧的裙头处，裙身（下摆）上沿各折12褶，裙头上缝着花带。据传这种长裙作为礼服，是加穿在裤子外面的，穿着素面长裙后还在腰间扎一条彩色丝巾。本地称之"手巾"。该丝巾宽1尺，长1丈2尺（含两头的网结璎穗各1尺），在腰间扎两圈后结于腰前，丝巾两头垂于素裙外面，作为装饰。罗源畲族也有类似的花巾，盛装时也扎于腰间，但有趣的是扎结却打在身后。

畲族妇女都有穿素面长裙的风俗。裙为黑色或蓝色素面，没有口袋，筒式的长裙，长过膝下至小腿之间，裙头打折绣花。姑娘出嫁做新娘时，用青色绸缎、精哔叽做裤。外穿蓝色或紫色的叠脊'虎牙裙'，裙上刺绣着'凤凰采牡丹'等花鸟装饰，腰间捆缚宽腰带。正面垂两条长一米的飘带，随行飘动，甚见风雅，称之"大裙"，是"畲族妇女结婚时的专用裙。黑色、素面，四褶，长过脚背，分筒式和围式两种，皆系于衣内，与上衣相配，显得古朴典雅、庄重大度。同时系束宽大的绸布腰带，或系大绸花，其色多蓝。现代，受汉族影响，畲族妇女改穿红色或其他颜色长裙。在裙子上面，还围着一条蓝色的麻布小围裙。围裙的带子，是经过艺术加工的。它是用丝线和棉纱线织的，3厘米宽，有蓝、绿、白三色花纹"。

围　　兜　　畲族传统女装都搭配围兜，而且围兜做工精细。在日常生活中所用的围兜十分普遍，畲民称之为"拦腰""拦腰裙"，当地闽南语分别称之"合手巾"与"围身裙"。在上世纪六七十年代及其以前，畲民的"拦腰"是用白纱与青纱纺织而成的，只有经纱与纬纱自然组成的本色简单图案。长（高）约一尺余，宽约一尺三四寸，上沿镶上织花带，主要用于劳动时束腰，使干活更利索。"拦腰裙"普遍为蓝布裙头，青（黑）布裙身。裙头4寸，双层（8寸对折），裙身2尺至2尺4寸，拦腰裙总长2尺4寸至2尺8寸，裙头上沿镶上织花带。有的人束上拦腰裙时，裙身下沿与裤脚几乎平齐。"拦腰裙"主要在家里从事家务时使用。"拦腰"和"拦腰裙"在过去是畲民的随身系带之物，物虽平常，但用处很大，不可缺少。上山、下地时都会扎上它，让手脚格外利索；畲族妇女挑柴、捎草下山，用它护头；寒冷天气时，老人、小孩用它束身保暖，或者似扎在腰间的"拦腰"与"拦腰裙"掩盖"火笼"取暖，可谓是旧时畲民苦难生活的见证。

花　　鞋　　畲族妇女盛装时穿绣花鞋，是各地畲族的共同风俗，只不过绣花鞋的样式不尽相同。苍南畲族的女鞋为方头单鼻绣花布鞋，色彩鲜艳，工艺精美，畲族民俗称"四角鞋"。鞋底用苎麻线纳成"千层底"，白布包边；鞋头正中缝一条中脊，但无红缨装饰，鞋口镶有花边，鞋面两侧绣有对称的花形图案，后踪部位两侧绣云形纹饰。但畲族男鞋样式，据说为圆头圆口素面布鞋制作和款式，与汉族无异。

银　　簪　　旧时畲族女装还配有其他饰物，主要有发簪、耳坠、手镯与戒指，以及头巾等。发簪除了上面介绍的式样外，还有一种俗称"金针花"的银花，一端用五条弹簧状的银丝连着五朵银豆花，稍有晃动就玲琅作响。这种银花是以装饰为主的。另一种以固定发髻为主要功能的插件，俗称"银针"，呈四菱形，针状，大头一端的颈部有三根银链子分别连着一只银豆。当"银针"插在发髻上时，三只银豆就自然垂下，头部稍有晃动，便会发出声响。以上两种银饰，多为殷实人家所用，或是盛装时一用。一般畲族妇女用的是一种最普通、最实用的银插，这种银插长七八厘米，呈U字形，头发挽成发髻后，在外面扎上发网，并分别在发髻的左、右、上三个方位各插进一根银插，予以固定。这种方法疏挽固定的发髻，上山参加劳动，甚至头背上压上大几十斤重的东西，也不会散乱。银发夹、耳坠、戒指的式样比较简单，手镯多为银质，这些饰物大多也是订婚信物和陪嫁饰品。境内新村蓝梅英家仍保存一套制作工艺银牯细，称"银花"。一套银花共三枝，一枝拦头花盛装时插在额头；两枝

"凤花"分别插在左右两侧。每枝银花的正中上方都有一个红色绒球，几十根细软的银丝末端做有八仙人物和祥瑞动物——凤鸟、狮子等。"拦头花"较"凤花"宽大，位于银花最下层的十二只凤鸟，每只凤鸟嘴里叼着一串做有吉祥图案的银片链子，组成一道飘动漂亮银帘。

罩头巾　为方形或略长方形，边长约一尺至一尺二寸，两头留有缨穗，有的在四个角上镶上铜钱和锡制饰物，用以压重，防止人行走时飘落。头巾多在上山背杠柴草时，罩头护发，老年妇女在冬天也用它罩头保暖。

银　锁　有的畲族妇女盛装时在脖子上悬挂银锁（银牌），银锁上有多样吉祥纹饰，下面垂挂银短链和银铃，显得雍容华贵。

（二）食　物

在自然经济条件下，畲族居住地远离集市，农民日常食品的重要来源是自制食品。自制食品种类很多，方法有晒制、腌制、浸制、蒸制等。

1. 大米制品

春年糕　最平常的是用粳米做年糕。传统的春年糕，先要将粳米浸透，加工成米粉。传统的方法是用水碓或者踏碓春粉。在米粉中加入适量清水，调和成"团粒结构"，放进铺有蒸巾的木甑（蒸桶）；在大锅水沸时放入木甑，待木甑内冒出蒸汽时再盖上盖子；当盖着盖子的木甑有不少蒸汽冲出时，年糕差不多就熟了。将蒸熟的年糕（俗称"粿花"）倒在石臼里，一个人用7字形的木柄石锤先"擂"后"春"，另一个人配合着"拨"和"翻"年粿。春到年粿黏、实时，取出放在粿板上，做成大小适中的条、块等形状，晾干后保存，以备食用。

糯米糍　是畲族庆典与待客的最高规格的传统食品，只有逢年过节、婚嫁寿庆或者招待贵宾，才会春糍。乡境内传统婚俗中，"请表姐"时是一定要春糯米糍的，否则会觉得没排场、不隆重。宴请贵客亦然，如果没春糯米糍，至少也要春糯米粉做汤圆。"糯米糍"的做法是：先把糯米用清水浸透（一般需12小时），放进木甑蒸熟，再趁热倒在石臼里，与春年糕一样，直到把糯米饭春到看不到饭粒为止。再把它捏成小圆饼状，沾上红糖、熟豆粉等做成的香粉，即可食用。如需较长时间保存，可以把小圆饼晾干后浸于水中，待食用时捞出贴在锅里，用文火烤，适当翻动，防止烤焦，可稍下点油，但切忌下水。加热至糍饼变软时，味道如初。其实，畲家临时来了尊贵客人，做少量"糯米糍"都是采用最简便、省时的方法：把糯米烧成饭，再春糯米糍。如一时没有糯米，便会拿几斤糯谷到大厅里的谷砻上一砻，用簸箕簸除谷壳，再把糙米放到石臼里舂上一阵，便是白花花的糯米了。如是做汤圆，用清水把糯米浸上一阵后，拿到石臼里舂粉，过丝筛（粉筛）即可。畲民正是以自己的勤劳与真诚，世代传承着淳朴与待客之道。

清明粿　也叫鼠曲粿，畲民叫"篙伲粿"。因为鼠曲草在清明前后生长旺盛，它生长的新叶毛茸茸的有半卷形，好像狗的耳朵，所以畲民通叫它"篙伲"，因此得名篙伲粿。篙伲粿制作跟年粿一样，不过它是加上鼠曲鲜草跟米粉拌均匀后一起放进饭甑里蒸熟的。然而它跟年糕比有另一种香味，就是鼠曲的清香味，畲、汉族都十分喜欢这种香味，到清明节家家户户都舂清明粿。食用清明粿只有炒、蒸两种，不宜烧汤。村民逢年过节都敬请祖宗，表示孝敬，愿老祖宗保佑平安，五谷丰登，六畜兴旺。另外村民用清明粿来提示春耕大忙即到，畲乡各流传着这么一句话："清明粿食了田里反。"意思说，吃了青青的清明粿大家都要去到田野里拼搏，往后的日子就没有空闲了。

九层粿　九层粿是一年一度必备的食品。每逢七月半来临之际，村民就要提早两天弄九层粿。选最好的大米用水浸12个小时后，捞上来放入箩篮里用水冲净米浆，然后再放入大盘里加上清水。如果你要蒸咸粿就在盘里放入适量的食盐，要蒸粳粿的就加入"粳水"。"粳水"的制作：选新鲜干净的稻草若干斤，把它烧成灰，待草灰凉后放入篮子里，把篮子放大盘上面，用开水冲淋，一蒸粿需要多少水你就淋它多少水。让大盘里粳水沉净后加入盛米的盘里用勺拌匀即可。然后用石磨磨成米浆。完成后，灶炉升大火把大锅里水烧开，蒸笼铺上蒸巾放进大锅上，预热两分钟等蒸笼冒气后用碗或者勺子把米浆倒入蒸笼里，盖好笼盖，加大火力，五分钟后第一层就熟了，再加第二层、第三层……，一直加到蒸笼八分满为止，蒸熟第一个九层粿就可以出锅了。以前只有咸糕和粳粿两种。近年来，她们加入桂圆肉、葱头油、精肉布丁、鸡肉布丁、枸杞等食材，做出来的九层粿别有风味。

米　面　村民逢年过节之时食用。米面的加工方法很简单，将米浸透后，用石磨磨成浆。大锅里放入半锅水，把煎盘架在大锅里，当锅里的水烧沸时，在煎盆内擦上一些食用油后倒入一小碗（适量）米浆，并用专用木梳把米浆理平。盖上锅盖，待一二分钟后蒸汽将米浆蒸熟时，把煎盆里的米面拎起一个角，搭在一根一尺多长的小竹管上，再将整片米面挂到竹竿上晾。按以上方法一层一层的蒸制，冷却后便可切成细条，回锅煮食。如不在近日使用，也可晒干后保存。

2. 豆类制品

养豆芽 用黑豆养成的豆芽最受人喜欢，这种黑豆是农民自己种的"田埂豆"，粒大味香。养豆芽时，只需先用清水浸泡几小时，捞在竹篮里（能漏水的容器即可），上面盖一层纱布或软草，每天浇水（冬天用温水）二三次，经过五六天便可长成豆芽。黑豆豆芽是畲民最普遍的豆制品，逢年过节家家都会制作。

晒 酱 先将黄豆或者豌豆、蚕豆（须去皮）浸透、煮熟，放在晾葫上自然腐化发酵，等到这些豆坯长毛后，放到陶质的酱箇里，调至适当咸（盐）度，摆在露天，白天在太阳下暴晒，晚上让它自然冷却，通过约一个月的晒制自然成酱，味道鲜美异常。不少村民会晒制豆酱自用。

豆 腐 方法与汉族做豆腐相同，一般只在过年的时候或者家里干事、用量较多时才会做。也有用豆腐做豆腐乳的。

3. 腌制菜品

人们腌制的菜品中，最普遍的是芥菜、萝卜、"九头缨"（雪菜），尤其是芥菜，可谓是农家的当家菜。

"瓮菜" 农民加工芥菜的方法有多种，如晒菜干，腌"瓮菜"和腌"咸菜"等。晒菜干，是把青芥菜切成一至二厘米大小的碎段，晒一天，揉捻一次，次日再晒、再揉捻，直至晒干。腌"瓮菜"，是先按晒菜干的方法进行，在尚未晒干还有一定湿度时，加入适量的盐和调料（如姜、辣椒），装进瓮里，并压紧实。瓮菜微酸，别有风味，可以做很多菜品的佐料，如烧鲜鱼，烧粉干与面条等。芥菜腌制咸菜，有两种做法：一种是腌"水菜"，先将芥菜在太阳下晒上一天，使茎叶变软，而后用手揉捻，加入适量的盐腌制。此法腌制的"水菜"微酸，口感较脆，但不宜保存太久。另一种是将芥菜先按腌制水菜的方法腌制一遍（稍少加盐，可不揉捻），6～7天后择晴天"回菜"。"回菜"时把"水菜"捞出未，晒上1～2天，去除相当多的水分而成"咸菜坯"，再把每1～2株"咸菜坯"缠成一卷，一层菜坯一层盐地腌入陶质的缸内，并压上石块。2～3天后，即泛菜卤。如菜卤不能浸没菜坯，则需调制盐汤补充菜卤。此法腌制的"咸菜"，香、韧异常，能够长期存放，乃至年余。

萝卜、"九头缨"（雪菜） 萝卜多被晒成萝卜丝、萝卜条，便于较长时间食用；有的还将萝卜烧熟后加盐腌存，作为夏季解暑防病的食疗佳品。"九头缨"主要用于腌制水菜，方法与腌制芥菜相同。

4.野菜加工

山蕨菜　春夏季间最普遍的是山蕨菜，用沸水焯过后，或者鲜炒，或者稍事腌制后冷拌，都是很好的时令菜品。有的人家拿山蕨菜用沸水焯烫后，加盐腌制，能保存较长时间不变质，食用时再把盐分淡化，或炒、或拌，鲜香如初，尤其是经过揉捻的山蕨菜，口感特别好。采用相似加工方法的还有苦菜、青草芯等，先用沸水焯烫，拿清水漂洗后烧食。山间的小竹笋，同样在采摘后，去壳、沸水焯烫，再烧煮食用或者晒干保存。

"苦椎豆腐"　是秋季采摘壳斗科树木（主要是苦椎、麻栎等）的果实做成的。做"苦椎豆腐"的方法，是先将果实去壳，把果仁用水浸煮多次，去掉涩味，再磨浆做成豆腐状，切片晒干收藏。食用时，先浸煮使其变软，再回锅炒制。"苦椎豆腐"有清凉解毒的食疗功效，是夏季饮食佳品。

5.家酿黄酒

畲族男女大多有饮酒的习惯，这与畲民居处山高水冷、劳动繁重艰辛有关，加上过年过节、招待客人、饮食烹调、滋补人药等，都需要用酒，同时自酿黄酒显得更方便、更经济，因此，每年粮食收成后，每家每户都要酿一缸黄酒，以备随时所用。

酿酒的方法倒也简单，一般的配料比例：糯米1斗（10升，约7斤），粬3～3.50升，水10.50～17.50斤，即1斤米下1.50～2.50斤水。水少则酒浓，水多则酒淡，有特殊要求的，配比可以调整。如酿"月里酒"（供产妇用），大多是1斤米下1.25～1.50斤水。酿酒方法：先将糯米用清水浸透、洗净，把水淘干；再将糯米装入木甑蒸熟，倒出后让糯米饭凉到一定温度，装入缸中和粬拌匀。粬可以事先按比例配水浸于缸中。需要注意的是糯米饭的温度要根据所处季节的不同而变化。冬天气温低，糯米饭的温度在40～50℃时入缸；夏天气温高，糯米饭晾冷后再入缸。糯米饭与粬入缸几小时后即开始发酵，发酵期间要用专用工具或锅铲把缸内的"酒饭"拌匀，每日数次，待发酵期过（一般5～7天），即将缸口封固，约一个月左右即酿成酒。

有些懂草药的村民，从山上挖来十多种乃至几十种草药，洗净、晒干、切碎后，用大锅煎出药汤，过滤、晾凉后当水酿酒。这种"草药酒"颜色橙红，香醇可口，有着特别的风味，民间以为有辅助治疗风湿、冷胃等功效。

（三）居　住

畲族选择依山临涧的"风水"之地营建居所。村落多处于山腰山坳、林木环抱的高山僻壤之地。在畲民看来，这些地方有着丰富的山地资源，便于刀耕火种、放牧狩猎，又是安全生存的"风水"地。畲族先民选择避风朝阳，又可防灾的相对宽敞之地搭寮栖身；同时又临近水源，在源头处筑井，或是把毛竹破开、去节后作槽，引流入宅，解决人畜饮水问题。畲民笃信"风水"，搭寮必请"阴阳地理师"选址定向、择日开建，包括勘定房前屋后的厕所、猪牛栏、烧灰间等位置。挖基筑墙要择日破土动工，建瓦房时切木做梁"定分金"（定坐向），上梁都要选吉日，筑灶要选日起灶底，房前的台阶、大埕的出入口如何构筑都有讲究。若周围环境或视野内有某处不合"风水"，还要通过开挖水池或者垫土造林等方法营造风水；如有某种犯忌，则设置"泰山石敢当"化解等等。畲民特别喜欢在房前屋后种植竹木、茶叶及各种水果，如种樟、枫、乌桕、柚、柿、麻栗、桃李，以及毛竹、绿竹等，营造一个优良的自然环境。

凤阳畲族乡畲民的民居建筑经历了草寮、瓦房、砖瓦房的演变过程。

"草寮" 即草房，它在发展过程中占据了太长的历史。旧时，绝大多数人家住草房。且不说初迁阶段如此，很多农民因贫穷而几代人住草房，偏僻山区的少数贫困户，在20世纪80年代仍住草房，直至90年代新农村建设开始后，草房才被瓦房取代。

图 3-8-1-3 居住集中的畲村：隔头自然村（蓝准秀 摄 2015 年）

　　草寮分两种。一种是烧灰间、堆柴间，一般为"介"字形，用四根或更多根竹木做柱子，只盖房顶遮雨，没有壁围。另一种是人居草寮，大多以3～4根木头或毛竹做柱，柱头埋入地下尺余，上部架上2～3根横条，柱子顶端向前后各斜架一根竹木作房顶坡面，做为"一壁"主架；两壁主架便可搭建一间房。由于草房相对低矮，只有一层可用。一般人家都要搭建2～3间。草房多为单家独栋，最普遍的是"一正两披"的3间房：中间立两壁主架做正房，主架间以毛竹作梁、檩；有的选用有权的树做柱子，梁、檩固定在树权上。前后房顶坡面用直径7～8厘米的竹木做椽子，扎成横竖间距2尺×1.50尺左右的框格寮架。搭寮架都用竹篾捆缚。正房寮架搭好后，左、右及后方三面围以矮石墙或土墙，主房两侧的"披"也先做成框格寮架，上沿与正房主架连接，下沿置于石墙或土墙上。寮架都搭好后，再往寮架上面自下而上地按一定间隔铺上一片片"草搧"。有的草房四面都筑石墙。周围不做石墙、土墙的，也可以都用竹木主架，再围以草搧或者竹片、木板做墙壁。这种"一正两披"的草房较能抗风，比较适应沿海夏季台风频繁的气候特点，四面筑墙的草房更能抗风。也正因为台风暴雨多，一般不采用竹篱糊泥巴做壁围或者筑土墙。制作盖草房的"草搧"，先要选取2米多长的竹竿或木条作"草搧骨"，再将冬稻草一把一把地缚到竹木条上（缚在根茎一头）即成。偏僻山区也有用菅茅草做"草搧"盖房的，极少数的村民用杉树皮盖房。

　　还有一些木架草房，是农民因无经济能力一次性建瓦房，先按建瓦房的标准做好每壁木柱，房顶全部或部分采用草房结构，待有经济条件时再上檩钉椽，盖成瓦房。这种做法反映了村民建房分期实施、不断积累的过程和坚持不懈的奋斗精神。

　　草房内的布局，因地制宜、因人而异。一般情况下，正房做厅间，置神龛，兼作会客、用餐。灶间设在正房后半间或者披房，余下的做卧室和仓库。畜栏、厕所一般都在主房外另建。住草房都做土灶，本地亦称"平灶"。平灶没有烟囱，利用锅灶余火烧水的汤罐，不像烟筒灶那样安在灶心，而是挂在灶门上方，俗称"吊罐"。平灶的烟直接排于草房内，通过烟熏防潮，有利延长寮架使用年限；有的人家把箍桶的竹篾条、晒番薯丝的篾篓等，也置于平灶上方熏烟防蛀。草房阴暗潮湿，而且非常容易失火。"草搧"风化腐烂后会造成漏雨，故1～2年就需要翻盖一次。草房在人们的心目中只是"过渡房"，瓦房才是他们的奋斗目标。

　　瓦　房　俗称"五檩寮"（五柱厝）。1978年改革开放之前，瓦房是人们梦寐以求的住宅。老瓦房多数是平房，木屋架、木门窗，以木板隔间，盖小青瓦，边墙、后墙多为石墙。一般瓦房用五根木柱架成一扇（壁）。数壁木柱之间各横以梁、檩，再钉椽盖瓦。房柱柱脚垫以石磉，石磉置于地面的磉磐石上，以利柱头防潮防腐。每间房长在木匠尺（鲁班尺）三丈五尺（每尺约等于27厘米）至三丈八尺左右，有加"拖檐"会更长一些；宽一丈一尺至一丈三尺，栋柱（中柱）高一丈八尺六至二丈三尺六。少数也有建七柱瓦房的，因使用石材便利，一些喜欢用块石砌墙、筑路、作台阶，所建房屋更具天然的特色。

作为"祖厝"的瓦房，正中间为厅间，以厅间为中心对称布局，有五、七、九、十一间不等，一般为单数。厅堂及厅前门廊的结构布局，又有"三间头"与"五间头"之分。"三间头"布局是：厅间在前二步柱隔断，置大门

图 3-8-1-4　顶堡南头"五间头"瓦房（雷朝涨　蓝准秀　摄　2015 年）

槛、做双扇门，厅间左右两侧房的前房门，在厅前门廊相向而开。"五间头"布局是：厅间及左右两侧共三间房都在前二步柱隔断，厅间置大门槛、做双扇门，左右两侧房做花窗，左右两侧房的前房门在厅内前端相向而开；厅间左右侧第二间房的前房门，在厅间及左右两侧房的门廊相向而开。"三间头"与"五间头"以外各间房，都按房屋坐向开前门。房内布局，只有厅间及两侧房屋有统一的格式。厅间（从前二步柱起）在后二步柱以木屏风（亦称照壁）隔断作厅堂，两侧留门，中间设神龛、神座。厅堂间不做楼板，以便能竖着放置篾簟等较长（高）的物件。本家族祭祀祖先、红白喜事都在厅间举行，一些公用器物，如谷砻、风车、石磨、石臼也都摆放在厅间或门廊，以方便使用。厅间后段称后厅，多用作通道，放置杂物或者家禽笼具。如是楼房，楼梯架在照壁后面。厅边两侧的厢房前段做卧室，有经济条件的还铺上地板。厅边厢房后段多辟为厨房。房屋的分配，按户主在家族中的长幼顺序，以厅间为中心往两侧依次排列居住。

20世纪80年代，凤阳畲民曾建造过一批不同于上述砖混结构的封檐瓦

房，其基本结构除檐口牌面外，与普通"五柱""七柱"瓦房相同。不同的是前柱用块石或砖砌筑，以大条石横跨整间，条石上砌砖墙、开窗门砖墙封至檐口；楼下在二步柱处隔间做前门，门廊宽敞；楼上筑楼板，多用前部做卧室，光线良好。这种封檐瓦房比普通瓦房能抗风雨，房内光亮，门廊适应农家需求，内部隔间及楼板也可以分期建设，颇受欢迎。

砖瓦房 20世纪90年代以后建起来的砖混结构住宅基本都是钢筋水泥框架结构的砖瓦房，多为4~6层楼，居住安全舒适，一间房屋足够供一个主干家庭生活所需。

乡民都按照乡村规划建设，水、电、路设施配套，大大改变了农民的居住条件。这些都是改革开放政策，带来了山区乡村经济的发展，尤其是政府实行少数民族下山脱贫政策，每年安排一定数量的建房土地指标和相应配套资金，扶持偏僻山区整村向集镇中心村迁移。

图 3-8-1-5 鹤峰村移民点赤溪镇北岙（雷朝涨 蓝准秀 摄 2015年）

表3-8-1-1 1993—2010年凤阳畲族乡下山异地脱贫小区搬迁情况

小区名称	搬迁户数	建设年度	其他情况
凤阳新村	顶堡村 90 户	1993—2010	汉族 65 户畲族 25 户
凤阳新村	鹤山村 79 户	1993—2010	畲族

续表

小区名称	搬迁户数	建设年度	其他情况
凤阳新村	岭边村 44 户	1993—2010	汉族 37 户畲族 7 户
龙头山移民点	鹤山龙头山 22 户	1993—2010	畲族
龙头山移民点	岭边村 4 户	1993—2010	汉族
龙头山移民点	顶堡村 2 户	1993—2010	畲族
赤溪镇北呑	鹤峰村 21 户	2002—2010	畲族
赤溪镇北呑	凤楼村 13 户	2002—2010	畲族
赤溪镇望海路	鹤峰村 38 户	2005—2010	畲族
赤溪镇望海路	凤楼村 15 户	2005—2010	畲族
矾山镇南下小区	龟墩村 24 户	2008—2010	汉族
矾山镇南下小区	顶堡村 5 户	2008—2010	汉族
矾山镇南下小区	岭边村 2 户	2008—2010	畲族
合计	359 户		汉族 135 户畲族 224 户

资料来源：根据凤阳畲族乡政府提供资料汇编。

有不少农户搬迁到县内乡外各地居住，有的购买了套房，分布在灵溪、矾山、赤溪、马站、龙港、金乡、宜山等地。现许多自然村已无人居住，如顶堡的上下后坑，鹤山的上中岗、龙头山、田中央、坪石、胡家坪，岭边的杨家坑、后沟李、田垄头、大岗，凤楼的墓牌，鹤峰的三十亩、深埯、苏厝、岭后。有的自然村只剩下一些老人留守，如漈头杨、李家山、章家山等。

建房是农民家庭乃至家族的大事，世代传唱的《起寮歌》记载着农民建房的艰辛、欢乐和礼俗。除了上面提到的看风水选地址，择日破土动工，选日切木做梁，选吉日"定分金"、上梁外，《起寮歌》唱出上梁之时的民俗事象：

起寮歌

吹打先生几班吹，六亲九眷全都来，
人客来喝上梁酒，淡淡酒仔喝一杯。
子时呐到好上梁，又叫好命来抬梁，
先生中梁请好了，时辰呐到喊扛梁。
时辰到了好上梁，阴阳先生站中间，
法山呼龙风水转，添丁进财都兴旺。
铜钱谷米百万仓，契爷挑谷来压梁，
梁头进步带梁舌，红绸结彩光亮亮。

《起寮歌》反映这样一些风俗：一是上梁之日主家办酒席，亲朋送礼庆贺。二是聘请福大命好者抬梁，本地称"抱梁"；梁一般都是用"背单"（蓝色或青色布制成）缚好，届时用人工拉到预定位置。三是上梁前要先"祭梁"，把做好的栋梁平放在八仙桌上，扎上红布条，设供祭请；上梁时奏鼓乐、放鞭炮，阴阳先生"呼龙"，

图 3-8-1-6 栋梁吉祥语（蓝准秀 摄 2015 年）

讲吉祥话，主家要给阴阳先生和木匠师傅送红包，给现场围观者分糯米裸与糖果。"祭梁"与"呼龙"仅在建厅间时进行，不是建厅间的不行此俗。四是稻谷数十斤装在两只蓝色或青色布袋里，分别压在厅间栋梁的两头上，俗称"压梁"。稻谷、五谷袋、发兴锤由女主人的娘家准备，事先送到主家来。五是上好梁后，将亲朋作贺礼的布料都挂在梁上。六是在栋梁上贴上写有"荣华富贵"之类吉祥词语的红纸，栋梁两头下侧做有"梁尺"和"梁枕"。在栋梁下面的那根辅助梁上两头各挂上一只灯笼、一只五谷袋和一只发兴锤（木锤），寓意五谷丰登人丁兴旺。

（四）出 行

凤阳畲族乡的村民大多居住在偏僻的山区，山路崎岖，然畲民如走平路。据屠本仁的《畲民三十韵》云："三五女负薪，赶市两脚赤。"范绍质的《瑶民纪略》曰："析薪荷畚，履层崖如平地。"昔日，上山下地、赶集庙会，畲民时常光脚走路，总会引来汉族人的惊讶。与汉族人接触频繁后，畲民也开始穿草鞋、布鞋。最初只会用米粮、山货从汉族那里换来旧鞋，后来逐渐学会制作草鞋、布鞋。畲民很早就发明了独具特色的木履，木履的前后一样宽，左右无分别，十分方便，平时在家里行走或看望亲戚就穿木履。雨天更是方便，余绍宋的《龙游县志》曰："素无缠足之习，家居悉穿草履或木履，必往其戚属庆吊时始用布鞋，鞋端必绣红花并垂短穗，其自膝以下蓝布匝绕，则男女皆然。"但是，远足或上山，穿木履会影响速度，不如布鞋、草鞋方便。

畲民出行，通常是为了走访亲戚、帮工、赶集、迎亲嫁女、庙会、求神拜佛。以前还有躲债、逃壮丁、逃兵等无奈的出行。族务奔走最为辛苦，一般是因为建宗祠、修族谱、筹措经费集体祭祀等宗族大事。牵头人为了族务要多方

奔走，调查、集资、动员。由于畲民居住偏僻、分散，一个宗族也相隔很远，有的甚至跨乡跨县。如凤阳蓝姓、钟姓在旧时修族谱建宗祠都要步行到福建霞浦和文成、泰顺等偏僻山区，有的宗亲代表是初次去福建、泰顺、文成等地，一边走一边问路，克服重重困难，才找到入迁浙江畲族的始居地。

迁入凤阳的各姓始祖一般都在明清年代，因避乱和求生进入山区的。道路都是后人不断修建完成的。凤阳乡的道路经历了三个时期的发展：

1. 矾赤挑矾古道

矾山镇采矾始于明代。清康熙年间开始规范生产，产出的明矾通过人工挑运至前岐、藻溪、赤溪等地下船，通过水路运往上海、宁波、福州、泉州等地销售。因明矾的挑运出现了挑矾古道。从矾山到赤溪，矾赤挑矾古道必经凤阳。其路线为：出发点矾山老街1公里至南堡宫，1公里至顶村宫，上瓦窑岭2公里至金斗垟宫，越外山隔1.50公里至凤阳半岭亭，1.50公里至凤阳宫，1公里至岭边，1公里至大贡亭，2公里至官岙，2公里至圆潭，1公里至双拱桥，2公里至赤溪矾馆终点，全程16.50公里。沿途修建了宫庙和路亭为挑矾人提供停歇和避雨。民国期间，平阳县长张韶舞为了抽取"矾捐"，下令明矾挑运只能从赤溪一个地点出口，矾赤挑矾古道成为主干线。后来，这条道路也成为赤溪、中墩等沿海地区水产品运往矾山、南宋等内地的挑鲜之路，也是沿海各地进入内陆各乡镇办事和凤阳人出行的主干线。

2. 矾赤公路

20世纪80年代，修建了矾赤公路，全长15公里，贯穿于凤阳畲族乡4个行政村，约8公里。矾赤公路始建于1978年，初建是公社制，路坯土地以沿途各大队调整分派，挖掘路基由沿途各地（公社）分派到各大队，各大队抽调各生产队人员参加，出勤人员由生产队打工分，当时土地、人工都是无偿投入，涵洞、桥梁、路面等由上级公路部门修造，于1982年建成通车。公路通行后货物基本用货车运载，乡民外出乘坐班车。

3. 康庄路

进入21世纪，在上级政府的支持下，修建了各村的康庄工程。凤阳畲族乡通村公路始建于2001年，到目前为止，全乡6个行政村已完成12条康庄路，总长26.74公里，最宽的有6.10米，最窄的有3.50米，路面基本水泥硬化，纵横贯穿于全乡6个行政村的各自然村。

二、生产习俗

乡境内畲汉两族在长期的劳动过程中，形成了具有民族特色的习俗信仰。对天地神灵，自然万物崇奉不已，虔诚之至。各村皆有宫庙，塑造神像，以供信民进香求祐，仰祈神光的赫耀，选定神佛圣诞日为神祈福。

"做福节"一年数次，一般宫庙也有一次"做福节"。"牛歇节"是指"四月八日"这天为酬谢耕牛之日，农户解缰卸犁，为牛洗刷，奖以米酒精细饲料喂之。还有尝新节，早禾登场，设宴尝之，敬天地神灵。

（一）做福节

聚居村一般都建有宫庙。各宫庙都有固定的祈福时间。凤阳大宫分六大片区，各片区按不同祈福时间去组织执行。二月二"土地公福"由陈家湾和凤阳大宫片的负责祈福。在大宫做福较为隆重，"福脚"人数达200人，福宴18桌。三月十五"开垟福"，由顶中贡负责祈福；四月初八"供奉看牛大王"，五月十八"杨府上圣"诞，分别由隔头和鹤顶山的村民负责办理；九月九"重阳福和立冬福"分别由龙头山和岭边的村民负责祈福。

祈福主事者称为"福首"。福首的产生有多种形式，有轮流的，有抽签的，有卜杯的，也有统筹做的。一般由卜杯产生福首，谁先连卜得三次圣杯，谁当"福首"，并把本次祈福所供的"福头粿"送交下次祈福的"福首"。大村也有分成几个境（片组）轮流做福的。办福经费一般都是向参加者收取一定数额的现金或粮食，不足部分由福首添补。有些地方还有"福政田"。

祈福的祭请过程繁简不一，一般都要置办筵供品，有的办二筵请"襦公"做情旨，祈求地方各业兴旺，人畜太平。做福一般在清晨举行，"襦公"用"祈福科书"，先请本宫崇奉的神佛，再请境内的神佛，按"五十二都"或"三十一都"尊神拜请。请毕烧化贡金叩答宫主。祈福完毕，福户聚餐。

（二）牛歇节

民间流传这样一条谚语："人歇五月节，牛歇四月八。"凤阳畲族乡虽没举行过"歇牛节"，但在这一天，农户们饲养的耕牛都会解缰卸犁不耕田。清晨时就牵牛上山吃露水草，洗刷牛身，用米粥或番薯丝等精细饲料喂之，用鸡蛋拌米酒灌喂耕

图 3-8-1-7 牛歇节鸡蛋米酒喂耕牛（蓝准秀 摄 2012年）

牛，以酬谢耕作之劳。"四月八的耕牛节"是体现畲族酷爱耕牛的风俗。

（三）尝新节

在温州苍南各地，当早晚禾登场之时，有尝新的风俗。在凤阳境内畲汉集居的地方尤为盛行，早禾熟，家家取新赤米。先敬天地神灵，后设宴尝之，名曰"尝新"。尝新的仪式简单，农民将刚熟的稻穗上的谷捋下来，晒干舂后煮成新米饭，然后在中庭摆起一张小桌或茶几，放一大盘新米饭，点起香烛，先敬神明祖先，即"敬天地"。敬天之后，全家和客人就开始尝新，酒席上有糕饼、鱼、肉、鸭和自种的蔬菜等，十分丰盛。畲家村庄凡尝新节都有亲戚来往，非常热闹，尤儿童待之不及。有诗云："新红米，初登场。一年再熟庆丰年。六月初，稻已香，陈筵先献祖先尝。"此外，"立冬"是农村的圆冬节。这一天，户户砻糯谷，舂米做糯糍粑，全家共餐，庆祝一年辛勤劳动取得的好收成。有的人家还要杀鸡杀鸭，并加滋补草药烹食，合家饱食进补，俗称"补冬"，田园种植大计到此已料理完毕，是祝来年好收成的习俗。

人们在山村居住，赶山采集与狩猎是传统生产的一个不可缺的内容，并一直延续20世纪60年代。地处鹤顶山与双剑九峰山山麓的凤阳、岱岭等乡镇，有部分居住在深山老林的畲民，时有上山狩猎，主要是为了消除兽害，同时也弥补农业收入不足。

三、岁时习俗

（一）节日习俗

春节、清明节、端午节、中秋节并称为中国汉族的四大传统节日。畲族的传统年节，与当地汉民族相同。"二月二""三月三"有畲族习俗的特色内容，但其起源仍与汉族民俗有关。

1. 畲族特有节俗

"二月二"会亲节 是浙南与闽东畲族独特的传统节日。起源于福鼎市佳阳畲族乡双华村，古称"小麻垟"，距凤阳畲族乡只有一山之隔。双华村的蓝姓、雷姓畲族祖先都是由苍南回迁的。蓝姓始祖蓝朝聘，原籍福建省罗源县，其三世孙德泰等人迁入苍南县蒲门甘溪岚下（今属浦城乡）。四世移居小湖垄（今属马站镇桥新村），至清顺治年间（1644—1661年），有一支迁入福鼎双华村，后建祠于此，故称之为蓝姓双华支系。雷姓双华支系始祖雷宗胱，明末自福安迁入苍南章家山（今属凤阳乡鹤峰村），宗胱次子大裕分居蒲壮南里垄（今马站镇兰垄村），大裕孙启顺转徙双华村，后也在此建祠。苍南县钟姓单桥、溪边、中岙等三个支系的部分畲民，也分别迁居双华村的石头滩、西坑岭、葛藤缝、东坑内、牛困潭等自然村。双华村现有蓝、雷、钟三姓畲族400余户1000多人口，世代和睦相处。

双华村流传一个"送蛇放生，盖宫祀神"的故事，是双华"二月二"会亲节产生的缘由。传说，畲族祖先来双华村开基时，一夜风雨之后，一条青色大蛇和一条红色大蛇盘在房基上不走，连续三天送往大溪放生当晚都回到原地。此后，畲民用竹箩筐装着蛇到溪口放生，并祷告说："你若依恋本境，莫再现形。我等盖宫庙奉祀，年年做福演戏，祈保全村平安。"二月初二畲民在该村水尾破土建"石板宫"，塑红脸、蓝脸俩将军供奉，从此大蛇不再现身，四境平安。因此，每年定于农历二月初二祭祀"石板宫"神灵，届时村民亲朋闻讯围观。年复一年，祭祀消息不胫而走，参加的畲民越来越多。畲族盘歌会友，以歌相亲，形成"二月二"的聚会活动。农历二月初二正好是在春耕大忙之前，双华多个支系的畲民，亲带亲、邻携邻，从浙南、闽东各地赶来参加双华聚会，或观看祭神，或探亲会友，或对歌盘歌，久而久之，"二月二"便逐渐演变成为浙闽边界畲族的会亲节。

中华人民共和国成立后，"二月二"会亲盘歌的传统节日得以传承。每逢这一天，闽东与浙南各地畲族同胞都会不约而同地来到双华。按照传统习俗，正月卅晚上，从祖先盖的水口石板宫把红脸将军（也称千里眼）、蓝脸将军（也称顺风耳）和"华光大帝"神像，敲锣打鼓迎到轮值做"福头"的村供起来；二月初一、初二两天抬神巡游各境；初三送神回宫。初一晚上每家一人一灯，结成灯队，提灯游村，当地称之"游太平灯"，祈求年丰人寿，六畜兴旺。在此期间，还要请剧团演大戏媚神。地方政府的民族和文化工作部门，积极鼓励和支持村里举办畲族歌会，使"二月二"传统节日，成为促进经济交流、文化繁荣和民族团结的节日。

随着"二月二"会亲节活动广泛开展，附近畲族聚居村还有其他类似的活动。如凤阳畲族乡的鹤山、凤楼、鹤峰三个村，二月二前，各户上山采集一种叫"鼠曲"野菜制作"鼠曲粿"。二月初一时，出嫁的女儿及其他亲戚陆续聚集一起，做"鼠曲粿"叙家常，对歌盘歌到夜晚。二月初二清早，鹤山村的畲民会在自家厅堂点香烛、摆供品，其中也少不了有"鼠曲粿"做成的"冥斋""粿饼"，祭请土地公即福德正神。相传农历二月初二是福德正神的生日，这天境内凤阳大宫都有祈福庆祝"福德正神"的诞辰。先是摆设牲礼祀请神明，后由"福脚"在宫内聚餐，少则也有100多人。随后再祭祖先。这一天，几乎每户都有宾客，多的有2～3桌。客人回程时，主家还会给亲戚捎去2条做成的"长条印"的"鼠曲粿"。

"三月三"传统节日 "三月三"是畲族的传统节日。祭祀祖先、煮"乌（米）饭"和对歌盘歌是主要的民俗活动。

凤阳畲族乡的畲民对于"三月三"习俗的传承，已经没有像闽东和丽水地区那样完整丰富。20世纪40年代以后，三月三煮乌米饭之习俗在凤阳近乎消失。祭祖活动也不在三月初三进行。因此，对歌盘歌成为凤阳"三月三"主要内容。当地还流传着"三月三，童养媳妇回娘家"的俚语，意思是说三月初三这一天，童养媳虽社会地位低下却也可堂而皇之地回娘家走亲。可见，三月三是凤阳畲族姑娘自由会亲、踏青对歌的日子。她们在这一天会身着新衣、精心打扮，去庙里求神拜佛，祈求百事顺畅；去聚集地对唱畲歌，寻觅如意郎君。男女青年通过对歌、盘歌，结识对方，乃至成为恋人、结为夫妻。其他地方畲族的"三月三"节俗，也是大同小异。比如景宁畲族自治县每到三月三这一天，畲族男女老少都穿着民族服装，聚在一起对歌，从早晨至日落。

虽然三月三煮乌米饭之习俗在凤阳近乎消失，但关于"乌（米）饭"来历的传说在凤阳畲民中口传下来。据说，唐代畲族英雄雷万兴率领畲军抗击官兵时，被围困在山中，时值严冬，粮断援绝。畲军上山寻找食物，只见满山遍野草木枯黄，只有乌饭树果实累累。畲军摘乌饭果充饥，得以存活。终于在三月初三这天，雷万兴率领畲军杀出重围。此后，有一年的"三月三"，雷万兴因口中乏味想起昔日在大山里吃过的甜果，便吩咐上山采摘乌饭果给他开胃。可是那时正值春季，乌饭树嫩叶刚出，尚未开花，哪能寻得甜果？畲军只好将乌饭树叶采回军营，和糯米一起蒸煮成乌米饭，结果糯米饭呈现出乌饭果一样的蓝黑色，香甜无比。雷万兴吃了乌米饭食欲大增，从此蒸食乌米饭就传入畲家。畲族人民为了纪念雷万兴抗击官军的胜利，每年农历三月三日这一天，家家都出门踏青，采集乌饭叶，制作乌米饭祭祖。

也有说畲族英雄雷万兴被抓关进监牢，其母送饭却被狱卒偷吃。雷万兴便叫母亲做成乌米饭，狱卒见饭发黑，不敢偷吃，之后万兴方得饱食，体力恢复，成功越狱。他战死沙场之后，畲族后人在其忌日染食"乌米饭"，以示悼念。烧煮"乌米饭"的方法也很简单：取乌饭树叶，捣烂挤汁或煮叶熬汤，汤汁浸糯米，置木甑内蒸熟即成。这种"乌米饭"色泽乌黑，有开脾的药膳功效。乌饭树汁有防腐作用，"乌米饭"储藏在苎麻袋里，挂在阴凉处可数日不馊。

"三月三"对歌盘歌的习俗成为展示畲族文化特色的活动。自20世纪80年代始，苍南县政府从保护和发掘民族传统文化出发，因势利导，支持与鼓励畲乡举办三月三歌会。岱岭畲族乡、凤阳畲族乡先后举办过三月三歌会。苍南县政府也已经举办了

图 3-8-1-8 凤阳畲族乡第三届畲歌演唱会（邱新福　摄　2015年）

3届畲族民俗文化节。苍南畲族经常应邀派代表队参加毗邻的闽东、丽水地区诸县市的畲族文化活动。近年又与平阳、泰顺、文成等县轮流举办"瓯越三月三畲族风情节"，传统节日活动得以逐步恢复和传承。

2.畲汉共同节俗

过年（春节）　农历正月初一是春节，传统名称为新年，是我国民间最隆重、最热闹的一个古老传统节日。乡境内畲族习惯上把除夕、春节合称为"过年"，风俗与当地汉族基本相同，但又传承着畲族特色的东西，更多地保留着农耕文化的信息。

在农历腊月的下旬，每家每户都要进行一次彻底的打扫，家具以及板壁、门窗都要清洗一遍，务求清洁卫生，干干净净过新年。虽然不一定在"掸尘日"扫尘，但也是传承着扫尘的习俗。饲养牲畜的家庭，年前还要择日"出栏（肥）"，把猪、牛、羊圈清理干净。很多人家门口基础墙外（即屋檐下）都有一个存放垃圾的沟窟，平时的生活垃圾（可降解），日复一日地在此覆盖、腐化，定期清理，年前也连同房前屋后的垃圾集中起来做堆肥。

家家户户要准备年货。鸡、鸭、兔等家禽都是自家圈养的。因有正月初不杀生的习惯，这些家禽都要年前宰好。家兔则被熏烤。猪肉留下部分食用，大多腌成咸肉、酱肉、腊肉备用。经济稍好的人家，咸肉用到清明甚至端午。

年粿也是各家必做的。头蒸（第一臼）年糕要先做"冥斋"，用于请神祭祖，以示虔诚；其余的年粿做成"草鞋翘"或者用木模压成"长条（粿）""粿饼"之类，便于收藏与食用。不少人家还会舂"糯米糍"，做豆腐等。晚稻收成后酿酒（黄酒），自产的油茶果、油菜籽榨油，以供过节之用。大豆可以养豆芽，尤其喜欢用黑豆养豆芽。少数年货如南北地产干货、糖

饵果品、粉干面之类到集市选购。

过年前还要准备正月走亲访友时所需的礼品，做外甥、做女婿的要备礼到娘舅家、岳父家送年。当家人还要为大人、小孩添置新衣、新鞋，准备过年时穿。当家人最迟在除夕夜之前把债务理清，有欠债还不了的也会当面请求缓还，因为民间有"正月初一不计债"的铁定规矩。

腊月廿四（也有廿三晚）请灶君。年卅（如小月则廿九）除夕要贴春联、挂红灯。下午在厅堂设供祭祀神祇与祖先，称之"谢年"。有拜"檐神"的人家，还要祭请"檐神"。晚饭合家团聚吃分岁酒，俗称"过年"，是一年中最丰盛的一餐。有的称吃"隔年饭"，吃饱时要在自己碗里留一小口饭，表示年年有余。一些村民称除夕祭请神祇与祖先为"解冬""还冬"；晚上全家宴饮称"吃隔岁酒"。过年饭吃得较早，年饭后给小孩分压岁钱。每室灯烛彻夜，称为"守岁灯"。年夜饭之后要点"分岁香"，在厅堂神龛、灶君、门神、大埕外天地等处点香，也要在鸡舍、猪栏、牛栏、木厕等处点香，祈佑平安。晚上，合家围坐灶炉守岁，俗话说"坐久久，等财主""坐久久，养父母"，体现了祈望来年平安健康、生活富裕的美好愿望。除夕守岁时，人们还把事先准备的一个硕大的干燥树头放在灶炉内，先架小柴将树头的一端烧着，再把树头埋在火星未灭的炉灰里，让树头焚烧着但无明火，使树头的余火延续到年初一以后而不灭，俗称"煨年猪"，有的称之"留隔年火种"。由于用柴灶烧饭的越来越少，过年"煨年猪"的习俗已渐消失，只有极少数山区老人，依然会"煨年猪"。

正月初一清早，各家各户竞相早起开门放炮，祈求新年吉祥如意，祈望在新的一年里诸事顺遂。过年期间有不少禁忌：如除夕之日不杀鸡；正月初一不叫醒、不动刀；年前劈好柴火备足；除夕夜要切好肉、菜之类；洗脸、烧饭、洗碗等用水都在年三十前挑满水缸；不饮菜汤，说初一饮菜汤者，出门会遇下雨；初一不扫地，初二到初四如果非扫不可的话，只能从门口往屋里扫，垃圾先放在屋里的拐角处；正月初一不倒马桶，不出远门，不说不吉利的话等等。正月初二，给本村族亲中五十岁以上整十寿诞者（有的是三十岁以上）烧点心，开始做客走亲戚，或者招待来客、"煮十饭"（宴请寿诞者）。"初五过规、初六挑肥。"在初五这一天，会彻底打扫屋内卫生，把垃圾清理出去。初六便可挑肥，开始农业生产。

传统春节节庆延续到正月十五元宵节。元宵节也是族姓祭祖的日期，各支族都会于正月十五这一天在祠堂举行祭祖活动。村民也有闹元宵的习俗，方式奇特，酷似"百家宴"：元宵节掌灯时分，祖厝厅堂排起连桌，点烛燃香。无论有无客人，每户人家端来酒菜，饮酒、对歌，至午夜方散。届时凡有客来，不论是畲族还是汉族，不论认识与否，皆可入席，逐户敬酒一杯，无不酣醉。当晚户户炒爆米花，祈望新年吉祥、发达。

　　祭　祖　每逢元宵、中秋之际，各姓支派都会置办牲礼，到各自的祠堂祭祖。祠堂祭祖是最隆重的敬拜祖灵活动。据族谱《祠记》一文记载："宗祠祭期定以元宵，中秋二祭。"统称为春秋二祭的习俗。

图 3-8-1-9 祭祖（蓝准秀　摄　2015 年）

　　祠堂内供奉着始祖或本姓始祖主牌。由于年代久远，子孙支派繁多，一般都会接某世（代）时的房派，没房派的立一个祖先牌位，此后各代的亡者都在本房派祖先牌位下合炉供奉。

　　祠堂的祭祖仪式最为隆重，参与的人员也最为广泛。所属各姓支派后裔，都会派代表参加。祭祖的程序相当繁缛。有时供品也十分丰盛，除了通常用的茶酒糕粿，三牲礼供外，一般都要供奉"猪头肝"，甚至还有米塑花粿，祭祀时聘请礼生主持，鼓乐队吹奏。同样是先祭请福德正神，再祭请历代祖先。程序与家祭大体相同，但更显得庄严隆重。拜请人员大多是族内人丁或房派代表参拜，祭文大多由族长和房长或礼生诵读。祭请仪式结束后，集中在祠堂聚餐。

　　奶娘节　陈靖姑（即奶娘）是浙闽民间最受崇祀的女神。据传，陈靖姑女神生于唐大历三年（768年），成道于贞元六年（790年），24岁羽化在古田临水，故称临水夫人。有陈皇君咒曰："行罡作法陈夫人，部领军兵千万人。甲寅年中正月半，寅时生下奶娘身。"民间百姓尊称她"陈十四娘娘""皇君妈"。

　　陈十四娘娘生于巫医世家，农历正月十四生日。故民间百姓尊称她"陈十四娘娘""皇君妈"。年少时就聪慧过人。她能除病救人，保产保幼，英名远播。妇女为祈孕求嗣，解厄安产，子女平安而敬拜为妇幼的保护神。

　　许多乡民住宅的厅堂钦奉皇君娘妈神像。每月初一、十五日都焚香礼拜。

大年过节摆设牲礼拜请，以求皇君娘妈保平安。凤阳的水口宫、中贡宫等都素奉陈十四娘娘。昔日，每年正月聘请木偶剧团演"皇君传"7天，最后一天还抬娘妈金身和神炉出巡，然后再送驾回銮，进贡上苍。据统计，凤阳境内塑奉皇君妈的宫庙有4座。

元宵节　农历正月十五日为元宵节，十三就"上灯"。乡境内各村代表组织众村民上千人参与请神灵巡垟活动。除神像、乐队、扮演火锅婆等人以外，其余人员提着灯笼跟在神像后面在各村巡游，一直持续到正月十六日夜晚，举行神像上殿安位仪式……。每家每户都有一二位参加，各人煮一二盘家常菜，一手提灯笼，一手提着菜和酒瓶集中在宫埕院举行"百家宴"谢灯。20世纪50年代后，请神灵巡游活动消失。

清明节　是中华民族重要的传统节日，也是地方民俗，主要活动是踏青采集和扫墓祭祀。清明时节男人正忙于春耕，妇女、小孩走向山野，采集时令野菜，如鸟葱（野葱）、山蕨、青草芯（即大青，一种木本野菜）、苦菜、乳草、马兰头等，或自家食用，或馈赠亲友，或集市出售。田间的"鼠曲"野草，畲语称"篙伲"，取其茎叶，洗净后沸水焯过、切细晒干加工成粉，拌入米粉制作成年糕，是清明节的特色时令食品。扫墓祭祖所用的"冥斋""粿饼"，就是用这种年糕特制的。清明踏青采集，世代相传。

清明节的祭祀有两个场所：一是在老屋厅堂，祭祀供奉列祖列宗香炉；二是在扫墓时祭祀入葬该坟的祖先。清明节主要祭祀本家族祖先和去世的亲人，表达孝思亲情。扫墓祭祀的时间可灵活安排，一般在清明前后七天内进行，先清扫坟墓表面的杂草异物，再祭祀神灵与祖先。传统的墓祭与家祭一样，要置办牲礼与"香、金、烛"，在坟山范围内挂白纸，并压上小石头，一来标志坟地四至范围，二来表明坟主后代业已扫墓，以防被人误为缺嗣孤坟。另有一说，古时祭祀祖先这天必须寒食禁火、纸钱不焚烧，故将白纸挂在草木上的习俗得以遗存。

五月节（端午节）　农历五月初五是端午节，又称"重午节""五月节"。民间说法，端午节是纪念爱国诗人屈原的节日；也有说是为了纪念吴国大夫伍子胥、越王勾践、孝女曹娥等。端午节有吃粽子，喝雄黄酒，挂菖蒲、艾草，给小孩涂雄黄、佩香囊，女儿回娘家等习俗。凤阳乡境人们居住山区，不可能有平原地区那样的赛龙舟活动。端午节中午一家人吃粽子。

凤阳畲族流行包"四扎五节的枕头粽"。传说此俗起源于黄巢起义军从江西进入福建罗源佳湖后山岗，五月初三得报官军在40里外扎营。此时，黄巢从畲民送来的"四扎五节"条形管叶粽（也称"枕头粽"）得到启发，下令提前在初四过端午，吃过午饭，由畲民引路，带上簪叶粽做干粮，分兵三路去袭击官军，结果大获全胜。初五这一天，义军和畲民热热闹闹重新欢度端午节，共庆胜利，故成该俗。

包粽子　畲民包粽子与当地汉民包粽子稍有不同。畲民常常上山砍来一种称之"羹柴"（黄碱柴）的灌木，烧成炭灰后，用清水淋出灰碱水，用来浸米和煮粽子，用脱落不久的鲜毛竹笋壳包成"竹壳粽"。煮熟后，颜色米黄，有一种特别的清纯香味。

与粽子有关的风俗，还有"新娘粽"与"孝粽"，特别是在送粽的时间上大有讲究。所谓"新娘粽"，是结婚后的第一个端午节，女儿要送粽子给娘家，俗称"送新娘粽"。所谓"孝粽"，是某家有人亡故，至第一个端午节时不淋"灰碱水"包粽，在节前煮好馈送，俗称"送孝粽"。凡五月初一至初五送礼为送"丧"礼。端午节"送鱼"、送"新娘粽"以及日常的人情往来，务必在农历四月底前。

挂菖蒲、艾草　菖蒲形似宝剑；艾草，散发着清新香气。每逢端午节，人们都会摘来或者买来菖蒲、艾草，一株菖蒲与一支艾草扎成一束，两束交叉或者一束一束地挂贴在厅堂大门门板上、门神处，或房门、窗台以及灶台烟筒边，用来避邪祛秽。

喝雄黄酒　端午时都会买些雄黄，取少许掺入白酒，制成雄黄酒。相传端午喝雄黄酒，可解百毒，强身祛病。大人们会在小孩额头抹上一些雄黄，还会取些雄黄酒在房前屋后撒一撒，意在驱虫祛秽。

外甥送鱼、女婿送节　无论是定过亲的或已成婚的女婿要向岳父母家送节，以示孝敬。端午节"送鱼"，送节礼物比较简单，只送一对鱼（限两条），一般多为黄鱼、鲙鱼或白鱼。

七月七　农历七月初七是七夕节。传说，这天夜晚天上的牛郎与织女在鹊桥相会。织女是一个聪明美丽、心灵手巧的仙女，凡间的妇女都想在这天晚上向她乞求智慧和巧艺，因此七夕节又被称为"乞巧节"。有说是民间最普遍的习俗，妇女们在夜晚坐看牵牛织女星，进行各种乞巧活动，如：在月下穿针引线验巧、赛巧；在庭院里陈列茶酒、瓜果等供品，焚香祭拜，祈祷心愿，乃至有乞子、乞寿、乞美和乞爱情的。

七夕节，俗称"七月七"，世代相沿的风俗是外公或者娘舅给未成年的外孙、外甥"送饼"。七月七之前，外公或娘舅要准备"巧舌""薄脆"等糕饼，包成"纸篷包头"，再炒上几斤豆（一般都是蚕豆），一并送给外孙、外甥作零食，俗称"送七月七"。"七月七炒豆"在乡里几乎遍及家家户户。临近七月七时，外甥都会盼望娘舅来送饼。外公或娘舅"送七月七"，从外孙、外甥出生（有的从女儿或姐妹出嫁）之年起一直送到长成少年，有的甚至送到16岁。

七月半"鬼节" 农历七月十五也称"七月半"即"鬼节"，道教称"中元节"，佛教称"盂兰盆"节。

凤阳畲族乡农户把"七月半"当作仅次于过年的大节来对待。俗话说："年有看，节有看，全看七月半。"故有人称七月半为"小过年"。七月十五要祭请祖先，家人晚上要聚餐。各村过"七月半"的时间不同，凤楼仓楼、三十亩等山区多在十三日做，鹤山村的龙头山、坪石、田中央等村在十四日做，鹤顶山和隔头等自然村的则在十五日做。七月半在厅堂里祭祀祖先时，要置办祭品，祭品中有"九层糕（粿）"。蒸"九层糕（粿）"，是先把米用灰碱水浸透，磨成米浆，在铺有"炊巾"（蒸布）的蒸笼里，倒入一勺（适量）米浆作为第一层，蒸熟后再加第二层米浆，一层一层地蒸，直至"九层糕（粿）"有十多公分厚。蒸熟、冷却后，切开"九层糕（粿）"，一层一层清晰可见。

中秋节 八月十五中秋节，人们有到祠堂祭祖的习俗，一般没有家祭。旧时过中秋，只在晚餐食用芋头，因为农历八月正逢毛芋收成。生活水平提高后，中秋节是合家团圆之时，好菜好酒、吃月饼赏月成为节日主要活动。月饼是由小孩的外公或者娘舅送来的，同时还有花生。娘舅会送两只月饼给外甥，小的月饼先吃了，大的留到中秋祭月。中秋节晚上，把月饼放在小桌上或者木盘（八角茶盘）里，插上三支香，置于月光下，先赏月，再食饼，切小块分享。

冬 至 冬至是农历中的一个重要节气，也是一个传统节日，称之"冬节"。凤阳乡民对冬至只以普通节日对待，早晚为天地神灵与祖先上香，节日餐饮有所表示而已。境内流行一些与冬至相关的民俗：

冬至节气谚语 "冬至夜——夏至日"，意思是说一年中冬至的黑夜最长，夏至的白昼最长，冬至的黑夜与夏至的白昼一样长。从冬至到夏至黑夜逐渐变短、白昼相应变长，轮回变化。还有以冬至日的天气状况来预测春节前后天气的谚语："冬至乌（黑），年边酥；冬至红，年边潮（湿）。"冬至这一天如果没有太阳，过年前后就会天晴；冬至放晴，过年前后就会下雨。还有

"吃了冬至丸大一岁。"据说冬至在周代是新年元旦，周代历法认为冬至过后就是新一年的开始，故有此说。

冬至春"糯米糍" "糯米糍"是畲家冬至过节常做的特色食品，也是畲族最高规格的待客食品。冬至之时，作物（糯谷）已经收成，畲民往往把婚嫁中的定亲、送日单、"请表姐"等喜庆之事，放在冬至这一时段进行，久而久之，便形成了冬至春"糯米糍"的风俗。

拾骨备葬、骨骸换瓮 20世纪70年代前，政府尚未在农村推行殡葬改革。老人亡故3年后，后辈子孙多在"冬至日"连同前、后日的三天里破棺拾骨；若有亲人的骨骸瓮破损需要清理与换瓮的，也会在冬至时进行。

除夕与"煨年猪" 农历十二月二十四日，"祭灶""送神"，开始过新年。祭灶神后就准备除夕的"午夜饭"，家家蒸制"黄金糍"。"糯米做糍圆又圆，香麻拌糍甜粘粘。"除夕夜全家"吃隔岁"（即年夜饭），家人团圆共聚天伦。长辈掏红包给晚辈"压岁钱"。是夜，万家灯火，通宵达旦，欢乐"守岁"。除夕这一天，各家都会贴对联，挂红灯，燃鞭炮，驱赶"年兽"。

大年三十吃完团圆饭后，就会找来又大又干燥的树根放到火炉（称"灶厨"）塘边。一般树根都会做精心选取，不但大，而且像一头大肥猪，在火炉塘架起小干柴来"煨"树根，树根不起大明火，只燃不烧。如果树根烧得很猛，很快就要用火灰盖住树根，使其燃得慢点，故称"煨"。火炉塘的树根一直要燃到大年初一清晨。有的一直煨到过完年，余火方灭，喻示着生活丰衣足食，日子红红火火。这种"煨年猪"的习俗已经消失。

（二）人生习俗

1. 生育观念

以前村民由于没有生育意识和节育措施，生育无法控制，乡民深受传统的多子多福观念的影响，只要生，不管他好不好，只要多，否管成才不成才。1981年国家实行计划生育政策后，提倡一对夫妇只生一个孩子，实行优生优育。村民的生育观念有了改变，随着生活水平的日益提高，乡民认为最理想的子女数为男女各一为佳。然而，乡民的重男轻女思想观念依然存在，若两胎均女孩常外出躲避再生一胎。

孕妇禁忌 凤阳孕妇孕期禁忌诸多：不要洗冷水，凡洗脸、洗衣服都尽量用热水，避免日后落下疾病；忌看戏，怕胎儿花面；忌塞瓶子，唯恐胎儿口、鼻、耳、肛门闭塞；忌吃螃蟹，唯恐胎横难产；忌切肉鱼，唯恐胎儿皮肤裂线；忌看人家杀禽畜，唯恐胎儿四肢不全、五官缺陷。他人结婚七天内，孕妇不进洞房，为恐新婚不和睦；禁桃花树下过，为恐生儿会做贼。不许在别人家甚至娘家分娩，为恐他家风水被带走，所谓"借死不借生"。办丧事的场所不能去，认为不吉利；做产时恐出血地，产妇忌吃生、冷、酸食物。屋里屋外原先固定放置的物件不能随便搬动，不能在房前屋后乱挖乱掘，以免"动土"；也不能在屋内屋外因敲打、放炮而出现大声响等等。

妇女生产　早年畲民以散杂居为主，择偏僻山区而栖，交通不便，妇女生产一般都在家中请地方里有接生经验的长辈接生。随着社会科学的进步，这种生产方式已消失，现基本护送到医院生产。

产后的习俗　妇女在妊娠期，夫家还会适时准备婴儿用品，如衣帽鞋袜、裙子尿布等。娘家同样要准备婴儿用品，是多是少，各有不同，但是有两件必不可少：一条背小孩用的"背单"（用三、四尺长，二尺多宽的整幅布做成)和一件畲语称之"披裙"的棉披风。娘家准备的衣物，一般在出生报知时馈送。

家里会选择酿酒最佳季节酿造"月里酒"。酿酒的米是最好的糯米，米与水的比例在一比一点五以下，酿酒的时间至少在半年以上。酒沉缸后，密封存放，到生小孩时才启封，味道特别浓厚香醇。

孕妇临产，也有一些祈望顺产的做法，如打扫房前房后的排水沟，疏通自家田地里的沟渠、田隙（出水口）。如遇生产不便，则要开启产房内家具的门扇，拉动大小抽屉，开启房门、厅堂大门的门扇等。

报　知　小孩出生是一个家庭的大事、喜事。小孩出生当天要给邻居每家（一般为同一栋房屋者）送一大碗用鸡肉、酒下的长寿面和两枚红鸡蛋；女婿在小孩出生的第三天，要备礼到岳父母家"报知"。凤阳乡畲民报知时所送礼品有猪蹄膀一个或者猪肉两刀（相连不切断），放在"红桶仔"里；外加线面数斤，用红网兜挑到岳父母家。畲民也有称"瓜瓣桶"（红桶仔）。

回礼当然很丰厚，并且寓意吉祥。回礼时必不可少的有：米若干斤（多了不限），鸡蛋三五十个，万年青一簇，束有五色线的手巾一条，石蛋两个（寓意小孩头如石坚、健康成长）。有的还送婴儿用品或者鸡、兔等，婴儿用品多数人家都在出生之前准备停当。岳母还要到女婿家帮助做家务，料理女儿的起居饮食，直至满月之后。

满月前的产房有一个约定成俗的叫法"月里房"。做"月里"期间，忌男人进月里房，来"送庚"的客人也都是嫡亲女眷；凡进过月里房的人，视为不洁，不宜参与烧香祭祀、求神拜佛之类的神事活动。此俗前者似有一定道理，意在避免人来人往不利母婴健康；而后者，则是男尊女卑思想的残余。

"送庚"　畲族的"送庚"，主客双方都十分看重。男女双方的嫡亲都会来"送庚"，时间多在出生后的半个月内，至迟在一个月内。"送庚"者均是女眷，这与"月里房"的禁忌相关。除丈夫外，其他男人不进"月里房"。"送庚"时，多数人会选个好日子相约到主家，所送礼品大多是线面、鸡蛋与活鸡。嫡亲者来"送庚"时，通常要住上1～2夜。凡有送活鸡来的，主家都会回一只鸡腿，说是给小孩吃，并有手巾、袜子作回礼。有带小孩来的，还给小孩红包。境内汉族送庚的礼俗也大同小异。

命　名　请算命先生排八字，推算五行是否有缺。如果有缺，以取名补救，如五行缺金，名字取金字旁边、缺木木字旁。有的为婴儿能顺利成长，男儿取女名，如钗妹、三妹、旺姆等。如果第一胎生女孩，希望能得男孩，取女名为有弟、招弟、旺弟、来弟等。生女多者则叫"戒女、宝完"等。现时则有不少人请教书先生，或才学者取名。取名不能与六亲长辈同名。

满　月　在凤阳鹤山、凤楼、岭边、顶堡等村，大多数畲民家庭没有为小孩做"满月"、办满月酒；有的家庭把"送庚"与满月合起来做。这与畲族家庭经济贫困、居住偏远的状况有关，同时也因为送庚与满月时间相隔很短。满月这一天一定要给小孩理发，称"剃满月头"。务必请理发匠到家里来，理发时要先在婴儿头上擦上熟蛋黄，头顶前部脑门处要留一片头发不理，称之"孝顺发"。理发匠理发时还说些吉祥的话，主家给理发匠烧点心、送红包。即使满月不宴请宾客，小孩的外公外婆还是会送来"糖龟"（龟状红糖年糕）和红鸡蛋，馈送亲朋与邻居。

断　奶　小孩断奶，一般都在2周岁以后。断奶时先要选日子，翻一翻"黄历"，看哪天是"宜断奶"的日子就选那天。若不选"宜断奶"的日子，恐断奶不成功。

断奶时，母亲都会回娘家住上几天，避免小孩纠缠吃奶。到回来时，用红纸浸湿后把奶染红，谎称"奶割掉了"，或者涂上辣椒水让小孩辣上几回；同时增加一些零食，熬上几天才达到断奶目的。

对　周　"对周"，即"周岁"，当是诞生礼的一个大礼节。受重男轻女的封建思想影响，旧时的畲族家庭男孩周岁一般都会做，女孩周岁一般都不做。外孙周岁，外公、外婆是少不了要送礼的，送小孩衣、裤、鞋、袜、帽，一套齐全。还要准备糖龟（粿）和染红的熟鸡蛋送到女儿、女婿家，分给亲友和邻居，无论是几十户还是上百户，每户糖龟一双，红鸡蛋一个。经济条件好的外公外婆，还会打制银牌、银项圈给外孙佩戴，以祈吉祥平安。

管教孩童的方式 家庭是决定人生的第一个环境。表扬、责备、鼓励、惩罚这些都是父母管教孩子的方式。接纳孩子的情绪，能消除孩子的敌意；温和而坚定的态度，能让孩子清晰地感受到"世界"在哪里。对原则性的事要保持一致，不要随心情所欲。要给孩子一份理智的爱，不要溺爱，也不要粗暴的对待孩子。要学会与孩子沟通，讲究方式，尊重孩子的独立人格，培养孩子的自信力量。

2. 成年仪礼

传师学师 畲汉先民认为，万物有灵，灵魂不死。历来对天地神灵、自然万物崇敬不已，奉祀祖先亡灵虔诚至极。凤阳畲族在与兄弟民族宗教信仰的交互融会中，既有畲族原始崇拜的传承，又有居地民间信仰的融合。

苍南道教文化具有自己独特风情和特色，对百姓思想观念、思维方式、社会生活习惯和行为方式诸方面产生广泛影响。道教分两派：正一派和全真派。凤阳乡民大多受正一派散居道士影响，没有全真派传承。乾隆《平阳县志·仙释》载："唐马湘（号自然）结松山（今属苍南县桥墩镇）之巅。"其徒王延叟炼丹，常有双鹤翔其傍，故有"白鹤仙师"之称。道教的人生观重视生命的价值，此生为乐，重生恶死，认为人活在现实世界是一件赏心乐事。宋初，吴越钱国王钱俶纳士归宋。太平兴国三年（978年），望里人林倪（字仁药）原仕吴越为虞侯，因击福州寇王潮有功，历官至吴越国节度使，归宋后便辞官归里。结芋荪湖山（今属苍南县望里镇及繁枝部分），循道修心养性，潜心修习长生之道，寿百有二岁。后道术传于荪湖林虚一，再传林灵真自称"水南先生"。他综合道教灵宝、天师、上清符箓三宗支大成，成平阳、苍南两县道教一代宗师，为著名"水南派"（即东华三派）的始创人。故荪湖有"道乡"之称。据查平阳老县志载，荪湖是苍、平两县道教艺脉发源。

凤阳畲族道教在清与民国时道风大振。笔者据查都从矾山昌禅呑内传承。仓头"昌玄坛"最早传承人雷宗岳名阿计法名普祥。雷天垂号玉麟，章家山"法云坛"雷天薄，鹤顶山"昌玄坛"蓝元显，凤阳宫"永灵坛"钟大友号秋明，现今只有鹤顶山"昌玄坛"流传子孙曾数代，其他坛门没有传下。正一道教属称正一散居道士，分文教、武教。文教演范道场，延生道场（设醮祈安，做祓集福等），拔亡道场（超度诵经、理懺、功德逵词等）。武教演范道场（驱鬼招魂、打尫、翻三界、翻九台等）。文教延生道场以三清道祖、玉皇大帝、玄天上帝为坛主。拔亡道场以九苦天尊、青华大帝、十殿阎罗为坛主。

职称太上盟威经录九天金阙某某大夫。武教道场以太上老君、张天师（张道陵）、玄天上帝为坛主，职称太上盟威经录天师门下驱鬼降魔某某使。武教以灵宝派重现符箓科教，因而较为接近。天师道以符咒驱鬼降魔、祈福禳灾；灵宝派则强调通过斋义使教徒"洗心净行，心行精至"；天师道的符咒重视为求道人治病解厄，灵宝派则强调济世度人。

道教授徒"传师学师"极其严格。入学者需十取条件。《道藏》载"学者之规，宜于十取"，其行、貌、言、书、学、食、范、举、德、高。时学三载，崇师为父。初入学者，举行传师仪式。

择日拜师　学徒（称学生）正式入师门拜师日，谨备入门礼：长寿面十斤、猪蹄一个、红包一个，作入师礼。此日起登门拜师，承某坛门下，崇师学道。道师在自家坛前备办牲荠素果，燃灼焚香，祝告祖师，某道子某年某月某日某时，建生流庚某岁，愿幼习儒书后长成道教，感天地生成厚德，承道门幕下，依科演教，叩望坛门之濯赫，道场之威灵……宣读仪毕，承者坛前三叩首，再向道师之礼恭。这是正式道家授徒仪式。

初学者禁戒　入道门者需以下十项禁戒：不进娩房，不挑便桶，妻房不重娶，不参加满月场，要举止大方，不食大荤餐场，不言吡喧扬，要衣冠端庄，莫落娼妓巷，学道者，需遵道规。文教礼学者，先学五音律。以锣鼓、钹、沙锣、响铃等相串其间，曲段二胡、板胡、三弦进行头通、八仙、集锦、善和调、徐调、黄蜂出硐、流水等，道教节次配套以科演范。道教音乐、经韵的诵唱，道内称作"韵曲""韵腔""韵子""韵"等。从唱词的结构、内容和意境来看，韵曲曲名"颂""诰""赞""偈""步虚"等称呼。在一条以叙述性和歌唱性作为两极的连续线上，经韵音乐可以用朗诵式、吟诵式和咏唱式三种风格形态来描述。①朗诵式风格形态是一种按照自然语言声调旋律，材料基本上集中在几个音上，如《诸真朝》科仪中的《玉皇诰》等经忏朗诵。②吟诵式的韵曲，唱时一般用钟、铛、木鱼、磬、锣钹等法器伴奏。韵腔旋律较弱，以近语音性音调沿着五声音阶的框架在较狭窄的声域内展开。句末结尾落音趋规范化，可细分为有节拍的吟诵和无节拍的吟诵。有节拍吟诵以一个起伏大的旋律反复吟诵，随歌词声调的不同而在旋律重复时有细节上的变化。如《早课》科仪中的《午敬》、《晚朝》科仪中的《提纲》。③吟唱式的韵曲，旋律精简，少拖腔似念似唱，呈公式化有规律性的上下式结构。如《大练度》科仪中的《具位》、铁贯茅山《焰口》科仪中的《祝香咒》。

与上列三种风格形态作比较，咏唱式的韵曲相对说来旋律性较强，调式调性较明确。如普度科仪韵曲曲目的大多数，如《早课》《晚朝》《发奏》《开五方》《五师供》《请元圣》《诸真忏》等，道教演唱虽依科仪而演非常规范。最传统性演范是《进表达词》的《黄蜂出硐》。

武教入学者性质与文教不同，它演唱和"角音"旋律搭配、乐器以"闹音"配合，动作以"舞蹈"为主。如"行罡步斗""劫山抢魂"等拉调较强，无需配合乐音的韵律结合，但角声嘹亮，场面威武，如《劫山抢魂》其中一段，连吹角声出山角："军""哦"吾是青州长使军，手执冥阳抢灵魂。点起阊山吾兵马，五营军兵闹纷纷。武教主要是"打尪"俗称（打暗火）、点兵、闯五营、造庙堂，都以"符录"、法咒，驱妖降魔、"抢魂""翻三界""翻九楼"。翻九楼（俗称"翻九台"）是其中最精彩、惊险绝技表演。

翻九台　翻九台是民间的一项民俗活动，主要流传于民间各地。凤阳地理位置较为偏远，长期交通闭塞，民风质朴，许多原生态民俗形态才得以完整保留。翻九台是"武教"道士特有的一种法事形式。"武教"属于道教正一派的分支派别阊山派。据该派道士世代相传，他们作法时所持的是"阊山正法"，其祖师是唐代生于福建古田县临水乡陈靖姑（即温州民间所称"陈十四娘娘"）。翻九台在正式举行求雨、禳灾等醮事时才会举行，因此带有浓郁的宗教色彩。关于翻九台，（清）石方洛《且欧歌》曰："择日设坛旷野中，叠九为台耸半空。上置两杆高于嵩，七星旗帜标西东。"民国14年《平阳县志卷二十·风土志二》记载："夏秋之间，禾被虫伤……亦有延余民为巫者，叠桌九层，登高呼天曰'翻九台'。久旱不雨，禾苗枯萎，农村遂有求神赐雨习俗……另有请师公（道士）求雨。择日设坛，叠桌作九层，称九楼。四角用四株大毛竹捆紧，并扎以黄茅。台上竖起两竿七星旗，分列东西，师公身穿白袍，戴白帽，口吹法螺，手摇铜铃。有时跳跃踽步。有时两手握住七星旗杆，口念经咒。"

翻九台是用九张八仙桌，一张张层叠在一起，四角用四株大毛竹捆紧固定。今无用毛竹，就地九张八仙桌叠上，每张桌脚有粗纸加符咒法水垫着。九台最上面那张"台"（桌子）的东西方向边上分别竖起两竿七星旗，在最高台的桌子中间摆炊具——一个木制的圆形蒸酒用的饭甑。在饭甑上再扣上一个竹编的米筛。整个"九台"总高度为十米左右。表演"翻九台"前，武教道士首先要进行一系列的行罡步法。表演时道士手握龙角，左手执铃刀，伴以掷筊杯、摇铃、甩鞭、步罡捏诀等动作。其服饰装扮为，头上裹红绸巾，腰围红色"师裙"。旧时还身穿藏青色对襟上衣，扎红色绑腿，穿戴和台湾地区"红头法师"相近。

在表演过程中，周围的人或击鼓鸣锣或龙角声声或鞭炮阵阵，以配合科仪的进行。科仪结束后，"武教"道士从地面逐层登上高台，登上第九台后还要登上米筛。然后在米筛的边沿上一边行走，一边吹法螺、摇铜铃、念法咒。有时候还要跳跃行"禹步"。在此期间，有些艺高胆大的道士还要表演提台，即手执两竹，将九张台一侧提起两根桌脚倾斜离地，本领高超者能将台的一侧提高离地一尺有余。到法事结束后，道士再从最顶层一台台翻将下来，安然无恙，整个表演过程颇为惊险。

2014年9月，苍南县民族联谊会中华一家亲联合主办的畲族大型祭祖活动，就有翻九台、登刀梯的隆重场面。现在除了"武教"道士正式收受弟子的"授录"仪式和偶尔举行的禳灾等醮事外，很少能够看到翻九台这种独特的民俗表演形式。

道教知识渊源，艺无止境，文、武全能者寥寥无几。正一教道别创一种语言（俗称"讲僻"），它于文字中折法、说法！配合道友和承学者奥秘，特别是入学启蒙先学讲"僻"。例如：

丈夫一（透天）　　妻子一（老内）　　去一（邻）　　食一（良）
先生一（匹主）　　好一（咏）　　坏一（散）　　香一（千八）
红包一（楚化）　　人民币一（孔）　　酒一（点酉）　　祈安一（三师）
超度一（老拔）　　进表一（土衣）　　经一（宣殿）　　男人一（拖）
女人一（扫）　　学生一（门下）　　火一（丙丁）　　水一（壬癸）
鼓一（皮）……

从入学"传师学师"，时经三载，须当"受箓"奏职，设醮三天（俗称"受箓醮"，又号"奏箓醮"），请道师"主持"，又称"主法"。一两天跟一般设醮通俗，关键第三天（俗称正日）午时正，进上表（表现玉皇圭影日当午，大帝仪轮堪正中），奏箓，赐职。受箓（牒盒，木制箱上下高度，宽度都有一定规范）按放箓表，永远存照，立坛焚香崇奉。三日醮事完周，送圣驾回銮（俗称送上圣）办受箓酒，大排酒宴，恭请本都内信士，地方族长，每庙门头人，地方有名望人员。已受过"走箓"道子，才算的有职衔可以主持（主法）道场（醮事，普度大场面法事）。"走箓"醮事完周连续三天晚上，仅纸钱普施一切无主孤魂受领。

正一派，亦称"正一道""天师道"。受度牒于江西龙虎山天师张真人（张道陵后裔）称"受箓"。教徒男性称"师公"（褯公），道士，不出家，生活与常人同，故称"俗家道士"。行法时摇铃，持笏，吹法螺，念经咒，为人建斋醮，招魂超度，求雨禳灾，兼理还愿、压煞、收惊等法事。方式有"五斗醮""发财醮""保家醮""超宗醮""做普度""拜玉皇忏"及"开光醮"等。从中获取报酬。天师道在明天启年间（1621—1627年）由闽南传入，至民国时渐趋衰落，"文化大革命"期间几乎绝迹，1978年后又恢复活动。

（三）婚姻习俗

新中国成立后，凤阳畲族乡畲汉两族的婚姻普遍实行一夫一妻制。随着民族平等团结和谐政策的落实，畲汉两族青年之间的通婚也比较普遍，婚姻形式主要是男婚女嫁，招婿为子，或招婿入赘。通过提亲、看亲、定亲、送嫁、拜堂和婚宴等婚嫁过程来完成婚事。

1. 婚姻制度

族内婚　旧时，畲族实行宗族内婚制，有同姓（同宗）不婚，但限盘、蓝、雷、钟、李五姓结婚的习俗。苍南县内有吴姓畲族，限与盘、蓝、雷、钟、吴、李六姓结婚，并有不与外族通婚之俗。

族外婚　族外婚是在中华人民共和国成立后才逐步出现的。起先是娶进外族女子，以增加畲族人口。随着民族平等政策的贯彻实施，与外族通婚逐渐普遍化。

2. 婚姻形式

男娶女嫁　男娶女嫁的婚姻有提亲，含八字、看亲、定亲、择吉日、送日单、"送盘担"、送嫁、迎娶、牛（羊）踏路等10个礼仪。

招婿为子　由媒人介绍男方入赘女方（也叫做倒插门），称招婿为子（或半子）。入赘过来的男子甚至需要改姓，所生的子女从母姓；如果是半子，子女属两姓。畲族的招婿婚还有一个特点，如果一户人家有两个或三个女儿，也可以在家招婿入赘。

做两头家　"做两头家，种两头地。"男女双方均为独生子女，男女青年如已同意结婚，经双方父母同意则可成婚。两家合并一家，子女供养双方父母，继承双方财产，夫妻所生的子女可以从父姓也可以从母姓。

子媳缘亲　子媳缘亲，这种婚姻分为"童养媳"或"童养子"。家庭经济生活困难的畲民，生有儿子怕长大后娶不上媳妇，就抱养他人幼女作童养媳，长大后与儿子结婚。也有婚后有女无子的，抱幼子抚养，长大后与女儿结婚，继承香火，传宗接代。

招夫婿　招夫婿在社会中普遍存在，丈夫意外早亡或病故，妻子有子或子女年幼，上辈年迈无人照料，不宜外嫁，可招夫养子。其子需继养父半嗣，以接男方后代香火。女方过世后与原配合葬，男方后事在世时交代或由其子安排。

3.婚姻礼仪

（1）婚前礼仪

提亲、合"八字"　嫁娶要通过媒人说亲。男女两家都有结亲的意向后，男家会托媒人索要女方生庚。媒人到女家索要生辰时，从男方带去一个红包，该红包俗称"手信"。男家把男女双方的生辰，送请"算命先生"测看"八字"是否和合，如果"八字"和合，便认为可以联姻。有的男家还要把女方生庚放在厅堂神龛里或者锅灶烟筒顶（灶君亭前）数天（一说为7天），这期间家里没有出现任何不吉的兆头，才确定可以联姻。

对于"手信"，各地风俗不尽相同。有的地方只有二婚看亲才要交"手信"。无论是男方二婚还是女方二婚，或者双方都是二婚，双方见面谈妥了，男方要交给女方一件信物或者一个红包，即交"手信"；女方也回赠一件信物，一般是织花带。初婚不行此俗。无论是否初婚，男女看亲之后、订婚之前，表示愿意结亲时，男方都要赠给女方一个"手信"。

看　亲　"八字"和合后，女方会择日同自己的母亲、婶姨及姑嫂等亲朋中的贤能女眷，有的还连同父亲一起到男方"看人家"。女方除要了解男方的人品相貌和住房、财产情况外，对于男家所处自然地理条件与生活环境也会特别关注。畲族绝大多数居住在偏僻山区，交通不便、经济贫困，把女儿嫁到环境条件相对较好地方的愿望尤为强烈。有的看亲者还会看男家的厕所与烧灰（焦泥灰）间。畲族从事农耕，从一家农户的厕所与烧灰间状况，便可透视该农户治家状况、勤劳程度与农事管理水平。男方到女方看人家时，不仅要看人品相貌，了解个性与为人，还希望有健康的体魄。有的家长甚至还要了解女孩足底湾、脚后跟的状态，看走路爬山是否利索。这与畲族男女都参加繁重的体力劳动有关。

旧时，畲族男女青年可以自己相亲，有的还是双方在劳动或者对歌等交往中相恋才托媒结亲，对婚姻已经有一定的自主权，但仍然要经过"提亲""合八字""看亲"等嫁娶的"程序"。当然在本乡境内也有不少父母包办的"定小亲"、童养媳和"姑换嫂"等情况。

定　亲　双方同意结亲并商定聘礼数额、嫁妆置办等事宜之后，男家便可择吉日，携礼到女家定亲。前往女家定亲的人一般都是男方的伯叔或者兄弟，和媒人一起前往。凤阳畲族乡的风俗是由媒人送"鸡酒面"前往女方"下定"。所谓"鸡酒面"，是用一个锡壶（或茶壶），内装米酒（黄酒）若干，大公鸡一只，宰好焯过（掏肚不开膛），置于壶上，鸡的双脚扎上红丝线（或红纱），插入茶壶内，还有线面若干斤。以上礼物分别放在两只红布袋里，再放上两丛四季葱、两簇万年青、一束"五色线"、一对鸡脚，谓之"明媒正娶"。订婚手指（一般都是银戒指）在订婚之日送给女方，聘礼也在定亲时给付部分。女家收下部分鸡肉、米酒和线面，余下的作为回礼，并一定要回赠一条双连手巾，有的还回赠女孩所织的织花带。女家在收定亲礼后，要烧点心，以"鸡酒面"敬奉嫡亲长辈。旧时，聘礼一般都用货币单位计算，但常以时价折算为若干数量的粮食（稻谷），尤其是定小亲。因为大多数人家是分几年给付聘礼的，届时直接交付粮食或者交付按当年粮价换算的货币额，两不相亏。

凤阳畲民定亲所送礼物，定亲时送猪肉（蹄膀）十余斤，线面十余斤，分别箍上红线或者贴上红纸片；送"鸡酒面"的时间，不在定亲之时，而是在送结婚日子单时。定亲礼物要附带四季葱、万年青、"五色线"及龙凤帖。

择日、送日单　畲汉男女青年结婚，无论两人是否定过亲，男家都要持男女双方生庚，请日馆先生一并选定择日裁剪、送日单、新娘"开脸"及迎娶的吉日良辰，用大红纸书写明。送日单，就是男家把一份记有吉日良辰的大红单子，送往女家。凤阳畲民的习俗是由媒人到女家送日单，送去的礼物有猪前腿一只、线面若干斤；女家以猪脚作回礼（用以谢媒人）。各地畲族在送结婚日单时，都要同时送去给新娘直系长辈及伯叔、舅父、姑母、姨母等嫡亲的"桶仔礼"，每户一份。旧时，所谓"桶仔礼"，就是2～3斤的猪肉（蹄髓或联刀肉）放在瓜瓣桶（俗称"红桶仔"）里，外加2～3斤线面，一并装在红色网兜里，并附红纸片、万年青枝。收到"桶仔礼"的嫡亲，都要准备礼物给新娘送嫁，并要在翌年正月宴请新女婿。男家在送了结婚日单后，要分别向舅父、姑母、姨母等嫡亲"放帖"，送去龙凤双帖和"桶仔礼"，告知婚期，邀请他们在结婚前一天就夫妻双双来喝喜酒（起媒酒）。

在选定的"裁剪"日，男女双方分别请裁缝师傅开剪，为新郎、新娘缝制拜堂时所穿的服装和蚊帐、被子及其他衣物。

送"盘担"　迎娶日的前一天上午，男方要给女方送"盘担"。凤阳畲民称之为"担猪肉"，也有称"担糖粿"的，由媒人与一位挑工前往，挑工一般都是新郎的同辈近亲属。挑去的礼物，凤阳、岱岭的风俗是猪肉42斤（限用猪前腿）、毛巾42条、长条印年糕（或是糖年糕）42双、猪蹄膀一个（送女方祖父母）、"姐妹红包"若干个（按女方姐妹数，还加上兄弟数），这些礼物用于当日的送嫁酒席及馈送嫡亲。男家还要为媒人准备三个红包。"盘担"送到女家，媒人吃点心时，新娘便会向媒人"哭嫁"，媒人要给一个红包；当天晚上，女家操办送嫁酒席，媒人受邀坐大位（主宾），新娘再向媒人"哭嫁"，或是致谢或是讨嫌，媒人又要给一个红包；第二天新娘出嫁登轿后，女家给媒人送行递雨伞时，媒人再给一个红包。男方挑去的长条印年糕、手巾数量，按女方送嫁酒宾客人手一双长条印年糕、一条手巾估算，"姐妹包"个数按女方兄弟数计算。各地习俗中，同"盘担"一起送往女家的还有大号楗杖红蜡烛2对、"果盒"（内有百子糕、荔枝、园眼、花生、糖果等）2份，用于闺房梳妆与厅堂谢祖；炮仗、盐米若干，供出嫁仪式之用。男家还要准备一些零钱给女家作"分路钱"，在新娘动身后，分给在场的所有围观者。"分路钱"的风俗，在凤阳等地得以延续。

凤阳乡境内大多数地方的畲族，送盘担时没有同时再送4种荤菜料的风俗。盘担中要有4种荤菜料，当是本地汉族的风俗。

（2）婚礼仪式

送　嫁　男方迎娶的前一天，就是女方送嫁之日。女方的嫡亲挚友都会来送嫁，礼品一般都是做衣服的布料。女家在当天操办"送嫁酒"，款待来送嫁的亲朋好友。凤阳畲族的送嫁酒只有一餐，由女方自己操办。这不同于闽东和浙西南畲族的送嫁酒有两餐，中餐由女方操办，晚餐由男方委派的"迎亲伯"带着厨师和酒菜到女家操办。

媒人与挑工在这一天向女家送"盘担"后，路途近的当天返回；路途远的就在女家留宿，次日挑工挑着脸盘架（因难与其他家具搭配成一杠）与媒人、牵"踏路牛"的新娘小弟，随嫁妆一起先行到男家。送嫁日当晚，男家办"起媒酒"，媒人作为主宾受款待。事先收到双帖与礼物（"桶仔礼"）的舅父母、姨父母、姑父母等嫡亲，都要双双出席。

礼　仪　结婚那天，男家根据两家相距路程远近，一大早就遣人抬着花轿，吹吹打打到女家迎娶新娘。路途甚远的，就在三更半夜出发，务必在中午时赶回，举行结婚仪式和喜宴。女家按照结婚日单上的"开脸"时辰，在闺房点上一对红蜡烛，供上"果盒"，请预先选定的"福大命好"的女眷，为新娘"开脸"，帮助梳妆挽髻，穿戴传统婚饰。旧时，女性脸部乃至发根际的细毛，到结婚时才首次去除，谓之"开脸"，其实这是女性的成人礼，由古代"笄礼"演变而来。相传古代女子满15岁时要举行笄礼，改变幼年时代的发式，把头发挽成一个髻，再用"发网"把发髻包揽住并用笄插定发髻。然后拜祖先、拜父母，接受父母教诲。后来的笄礼不限于15岁时进行，往往在临嫁时开脸，挽髻加簪。传统的"开脸"方法，是用缝衣线穿插交叉组成一个线"枷"，在脸部来回拉动缝衣线，绞卷细毛而达到去除效果。

迎亲花轿到达女家后，厅堂的八仙桌上摆上早一日男家送来的红蜡烛和"果盒"，点烛上香。当地要由男家送盘担者（当地称之"轿夫头"）负责烧香上供。女家请迎亲的"吹班"（民乐队）、轿工、抬工等人吃过点心，捆扎好嫁妆抬杠。嫁妆多少因人而异，但除蚊帐、衣物外，有一些物件是必不可少的，如裙橱（旧时一种上下两截组合而成的衣橱）、抽屉桌、大柜、油灯、镜箱（化妆箱）、脸盘架、孝顺桶（常用来送点心，故称）、"子孙桶"（女洗脚盆）等，组合起来至少也要有三杠（抬）。

有钱的人家，嫁妆中还有箱、笼与各种盆、桶，有的陪嫁的盆、桶就有十多个：如大脚盆（洗被褥用）、洗脚盆、脸盆、小手盘、八角茶盆、大水桶（挑水用）、肉桶、小桶、小圆桶、子兜、米斗等，嫁妆多达七八杠。还有称为"半厅面"的，嫁妆更排场，除上述物件外，还有一套用于厅堂摆设的家具，有八仙桌一张，桌帏、桌角一副，八仙交椅两张，毛毯两条，琴椅两张，烛台一对，果盒一个，锡壶一只，以及精致的杯、筷等。极个别人有用田地陪嫁的，则挖稻秆头（连泥）置于八仙桌上，用以示人，一丛稻秆头代表一亩水田。陪嫁之田，本地称之为"瑞临田"。

"含饭""留箸"与"留轿" 新娘出嫁临动身时，家人端来一碗饭，新娘扒上一大口，胞兄弟双手拎起自己的衣襟或者拦腰裙，新娘把这口饭吐在里面，兄弟随即把这些饭倒进楼上的谷仓里，俗称"含饭"，也有的称之"吃兄弟饭"。在厅堂里，新娘还要在摆有果盒、点着红烛的八仙桌前，拜谢祖先，跪谢父母。这一些风俗，在苍南各地得以传承，凤阳境内也都相同。新娘上轿的方法，则各地有异。在莒溪一带地方，新娘由胞兄弟背到轿前，并在轿前换鞋，意为不带走娘家福运；其他地方的新娘上轿，只是由帮助新娘梳妆穿戴的女眷搀扶上轿；凤阳乡村的新娘上轿，由胞兄弟抱至厅堂的八仙桌前，站在椅子上，面朝祖宗香案，双手拿两束竹筷，交叉递给站在身后的兄弟。兄弟接筷后，从新娘腋下把筷子放回桌上，这样连续两次，称"留箸"。据查有关资料和境内老人口述，记述了另一种不同的"吃（含）饭"风俗：新娘在离开娘家前，要到厅堂前"溜筷子"和吃"千斤饭"。堂上摆一张桌子，放着两把筷子和一碗米饭。"溜筷子"的过程与上述"留箸"相同。接着新娘弯腰含三口米饭，吐在桌子上的手帕中，新娘的哥哥把它包好，放在新娘的口袋里带到夫家，传说带去的是"千斤饭"，年年能饲养一只千斤重的大肥猪。

新娘上轿后，要用左脚踢轿门三下，意为"退轿煞"。起轿时，女方兄弟或其同辈男性亲属出来"留轿"，以留住风水，"留轿"以三退三进为限。新娘坐轿离开大埕时，放鞭炮、撒盐米送行，并向在场的男女老少分送男方送来的"分路钱"，亦称"分糖仔钱"。

牛（羊）踏路　迎亲队伍回程的序列，最前头的是"踏路牛"，经济条件差一些的家庭则用"踏路羊"。踏路牛（羊）的脖子上箍着红纱，用织花带作牵绳，由新娘年纪最小的弟弟牵行。其次是嫁妆，嫁妆要先于花轿到达新郎家，以能先举行安床、铺被和挂帐仪式。再次是"吹班"（乐队），最后是花轿。有的人家在乐队前还安排鸣锣手、鼓灯手，相传畲族迎亲队伍开道，按旧例可鸣九声锣。

牛（羊）在迎亲队伍前头为新娘踏路，到底蕴含何意？最平常的说法是：新娘一切都是新的，走的路也要是新路。牛是"拓荒者"的代表，牛羊踏过的路就是新路。如果有两个新娘同一天出嫁，走同一条路，事先就要协商好。后走的新娘，也要用牛（羊）在前面踏路，也使该路变成新路。新路是洁净无秽的，让新娘走新路，体现了美好的祝福与心愿。有些畲民还认为，踏路牛（羊）同时也是父母给新娘的陪嫁，当是给新娘的私蓄。

然而，关于踏路牛的来源另有一说：古时临近畲村的大路边，住着一个很丑的大恶霸，家里已有49个老婆还贪色如命。有迎亲队伍路过，恶霸就带帮凶把新娘抢去糟蹋，弄得很多新郎、新娘上吊投水，家破人亡。附近某村有个后生崽，娶亲也要经过这条路，担心自己的新娘被恶霸污辱，于是想办法买来一头凶猛的大牯牛，还在牛角和牛尾都缚上红布，事先牵到丈母娘家里。第二天，后生崽牵着大牯牛在前面走，后面跟着新娘，当恶霸带着帮凶拦路时，凶猛的大牯牛便向恶霸与帮凶乱抵，吓得他们赶快逃命。隔山的畲民看见了，觉得奇怪，便问牵的是什么牛，后生崽回答说是"踏路牛"。从此，畲族迎亲就用牛踏路，相沿成俗。

拜　堂　迎亲队伍回到男家大埕外时，燃放鞭炮迎接，花轿停在大埕上。开轿门让新娘下轿时，男家用茶盘端上两杯糖茶接新娘，茶里还放有红枣、花生，祝福生活甜蜜、早生贵子。新娘用过糖茶（一般只是象征性的尝一下或是看一下而已），拿出一个红包放在茶盘上，这是新娘给的"轿门包"。事先选好的一名晚辈男孩，挑着两只灯笼（点亮灯）在花轿前迎接新娘，而后挑灯引着新娘进厅堂，寓意"添丁"，拜堂后把灯挂在新房。新娘要给挑灯者一个红包。有的地方还在新娘到夫家大门口时，用两三只红布袋铺在地上，新娘踩着红布袋进中堂，踩过的红布袋收起来又铺在前头，称之"传袋"，寓意"传宗接代"。

拜堂前，厅堂里已摆设八仙桌，点上一对大号红蜡烛，供上"果盒"，上香敬祖。男家特意挑选亲朋中福寿双全、子孙满堂的夫妻，为新娘房铺床、挂帐，还分别给新郎、新娘牵拜。拜堂时，新娘从轿边、新郎从屋内分别被搀引到厅堂。一拜天地，二拜祖先，新郎均行跪拜大礼，但新娘不下拜，只欠身鞠躬而已：相传这是因为畲族祖先是帝喾高辛的驸马，新娘穿戴的服饰被视同"三公主"的化身因而不用下拜。夫妻不对拜，此时也不拜父母。在新娘下轿到厅堂拜堂的这段时间里，新郎的父母兄弟都要回避，其他亲属有"犯冲"者同样也要回避。否则，会被认为有相处不和之虞。"避冲"之俗，据查这些婚俗不仅浙南地区普遍存在，在罗源及闽东一些地方也同样存在。

拜堂之后，是新郎拜见嫡亲长辈。厅堂中八仙桌前摆下太师椅，新郎要分别拜见舅父、姑父、姨父、伯父、叔父等，此时才可与父母相见。这些长辈逐一被人拥到厅堂，坐上太师椅，接受新郎跪拜大礼，长辈当面送给新郎红包。拜见长辈完毕，新郎新娘一起进洞房，并肩坐在床沿上，一起吃过甜汤圆，拜堂礼即告完成。旧时，一些男尊女卑思想严重的新郎，与新娘同坐在床沿时会把新娘的衣襟拉过来，压在自己的屁股下。

据有关资料记载，畲族最早时行"走嫁"，以农具陪嫁。明清后渐循汉俗，改乘花轿；到20世纪60年代，农具陪嫁之俗也逐渐消失。从70年代开始，政府倡导移风易俗，渐兴新娘步行，90年代兴乘小车，新娘坐轿、结婚拜堂逐渐减少。然而，新郎拜见嫡亲长辈的习俗依然延续。新郎新娘入洞房后，帮工用八角茶盆端着一对红蜡烛，带新郎逐个寻找嫡亲长辈相见。新人称呼一句，行鞠躬礼，敬上一包烟，长辈回一个红包作为"见面礼"。

摆喜宴、"喝糖茶" 中午，男方摆酒宴请宾客，称该酒宴为"正酒"，以与早一天晚上的"起媒酒"相区分。畲族民众对娘舅十分尊敬，娘舅享有很高的地位与权威。娘舅有权管教外甥，夫妻吵架要请娘舅调解，分家要由娘舅主持。母亲遭遇虐待或有纠纷，也是娘舅出面组织亲友说事评理。外甥结婚，由娘舅坐厅堂首席的主宾位，其送礼最多，得还礼也最多。娘舅未入座，喜宴不能开席；娘舅未离席，喜宴不能散席。外甥结婚前一天，就要请娘舅喝"起媒酒"；结婚次日早上，新娘要准备几盘茶点，向娘舅及留宿的嫡亲长辈敬奉糖茶，俗称"喝糖茶"。娘舅等嫡亲长辈喝糖茶后，要向新娘馈赠红包。早餐后，娘舅等嫡亲长辈才返程回家。外甥娶亲时娘舅留宿两夜，亦成婚俗定例。娘舅回程告别时，新娘送行递伞，娘舅还要馈赠"送伞包"。

如今"喝糖茶"之俗有所变化，在婚宴临近开席时，有的地方在喜酒半筵时，女方伴娘会拥着新娘先向公婆（新郎的父母）敬糖茶，再到宴席上向客人敬糖茶，当然是从娘舅桌敬起。新娘用茶盘把糖茶端到宴席上，每客一杯。嫡亲长辈喝过糖茶后把红包放在茶盘上，作为馈赠新娘的礼仪；平辈亲属及一般客人可不送小红包。不过有些地方，平辈亲属及一般客人"喝糖茶"，也要馈赠红包。

过去喜宴中有一个风俗甚有特色，宴席中有一道菜——本地俗称"方肉"，是让宾客在散席后带回家的。"方肉"硕大，每块肉截面约有5～6厘米见方，且肉皮、肥膘与精肉齐全，每桌按宾客人数上菜，每人一块。当然，宾客在席间食用或者让给他人都是可以的。此俗在一些山区一直延续到20世纪50—60年代。

（3）婚后习俗

闹洞房与"食茶泡" 结婚当晚，民间有闹洞房的风俗，畲族也不例外。虽说"新娘房三天无大小"，但来闹洞房的一般都是本村同辈男女青年，以男青年居多。"伴房""食茶泡"与闽东的"佳期酒"相类似，即在结婚当晚，新郎再备一桌酒席宴请好友，席间尽说吉祥话语，吟诗句、唱畲歌，直至深夜。凤阳畲族青年"食茶泡"的风俗也得以延续。

在新郎结婚的那天晚上，近邻老幼会到新娘房间去讨"茶泡"。畲语"茶泡"即本地所说的"新娘瓜子"，是新娘从娘家带来的花生（外壳染上颜色）、"百子糕"、糖果等。"茶泡"由"伴房姑"（多由新郎的姐妹担任）来分，这班分好那班来，直到近邻老幼走后，在新房设席，邀请好友十人"食茶泡"。新娘端出一大盘"茶泡"，有花生、玉米、糖果、饼干等，并把事先剥好的柚子放在最中间。新娘用锡壶泡好糖茶，每人斟上一杯；家里也煮几个菜给客人下酒。在酒桌上，想吃新娘的柚子就得吟诵"四句"诗句，俗称"答四（诗）句"。吟完一首，新娘就得拿出一些糖果或者柑、柚给吟诗者。到散席时，"食茶泡"的人每人得出钱若干，这些钱由新娘与家长各分一半。

凤阳乡的凤楼鹤峰等地的"伴房"，赴宴的朋友无需再送礼包，但按例要给当晚的厨师、上菜者和烧火者送红包，红包均由"姐夫头"即新郎的姐夫、妹夫承担。当地汉族称之为"送贺"。散席后，帮工都会借撤除酒桌之机向新娘索要红包，假称若不给红包则酒桌不予撤除。

"回三天" 结婚第三天，娘家新舅（新娘胞兄弟）一早就会到新郎家看望姐妹，随后新娘偕新郎一同回娘家。除非路途过于遥远，一般都要在当天返回，俗称"回三天"。如果"回三天"时娘家新舅没有来，则可由婆婆（新郎之母）陪新娘回娘家。

"回头年"与"请新舅" 翌年农历正月，新娘偕新郎带"伴手"（礼物）回娘家，称"回头年"。一般的习惯，回三天时新舅已经来请的，正月可以不来请；回三天时新舅未来请的，正月一定要来请新娘回娘家。"回头年"时，新郎、新娘要给新娘的每户嫡亲长辈送"伴手"，外加一个红包。凡收到礼物的嫡亲，一定要宴请新郎、新娘，俗称"请新女婿"。旁亲和族内与主家有人情来往的，也要视亲密程度或是宴请，或是同一幢屋的住户各自烧菜、打酒，在大厅合筵宴请。最后一餐由岳父母家宴请，并邀请宴请过新郎、新娘的所有户主作陪。如此轮流宴请新女婿，时间往往要花3～5天乃至10多天。

同辈男女青年想方设法戏弄新女婿，是畲族婚俗中一个很有趣的看点。新女婿的一举一动都要十分小心，尽量避免"上当"。如吃点心时要坐在靠墙壁的一侧，以防身后突然窜出个人在他脸上抹一把锅底烟，还戏称是"挑炭"；吃饭时夹菜不要太急，说不定那香菇与肉丸是用丝线串联在一起的，夹急了一提起来就是一大串；太硬的肉丸子最好不要夹来吃，因为有可能那是一个用枫树蛋（果）滚淀粉做成的假肉丸。如此种种的善意戏谑，可谓是对新女婿自身智能与应对能力的考验，更是为新春会亲增添欢乐气氛。

新郎新娘做客结束后，由新舅送回男家，男家嫡亲也轮流"请新舅"，主家最后宴请新舅并邀请请过新舅的嫡亲作陪。一般认为，苍南畲族的嫁娶仪式到此时全部结束。

然而在凤阳畲族乡，嫁娶仪式还没有最后结束。在结婚翌年农历的"七月半"到"八月十五"新娘要回娘家住一个月。新郎在八月十五时，去岳父、岳母家伴新娘回来。岳父、岳母会蒸一笼"九层糕"或者舂"糯米糍"，让新郎新娘挑回来，分赠给嫡亲及邻人。只有到了此时，嫁娶仪式才算全部结束。

与当地汉族相比较，畲族的婚姻形式更具多样性。在旧时，畲族中为数不少的招养婚、交换婚和童养媳，在当地汉族中只是偶有存在；而"服役婚"与"做两头家"等特殊婚姻形式，只存在于畲族最困窘的人群之中。这是因为过去畲族长期处于居住偏僻、经济贫困、受人歧视的状态，并且实行严格的族内婚制，使通婚范围受到限制的缘故。中华人民共和国成立后，实行民族平等、婚姻自由，扶助少数民族地区发展经济，"姑换嫂""童养媳"等非正常的婚姻形态已经绝迹。

（四）丧葬习俗

1. 丧 仪

死亡种类与处理方式 对于老人去世，亲朋好友的表述很婉转。说是"老人家走了"，或是说某某人"老去了""没了"，尤其在事主面前不会直言"死了"。

预立"寿方"、制备寿衣寿被 在过去，人到50岁时，殷实人家都会置办一副"寿方"（棺材），称"立百岁方"。选购自己满意的木料（本地多用正杉木），择选吉日，请木匠切木打做，再由漆匠油漆，甚为讲究。男棺写上"福"字，女棺写上"寿"字，存放在祠堂里或者堂屋的后厅。不具备置办经济条件的，一般都是去世时临时置办。现时实行火葬，已无需立寿方。

寿衣（也称"百岁衣"）和寿被，也是预先备办，并有"压寿"冲喜之意。寿衣包括衣、裤、鞋、帽等；寿被为绸缎面加双层白布里做成，寿枕也是不可缺少的。旧时大多请裁缝师傅来家缝制，今多为购买现货。有女儿的人家，一般都是由出嫁的女儿备办或者承担部分费用。

送 终 老人弥留之际，子女必到床前送终，以尽孝道。有在外地者，也要及时赶回，到病床前与父母见最后一面，否则会遭乡邻非议。没有极特殊原因而不回者，会被看作对父母不孝。

老人亡故时，要燃放一串百子炮，主家即派人找选日先生择定入殓、出殡、安葬等时辰。立有寿棺的，要去把寿棺盖掀动一下，称"报棺"；生前做有寿墓的，逢寿墓坐向有利年并择定吉日下葬的，派人敲开寿墓墓门的一块砖，称"报圹"。

同时，要给亡者洗身体、换寿衣。洗身体所用之水，要到坑头水源处"买"，即用"大银"纸1～2贴（一贴12张）在挑水处烧化，舀水时要顺水流方向舀水，而不能逆水流方向舀水。水要拿到锅里烧热，用新毛巾沾水擦身，旧时称"沐浴"，由同性侍者为死者洗头与洗身，亲属暂时退避。近代以来多是亲属为之洗身，不过只是象征性地在前身擦3下、后背擦4下即告完毕。早时，乡间流行理发匠上门理发。老人去世也要请理发匠上门理发，不过也是便宜行事，"前三后四"而已，主家要给理发匠烧点心、送红包。穿寿衣也有所讲究，所穿上衣和裤子的层数都要奇数。一般上衣穿5～7层，夹衫（有衬里）作2层计算，棉衣作3层计算。下身穿短裤一条，长裤2件，袜子要穿长袜，戴帽与否可以随意。穿衣之前，孝子站在凳子上，先用大秤钩上衣服称一下（不挂秤砣），意为"尽秤尾"，数量很足。穿衣之后，孝子还要在衣服上"打火号"，方法是用燃着的香在衣襟下端焚个小洞，并且打好一件衣服的"火号"就招呼一次亡者，说明是第几层，什么衣服，"火号"打在什么地方。最后，告知亡者"衣服共×层，都是儿女给你做的"。

报　丧　人亡之时，要马上给嫡亲报丧。畲族哀歌唱道："我娘转去实为真，嗳落娘家去报信；跪落娘舅面前讲，今晡我娘已归阴。""娘奈老落娘家亲，爷老大郎步伯亲；全靠大郎叔伯好，嗳做功德谢恩人。"可见，畲族的风俗是：丧父，叔伯为大，须即向亲房伯叔报知；丧母，娘家为大，要先去娘舅家报丧，畲民称之"赶外（娘）家"。亡者有出嫁女儿的，也要尽早到女儿家报丧，女儿接到讣音，随即回家，一路哭号。

畲族女性去世，有的地方还有向娘家"讨位"的风俗。畲族男女的谱名带有神秘性，其死后的讳字行第，按照"大、小、百、千、万、念"六字（雷姓无'念'，钟姓无'千'）排列，周而复始。生前均不知自己的讳字行第，在逝世时方由亲属向族长或祠长索取。对于外嫁的女性，在生前做寿棺时，由其兄弟向族长索要，族长将行第写明并用红纸封好，在做好寿棺举行酒宴时，外甥向娘舅行礼敬酒，娘舅把红纸包交给外甥并置于棺木内，俗称"讨位"。红纸包要待棺木主人逝世时才能启封，寿棺在主人健在时也不能随便开启。女性生前未做棺木的，死后其子要跪在娘舅面前为母亲"讨位"。死者若为男性，则由孝子去族长或祠长处索要父亲的讳字排行。

乡境内畲族传唱的丧事长歌《孝顺记》，详细记述治丧的全过程，其中对"讨位"一事唱道："（娘她）好日好时便归阴，去赶母舅是亲人；去赶母舅来安位，位乃摆（意为'讨'）了正放心。"由此可见，苍南畲族旧时葬礼中原来有"讨位"之俗，但今时此俗已经消失。不过在丧母的治丧活动中，对待"娘家"的礼节尤为谨慎周到，报丧时要告知死因、出丧日期及相关安排，一定要取得娘家回音或者等到娘家来人，方可收拾入殓。娘家来人时，孝子要手执茗香在大门口（大埕外）跪接，按旧俗还要唱畲族哀歌《接娘家》，娘家代表则回唱《做娘家》。娘家人将孝子扶起到厅堂，孝女等在堂前唱《迎接歌》以及子女孝敬老人的《孝顺歌》等，后堂还要及时为娘家人安排点心、酒菜招待。孝子跪接及善待娘家人之俗在乡境内得以传承，但跪接时唱畲族哀歌已难见到。

由于主家治丧事务繁杂，路途较远的一般都派其他亲属或者邻居报丧。民间的习惯，报丧者进门时只要把雨伞倒头置于厅堂中庭壁边，主人即知噩耗。便会烧点心、荷包蛋接待，回礼手巾一条。报丧者对所烧的点心，要全部吃光，否则主家不悦；如果来不及烧点心，报丧者也要喝点茶水，否则会认为不吉利。

禁 忌 对于人辞世办丧事，本地禁忌的风俗习惯是，某人过世之时起到坟葬等程序，孕妇都不能近前，更不能参与仪式。程序的每个环节都要经“褫公”选择日子，根据亡者生卒年庚从《百年经》等择日书里排出冲属者。“褫公”不但在择日单注明，而且另写一张贴在门口或人群来往较多的墙、板壁上，标清楚冲属岁数的人员，并口头叮嘱有关人员，丧事进行哪个环节，有冲属人员必须避开。

亡者入殓，盖棺材盖时要特别注意，相冲亲人忌看，不能让太阳射线照到棺木内面，人的影子也同样不能盖在内里，怕魂被故人带走。出殓时，抬棺者千万要小心，不能让棺材挨触到门槛、门架和门楼转斗墙，以及路旁障碍物。亡者家属与抬棺者不能触摸祭请供品，在这月里更不能到任何宫庙里去烧香。孝子女的眼泪不能滴入棺内和棺面板上，若有滴到棺面板上，必须及时擦干。

操办丧事的宴席厨师禁用蒜。因为“蒜”本地闽南福建话叫“蒜子”与“损子”同音字。丧事最怕就是损后代子孙，所以在购买时一出嘴就是不吉利的话。也不烧炒猪、羊等排骨。续传治丧之家在一周年以内，家里不烧早稻草灰淋碱水，传说淋碱水会伤害到亡者的眼睛。首个端午节主家不包粽子，亲戚有“送孝粽”的习俗。七月半也同样不蒸灰碱水九层糕（粿）。这些丧事禁忌的习俗得以流传。

服孝年数 子孙为亡故的老人办完后事，以前孝子穿麻衣7天，女儿则用苎麻扎一支麻花，插在发髻上，用以“带孝”。现孝子女只在手腕套个麻线圈，孝子49天内不准剃头。每年清明节、七月半（农历）、冬至日，子孙都要上坟地祭拜，出嫁女也要回娘家去坟地祭拜，子孙先祭拜，再出嫁女祭拜。

2. 葬 仪

设灵堂 老人亡故后，主家要立即煮“孝饭”（方言称“头天饭”），方法与平常煮饭不同。用手抓7把米放到锅里，先下米，后放水。水只能放一次，饭也不管是否夹生。烧好后，把饭盛到碗里，插上一双交叉着的筷子。筷子大头向上，在交叉处扎上红线，叉上夹一小簇棉花，叉下放一个熟鸡蛋。

亡者穿戴整齐后，便被移到门板上，盖上寿被，横摆于中堂。遗体上首置方桌，桌上立香炉、摆烛台、供“孝饭”，还放一盏昼夜长明的油灯，称之"灵前灯"；桌旁架着铁锅，供烧金银纸用。遗体旁边放上孝子戴的"草冠""孝杖"（有几个儿子备几份）。亲人日夜轮流守灵，并不断给死者点香、添灯油、烧纸钱，传说这时烧"大银"归亡者自己受领使用，而在做功德时所烧纸钱，须由"库官"管理，不能由亡者自己随意取用；另有一说是因为阴间黑暗，烧纸钱能使一路光明。准备在出殡后做功德的，还会在灵堂摆上纸做的望仙台、金银山、金童玉女以及"灵厝"等。今时灵堂的布置有更多文化气息，大多在中堂悬挂青布亡者遗像，写明生卒年月；门口还有横披挽联、亲朋所送花圈等。每日三餐茶、饭、洗脸水供奉，直至出殡，灵堂才予拆除。

老人去世，自报丧起到守灵、入殓、出殡以及做功德等，都要唱哀歌，畲语称之"哭歌"。或是守灵期间，围坐棺旁，轮番哭唱；或是按做功德的礼仪程序，分阶段地唱。唱哭歌者除了亡者的子女、儿媳妇等亲属外，还有亲戚中的女眷。主要内容是缅怀祖先，悼念亡者，诉说亡者生前的为人、积德，祈祷亡者安息；追述亡者生活艰难、劳作艰辛的状况，表达对亡者的尊敬；或者忏悔对亡者生前照顾不周等等。歌词大多即时编作、随口而唱，听起来如歌如泣。也有一些哭歌，为世代相沿传唱，如"思亲歌""二十四孝""五更叹""孝顺歌"等，这些歌大多在"做功德"时唱。

收殓落棺 收殓仪式有一套程序，要请褴公来完成。旧时的畲族收殓仪式，已无从查考，近代的收殓仪式已与汉族无异。

首先要"请祖师"，即请鲁班仙师和本坛祖师。在厅堂设祖师桌，位置不限，如设在厅堂外门廊也可以。在桌上的"桶盘"（木茶盘）里立"五雷牌""祖师炉"，并置牲礼。牲礼有茶三杯、酒五杯，"冥斋"五个，荤素祭品若干，香、烛、金银纸若干，"果盒"一个，寿桃一个，盐米若干，棺钉四枚，五色布少许。牲礼如是"菜供"（均用素品），酒则改用三杯。仪式初始先"发鼓"，奏《清水板》（鼓乐调名），而后拜祖师，府县城隍和本坛祖师、鲁班仙师、九天玄女，最后烧化大金纸。

其次是收殓。先要"赐生"（有称"餪馐"）、孝子"卜杯"，再"敕盐米""敕灵符"，孝子着麻衣、戴草冠、捧灵炉"开路"。

其中，"餪馐"是备若干小菜（小碗）给亡人享用，如用蛋酒、豆芽、粉干、豆腐、毛芋等，可以是7碗，也可以是12碗，如是农历闰年则用13碗。但一定要有蛋酒、毛芋，而且毛芋是未去皮的生毛芋。"赐生"供品必须摆在死者生前用过的饭桌上，置于遗体旁边。"孝饭"、死者香炉也置于该桌。仪式结束后，要把生毛芋拿到山上种在地里，让它"出生"，寓意让亡人灵魂"投胎再生"。

"开路"是要给亡灵指明前行的道路。"开路"时，要在现场设置七盏灯，七堆大银（纸），七面小旗，每面小旗分别写上"金装""石沙""江边""奈何""林中""阴府""泰山"等字样，它们分别是七条路中一条路的名称。仪式中，褛公连唱带说地给亡灵指明前面的七条路中，该走哪条路而不该走哪条路。在盖棺之前，孝子端一杯酒（加糖），用一支筷子头沾一点糖酒在亡人嘴巴点一下，并对亡人吩咐一番，一般都是褛公说一句，孝子跟学一句："生是人，殁阴是神。头顶自己的天，脚踏自己的地。彭祖八百殁阴府，古老人原也作休。放了心情做好汉，阎王勾笔有奈何。不准你前门弄鸡啼、后门弄狗吠。子孙茶水担待不周，赦以东海，赦以南山。心心愿愿管自己去，百样种子放落子孙耕种，保庇家内子孙、六亲九眷、邻下大小平安。"无论是畲族还是汉族，都要完成以上相关仪式才能"入殓"，即将遗体放进棺材，然后盖棺封口。入殓时，锣鼓齐鸣，放双声鞭炮，子女披麻执杖，号啕大哭。

第三是"洗净"，即为事主房内外除秽和为帮工净身。褛公端着供有祖师神位的茶盆到房内外巡行一番，不时用万年青枝把净水杯里的水，沾撒各处，并将"九凤符"烧到盛满水的脸盆里，以备洗手"净身"。出殡的帮工，待出殡回来时到该脸盆"洗净"。

出 殡 遗体入殓后，即行"发棺"。如因日子不合没有即行发棺的，也至多候时数日。出殡仪式，根据安葬方式的不同而有区别。据明清时的文献记载，早时畲族实行火葬。如《闽峤輶轩录》所载："人死，刳木纳尸其中，少长群相击节，主丧者盘旋四舞，乃焚木，拾骨置诸罐，浮葬林麓间，将徙则取以去。"这应是畲族迁徙初期的情况。苍南蓝姓畲族中，就有两个支族是始祖分别负父、母骸瓶入迁的。20世纪中叶之前，多行"拾骨葬"。如果去世时因没钱只买白胚棺材（没有上桐油漆）的，则选择高壁土坎挖洞埋棺，等3年后拾骨重葬；如是无力重葬，则该"土圹"权当墓葬。如果亡者原先备有寿墓，出殡发棺后直接安葬的，本地称之"葬棺"（即"含棺葬"），其出殡仪式连同安葬的相关仪式合并进行。由于山区绝大多数比较贫困，拾骨葬是主要的墓葬形式，因而出殡仪式比较简单，收殓后即行发棺出殡。

出殡时，张幡奏乐，一路鸣炮、放纸钱（大银纸）；孝子戴草冠（长孙行孝子礼也戴草冠），身穿麻衣，脚穿草鞋，手执孝杖，一路扶棺而行；亲属捧着亡者香炉，或者置于"魂轿"内由两人抬行，四人抬着棺木，后跟亲属宾朋，乐队奏乐随行。亲属中辈分不同，所戴头巾布色有别：子女披戴麻服，第三代孙辈为白色，第四代曾孙辈为蓝色，第五代玄孙辈为红色，第六代来孙辈为黄色。行棺至一定距离，在三岔路口或桥头，孝子、长孙跪于道旁，以谢亲友免送。亲友回程和出殡归来时都不走原路。所有帮工出殡归来到家时，用烧有灵符的"净水"洗手净身。

今时出殡的情景无大差别，只是多有亲朋以花圈送奠，寄托哀思。

"做功德""开清光" 老人辞世，民间都有"做功德"又称"开路""开火光"的风俗。当地畲汉族在"做功德"之前，将亡人收殓，出殡后或出殡仪穿插进行，请裓公择日、开"料单"置办三牲供品及香烛和金银纸。有的还请裓公制龛（灵厝），邀请族内邻人帮助用纸钱模具打做纸钱，一包一包分封取字号待用，在"做功德"中烧化给亡人。

做功德有大功德与小功德之分。大功德竖幡进表做、十一至十三个裓公，做的时间3～7天不等。由于本地处于山区，过去畲汉族多数家庭经济贫困，老人去世绝大多数都是做小功德。小功德本地俗称"开清光"，时间1天，于是民间有"清光十八出"之说。凤阳本地"十八出"内容：发符、请神、念度人经三卷、贡王、起灵招魂、拜水懺三部、灵前交懺、拜救苦懺、请灯光（燃灯）、沐浴、过桥、开路灯、开光解结（发四十九愿）、请库结牒、烧花、劝灵、化龛、化钱送神。时间为起鼓后吃中餐，这种清光做到当天午夜结束。

乡境内村民对于老年人亡故后都有一种风俗，在当今社会通过移风易俗殡葬改革实行火化后，在未举行坟葬仪式之前，都进行一种所谓的亡魂超度。有的请道士僧妮或"吃菜友"念经数日后，举行超度。在境内的农村有二种形式：一是念经三日后再超生功果；二是人逝之后，据其家庭经济条件，分不同形式超度亡魂。一般家庭选择丧事从简，选用"开清光"形式，时间辰为巳时起鼓，午夜结束。

拔亡功德少则1天半，多则3～5天。1天半属"开清光"进表做，以前称之做"大头敬"，"做功德"比"开清光"有甚之，首先请师公至少8～10人，并要配备伴奏乐师1人，场面的布置和音乐伴奏显得更加热闹，时间2～3天。"做功德"的费用比"开清光"要多四五倍，一般费用都要2～3万元左右，做功德道场的节次与开清光相较除增加请水、盖印、分灯、敕坛、发符、五苦灯、启师和进表外，其余节次与"开清光"相同。此沿俗成为地方一种风俗。

十殇拔亡道场 也有开清光和小功德之类做法，就是增加拔伤节次。人在野外非正常死亡，如跌死、溺水亡故等，尸体不能抬入家中，要在屋外搭棚收殓（被雷击者棺材还不能落地），祭毕送上山安葬。这十伤死亡都要请裓公招魂，招魂时孝子身穿孝服，头戴草圈，腰系麻带，手执孝杖和旛子，再需一人捧亡者香炉，击鼓鸣锣，到野外死者之处设坛召魂，祈求亡魂归灵位。如溺水身亡，要在落水之处取水一小桶带回"拔伤"之用，妇女产亡要做"血湖"拔度。做功德的"拔伤"，对于民间认为非正常死亡者的亡魂所做的功德超度仪式，民间有"五伤""七伤""十伤"之说。"十伤"，一般认为是天地、水火、蛇虎、生产、自缢、牢狱、鬼祟、刀兵、恶疾、误病等"伤"，具体又被演绎为"36道伤门"，"拔伤"使死者在阴间不再重遭各种"伤门"所害，使子孙后代安心太平无事。

"拔伤"的做法是：厅堂上位设"祖师桌"，门口埋搭"双筵"，上筵供素食下筵供荤品。下筵桌边摆放十个箩筐，贴上灵符：天地、水火、蛇虎、生产、自缢、牢狱、鬼祟、刀兵、恶疾、误病。除了天地、水火以外，亡者属于其中那种殒亡就把灵炉放在那个箩筐内，前面竖放上半墩石磨、石磨孔（即磨东西时的进物孔）朝箩筐和高台上下筵。在下筵桌下横条缚一段长2尺左右，直径一寸粗的黄竹，再将在石磨另一面竖缚在另筵桌角的一枝劈去竹头，取2丈来长尽尾留三五盘枝叶的青毛竹，在离地面高3米左右之处，挂1个牛扁担和用红布包扎"米铜钱"做魂袋1个、尺1支、镜1面、剪刀1把，在石磨旁边放活雄鸡1只，再有一条反手搓成的草绳（称左手绳）长36寸，卷成一团，草绳的一头从石磨孔里穿过，再牵过牛扁担，凹弯挨过箩筐上面，再穿桌下的竹筒内过，让孝子抓住。当裰公做法时，孝子慢慢地拉，做一段箩筐口沿边的灵符烧一张，同时把箩筐拿掉，裰公做完灵符烧好，绳子拉完。于是放炮，烧金银纸、"香官"拆筵。这时除箩筐、石磨、牛扁担以外，帮工把其余一切东西送丢溪边，有的也有烧化。

坟 墓 一般人家做简单草墩墓，只做坟圹，没有墓环。殷实人家也有做大八字坟墓。乡里遗存一座建于清道光六年（1826年）的坟墓，长八米，宽五米，顶小下大，成靠椅形。整座为实石、砖、沙灰结构。

拾骨下葬形式 老人去世的下葬方式，绝大多数是"拾骨葬"。即出殡时先把棺材放在野外，下面垫几块石头，上面盖上草厝，待三年后破棺拾骨，拾骨时间一般选在冬至日。民间认为，"冬至"连同前、后日的3天里，破棺拾骨不需再选日。如在其他时间，则需择日进行。拾骨时，根据人体结构，从脚趾起到头颅，按顺序逐一将骨骸捡到陶质瓮（俗称"金瓶"）里，再将骸瓶安葬，称之为"葬金"。"拾骨葬"与经济贫穷且多迁徙有关。由于从老人亡故到破棺拾骨至少要隔三年，事主有较充分时间为下葬做准备，不像"含棺葬"

那样要即时一次性完成；"拾骨葬"节省墓室空间，只要每圹未葬满12瓮骨骸，便可逐次添葬。如果这代人无力料理安葬事宜，下一代乃至下几代子孙仍可添葬。一旦迁离故地，也可待经济状况转好时将上几代亡人一并安葬。这种情况在过去并不少见。

畲族村民的安葬礼仪，近代以来均请礼先生行作，已与当地汉族无异，需经"起马"祭、墓山请"后土""后土祭""入室祭""登山呼龙""题主""回龙归堂祭"等仪式，甚为隆重而虔诚。其大体过程："拾骨葬"时，先要在通往坟地的路边选一平坦之处，把要葬的骸瓮搬运到该处暂寄。骸瓮坐向要按当年"利年"的方位摆放，并举行"起马祭"。以下"起马祭"的祭礼，录自凤阳畲民雷祝三抄本。在安葬仪式中，类似的祭礼要进行多次，足见畲民崇拜祖灵之虔诚。

起马祭唱礼（三重案式）请东边执事者，发炮三声；请西边执事者，鸣金三声；请执事者发鼓三通，初鼓鸣，再鼓鸣，三鼓鸣。请乐师奏乐。请孝子孝孙下马案前，升东阶，进东辕门，手扒帘前入孝堂，初顶礼，再顶礼，三顶礼。进上案枢前，头整茅冠，身穿孝服，足穿草履，手执孝杖，哀哀跪落枢前稽颡，再稽颡，三稽颡，兴鞠躬。进左边环棺三转，初环转，二环转，三环转，退出枢前。下西阶，出西辕门，初鞠躬，二鞠躬，三鞠躬。进上案，就位，鞠躬，跪。请执事者上香，初上香，执事者拈香；二上香；三上香。香进上灵前炉中，初稽颡，二稽颡，三稽颡，具鞠躬。退下西阶，就位，鞠躬；上东阶，进中案，就位，鞠躬，跪。请执事者奠酒，初奠酒，执事者迎酒；二奠酒；三奠酒；酒酬茅沙。添酒，斟酒，献酒，酒进中案炉前，四稽颡，五稽颡，六稽颡，具鞠躬。退落西阶，下案就位鞠躬，跪。东边执事者献牲，西边执事者迎牲；献果；献粢；献宝；四献完备，献进灵前。孝子孝孙俯伏，听宣祝文。请执事者宣读祝文。……宣读完周，伏以谨告尚餐，七稽颡，八稽颡，九稽颡，兴鞠躬，再鞠躬，三鞠躬，礼毕平身，焚财下位。请孝子孝孙分列两旁，跪。

白　祭　在骸瓮送往坟地安葬启程前进行，即在骸瓮暂寄处设供"白祭"，白祭完毕后将骸瓮移至墓埕候葬。如是"含棺葬"，则在出殡前进行"白祭"。"白祭"由主家所办的一担供品先祭，而后由娘家（揩女性亡人）、女婿、外甥等嫡亲办"盛"祭请，各作祭文祭祀。如有多担办"贡"祭祀的话，所置供品中有"八仙"等米塑花粿，并聘请乐队敲锣打鼓送来。

祭祀福德正神　在墓埕进行的下葬仪式，无论是"葬棺"还是"葬金"，首先要设供祭请后土，即祭祀福德正神。特别要求须由非"带服"者（即主家及其亲戚以外的人员）置办供品，祭祀时也由点主者（题主翁）代主家行礼，拜祀神灵。

"入室祭"　祭请亡人的程序与前所述"起马祭"程序相类似，只是繁简有别而已。

"入室"　即按照所择时辰把骨骸瓮或者棺材置于墓室内。入室前，孝子要脱下自己的衣服当抹布，把墓室和骨骸瓮擦拭一遍；骨骸瓮的位置必须按辈分顺序安放，如是配偶关系，男左女右位置不能放错；骨骸瓮如同一个人，坐向也要正确，必须按制作骨骸瓮时所留前后印记进行拾骨与安葬。如是"葬棺"，一圹只能安葬一人，配偶需安葬在邻圹，并要注意男女位置；"葬棺"入室要"头里脚外"，四向都不能触及圹壁。由于"葬棺"有铺张之嫌，民间也有棺瓮合葬一圹的，如夫妻圹，妻葬下位；父子同葬，子葬下位。

"封龙门"　由泥水匠封墓圹外口。泥水匠若是死者晚辈，要跪着封圹门。圹门封至七八成许，泥水匠要讲吉祥话并从圹里分灯。手提灯数盏，视主家子孙的人数而定。封圹完成后，主人以备好的红包、香烟和手巾答谢泥水匠与地理师。"封龙门"中，有一段"主山呼龙"，由地理师主山，唱驱邪退煞吉祥语，甚为精彩。地理师每唱一句，两边锣手各鸣锣三声。当地理师唱到最后一句时，泥水匠应声"鲁班师傅到未到"即封闭墓门。

地理师"呼龙"时，站在坟头（椅子坟上沿）高处，双手端着盛有五谷、钱币、竹钉（旧时瓦房钉术椽用）的茶盘。"呼龙"临近结束时，把茶盘中的物品一把一把的撒向墓埕，主家在墓埕上拉着绸缎被面承接，然后把接到的钱币、竹钉等物，装进布袋挑回家，寓意五谷丰登、财丁两旺。

"点主"　"主"是指"木主"，即亡者牌位。木主内藏薄板，称之内函，上写亡者生卒日期、坟地山名和坟墓坐向。木主外函（正面）的书写格式，上边横写朝代，中行竖写某某郡某氏（姓）某某公妈之神主，左行写"左昭"，右行写"右穆"，右边行下竖写"阳男某某奉祀"。但在写木主外函时，将神主的"主"字先写作"王"，留待举行点主仪式时再加上一点而成"主"字，"点主"之称也由此而来。因木主系木料所做，须经德高望重者用笔点过才生灵气。因此，经"点主"后的木主，方可进入宗祠附祖，享受子孙祀典而保佑子孙昌盛。

点主仪式须由两人进行。点主者称"题主翁"，司礼者称"礼生"。点主仪式由礼生唱礼，先是发炮、鸣锣、奏乐，继而请题主翁就位，接着升东盥洗，洗毕归位，整冠、束带、撩衣等，唱舞逐一进行。再请题主翁"举起朱笔（红笔）、指日高升"，题主翁便举笔朝天；又喊"围绕香烟"，题主翁便把笔围绕香炉绕三圈；接喊"先点内函、次点外函"，题主翁便将木主中"王"字加一点成"主"字；又喊"放下朱笔、举起青笔、乌纱盖顶、翰墨留香"，题主翁便在"主"字上一点盖上青色；紧喊"开水路"（又称"开文武路"），题主翁便在"神主"二字边写个"八"字；礼生即喊"请题主翁举起朱笔、点天天圆、点地地方"，题主翁在木主顶端画个圆圈，下端画个四方；礼生再喊"点左耳听四方，点右耳听儿郎"，题主翁便在木主左边画个"3"字，在右边画个反"3"字；再喊"点左眼明，祈子兴旺，点右眼亮，看科弟文章"。题主翁便在木主上"左昭""右穆"上各点一点，以作开眼；接喊"盖天天高，盖地地厚，盖左耳听千里，盖右耳辨四方，盖左眼明秋水，盖右眼闪灵光。合主，请题主翁题主"。题主翁便在木主背后写上四个字，或"克昌厥后"，或"五世其昌"等。最后喊"簪花结彩"，题主翁将五色线把两条红、蓝布，以红上、蓝下扎系在木主顶端，两边插上金种花，由孝子接主。仪式到此才算完毕，整个仪式配奏音乐，庄严肃穆，有条不紊。

回龙"红祭" 龙门封好后，脱去孝服换成新服，肩或臂缠挂红布（红藏），俗称"挂红"。在墓前"拜主"后，即可回程，也称"回龙"。如后辈有几个房派，便会争先恐后把灯（子孙灯）尽早提到家，也有称之"抢风水"。风俗认为谁先把灯提到家，谁就能先发财兴旺。

亡者的神主迎回家后，在厅堂举行"红祭"。"红祭"之后，便可将神主摆放到厅堂神龛内，将亡者香炉里的香插到祖先香炉里，谓之"合炉"，日后年节同受子孙奉祀。有的人家不设厅堂神龛的，也可择日送往宗祠，称"进主"，还需进行祭祀仪式。灵牌未入祠堂，先请门神；而后入门请土地、祭先祖，再归灵位。

第二节　民间信俗

凤阳境内民众早年崇拜祖先，认为"物本乎天，人本乎祖"，为人子孙当尽"报本追宗之心"列敬祖宗。村民对祭祖最重视、最虔诚，其主要方式有家祭、祠祭、家谱祭。每年设正月十五和八月十五春秋二祭，集体祭祖仪式肃穆庄严。

人们认为"万物有灵"，历来对天地神灵自然万物崇敬不已，奉祀神佛虔诚之至。境内有清乾隆年间建造的大小宫庙35座，分布于各自然村周围。相当一部分人信仰神佛佑助，有相信道教神仙、佛教的菩萨、自然界的精灵，而更多的则是相信民间的神祇，如大帝、大圣猴王、元帅、仙娘童子、夫人等等。在生产生活的各个方面，节日敬神极为频繁，斋供香火不断，农历每月初一、十五多有焚香礼拜，赖神庇佑。神诞祭祀、祈福庆诞、迎神巡乡特别隆重。

人们若有遭灾患病，动辄指为神责鬼犯，便会起意"做襐"祈保太平。因此，求神驱鬼的巫术在境内颇为流行。当事主怀疑是鬼魔作怪生病时，即选择"打尫"驱鬼安土扫疯镇煞，祈求平安。随着现代科技进步，村民相信科技医学观念提高，逐步消除了唯心论的思想。

一、自然崇拜

1. 石　神

拜石神为干爹，也叫作"拜岩视爹"。农村生育子女多有这种习俗，让子女拜石岩为干爹后，无病无灾，茁壮成长。首先要选择某山某岩作为自己的亲爷（即干爹），然后储备福礼点蜡烛，在岩石边上拜请。一般每月的初一、十五日都要去上一次香，大年时备牲礼祭拜，直到孩子长大成人。古人诗云："岩亲爷世灵钟，吾家生有人中龙。"

2. 树　神

先祖迁徙来居住时，为了保护风水，都会植树造林，在屋前左右多种植榕树、樟树、枫树和银杏之类的风景树。几百年后树有了神，村民以香火祀奉，树神能保平安。古人诗云："桥桥有庙多榕树，树树有人点佛灯。"

二、世俗崇拜

1. 祖先崇拜

畲汉各户都有一个代表历代祖先的香炉。在流离迁徙过程中，其他用品能丢，唯香炉不能丢。定居时要在住房中堂照壁设香龛安放香炉，称香火。始祖的香火设放在宗族祠堂。分支派香火设放自家中堂厅头。左边钦奉土地神（福德正神）。逢年过节家族长辈组织成员备办牲礼祭祀祖宗，凡家有嫁娶、出生、寿辰等喜事也要备礼祭祀，同时每逢初一、十五，要在香炉敬香，表示礼德不忘。人死后做功德要请历代祖先接受祭祀，功德礼仪后，就把死者香炉并入祖先总香炉，节日同样祭祀。祖先祭祀的方式有多种，一是宗祠集体祭祖，每年设正月十五和八月十五，春秋二祭。集体祭祖的活动较为庄严隆重，所有族内支派的裔孙派代表到祠堂来参与，所需的经费来源，按每户的人丁摊派。二是各支派的族裔孙的家庭崇拜，每户厅堂设有香火信仰的过程大都一致，祭拜的形式也较为简便，世代相传，心志甚是虔诚。祭祖把敬祖宗列为族规条例的首要内容，且相信祖宗有灵，能庇佑福荫子孙，以至将祖先视为保护，虔加敬奉。

家　祭　是以家庭为单位组织的祭祖仪式。山区居住比较分散，加上崇山峻岭阻隔，各村的具体祭祀仪式因地而异，一般是逢年过节，每月的初一、十五，分别焚香点烛敬奉祖先。

祠　祭　是祠堂合族祭祀典礼，祠祭分春秋两祭，或一年一祭。礼仪隆重热烈。祭礼由族长和本族名望最高的人主持。

修谱祭　俗称封谱，是宗谱编修完成时的祭祖活动，合族聚会，需举行3～5天的完谱醮。

2. 福德正神

也称后土、社神。在城镇及庙祠，都用"福德正神"称呼；在郊野和墓地，习惯称为土神"后土"。人们也称之福德正神为"土地公"，是最普遍信仰的神祇。

由于福德正神是土地之神，长年守护土地，保佑一方五谷丰登，家宅平安，六畜兴旺，与老百姓的生产、生活休戚相关。凡建有宫庙殿堂的，无论建筑规模大小，也无论供奉何方神圣，一定供有土地公神像，偶尔还有土地婆陪祀。有的村落，还专门建土地庙供祀。在老屋的厅堂神龛里，除了供有本房先人牌位、香炉外，必供奉土地公神像。坟墓的左首，也都设有"后土"神位。相传祭祀土神分为春、秋两祭，春祭为农历二月初二，说这天是福德正神的生日。秋祭为八月十五日（中秋）。但按《福德正神真经》所述，二月二日是"加升"，八月十五才是神寿诞日。民众对土地公的奉祀甚为虔诚，二月初二时大多数宫庙"做福"庆祀。对家内的土地公，还在每月农历初一、十五日，早晚两次上香；清明、端午、七月半、过年等传统节日和尝新时，都会在祭请先人之前先祭请"土地公"。

3. 陈十四娘娘

人们历来信仰陈十四娘娘，称其为"皇君妈"。传说陈十四娘娘及其师妹林九娘、李三娘，是惩恶扬善、除妖伏魔、护国佑民的女神。陈十四娘娘不但为民降妖除魔，还能解厄、医病、解难、救产、保胎等等，能极大地满足生活在社会最底层的民众的心理需求；民众对陈十四娘娘敬仰，在农村的老屋厅堂上，几乎都能见到右手握宝剑、左手持号角的陈十四娘娘塑像。在厅堂的神龛内，除了供有本房先人牌位、香炉外，一般在左边供奉土地公，在右边供奉陈十四娘娘，这种风俗得以延续。

4. 盘古帝王

盘古是民间传说中开天辟地的神。畲族历来尊崇盘古。畲族史诗《高皇歌》一开头就唱道："盘古造天苦嗳嗳，无日无夜造出来；当初无麻又无苎，身穿树叶青苔苔。"在畲族聚居的地方，常常可以看到主位敬奉"盘古帝王"的乡村宫庙。凤阳畲族乡境内现有29处自然村宫庙中，主位是"盘古帝王"的宫庙就有5处。畲民尊崇"盘古帝王"的原因是认为盘古与道教最高神灵"三清"尊神之一的元始天尊有着不同寻常的关系，元始天尊为主持天界之祖，即为"元始"；认为盘古与元始天尊是同一个神灵。畲族的原始信仰本质上与道教有相通之处，神话传说中的畲族祖先还到茅山（有说闾山）学法，故而畲族认同道教，敬奉"盘古帝王"。

5. 看牛大王

凤阳乡境内各地的许多宫庙都供奉着看牛大王神像。信仰看牛大王，除了与世代从事农耕有关，还因为看牛大王的故事就来源于苍南县所处的浙闽交界山区。各地百姓为了纪念他们，就为他们立了庙，塑像供奉。

6. 灶　君

畲民敬奉灶神。过去，家里都是用柴草当燃料做饭烧菜，在"烟筒灶"的顶部砌一个灶君亭供奉灶君。灶君即灶神，也称灶王、东厨司命等，是神话传说中主管人间饮食制作之神。司命灶君列为督察人间善恶、掌握一家寿天祸福的司命之神。灶神除了掌管饮食外，还是玉皇大帝派来"受一家香火，保一家康泰，察一家善恶，奏一家功过"的神官。农历十二月廿四日，是灶神上天禀报的日子，家家户户都祭请灶神。

7. 檐　神

在老屋的屋檐下，常常可以看到一个挂着的小竹筒，它供奉的是檐神，民间俗称"门头干爹"。凡小孩患病时出现眼球上翻、昏迷不醒的症状，便认为是"犯天吊"，传说是"走马天罡"与"天吊神君"两位专门伤害小孩的神灵在作怪。因此，如遇小孩患病出现上述症状，主家就把秤挂在屋檐下，把患病小孩的衣服挂在秤钩上，呼喊着小孩的名字，叫他回家，意为"招魂"；并许诺农历初一、十五烧香供奉檐神，年节烧大金纸祭请。若拜"门头干爹"的，逢年过节还要摆牲礼祭请，到小孩长大成人结婚时还要杀猪祭祀作为谢礼。若小儿犯下"天吊"，以上做法不能奏效时，还要请道士师公手底灵验的法师来祭神护佑，以保小儿康宁。

8. 房 姆

请"房姆"是家庭中一项与小孩有关的民俗信仰活动。有村民认为，夜间小孩不乖时不能打骂。打小孩一下，房姆就会跟着打小孩两下。小孩夜间经常啼哭难眠，就要祭请房姆，以消止夜啼，护佑平安。

9. 栏 神

凡有饲养母猪、母牛等大牲畜的家庭，一般都有敬拜栏神的习俗。祭请栏神，要在猪、牛的栏内置方桌摆上三杯茶、五杯酒以及牲礼等。要点烛燃香，通辞敬拜，祈求神灵护佑，以使猪牛无病无灾，家里六畜兴旺。

三、灵物崇拜

灵物崇拜是凤阳当地的一种民间信俗，认为人除了肉体之外，还有"三魂七魄"。如果一个人受惊吓，掉了魂或者被鬼怪骗，"摄走"了魂，而魂不附体，或遭鬼摸着、被鬼"伤了"魂，就会生病。人死了要"做功德"为之超度……。如果是溺水、刀伤、在外毙命等为五伤、七伤等非正常死亡，做功德时加做"炼度""拔伤"。如果亡魂没有得到超度，就会游离于阴阳之间，成为孤魂野鬼。

1. 驱邪捉鬼

旧时不少村民迷信，人死后就成了鬼，鬼有善鬼与恶鬼之分。人在阳间生活，于白天劳作；鬼在阴间活动，于夜间出没，从日落（天黑）到鸡鸣是鬼活动的时间。人有"神旺"的与"神衰"的区别。"神旺"者有"神衰"的时候，此时若遭遇鬼，鬼会避退；"神衰"者若是遭遇恶鬼，就会受到鬼的侵害。得到帝王封授的人为"吃皇粮"者，不怕鬼，倒是鬼害怕这些人。

避邪驱邪有许多方法。旧时风俗，如是因鬼邪而得病者，必须"问神卜卦"。最普遍的方法是请"童子"、问"灵姑"，或者找阴阳先生"作卜卦"，在神灵的"指示"下，"弄清"是中了什么邪，或是什么鬼在作怪，然后请裰公驱邪捉鬼。捉鬼须请"尪师"即武教裰公来捉。对成人一般是采用"扫风""镇煞""做裰""打尪""摆五斗"等方法；对小孩一般采用是"请房姆""收惊""过关"等方法。这些仪式完成的次日，病人所住的这一栋房屋要"禁厝"，即在埠外进出口做上标志，禁止本栋房屋住户以外的人进出，"禁厝"时间1～3天不等。

驱邪捉鬼只是一种迷信活动。由于信鬼神、做迷信而耽误疾病治疗的例子并不少见。多数病家也是在久治不愈的无奈之下，或是不明原因的突发疾病，才会把救治的希望寄托于神灵。有些病家往往是医生也请、神事也做。故畲族有句俗语说："一头锣鼓一头药，两头总有一头着。"可见，做神事更多的是对病人及其家人的一种精神安慰。

2.安土、安胎

山区群众开山挖石是经常的事。旧时，如果有人在开山挖石之中或之后突然出现吐泻、疼痛、手脚不便等症状，便认为是"动土"所致，须进行"安土"。因此，为了预防"动土"，一般都会选择在"宜动土"的吉日从事开山挖石之劳作。若是涉及古墓、古迹的开掘挖石活动，则要事先选吉日、请法师，设供"破土'仪式，在施工地点上首立符案，逐日上香。如果孕妇动了胎气，出现流产的征兆，也会请法师安胎。

"安土""安胎"有多种方法。如果是轻症，安土可请法师画好安镇灵符，取回并贴于条形的纸板或木板上，插在出事地点即可。用过之后，在"不戳破"（不公开说明）的情况下置于厅堂神龛内，下次需要使用时仍然有效。"安胎"，则是将法师所画灵符烧化在碗内，加点食盐和少许灶心土，用开水冲服。

对重症者，安土、安胎都要请法师，用"三角符"或者1.20尺、2.40尺木符，最重的用"犁头符"。"三角符"是取桃木7寸，做成三角菱柱形，在一个平面（竖向）画上灵符，两面写"左青龙""右白虎"。1.20尺或2.40尺木符，也是在相应长度的方木条上依法画符：法师先要立"祖师炉"、勒符、净水；钉符时，先"藏身"，手点、口念、脚踏"九宫"，诵念咒语"开天门、闭地户、收入门、闭鬼路"，在出事地点的地面上比划一个"井"字，口呼"泰山灵符安镇"，随即以左手持符、右手持斧，将"三角符"钉入"井"字正中处。还要烧香，烧大金纸。"犁头符"则是把犁头倒三角放置（角尖朝下），灵符符袋在下面三角尖处，操作方法与"三角符"大体相同，但认为"犁头符"的威力更大。

3.扫风、镇煞气

旧时当遇不明原因起病时，一般会认为是鬼风、邪风所致。人一旦出现口眼歪斜，或者皮肤无名肿痛等症状，便怀疑受到风邪侵害，需请法师"扫风"。"扫风"时也要先立祖师炉，取苦桃（野生桃）桃桠一枝（连枝带叶）、茅草7根，绑成一束作"鞭"，并画灵符、勒净水、勒盐米（与茶混合），继而进入病人房间，脚踏"九宫、八卦"，左手执茅草桃枝，右手持月斧，在床前念咒作法，时而大声吆喝并抛撒盐米，最后把茅草桃枝送到水边（溪边、河边或坑边）丢弃。

如果同栋房子有几个人或者共同劳作时有几个人出现腹痛、呕吐等症状，便怀疑是犯"煞气"，即请法师"镇煞气"，安镇宅大符。大符一般在3尺3寸以上，四边还有4支小符，俗称"五方符"。法师所画灵符的结尾处称"符袋"，镇重煞要在符袋里写下36个"佛讳"，

最后写"卍"字再加圆圈，并圈下很多圆圈（意为下符很重）。安五尺以上大符，法师还要在符底布设"九把刀（指符法）"，旁边加上护栏。法师"镇煞气"，也需要类似扫风的"行罡作法"。如是在野外被煞气所伤，传说须在受伤的原地"收煞"，而后才能将病人搬移回家。

4."送火星"

旧时，农村住房都是木结构的，容易发生火灾。老人们认为发生火灾的原因，是房主有某种行为冒犯了神灵，是"天火"所烧。传说母鸡打鸣、老鼠咬尾等都是火灾的"警体"、预兆。农民如果遇到母鸡打鸣、老鼠咬尾等情形，就会去占卜馆卜卦，请裢公设道场"送火星"。相传火神是"火德星君"，五行中水能克火，因而"送火星"必祈请"水德星君"庇护。把黑纸白字的禳水灵符贴在横梁、木柱上，还在门廊木柱挂上贴有灵符的小竹筒（意装神水），道场将结束时还要送"草船"。草船用稻草编成，船内备有柴米油盐等物，两边各立一个草编的艄公。做道场时放在"三界桌"下，置于装满水的大盘里。送草船时，敲锣打鼓送到溪边或河边，并用"青竹符"镇之，意将"火星""白虎""家先"远送他方。

早年拜神驱鬼是当地村民的迷信习俗，历史流传的信仰民俗根深蒂固，村民凡遇不明原因突发疾病或久病不愈，请医治无效，就会请"童子"向"灵姑"请神卜卦，而后根据其卦书内容请裢公驱邪缚鬼。成人，设道场"做裢""打尪""翻九台"法事。小孩，一般都是用"过关"方式解除孩童关煞，也有请武教打关斩杀"天蛇天狗"祈保孩童度关斩煞保平安的。

5."做裢"与"打尪"

"做裢"是道教"正一教"的"裢公"道场，称之为"三元祈福"（上元天官、中元地官、下元水官）。民间有"太平裢""保安裢""五斗裢"之分，各"做裢"分别是为了"保运途""消灾厄"和"延生寿"。若逢家庭诸事不顺，或遇病久治不愈，则疑是"运途"不佳，便会起意"做裢"，祈保

太平。"做裱"，一般都要先去卜馆占卦，而后回家置"斗灯"。"斗灯"用灯料1份、镜1面、市尺1支、香3支。继而请裱公选日，事主需置办牲礼，搭设道场。根据事主经济实力，"做裱"时间有半天、一天、三天道场可选。时间越长，道场规模越大，进表"出数"就越多，开支也就越大。三天以上道场有"摆斗""禳星"项目，故又称之"五斗裱"。做"五斗裱"时，部分采用了"做醮"时所用的仪式。

当事主疑是鬼魔作怪而生病时，一般会选择"打尪"。"打尪"，也需卜卦、置"斗灯"、办牲礼、设道场。与"做裱"不同的是请武教，称之"尪师"；所用法器中有龙角、宝剑等，与"裱公"的法器有所不同。"尪师"在"打尪"时，要行罡作法，"捉拿"鬼魔镇压到某处。一般是把鬼魔"捉拿"后，如同"过关"所斩"天蛇、天狗"，或"镇煞"所镇"凶煞"一样，将它们装进陶罐，以神力镇压，深埋于山野偏僻之处，使其不再危害凡人。"尪裱"所做仪式过程，只用锣鼓、龙角而无其他吹奏乐伴奏。"裱公"道场则有锣鼓与吹奏伴乐。

"做裱"的"裱公"和"打尪"的"尪裱"，其信奉的教派不同，道场科书仪式也不相同。道教有"全真派"与"正一派"两个派别。"全真派"中又分为"龙门派"与"水南派"。苍南县江南地方有"水南派"信徒，束发出家，尊拜玉皇上帝，本地称之"道人"。"正一派"也有南、北两派之分。南派或称闽派，信徒"奏箓"（一种学成"出师"的迷信仪式）后称"裱公"；北派或称江南派，为道士（茅山道士）。本县江南一带有称"桌斋"（闽语）先生的，其实是"道士"，是江南蛮话对其的称呼。"正一派"的南北两派，均尊太上老君为祖师爷。在闽北、浙南地区，民间的"尪师"，有的称之"武裱公"，为"闾山派"。闾山祖师许九郎又名慈清真君，闾山法主公派祖师张慈觐，为许真君弟子，也有在坛上加陈林李三位元君者，尊陈十四娘娘为祖师，法器有宝剑、龙角、角杯等。本地"裱公"、道士和"尪裱"，都不持斋，可以成家立业。

6."收惊"与"过关"

"收惊"在本地俗称"捉猫"，一般是对1～6岁孩童因受到惊吓或者摔跤，引起哭闹、夜间入眠不深、饮食消化不正常等情形时所采用的方法。孩童由其父母或亲人抱着，收惊先生站在孩童前面，口念符咒，手拈茗香在孩童头上比划。"收惊"的方法多样，也有文武之分。文的用"符咒""佛讳"化解，武的用"符结"作法手势来操作。

"过关"，一般是指1～10岁孩童，经过算命先生排八字、定时辰，推算出所犯的"关煞"，请裰公设道场"过关"。如有的孩童犯的是正关（即大关煞），也有请武教（尪师）打关。民间俗语："男怕铁蛇，女怕天狗。"如犯"铁蛇、天狗"关煞，需乞讨36户人家的米，用来做成铁蛇、天狗模样；尪师设坛操练"天兵天将"和闾山"神兵神将"，带孩童冲过36关，而后挥剑斩杀"铁蛇、天狗"，整个道场需要一天时间。

道教中这些驱邪捉鬼的迷信思想，随着时代的发展与进步，现已逐渐破除。

四、宫庙教堂

凤阳大宫　位于凤阳乡政府所在地中心，背枕虎山，仰望鹤顶。始建于清乾隆乙酉年(1765年)，正殿钦奉林泗侯王，偏殿崇奉福德正神，杨府上圣，洪一、二、三相公和洪氏姑娘，地主尊神，周陆相公。凤阳大宫昔称蛤蟆宫，2004年重建，5间正殿，2009年续建两厢二层走廊、前殿戏台、砖木水泥琉璃瓦结构。占地长40米，宽30米。是凤阳境内最大的宫庙，现也是凤阳社区文化礼堂。

图 3-8-2-1 凤阳大宫（蓝准秀　摄　2015年）

鹤顶山宫　俗称"德盛庙"，地处鹤顶山腰牛穴下，始建于清嘉庆二十五年(1820年)，正殿钦奉雷府侯王、白鹤仙师(鹤顶山尖分炉)、监斋侯王，偏殿供奉杨府上圣(凤阳大宫分炉)、齐天大圣(大坝头并入)、看牛大王、林泗侯王、福德正神。正殿3间，两廊戏台，占地长15米，宽12米。庙靠叠石，仰观鹤顶，庙藏200多年石炉，年代悠久。

龟墩宫　俗称"雷蓝陈侯王庙"，位于凤阳龟墩村。背靠龟墩山包，仰望尖峰耸萃，自然环境，雄伟壮丽。始建清乾隆九年（1744年），嘉庆年间（1796—1820年）扩建，2011年重建。正殿钦奉蓝雷陈三府侯王，偏殿供奉吴府真君、看牛大王、白马圣王、李七大王、杨府上圣。由北山外宫并入黑脸白马圣王、看牛大王、陈氏皇君娘娘、福德正神，共有三宫合一。建有正殿5间和两层走廊、戏台，占地长30米，宽16米。是四合院式宫殿，巍峨壮观。

水口宫 位于凤阳顶堡水口地方卧虎山下。溪流环抱，山脉交叉，故号水口宫，正殿钦奉陈林李三位皇君、三位白马圣王、福德正神。始建于清道光十六年（1836年），重建于2016年，有近200年历史。占地长26米，宽20米，正殿5间两层，两厢双层，戏台雄伟壮观。

杨家坑下宫 位于岭边村，杨家坑口。正殿钦奉杨袁陈三府上圣，偏殿供奉白马侯王、林泗大帝、杨九师公、钟府侯王、雷府侯王、泗洲大圣、福德正神。占地长18米，宽12米。始建清代，重建于2015年。

姚头岗宫 俗称"青灵庙"，位于凤阳凤楼村矾赤公路9公里姚头岗。李家山溪域流瀑石壁岩顶，正殿3间，两廊戏台四合院式宫殿。正殿钦奉齐天大圣(老鹰岛分炉)，偏殿崇奉蓝、雷二法师(顶宫并入)，冥官三郎(下宫并入)，通天圣母，黑脸白马(大潭内并入)，福德正神，看牛童子。三庙合一，占地长20米，宽18米，流瀑护栏。

仓头宫 俗称"庆祥庙"，位于凤阳凤楼村仓头六亩岭头。始建于清嘉庆八年(1803)，正殿钦奉杜三侯王、杨府上圣、白马侯王，偏殿崇奉福德正神、关圣帝君、龙王太子、周陆相公、观善大师、看牛大王，两厢走廊二楼崇奉五福财神、文昌帝君。仓头宫原名塘下宫。1995年重建。占地长40米，宽20米。正殿3间，两厢2层走廊、戏台，砖水泥琉璃瓦结构。庙藏嘉庆八年（1803年）景福殿杨府石炉，有200多年历史。

三十亩深垮宫 俗称"青灵庙"，位于凤阳鹤峰村三十亩深垮，始建日期失载，正殿钦奉齐天大圣、林府童郎，偏殿由麒麟贡宫并入，供奉杨府上圣杜一、二、三侯王，福德正神。两庙合一，水泥钢筋琉璃瓦结构，共有3间，村脚1间，扩建大埕，坐壬丙兼子午分金，庙藏有100多年虎皮圣垫。

岭后宫 位于凤阳乡鹤峰村岭后自然村，村口小包山。始建日期失载。钦奉白马明王、福德正神。占地长6米，宽5米，单间。年久失修，遗迹毁坏。

章家山上宫 位于凤阳乡鹤峰村章家山溪心岭仔山岗。始建清同治四年（1865年），钦奉杨袁陈三府上圣、五郎将军、劝善大师、周陆相公、林胡二府、福德正神。占地长6米，宽6米，单间。2008年重建，庙藏清同治四年（1865年）石炉。

章家山水尾宫 位于凤阳鹤峰村章家山水口。始建清同治年间（1862—1874年）。钦奉何三虎军、五显大帝、福德正神，偏殿崇奉八仙先师、九天元帅（下宫并入）、田都元帅、看牛大王。占地长20米，宽20米，正殿3间，村脚1

间。2006年重建。

交椅环宫 俗称先师宫，位于凤阳鹤峰村交椅环与外环循接处。始建于清代，是打猎祖师宫，2009年1月重建。占地长5米，宽5米，单间，正殿钦奉打猎仙师、开天立极盘古帝王、福德正神。

坑边宫 俗称"德济庙"，后号玉德殿。始建于清同治年间（1862年）。正殿钦奉金仙太子、杨府上圣、玉宫太子(李家山宫分炉)，偏殿崇奉齐天大圣(乌笼空并入)、李陆大王、蔡妈娘娘、福德正神。占地长20米，宽20米。重建于2006年。庙藏同治元年（1862年）齐天大圣石炉。

坝头贡宫 俗称"嘉顺殿"。位于凤楼村坝头岗与赤溪镇循接处。始建清咸丰庚申年(1860)。正殿钦奉杨袁陈三府上圣、劝善大师、福德正神，添塑白鹤仙师(鹤顶山尖分炉)，由顶宫并入的有盘古帝王、杨九师公、林氏侯王，二庙合一，共有正殿3间，扩建村脚1间。占地长12米，宽9米，重建于1997年，坐癸丁兼丑未分金，庙藏咸丰庚申年（1860年）石炉。

崩坎宫 位于凤阳凤楼姚堂，矾赤公路11公里。三叠石奇岩下。正殿钦奉白马明王、杨府上圣、福德正神。占地长4.30米，宽4.20米。原址南柴脚后转建叠石下，靠近矾赤公路，奇石胜地。

姚堂宫 号称"青灵庙"。位于凤楼村崩坎矾赤公路边。钦奉杨府上圣，白马圣王，白衣、黄衣土地。占地长13米，宽10米。始建于清代，重建于2005年。

旗竿贡宫 位于凤楼村坑边与李家山毗连小小包。钦奉李陆大王、福德正神，占地长6米，宽4米。单独正殿一间，始建年间失载。

李家山宫 俗称玉宫殿。位于凤楼村李家山水尾，千年运碗古道的水尾桥内侧。据现莲花石炉考证，建于明代。后清光绪丁酉（1897年）重建，内外两庙合一，3间正殿，钦奉龙王三太子、福德正神。偏殿供奉杜三侯王(外宫并入)。占地长20米，宽10米。宫旁有一棵200多年的枫树。

瓦窑宫 昔称"姚头贡顶宫"，号"得德庙"，位于赤溪半垟与矾赤公路循接处。圆形小山包，俗称蜈蚣穴。正殿钦奉蓝、雷二法师，偏殿由墓牌宫(南中庙)并入，供奉看牛童子、白鹤仙师、白马明王、福德正神。占地长9米，宽7米，正殿3间。始建于清代，重建于1995年。

岭边宫 俗称"斗门底宫"，位于岭边村斗门底。始建于清代。正殿钦奉林泗侯王、钟衣侯王、蓝府侯王、雷府侯王，偏殿供奉玄天上帝(田头宫分炉)、福德正神、陈氏皇君、金仙大王、金圣大王，正殿3间，占地长20米，宽

15米，依矾赤公路。

石板宫　位于岭边村外桥，溪流旋转，天工神斧开凿石岩下，以杂树蔓藤涯壁为宫，流水环抱，天然奇观，故称石板宫。钦奉白马明王、杨府上圣、看牛大王。占地长9米，深4米，历史悠久，年代失载。

田垄头宫　位于岭边村田垄头，坐亥巳兼干巽分金。钦奉盘古帝王、玄天上帝、白马明王、福德正神。始建于清代，占地长5米，宽5米，正殿1间。重建于2006年。

杨家坑顶宫　位于岭边村顶杨家坑。钦奉玄天上帝、黑脸白马、看牛大王、陈氏皇君、福德正神。始建于清代，占地长6米，宽5米，重建于2006年。

中岗宫　俗称"安民庙"，位于鹤山村下中贡与呇内毗界，鹤顶来脉，回龙吉穴小山包，古树葱郁。共有3间，始建康熙年间，重建于2009年。正殿钦奉萧家地主、通天圣母，偏殿供奉白马侯王（呇内宫并入）、看牛大王。占地长10米，宽8米。

陈家湾水尾宫　位于凤阳陈家湾水口。殿前添建凉亭，宫亭联合整体，钢筋水泥结构。钦奉五显大帝、看牛大王、林氏皇君、福德正神。占地长7米，宽6米，2008年重建。

陈家湾宫　位于凤阳陈家湾，狗头岗古樟树下。正殿钦奉玄天上帝、打猎仙师，偏殿供奉通天圣母。占地长12米，宽9米。始建年代失载，重建于1995年。

龙头山宫　位于凤阳坪石与田中央溪心。正殿钦奉杨府上圣、白马圣王、田都元帅，偏殿供奉千里眼先生、看牛大王、福德正神。始建年代失载，重建于2011年，占地长10米，宽8米。

田中央宫　位于凤阳田中央，坐巽乾兼巳亥分金。钦奉千里眼先师、福德正神。始建于清代，重建于2015年，占地长10米，宽8米。

胡家坪宫　位于凤阳鹤山村胡家坪，始建年代失载。钦奉萧家地主、杨九师公、黑脸白马、福德正神。占地长8米，宽8米。始建年代失载，重建于2015年。

石门宫　位于凤阳顶堡，古有石门故称"石门宫"。始建于明代万历年间。钦奉牛皇百步将军、谢氏夫人、福德正神，共有3间，画梁彩栋，美丽壮观，占地长11米，宽9米。

南头宫　位于顶堡村南头内。有古石炉考证，始建于清代，重建于2015年。占地长10米，宽7米。钦奉九帅、十帅、十一帅侯王，杨府上圣，张清大王，福德正神。有200多年历史。

崩山宫　位于顶堡村崩山自然村。钦奉环山大王、白马圣王、陈家地主、勤善大师、福德正神，有三个古石炉的考证，始建于清代，2012年重建。占地长11米，宽9米。

后坑宫　位于凤阳顶后坑。钦奉盘古帝王、玄天上帝、杨陈二府上圣、福德正神，始建于清代，重建于2004年。共有3间，总占地面积100平方米。

鹤山上塔宫　位于凤阳顶中贡上塔石公脚，坐癸丁兼丑未分金；本宫供奉福德正神、盘古帝王、白鹤仙师、白马盟王、看牛大王等合殿尊神。庙藏古石炉有200多年据证。始建于清乾隆年间，有200余年历史，重建于2015年，占地长9米，宽8米。

漈头杨基督教礼拜堂　龟墩漈头杨礼拜堂属中国基督临安息日会。漈头杨前辈杨伯堂（清光绪辛丑年1901年）得功名——"贡生"后，传来耶稣基督教的福音，在办私塾时，接受耶稣基督，白天教书晚上讲读圣经传福音。讲所在堂厅或农家。20世纪30年代中期，有杨福世（平阳横河人）来在龟墩宫办学教书时，住宿漈头，边教书边讲读圣经传福音。直到40年代末，由杨福世牵头发议，经多方集资，从鳌江把做好的材料运来安装，就此建起第一座溪心教堂。经过几次的修缮，一直到20世纪70年代初，大横梁被偷，溪心教堂坍塌被毁。1979年建起第二座教堂，但只能容纳50人。地基是3个信徒的自留园地，配有食堂。到90年代初，教堂重新拆建，能纳百人。后经历了2次的维修。2011年，由开发矿山的企业家及商业主，慷慨解囊，筹集资金150余万元，建起了一座二层楼的大圣殿。占地长

图 3-8-2-2 龟墩漈头杨礼拜堂（蓝准秀 雷朝涨 摄 2015年）

10米，宽10米。有1间办公室和1间餐厅、6间二层的老人公寓，停车场和水泥路200多米。

表3-8-2-1 1995—2015年凤阳畲族乡民间信仰场所一览表

场所名称	地址	主祀神像	始建年限	原建筑物修建年限	坐向分金
凤阳大宫	顶堡村凤阳宫	林泗侯王	清乾隆乙酉年（1765年）	2009年	坐壬丙兼子午
鹤顶山宫	鹤顶山腰牛穴下	白鹤仙师	清嘉庆年间（1796—1820年）	2003年	坐癸向丁
龟墩宫	龟墩村龟山脚	雷蓝陈三府	清乾隆九年（1744年）	2011年	坐巽向乾
水口宫	顶堡村口宫	陈林李三皇君	清道光十六年（1836年）	2015年	坐寅申兼甲庚
杨家坑下宫	杨家坑口	杨袁陈三府	清康熙年间（1662—1722年）	2013年	坐艮坤兼寅申
姚头岗宫	姚头岗	齐天大圣	清光绪年间（1875—1908年）	2010年	坐午子兼丙壬
仓头宫	仓头六亩头	杨府上圣	清嘉庆8年（1803年）	1995年	坐子午兼壬丙
深埯宫	三十亩深埯	齐天大圣	失载	2005年	坐壬丙兼子午
岭后宫	鹤峰村岭后	白马盟王	失载	年久失收	坐艮坤兼丑未
章家山上宫	溪心岭山岗	杨袁陈三府	清同治四年（1865年）	2008年	坐戌辰兼辛乙
章家山水尾宫	章家山水口	五显大帝	清同治年间（1862—1875年）	2006年	坐艮坤兼丑未
交椅环宫	交椅环	打猎祖师	清同治年间（1862—1875年）	2009年	坐艮坤兼丑未
坑边宫	坑边	金仙太子	清同治年间（1862—1875年）	2006年	坐甲庚兼卯酉
坝头贡宫	坝头贡	杨袁陈三府	清咸丰庚申年（1860年）	1997年	坐癸丁兼丑未
崩坎宫	姚堂	白马盟王	清同治年间（1862—1875年）	2008年	坐未丑兼丁癸
姚堂宫	姚堂公路上	杨府上圣	清同治年间（1862—1875年）	2005年	坐辰戌兼乙辛
旗竿贡	坑边	李陆大王	失载	2006年	坐巽乾兼巳亥
李家山宫	李家山水尾	龙王三太子	清光绪丁酉年（1897年）	2005年	坐子向午

场所名称	地址	主祀神像	始建年限	原建筑物修建年限	坐向分金
瓦窑宫	姚头岗	蓝、雷二法师	清代	1995 年	坐庚甲兼申寅
岭边宫	斗门底	林泗侯王	清代	1996 年	坐癸丁兼子午
石板宫	岭边溪顶	白马盟王	清代	2008 年	坐壬丙兼亥
田垄头宫	田垄头	盘古帝王	清雍正年间（1723—1735 年）	2006 年	坐亥巳兼乾巽
杨家坑顶宫	杨家坑	玄天上帝	清代	2005 年	坐癸丁兼丑未
中岗宫	中岗对面山	萧家地主	康熙年间（1662—1722 年）	2009 年	坐子向午
塆水尾宫	陈家塆	五显大帝	失载	2008 年	坐寅申兼艮坤
陈家湾宫	狗头岗大樟下	玄天上帝	清代	1995 年	坐辰戌兼乙辛
龙头山宫	田中央溪边	杨府上圣	失载	2011 年	坐巽干兼辰戌
田中央宫	田中央	千里眼先师	失载	2015 年	坐午子兼丙壬
胡家坪宫	胡家坪	萧家地主	失载	2015 年	坐寅申兼甲庚
石门宫	顶堡南头	牛皇百步将军	明万历年间（1573—1620 年）	2011 年	坐乙辛兼卯酉
南头宫	顶堡南头内	杨府上圣	清代	2014 年	坐辛乙兼酉卯
崩山宫	崩山自然村	环山大王	清代	2012 年	坐癸丁兼子午
后坑宫	顶后坑	盘古帝王	清代	2006 年	坐艮向坤分
上塔宫	顶中贡	盘古帝王	于清乾隆年间（1736—1796 年）	2015 年	坐癸丁兼丑未
漈头礼拜堂	龟墩村漈头杨	耶稣基督	清光绪辛丑年（1901 年）	2011 年	无记载

资料来源：根据编辑人员现场走访记载资料汇编。

第三节 宗 族

　　畲汉族各宗族都有自己的习俗，立宗祠、修宗谱、订族规。凤阳畲族乡境内较大的宗族都建有祠堂，修订宗谱。祠堂是安放祖宗牌位和祭祀的场所，也是族众议事之地。

一、祠 堂

　　祠堂大都建于有龙脉风水的地方，为同族人集资建成，按人丁派款。财力不足的姓氏，一般沿用原迁徙地的古老祠堂。祠堂内无画像，放始祖及各支派的神主、香炉，左边设土地爷神炉，意味着祠堂的一切事宜都由土地公掌管。有的古老祠堂设有戏台，旧时祠堂一般都有少量的田产或山场，祠堂的田或山场一般都轮流耕种，称为"祠种田"。所收取的租金除较大的祭祖活动开支外，其他开支不准动用。凤阳各姓氏的祠堂建造分布在福鼎、平阳、苍南等地，共有宗祠37所。进入21世纪，由于生活水平的不断提高，各宗祠的修谱和新建十分流行，祭祖的活动越来越隆重，参加的人数，数以千计，表达族人对祖宗的崇拜和信念。

各姓氏支族中，由辈分高、办事秉公或声望最大的人担任族长。族长为一族的首脑，具有无上的权威。现也有改称"理事会"。理事会有十几或二十几人组成，会长即"族长"。外族人有事交涉，也非通过族长不可，族长负责处理本支族内的扶贫济困，各种纠纷、奖罚。安排族内宗教文艺、祭祖活动方案、有关公益事业、管理族内宗祠财产、保管好宗谱、记载族内人丁生卒的变化情况及时对外联系与进行公事交涉。有的族长年纪太大，涉外事务可委托他人办理。族内的主要事务，均由族长召集各房房长商议酌定。

民族纠纷的处理：民族纠纷牵涉到本族内的个人或个人与大房和小房之间的矛盾。族内产生的矛盾和发生的纠纷事宜，按本族内部的事来处理。一般没有触犯国家法律法规的即由族长、房长和德高望重的长辈参加调解，协商解决。如本族与不同民族发生的矛盾纠纷问题，即涉及外族的事务处理，这就要聘请双方的族长到场。本着摆事实、讲道理的原则去解决问题。如发生水利、山林纠纷或遭到辱骂时，双方族长一般都要根据事实，秉公办事、以理服人、以事实为依据的原则来解决问题。

二、族规、家训

族规、祖训是家谱的重要组成部分，是祖先为子孙立身处世，持家治国的思想行为作出全面总结。规范和教诲作为每一位姓氏后人的行为准则，也是人生教育的一个重要内容，更是留给社会的宝贵精神遗产，对子孙产生思想道德教育作用，以达到率先垂范，"修身齐家"效果。

（一）雷氏族规

族中无论亲疏，如有家贫而惟患难者，需体祖宗之心，其为资助，至于寡妇守节当扶持以成美志。族属虽有亲疏，而以祖宗视之同属一本，纵有忌嫌，听族长处理，不许恃强逞凶，以致讼争违者逐之。子孙不许犯奸、为盗、开庄聚赌及恃众行凶、贻害宗族，违者鸣官究治。子孙有前程及长辈耆老，每逢年节祭祀，当进前助祭，以显祖耀宗。子孙虽贫，宜自食其力，倘有失志，降为奴仆，皂隶昌优轿役等流者，不准入祠。祖田国课固宜完，如值祭抗欠寻及祖宗攻之，祖遗祀产不许私行批扎，不准籍己业毗连强儓祀地，其祭祀公租宜依次轮流，不许越公背典，为人以孝悌忠信为本，不可做忤逆之事，倘有人面兽心灭伦乱行者，谱内削名，不得入祠展坟。

（二）蓝氏族规十则

一曰孝父母：人生天地，父母至亲。三年怀抱，十月受辛。养育恩重，依恃情真。愿吾后裔，老道是遵。

二曰和兄弟：孔怀兄弟，同气连枝，谊关手足，奏叶埙镜。张家宜效，田氏当师。愿吾一体，角弓谨之。

三曰别夫妇：居室夫妇，同坟并枕。鹿车同挽，鸿案相钦。共结丝罗，永谐琵琶。宜其家室，二南当吟。

四曰序长幼：乡党长小，大义须明。父事兄事，随行徐行。谦恭退让，温厚睦平。亲疏同爱，莫忤非争。

五曰睦宗族：一本宗族，怜恤是敦。少当敬老，卑莫犯尊。六世同居，九代共门。凡我同姓，古道勿谖。

六曰勤职业：天生四民，物各有常。作为在工，贸易惟商。心安固守，力勤精详。立身有本，用世亦良。

七曰明义利：物各有主，非有莫取。浊富一时，廉名千古。兔窟徒劳，象焚奚补。利孔勿争，回谁敢侮。

八曰敦伦纪：各敬尔身，无相夺伦。混宗羞郭，盗嫂笑陈。梁防苟敝，河戒台新。名也必正，语不欺人。

九曰训子孙：本支子孙，习业宜专。为忠为孝，希圣希贤。农工安分，商卖耕田。各修其职，见异非迁。

十曰继书香：学海洋洋，慎勿浅尝。传家统绪，华国文章。武宜绳祖，利用宾王。蝉联甲第，簪笏满堂。

（三）钟氏族规

一孝父母：父母养育，昊天罔极。情及深恩，善孝为先。奉养惟谨，饮水思源。不论贫富，以旌孝行。

二重兄弟：孔怀兄弟，一本所生。手足之谊，实亦情深。兄弟互爱，相敬如宾。埙篪并奏，和乐有声。

三谐夫妇：男女家室，心之大伦。共结伉俪，鸿案相饮。严守礼仪，恪遵节贞。和睦家庭，吉祥永存。

四睦亲族：同族为姓，同出一源。千支万派，实共流远。亲亲护吉，长长迓休。尊祖敬宗，勉尔后生。

五序长幼：乡邻大小，大义须明。亲疏同爱，温厚睦平。谦恭退让，莫忤非争。谊遵古训，务里芳名。

六教子孙：嗣读费类，咎在父母。教以互典，安分定名。尚尊礼仪，孝悌力田。养成良性，世代为贤。

七勤职业：工农商贸，业各有常。安心固守，勤力精祥。立多为本，处世亦良。生财有道，严守律纲。

八恤孤寡：鳏寡孤独，情实可怜。切勿势迫，毋以强凌。如逢灾疾，赈济保宁。广传美德，世代传承。

九守勤俭：工贸躬耕，劳累艰辛。珍惜成果，眷顾家庭。浪荡饮赌，废家败名。守律节俭，惟事竞成。

十继书香：学海洋洋，慎勿浅尝。传家传绪，华国文章。勤读好学，奋发向上。蝉联甲第，光祖耀宗。

（四）李氏族规六言训

古遗家规明训，裕后房族儿孙。先祖历氏厚德，尔我后人沾因。

但我族众人繁，贫富不以均匀。富者休夸福分，穷者莫怨祖人。

人生勤俭为本，懒惰难了终身。父慈子孝尊重，兄友弟恭和平。

有子必须教读，有女谨慎闺门。幼儿从小教训，惯惜骄养不成。

真经学习正业，饮赌两字害人。只要公平义取，酒能好人误人。

兄弟同胞手足，休听内言伤情。昔有张公百忍，九世同居不分。

江州陈氏孝和，家口七百余人。家和人兴财旺，勿以小利相争。

亲富难靠大力，好歹还是族人。邻里乡党和好，是非不入其门。

九族五伦敦重，国家法纪钦遵。此系人伦道理，族正万古标名。

世有朱子家训，后传传子传孙。

（五）汉族族规组训

1.刘氏祖训

效孝弟：　孝弟为百行之先，凡为人子人弟者当尽孝弟之道，不可泯灭天性，我族子孙宜教孝弟于一家。

睦宗族：宗族为万年所同，虽支分派别，实源同一脉，不可相视为秦越，兹我族务宜教一本之宜，共成亲亲之道。

和乡邻：乡邻为同井之居，凡出入相友，守望相助，不可期残相斗，务宜视异姓如同骨肉之亲。

明礼让：礼让为持己处世之道，非徒拜跪坐揖之文，必使亢戾不萌。骄泰不作，庶成谦谦逊顺之风。

务本业：士农工商各有其业，故古人云，业精于勤毋荒于嬉，惟务其业者，乃得自食其力，可见食其者敢不湍其事乎。

端士品：士为四民之首，隆其名正，以贵其实也，故宜居仁由义以成明礼，达用之学，若使瑜闲不惟，上达无由，且士类有玷。

隆师道：师道为教化之本，隆师道正以崇其教也，使不尊崇之不特教化，行而且有亵渎之嫌，何得漫言传道。

修坟墓：坟墓所以藏先人之魂骸，每年宜诣坟祭扫，剪其荆棘去其泥积以祖灵，切勿挖掘抛露致祖宗之怨恫。

戒　规

减犯讳：　洞姓子侄每派宜择一名字以为名，凡属五服之酬孙不得犯父兄伯叔之名，即上祖之名亦当谭之。

戒争讼：争讼非立身之道，故争必有失，讼必有凶，宜以忍让处之为尚，勿致有忘身及亲倾家荡产之悔。

戒赌博：赌博非人生正业，一人入场中，不惟百业俱废，而且身体亦轻，宜自守本分，切勿贪财害累终身，勉之戒之。

戒淫恶：淫恶万恶之首，天所不宥，报应循环，所谓淫人妻女，妻女人淫，宜检身防过，勿致损人名节。

戒犯上：自古尊卑上下名分昭然，不得以卑凌尊，以下犯上，宜徐行长后，勿致有干在上之失。

戒轻谱：家请之修所以叙一本也，谱编成帙正是一家之宝，务宜珍重收藏，以便考查世系，切勿轻弃以亵祖宗，宜共凛之。

2. 董氏家风

窃以为族谱，乃一脉文当序，纲常重人伦、明节理、警后世，况乎董氏神农后裔，豢龙裔孙良史之后，儒宗传人，当心系家国，崇儒重教，丕振家风。如是：

治国当效仲舒公，三计奇策定天下。掌史定学董狐公，秉笔直书称良臣。

忠君当如董允公，勤勉诤谏终不懈。辅国效仿必武公，国之栋梁立奇功。

除强应学少平公，强项令出京师震。忠武传承董兴公，武魁辅宋觅封侯。

营商需学浩云公，五洲航运称臣子。济世应如董奉公，妙手回春植杏林。

孝廉定崇董永公，卖身葬父传佳话。勤俭必效董和公，移风易俗倡新风。

才学堪比昌庆公，三对惊煞群县令。文思尤似董洪公，和月抱桂攀蟾宫。

山水似如其昌公，画风清秀书雅逸。曲艺当学解元公，戏曲宫调创首峰。

睦邻尤比董诜公，善教感天息讼田。积善应如朝绅公，舍财百万福绵延。

3. 黄氏族规

爱国爱民，尽忠守义：热爱祖国，忠于人民。坚持真理，主持公道。不失国格，不失人格。尊师重教，重义轻财。维护祖国尊严，维护集体荣誉。

各行各业，精益求精：工农商学兵，各司其职，各尽所能。忠于职守，兢兢业业。干一行，爱一行，专一行。七十二行，行行出栋梁，行行有能人。

遵纪守法，自尊自爱：模范遵守国法，自觉维护公德。明辨是非，识别善恶，分清美丑。不赌博、不嗜酒、不诈骗、不斗殴，自尊自爱，文明礼貌。如有知法犯法屡教不改者，族人会议，严加处罚；严重者，送司法部门绳之以法。

勤劳奋发，自强不息：业精于勤而毁于惰。我黄氏子弟要以勤劳为本，发家致富。农民以耕种为主，科学种田；工人要钻研技术，精通业务；学生要不懈不怠，学有所成；商人要经营有方，公平交易，财源广进；军人要文武双全，保家卫国。

节俭简朴，移风易俗：由俭入奢易，由奢入俭难。省吃俭用是中华民族的美德。我族人要以节俭为要，不要花天酒地，不要铺张浪费。婚嫁迎娶、老幼行诞、先辈葬礼等应移风易俗，一切从简。

坚持晚婚，少生优生：晚婚晚育，少生优生是基本国策。我族子弟应人人响应，自觉遵守，实行计划生育。有女无儿可以招郎入室，传宗接代。实行男女平等，一视同仁，不得歧视，不准排挤。

重视教育，提高素质：百年大计，教育为本。十年树木，百年树人。我族人要不惜财力，努力提高文化素质。适龄儿要全部入学，要尽力普及初中、高中教育，努力造就大学人才、尖端人才，光宗耀祖，振兴中华。

孝敬父母，合家欢乐：羊有跪乳之恩，乌有反哺之义。孝敬父母，天经地义。父母衣食住行，儿女要服侍周全。平时代为劳动，欢语膝前；有病有痛，侍奉汤药，尽忠尽孝。夫妻和睦，相敬如宾。兄弟姐妹，情同手足。妯娌姑嫂，均应坦诚相待。全家和睦，同享天伦之乐。

和邻睦族，礼貌待人：远亲不如近邻，乡里邻居，应相亲相爱，如同家人。一家有难，百家相帮。切忌彼此猜疑，互不相让。我族子弟切不可恃强凌弱、恃富欺贫。以大压小，以众压少，凡事要严于律己，宽以待人。

扫祭祖坟，珍藏族谱：先祖生前，披荆斩棘，克勤克俭，创家立业，逝后托骨丘岗，安居灵山。我族子弟，每年清明务必登墓祭扫，缅怀功业，寄托哀思，开启未来。族谱如木之本，如水之源；修谱百耗资费，来之不易。我族人必须珍藏族谱，代代相传，继承祖先遗志，光大先人事业。

4. 郑氏祖训立身六则

一曰孝父母：人生父母，天地至亲。三年休抱，十月艰辛。鞠育恩重，怙恃情真。愿吾后裔，老道是遵。

二曰和兄弟：孔怀兄弟，同气连枝。谊关手足，奏协埙箎。姜家宜效，田氏当师。愿吾后裔，角弓戒之。

三曰别夫妇：居室夫妇，同穴同衾。鹿车同挽，鸿案相钦。共结丝罗，永谐瑟琴。愿吾后裔，二南当吟。

四曰序长幼：乡党长幼，大义须明。父事兄事，随行徐行。谦恭退让，温厚和平。愿吾后裔，勿忤勿争。

五曰睦宗族：一本宗族，恩爱宜敦。少须敬老，卑勿犯尊。六世同爨，九代共门。勉尔后生，古道勿缓。

六曰训子孙：本支子孙，习业宜专。为忠为孝，希圣希贤。农工商贾，安分力田。勉尔后生，见异勿迁。

5. 杨氏家训十则

一曰孝亲：人于于亲，毛里相属。子之贤否，亲之荣辱。一行偶亏，科身莫赎。勖哉汝曹，孝道须笃。

二曰敬长：乡党之内，有卑有尊。趋步必让，言语必温。父事兄事，谊存敬存。勖哉汝曹，弟道宜敦。

三曰择友：取友之道，进德赖之。声应气求，善劝过规。始苟不慎，悔终莫追。勖哉汝曹，如何勿思。

四曰慎言：出言之际，务在不苟。伤烦则支，括囊无咎。修辞立诚，与戒惟日。勖哉汝曹，牙关宜守。

五曰攻书：立志诗书，以明义理。勿为科名，始读经史。朴者为耕，秀者为仕。勖哉汝曹，须惜寸晷。

六曰乐善：人生斯世，种德为先。幽质衾影，明对帝天。欲留余地，当培心田。勖哉汝曹，守之宜坚。

七曰治家：修身齐家，承先启后。祖为之创，孙贵乎至。宝可传惟，在于忠厚。勖哉汝曹，毋萃怨蓁。

八曰处众：处众之道，务在于和。隐恶扬善，润寡分解。纷排难守，刚正不阿。勖哉汝曹，毋涉偏颇。

九曰力田：躬耕陇亩，大利所出。春失其耕，冬受其疾。富在于勤，淫生于逸。勖哉汝曹，恒产勿失。

十曰知命：君子安分，知命为先。得失有数，富贵在天。国课早完，勤耕砚田。勖哉汝曹，勿忘勿怠。

6.陈氏家规十章

一孝父母：人子之身本乎父母，未离怀抱三年劳苦，恩斯勤斯维恃维怙，孝道有缺百行难补，鸦知反哺羊能跪乳，勉尔后生忤逆何取。

二和兄弟：孔怀兄弟一本所生，手足至谊羽翼情深，兄当爱弟匕宜恭兄，埙篪并奏和乐有声，姜家被广田氏荆荣，劝尔后生小忿无争。

三别夫妇：男女居室人之大伦，附远厚别礼经所申，夫妇有别父子相亲，无别无义禽兽为邻，举案齐眉敬待如宾，劝雨后生倡随有真。

四序长幼：乡党长幼义在和平，年长以倍父事非轻，十年以长兄事有情，饮食须让言语必诚，坐立居下步履徐行，劝尔后生莫涉骄盈。

五睦宗族：臂诸水木宗族宜敦，千枝万派同一源本，何远何近谁卑谁尊，相亲相睦推泽推恩，公艺九世江州义门，勉尔后生古风何存。

六严内外：凡为宫室内外必辨，男不入内女不外践，深宫固门严肃非浅，授受不亲乞假且免，敬姜守礼蹭绝鲜劝，劝尔后生避嫌为善

七训子孙：子率不谨父教不先，放僻邪侈起于英年，严禁非为子孙乃贤，诗书执礼孝悌力田，少成天性习惯自然，勉雨后生毋稍忽焉。

八勤职业：天生四民业各有常，土谋道艺农望收藏，作为在工贸易惟商，心安固守勤力精详，立身有本用世亦良，勉雨后生无怠无荒。

九明利义：天地之间物各有主，非吾所有一毫莫取，见得思义圣贤训诂，盗跖贪污伯清苦浊，富贵一时谦名千古，勉尔后生净涤肝腑。

十慎官守：幸登官籍须警官箴，清慎与勤三字为任，勤谨和缓四言虑深，致君在身泽民在心，孟尝还珠杨震却金，勉尔后生贪墨谁钦。

三、宗　谱

宗谱是宗族支系的源流变迁，世系档案和族内族规族训的文字记载，故畲汉视之"家宝"。宗谱的主要内容有列祖肖像、世系支派分布、宗祠图、宗祠地基契约、历届修谱首事、理事名录、献诗赞词、名人传、支系行第、祖训十则。主要修造了本支族人丁生卒年月、文化程度、嫁娶情况、迁居情况、墓地所在地方和坐向，有的还标志文人、官吏职衔等。族内每10年或15年修谱一次，做到间而不断。苍南畲族四姓宗谱，均未见有原始创谱，大多是清朝中晚期续修的版本。

家谱是指同一血缘关系的一个支族的大小家庭，凤阳境内共有28个姓氏，各姓都有家谱。修谱之事一般由各房房长协商确定落实。由族长主持，任选监修、理事若干人，并聘请本族有识之士撰写。早年常见的谱有木刻活字排印本与手写本两种，印刷的本数由房数的多少来定，一般是总谱和各房一本，族长存两本（正本与草本），如手抄本因数量不多，往往只有一本或几本。宗谱修好之后，作为某一支系的重要文献资料，族人要做谱醮3～5天举行隆重设祭，即做谱醮，同时举行各房直系进祖仪式。

1. 各姓氏宗谱

凤阳畲族乡雷、蓝、钟、李4姓宗谱修纂时间、版本、册数、藏谱地及收藏人，以及宗祠所在地如下表所示：

表3-8-3-1　1995—2015年凤阳畲族乡民间信仰场所一览表

谱牒名	祠堂所在地	纂修时间	版本	册数	收藏地或人	其他
《蓝氏宗谱》	福鼎双华	清同治庚午（1870年）	木活字本	8	福鼎双华蓝石陵	
《蓝氏宗谱》	福鼎双华	清光绪乙巳（1905年）	木活字本	9	福鼎双华蓝石陵	
《蓝氏宗谱》	福鼎双华	1953年	木活字本	9	福鼎双华蓝承武	
《蓝氏宗谱》	福鼎双华	1979年	木活字本	9	福鼎双华蓝承武	
《蓝氏宗谱》	福鼎双华	1993年	木活字本	9	凤阳乡新村蓝成取	
《蓝氏宗谱》	福鼎双华	2004年	打印	9	凤阳乡新村蓝成取	

谱牒名	祠堂所在地	纂修时间	版本	册数	收藏地或人	其他
《中华蓝氏宗谱》	福鼎双华	2014 年	打印	9	凤阳乡新村蓝成取	
《钟氏宗谱》	苍南县昌禅中岙	清道光壬寅（1842 年）	木活字本	3	南宋洋头原版已失	
《钟氏宗谱》	苍南县昌禅中岙	清光绪乙亥（1875 年）	手抄本	3	原版已失	
《钟氏宗谱》	苍南县昌禅中岙	清光绪丙午（1906 年）	手抄本	5	昌禅中岙钟显由	
《钟氏宗谱》	苍南县昌禅中岙	民国 23 年（1934 年）	木活字本	8	南宋洋头钟显仕	
《钟氏宗谱》	苍南县昌禅中岙	1950 年	木活字本	8	南宋洋头钟显仕	
《钟氏宗谱》	苍南县昌禅中岙	1975 年	木活字本	9	南宋洋头钟显仕	
《钟氏宗谱》	苍南县昌禅中岙	1989 年	打印	9	昌禅中岙钟显由	
《钟氏宗谱》	苍南县昌禅中岙	2000 年	打印	10	凤阳隔头钟显烧	
《钟氏宗谱》	苍南县昌禅中岙	2011 年	打印	10	凤阳隔头钟显烧	
《雷氏宗谱》	苍南县昌禅岙底	清咸丰辛酉（1861 年）	手写本	1	郑家山	原版已失
《雷氏宗谱》	苍南县昌禅岙底	清同治二十年（1873 年）	手写本	1	郑家山	原版已失
《雷氏宗谱》	苍南县昌禅岙底	清光绪 29 年（1903 年）	手写本	1	郑家山	原版已失
《雷氏宗谱》	苍南县昌禅岙底	民国 31 年（1942 年）	木活字本	1	昌禅漈头	原版已失
《雷氏宗谱》	苍南县昌禅岙底	1961 年	木活字本	4	昌禅漈头雷开全	
《雷氏宗谱》	苍南县昌禅岙底	1978 年	木活字本	4	昌禅漈头雷开全	
《雷氏宗谱》	苍南县昌禅岙底	2003 年	打印	4	昌禅漈头雷开全	
《钟氏宗谱》	平阳县朝阳蕉坑	清道光丙午（1846 年）	手写本	5	凤阳下中贡钟希岳	
《钟氏宗谱》	平阳县朝阳蕉坑	清同治甲戌（1874 年）	木活字本	5	凤阳下中贡钟希岳	

续表

谱牒名	祠堂所在地	纂修时间	版本	册数	收藏地或人	其他
《钟氏宗谱》	平阳县朝阳蕉坑	清光绪戊戌（1898 年）	木活字本	5	凤阳下中贡钟希岳	
《钟氏宗谱》	平阳县朝阳蕉坑	民国 9 年（1920 年）	木活字本	6	凤阳下中贡钟希岳	
《钟氏宗谱》	平阳县朝阳蕉坑	民国 28 年（1939 年）	木活字本	6	凤阳下中贡钟希岳	
《钟氏宗谱》	平阳县朝阳蕉坑	1958 年	木活字本	6	凤阳下中贡钟希岳	
《钟氏宗谱》	平阳县朝阳蕉坑	1976 年	木活字本	6	凤阳下中贡钟希岳	
《钟氏宗谱》	平阳县朝阳蕉坑	1990 年	打印	7	凤阳下中贡钟希岳	
《钟氏宗谱》	平阳县朝阳蕉坑	2004 年	打印	7	凤阳下中贡钟希岳	
《钟氏宗谱》	平阳县朝阳蕉坑	2013 年	打印	7	凤阳下中贡钟希岳	
《蓝氏宗谱》	福鼎浮柳	清同治己巳（1869 年）	手写本	5	凤阳鹤顶山蓝准顶	
《蓝氏宗谱》	福鼎浮柳	清光绪甲辰（1904 年）	木活字本	5	凤阳鹤顶山蓝准顶	
《蓝氏宗谱》	福鼎浮柳	民国 35 年（1946 年）	木活字本	5	凤阳鹤顶山蓝准顶	
《蓝氏宗谱》	福鼎浮柳	1976 年	木活字本	7	凤阳鹤顶山蓝准顶	
《蓝氏宗谱》	福鼎浮柳	1990 年	打印	7	福鼎浮柳宗祠收藏	
《蓝氏宗谱》	福鼎浮柳	2003 年	打印	9	凤阳鹤顶山蓝准顶	
《蓝氏宗谱》	福鼎浮柳	2015 年	打印	9	凤阳陈家湾蓝准辉	重修谱
《雷氏宗谱》	福鼎双华	道光乙巳（1845 年）	木活字本	3	凤阳龙头山祖厅堂存放	
《雷氏宗谱》	福鼎双华	清同治癸酉（1873 年）	木活字本	3	凤阳龙头山祖厅堂存放	
《雷氏宗谱》	福鼎双华	清光绪癸卯（1903 年）	木活字本	2	凤阳新村雷达希	
《雷氏宗谱》	福鼎双华	民国 12 年（1923 年）	木活字本	3	凤阳新村雷达希	

续表

谱牒名	祠堂所在地	纂修时间	版本	册数	收藏地或人	其他
《雷氏宗谱》	福鼎双华	1955 年	木活字本	3	凤阳新村 雷达好	
《雷氏宗谱》	福鼎双华	1994 年	木活字本	3	凤阳新村 雷达希	
《雷氏宗谱》	福鼎双华	2006 年	打印	5	凤阳新村 雷达希	
《雷氏宗谱》	福鼎双华	2012 年	打印	5	凤阳新村 雷达希	
《雷氏宗谱》	福鼎凤桐青寮	清道光辛丑 （1841 年）	木活字本	1	凤阳陈家湾 雷祖响	
《雷氏宗谱》	福鼎凤桐青寮	清同治辛未 （1871 年）	木活字本	1	凤阳陈家湾 雷祖响	
《雷氏宗谱》	福鼎凤桐青寮	清光绪壬寅 （1902 年）	木活字本	1	原版已失	
《雷氏宗谱》	福鼎凤桐青寮	民国 13 年 （1924 年）	木活字本	1	凤阳陈家湾 雷祖成	
《雷氏宗谱》	福鼎凤桐青寮	1950 年	木活字本	1	凤阳陈家湾 雷祖成	
《雷氏宗谱》	福鼎凤桐青寮	1975 年	木活字本	1	凤阳陈家湾 雷祖成	
《雷氏宗谱》	福鼎凤桐青寮	1989 年	木活字本	1	凤阳陈家湾 雷祖成	
《雷氏宗谱》	福鼎凤桐青寮	1999 年	打印	1	凤阳陈家湾 雷祖成	
《雷氏宗谱》	福鼎凤桐青寮	2009 年	打印	1	凤阳陈家湾 雷祖成	
《雷氏宗谱》	平阳青街章山	清同治丙寅 （1866 年）	木活字本	7	凤阳仓楼 雷朝涨	
《雷氏宗谱》	平阳青街章山	民国 5 年 （1916 年）	木活字本	9	凤阳仓楼 雷朝涨	
《雷氏宗谱》	平阳青街章山	1949 年	木活字本	9	凤阳仓楼 雷朝涨	
《雷氏宗谱》	平阳青街章山	1978 年	木活字本	17	凤阳仓楼 雷朝涨	
《雷氏宗谱》	平阳青街章山	1994 年	打印	17	凤阳仓楼 雷朝涨	
《雷氏宗谱》	平阳青街章山	2015 年	打印	18	凤阳仓楼 雷朝涨	

续表

谱牒名	祠堂所在地	纂修时间	版本	册数	收藏地或人	其他
《雷氏宗谱》	平阳闹村龙凤村	清道光壬辰（1832 年）	木活字本	1	凤阳崩山原本已失	
《雷氏宗谱》	平阳闹村龙凤村	清同治甲戌（1874 年）	木活字本	1	原本已失	
《雷氏宗谱》	平阳闹村龙凤村	民国 3 年（1914 年）	木活字本	1	原本已失	
《雷氏宗谱》	平阳闹村龙凤村	民国 37 年（1948 年）	木活字本	7	凤阳崩山雷文华	
《雷氏宗谱》	平阳闹村龙凤村	1996 年	木活字本	7	凤阳崩山雷文华	
《雷氏宗谱》	平阳闹村龙凤村	2015 年	打印	7	凤阳崩山雷文华	

资料来源：根据相关宗谱记载资料汇编。

第九章　人　物

　　凤阳畲族乡，人杰地灵，人才辈出。为寻求渊源，章志业绩，激励后人，本章秉承"生不列传"的原则，记录凤阳蓝、雷、钟、李各姓入迁始祖及渊源来脉，历代人物传略和主要人物录。人物传略记载清代以来的文人志士、革命英烈、老红军、中国共产党老党员和在社会主义建设期间做出贡献者、中华人民共和国成立以来市级以上劳动模范及寓外人士、热心家乡公益事业建设的企业家、科级以上干部和历任本乡的党政主要领导干部、各村支书村长名录、大专院校毕业或在校人员。

第一节　人物传略

　　本节主要记述凤阳畲族乡境内畲族开基祖的迁徙和繁衍情况。突出地记述凤楼仓头童生雷云，历尽艰辛，不折不挠，矢志不移地诉讼三载，反对阻考的壮举。根据各姓宗谱，记载从清代至现代的贡生、庠生、五品军功、登仕郎、恩赉和近代杰出人物传略。

一、凤阳畲族始祖

　　蓝国照（生卒年不详）　顶堡村坎下厝蓝姓始迁祖，属福鼎双华蓝氏支系，第六世，于清康熙年间（1662—1722年）自马站湖垄入迁顶堡坎下厝。

　　蓝士显、蓝士凤（1704—1792年）　鹤山村隔头蓝姓始迁祖，同属福鼎双华蓝氏支系第九世，从赤溪官岙（晒谷场）迁入鹤山隔头。

　　蓝孔星（1732—1797年）　鹤山村上塔始迁祖，同属福鼎双华蓝氏支系第十世，从赤溪官岙（晒谷场）迁入鹤山上塔。

　　蓝法春（生卒年不详）　子云昌生于1644年，鹤山村陈家塆蓝姓始迁祖，属福鼎浮柳蓝氏支系第二世，于明崇祯年间（1628—1644年）自平邑北港上塅迁入鹤山陈家塆居住。

蓝国进（1662—1722年） 同子可全、可信自瑞邑五十三都三甲民坑迁入顶堡水口后转居鹤山陈家塆，同属福鼎浮柳蓝氏支系第四世。

蓝可顺（生卒年不详） 其孙生于1728年，凤楼姚头岗蓝姓始迁祖，同属福鼎浮柳蓝氏支系第五世，于清康熙年间从平阳县顺溪朱山迁入凤楼姚头岗居住。

蓝得华（1667—？年） 鹤山村鹤顶山蓝姓始迁祖，同属福鼎浮柳蓝氏支系第四世，自陈家塆移居鹤顶山居住。

蓝胜奇（1730—？年） 自陈家塆移居鹤顶山，同属福鼎浮柳蓝氏支系第六世。

蓝景厚（1817—1891年） 鹤山村坪石蓝姓始迁祖，同属福鼎浮柳蓝氏支系第九世，自鹤顶山移居鹤山坪石定居。

蓝元甫（1672—1725年） 岭边田垄头蓝姓始迁祖，属莒溪洋尾蓝氏支系第九世，自平阳县闹村凤岭脚入迁岭边田垄头。

蓝元五（生卒年不详） 子蓝有盛生于1707年，顶堡坎下厝蓝姓始迁祖，属莒溪洋尾蓝氏支系第九世，于清康年间从莒溪洋尾迁居凤阳顶堡后山"裙橱石"，至清咸丰年间（1851—1861年）转迁顶堡坎下厝居住。

蓝正财（生卒年不详） 孙盛哲生于1901年，凤楼仓头九亩蓝姓始迁祖，属岱岭坑门蓝氏支系第十二世，于清光绪年间入迁凤楼仓头九亩居住。

蓝祥馨（1914—？） 自岱岭牛皮岭入迁凤楼九亩居住，属岱岭坑门支系第十六世。

蓝世坐（生卒年不详） 父应然生于1696年，凤楼坑边崩山蓝姓始迁祖，属昌禅呑口蓝氏支系第九世，自平阳青街坭山入迁凤楼坑边崩山居住。

雷世昆（1723—1782年） 顶堡坎下厝雷姓始迁祖，属青街章山雷氏支系第八世，自中墩中岗今属赤溪镇迁入顶堡坎下厝居住。

雷文金（1794—1826年） 顶堡下后坑雷姓始迁祖，属青街章山雷氏支系第十世，自凤楼仓头如迁顶堡下后坑居住。

雷光涵（1647—1699年）、雷光沈（生卒不明） 自桥墩黄檀口先迁矾山古楼下，转迁矾山占家坑后徙凤楼仓头，随为凤楼仓头雷姓始迁祖，属青街章山支系第五世。

雷明鸿（生卒年不详）、雷明庠（1608—？） 福鼎三潮呑入迁鹤峰村金龟坑三十亩，随为鹤峰三十亩雷姓始迁祖，同属青街章山支系第三世。

雷世钟（1758—？年） 自福鼎前岐岭迁入交椅环，随为鹤峰交椅环雷姓始迁祖，同属青街章山支系第八世。

雷文盛（1786—1848年）　自华阳牛角湾蕉坑迁入鹤峰三十亩居住，同属青街章山支系第八世。

雷文窻（1858—1924年）　自交椅环移居三十亩，同属青街章山支系第八世。

雷光明、雷光贤、雷光进（生卒年不详）　兄光宪生于1664年，自平阳青街入迁鹤峰章家山，随为鹤峰章家山雷姓始迁祖，同属青街章山支系第五世。

雷世昌、雷世贤（生卒年不详）　次子元有生于1790年，自平阳县朝阳入迁顶堡后坑大坪，其后裔移居顶堡下后坑居住，属闹村田寮雷氏支系，于数年前失传。

雷仲铨（1827—1854年）　鹤山陈家墕雷姓始迁祖，属福鼎青寮雷氏支系第九世，自福鼎罗吞入迁鹤山陈家墕居住。

雷应龙（生卒年不详）　属闹村凤岭脚雷氏支系第五世（四子得籙生于1700年），入迁顶堡崩山，随为顶堡崩山雷姓始迁祖，因是联谱，从何处迁入不详。

雷得发（生卒年不详）　同属闹村凤岭脚雷氏支系第六世（子世忠生于1749年），自平阳闹村迁入鹤峰交椅环居住，随为鹤峰交椅环雷姓始迁祖。

钟元福（1643—1725年）　自昌禅移居凤阳岭边北山，随为岭边北山钟氏始迁祖，属昌禅中岙钟氏支系第五世。

钟元盛（生卒年不详）　于清顺治年间自昌禅中岙入迁岭边田垄头居住，咸随为岭边田垄头钟氏始迁祖，同属昌禅中岙钟氏支系第五世。

钟鸣发(1965—? 年)、钟鸣勇（1782—1823年）　自昌禅中岙入迁岭边仓厝，随为岭边仓厝钟氏始迁祖，同属昌禅中岙钟氏支系第五世。

钟鸣星（1789—1829年）、鸣朗（1810—1865年）　自昌禅移入迁鹤峰三十亩深埯，随为三十亩深埯种姓始祖，同属昌禅中岙钟氏支系第五世。

钟鸣銮（1793—1858年）、鸣致（1810—1865年）、鸣林（1798—1866年）　自昌禅迁入凤阳岭边仓厝居住，同属昌禅中岙钟氏支系。

钟鸣畎（1809—1862年）、钟鸣扬（1788—1842年）　自昌禅入迁凤楼八头岗，随为凤楼八头岗中姓始迁祖，同属昌禅中岙钟氏支系。

钟子华（1760—1806年）、子春（1763—1822年）　自昌禅入迁岭边田垄头同住，同属昌禅中岙钟氏支系第八世。

钟朝财（1871—1925年）　自昌禅移居凤楼八头岗同住，同属昌禅中岙钟氏支系第十世。

钟鸣真（1783—？年）　自南宋洋头入迁鹤峰三十亩居住，1户居凤阳宫边。同属昌禅中岙钟氏支系第九世。

钟文彩（1793—1837年）　自南宋洋头入迁鹤山隔头钟姓始祖，同属昌禅中岙钟氏支系第六世。

钟朝全（1793—1837年）　由隔头移居凤楼墓牌，随为凤楼墓牌钟姓始迁祖，同属昌禅中岙钟氏支系第十世。

钟鸣朱（1773—1818年）、鸣华（1790—1819年）、鸣分（1793—1833年）　自昌禅入迁鹤山田中央，随为鹤山田中央钟姓始迁祖，同属昌禅中岙钟氏支系第九世。

钟鸣选（1787—1828年）　自昌禅入迁鹤山龙头山，随为鹤山龙头山钟姓始迁祖，同属昌禅中岙钟氏支系。

钟鸣音（1793—1848年）　自昌禅入迁岭边杨家坑，随为岭边杨家坑钟姓始迁祖，同属昌禅中岙钟氏支系。

钟鸣佑（1823—？年）　自昌禅入迁鹤山胡家坪，随为鹤山胡家坪钟氏始迁祖，同属昌禅中岙钟氏支系。

钟文曾（生卒失考）　属朝阳溪边钟氏支系第七世（兄之子天奇生于1727年），自福鼎梅溪迁入鹤山下中贡，随为鹤山下中贡钟姓始迁祖。

李振泰（生卒失考）　属华阳牛角湾李氏支系第三世（兄振贵生于1613年），自华阳牛角湾入迁鹤山胡家坪，随为鹤山胡家坪李姓始迁祖。

李子盛（1722—1789年）　自华阳牛角湾入迁岭边后沟李，随为岭边后沟李姓始迁祖，同属华阳牛角湾李氏支系第七世。

李承万（1789—？年）　承福、承宾等自岱岭斗湾白沿头（今岱岭乡富源村）迁入鹤山陈家墕，随为鹤山陈家墕李姓始迁祖，同属华阳牛角湾李氏支系第九世。

李大双（1852—1915年）　自福鼎县双华入迁凤楼坑边，随为凤楼坑边李姓始迁祖，同属华阳牛角湾李氏支系第十四世。

二、凤阳汉族始祖

始祖黄员山　原籍福建泉州南安县十五都崩山溪井门，至三世孙黄值我于清顺治年间从二十七都滩下孔庄迁入三十一都龟墩居住，逐为龟墩北山黄姓始迁祖，系本地龟墩黄氏宗祠，属江夏郡紫云堂。

始祖杨发福（1474—1543年）　原籍福建泉州安溪县感化里修仁乡，至六世孙杨以日（1755—1813年）、杨以烈（1769—1819年）、杨以祥（1772—1837年）自陈家撺后坑转迁至龟墩漖头杨居住，逐为龟墩漖头杨姓始迁祖，系北港麻布仙垟杨氏宗祠，属弘农郡四知堂。

始祖郑大有　原籍福建泉州安溪县依仁里古板，至五世孙郑并岳（1713—1777年）由鼎邑吴家溪转徙三十一都龟墩居住，逐为龟墩南山郑氏迁始祖，系北港南湖郑氏宗祠支系，属荥阳郡。

始祖吴森元　原籍福建安溪县上下垟铁罗坪乡，至五世孙吴廷秀，自矾山赤洋迁徙龟墩南山，为龟墩南山吴姓始迁祖，系平阳北港鹤溪吴氏宗祠支系，属渤海郡至德堂。

始祖林应长（生卒失考）　于清乾隆年间自马站下魁迁入凤阳龟墩岩刀居住，逐为龟墩岩刀林姓始迁祖，系马站下魁林氏宗祠支系，属河西郡。

始祖陈东林　原籍福建泉州后安，至八世孙陈应汉（1724—1798年）、陈应修（1726—1791）、陈应佐（1730—1798），自渡龙港边迁徙龟墩南山逐为龟墩南山陈姓始迁祖，系渡龙港边陈氏宗祠支系，属颍川郡聚星堂。

始祖魏朋清　原籍福建寿宁县，至五世孙圣贵（1706—1779年）、圣录（1713—1794年）由二十六都下应转迁三十一都龟墩居住，逐为龟墩北山魏姓始迁祖，系北港闹村柿脚垄魏氏宗祠支系。

始祖潘国杰　原籍乐清虹桥，至三世潘启正（1737—？年）由大庄移居陈家撺后坑，后转徙三十一都龟墩，逐为龟墩南山潘姓始迁祖。

始祖郑华厂（1758—1833年）　于清乾隆年间，从赤溪半垟四周安入迁凤阳顶堡，逐为顶堡郑姓始迁祖，系括山括内郑氏宗祠支系，属荥阳郡。

始祖刘光发　原籍福建永春九十都章内，至十三世刘宏叟（1712—1765年）迁入顶堡南头居住，遂为顶堡南头刘姓始迁祖，系福鼎沙埕刘氏宗祠，五房长明派下属彭城郡。

始祖吴怀松　原籍平阳四十一都北港鹤溪，至十四世吴文政（生卒失考）由矾山中村迁入顶堡下后坑居住，吴文榜（1678—1707年）迁入顶堡大路边居住。后遂为大路边吴姓始迁祖，系矾山中村吴氏宗祠，属渤海郡至德堂。

始祖卢附开　原籍福建漳州龙溪县人，后徙藻溪卢家屿，至五世卢其享（1720—1809年）从赤溪过海转迁至顶堡崩山。遂为顶堡崩山卢姓始迁祖，系藻溪卢家屿卢氏宗祠，属范阳郡显承堂。

始祖曾瞻　原籍福建泉州永春县卓埔，至七世曾世茂（1700—1768年）从平阳后岱迁入顶堡南头居住，遂为顶堡南头曾姓始迁祖，系灵溪溪心曾氏宗祠支系，属鲁国郡。

始祖徐云颜　原系福建漳州府南靖县秀水大坪乡，后迁徙南宋枫树门，至八世徐淑荣（1784—1834年）转徙凤阳顶堡新厝，遂为顶堡新厝徐姓始迁祖。系南宋枫树门徐氏宗祠，属东海郡。

始祖王任山　原籍福建漳州漳浦县衡口，后徙平阳梅溪凤岙，至十二世王应照（1900—？年）从江西垟后林转迁凤阳顶堡凤宫居住，遂为顶堡凤宫王姓始迁祖，系平阳梅溪凤岙王氏宗祠支系，属太原郡。

始祖陈兹古　原籍福建泉州同安县民埯里，至十二世陈光上（1716—1765年）从赤溪下祥垟转徙顶堡上后坑，遂为顶堡上后坑陈姓始迁祖；陈光宗（1718—1783年）转徙岭边杨家坑，遂为岭边杨家坑陈姓始迁祖，系平阳山门陈氏宗祠支系，属颍川郡聚星堂。

始祖董明泉　原籍闽南泉州，后徙平阳腾蛟田贡，至六世董永南（1740—1801年）从赤溪白湾转徙凤阳岭边，遂为岭边董姓始迁祖，系赤溪白湾董氏分祠支系，总祠在北港腾蛟田贡，属陇西郡豢龙堂。

始祖王福泉　原籍福建，后徙平阳北港横山，至三世王文元携三子王子立（1710—1780年）、四子王子成（1714—1795年）、五子王子美（1716—1788年）、六子王子亮（1719—1802年），转徙凤阳岭边斗门底居住，遂为岭边斗门底王姓始迁祖，系灵溪沪山畔垟王氏宗祠支系，属太原郡。

始祖徐廷发（1722—1776年）　从灵溪狮山下迁入凤楼坑边，遂为凤楼坑边徐姓始迁祖，系灵溪狮山下徐氏宗祠支系，属东海郡。

始祖王士贵（1718—1763年）　从钱库垟头迁入凤楼八头贡，遂为凤楼八头贡王姓始迁祖，系钱库垟头王氏宗祠支系，属太原郡。

始祖黄御机（1746—1793年）　从藻溪西程迁入凤楼坑边，遂为凤楼坑边黄姓始迁祖，系藻溪西程黄氏宗祠支系，属江夏郡。

始祖张汉秉（1711—1776年）　从北港苏家岭迁入凤楼八头贡，遂为凤楼八头贡张姓始迁祖，系北港苏家岭张氏宗祠支系，属清河郡。

始祖吴道昌（1653—1733年）　从瑞安江溪梅林入凤楼姚堂，遂为凤楼姚堂吴姓始迁祖，系瑞安江溪梅林吴氏宗祠支系，属延陵郡。

始祖郑正托（1796—1829年）　从括山东括内入迁凤楼酒瓶垱，遂为凤楼瓦窑郑姓始迁祖，系括山东括内郑氏宗祠支系，属荥阳郡。

始祖杨崇国（1876—？年）　从云岩云头垟入迁凤楼瓦窑，遂为凤楼姚头岗杨姓始迁祖，系云岩云头垟杨氏宗祠支系。

始祖李仰山（1584—？年） 从平阳北港下岙入迁五十二都李家山居住，遂为凤楼李家山李姓始迁祖，系赤溪中街荣源内李氏宗祠第一世基祖。后至八世孙李维转分迁至凤楼罗洋，李维濬分迁凤楼坑边，李维渠分迁凤楼仓头，属陇西郡。

始祖陈元宽（1717—？年） 从蒲门屿头入迁岭后深坑住居，遂为鹤峰岭后深坑陈姓始迁祖，系蒲门屿头陈氏宗祠支系，属颍川郡。

岭后董姓始祖 于清顺治年间（1644—1661年）入迁，系望里六板桥董氏宗祠支系。

三、主要人物
（一）恩赉

恩赉或称乡耆、耆英，是宋、明、清时奖励臣劳，不特爵禄其身，且封赠身份。属明、清朝文散官，有职无权，一般六品衔之下。据《清·官职录》内载恩赉是"饮宾"、"迪功郎"、等咸陈。指向国家捐献军饷，救贫赈灾钱粮，平生多有贡献恩赐，另外对家乡办学广有声誉，修桥造路等，公益事业做了很多好事的人。为此县府上报平生事迹，嘉奖褒扬，有花翎顶戴。

表3-9-1-1 乾隆至宣统期间凤阳的恩赉名录一览表

姓名	民族	生卒时间	年代	职称	住址
蓝有远	畲族	清乾隆乙未—咸丰甲寅（1775—1854年）	咸丰	正六品（衔）	凤阳陈家湾
蓝有魁	畲族	清乾隆甲午—咸丰丁巳（1774—1857年）	咸丰	恩赉	凤阳鹤顶山
蓝振瑄	畲族	清乾隆乙卯—失考（1795—？年）	咸丰	恩赉	凤阳鹤顶山
蓝承森	畲族	清道光壬寅—宣统己酉（1842—1909年）	光绪	恩赉	凤阳陈家湾
蓝元策	畲族	清道光庚戌—民国辛酉（1850—1921）	光绪	恩赉	凤阳陈家湾
蓝承篆	畲族	清咸丰丁巳—民国乙亥（1857—1935年）	光绪	恩赉	凤阳陈家湾
雷文各	畲族	清道光癸卯—同治壬戌（1843—1862年）	咸丰	恩赉	凤阳章家山

续表

姓名	民族	生卒时间	年代	职称	住址
雷国谏	畲族	清道光癸卯—同治壬戌 （1843—1862 年）	咸丰	恩贡	凤阳章家山
钟子进	畲族	清乾隆丁卯—道光辛巳 （1747—1821 年）	道光	恩贡	凤阳隔头
钟子川	畲族	清乾隆壬午—道光己丑 （1762—1829 年）	道光	恩贡	凤阳隔头
钟鸣叁	畲族	清乾隆甲午—咸丰甲寅 （1774—1854 年）	道光	恩贡	凤阳隔头
钟朝鋭	畲族	清嘉庆癸亥—光绪癸未 （1803—1883 年）	道光	恩贡	凤阳隔头

资料来源：根据有关宗谱记载资料汇编。

（二）汉族名人

刘良骖（1621—1697年）　男、汉族，字廷衎，号参马，邑武生有勇略而负义侠好排难解纷，世乱时身任总练，保障乡间至毁，家无悔赖以安，睹者口碑啧啧焉，尤笃念本源，捐赠助金倡建祠宇。

刘在龙（1643—1696年）　男，汉族，字启来，号见田，郡庠生弱冠掇芹，才学兼备，世变征派浩繁，公理之有。余间族人咸受其赐，与堂弟启保共修家谱，不惮勤劳，常接友登山玩水，人称其有晋人风致。

刘如爵（1681—1766年）　男，汉族，列名超藜，字贤魁，号耻述邑庠生，幼时承庭训舞勺，夕学超群，翰墨流芳，举上端方。

杨伯堂（1854—1923年）　又名石堂，男，汉族，享年70岁。据杨氏宗谱记载：讳时构号紫庭榜名挺，清光绪戊寅（1878年）科黄宗师名卓取入县学，光绪辛丑年（1901年）例授附贡生。是在府、州、县生员（秀才）中成绩或资格优异者，被取升入京师的国子监读书。获授"贡生"喜讯由温州府报喜队送达。少时聪颖好学，文博识广，博学多才，是旧时当地远近闻名的乡下才子。出身农家，因家境清贫，读了几年私塾，只好在家边劳动边自学。白天帮家人干点农活，入夜即专心致志伏案看书，直至困倦打瞌还不愿离案入寝，为求取功名，宵衣旰食的刻苦求学。后人相传：每到夜阑人静，为不让自己因困倦而打瞌入睡，将盘绕在头上的长辫子扎在头上方的横梁上，用来提醒和提神；每到深夜，为不影响父母、家人的睡眠或以防被发觉，预先备好一只掏米用的斗米箕，放在烛油灯旁边遮光或候用，一旦听到父母家人翻身或咳嗽声，即刻将米斗箕遮住灯光。成才得名后，善待为人，办起了学堂（私塾），设在本厝堂厅，招收了乡境内外十来个孩童，如杨经国、杨经商、杨经柞等。晚年入基督教。

杨步进　民国8年（1919年）5月出生，男，汉族，苍南县凤阳乡龟墩漈头人。中共党员。函授初师毕业。曾任过副校长、校长职务。杨步进一家三代从教。1944年9月，跟随地下革命党人从事地下革命活动，担任交通员、传递情报等工作。同年冬月，由黄荣归介绍加入了中国共产党。此后，陈伯疆（鼎平县委书记）、李知兴等频繁往来于他的家中，他的家成为革命活动的联络点。1951年开始在凤阳、半垟泗安、赤溪等山区从事教育教学工作（山区复式教学），至1979年离休。离休后，鉴于山区师资紧缺，欣然接受教育部门留用，先后在昌禅、南堡杨家井、凤阳的龟墩、仓楼等村校尽献余热，直至1991年2月因病休止。此后身患重病，治疗无效，于1994年3月23日逝世，终年76岁。40年的教育生涯，几乎踏遍了他所工作过的山区的每一个角落，深深留下了那永不消失的辛勤足迹。时任矾山区教委办领导的李递富在他逝世时为悼念其写了一副挽联："来亦清去亦清桃李满园感其清，就能胜疏能胜两镇师友怀其胜。"1990年被评为温州市市优秀教育之家、县教育世家。

郑宗沛　民国17年（1928年）2月出生，男，汉族，中共党员，凤阳畲族乡顶堡村新厝人，农民家庭出身。1943年就读于县立金乡学校，从教期间通过假期轮训，函授初师毕业。1948年春，在凤阳大宫创办的"平阳县矾山乡第11保国民学校"任教员。1951年秋，原岭边、北山、南山三所村小合并为"凤阳小学"后任该校校长。1953年至1956年2月任凤阳小学校长职务，期间兼教育工会组长。1957年2月至1981年续任凤阳乡中心小学校长、教导主任等职。从教三十多年来，忠诚于党和人民的教育事业，对工作勤勤恳恳、兢兢业业、忠于职守、率先垂范、爱生如子，处事为人师表，三十多年的教育生涯博学多才，练就了一手好字，如行云流水、笔走龙蛇，在社会热心于公益事业，助人为乐，风格高尚，深得境民爱戴。1981年退休后，仍发挥余热，继续任教，并受聘于负责编纂《中共凤阳乡组织史资料》和《凤阳校史》。1956年被评为平阳县教育先进工作者，多次获得工会先进、优秀教师等荣誉。

（三）畲族名人

雷可远（1758—1843年）　男，畲族，号石龙，钦赐正八品"职修郎"，凤阳乡凤楼村仓头人。他秉性严肃，容貌俊伟，鬓眉清秀，遵道重义，循规蹈矩，热心公益事业，广有声誉。家道兴隆，富甲一方，为国捐献军饷，为民献赈灾款，平生多有贡献，特别是对家乡修桥造路、赈灾救贫等，享有极高声望。为此县府上报其平生事迹，赐正八品"职修郎"的身份，令人传颂。为鼓励后裔勤奋学习，捐田"二十亩"作为"公田"，号"贤养田"，后改为"笔资田"，使仓头文风鼎盛，从清朝至民国出了不少人才。

雷文和（1786—1864年）　　男，畲族，讳李河，号仁山，享龄78岁。咸丰十一年（1861年）例授"登仕郎"，凤阳乡仓头人。雷文和世居善义之家，家道兴隆之户，淳朴厚道、克勤克俭、秉性刚直，凡为人谋事无一不周。见怠重视的事子侄读书，倡导塾馆，不惜聘名师就教。兴建四合院走马大楼。合家同居20余载，一门四十多未闻诟谇之声，实是乡间所难得。清道光二十四年（1844年）次子雷云参加平阳县试，但仍受到许多限制，非常气愤，与弟雷子清与民族歧视开展斗争，跋山涉水、日夜奔驰、备尝艰辛，赴省府两处提起诉讼。缠讼三载，最终胜诉。雷文和家齐而身正，皓首其眉，孙会膝堂开四世，寿登八秩恩荣三锡，例授"登仕郎"。清同治二年（1863年）又蒙温处兵备道周宪赠以"椿萱并茂"，匾额嘉奖褒扬。他是旗杆内雷氏宅院创建者。

雷文忠（1794—1860年）　　男，畲族，官名雷登，享龄66岁，例授正九品"登士郎"。凤阳乡凤楼村仓头人。平生捐献军饷（钱、粮）、兴办地方私塾、修桥铺路、赈灾济贫等，为公益事业做了很多好事。

雷文芳（1795—1846年）　　男，畲族，处士，号子清。他为人慷慨，课读勤耕，为首倡名垂后裔，为人谋事无事不周与人排忧解难。邻里之人号之曰："甘草言其无人不和也，秉性正直，遵其大道而行公之理。遇贫穷则周恤，见斯文则厚待为之！"在清道光二十四年（1844年）雷文芳次子雷夏参加平阳县试，但受到许多限制，不得与考，请汉族人具保，交付大洋68元，仍遭汉族童生阻挠，不得入场。他决心向清政府提起诉讼，为民族歧视作斗争，"跋山涉水、日夜奔驰"，赴省府辩案26次，经过连年讼诉，风尘劳疾，抱病在途，回家而辞世。但反阻考讼案未得胜诉，临终时泣涕涟涟，遗嘱子孙："诉状原稿，放我胸怀，未了结不甘心，归冥府投诉。"经过一载，雷家后裔得见文芳托梦说："我在阴府，缺少银两打官司，望子孙在'七月半'请祖公时候，备办库钱，包头字号清楚，烧化给我。"直至清道光二十七年（1847年）温州府发布《禁阻考告示》，准与畲族童生参考，谁敢阻考，显违定例究办……。这才使温州府管下畲族童生有机会考试。在清同治丙寅年（1866年），《雷氏宗谱》中有堂侄贡生雷云拜撰文芳传伤附七律一首："雀角鼠牙志未酬，闻公何忍赴仙游。微忱本欲期亲奠，不愿羁身在东欧。"雷文芳反阻考，劳疾而殉，令人久远传颂。

钟延益（1809—1886年）　男，畲族，号林泰，例授"乡贤"，享年77岁，凤阳乡下中贡人。他和儿子钟学义（儒士）耕读持家，购房置业，积累丰厚的财富，热心公益，好行善事，为国家捐献军饷钱粮，广有贡献声望。为此，县政府上报其平生事迹。清同治二年（1863年），平阳县正堂加六级记录三次，余丽元特题"五叶承芬"匾额，以示嘉奖褒扬。

雷国泰（1815—1873年）　男，畲族，官名雷宁，享寿58岁，凤阳仓头人，清同治例授八品顶戴"迪公郎"。他是乡间善人，积极枚举公益事业，为灾区募捐银、粮。首倡大路，造桥首事，深受官府褒扬，赐八品顶戴。

雷　云（1825—1877年）　男，畲族，又名国友，号鹤峰，凤阳乡凤楼村人，少时聪颖好学，一生仰慕功名仕途。清嘉庆八年（1803年）浙江巡抚阮元和学政文宁曾明文咨唯畲民"能通晓文义者，应请准与平民一体报名赴考"。雷云于清道光二十四年（1844年）报名参加平阳县试，但乃受到许多限制，非常气愤，与其父和其叔决心与民族歧视开展斗争。他们登山涉水，日夜奔驰，备尝艰辛，赴省、府两处提出诉讼，缠讼三载，最后于清道光二十七年（1847年）温州府颁发《禁阻考告示》，内称"平阳畲族雷云应准与考，该县各童阻挠显违定例，自行严禁雷云请准补考"。于清咸丰庚申年（1860年）考取拔贡钦赐"贡元"，儒学六品顶载文林郎，成为苍南境内畲族第一位秀才。树匾"文魁"，现存走马楼台门和两对石棋杆。此事在雷氏宗谱和学政全书中均有记载。

雷国灿（1826—1869年）　男，畲族，榜名雷夏，号东升，乳名阿齐，清咸丰十一年（1861年）蒙福鼎烽火门参戍，蔡报授军功，五品军衔，屡立战功，任福宁府镇抚，招顺乡五十二都仓头（今凤阳乡凤楼村）人。现存五品顶戴，红翎一顶。传载入《温州民族志》，裔人缅怀英名千古七律二首：百战声威震闽疆，平倭汗马授军功。书表浩然衔五品，名标青史荣华封。浣溪沙调一首：万里风涛浪似颠，英雄国姓独扬鞭。赤心匣剑海疆边，月异日新思俊杰。椰风蕉雨润心田，故园赢得艳阳天。

雷宗显（1845—1899年）　男，畲族，乳名灿堂，官名用霖号雨亭，清同治辛未年（1871年），蒙丁招周大宗师岁试取入泮21名庠生，凤阳乡凤楼村仓头人。遗留文献较多，《昌禅钟姓谱序》《章山雷氏谱序》《昌禅雷氏谱序》《赤溪半垟陈氏谱序》等。墓地在仓头名水路。碑名自志，两边刻有楹联："地卜牛眠浚秀气，灵钟鹤顶祝遐龄。""青莲宰树乔和梓，辉映化台隶舆棠。"庠生宗显在早时平阳县畲族中颇有名气。

雷宗州（1846—1878年）　男，畲族，乳名金铨（儒士），字朱浦，榜名汝霖，号雨楼。容貌英俊，天赋聪颖，文采广溢，叹息功名未取，成病而卒，年终33岁。生前撰《同治丙寅年雷氏宗谱谱序》《文玉公传》，遗留文献，裔孙缅怀吟律一首："黉门酷学志未售，杏坛举步赴仙游。心切盼来登科早，奈何寿限断此休。"

钟小玉（1847—1930年）　男，畲族，清光绪丙子科（1876年）邑庠生（俗称秀才），名秉和，举名钟庆英，凤阳乡下中贡人。他秉性超颖，待人慷慨，常举仁人义士自励，籍进见识。"戊戌变法"前后放弃举子业，专力于古文。文坛出众，一生以坐馆授徒为生，桃李天下，辩证学术，德才兼备。现祖屋厅堂保存全好一副八十岁寿庆楹联"身例胶庠樊子仍恒披卷，门盈桃李伏生老尚传经"。先生是闽浙、矾山、赤溪管下一立德高望重老儒生，一生对教育事业做出大贡献。钟小玉先生，世家为农，淳朴厚道，心地善良，生性注重道义，学识卓越。熟悉中医药方，善为民无偿治病。在民国初期，沙埠（今属赤溪镇龙沙），发生了"珠宝豆症"，死了很多人，唯有小玉先生处方服愈，此地方才得平安，到今沙埠70岁以上的老人讲起钟小玉先生"昔称活佛"，传说到青田某地作城隍口碑故事。生前着有《募建凤岭亭序》《重建双排二硐桥募疏》《募建赤溪三官堂序》《半垟陈氏谱序》《重修后陇亭序》等，为留下凤阳鸡啼一首："鸟飞凤硐啄虫儿，羊仔食草西坎边。溪中无水鸟寻食，皇帝开口笑微微。"

钟义谟（1848—1891年）　男，畲族，字祥如，濡湿，凤阳下中贡人。出生于耕读家庭，后到马站岱岭陈西垟吴一峰（字可任，五品儒学训导、举人）处深造，有志于科场，然屡败屡考，科考多次未中后在家中或各地设塾授学，为闽、浙地方颇有名气的私塾老师。

雷宗功（1848—1914年）　男，畲族，乳名景梧，官名作霖，号雨人、又号纪臣，清光绪丁丑科（1877年）蒙张盛藻府尊取全案第九名，又蒙黄怒皆大宗师岁试取入泮第一名"郡庠生"，授封"景梧相"。清光绪五年（1879年），平阳县知事"冯德坤"题赠书香功名匾额"府案首"。苍南县凤阳畲族乡凤楼村仓头人（原属平阳县蒲门乡五十二都仓头）。入庠生后，创办"仓头第一所塾馆"，自设自教，名誉大震，为畲族贫困山区儿童入学做出重大贡献。后授教于"赤溪打铁宫""赤溪塘头""沙埠"等地，著有《章山雷氏宗谱序》《坑门岭蓝氏谱序》等。浦江拔贡张尉为其题诗一首"典籍罗胸情见闻，纵横笔阵冠童军，芝兹再励凌霄志，展翻腾飞万里云"。举人吴一峰为其题诗一首"厚德宏襟孰同隆，龙峯锡龙姓名通，青囊秘启山埋玉，紫气光涵瑞兆铜"。

雷宗岱（1858—1888年） 男，畲族，儒士，榜名傅霖，应试未取，得病而亡。凤阳乡凤楼村仓头人，遗留下印章1枚，裔孙赋诗1首："几经棘闱未登科，芸窗浩志缠病魔，无得功名何消恨，裔人挥豪颂悲歌。"

雷国财（1861—1879年） 男，畲族，名雷庆，享寿63岁，清同治例授八品顶戴"迪功郎"。他秉性超颖，待人慷慨，常举仁人义士以自励，淳朴厚道、心地善良、注重道义。遇荒饥灾年，向官府赈粮大量，功德感人，深受官府褒扬，封八品顶戴"迪功郎"。平生善举业绩，久远流传。

蓝承赞（1872—1935年） 男，畲族，陈家湾人。出生于殷实农民家庭，幼时身材结实，熊腰虎背，从小就有练拳习武的天赋。拜师山内人（北港）畲族著名拳师阿雅、阿蔗两位师傅学习武术，成为浙闽畲族地区的一代武师。一身正气，侠义心肠，办事公道，爱打不平，无私帮助弱势群众，乐为他人排忧解难，善于调节民间纠纷。清光绪年间，凤阳陈家湾设立武馆，蓝承赞当师傅自教，招收毗邻尚武的畲族、汉族青年。陈家湾武术名扬四方，蓝承赞闻名遐迩，在凤阳流传"鹤顶山石笼圹，陈家湾拳头杖"，故称"凤阳阿赞师傅"。

雷天三（1882—1972年） 男，畲族，字舜渔，号菊泉，凤阳乡人。6岁进入本地雷宗功(庠生)私塾读书，21岁赴平阳县试，未中，后又步行25公里到蒲门吴益峰(举人)家私塾继续读书。第二次准备应试，因逢父母亡故，守孝无去考。此时已取消清代科举制度，他对仕途心灰意冷。清宣统三年（1911年）执意以儒业为生，他和两个儿子先后在浙闽边华阳、赤溪、金乡、周家山等地教私塾，人称"仓楼阿三先生"。平时与刘绍宽、李招元等先生交厚。他几次拒绝时任平阳县长张韶舞为县文管会要职的聘请，1942年创办仓楼赤溪乡第五保国民学校，学生就读数百人，培养学生满天下。他生活简朴，为人谦虚正直，遇贫寒与急难者，无论识或不识，拯济之惟恐不及，受乡里钦仰。到1953年因年迈而停教，他一生对教育事业作出一定贡献。1962年后被选平阳县第二、三、四、五届政协委员，1963年被省政府聘请为省文史馆员，1972年病逝，享寿91岁。生前撰《情旨骈文》等多篇作品，现藏七绝镌刻在竹笔筒上诗云："此物从来实是奇，猗猗难取淇园时，今朝喜得成何用，助笔花开第一枝。"下款"壬戌秋九月舜渔题"。现保藏教学用具有书笼、石砚、戒尺、手抄课本、康熙字典等实物和图像。

雷天鎗（1887—1936年） 男，畲族，凤阳乡凤楼村仓头人。民国24年

（1935年）县长徐用任命其为平阳县参议员。

钟学顺（1890—1967年） 男，畲族，字延益，号林春，例授"乡飨"，享寿77岁，凤阳下中贡人。他和儿子学义（儒士），耕读持家，购房置业，积累丰厚的财富，热心公益，好行善事，为国家捐献军饷钱粮，广有贡献声誉。子孙满堂，绕膝众多，五代同堂，有极高声望。为此县政府上报其平生事迹，清同治二年（1863年）平阳县正堂加六级记录三次余丽元特题"五叶承芬"匾额，以示嘉奖褒扬。

雷天俭（1906—1952年） 男，畲族，凤阳乡鹤峰村章家山人。民国24年（1935年）县长徐用任命其为平阳县参议员。

钟大友（1909—1973年） 男，畲族，凤阳畲族乡顶堡村凤阳宫人。民国23年（1934年）在境内各村私塾授教为业，民国24年任平阳县参议员。

钟大洪（1923—1977年） 男，畲族，凤阳畲族乡凤阳宫人。任凤阳乡第一届乡长（注参照《凤阳畲族乡组织史》）。

钟大考（1928—2009年） 男，畲族，中共党员，凤阳畲族乡鹤峰村人。1958—1961年任凤阳乡主任、乡长；1961年10月—1966年5月任中墩公社党委副书记，中墩公社管委会副主任；1973年3月—1976年10月任中共中墩公社党委副书记，中墩公社革委会副主任；1976年10月—1978年4月任中共中墩公社党委副书记，革委会副主任；1978年4月—1979年8月任中共凤阳公社党委副书记。

李先秦 男，畲族，凤阳畲族乡顶堡村人，中共党员。1961年8月毕业于浙江省少数民族师范学校。曾担任矾山区南堡公社小学校长，矾山区小校长，南堡公社贫管会副主任，赤溪公社贫管会第一副主任、校长，凤阳公社中心小学校长。1984年恢复凤阳畲族乡，任乡党委副书记、乡长，赤溪区委统战委员，纪委书记。撤区并乡后任凤阳畲族乡党委副书记、人大主席、县人大代表、正职调研员。

蓝升新（1954—2015年） 男，畲族，鹤顶山麓的凤阳畲族乡鹤山村人，一生以山为伴，一生知善而行。2015年夏，在生命的最后时刻，他毅然决定，将眼角膜无偿捐献给中华眼库，将遗体无偿捐献给温州医科大学做科学研究，成为苍南首例遗体捐献人。他的壮举让4名患者重见了光明。

2015年6月15日，在苍南县红十字会工作人员的见证下，老党员蓝升新在《公民自愿捐献角膜登记表》《温州市遗体捐献登记表》上，郑重签下自己的名字。2015年7月26日上午11点30分，经苍南县红十字会协调，蓝升新家属现场签下了遗体（组织）捐献交接单，温州市眼库医生为蓝升新实施了双眼角膜捐献手术，并即刻将眼角膜带回眼库进行详细检测、处理和保存。市眼库的工作人员陈小雁告诉记者，蓝升新的一双眼角膜可以为2～4名急需角膜手术的患者带来光明。当天中午12点半，双眼角膜摘除后，蓝升新的遗体就交给了温州医科大学，供教学、研究所用。14点30分许，温州医科大学在人体科学馆内为蓝升新举行遗体告别仪式，温州市红十字会副会长姚庆国为其致悼词。告别仪式后，蓝升新的遗体留在了温州医科大学。蓝准瑞蹲跪在父亲的遗体前，将父亲生前的头发小心翼翼地放进金瓶，用畲族语说了声："阿爸，我们带你回家了。"

苍南县红十字会常务副会长陈瑞燕在接受采访时说："生命的开始和结束都是一种必然，蓝升新老人在生命的最后一刻为他人带来光明，完成最后一次爱的奉献，我们向老党员这种博爱、奉献精神致以崇高的敬意。"

第二节　人物名录

中华人民共和国成立后，凤阳畲族乡在社会各阶层辈出知名人士，尤其是党的十一届三中全会以来，杰出人物不断涌现，医学界教授、学者、市教育世家人物，全国优秀体育教师，创业有成的知名企业家，为彰其业绩，皆录入本节人物录。同时，还录入各届乡党政领导和企事业单位副科级以上的干部、村支书和村长、在校和已毕业的大专院校生。他们是时代前列的佼佼者。根据志书编写生不立传原则，对本志书在世人物均不立传，本节以表格形式简要记载以上人员名录。

一、凤阳籍县处及副科级以上干部名录

表3-9-2-1　1961—2015年凤阳籍县处、副科级以上干部一览表

姓名	性别	民族	原籍	党派	文化程度	工作单位	职务	备注
蓝升广	男	畲族	顶堡村	中共党员	大专	温州市民宗局	局长	退休
李先梅	女	畲族	顶堡村	中共党员	大专	温州市人大常委会办公室	副主任	退休
蓝准超	男	畲族	鹤山村	中共党员	大专	福建省民政厅人事救灾处	处长	退休
黄荣钢	男	汉族	龟墩村	中共党员	本科	苍南县灵溪镇	党委书记	在职
雷顺华	男	畲族	鹤峰村	中共党员	大专	苍南县老干部局	局长	在职
黄赐益	男	汉族	龟墩村	中共党员	初中	凤阳公社	书记	退休

续表

姓名	性别	民族	原籍	党派	文化程度	工作单位	职务	备注
蓝国熙	男	畲族	顶堡村	中共党员	大专	温州市检验检疫局	处长	在职
郑允秀	男	汉族	顶堡村	中共党员	本科	苍南县编委	主任	在职
钟昌元	男	畲族	顶堡村	中共党员	高中	苍南县赤溪镇	人大主席	退休
黄荣瑜	男	汉族	龟墩村	中共党员	大专	苍南县住房建设局	副局长	在职
杨化民	男	汉族	龟墩村	中共党员	中专	宁波市镇海区计划处	书记处长	退休
雷顺银	男	畲族	鹤峰村	中共党员	大专	苍南县民宗局	副局长	在职
董 阳	男	汉族	岭边村	中共党员	研究生	西安市民政局办公室	主任	在职
杨继瑞	男	汉族	龟墩村	中共党员	大专	瑞安市委办公室	副主任	在职
钟显桂	男	畲族	顶堡村	中共党员	初中	凤阳畲族乡	人大副主席	退休
杨 杰	男	汉族	龟墩村	中共党员	大专	苍南县城建局	副局长	在职
钟飞阳	女	畲族	顶堡村	中共党员	大专	凤阳畲族乡	副乡长	在职
钟政明	男	畲族	鹤山村	中共党员	大专	凤阳畲族乡党委	党委委员	在职
叶凤花	女	汉族	龟墩村	中共党员	初中	矾山区妇联	主任	退休
黄文雅	男	汉族	龟墩村	中共党员	大专	江苏连云港武警支队	连长	在职
陈尔胜	男	汉族	岭边村	中共党员	教育硕士	嘉兴市南湖区教育研究培训中心	副主任	在职

资料来源：根据《苍南县组织史》资料汇编。

二、凤阳籍行政、企事业单位及科技人员

表3-9-2-2 1959—2015年凤阳籍行政、企事业单位及科技人员一览表

姓名	性别	民族	原籍	党派	文化程度	工作单位	职务	备注
蓝升红	男	畲族	鹤山村	中共党员	本科	温州医学院附属一医院	教授	退休
周丽萍	女	汉族	鹤山村	中共党员	本科	温州医学院	教授	退休
钟希成	男	畲族	鹤山村	中共党员	初中	临海区农场	场长	退休
钟希仁	男	畲族	鹤山村	中共党员	师范	区文化站	站长	退休
雷开标	男	畲族	顶堡村	中共党员	大专	凤阳乡农业办	主任	在职
董学镇	男	汉族	岭边村	中共党员	大专	凤阳畲族乡	主任科员	在职
蓝金凤	女	畲族	鹤山村	中共党员	高中	凤阳乡计生办	主任	退休

续表

姓名	性别	民族	原籍	党派	文化程度	工作单位	职务	备注
雷达龙	男	畲族	鹤山村		中专	南堡乡民政办	主任	退休
李先兴	男	畲族	岭边村	中共党员	初中	区人武部	干事	退休
吴荣明	男	汉族	龟墩村	中共党员	大专	桥墩交警中队	队长	在职
雷大西	男	畲族	顶堡村	中共党员	本科	苍南县能源办公室	副主任	在职
章方华	女	汉族	龟墩村		大专	苍南县住建局	科长	在职
陈小红	女	汉族	龟墩村	中共党员	大专	苍南农商银行灵溪分行	行长	在职
黄素辉	女	汉族	龟墩村		大专	苍南县住建局	科长	在职
蓝成美	男	畲族	鹤山村	中共党员	大专	县图书馆	副馆长	在职
钟政阁	男	畲族	顶堡村		大专	苍南县工业园区招商服务科	科长	在职
蓝锡录	男	畲族	岭楼村	中共党员	大专	凤阳广播电视站	站长	在职
陈钦阁	男	汉族	岭边村	中共党员	大专	灵溪镇农办	主任	在职
杨继宇	男	汉族	龟墩村	中共党员	本科	广发银行瑞安市支行	行长	在职
蓝　毅	男	畲族	鹤山村	中共党员	本科	四川省政法委见义勇为办公室	副科	在职
李绍森	男	汉族	凤楼村		中专	平阳矾矿工人医院	外科主任	退休
钟昌业	男	畲族	鹤山村	中共党员	大专	凤阳畲族乡卫生院	院长	在职
蓝宝珍	女	畲族	鹤山村		大学	苍南县中医院	护士长	在职
张　娟	女	汉族	龟墩村		大专	苍南县三医妇科	主任	在职
蓝建新	女	畲族	顶堡村		大专	苍南县妇幼保健站	科长	在职
肖莉莉	女	汉族	顶堡村		大专	灵溪镇中心卫生院	主任	在职
陈英姿	女	汉族	顶堡村		大专	灵溪镇中心卫生院	检验科长	在职
雷朝启	男	畲族	凤楼村	中共党员	大专	矾矿医院	副主任	在职
陆光玉	女	汉族	龟墩村		大专	瑞安市人民医院	护士长	在职
丁彩霞	女	汉族	龟墩村		大专	瑞安市医院	护士长	在职
王婷芬	女	汉族	龟墩村		中专	定海区医院	护士长	在职
杨巧巧	女	汉族	龟墩村		大专	温州移动分公司	经理	在职
唐芳芳	女	汉族	龟墩村		本科	宁坡市外贸公司	副经理	在职
杨化强	男	汉族	龟墩村	中共党员	本科	瑞安市教育局体委	专职干部	退休
肖淑萍	女	汉族	顶堡村		大专	温州外贸销售部	总经理	在职
郑计桂	男	汉族	顶堡村	中共党员	大专	矾山供电所凤阳站	站长	在职
潘绍团	男	汉族	龟墩村	中共党员	本科	温州市实验一小	校长	在职

续表

姓名	性别	民族	原籍	党派	文化程度	工作单位	职务	备注
欧阳洁	女	汉族	顶堡村		本科	温州市职业中等学校	中教高级	在职
钟显达	男	畲族	鹤山村	中共党员	初中	温州矾矿组织科	科长	退休
蓝成取	男	畲族	鹤山村	中共党员	大专	凤阳畲族乡中心小学	书记校长	退休
刘正高	男	汉族	顶堡村	中共党员	中专	凤阳畲族乡中心小学	书记	在职
曾小兵	男	汉族	顶堡村	中共党员	本科	苍南第一实验小学	教务主任	在职
钟德斌	男	畲族	鹤山村	中共党员	大专	凤阳畲族乡中心小学	校长	在职
钟昌典	男	畲族	鹤山村	中共党员	大专	凤阳畲族乡中心小学	书记校长	在职
蓝升好	男	畲族	鹤山村	中共党员	中师	凤阳畲族乡凤楼完小	完小校长	在职
杨经秋	男	汉族	龟墩村		师范	矾山高中	总务主任	退休
杨书勤	男	汉族	龟墩村	中共党员	本科	矾山镇二小	书记校长	在职
郑允达	男	汉族	顶堡村	中共党员	大专	矾山学区人事办公室	人事干部	在职
钟昌录	男	畲族	顶堡村	中共党员	大专	凤阳畲族乡中心小学	教务主任	在职
杨 毅	男	汉族	龟墩村	中共党员	本科	瑞安中等专业教育集团	教研组长	在职
钟显枝	男	畲族	鹤山村	中共党员	师范	凤阳畲族乡中心小学	业余干部	退休
蓝升杰	男	畲族	鹤山村		初中	凤阳畲族乡中心小学	教务主任	退休
雷必希	男	畲族	鹤峰村	中共党员	初师	矾山区中学	书记	退休
雷顺量	男	畲族	鹤峰村	中共党员	大专	赤溪镇小	教务主任	在职
雷朝乐	男	畲族	凤楼村	中共党员	大专	灵溪实验三小	教务处副主任	在职
蓝准秀	男	畲族	鹤山村	中共党员	高中	凤阳乡小学	副主任	在职
钟扬敏	男	畲族	鹤山村	中共党员	大专	凤阳乡小学	总务主任	在职
吴积兴	男	汉族	凤楼村		本科	温州师范学院		在职

资料来源：根据凤阳畲族乡政府提供资料汇编。

三、乡党政干部一览表

表3-9-2-3　1935—2015年中国共产党凤阳畲族乡委员会历届任职名录

姓名	性别	民族	职务	任职时间	原籍
郑和论	男	汉族	书记	1935.12—1956.02	凤阳

续表

姓名	性别	民族	职务	任职时间	原籍
雷文理	男	畲族	副书记（主持工作）	1956.12—1957.03	凤阳
白希涨	男	汉族	书记	1957.03—1961.10	平阳水头
陈体文	男	汉族	副书记	1958.12—1961.10	矾山
雷文理	男	畲族	副书记	1958.12—1961.10	凤阳
白希涨	男	汉族	书记	1961.10—1962.04	平阳水头
黄朝生	男	汉族	书记	1962.04—1970.07	平阳水头
许加瑞	男	汉族	组长	1970.07—1971.07	灵溪华阳
张世界	男	汉族	书记	1971.07—1973.10	马站霞关
许加瑞	男	汉族	书记	1973.10—1976.10	灵溪华阳
许加瑞	男	汉族	副书记	1971.07—1973.10	灵溪华阳
雷文理	男	畲族	副书记	1971.07—1976.10	凤阳
许加瑞	男	汉族	书记	1976.10—1977.11	灵溪镇华阳
钟大考	男	畲族	书记	1978.04—1979.06	凤阳
郭显滔	男	汉族	书记	1980.01—1983.05	赤溪龙沙
黄赐益	男	汉族	书记	1983.05—1984.02	凤阳
雷文理	男	畲族	副书记	1976.10—1981.10	凤阳
雷文理	男	畲族	副书记（主持工作）	1977.11—1978.04	凤阳
黄赐益	男	汉族	副书记	1979.04—1983.05	凤阳
郑和权	男	汉族	委员	1977.06—1979.10	赤溪
李孝钰	男	汉族	委员	1981.04—1984.06	南宋

1984年2月，中共凤阳畲族乡第三届委员会

姓名	性别	民族	职务	任职时间	原籍
林周本	男	汉族	书记	1984.02—1985.02	矾山昌禅
郑世程	男	汉族	书记	1985.02—1987.02	赤溪半垟
李先秦	男	畲族	副书记	1984.06—1987.02	凤阳
苏向青	男	汉族	副书记	1986.08—1987.02	灵溪
苏尚安	男	汉族	副书记	1986.08—1987.02	灵溪
李孝钰	男	汉族	委员	1984.06—1987.02	南宋

1987年2月 中共凤阳畲族乡第四届委员会

姓名	性别	民族	职务	任职时间	原籍
郑世程	男	汉族	书记	1987.02—1989.11	赤溪半垟
郭显解	男	汉族	书记	1989.11—1990.03	赤溪龙沙
苏向青	男	汉族	副书记	1987.02—1988.08	灵溪
苏尚安	男	汉族	副书记	1987.02—1988.10	灵溪
钟昌元	男	畲族	副书记	1987.03—1990.03	凤阳
李孝钰	男	汉族	委员	1987.02—1990.03	南宋
郑中孝	男	汉族	委员	1990.01—1990.03	赤溪信智

1990年3月，中共凤阳畲族乡第五届委员会

姓名	性别	民族	职务	任职时间	原籍
郭显解	男	汉族	书记	1989.11—1993.03	赤溪龙沙
钟昌元	男	畲族	副书记	1990.03—1993.03	凤阳
李先秦	男	畲族	副书记	1992.05—1995.12	凤阳
黄兴渺	男	汉族	纪委书记	1992.05—1993.03	半垟
刘宝军	男	汉族	委员	1992.05—1993.03	赤溪
郑中孝	男	汉族	委员	1992.05—1995.12	赤溪信智
钟显桂	男	畲族	委员	1992.05—1995.12	凤阳
陈相潘	男	汉族	委员	1992.05—1995.12	赤溪半垟

1993年3月，中共凤阳畲族乡第六届委员会

姓名	性别	民族	职务	任职时间	原籍
郭显解	男	汉族	书记	1993.03—1994.02	赤溪龙沙
金瑞西	男	汉族	书记	1994.02—1995.12	赤溪中墩
钟昌元	男	畲族	副书记	1993.03—1995.12	凤阳
李先秦	男	畲族	副书记	1993.03—1995.12	凤阳
郭仲水	男	汉族	委员	1993.03—1995.12	马站路尾
周德前	男	汉族	委员	1993.04—1995.12	赤溪中墩
钟显桂	男	畲族	委员	1993.03—1995.12	凤阳

姓名	性别	民族	职务	任职时间	原籍
黄朝好	男	汉族	委员	1993.03—1995.12	半垟

1995年12月，中共凤阳畲族乡第七届委员会

姓名	性别	民族	职务	任职时间	原籍
林开宇	男	汉族	书记	1995.12—1998.12	赤溪龙沙
雷顺华	男	畲族	副书记	1995.12—1998.12	凤阳
陈先弟	男	汉族	副书记	1995.12—1998.12	矾山
郭仲水	男	汉族	纪委书记	1995.12—1998.12	马站路尾
卢成柱	男	汉族	委员	1995.12—1998.12	矾山
郑中设	男	汉族	委员	1995.12—1998.12	赤溪信智
龚子筑	男	汉族	委员	1997.01—1997.08	赤溪

1998年12月，中共凤阳畲族乡第八届委员会

姓名	性别	民族	职务	任职时间	原籍
卢立凤	男	汉族	书记	1998.12—2001.12	南宋溪光
李志楼	男	畲族	副书记	1998.12—2001.12	灵溪华阳
郑中设	男	汉族	副书记	1998.12—2001.12	赤溪信智
郑江平	男	汉族	纪委书记	1998.12—2001.12	赤溪
钟显桂	男	畲族	委员	1998.12—2001.12	凤阳

2001年12月，中共凤阳畲族乡第九届委员会

姓名	性别	民族	职务	任职时间	原籍
谢尚怀	男	汉族	书记	2001.12—2006.10	赤溪
雷顺银	男	畲族	副书记	2001.12—2006.10	凤阳
卢成柱	男	汉族	副书记	2001.12—2006.10	矾山
郑江平	男	汉族	纪委书记	2001.12—2006.10	赤溪
王加艺	男	汉族	委员	2001.12—2006.10	赤溪

2006年10月，中共凤阳畲族乡第十届委员会

姓名	性别	民族	职务	任职时间	原籍
谢尚怀	男	汉族	书记	2006.10—2007.06	赤溪
郑祥瑞	男	汉族	书记	2007.06—2009.06	藻溪
卢成柱	男	汉族	书记	2009.06—2011.06	矾山
钟爱琴	女	畲族	副书记	2006.10—2011.06	南宋
苏中钏	男	汉族	副书记	2006.10—2009.06	矾山
王顺宝	男	汉族	副书记	2006.10—2009.06	马站
苏秀镇	男	汉族	纪委书记	2009.10—2011.06	金乡

2011年6月，中共凤阳畲族乡第十一届委员会

姓名	性别	民族	职务	任职时间	原籍
卢成柱	男	汉族	书记	2011.06—2013.06	矾山
项秉簪	男	汉族	书记	2013.06—2015.12	钱库
雷丽云	女	畲族	副书记	2011.06—2016.03	桥墩
陈朴唯	男	汉族	副书记	2011.06—2015.12	赤溪
蓝瑞仙	男	畲族	副书记	2016.04—2016.11	岱岭
丁永雄	男	汉族	纪委书记	2011.06—2015.12	桥墩
陈林森	男	汉族	委员	2011.06—2015.12	藻溪

表3-9-2-4　1950—2015年凤阳畲族乡政府任职名录

姓名	性别	民族	职务	任职时间	原籍
乡人民政府于1950年7月建立，1952年8月改为民族乡，1956年3月划归矾山区。					
卢兴茂	男	汉族	乡长	1950.07—1952.04	赤溪
杨崇珍	男	汉族	副乡长	1950.07—1952.04	北港
陈邦扣	男	汉族	农会主任	1950.07—1952.04	半垟

1952年4月—8月，民主建政时，属赤溪区管理。

姓名	性别	民族	职务	任职时间	原籍
钟大洪	男	畲族	乡长	1952.04—1952.08	凤阳

姓名	性别	民族	职务	任职时间	原籍
雷必吞	男	畲族	农会主任	1952.04—1952.08	凤阳
钟大洪	男	畲族	乡长	1952.08—1956.02	凤阳
雷必吞	男	畲族	农会主任	1952.08—1954.04	凤阳
郑和论	男	汉族	农会主任	1954.04—1955.12	凤阳

1956年3月撤销赤溪区，属矾山区管理。

姓名	性别	民族	职务	任职时间	原籍
雷文理	男	畲族	乡长	1956.12—1958.06	凤阳
钟大考	男	畲族	乡长	1958.06—1958.11	凤阳

1958年11月，建立赤溪人民公社，乡改管理区。

姓名	性别	民族	职务	任职时间	原籍
钟大考	男	畲族	主任	1958.11—1959.09	凤阳
雷文理	男	畲族	副主任	1958.06—1959.09	凤阳

1959年9月，撤销人民公社，归矾山公社管理，改为生产大队。

姓名	性别	民族	职务	任职时间	原籍
钟大考	男	畲族	大队长	1959.09—1960.04	凤阳
雷文理	男	畲族		1959.09—1961.10	凤阳

1960年10月，凤阳改为人民公社管委会，属矾山区公社管理。

姓名	性别	民族	职务	任职时间	原籍
雷文理	男	畲族	主任	1961.10—1962.06	凤阳
郑和论	男	汉族	副主任	1961.10—1962..06	凤阳

1962年6月，职称改为社长、副社长。

姓名	性别	民族	职务	任职时间	原籍
雷文理	男	畲族	社长	1962.06—1966.11	凤阳
郑和论	男	汉族	副社长	1962.06—1965.03	凤阳
曾碧玺	男	汉族	副社长	1965.03—1966.11	埔坪
朱善奈	男	汉族	副社长	1965.03—1966.11	矾山
雷文理	男	畲族	原主任	1966.11—1969.08	凤阳
曾碧玺	男	汉族	原副主任	1966.11—1969.08	埔坪
朱善奈	男	汉族	原副主任	1966.11—1969.08	矾山

1966年11月至1969年8月，文革期间，政权机关停止活动。

姓名	性别	民族	职务	任职时间	原籍
雷文理	男	畲族	原主任	1966.11—1969.08	凤阳
曾碧玺	男	汉族	原副主任	1966.11—1969.08	埔坪
朱善奈	男	汉族	原副主任	1966.11—1969.08	矾山

1969年8月，批准建立凤阳公社革委会。

姓名	性别	民族	职务	任职时间	原籍
张世界	男	汉族	主任	1971.06—1973.10	霞关
许加瑞	男	汉族	第一副主任	1969.09—1976.10	矾山
曾碧玺	男	汉族	副主任	1969.09—1973.06	埔坪
雷文理	男	汉族	副主任	1969.09—1976.10	凤阳

1976年11月，粉碎"四人帮"反革命集团，结束文革，凤阳公社革委会。

姓名	性别	民族	职务	任职时间	原籍
许加瑞	男	汉族	主任	1976.10—1977.11	矾山
钟大考	男	畲族	主任	1978.04—1979.09	凤阳
雷文理	男	畲族	副主任	1977.06—1979.09	凤阳
郑和权	男	汉族	副主任	1977.06—1979.09	凤阳

1977年6月，重新恢复公社管委会。

姓名	性别	民族	职务	任职时间	原籍
雷文理	男	畲族	代主任	1979.09—1981.10	凤阳
谢作霖	男	汉族	副主任	1979.09—1981.12	半垟
黄丕日	男	汉族	副主任	1980.06—1981.12	半垟
赖登敬	男	汉族	副主任	1981.12—1982.12	南堡

1981年11月，矾山区公所下辖10个人民公社革委会改为人民公社委员会。

姓名	性别	民族	职务	任职时间	原籍
雷文理	男	畲族	主任	1981.12—1984.02	凤阳
赖登敬	男	汉族	副主任	1981.12—1984.05	南堡

1984年6月，撤区建镇，恢复凤阳畲族乡，赤溪镇管理。

姓名	性别	民族	职务	任职时间	原籍
李先秦	男	畲族	乡长	1984.06—1985.02	凤阳
钟显桂	男	畲族	副乡长	1984.06—1985.02	凤阳

1985年3月，撤镇建区，凤阳畲族乡，赤溪区管理。

姓名	性别	民族	职务	任职时间	原籍
李先秦	男	畲族	乡长	1985.02—1987.04	凤阳
钟显桂	男	畲族	副乡长	1985.02—1987.04	凤阳
谢尚怀	男	汉族	副乡长	1985.02—1987.04	赤溪

1987年4月，凤阳畲族乡人民政府（6届）

姓名	性别	民族	职务	任职时间	原籍
钟昌元	男	畲族	乡长	1987.04—1990.04	凤阳
钟显桂	男	畲族	副乡长	1987.04—1990.04	凤阳
谢尚怀	男	汉族	副乡长	1987.04—1990.04	赤溪

1990年4月2日，凤阳畲族乡人民政府（7届）

姓名	性别	民族	职务	任职时间	原籍
郭显解	男	汉族	人大主席	1990.04—1993.04	龙沙
钟昌元	男	畲族	乡长	1990.04—1993.04	凤阳
钟显桂	男	畲族	副乡长	1990.04—1993.04	凤阳
周德前	男	汉族	副乡长	1990.04—1993.04	中墩

1993年4月8日，凤阳畲族乡人民政府（8届）

姓名	性别	民族	职务	任职时间	原籍
李先秦	男	畲族	人大主席	1993.04—1996.02	凤阳
钟昌元	男	畲族	乡长	1993.04—1996.02	凤阳
蓝上迪	男	畲族	副乡长	1993.04—1996.02	中墩

1996年3月22日，凤阳畲族乡人民政府（9届）

姓名	性别	民族	职务	任职时间	原籍
林开宇	男	汉族	人大主席	1996.03—1999.03	龙沙
雷顺华	男	畲族	乡长	1996.03—1999.03	凤阳
钟昌美	男	畲族	副乡长	1996.03—1999.03	昌禅
徐守光	男	汉族	副乡长	1996.03—1999.03	金乡

1999年3月15日，凤阳畲族乡人民政府（10届）

姓名	性别	民族	职务	任职时间	原籍
卢立凤	男	汉族	人大主席	1999.03—2002.03	南宋
钟昌元	男	畲族	人大副主席	1999.03—2002.03	凤阳
李志楼	男	畲族	乡长	1999.03—2002.03	华阳
钟昌美	男	畲族	副乡长	1999.03—2002.03	昌禅
卢成柱	男	汉族	副乡长	1999.03—2002.03	矾山

2002年3月13日，凤阳畲族乡人民政府（11届）

姓名	性别	民族	职务	任职时间	原籍
谢尚怀	男	汉族	人大主席	2002.03—2007.01	赤溪

姓名	性别	民族	职务	任职时间	原籍
钟显桂	男	畲族	人大副主席	2002.03—2007.01	凤阳
雷顺银	男	畲族	乡长	2002.03—2007.01	凤阳
钟昌美	男	畲族	副乡长	2002.03—2005.02	昌禅
金启希	男	汉族	副乡长	2002.03—2005.02	中墩
陈庆松	男	汉族	副乡长	2005.02—2005.08	中墩
雷 震	男	畲族	副乡长	2005.02—2007.01	桥墩
金理贺	男	汉族	副乡长	2005.08—2007.01	金乡

2007年1月23日，凤阳畲族乡人民政府（12届）

姓名	性别	民族	职务	任职时间	原籍
谢尚怀	男	汉族	人大主席	2007.01—2007.06	赤溪
郑祥瑞	男	汉族	人大主席	2007.06—2009.06	灵溪
郭燕坑	男	汉族	人大主席	2009.06—2012.02	龙沙
钟显桂	男	畲族	副主席	2007.01—2009.06	凤阳
钟爱琴	女	畲族	乡长	2006.10—2011.07	灵溪
郑江平	男	汉族	副乡长	2007.01—2009.10	信智
方飞璋	男	汉族	副乡长	2009.10—2011.07	龙港
曾林霞	女	汉族	副乡长	2011.07—2012.02	龙港
雷 震	男	畲族	副乡长	2007.01—2009.06	桥墩
陈林森	男	汉族	副乡长	2009.06—2012.02	藻溪

2012年2月3日，凤阳畲族乡人民政府（13届）

姓名	性别	民族	职务	任职时间	原籍
郭燕坑	男	汉族	人大主席	2012.02—2015.07	龙沙
雷丽云	女	畲族	乡长	2011.07—2015.04	桥墩
陈林森	男	汉族	副乡长	2012.02—2015.04	藻溪
缪小辉	女	汉族	副乡长	2011.05—2012.05	龙港
曾林霞	女	汉族	副乡长	2012.03—2013.07	龙港
黄福领	男	汉族	副乡长	2015.04—2015.12	钱库

说明：按省的要求编写时间限于 2015 年 12 月
资料来源：根据《苍南县组织史》《凤阳组织史》资料汇编。

四、大专院校学生

表3-9-2-5　凤阳畲族乡大专院校毕业及在校生一览表

原籍	姓名	性别	民族	毕业学校	学历	工作单位	任职	备注
龟墩村	杨经秋	男	汉族	温州师范学院	师范	矾山高中	总务主任	退休
龟墩村	杨 毅	男	汉族	温州师范学院	本科	瑞安职技校	教师	在职
龟墩村	杨丁琪	女	汉族	上海金融学院	大专			在职
龟墩村	姜建英	女	汉族	浙江大学	大专	北京企业公司财务科		
龟墩村	杨 杰	男	汉族	中国人民解放军后勤工程学院	本科	灵溪镇城建局	副局长	在职
龟墩村	杨书勤	男	汉族	温州师范学院	大专	矾山镇二小	校长	在职
龟墩村	李小平	女	汉族	温州教育学院	大专	南宋溪光幼儿园	教师	在职
龟墩村	杨书聪	男	汉族	河南大学	大专	苍南县行政审批中心	职员	
龟墩村	唐凤芳	女	汉族	温州大学	本科	瑞安市分行银行	副经理	
龟墩村	杨经选	男	汉族	温州师范学院	大专	县教育局人事科	办事员	
龟墩村	陈丽秋	女	汉族	温州师范学院	大专	县供电局	职员	
龟墩村	杨 华	女	汉族	吉林大学	本科	中行龙港分行	职员	
龟墩村	杨经安	男	汉族	温州师范学院	大专	矾山一中	教师	
龟墩村	杨青青	女	汉族	宁波职业技术学院	大专	矾山一中	教师	
龟墩村	杨计庞	男	汉族	杭州职业技术学院	大专	矿山工程副总经理		
龟墩村	谢金奶	女	汉族	温州大学	大专	灵溪人寿保险公司	职员	
龟墩村	朱 洁	女	汉族	温州大学	大专	温州快递公司		
龟墩村	杨苗苗	女	汉族	绍兴职业技术学院	大专			
龟墩村	郑丽雪	女	汉族	温州师范学院	大专	温州小学	教师	
龟墩村	杨继程	男	汉族	宁波大学	大专	宁波市定海区		
龟墩村	叶超群	女	汉族	宁波大学	大专	定海区银行	职员	
龟墩村	杨格格	女	汉族	天津师范大学	本科	杭州学校	教师	
龟墩村	杨继恒	男	汉族	温州大学	大专	银川矿山工程		
龟墩村	杨莉莉	女	汉族	宁波大学	大专			
龟墩村	杨 静	女	汉族	宁波大学	大专	灵溪网上超市		

续表

原籍	姓名	性别	民族	毕业学校	学历	工作单位	任职	备注
龟墩村	杨继泉	男	汉族	浙江农业商贸职业学院	大专	绍兴机械配件厂		
龟墩村	杨巧巧	女	汉族	温州大学	大专	温州移动公司	经理	
龟墩村	杨阳	男	汉族	温州大学	本科	中行灵溪分行	职员	
龟墩村	杨书敏	男	汉族	宁波大学	大专	杭州铁路局金华分局	职工	
龟墩村	杨书会	男	汉族	绍兴职业技术学院	大专			在校
龟墩村	杨守都	男	汉族	温州师范学院	大专	温州星海学校	教师	
龟墩村	朱洁	女	汉族	温州大学	大专	温州快递公司		
龟墩村	杨守航	男	汉族	温州大学	大专			在校
龟墩村	杨丽娜	女	汉族	温州大学	大专	灵溪服饰制衣厂		
龟墩村	陈冬冬	女	汉族	苍南广播电视大学	大专	舥艚镇中心校教师		
龟墩村	杨化强	男	汉族	杭州大学	本科	瑞安市教育局体委	干部	退休
龟墩村	杨继宇	男	汉族	温州大学	本科	广发银行瑞安市支行	行长	退休
龟墩村	唐佩芳	女	汉族	温州大学	大专	瑞安银行	职员	退休
龟墩村	杨继瑞	男	汉族	温州大学	大专	瑞安市委办公室	副主任	在职
龟墩村	杨继杰	男	汉族	江西蓝天学院	大专	杭州		在职
龟墩村	杨静	女	汉族	宁波大学	大专	灵溪		在职
龟墩村	杨化民	男	汉族	温州师范学院	大专	宁波市镇海区计划处	书记处长	退休
龟墩村	杨玲玲	女	汉族	杭州商学院	本科	杭州市府		在职
龟墩村	杨守瑶	男	汉族	杭州职业技术学院	大专	思达电子科技公司	经理助理	在职
龟墩村	杨守衡	男	汉族	福州大学	大专			在校
龟墩村	杨思思	女	汉族	绍兴职业技术学校	大专	苍南温州塑编厂		在职
龟墩村	杨继续	男	汉族	金华职业技术学院	大专			在校
龟墩村	杨继贯	男	汉族	苍南广播电视大学	大专	禽蛋批发公司		在职
龟墩村	杨建阳	女	汉族	温州大学	大专	灵溪镇人民政府		在职
龟墩村	杨婷婷	女	汉族	奉化广播电视大学	大专	台州支行农商银行		在职
龟墩村	杨继方	男	汉族	金华职业技术学院	大专	杭州汽车修理厂		在职
龟墩村	杨笑冰	女	汉族	温州大学	大专	温州电信局		在职

续表

原籍	姓名	性别	民族	毕业学校	学历	工作单位	任职	备注
龟墩村	杨清清	女	汉族	宁波职业技术学院	大专	灵溪		在职
龟墩村	杨继跃	男	汉族	绍兴职业技术学院	大专	上海海军现役军人		在职
龟墩村	杨继任	男	汉族	苍南广播电视大学	大专	舥艚镇中心校教师		在职
龟墩村	杨秀秀	女	汉族	浙江农林大学暨阳学院	本科	温州外资公司		在职
龟墩村	庄月姿	女	汉族	温州市中等幼儿师范学校	大专	灵溪镇幼儿园	教师	在职
龟墩村	杨星星	女	汉族	温州大学	大专	灵溪镇移动公司	职员	在职
龟墩村	杨继斌	男	汉族	杭州职业技术学院	大专	杭州创业		在职
龟墩村	余青阳	女	汉族	宁波职业技术学院	大专	杭州创业		在职
龟墩村	杨 华	男	汉族	长春大学	本科	中行龙港分行		在职
龟墩村	杨继军	男	汉族	上海广播电视大学	本科	北京中青辰光科技有限公司		在职
龟墩村	杨守表	女	汉族	四川外国语大学	大专			在校
龟墩村	杨继江	男	汉族	浙江水利水电学院	大专	杭州嘉上室拆迁有限公司		在职
龟墩村	杨建阳	男	汉族	温州大学	大专	灵溪镇人民政府		在职
龟墩村	杨继中	男	汉族	苍南广播电视大学	大专	矿山工程会计		在职
龟墩村	杨 煌	男	汉族	台州职业技术学院	大专	奉化旅游局		在职
龟墩村	杨继荣	男	汉族	宁波大学	大专	宁波玻璃厂		在职
龟墩村	杨守威	男	汉族	绍兴职业技术学院	大专			在校
龟墩村	杨化凤	女	汉族	温州大学	大专	灵溪镇中学	教师	在职
龟墩村	杨 琳	女	汉族	宁波大学	大专	宁波外资公司		在职
龟墩村	黄荣瑜	男	汉族	浙江教育学院	大专	苍南县住房建设局	局长	在职
龟墩村	黄荣钢	男	汉族	中央党校	本科	苍南县灵溪镇	党委书记	在职
龟墩村	潘绍团	男	汉族	平阳师范学校	本科	温州市第一实验小学	教师	在职
龟墩村	吴春平	女	汉族	温州师范学院	本科	温州十二中	教师	在职
龟墩村	潘绍平	男	汉族	温州师范学院	本科	温州龙湾中学	教师	在职

续表

原籍	姓名	性别	民族	毕业学校	学历	工作单位	任职	备注
龟墩村	刘禅	女	汉族	温州医科大学	本科	温州附属二医		在职
龟墩村	陈裕众	男	汉族	温州师范学院	本科			在校
龟墩村	沈莉莉	女	汉族	温州师范学院	本科			在校
龟墩村	吴时育	男	汉族	温州师范学院	本科	杭州彩和中学	教师	在职
龟墩村	陈裕凯	男	汉族	浙江农业大学	本科	矾山镇政府	公务员	在职
龟墩村	潘安琪	女	汉族	温州师范学院	本科			在校
龟墩村	郑宗杰	男	汉族	浙江水利水电学院	大专			在校
龟墩村	郑英姿	女	汉族	浙江广播电视大学	大专	农商银行矾山支行	职员	在职
龟墩村	郑魏	男	汉族	台州职业技术学院	大专			在校
龟墩村	郑小宏	女	汉族	中国人民大学	本科	浙江泽苍律师事务所	律师助理	在职
龟墩村	潘维科	男	汉族	浙江科技学院	大专			在校
龟墩村	朱峥嵘	女	汉族	浙江越秀外国语学院	本科	温州鹿城农商银行	职员	在职
龟墩村	潘永江	男	汉族	温州师范学院	大专	南宋小学	教师	在职
龟墩村	潘维瞿	男	汉族	中国人民解放军空军预警学院	本科			在校
龟墩村	潘姿姿	女	汉族	杭州职业技术学院	大专			在校
龟墩村	吴恒	女	汉族	温州市中等幼儿师范学校	大专			在校
龟墩村	吴莉莉	女	汉族	温州科技职业学院	大专			在校
龟墩村	陈婷婷	女	汉族	浙江师范大学	博士			在校
龟墩村	陈海燕	女	汉族	丽水职业技术学院	大专			在校
龟墩村	陈招	男	汉族	浙江农林大学	大专			在校
龟墩村	郑捷	女	汉族	温州城市大学	大专			在校
龟墩村	郑笑笑	女	汉族	宁波大红鹰学院	大专			在校
龟墩村	黄庆取	男	汉族	杭州电子科技大学	大专			在校
龟墩村	黄文雅	男	汉族	浙江理工大学	本科			在校
龟墩村	黄棠棠	女	汉族	广西南宁艺术学院	大专			在校

续表

原籍	姓名	性别	民族	毕业学校	学历	工作单位	任职	备注
龟墩村	黄 凯	男	汉族	杭州大学	本科			在校
龟墩村	黄春松	女	汉族	金华职业技术学院	大专			在校
龟墩村	黄淑玲	女	汉族	宁波职业技术学院	大专			在校
龟墩村	黄庆玲	女	汉族	绍兴文理学院	大专			在校
龟墩村	黄庆同	男	汉族	贵阳学院	本科			在校
龟墩村	黄美雪	女	汉族	温州大学	大专			在校
龟墩村	黄佳佳	女	汉族	浙江工商大学	大专			在校
龟墩村	黄 锐	男	汉族	金华职业技术学院	大专			在校
龟墩村	黄文转	男	汉族	浙江农林大学	大专			在校
龟墩村	黄双春	女	汉族	台州学院	大专			在校
龟墩村	黄文东	男	汉族	浙江理工大学	本科			在校
龟墩村	黄文静	女	汉族	义乌国商职业技术学院	大专			在校
龟墩村	黄文泽	男	汉族	湖州职业技术学院	大专			在校
龟墩村	黄 蓉	女	汉族	丽水学院	大专			在校
龟墩村	黄益宁	男	汉族	广西医科大学	大专			在校
龟墩村	黄甜甜	女	汉族	广西南宁师范学院	大专			在校
龟墩村	黄欢欢	女	汉族	广西南宁大学	大专			在校
龟墩村	杨 媚	女	汉族	杭州商学院	大专	杭州市旅游局导游		在职
龟墩村	杨星星	女	汉族	温州大学	大专	灵溪移动公司		在职
龟墩村	杨媚媚	女	汉族	温州大学	大专	灵溪新华补习学校		在职
龟墩村	郑敏岚	男	汉族	温州大学	大专	温州移动公司		在职
顶堡村	雷开标	男	畲族	浙江林学院	大专	凤阳畲族乡农办		在职
顶堡村	雷大西	男	畲族	浙江大学	本科	苍南县能源办公室		在职
顶堡村	钟政阁	男	畲族	浙江大学	本科	苍南县工业园区山海协作公司	投融资部经理	在职
顶堡村	温翠柏	女	汉族	浙江大学	本科	苍南县水利局		在职
顶堡村	雷大仙	男	畲族	中南民族大学	本科	在台州创业		在职
顶堡村	曾小兵	男	汉族	温州大学	本科	苍南第一实验小学	教务主任	在职

续表

原籍	姓名	性别	民族	毕业学校	学历	工作单位	任职	备注
顶堡村	曾小勉	男	汉族	中国人民武装警察部队工程大学	本科	贵州省武警总队	三级士官	在职
顶堡村	郑磬哲	男	汉族	美国加州大学洛杉矶分校	硕士			在校
顶堡村	郑允作	男	汉族	浙江经济职业技术学院	大专	浙江邮政管理局		在职
顶堡村	郑新新	女	汉族	绍兴文理学院	本科	解放军 117 医院		在职
顶堡村	刘正晏	男	汉族	北京理工大学	本科	北京建设工程有限公司董事长		在职
顶堡村	郑建国	男	汉族	江海职业技术学院	大专	矾山供电所		在职
顶堡村	郑泼真	女	汉族	苍南广播电视大学	大专	马站第一幼儿园		在职
顶堡村	郑允泉	男	汉族	杭州商学院	本科	杭州医慧科技有限公司		在职
顶堡村	雷大盘	男	畲族	浙江汽车职业技术学院	大专	温州市唐吉汽车有限公司		在职
顶堡村	雷大鹏	男	畲族	西南大学	本科	在杭州创业		在职
顶堡村	雷思莹	女	畲族	浙江育英职业技术学院	大专	杭州地铁站		在职
顶堡村	雷大伟	男	畲族	绍兴职业技术学院	大专	杭州房地产		在职
顶堡村	雷巧巧	女	畲族	台州职业技术学院	大专	苍南同家电维修服务部		在职
顶堡村	雷　军	男	畲族	绍兴职业技术学院	大专			在校
顶堡村	雷王静	女	畲族	嘉兴学院	大专	杭州网络公司		在职
顶堡村	雷叶斯	女	畲族	浙江万里学院	本科			在校
顶堡村	雷开龙	男	畲族	浙江学院	大专	矾山酒厂		在职
顶堡村	雷开镳	男	畲族	浙江经贸职业技术学院	大专	凤阳供销社		在职
顶堡村	卢美新	女	汉族	浙江工业职业技术学院	大专	自己创业		在职
顶堡村	钟飞阳	女	畲族	浙江大学	本科	凤阳乡副乡长		在职
顶堡村	蓝孝波	男	畲族	嘉兴学院	大专	瑞安市汽车销售公司		在职
顶堡村	卢瑶瑶	男	汉族	浙江广厦建设职业技术学院	大专	杭州科技有限公司		在职
顶堡村	蓝升广	男	畲族	浙江冶金经济专科学校	大专	温州市民宗局		在职

续表

原籍	姓名	性别	民族	毕业学校	学历	工作单位	任职	备注
顶堡村	李先梅	女	畲族	浙江省少数民族师范学校	普师	温州市		在职
顶堡村	蓝国希	男	畲族	中南民族大学	本科	温州市检验检疫局		在职
顶堡村	欧阳洁	女	汉族	杭州大学	本科	温州市职业中等学校		在职
顶堡村	蓝逸辰	男	畲族	台湾逢甲大学	本科			在校
顶堡村	钟昌元	男	畲族	温州市委党校	大专	赤溪镇人民政府		退休
顶堡村	郑计桂	男	汉族	中共浙江省委党校	大专	矾山供电所凤阳站		在职
顶堡村	郑建军	女	汉族	中国计量学院	本科	温州龙湾村官		在职
顶堡村	刘端松	男	汉族	中国矿业大学	本科	井巷工程董事长		在职
顶堡村	郑允秀	男	汉族	中国地质大学	本科	苍南县编委主任		在职
顶堡村	吴婷琼	女	汉族	温州大学	本科	苍南县二高		在职
顶堡村	郑 琴	女	汉族	浙江教育学院	本科	灵溪一小		在职
顶堡村	郑允尧	男	汉族	中国人民公安大学	本科	苍南县宗教科		在职
顶堡村	郑允达	男	汉族	温州师范学院	大专	矾山学区	人事干部	在职
顶堡村	钟昌录	男	畲族	温州师范学院	大专	凤阳畲族乡小学	教务主任	在职
顶堡村	钟昌山	男	畲族	温州师范学院	大专	矾山镇第二小学	教务主任	在职
顶堡村	雷凤新	女	畲族	温州师范学院	大专	矾山镇第一小学		在职
顶堡村	郑思辽	男	汉族	温州医学院	本科	苍南县人民医院		在职
顶堡村	郑思孟	男	汉族	苍南广播电视大学	大专	苍南石油公司		在职
顶堡村	朱 艳	女	汉族	温州师范学院	本科	观美初级中学		在职
顶堡村	陈密桃	女	汉族	浙江大学	本科	苍平石油公司		在职
顶堡村	郑蕊蕾	女	汉族	浙江艺术职业学院	大专	温州酒店管理公司		在职
顶堡村	郑思河	男	汉族	浙江理工大学	大专	阿里巴巴有限公司		在职
顶堡村	于 畅	女	汉族	南昌大学	本科	阿里巴巴有限公司		在职
顶堡村	郑思影	女	汉族	浙江越秀外国语学院	本科	义乌外贸		在职
顶堡村	郑倩倩	女	汉族	浙江工业大学	本科	义乌青芒果幼儿园		在职
顶堡村	雷朝龙	男	畲族	台州学院	本科	杭州希展贸易有限公司		在职

续表

原籍	姓名	性别	民族	毕业学校	学历	工作单位	任职	备注
顶堡村	卢 燕	女	汉族	浙江经贸职业技术学院	大专	浙江翰臣科技有限公司		在职
顶堡村	雷政泉	男	畲族	泉州信息工程学院	大专			在校
顶堡村	蓝孝程	男	畲族	浙江农林大学	大专			在校
顶堡村	卢 艺	男	汉族	浙江公路技师学院	大专	杭州典典养车		在职
顶堡村	马露萍	女	汉族	河南科技大学	本科	北京宏开公司经理		在职
顶堡村	刘小慧	女	汉族	澳大利亚莫那什大学	本科			在校
顶堡村	刘 威	男	汉族	同济大学	本科	自创业		
顶堡村	刘本境	男	汉族	北京新华大学	本科	四州工地管理师		在职
顶堡村	郑计埕	男	汉族	武汉理工大学	本科	杭州易阁有限公司		在职
顶堡村	郑书杰	男	汉族	绍兴职业技术学院	大专			在校
顶堡村	郑艳艳	女	汉族	山东理工大学	本科			在校
顶堡村	刘正院	男	汉族	温州大学	本科	灵溪镇凤池学校		在职
顶堡村	刘本达	男	汉族	杭州电子科技大学	本科	苍南县府办秘书二科		在职
顶堡村	吴少春	女	汉族	温州师范学院	大专	灵溪镇南水头中学		在职
顶堡村	刘珊珊	女	汉族	南昌大学	本科	深圳物流有限公司		在职
顶堡村	郑斌斌	女	汉族	上海震旦职业学院	本科			在校
顶堡村	郑冰心	女	汉族	厦门城市职业学院	大专			在校
顶堡村	肖若孟	男	汉族	北京吉利大学	大专	陕西宝鸡井巷工程		在职
顶堡村	郑荣科	男	汉族	复旦大学	大专	陕西宝鸡井巷工程		在职
顶堡村	郑简学	男	汉族	浙江工业大学之江学院	大专	陕西宝鸡井巷工程		在职
顶堡村	钟旭新	女	畲族	杭州商学院	大专			在校
顶堡村	郑思斯	女	汉族	绍兴文理学院	大专			在校
顶堡村	郑思路	男	汉族	浙江外国语学院	本科			在校
顶堡村	简加县	男	汉族	长沙大学	本科	井巷工程师		在职
顶堡村	雷朝阳	男	畲族	温州大学	大专	灵溪四小		在职
顶堡村	雷朝雄	男	畲族	温州大学	大专	矾山供电所		在职
顶堡村	钟政瑶	男	畲族	苍南广播电视大学	大专	凤阳畲族乡广播电视站		在职

续表

原籍	姓名	性别	民族	毕业学校	学历	工作单位	任职	备注
顶堡村	郑荣强	男	汉族	温州大学外国语学院	大专	苍南银泰城		在职
顶堡村	卢燕	女	汉族	浙江经贸职业技术学院	大专	设计公司		在职
顶堡村	蓝颜鸿	男	畲族	浙江医药高等专科学校	大专	凤阳乡卫生院		在职
顶堡村	肖莉莉	女	汉族	山东协和学院医学院	大专	灵溪中心卫生院		在职
顶堡村	肖凡	男	汉族	山东力明科技职业学校	大专	在温州创业		在职
顶堡村	肖云烟	男	汉族	浙江师范大学	本科	温州电子公司		在职
顶堡村	雷玲娜	女	畲族	浙江金融职业学院	本科			在校
顶堡村	肖若尧	男	汉族	绍兴职业技术学院	大专	温州指针旅游有限公司		在职
顶堡村	王敏	女	汉族	浙江理工大学	大专	杭州健儿门诊部		在职
顶堡村	肖小春	女	汉族	浙江工业大学	大专	杭州佳丽摄影		在职
顶堡村	肖云宏	男	汉族	上海科学技术职业学院	大专	温州聚成教育公司		在职
顶堡村	肖瑶	男	汉族	宁波大红鹰学院	大专			在校
顶堡村	刘威	男	汉族	同济大学	本科	在工地创业	经理	在职
顶堡村	刘小慧	女	汉族	澳大利亚莫纳大学	本科	在校		在职
顶堡村	吴秀艺	男	汉族	北京经贸职业学院	大专	温州园林工程公司		在职
顶堡村	丁小芬	女	汉族	浙江建设职业技术学院	大专	温州园林工程公司		在职
顶堡村	郑思毕	男	汉族	浙江理工大学	本科	杭州滴滴打车公司		在职
顶堡村	夏朝蓉	女	汉族	荆州职业技术学院	大专	杭州滴滴打车公司		在职
鹤山村	钟希成	男	畲族	北京经济学院	本科	临海市大田农场	党支部书记	退休
鹤山村	钟希仁	男	畲族	浙江省少数民族师范学校	普师	矾山区文化站	站长	退休
鹤山村	钟显枝	男	畲族	浙江省少数民族师范学校	普师	凤阳小学	业余干部	退休
鹤山村	蓝成取	男	畲族	浙江省少数民族师范学校	普师	凤阳小学	校长	退休
鹤山村	钟昌典	男	畲族	温州大学	大专	凤阳畲族乡小学	校长	在职

续表

原籍	姓名	性别	民族	毕业学校	学历	工作单位	任职	备注
鹤山村	李爱芬	女	畲族	温州大学	大专	凤阳畲族乡小学	幼师	在职
鹤山村	钟祖团	男	畲族	浙江大学	本科	龙港镇文化站	职员	在职
鹤山村	钟德斌	男	畲族	温州大学	大专	灵溪镇实验三小	教师	在职
鹤山村	钟祖讯	男	畲族	浙江经贸职业技术学院	大专	在安吉创业		在职
鹤山村	钟德超	男	畲族	黑龙江科技大学	本科			在校
鹤山村	钟祖伟	男	畲族	温州机电技师学院	大专	杭州公司		在职
鹤山村	钟应梓	男	畲族	浙江纺织服装职业技术学院	大专			在校
鹤山村	钟应良	男	畲族	台州科技职业学院	大专	台州市绿农商贸有限公司		在职
鹤山村	钟建新	女	畲族	浙江经贸职业技术学院	大专	在校		在职
鹤山村	蓝成美	男	畲族	华中师范大学	本科	苍南县文化馆	副馆长	在职
鹤山村	蓝毅	男	畲族	温州大学	本科	四川省政法委见义勇为基会办公室	科员	在职
鹤山村	蓝凯	男	畲族	杭州电子科技大学	本科			在校
鹤山村	张海燕	女	汉族	义乌工商职业技术学院	大专	渔寮酒家	职员	在职
鹤山村	蓝加波	男	畲族	杭州职业技术学院	本科	杭州商城	职员	在职
鹤山村	张玲燕	女	汉族	义乌工商职业技术学院	大专	杭州商城	职员	在职
鹤山村	蓝春奎	男	畲族	南京军区政治学院	本科	福建省委救济处	处长	退休
鹤山村	蓝加略	男	畲族	嘉兴学院	大专			在校
鹤山村	蓝小群	女	畲族	浙江大学	本科	温州市台商会主任	主任	在职
鹤山村	蓝彦江	男	畲族	宁波教育学院	大专			在校
鹤山村	蓝彦伟	男	畲族	中国人民解放军工程兵学院	本科	在福州创业		在职
鹤山村	蓝秀影	女	畲族	浙江外国语学院	本科	在杭州创业		在职
鹤山村	蓝俊臻	男	畲族	绍兴文理学院	本科	上海太平洋泵业有限公司		在职
鹤山村	王肖肖	女	汉族	宁波教育学院	本科	绍兴市新昌小学	教师	在职

续表

原籍	姓名	性别	民族	毕业学校	学历	工作单位	任职	备注
鹤山村	蓝石狮	男	畲族	兰州大学	本科	新疆建设兵团一师三团		在职
鹤山村	周春燕	女	汉族	中国科技大学	研究生	外贸公司		在职
鹤山村	蓝姗姗	女	畲族	山东科技学院	本科			在校
鹤山村	唐蓉蓉	女	汉族	宁波教育学院	本科	灵溪镇物流公司		在职
鹤山村	蓝彦团	男	畲族	宁波教育学院	大专	灵溪镇物流公司		在职
鹤山村	蓝婷婷	女	畲族	台州职业技术学院	大专	县府档案室		在职
鹤山村	蓝得胜	男	畲族	台州职业技术学院	大专			在校
鹤山村	钟政营	男	畲族	温州大学	大专	灵溪镇实验三小	教师	在职
鹤山村	钟扬敏	男	畲族	丽水学院	大专	凤阳乡小学	工会主席	在职
鹤山村	钟政瑞	男	畲族	江西科技学院	大专	在杭州创业		在职
鹤山村	钟政疆	男	畲族	中国农业大学	大专			在校
鹤山村	钟昌业	男	畲族	温州广播电视大学	大专	凤阳乡卫生院	院长	在职
鹤山村	钟政明	男	畲族	浙江大学	本科	凤阳乡党委	党委委员	在职
鹤山村	钟政宇	男	畲族	杭州广播电视大学	大专			在校
鹤山村	钟扬泉	男	畲族	丽水学院	大专	凤阳畲族乡民政办		在职
鹤山村	钟小玲	女	畲族	宁波职业技术学院	大专			在校
鹤山村	蓝蓝芬	女	畲族	浙江理工大学	学士	赤溪镇政府	科员	在职
鹤山村	蓝升红	男	畲族	温州医学院	本科	温州一医	教授	退休
鹤山村	周丽萍	女	汉族	浙江大学	本科	温州医科大学	教授	退休
鹤山村	蓝德	男	畲族	台州职业技术学院	大专	在广州创业		在职
鹤山村	蓝莹莹	女	畲族	温州大学	研究生	广东卓成律师所		在职
鹤山村	彭宇	女	汉族	湖南科技大学	本科	在广东创业		在职
鹤山村	蓝彦科	男	畲族	中南大学	本科	中国石化		在职
鹤山村	蓝青松	女	畲族	杭州广播电视大学	大专	在外创业		在职
鹤山村	蓝秀权	男	畲族	宁波职业技术学院	大专	温州服装有限公司	经理	在职

原籍	姓名	性别	民族	毕业学校	学历	工作单位	任职	备注
鹤山村	蓝翔英	女	畲族	中南大学	本科	广州外贸公司		在职
鹤山村	蓝雪阳	女	畲族	嘉兴学院	大专	杭州创业		在职
鹤山村	钟建新	女	畲族	义乌工商职业技术学院	大专			在校
鹤山村	蓝彦鹏	男	畲族	杭州职业技术学院	大专	杭州商城		在职
鹤山村	钟飞飞	女	畲族	浙江广厦建设职业技术学院	大专			在校
鹤山村	钟政局	男	畲族	温州大学	大专			在校
鹤山村	蓝秀财	男	畲族	浙江外国语学院	大专			在校
鹤山村	蓝彦地	男	畲族	宁波大红鹰学院	本科			在校
鹤山村	蓝莉莉	女	畲族	浙江广厦建设职业技术学院	大专			在校
鹤山村	蓝素文	女	畲族	杭州职业技术学院	大专			在校
鹤山村	蓝素蕉	女	畲族	厦门海洋职业技术学院	大专			在校
鹤山村	蓝秀津	男	畲族	杭州职业技术学院	大专			在校
鹤山村	钟小明	男	畲族	台州职业技术学院	大专			在校
鹤山村	钟德盘	男	畲族	浙江横店影视职业学院	大专			在校
鹤山村	雷星星	女	畲族	浙江经贸职业技术学院	大专			在校
鹤山村	蓝梦凡	女	畲族	山东英才学院	本科			在校
鹤山村	雷光榜	男	畲族	杭州职业技术学院	大专	杭州市风云有限公司		在职
鹤山村	雷乐乐	男	畲族	厦门职业技术学院	大专			在校
鹤山村	钟祖瑶	男	畲族	台州职业技术学院	大专	临海市电力局		在职
岭边村	钟政泉	男	畲族	杭州电子科技大学	本科	浙江移动公司		在职
岭边村	钟政乐	男	畲族	杭州电子科技大学	本科			在校
岭边村	李金莲	女	畲族	绍兴职业技术学院	大专	杭州供电股份有限公司	经理	在职

续表

原籍	姓名	性别	民族	毕业学校	学历	工作单位	任职	备注
岭边村	李袍	男	畲族	温州职业技术学院	大专	天天快递有限公司		在职
岭边村	钟小苹	女	畲族	温州职业技术学院	大专	在校		在职
岭边村	钟昌雄	男	畲族	中南民族大学	本科	海宁火星人集成灶有限公司		在职
岭边村	李先汉	男	畲族	中南民族大学	本科	杭州创业		在校
岭边村	蓝大校	男	畲族	温州职业技术学院	大专	在校		在校
岭边村	蓝淋娜	女	畲族	浙江广厦建设职业技术学院	大专	平阳昆阳镇实验幼儿园	教师	在职
岭边村	董海霞	女	汉族	浙江师范大学	本科	灵溪镇幼儿园	教师	在职
岭边村	钟政全	男	畲族	温州科技职业学院	大专	在校		在校
岭边村	董鹏	男	汉族	台州职业科技学院	大专	在温州创业		在校
岭边村	董学周	男	汉族	温州师范学院	本科	灵溪镇观美小学	总务主任	在职
岭边村	董乔	男	汉族	浙江树人大学	本科	在校		在校
岭边村	王苹苹	女	汉族	天津医科大学	大专	灵溪创业		在职
岭边村	陈思思	女	汉族	三亚学院	本科	在校		在校
岭边村	陈婕	女	汉族	温州科技职业学院	大专			在校
岭边村	陈尔胜	男	汉族	华东师范大学教育	硕士	嘉兴市南湖区教育研究培训中心	副主任	在职
岭边村	陈钦专	男	汉族	浙江科技学院	专科			
岭边村	钟显远	男	畲族	平阳化工学校	中专			
岭边村	陈鹏	男	汉族	浙江大学	大专	灵溪镇人民政府	主任科员	在职
岭边村	陈迅	男	汉族	台州职业技术学院	专科			
岭边村	陈钦阁	男	汉族	浙江教育学院	大专	灵溪镇农技服务站	站长	在职
岭边村	陈昌	男	汉族	浙江广播电视大学	专科	浙江电大		在职
岭边村	陈发碧	男	汉族	中国美术学院	本科			在校
岭边村	钟显波	男	畲族	上海视觉艺术学院	大专			在校
岭边村	陈桂袍	男	汉族	浙江商业职业技术学院	大专			在校

原籍	姓名	性别	民族	毕业学校	学历	工作单位	任职	备注
岭边村	陈法龙	男	汉族	浙江商业职业技术学院	大专			在校
岭边村	雷大银	男	畲族	温州大学	大专	凤阳畲族乡小学	教师	在职
岭边村	陈法报	男	汉族	合肥职业技术学院	大专			在校
岭边村	董雄	男	汉族	中共陕西省委党校	研究生	西安市民政局办公室	主任	在职
岭边村	李珍珍	女	畲族	温州职业技术学院	大专			在校
岭边村	王恒	男	汉族	杭州职业技术学院	大专	温州创业		在职
岭边村	陈法迅	男	汉族	江苏食品药品职业技术学院	大专			在校
岭边村	陈婷婷	女	汉族	宁波大红鹰学院	大专			在校
岭边村	陈桂岛	男	汉族	杭州职业技术学院	大专			在校
岭边村	陈雯雯	女	汉族	绍兴文理学院	大专			在校
岭边村	陈作钦	男	汉族	华东师范大学	本科	灵溪镇第四中学	教师	在职
岭边村	陈法镇	男	汉族	苍南广播电视大学	专科	岭边村书记		在职
岭边村	陈军	男	汉族	浙江医药高等专科学校	专科			在校
岭边村	陈小燕	女	汉族	江西蓝天学院	专科			在校
岭边村	陈法珑	男	汉族	浙江商业职业技术学院	专科			在校
岭边村	陈迅	男	汉族	台州职业技术学院	专科			在校
岭边村	陈相	男	汉族	浙江越秀外国语学院	本科			在校
岭边村	陈桂苗	男	汉族	台州学院	专科			在校
岭边村	陈能辉	女	汉族	浙江广厦建设职业技术学院	专科	温州市公办幼儿园	教师	在职
岭边村	陈魏	男	汉族	浙江工业大学	本科			在校
岭边村	陈兴	男	汉族	浙江大学	本科			在校
岭边村	董学波	男	汉族	金华职业技术学院	大专	西安士官学院		在职
岭边村	陈宏	男	汉族	浙江理工大学	本科	在校生		在校

续表

原籍	姓名	性别	民族	毕业学校	学历	工作单位	任职	备注
岭边村	欧阳松珠	女	汉族	杭州师范大学	研究生	北京师范大学南湖附属学校		在职
岭边村	陈小玲	女	汉族	浙江广播电视大学	专科	矾山中心幼儿园		在职
原籍	姓名	性别	民族	毕业学校	学历	工作单位	任职	备注
凤楼村	雷朝乐	男	畲族	温州大学	本科	灵溪实验三小		在职
凤楼村	雷朝先	男	畲族	温州科技职业学院	大专	苍南县农业局		在职
凤楼村	雷正赟	男	畲族	宁波大学	本科	宁波设计院	职员	在职
凤楼村	雷正波	男	畲族	中南民族大学	本科		在校	在校
凤楼村	雷日永	男	畲族	温州职业技术学院	大专			在校
凤楼村	雷飂	男	畲族	中南民族大学	本科			在校
凤楼村	雷朝彬	男	畲族	浙江纺织服装职业技术学院	大专	宁波盈添资产管有限理公司		在职
凤楼村	雷欣欣	男	畲族	宁波城市职业技术学院	大专	苍南移动公司		在职
凤楼村	雷正亮	男	畲族	莆田学院	本科			在校
凤楼村	雷日勤	男	畲族	宁波大学科学技术学院	大专			在校
凤楼村	雷日起	男	畲族	湖北大学	大专			在校
凤楼村	雷正全	男	畲族	宁波市电子商务学院	大专			在校
凤楼村	雷日科	男	畲族	宁波市电子商务学院	大专			在校
凤楼村	雷昌秀	男	畲族	绍兴职业技术学院	大专			在校
凤楼村	雷正精	男	畲族	宁波大红鹰学院	大专			在校
凤楼村	雷小艳	女	畲族	丽水学院	本科			在校
凤楼村	雷小君	女	畲族	宁波大学科学技术学院	大专			在校
凤楼村	郑莉莉	女	汉族	温州职业技术学院	大专			在校
凤楼村	蓝生显	男	畲族	杭州职业技术学院	大专			在校
凤楼村	朱淑蓉	女	汉族	宁德职业技术学院	大专			在校
凤楼村	蓝瑞华	女	畲族	宁波大学科学技术学院	大专			在校

续表

原籍	姓名	性别	民族	毕业学校	学历	工作单位	任职	备注
凤楼村	蓝建华	女	畲族	苍南广播电视大学	大专			在校
凤楼村	蓝瑞军	男	畲族	宁波大学科学技术学院	大专			在校
凤楼村	李绍銮	男	汉族	浙江教育学院	大专	赤溪中学		在职
凤楼村	李清俊	女	汉族	浙江大学	研究生	杭州录城设计院		在职
凤楼村	李鹏	男	汉族	浙江广播电视大学	大专	矾山镇电视站	职员	在职
凤楼村	李伟伟	男	畲族	宁波大学科学技术学院	大专			在校
凤楼村	吴积兴	男	汉族	温州师范学院	本科	温州二中	教师	在职
凤楼村	吴积龙	男	汉族	宁波大学	大专			在校
凤楼村	吴小阳	女	汉族	杭州商学院	本科	苍南龙港		在职
凤楼村	施杏姑	女	汉族	温州师范学院	研究生	浙江工贸学院		在职
凤楼村	吴华佘	男	汉族	杭州师范大学	研究生	南京医学院	医师	在职
凤楼村	吴华钰	男	汉族	四川大学	研究生	上海同济医院	医师	在职
凤楼村	吴华城	男	汉族	宁波大学科学技术学院	大专			在校
凤楼村	吴华斌	男	汉族	浙江经贸职业技术学院	大专			在校
凤楼村	王昌盛	男	汉族	浙江大学	大专			在职
凤楼村	钟华清	男	畲族	浙江广厦建设职业技术学院	大专			在校
凤楼村	雷中孝	男	畲族	浙江广厦建设职业技术学院	大专			在校
凤楼村	李 杰	男	汉族	湖州职业技术学院	大专			在校
凤楼村	李 君	女	汉族	浙江机电职业技术学院	大专			在校
凤楼村	李圣海	男	汉族	温州职业技术学院	大专			在校
凤楼村	张秀秀	女	汉族	中国刑事警察学院	大专			在校
凤楼村	张 亦	男	汉族	宁波职业技术学院	大专			在校

续表

原籍	姓名	性别	民族	毕业学校	学历	工作单位	任职	备注
凤楼村	洪香景	女	汉族	杭州职业技术学院	大专			在校
凤楼村	李小草	女	汉族	杭州商学院	本科			在校
凤楼村	李中庚	男	汉族	上海电机学院	本科			在校
凤楼村	李中宝	男	汉族	浙江科技学院	本科			在校
凤楼村	李情华	女	汉族	温州职业技术学院	大专			在校
凤楼村	李 艳	女	汉族	绍兴职业技术学院	大专			在校
凤楼村	李大高	男	汉族	温州职业技术学院	大专			在校
凤楼村	徐燕清	女	汉族	湖州职业技术学院	大专			在校
凤楼村	徐燕姿	女	汉族	浙江交通职业技术学院	大专			在校
凤楼村	李宝贵	女	汉族	浙江纺织服装职业技术学院	大专			在校
凤楼村	钟思思	女	畲族	丽水学院	大专			在校
凤楼村	钟佳佳	女	畲族	浙江建设职业技术学院	大专			在校
凤楼村	徐 伟	男	汉族	西京学院	大专			在校
凤楼村	李大株	男	汉族	宜春学院	大专	凤楼村卫生室	医生	
凤楼村	蓝庭勤	男	畲族	浙江交通职业技术学院	大专			在校
凤楼村	蓝加奖	男	畲族	浙江工业职业技术学院	大专			在校
凤楼村	蓝家满	男	畲族	广西职业技术学院	大专			在校
凤楼村	钟扬阔	男	畲族	衢州职业技术学院	大专			在校
凤楼村	蓝佳东	男	畲族	浙江广厦建设职业技术学院	大专			在校
凤楼村	李大梁	男	汉族	郑州大学	大专		财务管理	
凤楼村	徐智慧	女	汉族	浙江财经大学	本科			在校
凤楼村	蓝春科	男	畲族	浙江机电职业技术学院	大专			在校
凤楼村	王昌元	男	汉族	四川大学	大专	温州爆破公司	土木工程	在职

续表

原籍	姓名	性别	民族	毕业学校	学历	工作单位	任职	备注
凤楼村	钟正贝	男	畲族	苍南广播电视大学	大专	农业经济管理	苍南保安	在职
鹤峰村	雷顺华	男	畲族	中国地质大学	大专	苍南县组织部	副部长	在职
鹤峰村	雷顺银	男	畲族	中共浙江省委党校	大专	苍南县宗教局	副局长	在职
鹤峰村	雷开恩	男	畲族	浙江交通职业技术学院	大专			
鹤峰村	雷顺锐	男	畲族	温州大学	大专	灵溪四小	教师	在职
鹤峰村	钟美红	女	畲族	景德镇学院	大专	温州		
鹤峰村	钟雪萍	女	畲族	南华大学	大专			在校
鹤峰村	雷开齐	男	畲族	绍兴文理学院	大专			在校
鹤峰村	雷正松	男	畲族	浙江工业职业技术学院	大专			在校
鹤峰村	董大华	男	汉族	浙江工业职业技术学院	大专			在校
鹤峰村	董大鹏	男	汉族	浙江广厦建设职业技术学院	大专	金乡培训学校		在职
鹤峰村	董小蓉	女	汉族	温州职业技术学院	大专	龙港个体企业		在职
鹤峰村	董乃勇	男	汉族	温州大学瓯江学院	大专	赤溪中墩小学	教师	在职
鹤峰村	陈礼恭	男	汉族	浙江大学	大专	在杭州工作		在职
鹤峰村	董大顺	男	汉族	浙江经贸职业技术学院	大专	杭州工作		在职
鹤峰村	董小琴	女	汉族	台州科技职业学院	大专			在校
鹤峰村	陈小如	女	汉族	浙江纺织服装职业技术学院	大专			在校
鹤峰村	董小玲	女	汉族	江西科技职业学院	大专			在校
鹤峰村	钟政涨	男	畲族	台州职业技术学院	大专	灵溪办企业		在职
鹤峰村	钟昌泽	男	畲族	浙江农林大学	大专			在校
鹤峰村	雷开情	男	畲族	宁波大红鹰学院	大专			在校
鹤峰村	雷开怀	男	畲族	集美大学	大专			在校
鹤峰村	雷昌顺	男	畲族	嘉兴职业技术学院	大专			在校

续表

原籍	姓名	性别	民族	毕业学校	学历	工作单位	任职	备注
鹤峰村	雷必锹	男	畲族	浙江经贸职业技术学院	大专			在校
鹤峰村	雷朝累	男	畲族	浙江水利水电学院	大专			在校
鹤峰村	雷朝月	女	畲族	浙江建设职业技术学院	大专			在校
鹤峰村	雷丽枝	女	畲族	台州科技职业学院	大专			在校
鹤峰村	雷朝树	男	畲族	丽水学院	本科			在校
鹤峰村	雷顺对	男	畲族	台州学院	大专			在校
鹤峰村	雷小丽	女	畲族	浙江工业大学	大专			在校
鹤峰村	雷顺量	男	畲族	温州大学教育学院	大专	赤溪小学教务主任	教务主任	在职
鹤峰村	雷正明	男	畲族	福州大学至诚学院	大专			在校
鹤峰村	雷丽云	女	畲族	浙江东方职业技术学院	大专	绍兴公司		在职
鹤峰村	雷朝誉	男	畲族	温州大学	大专	苍南自来水公司		在职
鹤峰村	雷政松	男	畲族	浙江工业职业技术学院	大专			在校
鹤峰村	雷顺快	男	畲族	杭州电子科技大学	大专			在校
鹤峰村	董大笔	男	汉族	江西科技学院	大专			在校
鹤峰村	董少阳	女	汉族	浙江水利水电学院	大专	金乡上班		在职
鹤峰村	董聪聪	女	汉族	浙江商业职业技术学院	大专	宁波工作		在职
鹤峰村	雷捷	女	畲族	重庆大学	本科	上海工作		在职

丛 录

凤阳地处苍南县最高的鹤顶山麓，境内峰峦起伏，沟谷纵横，山地连绵，树木茂密，道路崎岖，为当时"闽东红军独立团"在境内地下和游击活动提供了有利条件。《魂归瓯江》《浙南畲族风云》是林辉山、雷汉里回忆当年在境内活动时的真实事例，以供读者阅览。

一、回忆录

林辉山回忆录：《魂归瓯江》

1935年秋天，我在中共平阳中心区委任组织委员兼游击队指导员。我们的红军游击队是一支成立不久的武装力量，只有30多人，没有几支枪，用的大多数是鸟枪和大刀。

这支小小的游击队，人虽少，武器虽差，活动范围却不算小，经常迂回于平阳、泰顺、瑞安和福鼎的上东区、下东区之间，搞得闽浙边的反动派大伤脑筋，在敌人营垒中和群众中都小有名气。

我们的游击队公开亮出的名字叫"闽东红军独立团"。为了镇压反动分子和向地主老财收款打借条、出公告，我亲自找人刻了一枚木质图章，上刻"中国工农红军闽东鼎平独立团团部印"。每当发放饷单（注）、出公告、行文后就盖上这么一个大印，以示共产党的庄重、威严和正规。我们向地主老财索款发放饷单时，常常这样写道："某某，本团今向你索取银元***百块，望在某月某日送到***地为荷。"落款后盖上大印就成了正规的饷单。然后派人送到索款对象家中。送饷单的方式，大多数是秘密送出去的，也有公开直接送去的。地主老财看到这种饷单，一般来说立刻如数按时把款项送到了指定的地点，但也有个别顽固的反动地主不肯送来，并且杀了我们送饷单的同志。

有一次，我们决定向平阳仓头村的地主老财雷友全取银洋200元。饷单写好后，把任务交给了李天青同志。李天青同志是三十亩村的地下党员，对革命无限忠诚，他虽知道苍头村的雷友全这个财主不容易打交道，仍愉快地接受了任务。李天青同志到仓头村，把饷单交给雷友全。雷友全看了，不仅不答应送钱，而且把李天青同志杀害了。我们得到消息后，非常悲痛，决定把这个反动地主镇压下去，于是派出数人，由雷汉答同志带领，到苍头抓住雷友全，当场杀了，并出了告示。告示盖上了"中国工农红军闽东鼎平独立团团部印"的大印，警告那些顽固的地主老财，如果不听从我们的命令，蓄意反抗，其下场就同雷友全一样。这件事发生后，一些不法地主老财知道了鼎平红军独立团是不好惹的，不交饷单款的现象也就很少见了。惩办雷友全，在群众中造成了很大的政治影响，为开辟游击根据地打下了一定的基础。

这颗大印原来是由我掌管的。1935年5月闽浙边省委成立。10月，原来闽东特委领导的平阳中心区委划归浙南特委领导，这颗大印于1935年底就不再使用了。因带在身边不方便，我就把它送到泰顺拓坑下枫岗村，交给群众阙昌岳，请他保存。他用一支大毛竹凿了洞，将印放进毛竹洞内，外面加封，再把毛竹放到草房的大梁上，一直保存到解放。在敌人的白色恐怖之下，保存这颗大印是非常困难的，要冒杀头的风险。阙昌岳对于红军无比热爱，对共产党坚信不疑，以生命和巨大的胆量完好地将此印保存到全国解放。解放后，阙昌岳同志把这颗印上交给泰顺县委的刘宝生同志。1953年，南京军区征集浙南地区3年游击战争中我军留下的革命文物时，刘宝生同志就把这颗印献了上去。

大印的直径为8.60公分，圆形，使用的时间虽然不长，但是在中国红军的历史上，留下宝贵的一页。

随着革命武装的建立和壮大，武装斗争的广泛开展，我们的活动范围越来越广，游击区和根据地也不断扩大了。在1934—1935年内，平阳党支部和以后的中心区委在自己所属的活动范围内，发展了大批党员，许多村庄建立了党的支部或党小组。建立支部的有福鼎县的小华阳村；平阳县蒲门区北坑头村，支部书记林阿成；小姑岙村，支部书记陈世才；李家山，李世苏负责；大岭内布黛村，支部书记开始是郑织云，后来是梁其柱负责；交椅环，支部书记雷汉答；鹤顶山下岭边，雷阿兴负责；龟墩村，先由黄钦灿负责，后由黄正义负责；岙内村（畲族），由雷大安的父亲任支部书记；后坑村，开始由杨玉生负责，后来是黄正益负责；高垟山，郑阿欣是负责人之一；上宅村，支部书记宋玉道（1936年投敌）；小心垟、根竹坑，支部书记蔡存式；大心垟，支部书记蔡祖前；下题村、大程村、吴家横村，支部书记阿办；相公桥，支部书记杨阿真；干垟歌，支部书记陈朝贤；江南区岙底村，支部书记陈三弟。

林辉山回忆录：龟墩东坑串联

1933年秋，我根据党组织的指示，到平阳凤阳龟墩村活动，准备在那里建立党的组织。龟墩村的农民黄钦灿是我青少年时期的朋友，他思想进步，向往革命。黄钦灿早几年就对我说过，他十分痛恨国民党和地主老财，不打倒他们，穷人就喘不过气来。我想要在龟墩村开展工作，得先找他谈谈。

我来到龟墩村，见到了黄钦灿。我对他说："我刚从福鼎县日岙村回来，我已在日岙参加了共产党。"

他听我这样讲，就激动起来了，埋怨我说："你去日岙，为什么不带我一块去呢？"我讲："钦灿，你别生气，只要有决心参加共产党，我就当你的入党介绍人。今天就介绍你入党。"黄钦灿听我讲完，立即从埋怨转为欢喜，说："你介绍我入党？"我回答他说："是呀，我现在就介绍你入党。"接着，我把入党条件讲给黄钦灿听，他满口答应。我讲："我知道你是条硬汉，在这方面我是放心的。现在希望你做一件事，入党后就要服从党的分配，党分配你做什么，你就做什么。"钦灿同志答道："做得来的工作一定去做，做不来的也要学着做。"

我说："好，你就去后坑村，把姓黄的人'串联'起来。后坑村地理位置好，如果在那里开展了工作，我们将来打游击就方便了。"黄钦灿同志毫不犹豫地说："过几天我就去后坑。"这样，我当即介绍黄钦灿同志加入了共产党。

我离开龟墩村不久，黄钦灿就去后坑"串联"了，很快与后坑的杨弟胡、黄进惠等人建立了党的组织。

1934年春天，黄钦灿同志把我带到后坑去。我俩到了后坑，首先见到的杨弟胡和黄进惠二人，黄钦灿向他们介绍说："这位就是林辉山同志。"

大家分别握手问候之后，我向杨弟胡提出，先看看群众的情况。杨弟胡领着我在村子里，一边走，一边向我介绍说，后坑的人口不多，两姓人口只有40来人，三分之一是单身汉，男多女少。杨姓有10来户，黄姓有5户，黄姓住在山背后。全村没有多少水田，每人平均只有两分左右的地。群众的主食，一年四季吃的是番薯丝，有人生病想喝稀饭，还得设法到昌禅、矾山等地买米。

我听完他的介绍，了解了情况，感到后坑群众的生活是极其艰苦的。这里山多、坡陡，虽然是深山，但是没有树林，满山遍野都是矮小的灌木和杂草，村子里的老百姓，只有把小灌木和杂草，割下晒干，然后挑到矾山去卖，才换回一点油盐酱醋。后坑村的农民，长年累月，祖祖辈辈都过着这样的生活。

自从后坑建立了党支部，平阳中心区委机关就常住这里。当年，后坑是个小小的红色根据地，当时党支部书记由杨弟胡担任。

1935年初至1937年春期间，反动派多次对后坑进行"围剿"。敌人第一次到后坑，就抓走了支部委员杨弟胡同志。敌人把他关在矾山区公所，对他进行了惨无人道的法西斯刑讯，把他打得遍体鳞伤，但杨弟胡同志视死如归，敌人从他口里得不到丝毫有关我们活动的情况，终究将他杀害。

敌人千方百计要想摧毁我平阳中心区委，经常来后坑搜查，但每次都扑了空。他们对红军游击队和区委机关"围剿"不成，每次都要抓一些基本群众去矾山镇，有的被打的死去活来，有的当场丧命，如杨弟冰同志就是这样牺牲的，不过，无论敌人采取什么刑罚，没有一个人讲出共产党红军游击队的去向。

国民党反动派见打杀镇压不了后坑人民群众，就采用了"焦土政策"。他们挨家挨户点起大火，烧毁了后坑大多数的房子。尽管如此，后坑村的群众始终没有动摇过。

《浙南畲族风云》雷汉里回忆录：五兄弟同心干革命

1907年，我出生在闽浙边区的平阳县赤溪区凤阳乡鹤峰村交椅环（现属苍南县），这里峰峦环抱，林木参天，人迹罕至，是土地革命战争时期的基点村。村里聚居着几十户畲民，解放前主要靠种租田、做长工、卖柴草过日子，生活十分艰苦。当时我一家老小10口人，靠租种地主的10来亩山田维持生活，每亩山田常年产量仅100到150公斤。不管年成好坏，每年一亩田向地主交租谷75公斤，灾年全部产量也不够交租，还要受国民党苛捐杂税的剥削，全家过着饥寒交迫的生活。为了谋生存，父母只好把我五弟卖到福建。

1933年秋天，我们穷苦人终于盼来了人民的大救星共产党。在闽东革命风暴和江南一带农民运动的影响下，平（阳）福（鼎）边区地下党负责人陈昌会、林辉山来我村宣传革命道理，发动群众去闽东参加红军。26岁的我积极响应，跟随林辉山去闽东找红军，参加闽东独立师第一团一营一连，当一名战士。经过军事训练，我参加了秦屿、岚亭等战斗，提高了打仗杀敌的本领。大哥雷汉答和二哥雷汉坚，在家乡参加地下党领导的贫农团，开展抗租、抗捐、抗税、抗粮、抗债的"五抗"斗争。

这年冬天，中共福鼎县委成立。县委又派了陈昌会、罗纯绸（县肃反队队长）来我村，把贫农团改编为农民赤卫队，制造大刀长矛和土枪土炮，准备武装暴动。我们几个兄弟都积极为参与暴动做好准备工作。

1934年春天，中共平阳支部成立，书记陈昌会，组织委员林辉出，肃反委员陈积云。他们又来到我村，发展党员，建立党组织，介绍大哥雷汉答、二哥雷汉坚和我参加了中国共产党。从此，我们三兄弟把自己的一生交给党，决心为党的共产主义事业奋斗终生。

这年秋季，我们三兄弟和几十名赤卫队员一起，配合游击队攻打国民党藻溪自卫队，火烧了敌营房，人民群众拍手称快。我们赤卫队还乘胜配合神山赤卫队夜袭龙沙石塘，烧毁了压榨渔民的渔业办事处。

同年冬天，年仅19岁的五弟雷汉城，在福鼎县上东区参加了游击队。这支部队在福鼎县沙埕、秦屿山区和平阳县矾山的倪家山、甘宅、四大王等地发展党组织，建立游击根据地。

1935年上半年，中共平阳中心区委成立之后，积极发动群众组织抗租团和赤卫队，建立革命武装，发展基层党组织。大哥雷汉答担任中共蒲门区委书记，我任区肃反队队长。大哥的儿子雷赵岩，年仅15岁，也跟随大哥参加革命，担任区共青团书记。二哥雷汉坚在本村担任抗租团和赤卫队工作，带领抗租团和赤卫队共100多人，开展"五抗"斗争。四弟雷汉甲虽是个哑巴，也不甘心落后，他担任地下交通员，积极为游击队送信和站岗放哨。

这年春夏之交，我们三兄弟带领区肃反队和本村群众武装，先攻打盐浦盐务所，接着镇压凤阳乡的反动乡长和不法土豪劣绅，大刹了敌人威风，大长了人民志气。我们家乡革命力量的活动范围不断扩大，与五弟汉城所领导的上东区连成了一片，以后我们五兄弟就互相往来，配合战斗。

1935年秋季，平阳中心区委的活动区域迅速扩大，武装组织不断发展，我担任独立团政治指导员，五弟汉城任政治委员。这支游击队已有40多人，20多支长短枪，经常配合兄弟部队作战。10月，我们袭击了驻南港肖江宫的敌自卫分队；接着又在福掌村赤卫队配合下，伏击蒲门的"剿共"义勇队，毙2人，伤数人。11月4日，我团配合鼎平独立团。袭击藻溪乡驻敌，接着夜袭宜山大王宫保卫团筹备处。

1935年冬季，刘英、粟裕领导的红军挺进师进入福（鼎）平（阳）泰（顺）边区，我们又配合红军打仗，为保卫和扩大革命根据地，参加了多次战斗。

1936年2月，我们配合红军夜袭蒲门敌巢；3月，袭击赤溪敌据点，火烧国民党赤溪乡公所。

同年6月中共平阳县委成立，大哥雷汉答担任蒲矾区委书记，我任平阳县独立团政治指导员。在龙跃担任中共鼎平中心县委书记时，五弟雷汉城任龙跃的警卫队组长。这个时期，我们五兄弟经常随军参加战斗。7月，在华阳一带与驻南宋的浙保一个连作战，毙敌3人。8月17日，配合红军挺进师，在李家山全歼敌一个中队，缴获长短枪103支和许多弹药，平阳、鼎平两支游击队也随之扩大。

10月，我平阳县独立团会同鼎平县游击队，运用游击战术，连续行军作战十几天，其间在华阳乡大岗头一带与浙保部队接火，打得敌人狼狈不堪。11月，又配合红军挺进师作战，在麻阳仓伏击敌尖兵排，击毙多人。

这年冬天，刘英率领挺进师200多人攻打南宋，炸敌碉堡，后伏击敌十九师一个团，并在赤溪、中墩、龙沙、藻溪等地攻打敌据点。我们几个兄弟也参加了战斗。此后，跟随挺进师部队到泰顺县峰门集中，进行整编集训。不料遭三倍于我的敌人包围，战斗持续三天三夜，我军主动撤出。

12月，蒋介石调集10余万兵力到浙南"围剿"。敌十九师唐伯寅部和浙江、福建保安团集中兵力进攻游击区，大筑碉堡，使用联保切结、移民并村等手段，进行"清乡"、搜山。为对付敌军"围剿"，临时省委决定挺进师化整为零打游击，地方武装和干部分散隐蔽坚持斗争。

1937年3月，敌人围剿逐步升级，根据地遭摧残日益严重。平阳县独立团剩下的干部战士隐蔽在赤溪区流歧山洞，弹尽粮绝，最后被敌发现被捕。大哥汉答被捕后，关押在衢州监狱，直到浙江国共合作抗日的谈判成功后，经龙跃保释，大哥才出狱。我们回乡后，继续坚持地下党的工作。五弟汉城任上东区上庵村党支部书记，一直至解放后任大路乡乡长。

我们一家五兄弟、六个人坚持三年游击战争，现在健在三人，我今年83岁，五弟汉城75岁，侄儿赵岩15岁参加革命，现在也是70岁老人。我们三人，均享受老红军待遇，人民政府每月发给我们定期生活补贴40元，县民政局还发我们《抗日战争时期党接头户》以及"五老"荣誉证书。

二、畲族童生反阻考

清道光二十五年（1844年），凤阳乡凤楼村畲族童生雷云应试遭阻考，为争取少数民族的平等权利，雷云与父和叔历尽艰辛诉讼三载，终于胜诉，清道光二十七年九月使温州府颁发"谕禁阻考告示"。他于咸丰庚申年考取拔贡钦赐"贡元"儒学六品顶载文林郎，成为当时苍南境内畲族第一位秀才，树匾"文魁"。

雷云（1825—1877年），名国友，号鹤峰。畲族，凤阳乡凤楼村人。清道光廿五年（1845年），应试遭阻考。为争取少数民族的平等权利，雷云与父文和、叔子清历尽艰难诉讼三载，使温州府颁发禁阻考告示。

清道光二十四年（1844年）五月，雷云与堂弟雷夏（子清之子）参加平阳县试。时有"五童互结"定例，凡应试考生，须由当地童生互作担保，并有一名廪生认保。雷云参加县试及格，为其作保的廪生陈重光索要谢金，雷家经由生员陈兆凤及乡人王日新、方亚木，交付银元十八块。雷云准备参加府试时，陈重光又索要银元五十块，雷家不允。此后便有童生扬言："平阳畲民例无与考""府试不容雷云入场"。

六月十六日，雷云等呈文温州府，陈述其先祖雷世发"于乾隆三十年（1765年）立户交粮纳税，与平民无异；既非冒籍匿丧，又非娼优隶卒，家世清白，当无不与考试之理"，并授引嘉庆七年时福建省福鼎县畲族童生钟良弼应试受阻，福建抚宪告示"畲民准考"的案例，请求准予应试。温州府原批复"不准与考"，并于六月十七日在府试填册处发布告示。后详查档案发现：道光六年时，泰顺县畲民蓝芳赴府应试遭阻，前温州府参照处州府嘉庆八年时经奏部院准予青田县畲民应试的案例，准许蓝芳应试。据此，温州府又于六月二十三日批复"畲民雷云等应试，自宜一律准其与考"。

道光廿五年春府试，学师指派廪生王庭琛作保。陈重光鼓动童生王藻金、庄兆辉带童生40人，往王庭琛住处围阻，不容画押作保；同时又令其学生李如奎，书写匿名信张贴。为此，雷云于二月二十六日呈状温州府，请求"恩赐谕保，以杜藐阻，以免（应试）期误。"温州府于二月二十九日发出布告，示谕童生"务须恪遵定例，任畲民考试，毋得再行抗违，藉端阻止。该廪保亦即行画押送考，不得听各童勒抑"。然而临考点名时，陈重光等竟又诬言雷云"身家不清"而致使扣考，阻止雷云入场应试。

此后，雷云叔子清于三月三日呈状温州府，陈述雷云应试受阻经过，请求"研讯确情，按倒究详。"府宪指示："兹据呈称系陈重光勒索洋银不遂，因此挟嫌带令童生40名，浮言怂讧，阻止入场等语，如果属实，可恶已极。候饬平阳县提齐人证确切研讯，并查明该畲民有无身家不清，务得实情，具详究办。"并示雷云等赴县候审。

继而雷子清先于三月十七日、四月十三日、四月二十一日、四月二十三日、五月三日多次呈状平阳县及县学、温州府等处，诉陈重光重索不遂、逆旨阻考，请求传讯被告到案，追赃严办，以杜绝阻考行为。并且捡齐置产纳税契证，取具要邻亲族证言，听候庭审质证。

自道光二十四年三月十六日至二十五年五月十五日，此案诉论时间已近一年，却仍无进展。雷云呈状温州府，直言此案虽经府宪指令县衙彻查严办，原告也已提供产契税证与乡邻证言，并多次请求传讯被告到案，但都不敌陈重光恃势狡赖。倘若不是"三班皆其羽翼，六房尽其手足"，怎么会如此庇护、拖延不办呢？六月十八日，雷云又禀文师台，请求师台从中催促。

此时，雷云越来越感到指望平阳县公正查处此案，已无可能。于是在八月三日再次呈文温州府，恳请府宪亲自查办此案，以求公正处理，准许与考。府宪仍指示考试将届，檄饬该县迅速讯办。同日，雷子清以"投讯日久，案延莫结"再次投状平阳县，请求"严比拘集，讯详准考"，同时向温处道宪呈文。道宪批示："畲民准其考试有部议可遵，禀生愿否认保亦应听其自便。惟匿名揭贴有干例禁，仰温州府饬县提讯究详。"面对如此的繁文缛节与互相推委，雷云仍不折不挠，坚持诉讼。

在此期间，陈重光曾两次到县，诬称雷云之祖雷世发系（乐班）吹手，雷云！三叔雷连、雷云堂兄阿能、阿庆习吹等。而且狡嘱亲付银元的证人郑兆风、方亚木、王日新托故回避。陈重光、李如奎还在九月七日临审逃避。因此，雷云与叔子清又先后在九月四日、七日、十三日、十八日数次呈文县、府，历诉陈重光等勒索不遂、逆旨阻考、张贴污榜的事实，邀乡邻多人到县作证，驳斥鼓吹之诬。尤其在九月十八日的呈府诉状中，揭露陈重光等临审脱逃及指使证人避案等干扰查案的劣行。同日，雷云还向道宪禀呈上状，请求道宪"饬府亲提严讯究详，以昭部案，以奖良民"。道宪批示："府试在迩，未便任县宕延，仰温州府亲提人卷确讯详夺。"

虽然考案久缠不下，但雷云矢志不移。深知这不是只为自己求学而诉讼，而是为畲民权益抗争。继雷子清于道光二十五年十月三日、十一月三日向县、府呈文，请求"限提拘案会讯，照例通详完案"之后，雷云于十一月十三日再次呈文温州府，斥责陈重光"逆王章，藐府谕，前抗后逃，贻案无结局，搁县府两考，差延攻书之日，冤深入骨"，请求"限提严讯洗诬，按例办详，恩准补考"，"以定平瑞永乐四邑有畲民向学准考之例，俾吾等读书有门，上进有路"。

鉴于考案一再被府、县敷衍宕延，雷云与叔子清又不远千里赴省投诉，于道光二十六年二月三日呈文抚宪，奏请定案。抚宪批示："查学政全书所载浙江畲民准与平民一体报名赴考，今雷子清如果在平阳县置有粮田庐墓，素行并非贱秽，应准考试。仰布政司讯饬温州府确切查明通详察办。至所控陈重光索诈一节并饬查究，均毋迟延。"据此，3月28日雷云等又备文并录抚宪批示呈送学宪，请求"立饬确核案卷，按例通详，请案息讼"。

是时，雷云与叔子清为考案奔波已达三年之久，均身疲力竭。雷子清风尘劳瘁，抱病在途，赴省回乡病逝于四月初一日，雷云伯父文福去府回家又终。雷云于道光26年闰5月13日再次吾状，文曰：

为粘结投讯叩即印送以办通详事切，身祖自顺治年间迁居平邑，居今九世，于乾隆30年置立庐墓，立户税粮，现经80余载。向系务本力农，并无鼓吹贱秽各项违碍邻右可质。上年身等求考，蒙府主张查出泰邑咨部档案，晓谕牧考。冤恨廪生陈重光挟忿违索，串生员李如奎揭贴诬阻，兹蒙学宪饬查入籍年分有无违碍等谕，奉前饬吊契据粮串邻结，身均呈案。又冤者重光买出捏诬攻结，案搁无详。叠奉府宪札催，节叩宪天持符抗案。无奈身叔子清于本春抄粘全案，赴省匐叩，抚宪沐批："查学政全书所载，浙江畲民准与平民一体报名赴考。令雷子清如果在平阳县置有粮田庐墓，素行并非贱秽，应准考试。仰布政司迅饬温州府确切查明，通详察办。至所控陈重光索诈一节，并饬查究等谕批抄"。惨身叔子清赴省严病于前月弃世，冤深已极，而且身伯文福去郡回家又终。兹奉府宪札饬，取具时邻亲族供结加印送府，核议通详。并奉宪天票传，身即具里邻杨乃福、林大捷、陈定全，亲族雷文光切结七道，先行粘呈。身等邀同左右邻投案候讯，惟祈立赐即讯，将所粘切结先行印送，以办通详。至重光索诈一节，再赐传究详办，以伸其冤，恩同覆载。为此，抄粘批示邻结，大老节电怜作主，立赐讯问供结先行印送，以办通详，生死感恩。

此状上呈后，得批准收案候讯。雷云遂于五月十九日邀同邻人到城，又于六月初三带邻人到县听讯，最后于六月十五日庭讯具供结案。因讯明多日，未见详复，雷云再于六月二十八日呈温州府，请求"即赐详复"。

自道光二十四年六月十六日至道光二十六年六月二十八日，雷云与叔子清呈文29次，遍及县、府、道、省四级官衙。此后是否还有呈文，今无从查考。该案结局如何，不得而知。但据温州府知府徐瀛于道光二十七年三月二十九日的呈文（手抄稿），可见当时府、县办案敷衍至极。该呈文称：……奉前完台札饬讯办，遵经早前县令提来到，雷子清又控蒙道宪批饬究详。奉经县催提未集，雷子清复赴道宪衙门控，奉批府亲讯。蒙前府以道远人多未便提郡滋累，饬发瑞安县会审。后据雷子清控，奉抚宪批府查详，前府因会审往饭稽时，专催卑职查讯。

对于雷云、雷夏应试横遭陈重光等阻抑，雷云与叔子清反阻考情事，该呈文称，余（畲）民雷云、雷夏之始祖自顺治年间迁居平邑，已历多代，力农置产有串可凭。现据该县讯取邻佑人等供结，实系身家清白，并无别项违碍，岂容旁人阻考，致令向本隅。雷云、雷夏应准于平民一律报考，仍于报考时照例具并无各项违碍切结，以归核实。雷子清因其祖宗素未应试，屡被阻挠，于五童互结内添写李姓，控词又多失实，本属不舍，业已身故，应毋庸议。廪生陈重光讯无勒索串阻情事，其因雷云等冒姓应试，疑有情弊，不愿认保，尚无不合。应与讯未捏写揭帖之生员李如奎及随同阻闹之童生王藻金、庄兆辉，均毋庸疑，无干饬释，未到免提。最终，温州府在道光二十七年十月五日颁发禁阻考告示：

温州府谕禁阻考告示

特授浙江温州府正堂加六级记录十二次徐，为遵批核详事。

道光廿七年九月十四日，奉兼署布政使司蔡，牌开道光廿七年六月廿九日，奉抚宪批前署司核详，平阳县畲民雷云应准与考，该县各童阻挠，显违定例，自应严行查禁，请饬府查叙例案，出示晓谕，毋许再行攻讦。惟现在县府两试均已考过，该童雷云并请准其分别补考，倘该县廪生及各童等再敢阻挠，即由该县照例究办，俾照惩创等缘由，奉批如常饬遵缴等因，奉此合行饬知，仰府即转饬遵照，仍由该府出示晓禁毋违等因，奉此查学政全书，内载浙江畲民准与平民一体报考，此案前据平阳县畲民雷子清以伊侄雷云、雷夏赴郡与考，被各廪童抑勒阻考等情，赴府呈经前府暨本府饬据，该县审明雷云、雷夏之祖自顺治年间迁居平邑，已历多代，力农置产，实系身家清白，并无各项违碍，应准与平民一律报考等情，详经本府查明例案，说奉各宪批准在案，今奉前因，除饬县移学遵照外，合行出示晓禁，为此示仰平阳县廪保生童人等知悉，嗣后如有畲民赴考，应照定例，准其一体考试，无许再行阻挠，致滋事端，自示之后，倘敢故违，定即照例究办，各宜凛遵毋违。特示。

雷云从小聪颖好学，为人正直坚毅。身经考案后，更知世道不平，畲民自立尤其不易，因而一生勤学不已。其书房联曰："学海无涯扬帆是岸，书山有路捷足登峰。"他广学博览，诗文、历算、医药皆通。清咸丰十年（1860年），授贡生（拔贡）。中年之后，在赤溪五里亭（今属过溪村）开设（从吉堂）择日馆谋生，日单台头以"《从吉堂》雷云世传地理选日兼内外科"章印之。因亭后山间有巨石，人称"八字岩"，雷云因之为择日馆撰联："五里亭中易五数五五二十五数数数皆准，八字岩下摆八卦八八六十四卦卦卦有灵。"雷云时有应聘任教也常以诗言志，不无抱负。如《恭赠鼎城仁山族叔文远先生诗》曰："汇辑家书过鼎城，竹林技术足堪称；胸罗风月诗中画，笔扫星辰纸上生；巧夺乾坤资俗世，精通妙秘指凡行；今虽暂抑书窗下，厥后芳名达帝京。"

因畲族住居分散，文化落后，能文者极少。雷云力倡尊师重教，培植后代。族中原有祀田，先前称之"养贤田"，由得功名者收益。雷云改之为"资笔田"，用以鼓励和资助求学上进，使仓头这个畲族自然村在清时就有庠生、迪功郎、乡饮宾、儒业等七八人。

雷云居身俭朴，践行孝道，敦伦睦族。对父亲文和秉性刚直、克勤克俭、敬长慈幼、和睦宗族之行实，对叔父子清（文芳）慷慨善谋、临财不苟、与人排难不避艰险之风范，垂念不已。尤其对父、叔为考案奔波三载，饱经艰辛，使其得以赴试感恩不尽，撰《文和公传》《文芳公传》以颂之。雷云兄弟合家同居二十余载，一门四十余口未闻诟谇之声。母亲锺氏生前勤俭持家，雷云赞其"勤纺织则昼作宵劳，俭居家则荆钗裙布"，"课耕晶读，俨若严君，以巾帼而有须眉之气，虽妇女何逊丈夫之称"，特撰《锺孺人小传》载入族谱，实为难得。

尊宗敬祖是畲族传统，尤以修谱建词为族中大事。清同治丙寅年（1866）时，雷云之支族始祖自闽徙浙已300余年而未修族谱，咸丰初年所建祠宇几近倾废。雷云慨然以族事为己任，遍处查阅蓝雷钟李旧谱，摒弃传闻附会，舍远纪近，条分缕析，终成《雷氏族谱》六卷，堪称浙南畲族谱牒之范本。修缮祠宇则不事浮华，独存古意。时有友人刘升廷赠诗雷云曰："书香崛起气豪雄，远念先人德泽隆；百世宗支推有自，千年谱牒继无穷。威仪独着心君泰，志量超群眼界空；竟夕追部欣聚首，芝颜常忆梦魂中。"

三、民族法律法规和省、市、县民族政策函件

1978年改革开放以来，党和国家的各级政府十分关心支持民族地区的经济

社会各项事业发展，不但颁布施行有关民族的法律法规，省、市、县还制定下发了扶持民族地区经济和社会发展优惠政策。

（一）《民族乡行政工作条例》

第一条　为了促进民族乡经济、文化等项事业的发展，保障少数民族的合法权益，增强民族团结，根据宪法和法律的有关规定，制定本条例。

第二条　民族乡是在少数民族聚居的地方建立的乡级行政区域。

少数民族人口占全乡总人口百分之三十以上的乡，可以按照规定申请设立民族乡；特殊情况的，可以略低于这个比例。

第三条　民族乡的建立，由省、自治区、直辖市人民政府决定。

民族乡的名称，除特殊情况外，按照以地方名称加民族名称确定。

第四条　民族乡人民政府配备工作人员，应当尽量配备建乡的民族和其他少数民族人员。

第五条　民族乡人民政府在执行职务的时候，使用当地通用的语言文字。

第六条　民族乡人民政府依照法律、法规和国家有关规定，结合本乡的具体情况和民族特点，因地制宜地发展经济、教育、科技、文化、卫生等项事业。

第七条　民族乡人民政府在本行政区域各族人民中进行爱国主义、社会主义和民族政策、民族团结的教育，不断巩固和发展平等、团结、互助的社会主义民族关系。

第八条　民族乡财政由各省、自治区、直辖市人民政府按照优待民族乡的原则确定。

民族乡的上一级人民政府在编制财政预算时，应当给民族乡安排一定的机动财力，乡财政收入的超收部分和财政支出的节余部分，应当全部留给民族乡周转使用。

第九条　信贷部门应当根据法律、法规和国家其他有关规定，对经济发展水平较低的民族乡用于生产建设、资源开发和少数民族用品生产方面的贷款给予照顾。

第十条　县级以上地方各级人民政府依照税收法律、法规的规定及税收管理权限，可以采取减税、免税措施，扶持民族乡经济的发展。

第十一条　县级以上地方各级人民政府在分配支援经济不发达地区专项资金及其他固定或者临时专项资金时，对经济发展水平较低的民族乡给予照顾。

县级以上地方各级人民政府在分配扶贫专项物资时，应当照顾贫困民族乡的需要。

第十二条　民族乡依照法律、法规和国家其他有关规定，管理和保护本乡的自然资源，并对可以由本乡开发的自然资源优先合理开发利用。

在民族乡依法开发资源、兴办企业，应当照顾民族乡的利益和当地人民群众的生产、生活，在配套加工产品的生产和招收当地少数民族人员方面做出合理安排。

第十三条　县级以上地方各级人民政府应当帮助民族乡加强农业、林业、牧业、副业、渔业和水利、电力等基础设施的建设，扶持民族乡发展交通事业。

第十四条　县级以上地方各级人民政府应当在师资、经费、教学设施等方面采取优惠政策，帮助民族乡发展教育事业，提高教育质量。

民族乡根据实际情况，可以兴办小学、中学和初级职业学校；牧区、山区以及经济困难的民族乡，在上级人民政府的帮助和指导下，可以设立以寄宿制和助学金为主的学校。

民族乡的中小学可以使用当地少数民族通用的语言文字教学，同时推广全国通用的普通话。使用民族语言文字教学的中小学，其教育行政经费、教职工编制可以高于普通学校。

民族乡在上级人民政府的帮助和指导下，积极开展扫盲工作。

县级以上地方各级人民政府可以根据当地实际情况，在有关大中专院校和中学中设立民族班，尽可能使民族乡有一定数量的学生入学。

第十五条　县级以上地方各级人民政府应当帮助民族乡开展科学技术知识的普及工作，组织和促进科学技术的交流和协作。

第十六条　县级以上地方各级人民政府应当积极帮助民族乡创办广播站、文化馆(站)等文化设施，丰富各族人民的文化生活，保护和继承具有民族特点的优秀文化遗产。

第十七条　县级以上地方各级人民政府应当积极帮助民族乡发展医药卫生事业，扶持民族乡办好卫生院(所)，培养和使用少数民族医疗保健人员，加强对地方病、多发病、常见病的防治，积极开展妇幼保健工作。

第十八条　民族乡应当积极做好计划生育工作，搞好优生优育优教，提高人口素质。

第十九条　民族乡应当在上级人民政府的帮助和指导下，采取各种措施，加强对少数民族干部的培养和使用。

第二十条　民族乡应当采取多种形式和提供优惠待遇，引进人才参加本乡的社会主义建设事业。

县级以上地方各级人民政府应当采取调派、聘任、轮换等办法，组织教师、医生、科技人员等到民族乡工作。

县级以上地方各级人民政府对长期在边远地区的民族乡工作的教师、医生和科技人员，应当给予优惠待遇。

第二十一条　少数民族聚居镇的行政工作，可以参照本条例执行。

第二十二条　辖有民族乡的省、自治区、直辖市人民政府可以根据本条例制定实施办法。

第二十三条　本条例由国家民族事务委员会负责解释。

第二十四条　本条例自发布之日起施行。

（二）浙江省少数民族权益保障条例

（2002年12月20日浙江省第九届人民代表大会常务委员会第四十次会议通过，2002年12月20日浙江省第九届人民代表大会常务委员会公告第八十一号公布自2003年2月1日起施行）

第一条　为保障少数民族的合法权益，维护和发展平等、团结、互助的社会主义民族关系，促进本省少数民族和民族地区经济、社会事业的发展，根据有关法律、法规，结合本省实际，制定本条例。

第二条　少数民族公民享有宪法和法律规定的权利，履行宪法和法律规定的义务。

少数民族公民的合法权益受法律保护，任何组织和个人不得侵犯。

禁止民族歧视和破坏民族团结、损害民族关系的行为。

第三条　各级人民政府应当加强少数民族权益保障工作，在制订本行政区域国民经济和社会发展计划时，应当充分考虑少数民族的特点和发展需要。

县级以上人民政府民族事务行政主管部门负责本行政区域内少数民族工作；其他有关部门按照各自职责，做好少数民族工作。

第四条　国家机关、企业事业单位、社会团体应当加强民族政策和民族团结进步的宣传、教育。

报刊、广播、电视等传播媒介应当依照国家和省的有关规定，做好少数民族权益保障、民族团结进步的宣传工作。

第五条　国家机关、事业单位和社会团体应当重视和加强少数民族干部和专业技术人才的培养、选拔和使用。

国家机关录用公务员，事业单位、社会团体聘用工作人员，在同等条件下应当优先录用、聘用少数民族公民，不得以生活习俗等理由拒绝录用、聘用少数民族公民。

人事行政部门应当根据需要，安排一定数量的公务员考试录用名额用于少数民族公民。

第六条 少数民族人口较多的市、县（市、区）人民代表大会常务委员会组成人员的候选人和县（市、区）、乡（镇）人民政府领导人员的候选人中，应当有少数民族公民。

少数民族人口较多的市人民政府组成人员中，应当配备少数民族干部。

第七条 自治县的人民代表大会常务委员会中应当有实行区域自治的民族的公民担任主任或者副主任。

自治县县长由实行区域自治的民族的公民担任。

自治县的人民政府的其他组成人员和自治县的自治机关所属工作部门的干部中，应当合理配备实行区域自治的民族和其他少数民族公民。

第八条 民族乡的乡长，由建立民族乡的少数民族公民担任。

民族乡人民政府的工作人员中，应当有一定比例的少数民族公民。

第九条 少数民族人口占全村总人口百分之三十以上的村，可以经村民会议讨论通过，并经所在乡（镇）人民政府同意后，报县（市、区）人民政府认定为民族村，并报省、市民族事务行政主管部门备案。

第十条 各级人民政府应当根据本地区少数民族经济、社会事业发展的需要和特点以及民族平等、共同发展的原则，合理安排少数民族发展专项资金。少数民族发展专项资金应当随着经济的发展和财政收入的增加而相应增加。其他渠道的扶持资金应当照常安排，不得削减。各级财政应当加大对民族地区的财政转移支付力度。

第十一条 民族乡的上一级人民政府在编制财政预算、安排机动财力时，应当向民族乡倾斜；民族乡财政收入的超收部分和财政支出的节余部分，应当全部留给民族乡使用。

对低于所在县（市、区）农村居民人均纯收入水平的民族乡、民族村，各级人民政府应当采取措施，给予重点扶持和帮助。

第十二条 各级人民政府和财政、税务、工商行政管理、国土资源等部门应当按照国家有关规定采取措施，帮助和扶持下列企业发展生产：

1.民族乡、民族村办的企业；

2.少数民族职工占百分之三十以上的企业；

3.少数民族投资主体投资额占百分之五十以上的企业；

4.以少数民族为主要服务对象的民族用品生产、贸易企业及食品、饮食服务企业；

5.少数民族扶贫经济开发区内开办的企业。

具体措施由省民族事务行政主管部门会同省财政、税务、工商行政管理、国土资源等部门制订，报省人民政府批准后执行。

第十三条 对于少数民族贫困户，各级人民政府及有关部门应当在资金、技术、人才、物资、信息等方面给予重点帮助。

对居住在偏僻山区等生产生活条件恶劣地方的少数民族居民，当地人民政府应当在群众自愿的基础上，有计划地帮助其搬迁，并在资金、建房用地、物资等方面给予重点帮助和扶持。

第十四条 各级人民政府及有关部门、单位按照统筹安排和帮扶原则，与民族乡、民族村开展经济技术协作和对口支援，帮助和促进民族乡、民族村有关事业的发展。

具体规划由省民族事务行政主管部门会同有关部门制订，报省人民政府批准后执行。

鼓励社会各界帮助少数民族和民族地区发展经济和社会事业。鼓励少数民族和民族地区自力更生、艰苦创业，提高自我发展能力。

第十五条 县级以上人民政府应当设立民族教育专项资金，制定和落实有关优惠政策，扶持民族教育的发展。

各级财政、教育部门在安排教育经费时，应当向民族地区倾斜。

第十六条 高等院校应当按照有关规定，举办民族班或者民族预科班。

高等院校、中等专业学校、高中和中等职业学校招收新生，应当按照有关规定，对少数民族考生适当放宽录取标准和条件。具体办法由教育行政部门会同同级民族事务行政主管部门制定。

第十七条 少数民族小学生和初中学生免交杂费，家庭经济困难的少数民族高中学生酌情减免学杂费。

减免的费用由学校所在地市、县(市、区)财政解决。

第十八条 各级人民政府及有关部门应当扶持发展少数民族文化、体育事业，保护、发掘、整理少数民族优秀文化遗产，培养少数民族文艺、体育人才。

第十九条　各级人民政府及有关部门应当促进少数民族和民族地区的医疗卫生事业发展，帮助和扶持医疗卫生设施的建设，发展民族传统医药，提高妇幼卫生保健水平，加强对民族地区地方病、多发病的预防治疗工作。

第二十条　各级人民政府及有关部门按照人口与计划生育法律、法规的规定，开展本行政区域内少数民族人口与计划生育工作，促进家庭幸福、民族繁荣与社会进步。

各级人民政府应当在资金、技术、人员培训等方面对民族地区开展人口与计划生育工作给予重点扶持。

中共苍南县委、苍南县人民政府
关于进一步扶持少数民族地区发展的若干意见

苍委发〔2004〕47号

各乡镇党委、人民政府，县直属各单位：

为了认真贯彻县委五届十三次会议和县第六次党代会精神，扎实推进我县少数民族地区跨越式发展，根据《浙江省少数民族权益保障条例》、《民族乡行政工作条例》和浙委〔2000〕11号文件精神，结合我县实际，现就进一步扶持我县少数民族和民族乡村经济社会发展提出如下意见：

一、进一步扶持少数民族乡村经济发展

1. 加大财政扶持力度。县财政每年要安排少数民族专项补助资金，并随着经济的发展和财政收入的增加而相应增加；其他各种扶持资金继续按照有关规定予以落实，不得削减。各有关乡镇财政要安排一定数量的专项资金用于扶持少数民族发展生产和解决生活上的特殊困难。

2. 加大对民族乡的政策倾斜。县财政每年要安排凤阳、岱岭两个民族乡机动财力，且逐年有所增加。凤阳、岱岭乡财政超收部分和财政支出节余部分，允许自行周转使用。

3. 继续做好少数民族下山异地脱贫工作。县国土、扶贫等部门及各有关乡镇对居住在生产生活条件恶劣地区的少数民族，要有计划分阶段实施搬迁，2004至2008年，每年要安排一定数量的建房土地指标和相应配套扶持资金，解决少数民族下山异地脱贫问题。

4. 帮助解决少数民族贫困人口的生活保障问题。对符合低保条件的少数民族贫困人口，县民政部门要优先安排，做到应保尽保。

5. 加大民族乡村交通等基础设施建设投入。县交通部门要增加对民族乡村交通基础设施建设的投入，对列入乡村"康庄工程"建设、涉及30个民族村的建设项目，要优先安排，大力支持，除享受省、市、县规定补助外，县交通部门要在民间道路补助等资金安排时，给予适当扶持；各有关乡镇要在政策处理等方面全力抓落实，确保"康庄工程"在3年内完成。

6. 加大对民族乡村的科技扶贫力度。县扶贫办在安排科技扶贫等经费时，要对民族乡村给予适当倾斜；县农业、林业、水利、科技等部门要支持少数民族乡村发展效益农业、建立科技示范基地、开展实用技术指导和劳动力转移技能培训。

7. 鼓励社会各界以各种方式帮助少数民族乡村发展经济和社会各项事业。每年安排县机关单位、经济较发达的乡镇，重点企业挂钩扶持30个民族村。

二、大力发展少数民族社会各项事业

8. 加大少数民族教育扶持力度。从2004年开始，县财政每年要落实民族教育专项资金20万元，县教育主管部门每年从县人民教育基金中安排10万元，用于扶持民族教育事业发展，并随着经济的发展和财政收入的增加而相应增加。

9. 进一步落实少数民族学生就学的优惠政策。少数民族小学生和初中生免交杂费，家庭经济困难的少数民族高中学生酌情减免学杂费。少数民族考生报考普通高中、职业高中，允许按规定录取分数下降50分录取，报考重点高中允许按规定录取分数线下降5分录取，在县民族中学就读的少数民族学生，每生每年享受200元的生活补助金。应届少数民族毕业生报考普高时，继续享受灵溪镇户籍毕业生的同等待遇。

10. 促进少数民族和民族乡村医疗卫生事业发展。在全县农村合作医疗推行之前，县财政每年要从少数民族专项补助资金中安排部分资金用于少数民族医疗补助，由县民宗局统筹安排；县卫生部门每年要安排改水、改厕专项资金的5%以上用于支持少数民族乡村改水、改厕。

11. 进一步繁荣少数民族地区文化、体育等事业。各有关部门要各尽所能，积极扶持发展少数民族文化、体育等事业，县政府每年要安排一定资金用于保护、挖掘、整理少数民族优秀传统文化，开展少数民族文化体育活动，培养少数民族文艺、体育人才。

12. 尊重民族风俗习惯和宗教信仰。对有清真饮食习惯的少数民族干部职工，所在单位要按每人每月11元的标准发给生活补贴。

三、加强少数民族干部培养、选拔工作

13. 把培养选拔少数民族干部纳入总体规划。县组织部门在确定各级后备干部人选时，要安排一定比例的少数民族干部；同时，要把少数民族干部培训列入计划，开展各个层次中青班培训时，要安排少数民族干部。县机关单位和各乡镇要重视少数民族中层干部的培养。

14. 积极做好乡镇少数民族干部的选配工作。少数民族人口1000人以上的乡镇，乡镇或办事处领导班子候选人中应有少数民族干部；少数民族人口500人以上的乡镇应配备少数民族干部。

15. 加强少数民族干部的挂职交流。要定期组织一批具有大专以上学历、素质较高的少数民族干部到经济发达乡镇、县级机关及县级以上综合部门交流锻炼，并重视做好少数民族干部在县各职能部门的轮岗交流工作。

16. 重视解决少数民族干部"青黄不接"问题。县组织、人事行政部门申报公务员录用计划时应根据需要，安排一定数量的公务员录用名额用于少数民族公民；在招考事业单位人员时，对少数民族公民要适当放宽招考条件，在同等条件下应当优先录用。

17. 加强民族村村两委班子建设。配备民族村的村支部书记和村主任时，至少要有一名少数民族公民；村两委班子成员候选人中，少数民族公民所占比例不得低于少数民族人口占该村总人口比例。

中共苍南县委
苍南县人民政府
2004年3月15日

主题词：少数民族工作　扶持　意见
中共苍南县委办公室　　　　　　　　　2004年3月15日印发

关于进一步加快少数民族和民族地区
经济社会发展的若干意见

（温委发〔2006〕28号）

各县（市、区）委、人民政府，市直属各单位：

为贯彻落实《中共中央 国务院关于进一步加强民族工作加快少数民族和民族地区经济和社会发展的决定》精神，切实加强我市民族工作，推进民族地区小康社会建设，结合我市实际，现提出如下意见。

一、加强对民族工作的领导

1.各级党委、政府要从国家长治久安和振兴中华民族的战略高度，充分认识做好民族工作的重要性，进一步增强使命感、责任感和紧迫感，自觉贯彻党的民族政策，维护民族大团结，切实保障少数民族权益，巩固和发展平等、团结、互助的社会主义新型民族关系。

2.成立市民族工作领导小组，坚持每年至少召开一次会议，研究民族工作。各县（市、区）党委、政府要把民族工作列入议事日程，针对民族工作中的薄弱环节和出现的新情况、新问题，制定相应的政策措施，促进少数民族和民族地区经济社会全面发展。

3.各级党委、政府要关心、支持民族工作部门开展工作，根据工作需要，配足民族工作部门人员编制并设立民族事务专项经费。市财政要确保必要的市级民族事务专项经费，各县（市、区）也要根据当地财政情况确定专项经费，以保证民族工作正常运转。

二、加快少数民族和民族地区的经济发展

1.完善对民族乡镇、村的挂钩扶持制度。全市所有民族乡镇和民族村均要列为扶持对象，安排挂钩扶持和对口支援单位，落实资金、项目，切实为民族乡村办实事。市级部门、企业重点帮扶民族乡镇；县（市、区）部门、发达乡镇、企业重点帮扶民族村。积极鼓励民营企业和各类资本到民族乡镇、村投资发展，并在政策上给予优惠。

拓宽民族村级集体收入渠道，市财政每年要安排20万元，扶持民族村发展经济，壮大民族村级集体经济。有民族村的县（市、区）要安排一定数量的扶持资金。

2.开展民族小康示范村建设。从2006年开始，民族工作重点县要开展创建民族小康示范村建设，并进行分类指导。各级党委、政府和部门要加大对民族小康示范村建设的投入和政策扶持力度。

3. 加大财政扶持力度。市财政应当根据全市经济发展和财政收入增长情况，每年按照一定的比例，增加少数民族发展专项资金，并列入市财政当年的预算。各县（市、区）人民政府应当根据本地区少数民族经济、社会事业发展的需要，以及民族平等、统筹全面发展的原则，合理安排少数民族发展专项资金。其他各种扶持资金要继续按照有关规定予以落实，不得削减。

有民族乡镇的县在安排财政预算时，要给予一定的机动财力，确保民族乡镇党政机关的正常运转，民族乡镇财政收入的超收部分和财政支出的节余部分，应当全部留给民族乡镇周转使用。

4. 加快民族地区的基础设施建设。电力、水利、交通、广电、电信等部门在安排建设项目时，要优先考虑民族地区，并在资金、物资、技术等方面给予重点倾斜。广电、电信部门每年要安排一定的资金解决少数民族乡镇、村的电视、电话开通问题。交通部门要优先安排，并增加对民族乡镇、村交通基础设施建设的投入。除享受省、市、县规定补助外，对自筹部分，市、县（市、区）要按一定的比例再给予适当补助。市财政每年从专项资金中安排100万元用于民族乡镇、村交通道路等配套设施建设的补助。要支持民族乡镇的城镇建设，小城镇建设资金要对民族地区倾斜。

5. 大力扶持民族乡镇、村优势特色产业。有民族乡镇、村的县（市、区）每年应从年度农发基金中切块（或按比例）用于帮助少数民族调整农业产业结构，发展效益农业，促进民族地区种植业、养殖业的规模化、产业化发展，帮助开发少数民族农特、名优产品的深加工业。市财政每年要安排10万元用于民族乡镇、村龙头企业和绿色农产品基地的奖励。

6. 加大对民族乡镇、村的科技扶持力度。要大力支持民族乡镇、村加快发展科技事业，切实发挥科技对民族乡镇、村农业增产，农民增收，农业和农村经济结构调整的支撑和促进作用。市、县（市、区）扶贫办在安排科技扶贫等经费和人才时，要对民族乡镇、村给予适当倾斜；农业、林业、水利、科技等部门要支持少数民族乡镇、村发展效益农业，建立科技示范基地，开展实用技术指导和劳动力转移技能培训。科技部门要牵头组织，开展多种形式扶持少数民族地区科学技术普及和科技成果推广活动，并选派科技特派员到民族乡镇帮助工作。

三、大力发展少数民族和民族地区的社会各项事业

1. 继续做好少数民族下山移民脱贫工作。各县（市、区）国土资源、规划、扶贫等部门及各有关乡镇对居住在生产生活条件恶劣地区的少数民族，要有计划分阶段实施搬迁，每年要安排一定数量的专项建房土地指标和相应配套扶持资金，解决少数民族下山异地脱贫问题。

加强少数民族农村劳动力转移培训工作，加快劳务输出步伐。以市场为导向，以少数民族农民增收为目标，以订单定向培训为重点，完善农村少数民族劳动力培训资金保障机制，建立培训与输出的衔接机制。各县（市、区）政府对参加职业技能培训的少数民族农民给予免费培训，对申请职业技能鉴定的少数民族农民给予免费鉴定。企业招收少数民族劳动力在30名以上，且当年工作满10个月的，企业所在地的政府要给予适当奖励。

2. 大力发展民族教育事业。各级党委、政府要重视发展民族教育事业，加快普及学前3年至高中段15年教育工作，扶持民族乡镇中心幼儿园的建设。

各级政府应当加大对民族教育的资金投入。市财政、教育等部门在安排教育经费时对民族地区要予以倾斜，每年安排100万元设立民族教育专项资金。文成、平阳、泰顺、苍南县政府要设立民族教育专项资金，并结合本地的财政情况尽量予以倾斜。继续开展发达地区与少数民族地区教育的对口扶贫。

义务教育阶段少数民族学生免交杂费，农村少数民族学生还免交课本费、作业本费、住宿费；高中阶段农村少数民族学生免交学费和代管费，减免的费用由学校所在地县（市、区）财政解决。

继续扶持办好民族学校或民族班，办好温州中学新疆班。市本级和文成、平阳、泰顺、苍南县教育部门每年要从教育基金中安排1%以上的资金，用于帮助民族学校改善办学条件，提高教育质量。文成、平阳、泰顺、苍南县财政每年要拨出专款设少数民族教育助学金，用于特困生的学习和生活补助。其他县（市、区）教育部门要结合本地的实际适当安排。

对少数民族考生录取实行加分政策。文成、平阳、泰顺、苍南县政府要制定具体措施扶持高中民族班，可以录取低于高中录取分数线的少数民族考生，进一步提高少数民族学生初升高比例。

温州大学、温州教师教育院、县级教育进修学校对民族乡镇、民族中学、民族班及民族地区少数民族教师师资培训实行减免收费。各大中专院校在减免学杂费、资助困难学生和安排勤工俭学岗位时，要优先考虑少数民族困难学生，保证他们不因经济困难而辍学。积极开展民族团结教育。

3. 积极发展民族地区医疗卫生保健事业。要优先安排民族乡镇卫生院的基础设施建设和常规医疗设备装备，争取3年内基本解决民族地区群众看病难的问题。各级卫生部门要采取切实措施，帮助民族地区培养医务人员。组织医疗对口支援，加速民族地区医疗卫生人才培养，提高医疗技术水平。健全并巩固民族乡镇、村初级卫生保健体系。

市财政每年安排30万专项补助资金，用于对特别困难的少数民族重病户住院医疗费的补助，由市民族部门统筹安排。各县（市、区）应参照设立医疗费专项补助资金。

少数民族重点地区有关部门每年要在改水、改厕专项资金中安排5%以上的资金，用于支持少数民族乡镇、村改水、改厕。

4.进一步繁荣少数民族地区文化、体育等事业。各级财政、文化部门应当加大对民族地区文化建设的资金投入，支持民族地区挖掘、保护和利用民族传统文化资源，积极发展民族文化产业。加大对民族地区民族旅游开发的扶持力度，在政策制定上有所倾斜。民族、体育部门要积极组织和开展少数民族传统体育活动，选拔、培养少数民族体育人才，积极参加全国少数民族传统体育运动会。各级财政要支持民族体育事业的发展，加大资金的投入力度。

5.建立和完善民族地区的社会保障体系。各级政府应当按照国家有关规定，帮助少数民族和民族地区加快社会保障体系建设，建立和完善养老、失业、医疗、工伤、生育保险和城市居民最低生活保障等制度，帮助解决少数民族贫困人口的生活保障问题。对符合低保条件的少数民族贫困人口，民政部门要做到应保尽保。

6.尊重民族风俗习惯，保障少数民族的合法权益。各级党委、政府和有关部门要加大民族政策的宣传力度，教育广大干部群众尊重少数民族的风俗习惯。少数民族干部、职工参加本民族的重大节日活动，有关单位应当按照国家规定给予假期，工资照发。

认真做好清真饮食供应的管理工作，经营清真"三食"（肉食、副食、饮食）企业，需经民族工作部门备案，工商部门登记，以确保清真饮食的纯正性，维护有清真饮食习惯的少数民族的利益。少数民族职工清真伙食补贴按有关规定执行。

尊重少数民族的丧葬习俗，各级党委、政府和有关部门应当按有关规定予以尊重，并做好殡葬服务和管理工作。对少数民族公民自愿实行丧葬习俗改革的，应当予以支持。

7.加强城市民族工作。民族、公安、城管执法、工商、民政、信访、劳动、税务等部门对从事合法经营活动的少数民族人员，要提供便利条件，维护其合法权益，并依法加强管理。民族工作部门要及时掌握外来少数民族流动人员的情况，各部门要密切配合、加强协调，维护民族团结和社会稳定。对城市下岗少数民族职工，在推荐再就业时应给予优先考虑，依法从事个体经营的，要优先给予办证、办照。各社区应设立少数民族联络站（点），对本社区内少数民族进行登记，加强沟通联系，维护少数民族的合法权益。

四、加强少数民族干部队伍建设

1. 要根据少数民族和民族地区经济社会发展的实际需要，制定实施民族地区专业人才和培养选拔少数民族干部规划。各级党委要把培养、选拔少数民族干部作为干部工作和民族工作的重要任务，纳入干部队伍和领导班子建设的总体规划。组织、人事、统战、民族、财政等部门要密切配合，组织人事部门要牵头做好综合协调，统战、民族工作部门要积极主动地向组织部门反映情况，提出建议，推荐人选，财政部门要确保少数民族干部培养培训经费。

各级后备干部名单中，应有一定数量的少数民族后备干部。组织、人事部门要有计划组织安排有发展潜力的少数民族干部到市级机关和经济发达地区交流锻炼。

各级党校要把少数民族干部的学习培训纳入计划，在举办各类学历班、中青班、培训班、进修班时，要安排一定数量的少数民族干部参加学习，有条件的要举办少数民族干部专修班。

2. 积极做好少数民族人才引进的安置工作。对引进的少数民族硕士、博士，在享受优惠待遇上予以倾斜，对其家属子女的就业、教育等，有关部门、单位要给予必要的帮助。

制定有利于民族地区吸引人才，留住人才，鼓励人才创业的政策。支持在民族地区的科技、教育、卫生人才安心工作，为他们创造各种优惠条件，实行工资上浮，在职称评定、晋升、评先等方面给予优惠待遇。

3. 报考民族乡镇政府和各级政府民族事务部门公务员时，少数民族报考人员在年龄、文化程度的要求上，经报省人事部门同意后可适当放宽。其他各级国家机关招考录用国家公务员，事业单位、社会团体聘用工作人员，同等条件下应当优先录用、聘用少数民族公民，不得以生活习俗等理由拒绝录用、聘用少数民族公民。人事行政部门应当根据需要，向上级人事部门争取一定数量的公务员考试录用名额用于少数民族公民。对少数民族大、中专毕业生，根据他们的专业，学校和政府人事部门要做好推荐工作。

五、进一步提高少数民族的政治地位

1. 民族乡（镇）的乡（镇）长，由建立民族乡镇的少数民族公民担任。民族乡（镇）政府配备工作人员尽量配备乡（镇）的民族和其他少数民族人员，应当有一定比例的少数民族公民。

2. 少数民族人口较多的县，党政领导班子中应至少配备一名少数民族干部，县人大常委会组成人员的候选人中应当有少数民族人士，县属党政机关各部门也应配备一定数量的少数民族干部。少数民族人口1000人以上的乡镇，乡镇党政领导班子中应有少数民族干部，少数民族人口500～1000人的乡镇应配备少数民族干部。市直机关也要积极选拔使用少数民族干部。要推进市直机关与民族地区少数民族干部的交流，做好民族乡镇干部到经济相对发达的乡镇挂职锻炼工作，完善培养、选拔、使用少数民族干部的途径和方式。既要重视从少数民族中发展党员，又要有意识地保留一部分优秀的少数民族干部在党外发挥作用。

中共温州市委温州市人民政府
2006年2月9日

中共苍南县委　苍南县人民政府
关于进一步加强少数民族地区经济社会发展的若干意见

苍委发〔2011〕28号

各乡镇党委、人民政府，县直属各单位：

为了进一步加强新形势下我县民族工作，加快少数民族地区经济社会发展，根据《浙江省少数民族权益保障条例》和《民族乡行政工作条例》的有关规定，结合我县实际，特提出如下意见：

一、进一步扶持少数民族和民族地区经济发展

1. 加大财政扶持力度。从2011年开始，县财政安排少数民族发展专项补助资金110万元，并以每年10万元的幅度递增列入财政预算，用于扶持少数民族乡村发展经济。其他各类持扶资金要按照有关规定予以落实，不得削减。各有关乡镇在财政机动财力上要安排一定数量的资金用于扶持少数民族发展生产和解决生活上的特殊困难。

2. 加大对民族乡的财政持扶。从2011年起，县财政在编制年度财政预算时，每年安排凤阳、岱岭民族乡机动财力各20万元，并在此基础上根据县财政收入增长情况逐年增加，凤阳、岱岭民族乡财政超收部分和财政支出结余部分，允许自行周转使用。

3.加大民族小康示范村建设力度。各乡镇和县扶贫部门要将居住在生产、生活条件恶劣的山区少数民族下山异地脱贫工作列入下山搬迁规划，对少数民族下山搬迁安置小区（点）建设所需用地指标给予优先安排，县规划建设部门要按照城乡规划要求做好规划设计和审批工作，少数民族下山移民在享受省市县下山移民补助政策的同时，县扶贫部门对移民建房户再予每户补助5000元。

4.提高少数民族群众社会保障水平。健全和完善养老、失业、医疗、工伤、生育保险等保障制度，最大限度地帮助解决少数民族贫困人口的生活保障问题，对符合低保条件的少数民族贫困人口，民政部门要做到应保尽保。

5.加大民族地区基础设施建设扶持力度。县水利、交通、规划建设、供电、广电、电信等部门在安排建设项目时，要优先考虑少数民族地区，并在资金、物资、技术等方面给予重点倾斜；县规划建设部门要积极帮助民族乡、村做好建设规划编制工作；县国土资源、规划建设等部门对在民族乡、村创办企业和少数民族村民建房收取有关规费时，要按相关程序报批减免；县水利、卫生、能源等部门对民族乡、村及少数民族移民点的改水项目，要按最高标准予以补助；县交通部门要支持民族乡村道路设施建设，提高对少数民族自然村联村道路建设的补助标准。

6.加大对民族乡村的科技扶持力度。县农办、科技、海洋与渔业、农业、林业、水利等部门要支持少数杨族发展效益农业，建立科技示范基地，有计划地开展实用技术指导和劳动力转移技能培训。

7.完善对民族乡村的挂钩结对帮扶制度。有关主管部门在安排省、市级扶持挂钩单位和科技特派员时，应优先将民族乡、民族村列为重点帮扶对象，重点帮助低收入少数民族农户增加收入，切实帮助民族地区改善发展环境。同时，鼓励社会各界以各种方式帮助少数民族乡村发展经济和社会各项事业。

二、大力发展少数民族社会各项事业

1.加大少数民族教育扶持力度。县财政每年安排民族教育专项资金30万元，用于扶持民族教育事业，由县教育局会同县民宗局统筹安排；县教育主管部门每年从县人民教育基金中安排10万元，用于扶持民族教育事业发展，进一步落实少数民族学生就学的优惠政策。少数民族学生报考普通高中，允许按规定分数线下降42分录取，报考省级重点高中允许按规定录取分数线下降8分录取，继续在灵溪二高开设少数民族学生班，向全县招收50名少数民族学生，在县民族中学就读的少数民族学生，每生每学期享受200元的生活补助金，应届少数民族毕业生报考普高时，享受灵溪镇户籍学生的同等待遇。

2.加大民族医疗卫生扶持力度。县财政每年安排20万元医疗专项补助资金，用于困难少数民族患病户医疗费的补助，由县民宗局统筹安排。卫生部门要进一步加大对凤阳、岱岭畲族乡卫生院基础设施建设的投入，不断完善医疗设备，组织两家县级医疗单位开展对口支援，切实采取有效措施帮助培养民族地区医务人员，提高民族地区医疗卫生技术水平。

3.进一步繁荣少数民族地区文化、体育等事业。各有关部门要各尽所能，积极扶持发展少数民族文化、体育等事业。县财政每年安排文化专项配套资金，用于保护、挖掘、整理少数民族优秀传统文化；加强对少数民族文艺、体育人才的挖掘和培养，体育部门要协调配合指导开展少数民族体育运动和体育竞赛。

4.尊重民族风俗习惯，保障少数民族的合法权益。各乡镇和有关部门要加大民族政策的宣传力度，教育广大干部群众尊重少数民族的风俗习惯，少数民族干部、职工参加本民族的重大节日节庆活动，所在单位应当按照国家规定给予办理假期并照发工资。

三、进一步加强少数民族干部培养、选拔工作

1.把培养选拔少数民族干部纳入总体规划。县组织部门在确定科级后备干部人选时，要安排一定比例的少数民族干部；要把少数民族干部培训列入全县干部培训计划，并安排少数民族干部参加各层次的中青班学习培训；县机关单位和各乡镇要重视并加强少数民族中层干部的培养和使用。

2.积极做好少数民族领导的选配工作。调配民族乡党政领导班子时，要按有关规定配备少数民族领导干部；少数民族人口在1000人以上的乡镇党政领导班子中，要尽可能配备少数民族领导干部，同时注重在县机关部门配备少数民族领导干部。

3.加强少数民族干部的挂职交流。定期组织一批具有大专以上学历、素质较高的少数民族干部到经济发达乡镇、县级机关及县级以上综合部门交流锻炼，并重视做好少数民族干部在县各职能部门的轮岗交流工作。

4.进一步加大少数民族干部的招收力度。县组织、人事、编制部门在编制公务员招考录用计划及招考事业单位工作人员、大学生村官时，每年尽可能安排一定名额，用于招收少数民族公民。

5.加强民族村两委班子建设。民族村的党支部书记和村主任，至少要由一名少数民族公民担任，村两委班子成员候选人中少数民族所占的比例不得低于少数民族人口占该村总人口的比例。

中共苍南县委

苍南县人民政府

2011年3月7日

四、凤阳畲族乡乡规民约

《乡规民约》是依据国家法律法规，结合乡和本村实际为维护社会秩序，社会公共道德，村风民俗精神文明建设等方面制定的，是约束规范村民行为的一种规章制度，属于公约的一种形式。

总　则

第一条　为了贯彻落实科学发展观，维护凤阳畲族乡的社会和谐稳定。促进全乡各项事业的全面发展，有效提高人民群众的综合素质，提升地区文明和谐程度。创建社会管理和民主政治，努力建设富庶文明美丽的畲乡特制定本《乡规民约》。

第二条　《乡规民约》依据国家有关法律法规及相关政策规定，结合本乡的实际，经过广大群众民主讨论的基础上制定。它适应于本乡范围内，是全乡人民群众共同遵守的规范准则，在我乡从业居住本地人员也必须自觉遵守。

第三条　本《乡规民约》以事实为依据，依照有关法律、法规和政策坚持教育与处理相结合的原则，由全乡村民自觉遵守，互相监督共同管理。

第一节　社会治安方面

第四条　村民之间应团结互助。畲汉两族人民应和睦相处，不打架斗殴，不酗酒闹事，严禁侮辱毁谤他人，造谣蛊惑，拨弄是非，扰乱人心损害他人形象。

第五条　自觉维护社会秩序和公共安全。不得无理取闹，妨碍阻挠和威胁公务人员正常执行公务。

第六条　村民要爱护路灯、健身器材、宣传设施等公共财物。要爱护通讯、有线电视、供电等线路设施，严禁人为破坏。

第七条　严禁私接乱拉电线。因私接乱拉电线引发的火灾和人员伤亡事故，涉及他人的轻则经调解负责赔偿，触犯法律的要追究刑事责任。

第八条　依法保护合法的宣教活动。信教村民要在指定地点集会，严禁利用迷信活动造谣、惑众、骗取钱财。严禁摆设赌局，参与聚众赌博。

第九条　禁止策划组织，参与各种邪教组织和传播邪教宣传品。不得加入非法传销组织不务正业。

第二节　村容村貌

第十条　村民要自觉养成良好的卫生习惯。住户要保持院落村居街道整洁卫生，保证自家门前沟渠畅通。要按季节进行除四害运动，经常进行井水消毒。禁止在公用水井台洗衣服及洗菜等杂物。

第十一条　生活垃圾要送到指定的垃圾桶内，不准私自乱倒。村民对自家房屋周围卫生护有监督管理责任，严禁向公路两侧、公共水沟乱扔垃圾，堆放杂物。

第十二条　楼区住户不准饲养家禽，村居群众饲养家禽必须要进行圈养。禁止养大型犬类，住户确要养宠物的必须圈养，同时必须办理卫生免疫等证件后方可饲养。

第十三条　新村街道两侧不准乱堆乱放物品。不准在公路、巷口公共场所便溺。自觉保持公共场所的环境卫生，严禁乱丢果皮、纸屑、烟头，随地吐痰。

第十四条　村民要自觉维护村容村貌干净整洁，禁止在院墙乱贴乱画，禁止在电线杆等公共设施上张贴广告和宣传品。

第十五条　村民需要新建或翻新房屋等，首先必须由本人向村委会提出书面申请，经村委会、乡政府审核同意后，报县级行政主管部门审批后方可建设。严禁出现私自乱搭、乱建、乱挖、乱占少批多建等违规行为。

第三节　生态文明建设

第十六条　禁止私自开山、取土采石。禁止滥砍盗伐树木和人为折损树木的不法行为；禁止毁林开荒和在退耕还林地里种植农作物。

第十七条　严禁在田间地头点火取暖，烧田岸。不准在林区附近和林地里吸烟、烧纸钱、放鞭炮。由此引发的山林火灾，烧毁树木，当事人除了要负有相应的法律责任外，还要予以处罚种树木。

第四节　计划生育管理

第十八条　村民要自觉遵守计划生育政策，严禁超生、抢生、大月份引产。其亲属朋友不得隐瞒实情，不得窝藏包庇计划外生育。外出的育龄妇女每半年必须向户籍地计生部门提供一次孕情检验报告单。

第十九条　育龄妇女要及时参加环孕检，积极参与乡、村举办的计划生育法律法规和计生知识学习。

第五节　乡风文明

第二十条　各村民要树立新时代良好形象。做到尊老爱幼，文明礼让，勤俭持家，反对一切封建恶习和陈腐观念。邻里之间要团结互助，互谅互让，相互理解和睦相处。

第二十三条　提倡婚事新办、丧事简办，反对铺张浪费、大操大办。大力提倡移风易俗文明祭祀，树立社会新风尚。

第二十四条 发扬中华民族孝敬老人的传统美德。严禁虐待父母、公婆及其他亲属。严禁不赡养、不善待老人等不道德行为发生。

第二十五条 男女青年结婚必须符合法定结婚年龄。提倡晚婚晚育，优生优育，不得急办婚姻，弄虚作假。

第二十六条 村民要经常参加法律法规和科普知识的学习和培训。要自觉参与社会公益事业、爱心捐款、扶贫帮困、拥军优属、爱护花草，自觉遵守公共环境卫生。

第二十七条 依法服兵役是每个公民的应尽义务，不得拒绝和逃避服兵役。

第二十八条 严禁听信他人走村串户，煽动、串连、盲目参加群访。严禁违反信访规定结伙上访，无理取闹，扰乱国家机关正常工作秩序。违者进行批评教育，情节严重者，依据相关规定给予重处。

第二十九条 要远离毒品，严禁引诱、教唆、欺骗、强迫、容留他人吸毒，贩毒，制毒，对违抗上述管理规定的依据相关规定给予重处。

附　则

第三十条 本《乡规民约》提交凤阳畲族乡人民代表大会讨论通过即行生效。由乡规民约工作委员会负责解释。

第三十一条 各村要参照本《乡规民约》制定出《村规民约》。

第三十二条 本《乡规民约》若与国家法律、法规和政策相抵触，以国家法律、法规和政策为准。

第三十三条 本《乡规民约》自2013年3月10日起施行。

凤阳畲族乡人民政府
2012年12月15日

五、村规民约
（一）鹤山村计划生育《村规民约》

第一章　总　则

第一条 为全面落实计划生育基本国策，深入贯彻科学发展观。根据《人口与计划生育法》、《村民委员会组织法》和《浙江省人口与计划生育条例》等相关法律、法规要求，结合本村实际制定本公约。

第二条　本公约适用于本村全体村民，公约面前人人平等。

第三条　计划生育人人有责，党员、团员、村干部、计生协会会员要起带头作用。计划生育工作实行村民自治，坚持民主选举，民主决策，民主管理，民主监督的途径。实行自我管理、自我教育、自我服务。

第四条　对自觉实行计划计划生育的夫妇，实行必要的奖励，对违反计划生育的夫妇，实行必要的制约。

第二章　村两委计划生育工作职责

第五条　村党支部、村民委员会对本村人口与计生工作负责。支部书记、村委会主任为村级计划生育第一责任人。

（一）认真执行计划生育方针、政策、法律法规。建立人口与计生领导小组，由村主要领导任组长。配备好计划生育分管领导、计生服务员、育龄妇女小组长。

（二）经常性开展人口与计划生育宣传教育，开展优生优育优教、避孕节育、生殖保健宣教、定期开展查环、查孕、查病三查服务。加强对外出流动人口计划生育的管理与服务。

（三）实行计划生育村务公开。面向村民进行公开承诺，自觉接受民主监督。每季度召开一次计划生育工作汇报会，研究计生工作，并向乡人民政府汇报。村委会要落实计生工作经费，兑现计生各项奖罚情况。

第三章　村民计划生育的权利和义务

第六条　村民的权利

（一）依法申请登记结婚、生育。参与有关计生管理和监督。

（二）依照政策法规和村民公约享受村民奖励扶助，享有避孕服务项目的免费服务，享有自主选择落实适宜的长效避孕节育措施。

第七条　村民的义务

（一）严格执行计划生育法律法规自觉执行计生规定、村规民约。依法登记结婚生育按规定申请报批。

（二）接受计划生育技术服务指导。按时落实避孕节育措施。按期参加三查服务。

（三）对违反法律法规生育子女的要依法缴纳社会抚养费。

第四章　奖励和处罚

第八条　对实行四项手术的对象，给予免费实行结扎、人流、引产、放环和"三查"服务。对实行以上几项节育措施后，视家庭的实际困难状况，经村委研究给予适当的困难补助。

第九条　对应参加而未参加四项节育措施和"三查"服务对象，按规定缴纳违约金。对拒不参与节育措施而严重违反计划生育条例对象，村委会列出名单予以公布，取消该户当年村里的各项优惠政策，并采取相应的经济处罚。

第五章　附　则

第十条　本计划生育《村规民约》自村民代表大会通过之日起执行。

第十一条　本计划生育《村规民约》若与国家法规相抵触，以国家法律法规和有关政策为准。

第十二条　本公约报凤阳畲族乡人民政府备案。

凤阳畲族乡鹤山村民委员会
2015年10月8日

（二）顶堡村《村规民约》

为了贯彻党的路线、方针、政策，维护社会稳定，构建和谐社会。加快农村经济发展，提高人民生活水平。搞好文明建设，养成遵纪守法，依法办事的习惯。结合本村实际，特制定本《村规民约》望广大村民自觉执行。

1.遵循公民基本道德，倡导"八荣八耻"，人生观、价值观。争做爱国守法、明理诚信、团结友善、勤俭自强、敬业奉献的合格公民。

2.村委会要做到政务公开，财务公开。党员干部带头遵纪守法、廉洁奉公、见义勇为、办事公正。全体村民要自觉遵守法规和维护社会秩序，维护公共安全。不干扰国家机关正常工作秩序，不阻碍公务人员执行公务。

3.要学法、知法、用法、守法不做违法犯规的事。不得打架斗殴，不得损坏集体公共设施，严禁偷盗敲诈，严禁制造、销售和藏非法物品，严禁参与邪教组织。

4.邻里之间团结友爱，和睦相处，互相帮助。不得寻衅滋事，不侮辱毁谤他人，不造谣惑众。

5.遵循婚姻自由、男女平等、尊老爱幼的原则，弘扬家庭美德。夫妻平等，反对家庭暴力，不遗弃、虐待老人，维护团结和睦的家庭关系。

6.要坚决认真执行计划生育国策。提倡晚婚晚育，优生优育。反对非法婚姻和计划外生育，严禁非法胎儿性别鉴定。

7.家长要保证子女完成九年制义务教育，适龄儿童要依法服兵役，自觉依法履行国防义务。

8.搞好公共卫生和村容村貌的整洁。做到垃圾不乱倒、粪土不乱堆、污水不乱流、柴草不乱放、保持溪流沟渠清洁。

9.严格执行《土地法》，珍惜每一寸土地。建房按有关法律程序审批，不得未批先建乱建乱搭，不得违反规划损害四邻利益，严禁私自修建坟墓。

10.加强社会主义精神文明建设。移风易俗，倡导健康文明的文化娱乐活动。远离黄、赌、毒。崇尚科学，严禁摆设赌头，聚众赌博。反对封建迷信和其他不文明行为。

11.加强水电管理和消防安全，未经批准不得随意安装用水用电及电信闭路网络实施。

12.加强山林和家庭安全防火工作。不准在林区附近吸烟、烧纸钱、放鞭炮等用火行为。禁止滥砍盗划树木，要爱护宣传系列和文体娱乐的公共设施。爱护花草树立乡风文明的风尚。

附　则

本《村规民约》提交村民代表大会通过后实施。

凤阳畲族乡顶堡村民委员会

2014年8月28日

（三）凤楼村《村规民约》

为了维护本村的社会稳定，促进地方各项事业的全面发展，有效提升地区文明和谐程度，提高人民群众知法学法、懂法、遵纪守法的综合思想观念。结合本村实际，特制定本《村规民约》，望广大村民自觉执行。

1.热爱祖国，热爱家乡，遵纪守法。发现违法违规之人和事，敢于制止并及时向理事会和村委会报告。

2.依法使用宅基地。服从乡村建房规划，不损害整体规划和整体利益。

3.搞好公共卫生和保持村容村貌的整洁。做到垃圾不乱倒、粪土不乱堆、污水不乱流、在公路两侧不堆放柴草杂物。

4.自觉养路护路，维护通村公路畅通。不准在村通主道上搭建违章建筑，不准乱堆放石头、沙土杂物侵占路面阻碍公路通行。

5.严禁损害树木和乱砍滥伐，不准随意闯放耕牛六畜损害村民庄稼及农作物。

6.爱护公共财物，节约用水用电。严禁破坏公共设施和偷水偷电，严禁聚众赌博和偷盗行为。

7.倡导移风易俗克勤克俭，做到婚事新办、丧事简办。反对封建迷信及其它不文明行为，树立良好的社会风尚。

8.团结友爱。互相帮助、诚实守信、重情重义、不打架斗殴、不造谣惑众、不搬弄是非、不仗势欺人建立和谐的邻里关系。

9.弘扬美德，恪守孝道。严禁虐待老人不赡养老人和侵害老人的事件发生。坚决维护妇女和儿童的合法权益。

10.提倡晚婚晚育，优生优育，提倡男女平等互敬互爱。要崇尚科学、好学上进、严以律己、宽以待人。

附　则

本《村规民约》提交村民代表大会通过后实施。

凤阳畲族乡凤楼村民委员会

2015年12月18日

后 记

古人云：治天下者，以史为鉴。治郡国者，以书为鉴。编史修志就是为了历史文化薪火相传，永不断章，泽被后世，盛世修书更势在必行。

《凤阳畲族乡志》的编纂工作乡党委、政府十分重视，把编书修志作为一项文化工程列入议事日程来抓，历经寒暑五载有余。在编写组同仁联袂合作，艰辛付之，乡境内各知名人士、老一辈知事者和上下各阶层等热心支持帮助下，《凤阳畲族乡志》终于出版，志书问世了。它是集体智慧的结晶，众人耕耘的成果。

2016年6月，凤阳畲族乡政府根据省民委的部署，要求全省18个民族乡在当年要全面启动编写乡镇志，并要求向省编纂的《浙江通志》中提供《民族卷》内容。当地政府十分重视这项工作，把编书修志作为一项政治任务来抓。经乡政府调查研究后，特聘请6位同志负责编写。于是，在7月上旬成立乡志编纂委员会，由乡党委书记项秉簪、乡长雷震为主任，副书记蓝瑞先、委员钟政明为副主任，并建立领导小组办公室，委派雷开标同志负责协调工作。

是年7月中旬，办公地点、人员组织、办公经费落到实处。我们欣然接受乡政府的编写乡志重托，但总感到承担这项浩瀚的文字工程对我们自身而言有感学识浅陋，又无涉足经验，深感责任重大而任务繁重。面对省统一规定、内容繁多的编目，大家在讨论时看得眼花缭乱，无从入手，叹心有余而力不足。再加上原定上交《民族卷》稿件内容的时间紧促，就算再聘请外围有识之士协助帮忙，也要乡土第一手材料。讨论再三思无对策，一筹莫展。8月上旬省编委丽水学院施强教授带领专家、学者一行到乡里就如何编写、建卡等一系列运作进行指导，对存在的问题提出修正建议。专家组的指导不但鼓舞全体同仁的士气，还对我们的编写工作启发很大。为使编写工作井然有序开展，编辑组通过进一步统一思想，认真分析纲目，探讨编写思路，制订工作计划，明确任务内容，落实责任措施，探讨了一套工作思路。一是借鉴经验，访师问友传经取宝。二乃搜集乡土内容，借阅文史资料。三是深入乡村了解走访老人口碑，寻古问津，尤其是丽水之行和到邻县乡镇的取经拜访，使我们受益匪浅。

在编写过程中我们走访了县属有关部门，查阅了《平阳县志》《苍南县志》《浙江省少数民族志》《苍南县人大志》《苍南县组织史》《苍南县林业志》《苍南县农业志》《苍南大事记》《苍南县地名志》等有关文史资料。县局各有关部门还为志书的编写提供了宝贵的资料和数据，尤其是郑维国先生不但提供了有关史书参考，还亲自执笔编写了第四章经济部分重要内容。在编写境内有关畲族方面内容中，承蒙老前辈雷必贵先生的热心指导，并提供其本人所著的《苍南畲族民俗》《苍南畲族源流》、畲歌、畲语等文献，为志书的编写提供宝贵参考资料，同时还援用了部分有关内容。对他们的辛勤付出表示衷心感谢！

酷暑寒冬，编写组全体同仁为赶写交付省《民族卷》稿件内容时，已达到了日以夜继、废寝忘食之地步。于2016年12月上传丽水学院编辑办公室电子稿件48万字。在此期间编写组中的二位老师也因另有事务而退出。迨至2017年1月只剩下4位同志持而恒之。历经5个多月的搜集、补充、删改、整理以及组员蓝准秀同志辛勤的电脑制作、文字插图及各图像设置，终于2017年6月上旬脱稿付梓。遂整理编目索引页码：打印成15本《凤阳畲族乡志》初稿概42万字。

经请示政府于2017年6月13日在乡召开第一次审稿会议。在稿件评审期间，乡党政主要领导亲临参加，他们首先对《凤阳畲族乡志》初稿的问世作了充分肯定，同时还提出很多宝贵意见。强调要求乡属有关部门和各村两委领导要本着对志书负责的政治态度，认真审阅、查漏补缺，激励编写组人员将反馈意见资料收集，认真修改补充，勘误纠错。历经一个多月，又召开了两次评审会议。同样根据各方收集补充的资料和反馈意见，提交编辑组再进行资料补充，纠谬误、正观点、修纲目。经过多次反复的审阅、论证，于2017年7月上旬，将乡志初稿第三稿排版打印成书。编辑组全体同仁原以为脱稿付梓已形成初审稿并经3次审阅功成事毕，欲交付政府另聘高贤编纂，如释重负。无料7月中旬丽水学院派专家组莅临凤阳检查指导，经初审稿与主审审视后提出存在问题和建议意见，要求修正补充。

文章千古事，得失寸心知。编写组然亦不敢懈怠，择善而从，从而孜孜不倦，不拘一格又续之，经数月时间对全书进行梳理，反复修改补充完善，形成40多万字的送审稿于2017年9月再次召开终审会议。特聘请本志顾问及学术专家到会，并经乡党政领导和专家顾问充分审查论证后，本着对志书认真负责精益求精的要求，提出了一些修改补充意见。会后又经史料查对，文字润饰、正其伪舛、补其阙逸，再校核编目索引页码，于2017年11月将第五稿送丽水学院编委审阅，2018年8月至10月双方又经多次交流补充修改，12月上旬省民委组织专家教授及全省各民族乡领导和主编在苍南召开初审会，经专家评审后提出补充和修改内容，后经数月的修改于2019年10月送交丽水专家组复审。后又经修改补充于2021年4月底将复审稿提交终审。

《凤阳畲族乡志》的编纂，堪称境内社会、政治、经济、文化、建设的一项浩瀚工程。以史为鉴，对启迪后人具有重大的现实意义和深远的历史意义，是各界人士集体智慧的结晶。在征集有关资料的编写过程中，乡党委、政府对其十分关心支持重视。乡属部门和各村两委通力协作，社会各界人士支持关注，有引航导向的年长之辈和有识之士热诚帮助，有各姓氏不吝奉献珍藏供取材立证密切配合。本志顾问雷顺银先生更是精心指导，逐篇审稿。乡领导还为本志撰写序言，县民宗局为乡志的编纂鼎力相助。还有众多的县属部门单位和个人赠、借各种资料提供参考和精心指导。借此志成之际，向所有关心支持、精心指导的专家学者，社会各界知名人士表示诚挚谢意。

鉴前世之兴衰，考当今之得失，启后人之津途，这是修书编志工作目的。在记述一个乡境内畲汉两族散杂居的专志中，茫茫漫漫，筚路蓝缕。此书虽小，门类俱全，涉及者既广且深。而我们负责编写的同志既无广博专业知识，又缺乏实际工作经验，只凭着为凤阳畲乡人民立言的一片赤诚，一股热情，以及由此而产生的责任感、事业心和奉献精神。由于学识浅陋，志书存在疏漏和失误、谬误之处在所难免，敬请学者、专家、读者不吝赐教，提出批评指正。

莫朔纂书有歉言，残雪梅花共抵寒。
汗湿衬襟终不悔，秉笔落墨写春山。

《凤阳畲族乡志》编辑组
2021年4月20日